国家出版基金项目
NATIONAL PUBLICATION FOUNDATION

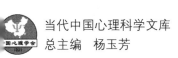

当代中国心理科学文库　　　　　　　　"十三五"国家重点出版物出版规划项目
总主编　杨玉芳

Organizational
　　　Psychology

管理心理学

王重鸣　著

华东师范大学出版社
·上海·

图书在版编目(CIP)数据

管理心理学/王重鸣著. —上海:华东师范大学出版社,2021
(当代中国心理科学文库)
ISBN 978-7-5760-1478-5

Ⅰ.①管… Ⅱ.①王… Ⅲ.①管理心理学 Ⅳ.①C93-051

中国版本图书馆 CIP 数据核字(2021)第 068780 号

当代中国心理科学文库
管理心理学

著　　者　王重鸣
责任编辑　彭呈军
特约审读　单敏月
责任校对　王丽平
版式设计　刘怡霖
封面设计　陈军荣　倪志强

出版发行　华东师范大学出版社
社　　址　上海市中山北路 3663 号　邮编 200062
网　　址　www.ecnupress.com.cn
电　　话　021-60821666　行政传真 021-62572105
客服电话　021-62865537　门市(邮购)电话 021-62869887
地　　址　上海市中山北路 3663 号华东师范大学校内先锋路口
网　　店　http://hdsdcbs.tmall.com

印刷者　常熟高专印刷有限公司
开　　本　787毫米×1092毫米　1/16
印　　张　32.75
字　　数　621千字
版　　次　2021年7月第1版
印　　次　2025年1月第7次
书　　号　ISBN 978-7-5760-1478-5
定　　价　98.00元

出版人　王　焰

(如发现本版图书有印订质量问题,请寄回本社客服中心调换或电话 021-62865537 联系)

总主编序言

　　《当代中国心理科学文库》(下文简称《文库》)的出版,是中国心理学界的一件有重要意义的事情。

　　《文库》编撰工作的启动,是由多方面因素促成的。应《中国科学院院刊》之邀,中国心理学会组织国内部分优秀专家,编撰了"心理学学科体系与方法论"专辑(2012)。专辑发表之后,受到学界同仁的高度认可,特别是青年学者和研究生的热烈欢迎。部分作者在欣喜之余,提出应以此为契机,编撰一套反映心理学学科前沿与应用成果的书系。华东师范大学出版社教育心理分社彭呈军社长闻讯,当即表示愿意负责这套书系的出版,建议将书系定名为"当代中国心理科学文库",邀请我作为《文库》的总主编。

　　中国心理学在近几十年获得快速发展。至今我国已经拥有三百多个心理学研究和教学机构,遍布全国各省市。研究内容几乎涵盖了心理学所有传统和新兴分支领域。在某些基础研究领域,已经达到或者接近国际领先水平;心理学应用研究也越来越彰显其在社会生活各个领域中的重要作用。学科建设和人才培养也都取得很大成就,出版发行了多套应用和基础心理学教材系列。尽管如此,中国心理学在整体上与国际水平还有相当的距离,它的发展依然任重道远。在这样的背景下,组织学界力量,编撰和出版一套心理科学系列丛书,反映中国心理学学科发展的概貌,是可能的,也是必要的。

　　要完成这项宏大的工作,中国心理学会的支持和学界各领域优秀学者的参与,是极为重要的前提和条件。为此,成立了《文库》编委会,其职责是在写作质量和关键节点上把关,对编撰过程进行督导。编委会首先确定了编撰工作的指导思想:《文库》应有别于普通教科书系列,着重反映当代心理科学的学科体系、方法论和发展趋势;反映近年来心理学基础研究领域的国际前沿和进展,以及应用研究领域的重要成果;反映和集成中国学者在不同领域所作的贡献。其目标是引领中国心理科学的发展,推动学科建设,促进人才培养;展示心理学在现代科学系统中的重要地位,及其在我国社会建设和经济发展中不可或缺的作用;为心理科学在中国的发展争取更好的社会文化环境和支撑条件。

根据这些考虑,确定书目的遴选原则是,尽可能涵盖当代心理科学的重要分支领域,特别是那些有重要科学价值的理论学派和前沿问题,以及富有成果的应用领域。作者应当是在科研和教学一线工作,在相关领域具有深厚学术造诣,学识广博、治学严谨的科研工作者和教师。以这样的标准选择书目和作者,我们的邀请获得多数学者的积极响应。当然也有个别重要领域,虽有学者已具备比较深厚的研究积累,但由于种种原因,他们未能参与《文库》的编撰工作。可以说这是一种缺憾。

编委会对编撰工作的学术水准提出了明确要求:首先是主题突出、特色鲜明,要求在写作计划确定之前,对已有的相关著作进行查询和阅读,比较其优缺点;在总体结构上体现系统规划和原创性思考。第二是系统性与前沿性,涵盖相关领域主要方面,包括重要理论和实验事实,强调资料的系统性和权威性;在把握核心问题和主要发展脉络的基础上,突出反映最新进展,指出前沿问题和发展趋势。第三是理论与方法学,在阐述理论的同时,介绍主要研究方法和实验范式,使理论与方法紧密结合、相得益彰。

编委会对于撰写风格没有作统一要求。这给了作者们自由选择和充分利用已有资源的空间。有的作者以专著形式,对自己多年的研究成果进行梳理和总结,系统阐述自己的理论创见,在自己的学术道路上立下了一个新的里程碑。有的作者则着重介绍和阐述某一新兴研究领域的重要概念、重要发现和理论体系,同时嵌入自己的一些独到贡献,犹如在读者面前展示了一条新的地平线。还有的作者组织了壮观的撰写队伍,围绕本领域的重要理论和实践问题,以手册(handbook)的形式组织编撰工作。这种全景式介绍,使其最终成为一部"鸿篇大作",成为本领域相关知识的完整信息来源,具有重要参考价值。尽管风格不一,但这些著作在总体上都体现了《文库》编撰的指导思想和要求。

在《文库》的编撰过程中,实行了"编撰工作会议"制度。会议有编委会成员、作者和出版社责任编辑出席,每半年召开一次。由作者报告著作的写作进度,提出在编撰中遇到的问题和困惑等,编委和其他作者会坦诚地给出评论和建议。会议中那些热烈讨论和激烈辩论的生动场面,那种既严谨又活泼的氛围,至今令人难以忘怀。编撰工作会议对保证著作的学术水准和工作进度起到了不可估量的作用。它同时又是一个学术论坛,使每一位与会者获益匪浅。可以说,《文库》的每一部著作,都在不同程度上凝结了集体的智慧和贡献。

《文库》的出版工作得到华东师范大学出版社的领导和编辑的极大支持。王焰社长曾亲临中国科学院心理研究所,表达对书系出版工作的关注。出版社决定将本《文库》作为今后几年的重点图书，争取得到国家和上海市级的支持；投入优秀编辑团队，将本文库做成中国心理学发展史上的一个里程碑。彭呈军分社长是责任编辑。他活跃机敏、富有经验，与作者保持良好的沟通和互动，从编辑技术角度进行指导和把关，帮助作者少走弯路。

在作者、编委和出版社责任编辑的共同努力下，《文库》已初见成果。从今年初开始，有一批作者陆续向出版社提交书稿。《文库》已逐步进入出版程序，相信不久将会在读者面前"集体亮相"。希望它能得到学界和社会的积极评价，并能经受时间的考验，在中国心理学学科发展进程中产生深刻而久远的影响。

杨玉芳

2015 年 10 月 8 日

序 言

艾米·埃德蒙森教授

（哈佛商学院）

在持续加速的创新驱动、数字转型、竞争挑战和变革发展的环境下,管理心理学快速发展并成为人们应对挑战、转换心智、提升能力、创新团队、发展组织、优化工作的重要理论指导与胜任策略。管理心理学在发展中不断更新发展其理论方法、知识体系与应用策略。我很高兴,王重鸣教授的《管理心理学》(2021版)在其40多年从事管理心理学学习、教学、研究和应用的丰富经历与知识积累基础上,为大家提供了全新的管理心理学理论与方法。这本书展现出四个鲜明特点:展示理论创新、融汇研究成果、嵌入中国实践、引领发展趋势。

□ 展示重要理论创新。在世界经历着前所未有的变革与创新面前,管理心理学的知识内容与体系却发展得相对缓慢。研究的理论性、应用的变化性和教学内容的实践性也显现出较大差距。王重鸣的《管理心理学》(2021版)设法总结、提炼和展示出相关研究团队和中外学者在数十年中作出的主要理论创新。其中,比较重要的既有国际学者提出的行为决策理论、行动理论、文化智力理论、内隐知识理论、情绪智力理论、心理资本理论、心理安全感、团队化理论、高阶梯阵模型、组织学习理论和元竞争理论等,也包括作者与其他中国学者提出的理论,例如,中国式企管特征、创业五力模型、元领导力框架、责任归因模型、人与组织适配理论、可续管理模型、创业社会责任理论、四维文化模型、社会通则模型、差序格局模式、界面层次模型、ASD变革行动模型、组织赋能策略、危机领导策略、组织使能策略和组织生态系统等,在本书中都有特别阐述和讨论。

□ 融汇前沿研究成果。近40年来,中国管理心理学的研究如雨后春笋,高潮迭起。中国科技机构从1980年代起支持和资助了一系列研究项目,国际合作研究项目也广泛开展,取得了大量的前沿研究成果。《管理心理学》(2021版)融汇了近40年来多项国家级和国际级研究项目的创新成果与其他相关研究成果。例如,中国式企业管理科学基础研究项目,基于中国管理实践重大理论创新的重点项目群,企业家成长机制与创业环境研究,动态综合能力结构和分布式内隐知识模型,组织变革行为与战略决策机制研究,中国企业组织变革与文化融合机制研究,中英管理决策模式和跨文化领导行为合作研究项目,中德小企业创业成功的心理策略研究项目和中荷战略人力资源管理心理机制合作研究项目等作出的理论创新和应用检验成果。全书引用和解读了 36 项重要的研究成果,诠释了研究的理论与应用价值。

□ 嵌入中国管理实践。管理心理学扎根中国管理实践,嵌入工作创新与数字化转型管理实践,致力于为可持续发展提供心理学理论与方法,成为重要的战略任务。《管理心理学》(2021 版)从全球商务和中国管理的五项实践特征出发,紧密结合组织变革与创新、数字化转型升级、职业经理人赋能评价、企业文化重塑设计、创业能力建设等各项实践,讲述了问题驱动方法论、行动学习五环策略、创业责任型管理、企业文化设计、双栖组织设计、领导力赋能开发、危机管理模型、精益管理策略、组织变革与文化融合策略、创业生态系统建设等各类理论研究与应用途径,表现出管理心理学注重问题驱动,深入管理实践和为实践服务的全新经验与所发挥的显著作用。

□ 引领最新发展趋势。管理心理学正在进入新的发展阶段,《管理心理学》(2021 版)体现出一系列新的发展趋势。在管理心理学的行为解读上重视"知情意责"和"心智模式"的多元机制;在管理心理学的理论发展上强调管理实践和理论创新的融合策略;在管理心理学的应用策略上注重能力建设和领导力开发的体系优化与策略方案;在管理心理学的研究领域上注重行业升级、组织转型和新兴组织的管理动力与行为机理;在管理心理学的研究模式上主张多元理论思路与多种研究方法的兼容并茂和作出开放创新。

《管理心理学》(2021 版)系统解读了组织管理中的个体、群体、组织行为机制与成长策略,体现多样理论创新、知识体系优化、最佳实践示范、跟踪前沿成果,深入浅出解读。可以作为管理心理学、组织行为学和领导力等课程的教材以及人力资源管理乃至管理学的原理全书。作为合作者与同事,我向王重鸣教授表示祝贺!特别推荐大家阅读和学习本书并作为学科发展的指引。

我很高兴中国心理学会杨玉芳教授精心组织编写这套丛书,期待中国管理心理学的更多创新发展和得到更广泛应用。

2020 年 9 月于波士顿

自 序

由杨玉芳教授担任总主编的《当代中国心理科学文库》的《管理心理学》(2021版)与大家见面了！面对全球化、数字化、精益化和生态化的新形势、新挑战和新机遇,管理心理学的理论研究和实践应用日益深化,管理心理学的体系、方法、策略也不断更新和得到凝练提升。作为心理学的重要分支,管理心理学在问题驱动、理论创新、方法优化、应用深化等各方面不断取得进展,并与相关新兴领域交叉融合,协同发展。在中国管理心理学理论与重大管理实践的结合方面,取得了全新的发展。为了改变国内外的管理心理学的内容体系相对陈旧和现实脱节问题,满足管理心理学的研究进展和管理实践不断提出新的需求,本书在知识与研究思路及方法等方面都作了较大的更新。《管理心理学》(2021版)作为管理心理学理论与应用的"升级版",既注重总结中国情境下的理论进展,又强调理论在实践应用中的持续创新,以此作为撰写的主线和体例。本书尝试在理论体系、研究方法、成果体现和应用途径等方面强调创业创新、数字转型和可持续发展的新视角,呈现全新的学科发展和体系拓展。

1. 理论体系上融合最新研究成果和研究案例及经典文献进展

本书吸取和融合了管理心理学的最新研究成果,特别是国内外发表的中国管理心理学的重要研究文献。这方面既反映管理心理学研究的代表论著,也表现出最新的研究与应用进展。本书注重我国管理心理学的发展历程、学科先驱与研究成果积累,并论述国际上有关管理心理学的最新理论及重要应用,加强管理心理学的体系与方法论研讨。在内容上,本书引述的文献以国内心理学杂志与管理类杂志所发表的文章为主,以国外杂志发表文章为辅,更加贴近中国管理实践和相关领域的研究尝试与创新进展;在理论上,本书借鉴了国际管理心理学的经典文献和前沿进展;在方法上,本书综合了国内外的管理心理学主要研究方法,通过36项研究解读和12项研究案例分享,表现出管理心理学在中国的不断深化与发展,为深入、系统地理解管理心理学理论方法、实践应用及其发展趋势打下扎实的基础。鉴于研究成果知识产权等方面的考虑,本书在研究解读方面,主要引用了作者及其团队成员及合作者共同发表的管理心理学研究文章和研究案例,比较集中于实证研究成果和已发表的研究文献。

2. 原理思路上注重知情意责四元体系和先驱学术影响

本书在经典的"知情意"心理三元素基础上,构建和提出了管理心理学的"认知—情绪—意志—责任"的四元要素体系。在工作与管理情境下,以责任要素为核心,协同"认知、情绪、意志"等心理资源,明晰心智、能力、激励、团队、领导和组织等管理行为机制,显著加强了管理心理学理论体系的创新和研究思路的拓展。同时,饮水思源,强化了中国管理心理学发展中 10 位中外"学科先驱"的重要学术影响和经典论述,使读者深入理解中国管理心理学研究的最新成果与学术渊源,以及结合创业创新和可持续发展实践的管理心理学新原理、新方法。本书汇集了我国管理心理学多年来的理论建树与研究进展,显著充实和加强了理论体系。特别是在管理心理学的研究三段论模式、问题驱动方法、元领导力模型、五力管理框架、责任归因模型、前瞻决策模型、可续管理模型、创业社会责任、四维文化模式、变革文化融合机制、持续激励策略、组织承诺模型、团队化策略、领导力体系、跨文化领导策略、经理资质模型、行动学习策略、界面层次理论、ASD 变革行动理论、双栖组织设计、组织赋能与组织使能策略和创业生态系统等多项理论成果与方法论上创新,形成了管理心理学的全新理论体系。

3. 方法策略上强调中国实践问题驱动和理论方法创新

本书采用王重鸣(2021)在《中国企业组织变革与文化融合策略》中首创的"问题驱动方法论",以情境嵌入、组织动力、演进建模三维方法论,既反映了国际上有关管理心理学的主要研究进展,又以近年来我国管理心理学研究与应用的实践问题导向和理论创新为依据,加强了中国管理实践场景下管理心理学理论与方法的应用解读,优化了基于中国管理实践的管理心理学研究应用与策略路径。本书结合近年来的新发展,着重增加了有关创业创新、数字化转型、精益管理和危机管理等新兴实践应用。紧密结合我国心理学、管理学、创业学和行为科学领域所开展的多方面实证研究,强化了我国管理心理学的研究证据和进展,并通过对我国管理心理学应用策略的学习,得以加深对管理心理学的基本概念、原理理解、理论创新的掌握。同时,本书加强了亲验式学习、行动学习和数字化学习的相关内容,围绕实践需求,结合研究成果,解读重要原理,学习解题策略,授人以渔,以期读者掌握管理心理学的研究方法论和解题要领。

4. 内容架构上创建五力管理框架和整合知识要点

本书改变了以往管理心理学以个体心理、群体心理、领导心理、组织心理的传统划分做法,创建了五力管理框架模型,从生态力管理、文化力管理、团队力管理、创新力管理和行动力管理入手，以可续管理、责任管理、团队管理、创新管理和变革管理为主线，创新了管理心理学的内容体系和内涵特征，采取四编 12 章，系统讲述体系、心智与决策，价值、文化与激励，协调、团队与领导，创新、组织与变革四部分内容。本书在每章运用"知识要点"预览概念亮点，以"研究解读"拓展学术依据，并用"研究案例"开展实例分析，从而使管理心理学理论、研究与实践融为一体，形成整合式知识与能力体系。

我对管理心理学的理解、学习、应用与发展，得益于亲身体验的实践学习和多位老师对我的精心指导与培养历练。记得 50 多年前，我曾先后在集体所有制的乡镇企业和钟表元件厂工作，第一次在实践中亲历体验企业管理，切身感受到一线员工技能、奖金激励方案以及群体调度的重要性。生产管理中的班组协作和集体质量管理以及技能培训等，都让我体验到管理中群体合作和分享学习的重要性并积极采取措施改善班组氛围和鼓励跨部门合作。

1980 年起，我师从著名心理学家、教育家、我国工业心理学之父陈立先生。在导师的精心指导下，我第一次到中国数十家制造企业开展现场访谈、案例分析和准实验研究。在有关企业奖励制度与归因行为的实证研究和计算机应用决策的实验分析中，真实感受到目标责任归因的心理机制对于奖励责任制效能的决定意义，以及人与计算机界面特征对新技术决策与企业创新发展的重要价值。陈立先生为此提出和发展了"宏观工效学"的创新思想，强调以管理心理学聚焦工效学行为理论与方法论，显著强化了管理心理学与工程心理学的交叉融合和工业心理学的新发展。

1981 年，我参加麻省理工（MIT）大学斯隆管理学院等联合举办的工商管理硕士研修课程，第一次系统聆听和参与了国际知名专家对于管理心理学的解读。斯隆管理学院著名管理心理学家奈维斯教授在课程中，详细讲解了管理心理学、宏观与微观经济学、计算机科学作为管理学三大支柱的论断，使之成为我们系统学习与运用管理心理学的新起点。

1984 年，我赴瑞典哥德堡大学跟随著名应用心理学家鲁本诺维兹教授研究与应用管理心理学，第一次到著名跨国公司沃尔沃工厂现场参与新技术变革转型项目。在参加把轿车流水装配线向自主性团队整车组装做团队化流程再造的研究实践中，深刻体验管理心理学可以如此深度嵌入和推进管理创新实践，投入被誉为"北欧产业革命"的研究实践。回国后先后在杭州大学心理学系、浙江大学管理学院和心理与行为科学系从事教学与研究，先后开设了"管理心理学""心理学研究方法""组织行为学""人力资源管理"和"创业管理"等课程。

40 多年来，我在管理心理学各个领域带领学生和与同事合作，主持和承担了一系列国家级重点研究项目和国际级合作研究课题，许多研究思想和应用方法都归功于先生们的谆谆教诲与指点迷津，以及同事、学生的互动启示。时至今日，每每回想与先生切磋和与同行交流的情景，依旧深受启迪、感恩在心。

正如我的老师们所说，21 世纪是心理学的世纪！创新驱动、数字转型、持续激励、赋能发展、组织智能、文化融合、生态系统、全球联盟……工业心理学以管理心理学和工程心理学为主角，站立在新一代人才培养和经济建设的最前沿。

本书的撰写得到中国科学院心理研究所杨玉芳教授的精心指导，在写作过程中得到我夫人卢凤英的支持激励。书中所介绍的许多研究与成果曾得到我父母亲王承绪教授和赵端瑛教授的指导与勉励，他们提出过许多新的思想与感受。我的许多位学生参与完成了大量卓有成效的实证工作。本书讲述的许多思想和成果，也在很大程度上得益于书中介绍的 10 位学科先驱老师的睿智与点拨：陈立教授、荆其诚教授、徐联仓教授、梁觉教授、司马贺教授、马奇教授、鲁本诺维兹教授、海勒教授、奈勒教授和米勒教授。在撰写过程中得到我的多位合作者的鼓励与指点：哈佛商学院埃德蒙森教授、斯坦福商学院巴奈特教授、国际应用心理学会前任主席弗雷瑟教授等。在此向他们一并特别致谢和致敬！

作为《管理心理学》的新版知识体系，我们阐述与汇集了包括 12 个章节的 144 项"知识要点"、104 幅模型图解、27 张表格和 15 项量表工具知识点，合计为 290 项知识要素。加上 12 章的 36 项"研究解读"理论与方法要点、12 项"研究案例"问题要点，以及每章 6 道思考题共计 72 条解题思路，合计为 120 项解题要素。两者汇总在一起总计 410 项知识元素。这些内容构成本书知识体系和学习运用的知识库，以此作为《当代中国心理科学文库》的管理心理学篇章。

对于管理心理学理论与方法的真正掌握，在于结合我国改革开放实践的不断研究、探索和应用。我们专门为这本《管理心理学》设计和开发在线研究与教学平台，欢迎大家与我联系，参与数字在线系统，共享辅导参考文献，交流学习研究心得，不断推进管理心理学的新应用和新发展。

（通讯地址：杭州 310028 天目山路 148 号浙江大学西溪校区教学主楼 251 室，电子邮件：zmwang@zju. edu. cn）。

王重鸣

2021 年 3 月

目　录

第三编　协调、团队与领导

第四编 创新、组织与变革

第一编　体系、心智与决策

第1章 体系模块与趋势方法

1.1 管理心理学的体系与沿革

> 知识要点 1.1 体系模块与发展历程
>
> 管理心理定义：理解、解释和预测个体、团队和组织的行为及效能的学科分支
> 学科知识模块：体系心智决策、价值文化激励、协调团队领导、创新组织变革
> 学科历程阶段：学习初创应用、改革实践研究、学科建设发展、理论创新跨越
> 学科专业体系：学科先驱引领、专业人才培养、教学科研论著、社会服务实践

1.1.1 管理心理学的内容与体系

（1）管理心理学的对象与内容

1）管理心理学的定义。作为工业心理学的重要分支和应用心理学的关键领域，管理心理学是运用心理学原理与方法探索和研究工作与管理行为，从而提升组织管理效能和促进员工成长的学科领域。我在 2001 版《管理心理学》把管理心理学定义为"有关组织情景中个体、群体和组织管理行为的理解、解释、预测和变化规律，以便改进和提高工作生活质量与管理效能的学科"。时至今日，管理心理的内涵更加丰富，理论更加创新，方法更加精准，应用更加广泛。管理心理学的定义可以稍加修订为"有关组织情境中个体行为、群体动力和组织策略及变化规律的理解、解释和预测，以便改进和提升工作与管理效能的学科"。这里的核心概念"组织"是全书出现数千次的名词。管理心理学把组织定义为"人们一起工作以实现共同目标的群体与部门的结构化组合"。组织的定义包含三个成分：

- 组织目标。组织拥有共同目标，组织成员为达到特定目标而协同工作。
- 组织分工。组织按不同层次分工合作，以权力体系和规章制度加以运营。
- 组织功能。组织协调所有成员的行为与活动，以协同努力达到共同目标。

常见的企业是一种组织，各部门分工合作，多层次协调工作，运用责权利和规章制度与规范，以便达成特定的共同目标。管理心理学强调面向各类组织的工作

与管理情境,开展包括对个体、群体和组织三层面的心理学分析,聚焦于行为、动力、管理的心理机制与变化规律,作出理解、解释和预测三种层次的研究与解读,其主要目标是改进与提升工作管理效能和人与组织的健康发展,优化"人与组织适配度"(王重鸣,2001a,2020)。

我们知道,心理学是运用系统的科学方法,理解和研究人类行为和思维过程的学科。心理学有许多分支,例如,认知心理学、发展心理学、社会心理学、临床心理学和工业心理学等。中国心理学会创建于 1921 年,至今经历了百年沿革和奋斗发展。特别是我国改革开放 40 多年来,中国心理学在理论与应用方面不断创新成长,实现了持续的发展。我在国际权威刊物《心理学年鉴》(*Annual Review of Psychology*)发表"中国心理学:献给陈立的综述"一文,系统回顾与总结了中国心理学的文化背景、专业组织、人才培养和代表人物,特别是中国心理学各大分支领域的研究新进展,创新提出中国心理学发展阶段理论和文化分析框架,强调理论提炼、趋势预测与实践应用,指出中国心理学在理论建树、方法优化和理论联系实际方面的发展方向(王重鸣,1993)。

2) 管理心理学的对象和作用。管理心理学的对象不仅是工业企业,而是面向各种群体和各类组织与机构。正如国际应用心理学会把工业与组织心理学学科的目标定义为:"通过在所有各类提供产品与服务的组织开展多种心理学应用而促进人类福祉,包括制造业、商业、协会组织以及公共机构组织等。"同时,随着工作内容与组织情境的日趋复杂、动态和不断更新,团队与组织都在工作、互动、生产、经营、管理、服务中成长,管理心理学已经不是一般意义上"管理他人的心理学",而是成为管理自我、管理项目、管理技术、管理社会、管理市场、管理工程、管理组织、管理成长和管理环境的心理学,并通过在线网络和现场互动,相互交往和共同发展,不断激活自我、协调任务、引领团队、建设文化、增强组织,实现组织的可持续发展目标。

管理心理学是现代管理学的重要支柱。1981 年,我曾参加麻省理工学院等院校共同举办的工商管理硕士课程班。其间,斯隆管理学院的奈维斯教授(Edwin C. Nevis)成为我的首位外籍老师。奈老师专长于格式塔心理学和组织咨询方法。他在管理心理学导论课上鲜明地指出,现代管理学有三大重要支柱:管理心理学、宏观与微观经济学、计算机科学。这一观点进一步揭示了管理心理学与管理学、经济学、计算机、数学、社会学等的重要协同关系,对管理心理学的新框架构建产生了很大的影响。在经济全球化、创新驱动发展、数字化转型和变革发展的新阶段,三大支柱的框架在多学科整合发展中扮演着日益重要的角色。

(2)管理心理学的内容与模块

管理心理学的体系主要包括四大部分:体系、心智与决策,价值、文化与激励,协调、团队与领导,创新、组织与变革。这四个部分相互关联、相互影响和相互制约形成了管理心理学的行为机制、激励机制、动能机制和创新机制。决定着管理心理过程的启动、发展和成效。

1) 体系、心智与决策。本编是管理心理学的行为机制,简称"心智决策模块"。在阐述管理心理学的定义内涵、体系沿革和研究方法的基础上,重点论述了我国管理心理学发展与中国式企业管理的特征、中国管理五项实践特征、管理心理学的五大趋势和重要理论框架"创业五力模型"等新进展,并进一步阐述心智模式、知情意责特征、组织认知模型、学习过程与行动过程理论、决策心理策略和人与组织适配的原理和生态力管理与可续管理的心理学原理,特别讨论了以元领导力框架模型为依据的弹韧领导力与赋能领导力的内涵及其行动适配机制,强调了五力管理框架、目标责任归因模式和管理决策参与策略等成果的内涵与特点。

2) 价值、文化与激励。本编是管理心理学的激励机制,简称"价值激励模块"。讲述工作个性、价值道德、社会责任、组织文化、跨文化适应、激励策略、心理健康、心理资本、敬业精神、心理契约和组织承诺等一系列管理心理学过程特征。进一步阐述了文化智力模型、企业文化特征、持续激励策略和积极管理心理学。围绕文化力管理,特别讨论了伦理领导力与责任领导力的内涵与行为机制,强调了变革文化融合机制、四维文化模式与创业社会责任等成果的原理与特征。

3) 协调、团队与领导。本编是管理心理学的动能机制,简称"协同引领模块"。其核心理论是"高阶团队动力学",即群体的组合、协调、发展的动力因子与高阶团队动能特征。本编具体讲述沟通协调、谈判策略、冲突管理、压力管理、群体过程、团队发展、领导模式、领导能力与领导力开发等基本原理,尤其是团队化心理机制、互联网下的虚拟团队管理、变革中的创业创新团队和数字化转型中的分布式团队等新重点领域。聚焦于团队力管理及其团队领导力与数字领导力的内涵与行为机制,强调了高阶团队动能模型、领导能力模型和女性创业型领导等成果的原理与策略。

4) 创新、组织与变革。这部分是管理心理学的创新机制,简称"创新变革模块"。也是理论研究活跃和深度嵌入企业实践的领域。从组织动能的视角,围绕组织结构、组织设计、数字化转型、创业创新创造、组织学习开发、组织变革、组织发展和创业生态系统等领域展示管理心理学研究与成果。特别论述了数字化管理、创业创新管理、变革管理、危机管理、精益管理和生态系统管理等新领域。聚焦于创新力管理与行动力管理的内涵与机制,具体阐述创新领导力、创业领导力、变革领导力与精益领导力的能力维度及特征,强调了双栖组织模型、创业五力模型、界面层次理论、ASD变革行动理论、创业生态系统和组织使能策略模型等成果的原理与策略。

图 1.1 是管理心理学框架体系图。可以看到,管理心理学体系以中国管理实践发展和心理科学理论方法为管理心理学体系的输入端(以创新、数字、团队、变革、生态五项实践为场景特征),以工作成效、组织效能和管理心理理论策略为输出端(以任务、周边、责任、创新、可续五种绩效为效能特征),分为四个层次模块共 12章节。在图中显示出心智决策模块的体系方法、心智能力、决策适配章节;价值激励模块的个性价值、文化策略和激励承诺章节;群体引领模块的沟通协调、团队动力、领导行为章节;创新变革模块的创新学习、结构动力、变革发展章节。从中国管理实践发展、管理心理学要素优化到组织效能与理论策略的开放式成长机理与理论创新,表现出组织行为学和人力资源管理的新模式。

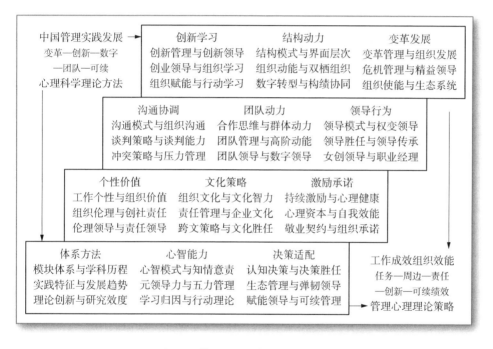

图 1.1　管理心理学体系与内容框架

1.1.2　中国管理心理学发展历程

（1）管理心理的学科沿革阶段

作为一个心理学领域,管理心理学在中国始于陈立先生(1935)的《工业心理学概观》。管理心理学作为一个学科专业分支则从改革开放之初的杭州大学工业心理学专业起步。1980 年起招收工业心理学本科生与硕士生,至今已有 40 多年的历史。期间,杭州大学工业心理学专业在 1990 年被授予国家重点学科专业和国家重点专业实验室,包括了管理心理学和工程心理学两大主要学科分支。40 多年来,以我国改革开放、产业升级、科学管理和创新发展为场景,在科学研究、人才培养和服务社会等方面,管理心理学不断走上新的台阶,成为心理科学中发展迅速、成果显著的学科分支领域。

1) 学习初创与应用研究阶段。陈立先生的《工业心理学概观》对于管理心理学历史沿革尤其是最新发展的研讨与学习,具有重要的指导意义。学习管理心理学,从一开始就需要置身于中国管理心理学的发展历程之中,充分理解管理心理学的"来龙去脉",才能思考如何推进和展望新的未来。

□ 中国《工业心理学概观》。如果从明斯特伯格(Munsterberg,1918)出版的第一本《工商心理学》(Munsterberg,H.,*Business Psychology*)算起,管理心理学的研究与实践经历了 100 多年的沿革和发展。百年变迁,日趋成熟。我国管理心理学主要是从引进、移植、应用、尝适、研究而发展起来的。从工业心理学在中国的创立与发展时段来看,以陈立先生于 1935 年出版《工业心理学概观》为标志创建中国工业心理学,也已经有 85 年的历程。《工业心理学概观》第一次从环境因素与效率、疲劳与休息、工作方法与效率、工业中的意外、工厂的组织问题、工作的激奋与动机等专题,系统论述了工业生产的基本心理问题和中国工业心理学重要领域,指出工业心理学的贡献是用计划来管理整个工业,组织是个体的集合并使之更有效地达到其共同目的。杨思梁(2011)在总结该书特点时,强调其可读性、实用性、科学性、前瞻性。《工业心理学概观》是我国管理心理学理论发展的里程碑,产生了深远的影响。

□ 智力波动机理早期研究。说起中国管理心理学 80 多年的理论与发展,研究与应用历尽沧桑,拓展前行,群星闪烁,可圈可点。其中,智力理论作为心理学的最重要基础之一,对工业心理学的理论与方法产生了巨大的影响。中国工业心理学的智力研究,以陈立早年师从伦敦大学心理学大师斯皮尔曼先生时开展的实验研究及其博士论文《感觉阈限和智力活动中的波动》为起点。这篇论文创新性地提出了智力波动的机理,揭示了人类智力的动态特征。

□ 从原理引进到应用研究。从 1920 年代开始翻译和学习实验心理学到 1940年代应用劳动心理学,中国工业心理学主要在劳动环境、工作疲劳、心理测验等方面开展了研究和企业应用,并逐步起步。1950 年代到 1960 年代初期,工业心理学研究扎根中国工作与劳动实践,围绕纺织业细纱工的工作技能培训和劳动环境优化,特别是班组群体的技能提升,开展研究和应用。随着工业的振兴和生产水平的提高,人与机器之间的协调问题引起了研究与关注,取得实践成效。在当时的计划经济体制下,管理心理学尚未开展组织层面方面的研究。

2) 改革开放与实践研究阶段。我国 40 多年改革开放成为心理学发展的春天,开启了管理心理学长足发展的崭新阶段。管理心理学也经过引进、培训和研究的发展阶段,逐步形成自己的理论体系与研究方法套路。管理心理学研究紧密联系改革实践。工业心理学专业的研究生深入企业车间,开展现场研究与"田野研究",还进行了大量的实验研究,取得了一系列扎根我国管理实践的研究成果,成为管理心理学持续发展的基本范式。管理心理学研究的重心转移到企业改革实践中的群体心理因素和组织背景中的领导行为与组织改革等领域,关注团队层面的心理学问题(王重鸣,1988c)。中国管理心理学形成了自己的学科体系和方法论。随着管理心理学的研究重点逐步从个体水平向群体和组织层次转移,有关人类信息加工的思想也为管理过程及其心理学机制的理解开辟了崭新的视角和实践研究方法论。

3) 学科建设与长足发展阶段。进入改革开放的 1980 年代,在中国心理学会的大力支持和国家教育部的指导下,时任杭州大学校长的陈立先生创办了我国第一个工业心理学专业,开始了管理心理学的研究与人才培养,强调管理心理学研究扎根中国企业实践,其中标志性的进展是在当时的杭州大学开设了工业心理学专业(包括管理心理学和工程心理学两大分支),创建和获批了工业心理学重点专业实验室(管理决策心理学实验室等),建设和批准了工业心理学国家重点学科。其间得到中国心理学会荆其诚、王甦、徐联仓、林仲贤等前辈教授的热情支持与精心指导。管理心理学作为工业心理学的重要分支领域,在理论研究、实践应用、人才培养、社会服务和国际合作等多方面都得到了长足的发展。

4) 理论创新与跨越发展阶段。管理心理学工作者日益注重组织及组织间层面的问题并作出了显著的理论创新(Wang,2002b)。企业组织作为一个开放系统,以组织决策和组织发展形成若干相互关联子系统的协同效应,成为新世纪管理心理学研究的新方向。陈立先生(1988)提出了"宏观工效学",从科学管理的个体研究扩大到社会组织的宏观考虑,从"满负荷工作法"和阶层式的目标管理,拓展到整体论的组织功能和异阶管理,从本土经济成长发展到参与国际大循环的开放式组织理论。企业改革和企业国际化实践成为管理心理学研究问题驱动与理论创新的沃土(Drenth & Wang,2000)。我们先后主持与承担了一系列国家自然科学基金、国家社会科学基金资助的国家级项目以及国际合作项目与省部级及各类企业的重要课题,取得重要的理论创新及应用成果。以浙江大学为例,比较具有代表性的理论成果包括先后创建和发展的目标责任归因理论、管理决策参与模型、人与计算机界面层次模型、创业心理机制模型、女性创业能力开发策略模型、创业五力模型、组织变革与文化融合模型，以及以施耐德（Schneider）的人事选拔过程思路为基础创建的 ASD（适应—选配—发展）变革行动理论等。这些重要发展大大促进了我国管理心理学理论的进步和整个学科的发展。

进入新世纪，中国心理科学进入了崭新的发展阶段。荆其诚、杨玉芳（1998）在《世纪之交的中国心理科学》一文中阐述了中国心理科学取得长足进步，在许多方面接近国际水平，正在促进社会和经济发展中发挥重要的作用。他们展望了人类的认知活动，行为的生物学基础，人的发展与教育，人与机器、组织和社会的关系，心理健康等五个方面的进展与前景。他们特别指出，管理理念的重新塑造、组织行为的重新规范、工作价值观和企业形象的重整、职业企业家胜任特征的界定、社会和经济的变革为组织行为学提出的一系列问题，亟待心理学家来解决。张侃（2007）在《中国科学院院刊》发表文章强调了心理科学与社会发展的紧密关系，特别指出从三个方面尽快开展研究：从个体层面研究心理健康问题，从群体层面研究重大社会事件的应对问题，从社会文化层面研究影响社会和谐的心理因素与认知机制问题。这些观点至今具有重要的指导意义。进入 2020 年代，管理心理学日趋关注嵌入创业创新实践、企业变革创新、数字化转型与可持续发展等新问题与新机制。管理心理学的学科体系与方法策略更加成熟与发展，理论体系更为整合，研究方法更为精准，实践应用更为广泛，研究成果更为显著，成为新兴领域发展的主力学科分支和国际应用心理学界最为活跃的研究、教学和应用队伍之一。中国管理心理学进入了新的跨越发展阶段。

（2）学科先驱与教学科研体系

1）引领管理心理学发展的学科先驱。管理心理学学科发展与创新应用得到了国内外许多先驱的引领与指导。他们在过去 40 年间在相关多学科和多领域高屋建瓴，远见卓识，精诚参与了我国工业心理学和管理心理学工作者的共同实践与奋发努力，推动了中国管理心理学与相关学科的快速发展。回顾改革开放以来管理心理学的发展过程，我们得到许多学科先驱的高瞻引领、大力推动和积极参与。以下 10 位老师是值得我们永远怀念的领路人和同事。

□ 陈立教授（1902—2004）。作为中国工业心理学之父和管理心理学创始人，浙江大学（杭州大学）的陈立先生创建了中国工业心理学专业、工业心理学国家重点学科和国家重点专业实验室。他在智力机制、工业心理学、人类工效学等学科理论与方法方面引领科学研究、人才培养和学科发展。陈立教授先后出版了《工业心理学概观》（1935）、《管理心理学》（1982）、《陈立心理学科学论著选》（1993）等论著，特别在管理心理学的基本理论与研究方法论、行为科学理论与方法、心理测验与统计建模、管理心理学的宏观工效学思路等方面引领前沿理论和学科建设方向。

□ 荆其诚教授(1926—2008)。中国科学院心理研究所的荆其诚先生是中国心理学学科建设和国际合作的先驱,在认知心理学、知觉认知加工等领域开创了新理论与新方法,对工业心理学特别是管理心理学的研究与发展给予了长期指导、热情支持与扶持关心。荆其诚教授是改革开放以后中国心理学学科建设、社会服务与国际化发展的引领者,带领中国心理学会、国际心理科学联合会和国际应用心理学会共同合作,极大地推动我国工业心理学研究、应用与人才培养,引领学科建设方向。

□ 徐联仓教授(1927—2015)。中国科学院心理研究所的徐联仓先生是中国管理心理学和组织领导心理学的先驱。早在1960年代,徐联仓教授就参加了工业心理学研究,改革开放初期率先在企业开展以组织开发为中心的行动研究和领导行为研究。他撰写了《组织管理心理学》(1988)和《组织行为学》(1993)等重要著作,在工业工程管理、领导行为评价、风险知觉与风险决策、跨文化比较领导力与价值观研究、智能模拟培训以及工业心理学实验方法等方面独树一帜,热情培养和指导管理心理学高层次人才,是中国管理心理学的重要奠基者。

□ 梁觉教授(1958—2015)。香港中文大学的梁觉教授是管理心理学和文化价值与领导力研究的引领者。特别是在管理心理学的价值观与社会通则、本土管理心理学、工作个性及其评价、变革领导行为和跨文化心理学理论与方法等方面,梁觉教授引领国际前沿领域发展与研究方向。他曾长期担任浙江大学(杭州大学)的客座教授,共同主持和承担了多项国家自然科学基金资助的重点研究项目和多项国际重要合作研究项目并共同参与重大国际学术会议。梁觉教授在中国管理心理学的研究、创新和人才培养方面扮演了重要的引领角色并作出了卓越贡献。

□ 司马贺教授(Herbert H. Simon,1916—2001)。卡内基梅隆大学的司马贺先生是认知科学与管理决策研究的领袖人物,著名计算机科学家和心理学家。作为1978年诺贝尔经济学奖得主,司马贺教授的《管理行为》等名著引领管理决策新科学,在人工智能、决策制定、组织心理学、复杂系统等多领域作出重大创新。他于1983年到访杭州大学心理学系,特别作了管理决策与认知科学专题演讲。司马贺教授对中国心理学各领域都产生深远影响,引领中国认知科学与管理心理学新发展。

□ 马奇教授(James March,1928—2018)。斯坦福大学的马奇教授是决策心理学、组织决策、组织理论和创业决策的先驱与大师。他生前担任浙江大学全球创业研究中心客座研究员,多年来对组织决策和创业决策研究给予一系列教诲与指导。多次参与专题研讨和共同策划创办"马王(March-Wang)决策实验室"。马奇教授创新性地提出,复杂、动态情境下的组织变革决策如同组织学学习,是一个"探索与开发"的双栖决策过程。他在组织决策、组织学习、变革决策与决策心理机制等研究范式方面引领全球决策理论前沿。

□ 鲁本诺维兹教授(Sigvard Rubenowitz，1925—2010)。哥德堡大学著名心理学家鲁本诺维兹先生是应用心理学理论与实证方法以及新技术变革心理学的先驱。他在 1981—1982 年受聘杭州大学工业心理学访问教授,系统讲授管理心理学等多门课程并指导企业实证研究,引入管理心理学实证方法与应用研究新范式。通过长达 25 年的合作,鲁本诺维兹教授在工作智力测验、新技术变革、组织创新和高质量实证研究等方面深远影响了中国工业心理学新一代人才成长和新技术变革理论发展。

□ 海勒教授(Frank Heller，1920—2007)。英国塔维斯托克人群关系研究院的海勒先生是管理决策心理和社会—技术系统管理的先驱。他创立了"行动研究理论",强调行动研究与群体反馈分析技术应用,是组织管理决策、企业劳动关系、社会科学创新方法和行动研究方法论等领域的引领者。从 1988 年开始,海勒教授与杭州大学管理心理学团队开展为期 8 年的合作研究与研究生培养,重塑了中国管理心理学的社会—技术系统研究模式,对管理决策理论发展与跨文化管理研究产生了深远的影响。

□ 奈勒教授(James Naylor，1932—2013)。俄亥俄州立大学心理系的奈勒教授是工业心理学与管理心理学理论发展、定量实证方法和学科建设的先驱。作为联合国教科文组织工业心理学学科指导专家组联合组长,奈勒教授早在 1980 年代就带队专题考察与指导杭州大学工业心理学专业的建设并指引学科新方向。在 20 多年的合作与指导中,他为中国管理心理学发展作出了战略性的重要贡献。他创刊《组织行为与人类决策过程》(OBHDP)顶级刊物并担任创刊主编 33 年,显著推动了从人类绩效到组织行为的研究与发展,引领了以决策过程研究为主线的组织行为心理机理研究新方向。

□ 米勒教授(William Miller，1925—2017)。斯坦福大学原常务副校长、斯坦福国际研究院原总裁米勒教授是计算机科学、创业理论、变革策略和生态系统理论的先驱和奠基人。他最早积极推动管理学和管理心理学领域的高层次国际学术交流与合作。本世纪初应聘担任浙江大学全球创业研究中心创始联合主任、米勒创业创新研究院理事会主席,米勒教授热情指导、推动和引领创业管理学科建设和跨越发展。他创立"创业生态栖身地理论",所著《硅谷优势》等重要著作成为全球创业创新领域新范本,带领与指导多项重点研究项目,引领创业管理心理学发展的新方向。

工业心理学、管理心理学和相关学科领域一大批先驱人物的相关学说、精神、方法、套路等对我国管理心理学乃至心理科学发展发挥着长期指导作用。

2) 专业人才培养与教学科研论著。我国管理心理学在注重专业人才培养的同时,先后完成了一系列重要教材与论著工作,包括管理心理学教材、著作和大量研究报告,并分成筑潮、涌潮和高潮三个阶段。

□ 1980 年代为筑潮阶段。在启动一系列课程教学和领导干部培训的过程中,全国各地出版了多种管理心理学教材,筑起了管理心理学学习与应用的热潮。比较有影响的有卢盛忠等的《管理心理学》(浙江教育出版社,1985),陈立的《工业管理心理学》(上海人民出版社,1988),徐联仓等的《管理心理学》(科学出版社,1986),张厚粲的《心理与教育统计学》(北京师范大学出版社,1988),俞文钊的《管理心理学》(甘肃人民出版社,1988),徐联仓、凌文铨的《组织管理心理学》(科学出版社,1988)和王重鸣的《劳动人事心理学》(浙江教育出版社,1988b)等教材。来自机械工业部、电子工业部、纺织工业部、石油工业部等各工业部委的大批领导干部与管理人员积极参加多种形式的管理心理学与行为科学培训。

□ 1990 年代为涌潮阶段。在广泛开展管理心理学研究和学科建设的基础上,管理心理学的学科体系与研究方法得到不断的发展并日趋成熟。王重鸣出版了《心理学研究方法》(人民教育出版社,1990)等教材,为管理心理学和心理学各专业提供了研究方法的体系和应用策略。管理心理学是心理学专业、应用心理学专业、管理学专业、教育学专业和经济学专业等多学科专业的必修课程,也成为各类管理培训与技能开发的主线。管理心理学在管理干部与经理人队伍建设中作为重要培训和应用内容。

□ 新世纪为高潮阶段。进入新世纪以来,管理心理学的研究应用与理论创新日益活跃。我国院校出版了一系列反映管理心理学研究成果的各类专著。林崇德教授主编的《应用心理学书系》中的王重鸣著《管理心理学》(2001)成为新世纪管理心理学的重要教材之一。该书系荣获第五届国家图书奖、第二届全国教育图书一等奖和全国普通高等学校优秀教材一等奖等荣誉。我国管理心理学的理论体系、应用方法和教育模式不断创新,在线教育和学习平台日趋普及,成为各类学科专业人才培养、创新性人才开发和社会服务的重要知识基础。

管理心理学分支机构发展推进了研究与应用。我国陆续成立了有关管理心理学研究与应用的学术团体和机构。中国心理学会建立了工业心理学专业委员会,指导全国工业心理学的理论与应用工作走上新的台阶。同时,行为科学逐步得到普及与应用。1985 年,成立了"中国行为科学学会"和各省市行为科学学会。1980年起,全国许多院校先后开设工业心理学专业或管理心理学方向(本科、硕士点、博士点);1990 年,教育部批准杭州大学工业心理学专业为国家重点学科和国家重点专业实验室。

回顾发展历程,展望创新未来,管理心理学的发展离不开学科先驱的引领与激励。请阅读"研究解读1.1 陈立与20世纪中国工业心理学",思考和讨论工业心理学如何继往开来,不断加强心理学理论创新和实践应用,实现全新的跨越。

研究解读 1.1 陈立与 20 世纪中国工业心理学

作者:杨思梁(美国休斯敦市)

发表刊物:《心理学报》,2011 年,第 43 卷,第 11 期,1341—1354

解读评价:杨思梁的文章从陈立先生的传奇经历,围绕 20 世纪中国工业心理学的起步、成长和发展,展现了陈立先生对中国工业心理学乃至心理学科的重大贡献。作为陈立先生的学子,我在《没有比好的理论更实用的——追忆恩师的理论教诲》一文中,重温了恩师在注重理论导向、开拓国际视野和构建三段模式、强调方法创新方面的谆谆教诲。"高原训练,理论冲浪"是陈先生的重要育人模式。精读心理学国际经典文献打下扎实理论基础,为期一年每天 30 页原版论著阅读课程的高强度"理论拉练",成为学子成长的"发动机"与"助推器"。"预习式专题互动讨论课"是陈先生的专业训练途径,互动研讨,解惑顿悟,心智转换。陈先生总是鼓励学子注重理论要点的"你能行的"历练。"三段论研究模式"是陈先生创立的中国特色心理学研究方法论:访谈案例—问卷调研—实验论证。科学研究与人才培养在解题中、在企业中、在实践中。在陈立先生高屋建瓴的指引下,中国工业心理学以开放、合作、实证、创新、服务的新模式实现了跨越发展。

研究内容:陈立于 1933 年在伦敦大学获得博士学位,加盟英国国家工业心理研究所,开始其工业心理学生涯,回国后成为清华大学和中央研究院的工业心理学研究员并撰写了《工业心理学概观》,在可读性、实用性、科学性、前瞻性方面独树一帜。改革开放以后,创建了中国工业心理学专业(评为全国重点专业与国家重点专业),开展高层次人才培养;创建了中国行为科学,开展中央多个部委所属企业领导干部的短训班,创办了《应用心理学》(前期称外国心理学)杂志。注重计算机管理、网状结构组织、组织变革与新技术等一系列新兴领域的高质量研究。在传道授业方面解惑为先,严格要求,名师出高徒。多位毕业生成长为中国管理学、心理学和著名企业的领军人物和栋梁之材。中国工业心理学特别是管理心理学在改革开放的新征程中走上跨越式发展的快车道,成为时代的引领学科。

1.2　管理心理学理论与实践特征

1.2.1　管理心理学主要理论基础

管理心理学的理论以古代思想为渊源，以心理科学为基础，以科学管理为延伸，以管理实践问题和需求为导向，形成了自身的体系和发展方向。

（1）管理思想演进与管理科学

1）中国古代的管理思想。在中国五千年文明史的发展中，涌现出深邃的管理思想和精彩的实践。在思想理念上，从儒家、道家、法家到孙子兵法，古代管理思想在德政治理、自我管理、自我修炼、道法自然、道德规范、社会等级、中庸思想、关系导向、面子观点、圈子文化乃至辩证思维、战略运筹等诸多方面至今不同程度影响着人们的生活、工作、决策与管理行为。思想家们一贯重视人的智能问题。孔子在论及智力和能力的问题时以所谓"上智"、"下愚"、"中人"做出解读，是最早的智力类型差异思想。知人善任、尊贤任能是我国古代人才管理的基本思路。在先秦诸子中，荀子是最重视人才能力素质分析的先哲。

在经营实务上，从区域经商的徽商、晋商、浙商、甬商、温商、粤商到潮商，充分体现出中国传统商务创业精神，在经商策略、经营理念、经营管理上表现出各自的特色。在我国70多年的社会主义经济发展与管理改革实践中，无论在商务能力、领导策略、组织管理、经营理财，还是在选任用人、文化建设和创业创新等多方面，都有大量的亮点思想与成功实践，成为管理心理学发展的中国文化特征与精神元素。王重鸣（1996a）在参加编撰《国际工商管理大百科全书》中总结中国管理的思想渊源时指出，中国古代管理思想在实践中得到最广泛应用的是有关能力素质的思想，在多种管理实践中，形成了系统观点和评价方法，成为管理思想应用的典范。

上述管理思想与实践，为深入研究中国能力思想提供了重要的参考，尤其在心智模式、工作技能、领导力与能力开发方面提供了经典参照。

2）学科理论基础。从19世纪末至20世纪初，管理逐步形成科学管理学派。与此同时，从德国心理学家冯特创建世界上第一个心理学实验室开始，心理学成为一门独立的学科。科学管理学派注重对工作任务的分析与设计，以提高生产效率为直接的管理目标，以便增强工作效率、工作绩效和组织效能。通过科学的管理方法，优化工作行为及其与工作环境的关系，取得绩效的持续发展。在科学管理理论与实践发展的同时，行政管理学派也引人注目，并与行政管理心理学的新课题结合在一起。与科学管理学派注重降低生产活动成本和规范管理的思路不同，行政管理学派强调提高行政管理效率与应用效益。

管理理论的重要方面是迅速发展的行为科学理论。行为科学理论特别强调管理行为的多维性和多因性以及行为机制，涉及心理学、政治学、社会学、人类学、管理学、法学、金融学、环境学、创业学、数学与计算机学等多个学科领域的发展。行为科学理论研究的问题范围日益广泛，既包括个体的心智能力、个性态度，也涉及团队动力、领导行为以及组织变革与创业创新的最新领域。

3）管理学科与管理理念。在管理理论与实践的沿革中，管理基本理念与思路在不断沿革，从科学管理、人群管理，到人本管理、创业创新管理，先后出现了X理论、Y理论、Z理论、E理论和D理论，体现出管理的基本理念即对管理心智的假设。

□ X理论的观点。在早期科学管理时期，X理论比较流行。其基本假设认为：人生来就不喜欢工作，倾向于逃避责任，必须在指导下才能投入任务，运用处罚、制约的办法可以使得员工努力工作并实现目标。在这种理念下，强调通过强化经济手段来监管、惩处、严格约束和管控员工。

□ Y理论的观点。进入人群管理阶段，Y理论的观点认为人生来愿意在体力、心理上努力工作而获得乐趣；在管控的同时，需要人际互动并作出指导和自我控制；自主实现需要的满足可以促成工作成就；员工学习以追求目标，激发员工潜能并发挥能力。通过群体合作促进人们的工作与发展。

□ Z理论的观点。1990年代以来，进入人本管理阶段。Z理论采用了人本管理的思路，从整个组织来看待管理模式与理念。注重终身聘用、长期评价和缓慢晋升，强调职业安全、稳定工作，鼓励员工忠诚度，期待形成成长型公司文化。

□ E理论的观点。进入新世纪，创业创新成为主线，E理论（entrepreneurail theory）日趋流行（王重鸣，2020）。E理论认为，创业创新型人才尤其是新生代具有内在的自主性、互择性、创造性和求成性。在工作中注重自主空间、发挥自我、结群互助、首创机会和探索实现。以E理论开展管理，需要创造机会与平台，给予授权与赋能,强化自主与持续激励,追求精益管理、责任管理、可续发展,获取高水平的"工作—生活质量"。

□ D理论的观点。随着互联网、大数据、智能化的发展,数字化D理论(digital theory)成为新潮流。大数据具有量大、多样、快速、价值和真实五项特征,D理论强调数据与数字互联的理念,认为人与自然万物互联,人与自然在数字化场景更容易融合、嵌入、透明和发挥自我,强调数字心智、数字流利度、虚拟平台、开放共享和数字生态可以全面提升智慧时代的人与组织适配度(王重鸣,2021)。

(2) 交叉学科与学科发展特点

随着我国经济体制与管理改革的不断深入,管理心理学的研究与理论和多种学科分支交叉融合,日益取得新进展。

1) 管理心理学与心理学科分支。在与心理学各分支学科协同发展方面,管理心理学与人事心理学紧密结合,在心理测评、胜任力评价、人才选拔、在线学习迁移、培训开发辅导、薪酬与绩效策略和高绩效工作系统等重要领域取得显著进展;与社会心理学融合,在社会认知、归因理论、态度改变、群体心理和文化价值观等方面密切关联;与劳动心理学衔接,在心理负荷、作业效能、工作设计取得新进展。管理心理学与其他分支诸如消费心理学、临床心理学、神经心理学、教育心理学、发展心理学、健康心理学、工程心理学、实验心理学等也都息息相关,出现了一系列新兴心理学领域。

2) 组织行为学与人力资源管理多领域融合发展。管理心理学与组织行为和人力资源管理最为密切。许多理论、研究、应用与方法相辅相成。张志学、施俊琦、刘军(2016)评述了组织行为与领导力研究的进展与前沿领域,追踪了2009—2014年在国内外著名期刊发表的有关组织行为的2 548篇和领导力领域的903篇研究文章,共计3 451篇(其中中国学者参与或独立发表的有416篇)。深度分析表明,组织行为的研究热点主要集中在个体动力机制、员工主动行为(组织公民行为、建言行为)、组织氛围(组织公平、组织情绪、组织文化)、工作团队与合作机制、个体认同机制(道德认同等)以及负面组织行为等选题,且大部分研究比较集中在个体行为方面;而有关领导力的研究热点主要集中在领导成员交换关系、变革型领导、高管团队等方面。对国内重点期刊《心理学报》《管理世界》等11种期刊的考察,检索了组织行为与领导力领域共799篇文章,也主要围绕上述国际研究相似选题以及授权领导、组织学习与变革等领域,明显反映出解决现实需求的重要性。组织行为与领导力是心理学研究者与工商界交叉最广和最深的领域。管理心理学研究与中国管理实践的理论创新成为引人注目的新发展。

3) 管理心理学与工商管理等多学科发展。管理心理学理论发展的重要特点是与工商管理的日趋融合,也大大促进了工商管理学科的发展。周轩与章小童(2018)在改革开放40年中国工商管理研究的回顾与展望中,讨论了工商管理研究拓展到组织变革、商业模式、技术创新、创业管理、企业文化等热门话题的进展,以及从激励角度,关注内部创业导向、个体创造性、管理创新行为等新领域,尤其是组织情境因素(结构、领导、资源等维度)与生态组织以及科学精神、科学方法等原创式理论创新与大数据行为模型研究,显示出管理心理学在工商管理研究与应用的交叉发展。此外,管理心理学的发展与管理学、经济学、创业学、社会学、计算机科学以及工程设计、健康医学、数字科学和智能工程等诸多学科方向紧密相关。

4)管理心理学与行为经济及行为神经领域的关系。行为经济学和行为金融学以及数字经济时代的许多新选题都是与管理心理学交叉的创新领域。管理心理学与脑科学和神经科学领域也日益关系密切,特别是在弹韧机制、责任行为、前瞻警觉、管理决策、变革管理、创新创造和危机管理等领域,行为神经机制成为活跃的前沿研究课题,推动了神经管理研究从感知式实验转向决策、思维和行为机制领域。管理心理学和计算机科学及数字化智能化领域的合作,也成为研究与应用中最有前途的新领域,正在演绎出新的交叉学科分支领域和形成新的学科发展动能。

1.2.2 中国管理实践与研究趋势

(1)中国企业管理与实践特征

1)中国式企业管理的研究。随着我国改革开放的日益深入,中国式管理实践日趋成熟,提出了一系列重要理论与实践问题。管理心理学也在展示新的特征与模式。从2005年开始,国务院发展研究中心、中国企业联合会和清华大学联合承担,由陈清泰、蒋黔贵、赵纯均三位资深专家主持"中国式企业管理科学基础研究"重大项目。从实证研究入手,以管理科学理论为学术支撑,开展了背景研究、案例研究、专题研究和理论研究。深入分析了中国企业生存发展的环境,选择20个不同行业的35家在国内外有较大影响的成功企业进行深度剖析,总结出中国式管理的基本特征。赵纯均(2013)深入阐述了中国式企业管理的九项特征。见图1.2所示。

□ "中"的精神:实用理性的辩证智慧。强调从实际出发,重视逻辑洞察和变化预测。既包含"天人合一"、"中庸和合",又体现创新精神和家国情怀。

□ "变"的战略:高度权变的调适思考。注重在复盘中提炼,在否定中升华,高度危机意识,紧扣发展脉络,敏捷整合资源,适度超前引领。

□ "强"的领袖:企业家的德、魅、愿。基于自我修炼和德行操守,重视情法协调兼顾。高度的人格魅力,强烈的事业追求。高远的使命感、责任感和理想信念。

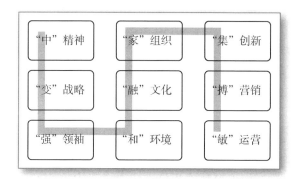

图 1.2　中国式企业管理九特征模型

□"家"的组织：中国色彩的组织控制。突出身份认同,讲究情感互动和忠诚付出,重视关爱信任和平等服膺的新型家庭化组织管控。

□"融"的文化：个人价值与时代共鸣。企业文化融入强烈的企业家色彩和浓厚的时代辐射,管理实践与企业的使命、愿景、价值观的元素相容,焕发旺盛的生命力。

□"和"的环境：政治分寸与关系和谐。重视长期的关系维护和利益相关者共赢,关注企业社会责任和公众认可度。企业行为契合社会发展。

□"集"的创新：标杆模仿与整合再造。采取创造性模仿、集成式突破,全面学习,创新跨越。形成自身特有的创新能力和竞争优势,不仅注重技术自主创新,而且覆盖经营与研发等各环节的管理创新。

□"搏"的营销：从草根到极致的战争。从市场营销的价格战、促销战,转向"攻心战"、"运动战",缜密策划、构筑品牌,在市场竞争中创新胜出。

□"敏"的运营：恰当高效的基础管理。注重信息化、标准化、规范化,快速响应市场,柔性延伸流程,塑造高质量的管理实践。

上述中国式企业管理的九项特征从精神、战略、领袖、组织、文化、环境、创新、营销和运营九个方面,系统梳理了中国式企业管理的成功之道,为管理心理学结合中国企业管理的实践开展理论应用与创新指出了新的路径,成为管理心理学的重要研究基础。

管理心理学在研究与应用实践中不断拓展理论构思,新概念、新方法层出不穷。请阅读"第1章研究案例　社会创业导向构思的探索性案例研究",思考、理解和讨论如何运用案例研究所采用的思路与方法,以数字化创业为例,在新实践中提炼新的数字化创业导向的构思与概念,从而了解管理心理学研究的新问题、新构思和新方法。

作者：盛南、王重鸣(浙江大学)

发表刊物：《管理世界》，2008 年，第 8 期，127—137

案例分析：王重鸣在主持和承担国家自然科学基金资助的全国首项创业管理领域重点项目"基于人与组织多层互动匹配的企业家成长机制与创业环境研究"时开展了一系列案例研究。这项研究围绕方兴未艾的社会型创业开展并行案例分析，运用结构行动理论的脚本分析框架进行研究，从合法性、胜任性和支配性三个方面，探索和界定社会型创业导向的企业社会匹配、共赢规则创新和边缘资源整合三大维度及其特征。依据国际上判断社会型创业的标准(组织行为创新、直接社会影响、自我持续能力等)开展采样，选择了杭州三替公司、临安东客食品公司、中阿化肥公司、百事投资公司四家企业组成代表性样本。运用半结构化访谈及案例资料采集获取多种资料数据。跨案例分析首次提出我国社会型创业导向新概念，为社会型创业的研究与发展提供了新的理论框架。见表 1.1。

表 1.1

社会创业导向基本维度的跨案例分析

社会创业导向维度	企业社会匹配	共赢规则创新	边缘资源整合
案例结构行动脚本	合法性	胜任性	支配性
三替集团	吸纳下岗失业人员 提供免费中介服务 组织职业技能培训 创造关注行动氛围	降低成本快速发展 设立员工联系电话 政府业务提升品牌 员工培训提升能力	识别特长整合优势 下岗工人外部资源 培训提升组织承诺 减少人资外流现象
东客食品	课题研究污染解法 生产蒲炭消化桃蒲 带动他企参与开发 桃蒲原料绿色农药	获取环保部门支持 院校结盟科研攻关 避免底层价格竞争 开发高附值衍生品	创新转化污染原材 课题申报获研究费 合理布局自有资源 机构合作整合人资
中阿化肥	解决化肥低利用率 参与产品国标制定 接手工程挽回损失 安置下岗避免事件	全国布点实测品种 农化网络监控肥效 示范农户普及理念 兼并重组文化建设	建立农化服务网络 主动参与行标制定 占据无形资源优势 改造项目转化资源
百事投资	合规经营遵规行事 积极开展部委合作 响应西部开发战略 参与沙漠治理活动	研究品种种植技术 提供农民技术服务 制定规范种植程序 沙漠种植确保供给	服务西部重点区域 技术优势开发沙漠 清盘收购掌控资源 解决耕地资源问题

我们在此项研究中创建了社会创业导向的企业社会匹配、共赢规则创新、边缘资源整合三维模型,并运用管理心理学测量方法,设计、验证与开发了"社会创业导向 SEO 量表"(social entrepreneurial orientation),量表工具 1.1 为该量表的题项,可供读者采用。

---

　　2)中国管理实践的五项特征。管理心理学的沿革、研究、应用、发展,在很大程度上与中国管理的改革实践和实证研究成果密切相关(Wang,1996b;王重鸣,2020,2021)。我们的研究表明,在创新驱动的战略下,中国企业管理实践显示出以下五方面的新特征,大大推动和提升了管理心理学研究和学科体系的创新和升级,成为管理心理学的新趋势和新内涵。这五个方面的特征引人注目:变革转型、协同创新、数字互联、团队动能和可续发展。

　　□ 变革转型特征。中国管理实践的第一项特征是变革转型。如前所述,管理心理学的理论与应用和中国式企业管理

> **量表工具 1.1　社会创业导向量表题项**
>
> ① 深化与利益相关者各类合作
> ② 提升与利益相关者合作效果
> ③ 重要决策前考虑利益相关者
> ④ 各类组织建立广泛合作关系
> ⑤ 开展政府鼓励的产业与业务
> ⑥ 发展战略符合政策产业规划
> ⑦ 经济效益与社会效益相并重
> ⑧ 提供社会紧缺的产品或服务
> ⑨ 重视利用不受人关注的资源
> ⑩ 重视发掘多种资源潜在价值
> ⑪ 所谓废物是放错位置的资源

实践的关系日益密切。如果说 1980 年代以概念研究、对照检验为多,1990 年代以合作研究、开发工具为主,进入新世纪以来则以系统研究、建构理论为重。比较有代表性的三个重点项目是:王重鸣先后主持承担国家自然科学基金资助的首项创业管理的重点项目"基于人与组织多层互动匹配的企业家成长机制与创业环境研究(70232010)"(获得"特优"评价)和第一项重点项目群"基于中国管理实践的理论创新研究"的重点项目"基于并行分布策略的中国企业组织变革与文化融合机制研究(71232012)"(获"优秀"评价);由陈清泰、蒋黔贵、赵纯均主持承担的"中国式企业管理科学基础研究"重大项目,以战略和组织为中心,从企业经营的多维度视角,总结了中国企业 30 多年来所取得的成功经验和中国式企业管理九项特征(参阅本章 1.2.2 节)。中国企业的变革转型与创新实践为管理心理学的发展提供了全新机遇和重要选题。

　　□ 协同创新特征。中国管理实践的第二项新特征是协同创新。各项事业日

益表现出从渐进式的局部创新转向重塑式的整体创新,特别是在科技应用、产业升级、经济转型、社会管理、教育改革、人才开发等诸多领域,都显现出协同创新模式和共享创新理念。协同创新对于科技型企业、数字化转型、互联网商务和跨文化国际创业等新兴领域都至关重要。从20多年前开始,我们与国务院研究与发展中心合作,通过深度分析、系统梳理、精心提炼,专题设计了联想文化的内涵,第一次把创业创新作为我国创业型企业的一种核心价值观,把"服务、精准、共享、创新"作为管理心理学有关文化价值观研究的核心元素,至今具有重要的理论价值和实践意义。

□ 数字互联特征。中国管理实践的第三项重要特征是数字互联。越来越多的传统企业正在实施数字化转型,通过大数据分析方法,与线上线下客户需求的精准对标,形成数字化与智能化的工作模式、管理创新、客户服务、精准设计、智慧运营、精准绩励、数字领导、数字公司和智能仓储等新目标和新策略。比较成功的数字化转型采取渐进方式来协同多部门策略、洞察消费者需求和共创新价值。一项由全球3000多位总裁参与的调查表明,吸引、保留、发展创新团队骨干队伍,建设高绩效的创新组织文化,实施战略性变革和数字化转型等,成为转型升级与获取竞争优势的新路径。

□ 团队动能特征。中国管理实践的第四项重要特征是团队动能。面对日益增强的交叉职能团队、虚拟团队、数字化团队、科技创新团队、跨界商务团队、多重项目团队的崛起以及数字化多层次团队平台系统等的出现,形成了一系列新挑战、新动力,激活团队的新动能,即通过加强团队内外的互动、协作、共享、共赢,创建团队化的共享创新团队系统,成为管理心理学研究与应用的新任务和新内容。

□ 可续发展特征。中国管理实践的第五项重要特征是可续发展,强调从职能式的"任务绩效"管理实践,转向发展式的"可续绩效"和可持续发展能力建设。中国管理的变革转型实践显示三方面的策略:数字化转型、精益化转型、国际化转型,尤其是在人、财、市场、运营、技术、组织等方面做到"紧实平准"精益管理,面向高质量发展的心智模式和动态适配,强调节能环保、社会责任和绿色治理的生态系统和可持续发展新目标。

所有的企业组织都会在不同程度上面临心智转换创新能力、新型团队、数字互联和转型升级的多种挑战,在创新、合作、共享、变革、生态中发展,是管理心理学发展的新的机遇和方向。

(2) 管理心理学研究五大趋势

在创新驱动的管理实践五项特征的场景下,管理心理学正在显现五大趋势:

问题驱动、四元机制、中观分析、创业创新和数字建模。

1）注重问题驱动研究方法论。我们在管理心理学研究中逐步形成了富有特
色的问题驱动方法论。在研究过程中不断更新研究思路和研究方法，优化和创建
了基于中国管理实践的问题驱动方法论，包括情境嵌入法、组织动力法、演进建模
法三项方法。情境化研究方法促进了多层次理论的发展。张志学（2010）强调了管
理心理学研究的情景化方法论及其对于多层次理论建设的重要作用。由于个体、
群体与组织多层次变量会交互影响而形成高阶新变量的共同影响，研究情境化有
助于多层次理论的创新发展。

2）强调四元机制行为动力学。与普通心理学的"知情意"三元素相比，管理心
理学增加了"责任"这一工作背景的重要因素，即以认知、情绪、意志、责任作为管理
心理学的四元核心要素和行为特征。注重管理行为的认知元素、情绪特征、意志行
动和责任机制。图 1.3 是管理心理学"知情意责"四元要素，形成四元行为动力学。
我们研究提出，责任要素与知情意三要素相交叉，既包含责任认知与价值取向，也
蕴含责任情感与激情动力，又具有责任意志与担责行动。责任元机制是传统知情
意元要素基础上更为目标导向的高阶行为动力特征，对于复杂、动态情境下的事业
主导、创新驱动和创业精神具有高解释力。

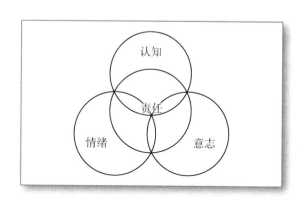

图 1.3　管理心理学的认知—情绪—意志—责任四元机制

3）强化中观分析研究脉络。王重鸣（2001）指出，1990 年以来，管理心理学日
益关注组织层面的问题即中观分析，并与组织行为学融合在一起。在注重个体行
为特征和群体中个体心理学问题的微观研究思路以及组织层面的体制、文化、战略
等情境因素及其与社会的交互影响等宏观研究思路的基础上，管理心理学的中观
思路以个体心理为基础，把注意力放在群体行为及其与组织管理过程方面的研究，
特别注重研究群体动力机制、领导行为、管理决策以及组织结构、组织文化、组织学

习、组织变革与发展等组织动力机制，并把研究重点放在个体、群体与组织层面的交互作用，或者称为"人与组织界面"的特征与机制上。特别注重团队运营与发展过程中所涌现出的一系列新的动力要素，又称为团队高阶心理特征（team emergent states），包括团队内聚力、团队化运营、组织决策、团队与组织界面、人与组织适配等新动能特征，成为中观研究思路下新的活跃领域。

4）聚焦创业创新前沿领域。在科技创新、成果转化、知识产权、互联网创业、可持续创业、跨境创业和各类企业的组织变革与发展中，创业创新的实践成为中国管理实践的主线并日益丰富。创业创新的迅速发展，极大带动了创业管理与创业心理学的迅速发展。创业（entrepreneurship）被定义为识别与利用商业机会的实践活动。创业是创造工作机会、促进经济升级、创新社会发展的重要途径。王重鸣（2015，2020）在《创业能力建设读本》中提出，从 1800 年代发展到今天，创业的内涵从开始基于"对财富的强烈追求"的冒险导向，到注重基于"破坏性的创新"的创新导向，发展到基于"行动领先、真抓实干"的行动导向，创业的三大要素是风险心智、创新驱动和行动领先。创业已经成为工作的新模式和职业的代名词，也为管理心理学与创业心理学研究与应用提供了全新的场景与选题。

5）拓展数字化赋能领域。大数据与数字化在工作、生活、管理、社会、技术等方面成为新的特征与场景，显现出一系列新的研究与应用领域。运用大数据方法，可以拓展招聘选拔的精准性和履历数据的效度，用以解决人才市场面宽量大的问题；开发适应性培训与大数据反馈系统，得以改进培训缺乏定制的局限；设计实时多层次绩效综合监测与反馈体系，解决绩效评估延迟和个体、团队和组织绩效分离的问题；建立数据驱动式管理决策与多团队协同系统，增强各级相关人员参与和项目协调能力；策划团队间互动与交流及创新活动大数据平台，鼓励多团队共享创新行为模式与趋势等。管理心理学研究十分关注数字技术应用对工作的影响、数字新生代员工的工作和管理模式的转换，重视数字平台、数字业务、数字政务、数字商务、数字创造等新实践，并进一步在数字思维、数字设计、数字学习、数字体验、数字项目、数字情绪和数字团队等高阶数字化行为方面进入了全新的研究与应用领域。

中国管理的实践与研究已经经历了漫长的时间。从中国古代管理思想与实践，中国近代商帮与发展，到中国现代特别是新中国创立以来的新实践、研究、应用与创新，展现出中国管理的发展与跨越。中国管理研究成为管理心理学的重要领域和发展路径。请阅读"研究解读 1.2：中国管理研究"，思考与讨论中国管理的主要特点与研究进展，并结合中国管理实践面临的新挑战，提出管理心理学值得研究的新课题。

作者：王重鸣

出版物：《工商管理大百科全书（全五卷）》，主编：马尔科姆·沃纳（英），1999 年，辽宁教育出版社出版

［Wang，Z. M. 1996c. Chinese management，In M. Warner（ed.），*International Encyclopedia of Business and Management*，London：Routledge］

研究内容：这是由剑桥大学著名管理学教授马尔科姆·沃纳（Malcolm Warner，1996）领衔主编（International Thomson Business Press），并由哈佛商学院著名教授约翰马尔科姆·科特（John P. Kotter）担任顾问主编的 28 人顾问委员会指导下完成的首部《工商管理大百科全书》，王重鸣教授作为唯一中国学者应邀加盟这个高层次专家委员会。《工商管理大百科全书》涵盖了构成现代管理的所有重要管理问题，通过 750 个词条集中、权威、动态地反映了现代管理理论和实践发展历程。不仅包括了大量的管理和经济理论方面最新进展和实践经验以及经济管理理论的代表人物与企业家传记，而且还包括了各大洲、各地区、各国的管理和管理教育的内容。1999 年，清华大学赵纯钧教授率全国 150 多位专家学者精心组织，编译出版了中文版，成为工商管理领域的基本原理指南和方法参照。

中国的管理思想源自古代文化传统、思想和实践，其中，包括儒家、道家、佛教和法家在内的先哲思想影响最为深远。本研究并非汇总研究进展，而是采用"文化—实践相融合"的行动视角，着重于从传统管理和改革开放实践出发，理解和提炼中国管理的原则要点与应用路径。古代管理思想与实践在职业道德、业绩评价、人事管理、财务会计、系统管理、生产与质量管控等方面都取得显著的发展。例如，中国会计系统建于公元前 475—前 221 年间，审计体系则在唐朝就设立，最早的官僚系统包含六类官级 360 种管理职位（公元前 1200 年—1100 年）。到 587 年左右，创建了世界上第一套科举制度并沿用了 1300 多年。科举制度强调多级筛选，通过基础知识与解题能力的考察，公开招聘，分为乡试、县试、会试并发展到包括能力、道德、临场表现和资历的考察。生产与系统管理包含了古代大型项目组织与管理，如修建长城和都江堰等），均是举世的工程经典。现代管理体制模式可追溯到 1930

年代解放区工厂的"三人领导"（厂长、党支部书记和工人代表）模式。1960年代的"鞍钢宪法"成为示范：即鞍山钢铁总厂尝试提高企业管理水平、调动职工积极性与首创精神、推动新技术涌现等重要探索，在实践中形成"两参一改三结合"的独特模式，即干部参加集体生产劳动，工人群众参加企业管理；改革企业中一切不合理的规章制度；企业领导干部、技术人员与工人群众相结合。1978年改革开放以来，管理体制与企业改革经历了激励放权的实验阶段、责任承包的提升阶段、体制改革的拓展阶段和管理结构的转换阶段等发展，其中影响较大的管理实践包括企业领导能力评价、管理决策参与管理、企业组织转型发展、技术创新战略构建等。我们在企业计算机应用研究中提出了界面层次理论和组织变革转型的三项策略：专长适应策略、系统适配策略和参与发展策略。展望新的发展，以宏观工效学思想推进整合管理和社会主义市场经济体制下的创新管理。

在40多年的跨越发展实践中，中国管理在三方面持续获得全新的发展：中国特色管理实践与模式创新，创业创新精神与创业能力，数字化转型与可续发展。

1.3 如何开展管理心理学研究

知识要点 1.3 研究创新与研究方法

理论创新： 情境嵌入、组织动力、演进建模；演绎建构、跨界拓展、责任价值
研究模式： 访谈与案例研究、调研与量化研究、实验与行动研究三部曲模式
研究效度： 构思效度、内部效度、统计效度、外部效度、伦理效度、生态效度
研究方法： 案例方法、问卷测量、统计建模、情景方法、大数据法、准实验法

1.3.1 管理学心理研究问题与模式

（1）研究的问题驱动与理论创新

1）管理心理学研究的方法思路。心理学研究方法在过去40多年得到了极大

的提升、创新和发展。记得 1984 年我在瑞典哥德堡大学心理系第一次采用结构方程建模方法创建人与计算机界面层次模型（即人与计算机多层次相互作用模式）时，运用的是大学计算机中心的大型机，需要自己编写模型程序和制订数据文件。很多人以为好的研究是依靠方法而产生的，其实不然！正如心理学大师科特·勒温所说："没有比好的理论更实用的！"方法是为目的服务的，目的是由理论指导的。这也是我从事管理心理学研究 40 多年来的最重要体会。正如陈立先生（1990）在王重鸣《心理学研究方法》的"前言"中强调的，心理学理论发展与研究方法繁殖体现血缘关系，鼓励"用科学来改进推理"，主张以研究对象的多样性而"不拘一格"采取多种方法与技术，而不是归于单一的研究方法"模板"或只局限于数据的处理。读者可以从中摄取启发，推陈出新，使我们在方法学的研究与应用中得到进一步发展，加快理论创新。

在管理心理学的发展中，研究方法不断更新。陈晓萍、徐淑英、樊景立（2008）主编的《组织与管理研究的实证方法（第二版）》从科学过程与研究设计、问题提出与理论建构、中国管理学理论构建、实证研究与实验方法、二手数据与案例研究、多种测量方法与建模、调节变革与中介变量、跨文化研究以及论文写作与发表等多个方面为我们提供了高质量、全新的研究方法指南。

在管理心理学研究中，如何运用问题驱动方法论？管理心理学研究特别重视在理论指导下，从实践问题出发，通过多种实证方法对理论假设作出多重检验，特别是实验或准实验方法的检验。图 1.4 为问题驱动理论检验过程的多环节模式。我们在前节已经说到过包含情境嵌入、组织动力、演进建模三要素的问题驱动方法论。

□ 情境嵌入法。在管理心理学研究中，通常把管理实践当成"背景"，并假定背景是相似和稳定的，只需要关注特定的变量及其关系即可。但由于管理实践情境日益动态和多样化，组织情境的变异度显著增大。因而，在研究中必须让情境嵌入解题框架，加强情境特征的组合和多水平效应验证。改变时下"单一关系"和"独立效应"方法论的局限，真正做到聚焦管理实践中的关键心理学问题开展实证研究。

□ 组织动力法。我们通过深度案例与实证分析，构建了中国企业组织动力（organizational dynamics）特征与框架。这里所讲的动力框架是指最能激发或推进组织变革与发展的过程要素（称为内在动力因素或高阶动能要素）的组合或体系。管理心理行为机制越来越多受到若干项高阶组织动能要素的影响，中国企业组织在转型发展场景形成了一系列与组织变革相关的团队特征动力与组织界面动力因素。前者涉及团队多样性、任务多重性和团队共享心理模型等团队动力资源；

后者包括文化价值取向、专业团队互动、管理权力分布、业务决策选择、公司文化变迁、技术创新响应、客户市场反馈、转型政策导向、联盟策略开发等组织界面动力因素。这些动力要素的关键点是其"后缀"动力特征：取向、互动、分布、选择、变迁、响应、反馈、导向、开发等。诸多动力因素交互作用，逐步构成关键问题导向的组织动力框架。

□ 演进建模法。中国企业管理演进建模是指运用阶段发展的视角，提取出管理心理学的阶段性情境特征并加以动态模型建构，以便表征出管理情境或工作情景的某种演进模式。比较常用的有演进情境权变法和演进情境敏捷法两种方法。其中，演进情境权变法注重不同阶段情境特征与文化特征之间的动态关系，包含结构柔性、决策分布、运营生态等组织情境特征，并与和谐、关系、多样等文化情境特征形成权变建构；演进情境敏捷法则提炼出诸如信息技术变革、变革文化建设等组织敏捷特征以及敏捷行动，确保研究的前瞻性、迭代性与开放性。

2）研究的问题驱动方法论。问题驱动方法论是从问题出发提出关键理论假设，通过实证检测，验证和发展新的原理策略并采取新的行动。如图 1.4 所示。在研究中，采用问题驱动方法论有助于揭示出中国企业管理实践的情境特征与组织动力因素，并纳入研究框架，实现管理研究方法论的创新。中国企业管理变革实践正在展示和"塑造"出一系列新的情境特征和组织动力要素。围绕企业在转型升级、创新驱动、数字智能化和国际化背景下实现全面、协调、可持续发展所面临的挑战与机遇开展深度研究。

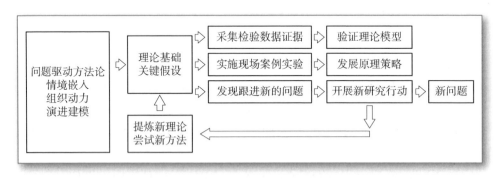

图 1.4　问题驱动方法的过程图解

管理心理学研究要求采用"问题、理论、方法、建模"的实证研究方法流程，即识别问题、回顾进展、建构理论、设计方法、案例访谈、问卷实验、实证检验、统计分析、结果讨论、提炼总结等。在这十项流程中，突出的方法论进展是"问题驱动方法论"。我们早在 1980 年代率先采用结构方程建模技术，研究构建了我国第一个基于结构方程分析的理论模型：人与计算机界面层次模型（Wang，1989）。进入新世纪后，我们先后主持承担了国家自然科学基金委管理科学部资助的多项重点研究项目，通过多年的实证研究，以认知科学的"分布式决策策略"和决策科学的"双栖式行为策略"为主要研究思路，创新性地验证了问题驱动方法论的情境嵌入、组织动力、演进建模三种维度和双栖研究策略（ambidexterity strategy），对中国管理问题及其动态机制研究特别是方法论具有重要意义。

3）研究的理论创新与社会责任。管理研究的重要目的是取得理论创新并把新的理论应用与实践。纳得卡尼等（Nadkarni，Gruber，DeCelles，Connelly 和 Baer，2018）在《管理学会杂志》（*Academy of Management Journal*）提出"颠覆式"或称"激进式"理论创新的途径，鼓励作出全新的理论洞察和范式转变，强调显著的创造性理论建构和新方向研究解读，从而使理论创新成为科学发展的基本动力。类似于科恩（Kuhn，1962）在《科学革命的结构》中提出的"新范式转变"。也如马奇（March，1991）提出的"探索式"组织学习与创新，不惧风险或失败，而不仅是停留在对现有解法的"开发式"渐进改进或佐证。"激进式"理论创新可以通过对现有理论缺陷、不足甚至危机作出探求，也可以提供全新的视角和作出独特的尝试。在理论上可以采取多种途径作出理论创新，鼓励相同领域的多位研究者共同作出理论焦点转移和尝试，不同理论思路之间互补式多层询证而建立新的理论。

☐ 全新式演绎建构。以新视角对实际现象或研究结果作出全新理论演绎，比较有效的研究方法之一是采用扎根理论，采取"草根式"素材采集和概念构思提炼的途径。例如，我们团队曾结合中国女性创业型领导现象，采用"扎根理论方法"提取概念线索并加以多级编码和理论提取，尝试激进式建构女性创业型领导的多维构思和理论创新（参阅第 9 章）。

☐ 唤起式跨越拓展。以新现象拓展理论边界，作出唤起式或联想性的界定、细化或者放弃，借用某些深层次概念或模式，提出创新性的概念框架，从而克服现象观察与现有模型之间的差距和不适用性。例如，有关高管团队战略型领导的"高阶梯阵理论"就是利用临床心理学和政治科学等多学科概念"唤起式"创建的（参阅第 2、9 章相关内容）。我们从元认知、元竞争等概念出发，唤起式提出的包含动力、活力、张力的"元领导力模型"也是这类理论创新的重要尝试。

徐淑英（2016）特别强调了社会科学研究的社会责任与伦理性，提出更多开展负责任的研究，获取同时具有理论价值和社会意义的研究与教学成果。在管理心理学研究中，我们提出一方面做到问题驱动，实现责任价值；另一方面尝试理论创新，提升理论价值，使之成为"双栖型研究策略"，努力达到事半功倍的成效。

（2）管理心理学研究的三部曲

管理心理学研究从比较习惯于个体水平分析或采用一般案例分析、态度式问卷调查和释义型统计分析等方法,转向从行为机理和成长模式上解释与揭示组织层面的关键特征与动态行为机理,强调从关键行为的情景表征机制(即从情景—行为单元加以分析与表述)和组织行为的"中观视角"(即组织水平的多层建模)的实证分析加以解决。从1980年代起,管理心理学就开始尝试采用访谈案例—问卷建模—实验检验的三段研究范式,管理心理学研究方法突出了研究的深层递进和系统性。这是指鼓励针对待研问题开展系列研究或层次设计,逐步形成多种研究范式,取得富有理论价值和应用意义的研究成果。以下讨论研究的三部曲方法论:

1)访谈与案例研究。作为管理心理学研究方法的第一部曲,先运用深度访谈或者案例研究报告开展探索性研究,初步识别实践问题并为本研究的构思或理论构想作出初步验证。通过深度访谈或现场案例对关键实践问题和研究构想开展探索性的考察,结合对以往研究文献的回顾,提出需要研究的问题,并设定研究假设、作出研究设计和制定研究计划。做研究需要先把研究的思路与逻辑理清楚:

- 针对什么关键问题? 问题是怎么来的? 主要难点在哪里?
- 通过案例解决什么问题? 聚焦的基本概念是什么?
- 情境与场景因素有哪些? 如何选择案例对象?
- 采用什么案例方法(或实证方法)? 采用什么分析路线?
- 聚焦哪些要点与关键行为? 获得哪些关键事例与解法?
- 获取哪些数据资料? 如何分析与提炼特征及其机理?

认真联结上述一系列问题。一种技术路线是从中观到微观:从组织层面入手,关注团队或项目特征,聚焦行为特征;另一种技术路线是从微观到中观:从关键行为表现出发,提炼团队或组织特征。在此基础上,通过内容分析与案例研究,作出结论性的关键因素或维度及其关系的理论图解,或提出值得进一步研究的理论假设。

2)调研与量化研究。作为管理心理学研究方法的第二部曲,根据新的研究计划,通过实地调研、收集案例、问卷调查、测量评价、结构访谈、明晰背景、充实素材、考察问题等,进一步构建与充实研究的假设与关系的论证。在访谈与案例研究的基础上,建构与完善研究构思与框架,并开展多层次问卷调查或心理学量表评价,检验和完善核心概念及其心理学内涵。例如,采用因素分析或回归方程分析变量特征及其相互关系,形成数量化的概念模型。在管理心理学研究中,特别需要选择好研究的变量,即研究的关键要素。例如,在研究工作激励机制时,识别和选择成就动机作为主变量,可以把这个主变量操作化为两个子变量:争取成功变量和回避失败变量,作为成就动机的两个关键维度。

在管理心理学调研的基础上,开展多种统计分析,建立统计结构模型,运用大数据分析和绩效分析,验证理论模型,提出进一步值得研究和修订的问题。在调研分析中,需要结合定性和定量的数据资料,不断优化案例研究和强化实证分析,学会"深入浅出、简明聚焦"。在数据与资料分析时,可以采用多张多案例对比表格和多层统计分析结果的比较表,分层次说明关键特征、明晰动力要素、识别关系模式、界定动态过程、分析理论意义和提炼应用价值。在检验理论假设或命题的基础上,提出解决问题的原则或策略。采用大数据方法,可以运用传感器等方法追踪工作行为、移动轨迹和互动时间,使我们得以获取整个团队或组织的实时数据,以预测其行为机制、团队动能和绩效模式等全新特征与研究问题。

3)实验与准实验研究。管理心理学研究的第三部曲是运用准实验或其他实验与实践计划,进一步开展实践检验,考察关键变量及其效应,做出具有应用价值的研究工作。从研究方法论的角度,因果关系的检验研究是在操作中、实验中、实践中,是在案例访谈、实地调研、假设检验的基础上,设计与策划相应的实验或准实验方法。许多管理心理学研究采用实验法,通过设置实验处理与实验条件,检验关键行为特征与过程及其多种效应,特别是因果关系以及各种研究假设,作出实验性的研究结论。管理心理学实验常用的模式有两种:准实验与实验。

从微观到中观研究的思路,既需要有创新的理论思维,又必须有可靠有效的实证研究方法。理论和数据是管理心理学研究的两个必要元素。基于问题驱动的理论构思是心理学研究的先决条件,而基于科学方法论的研究方法则是心理学研究的关键工具。在理论构思方面,管理心理学研究有三种思路:微观、中观和宏观的思路。更多有关方法论的问题与进展,请阅读王重鸣(2021)的《心理学研究方法》(新版)。在管理心理学研究三部曲方法论的基础上,制定研究计划。在制定研究计划时,不仅认真考虑研究的理论基础、具体课题和研究方法,而且充分预计可能遇到的问题或调整。在研究计划的制定过程中,广泛听取同行的意见与建议,完善整个研究计划和行动方案。

1.3.2 管理心理研究计划与报告

(1) 研究的效度与研究的计划

1)管理心理学研究的效度。王重鸣(1990,2001,2021)在《心理学研究方法》

中强调了研究效度的重要性。研究效度是指研究中达到所要测量和研究的某种目的的程度,也称作研究的真实性。在管理心理学研究计划与设计时,理解和策划研究的效度是至关重要的方法手段。心理学研究主要有六种研究效度:内部效度、外部效度、统计效度、构思效度、伦理效度与生态效度。

□ 研究的内部效度。这是指在研究的自变量和因变量之间存在关系的明确程度。内部效度的关键特征是,如果自变量和因变量之间关系并没有受其他外部变量的显著影响,那么研究就具有内部效度。内部效度的获得,主要是通过认真细致的变量选择和准确周密的研究设计。

□ 研究的外部效度。这是指实验和研究的结果能够一般化和普通化到其他的总体、变量条件、时间和背景中去的程度,即研究结果和实验效果的普遍意义或可应用性。外部效度要求避免单一情景、样本和方法,通过多个相互关联的实验或方法、不同样本的检验,并以多种研究情景来寻求具有普遍意义的结论。

□ 研究的统计效度。这是有关实验处理效应的数据分析程序与研究实证或实验数据检验与建模的有效性。统计效度主要取决于两个方面的条件:数据的质量和统计检验假设的满足程度。

□ 研究的构思效度。这种效度涉及研究的理论构思及其操作化的问题,即理论构思及其检验的有效性。在研究中要求在理论构思方面结构严谨、层次分明,并对研究中的自变量与因变量作出严格的理论界定,给予明确的操作定义及其测量指标。

□ 研究的伦理效度。我们把伦理效度定义为“在研究中以伦理标准指导行为和遵守规范的程度”,主要包含伦理标准、行为指导和规范遵守。在心理学研究中,主张从研究问题、研究构思、研究方法、研究分析和研究结论等多个研究环节提升伦理效度。

□ 研究的生态效度。管理心理学把研究的生态效度定义为“研究在选题、设计、实验和实证分析中适应实践需求、响应社会价值和顺应可续发展的程度”。生态效度关注所研究行为适应研究情境、实践环境和可续效能等方法论特征,把对象的生态代表性(并非统计代表性)、情境的生态嵌入度和行为的生态可续性作为效度的前提条件(详见王重鸣,2021)。

2) 研究的开题报告。管理心理学研究的计划书(开题报告)是开展研究工作至关重要的行动方案。通常包含以下方面内容:

□ 研究题目。要求简洁明了,突出重点,描述关键因素及关系。例如,某项研究报告的题目为“不同责任制下员工归因风格对工作绩效的效应关系研究”,题目中具体包含了“责任制条件”、“员工归因风格”和“工作绩效”的“效应关系”等关键要素。

□ 研究摘要。要求在500字以内,简述研究的目的、理论框架、研究方法和主要结果及其意义,并提出3—5个关键词。

□ 研究问题。结合中国管理实践的重要问题,说明"来龙去脉",具体说明研究背景、痛点问题和研究的目的与意义。需要从组织或行业的发展背景出发,指出关键问题与研究目的及价值。常见的情况是难以聚焦关键问题或选题过大而不够明确。研究者可以采用问题驱动方法论,加强问题识别、难点聚焦和过程解读。

□ 研究框架。围绕所识别的关键问题,考察以往研究的文献进展与待研究问题,明确研究的理论依据与分析问题的框架,使本研究有比较扎实的以往研究基础,能够"站在巨人肩膀上",从而提高研究的站位和起点。这里,研究者需要检索近3—5年的相关研究文献与咨询报告,提出本研究的理论框架(通常以关键要素之间的关系图表示),建立研究假设和技术路线。

□ 研究方法。围绕研究目的、关键问题、理论框架和理论假设,研究者需要在研究计划中描述研究的设计与方法,包括总体设计、取样方法、研究程序与测量及分析方法。

□ 预期工作。计划研究的主要步骤、阶段目标、时间框架、实证程序以及每个阶段的具体安排。还需要预期相应的费用安排。

□ 参考文献。列出国内外主要参考文献,最好是实证报告及近期文章等,包括期刊的卷号、期号及页码。

从大部分的研究来看,一旦启动研究工作,都会碰到"计划外"的变动或者发现新的问题或机会,需要根据研究进展及时调整计划和修订提出新的研究方案,作出新的研究行动。

（2）管理心理学研究主要方法

关于研究分析方法,张志学、施俊琦、刘军(2016)在总结组织行为与领导力研究的方法创新与未来趋势时认为,近年来研究方法的创新主要体现在出现了整合的多层模型分析方法,即抛弃零散检验的方法,而将模型中所有的关系整合在一组方程中进行估计,提供更为准确的点估计值。建议采用多层次结构方程模型方法,并积极尝试针对问题复杂性、动态性开展数字化、亲验式研究。在管理心理学研究中常用的方法有案例方法、问卷测量、统计建模、情景方法、大数据法和准实验法。

1) 管理心理学研究的案例方法。案例分析与研究是比较流行的方法,通常以访谈方法入手,采取单案例深度分析或者多案例组合分析的方法,探究案例的背景、场景、人物、时间、地点以及关键事件,并尽可能采集绩效数据,加以综合分析。许多案例分析还采用"扎根理论方法",从管理实践中提炼新概念和新特征。开展案例分析时,需要充分准备案例要点框架与辅助资料,加强研究案例的方法运用,注意案例角色的动机和情感特征。通过角色定位来提高对现实案例过程的理解和可预测性。在许多场合,防止出现"社会称许性"偏差。可以采用不引人注目的访谈与测量方法,使得受访者在不经意中作出行为选择或态度表现。本书每一章都解读一项已发表的"研究案例"。研究案例不同于一般案例之处是注重采用研究框架或提炼理论原理。读者可以学习与参照这些研究所采用的案例研究方法,策划自己的研究性案例。

2) 管理心理学研究的问卷测量。管理心理学研究中常用心理测验或其他测评工具要求具有标准化、客观化、常模化、可靠性和有效性等特点。其中,测量的信度是测量反映被测特征真实程度的指标,也称为测量的准确性或测量的一致性。最常用的信度类型是内部一致信度(Cronbach 的 α 系数)等。测量效度是指管理心理测量的有效性,即测量到的是不是所要测定的心理特征,涉及从测量分数作出有关心理特征推论的程度。推论总要依照一定的标准。所以,测量效度也是指测验与某种外部标准之间的关系程度。测量效度按评估目的和用途不同,常用的有几种类型:内容效度、同时效度、预测效度和构思效度等,还包括聚合效度与辨别效度等新的效度类型。

3) 管理心理学研究的统计建模。管理心理学实证分析多用各种统计分析方法并采用不同的统计分析思路。描述统计方法包括数据特征检验、数据的集中趋势(常用平均数或中位数)、离散度(常用 SD)、偏态度、峰态度以及数据的频次分布。在分析时需要包括背景数据、行为数据、态度数据和绩效数据等。管理心理学研究涉及多种变量,需要进行多变量的分析。比较常用的有多元回归分析和因素分析等方法。因素分析是从众多变量的关系中归纳出少量基本因素的方法,成为理论建模和分析手段优势兼备的研究方法。管理心理学研究还常用验证型因素分析,通过"线性结构方程分析"(LISREL)和"多层次建模分析"的专用统计软件包实现理论建模。此外,方差分析也是一种研究方法和思路。采用方差分析,可以检验诸如职位、性别等类别变量的效应及其交互效应。由于多种因素的复杂关系,在研究中常常通过调节效应、缓冲效应或交互效应考察真实的效应关系。

4) 管理心理学研究的情景方法。管理心理学研究普遍采用情景方法。其中,情景模拟法比较常用,通过对模拟情境中工作行为的观察来确定所需的综合能力。例如,公文筐测验。公文筐测验包括将处理的信件、报告和其他类似文件,从个体对公文筐文件的处理来评估绩效,较有效地测评管理者的认知能力、沟通能力和决策判断能力。关键事件技术(critical incident technique)由弗拉纳甘(Flanagan,1954)首创,是通过直接观察解题过程来采集基于特定情景的明确事例而建构心理学原理的方法。所谓"关键事件"是指人物、群体、行为具体明确且因果效应明晰的情景性事例,包括决定活动目的、开发采样要求、采集数据、分析数据和解读与报告五项环节。可以运用管理者综合能力评价方法,要求在某项工作上绩效优秀的人员描述其处理得"特别好"和"特别差"的事件及场景,通过对这些"关键事件"的定性分析来确定具体任务所要求的综合能力。

5)管理心理学研究的大数据法。大数据和人工智能(AI)对管理心理学领域的研究与应用具有全新的价值,通过大数据分析建模和人工智能应用提供新的分析视角和研究框架,其中,采用链接数据源、建立大数据模型、组织层面的大数据、机器学习问题和应用的理论建构、技术算法和应用方法越来越普遍。奥斯瓦尔德等人(Oswald,Behrend,Putka和Sinar,2020)在大数据管理心理学的专题综述中,把人力资源与组织背景下的大数据方法定义为"以大数据方法与研究模式自下而上采集与分析以实践导向与问题聚焦方式积累的实时研究数据的方法",以此获取数据资源、多源资料、高时间密度、跨地域、跨文化和同步行为数据等研究证据。大数据方法注重大数据管理与基础架构、大数据研究技能、大数据可视化、大数据算法与分析策略以及运用大样本、大数变量、在线游戏数据群、社交媒体、视频数据、物联网数据和移动传感测量等研究能力,并处理好在线方法的隐私、伦理及法规问题。

6)管理心理学研究的准实验法。越来越多的管理心理学研究在现场实地开展,以便提升研究的真实性、实践性、因果性和生态效度。准实验方法是最有效的方法。王重鸣(1990,2001,2021)在《心理学研究方法》中提出几种比较有效的准实验方法,主要包括交叉滞后组相关设计、不等同对照组设计和间歇时间序列设计三种准实验。王晟、诺伊和王重鸣(2014)采用准实验研究方法,深入研究了激励知识管理系统中的知识分享特征与机制。请参阅第 6 章的研究解读 6.1,进一步了解这项研究的方法与理论成果。

(3)如何总结和撰写研究报告

在对研究数据进行分析以后,就需要从研究的理论框架和目的出发,根据数据分析结果,作出合理的解读,使结果的管理心理学意义充分展现出来。管理心理学的研究强调对分析结果的解释和提炼。这是一项创造性的工作与活动,不但需要根据研究的理论框架汇总对假设的验证与解释,而且重在发现和分析超出预期的创新点并延展出较为系统的理论原理,也为进一步的研究提供新的理论指导和知识基础。

1)研究的提炼与写作要求。研究报告的撰写需要丰富的想象力和融汇最新的进展。研究结果解释既是对研究程序和资料的实际评估,又是一种沟通管理心

理学含义的艺术。管理心理学研究报告与论文撰写主要有六项要求,可以供我们在撰写论文报告时参考:

    ◘ 具有扎实的文献基础和明确的研究构思及基本假设;

    ◘ 集中展示关键问题、理论新意、焦点论题和进展;

    ◘ 详细说明研究的样本、测量、程序、分析与方法;

    ◘ 数据信效度较高、实证分析翔实、结果解释合理;

    ◘ 结果讨论综合简明、突出重点和聚焦创新的亮点;

    ◘ 总结与提炼研究重要理论意义和应用价值及建议。

2) 管理心理学研究报告的撰写。研究报告的撰写包括六个部分:

□ 问题提出部分。围绕拟解决问题的背景、关键问题,指出本研究的主题及其理论和应用重要性。

□ 理论框架部分。针对所提出的问题与相关变量,检索国内外以往研究文献,了解相关研究的主要进展、理论模型和方法,有待进一步研究的建议,为本研究所提供的理论框架。

□ 研究方法部分。说明研究的样本、概貌、统计方法与研究的整体设计。

□ 结果分析部分。呈现本研究的主要分析结果,包括总体描述统计或样本背景、相关假设的统计检验或建模结果等。对于结果分析需要作出简明解读。

□ 总结提炼部分。围绕研究的目的、理论框架和结果分析,作出总结性的理论与方法意义分析和研究提炼,并指出本研究主要局限及值得进一步研究的问题。

□ 鸣谢、参考文献及附录。

在此基础上,可以按照不同拟发表杂志的具体写作要求和发表规范加以撰写准备。

3) 管理研究的主要参考文献。检索、学习和发表高质量的研究成果,是管理心理学研究计划和报告撰写的重要基础能力和方法手段。管理心理学的许多研究成果发表在国内外的诸多学术刊物上,特别需要熟悉以下刊物的检索和运用。

□ 国内学术刊物与文献。在心理学杂志中,管理心理学的研究多见于《心理学报》、《心理科学》和《应用心理学》三种杂志中。《心理学报》(*Acta Psychologica Sinica*)主要发表我国心理学家最新的高水平心理学学术论文,内容涉及心理学各个领域具有原创性的研究报告和研究综述。《心理科学》(*Journal of Psychological Science*)设有研究报告与论文综述、研究方法、应用心理、学术动态与问题讨论、中短篇论文等栏目,反映国内外心理学各个分支的最新成果和进展。《应用心理学》(*Chinese Journal of Applied Psychology*)主要刊登心理学各个分支应用领域研究论文。管理心理学的文章还常见于《管理世界》、《管理科学学报》、《科研管理》、《南开管理学报》等重要杂志。

□ 国外学术刊物与进展。改革开放以来,越来越多的中国管理心理学研究论文发表在国际学术刊物上,在国际学术界影响深远(Wang,1993,1996)。管理心理学的国际学术文章较多发表在以下刊物上,可以作为我们撰写学术论文的主要参考文献杂志:*Journal of Applied Psychology*(应用心理学),*Applied Psychology:An International Review*(应用心理学国际评论),*Organizational Behavior and Human Decision Processes*(OBHDP:组织行为与人类决策过程),*Personnel Psychology*(人事心理学),*International Journal of Human Resource Management*(国际人力资源杂志),*Leadership Quaterley*(领导力季刊),*Journal of Managerial Psychology*(管理心理学)。在此基础上,有关研究进展和高水平综述文章,可以查阅 *Annual Review of Psychology*(心理学年鉴)和 *Annual Review of Organizational Psychology and Organizational Behavior*(组织心理与组织行为学年鉴)等重要刊物。

在管理学的许多权威期刊发表的有关管理心理学领域的研究成果,值得作为研究文献的重要参考来源:*Academy of Management Journal*(管理学会杂志),*Academy of Management Review*(管理学会评论),*Administrative Science Quarterly*(行政科学季刊),*Human Relations*(人群关系杂志),*Journal of Management Studies*(管理研究杂志),*International Journal of Business Studies*(国际商业研究杂志)等。

中国管理心理学的研究与进展和中国文化与经济改革实践密切相关。请阅读"研究解读 1.3 中国文化、经济改革和工业与组织心理学的角色",思考和讨论中国文化特征、改革开放实践与管理心理学发展之间的关系和未来方向。

研究解读 1.3 中国文化、经济改革和工业与组织心理学的角色

作者:王重鸣(浙江大学)

出版物:马文·德耐特主编《工业与组织心理学研究全书》第二版,1996年,第 4 卷,689—726

(Culture, economic reform and the role of industrial and organizational psychology in China. In M. D. Dunnette & L. M. Hough (Eds), *Handbook of Industrial and Organizational Psychology*, Second Edition, Vol4, pp. 689 - 726, Consulting Psychologists Press, Inc.)

出版物简介：美国著名工业心理学家马文·德耐特教授(1926—2007)1976年主编《工业与组织心理学研究全书》(第一版)，1996年与霍夫共同主编出版第二版共四卷，成为工业与组织心理学重要研究文献与指导手册。

研究内容：本研究以中国文化传统特征和改革开放的实践为基础，专题研究与报告了中国工业与组织心理学的重要角色与发展。这里，我们把文化定义为共享的理念、社会价值观和组织规范。从历史上看，中国的佛教理念、道家学说和儒家思想对于文化产生了重要影响。比较有特点的是群体思路、和谐观念、公正平等、诚信承诺等。中国古代的思维与实践也反映在多方面，诸如工作动机、人事管理、考试测量、绩效评价、操作合理化和系统管理等。中国工业与组织心理学的人才培养、科学研究与实践应用都非常紧密地与改革开放的实践联系在一起，这些实践也显著改造着文化。中国社会经济改革对于管理实际与组织运营的影响力更大。研究聚焦回顾与分析中国工业与组织心理学的六大领域：(1)工作动机与奖励制度设计；(2)群体过程与团队效能；(3)人事制度改革与领导力评估；(4)管理决策与职权分享；(5)管理责任承包与合资企业管理；(6)技术创新与组织发展。中国工业与组织心理学的特色路径在于其文化—社会导向、改革实践链接和产学共建发展三方面。其最新发展对于国际管理与跨文化心理学具有重要的意义，包括运用跨文化社会经济视角、强调团队化思路、整合物质与社会激励、采用专长胜任—系统联结—组织参与三策略。新发展方向是：创新理论建设、实践问题导向、整体思维发展，紧密联系文化特色和管理改革实践，实现中国工业与组织心理学的新愿景。

第1章　思考题

1. 管理心理学体系包括哪四项模块？中国管理心理学沿革经历了哪些阶段？

2. 请回顾10位学科先驱对中国管理心理学的发展作出的重要指导与引领。

3. 中国式企业管理表现出哪些基本特征？请列举企业案例加以诠释。

4. 管理心理学的发展显示出哪五项新的趋势？请举例说明这些趋势。

5. 管理心理学研究的问题驱动方法论有何要点？如何研究选题与制定研究
   计划？

6. 在管理心理学研究中，六种研究效度各有哪些特点与关键条件？

第 2 章 心智能力与组织认知

2.1 心智模式与知情意责特征

> ### 知识要点 2.1 心智模式与知情意责
>
> 心智模式： 定型—成长、学习—绩效、促进—防御、选配—发展、积极—消极
> 心理弹韧： 在风险与逆境中承压坚持、调节适应和主动重建的综合性能力
> 情绪智力： 感受促思、同理调节；自我意识、社会意识、自我管理、关系管理
> 知情意责： 心智知识智力、情智激情情管、意向决断毅力、价值规范担当四元

2.1.1 心智模式与弹韧适应特征

（1）心智模式特征与工作心智

1）什么是心智和心智模式？在管理心理学的能力基础与行为特征方面,心智模式(mindset)的概念日趋流行,成为重要的心理特征。有关心智模式的研究中,比较经典的是斯坦福大学著名心理学家德韦克(Dweck,2007)从有关儿童学习的研究中提出的定型心智与成长心智模式的理论。她根据儿童在挑战、障碍、努力以及对待批评与他人成功等方面的心态,认为定型心智模式表现为回避挑战、防御障碍、灰心无助、忽视负向反馈和视他人成功为威胁的定型理念;而成长心智模式则显示出拥抱挑战、坚持面对、努力掌握、从批评中学习与从他人成功吸取和鼓舞的心态。成长心智模式可以预测学习成效与进步。在此研究的激励下,人们开始关注工作情境下的定型—成长心智模式及其与绩效的关系,并扩展到多样心智模式:全球心智、服务心智、可续心智等。

王重鸣(2020)在有关企业家成长机制与创业环境的国家自然科学基金资助重点项目的研究成果基础上提出创业心智模式的概念与效能,认为创业心智是指创业的理念、思维、价值、激情、创意、能力与智慧的组合体;创业心智能力包含理念思维与激情创意两种维度。由于创业实践的动态性、风险性、压力以及社会关联度不断加大,需要一种汇集认知(智商)、情绪(情商)、意志(意商)、责任(责商)多方面元

素的心智模式,形成更多依赖心智素养和神经调节的综合胜任力。

我们在管理心理学中把心智定义为"人们拥有理念、价值、认知、思维、情绪、意志、能力与策略等特征要素",而把心智模式定义为"由价值能力、情绪意志和专长策略等元素组合成的适应性理念组合体"。管理心理学研究通常把心智模式分成多组双栖类型,常见的有定型—成长心智、学习—绩效心智、促进—防御心智、选配—发展心智、积极—消极心智等类型。

□ 定型心智与成长心智。基于儿童认知学习的心理学研究,有些儿童在挑战任务面前回避、放弃,表现为"定型心智",另一些儿童却在挑战面前坚持、拥抱、追求,表现出"成长心智"。教育的目标之一是培养与激发成长心智模式。

□ 学习心智与绩效心智。学习心智模式倾向于学习进取,在机会面前表现出坚持和适应,重在审视多种信息,追求合作和取得最好成效;绩效心智模式则注重完成当前任务,忽视新的变化,在机会面前重在执行和实现现有目标。研究表明,学习心智模式在动态竞争环境下比绩效心智模式更能推进持续成长。

□ 促进心智与防御心智。促进心智模式是一种追求成功的心态,鼓励担当,认可尝试,在决策判断中倾向于"补台"和促成的风格;防御心智模式则是一种回避失败的心态,担心出错,害怕失败,在决策判断中倾向于维持现状和防范的风格。

□ 选配心智与发展心智。在人才管理或团队管理中,选配心智注重当前需求和短期内的效果;而发展心智则看重发展潜能和长期的持续适配与成长性。因而,在工作中表现出不同的视野和行为导向。

□ 积极心智与消极心智。积极心智模式是以生活工作的闪亮面和积极结果为导向和聚焦的积极思维与情绪心态;而消极心智模式则比较注意消极面和顾虑负面结果。积极心智模式包含乐观、弹韧、感恩、责任和诚信等心智要素。对于应对复杂竞争和危机挑战而言,具备积极心智格外重要。

2)工作心智模式的内涵。管理心理学以工作心智为基础,结合发展心智的思想,提出了"工作心智模式"的概念。我们在这里把"工作心智模式"定义为"工作的理念、价值、认知、思维、情绪、意志、能力与策略的组合体",既有工作的认知素质,例如,目标设置、信息加工、系统思维、机会知觉、坚持毅力、心理承诺、风险感知、网络建构和独立自信等特征,也包括拥有工作的行为素质,例如,价值理念、伦理态度、责任意识、变革倾向、成长素养等所汇集的知情意责行为素质。常见的工作心智模式有两类:面向当前应对的任务型心智模式,以静态、稳定的心智特征为主;面向挑战目标的成长型心智模式,则以动态、发展的心智特征为主。一个人的能力有大小,可以通过调整和优化工作心智特征要素的组合模式,实现最好的工作行为成效。

在创业创新场景下,成功创业的心智模式是指创业者拥有进取素质、创新专长和主动精神等元素,其中,既有创业的认知素质,例如,高目标设置、宽信息加工、强系统思维、快机会知觉,也包括创业的情意特质,例如,坚持毅力、心理承诺、激情投入、风险承担、人际协作、独立自信等,以及拥有创业型价值理念,展示创业伦理态度,表现创业变革行为,秉承创业发展导向等成长型行为素质。我们把创业心智模式定义为包含事业理念、价值创造、创新思维、激情开拓、创业追求、行动意志等特征的创业心理结构模型(王重鸣,2020)。其中,关键机制是认知适应力、决策选择力和策略开发力,是指通过对环境变化的释义、加工、适应和行动而动态、灵活、自规和策略性参与创业活动的能力。

(2)心理弹韧性与认知适应力

1)心理弹韧性的概念与特点。弹韧性(resilience)概念最早在拉丁语 resilire 和 resilio 指"反弹"或"跳回"的意思,经演变到英语动词 resile 指复原力。在管理心理学中,我们称为弹韧性,在概念上分为"弹"和"韧"两种元素:"弹"元素指向主动应对,用"弹性"表示主动重建的能力;"韧"元素表现承压坚持,以"韧性"表现坚韧品质。弹韧性概念拓展了新内涵,用以表现人们在生活、工作、管理和事业中日趋普遍的心理与行为特征。

心理弹韧性(psychological resilience)的概念主要来源于发展心理学和儿童心理病理学的早期经典研究,尤其是 1955 年由心理学家带领多学科专家团队一起开展的为期 10 年到 40 年的纵向研究。最初的研究以夏威夷考艾岛的 698 名儿童为样本,先后在他们刚出生、2 岁、10 岁、18 岁时对多个心理生理特征与功能的关键期作出评价,进行了家长访谈、婴儿智力与社会反应能力、个性、控制源、行为表现与能力等测试,以及通过医生、老师、成长指导人和社区人员等多方面人员的跟踪调查。之后又分别在 32 岁和 40 岁时完成了跟踪研究。韦尔纳(Werner,2013)在再次总结这项 40 年大型纵向研究时提出,出生在极端贫穷和逆境下的儿童之所以能按照正常轨迹发展并在有些方面比一般家庭的孩子在职业方面表现更好,是他们在逆境应对过程中形成和提升了弹韧性,主要包含信任、自主、勤奋、认同、亲密和创造性等要素,促进了压力生活情境中的防压缓解、逆境调适与解题能力等弹韧因素。弹韧因素还包括自我效能感、个人因果信念、习得资源感和控制源认知等重要特征。

相关研究认为,心理弹韧性具有把握变化、促使压力下茁壮成长和在挫折中实现反弹的功能,并且可以通过压力、逆境及艰巨任务加以历练和正向的增强。心理学家们提出了多种增强弹韧力的方法:建立良好关系、学会承受压力、及时换位争取、订立显示目标、采取果断行动、保持自信同理、利用自强机会、采取长远视角、充满希望乐观和促进身心健康等。也有研究提出,弹韧要素源于三种不同神经系统:躯体神经系统、自主神经系统(ANS)、中枢神经系统(CNS)。许多研究在关注抗压力与弹韧性的神经生物学基础。心理弹韧性研究成果也在多个国家与地区的研究中得到了持续的验证。

2)个体弹韧性与组织弹韧性。管理心理学把心理弹韧性定义为"人们在风险与逆境中承压坚持、调节适应和主动重建的综合能力"。心理弹韧性也成为心理资本的重要元素和管理胜任的关键特征。心理弹韧性分成两种层次:个体弹韧性与组织弹韧性。

□ 个体弹韧性的特征。这是人们基本的适应与胜任成长特征并与动态、竞争、危机与发展环境的适配中日益重要的能力要素。个体弹韧性定义为"个体在变动与逆境下的应对、恢复与反弹的心理特征"。在人与环境互动的主动适应过程中,相关的个人特质、个性特征、社会环境要素和互动经历等都成为个体弹韧性的重要制约与塑造因素。个体弹韧性包含自信弹韧与学习弹韧两方面关键元素。自信弹韧是个体面对挑战与逆境,运用决策自信策略(decision confidence)增强自信心态与调适能力,以坚韧心智模式适应新环境的特征;学习弹韧是个体面临逆境下各项任务与活动,通过调节聚焦策略(regulatory focus)学习聚焦目标和建构行为策略,重塑生存路径与发展模式的特征。量表工具2.1是我们修订的个体弹韧性量表简版。可供采用。

□ 组织弹韧性的特征。这是指"组织为了生存和发展,共享弹韧心智、协同运营复原、学习创新机会和进取可续发展以应对潜在风险和突发危机的动态能力"。组织弹韧性包括协同弹韧和进取弹韧两方面重要特征。协同弹韧是组织运用责任规范策略(responsible norms)共享弹韧心智与复原方略,以沟通协调与协同运营实现各项任务目标的特征;进取弹韧则运用决策定力策略(decision path)启动弹韧力增强计划,以学习与创新推进组织可续发展的特征。

Sin和Seo(2012)在《管理学会杂志》发表的重要研究验证了有关员工心

量表工具2.1 个体弹韧度量表

① 我对自己的各种选择很有把握。

② 我在挑战情景下比较有自信心。

③ 我在困难面前不断尝试新解法。

④ 我喜欢走不同路去熟悉的地方。

⑤ 我在意外场景下主动调整自己。

⑥ 我常对不同任务调整新的模式。

⑦ 我在困难面前尝试多种解决办法。

⑧ 我喜欢在多任务中排出优先顺序。

⑨ 我经常尝试增强自身素养与能力。

⑩ 我经常在行动前重新考虑与策划。

⑪ 我喜欢先集中精力办成一两件事。

⑫ 我善于在逆境下重选自己的路径。

理弹韧性对组织变革的承诺度与支持行为的重要效应,从而把员工弹韧性作为重要的变革心理资源,拓展了心理弹韧性研究的理论与实践意义。心理弹韧特征也在创业失败与系列创业研究中成为创业弹韧度的核心元素,并作为弹韧组织设计和危机领导策略的关键维度要素。弹韧领导力与弹韧组织建设成为管理心理学与组织行为学的新领域。我们将在随后的章节做进一步讨论。弹韧性研究快速拓展并得到广泛应用,成为管理学、经济学、社会学、医学、脑科学、生态学、行为科学、组织行为学、人力资源管理和创业学等学科领域与相关实践的新方向。

3)认知适应力的相关特征。怎么才能增强弹韧性呢?心理学研究提出一系列有效的策略,称为"弹韧因素"。例如,现实性乐观、直面压力、道德指引、自强精神、社会支持、角色榜样、强身健脑等。认知与情绪适应力是其中重要的弹韧性策略,也是学习、工作、生活与职业的关键能力之一。管理心理学把认知适应力(cognitive adaptability)定义为"人们在特定动态、不确定任务环境中表现出学习适应、灵活决断、策略反思、自我调节和反馈调控的能力"。认知适应力在职业生涯、管理发展与创业成长应对快速变化、动态变革和压力挑战中特别重要。墨哲思(Moore)和王重鸣(2017)通过实证研究提出,认知适应力与心理安全感显著促进与调节对经理人领导力赋能指导的成效(参阅研究解读11.3)。在变革创新与颠覆转型的"新常态"下,适应力成为领导力的关键维度,通常包括三种要素:认知适应力、素质适应力和情绪适应力。其中,认知适应力表现为善于变革释义、策略建构和发散思维。例如,具有高认知适应力的人在变革面前善于解读新的愿景与角色,提议策略与行动计划,思虑多种边际条件和变革趋势等。与认知适应力密切相关的是素质适应力,主要表现为现实性乐观、精力充沛和发展意志等。例如,素质适应力强的人在变革面前乐观自信,视变革为机会,识别优势强项和调度群体力量。与此相关的另一项要素是情绪适应力,这是越来越重要的适应能力特征,主要表现在情绪认同感与人际情绪传递等方面的适应力。在心理弹韧性的框架下,以认知适应力为主导,素质适应力与情绪适应力为辅助,形成持续成长的适应力。

2.1.2 认知情绪意志责任的特征

(1) 认知特征与知识智力类型

认知特征是管理心理学的最基本元素,"知情意责","认知"当头。认知原意是学习与知识,是指"通过经验、感觉和思维获取知识的心理活动"。管理心理学涉及比较多的认知元素,包括元认知、智力、知识和认知加工过程与策略等。

1)元认知理论。元认知的概念由斯坦福大学心理系著名教授弗雷佛(John

Flavell，1979)提出，定义为"有关认知的认知，是学习者有意识采用的记忆、分类、回忆等认知策略"。1982 年首次访问中国时，他在杭州大学心理系做了有关元认知的报告，成为工业心理学理论建设的新亮点。在题为"元认知与认知监测"的经典文章中，他提出认知发展中认知监测(cognitive monitoring)的四项元素：元认知知识、元认知经验、元认知目标任务和元认知行动策略。其中，元认知知识是人们所储存的有关人、任务和策略的各种知识元素，特别是学习、理解、记忆、沟通、解题以及元素间交互等认知表征；元认知经验是人们各种认知活动的情景性、体验性、策略性的认知特征，相对比较动态和有积累性；元认知目标任务是促进深度文化信息加工和心理策划活动；元认知行动策略则注重监控思维与行为，属于高阶策略性认知，比较常见的有元认知调节、元认知学习、元认知记忆等策略。弗雷佛、张晓东、邹泓、齐森和董奇(1983)共同发表的跨文化元认知合作研究，发现中美儿童在认知任务的差错模式、年龄变化和认知绩效等元认知特征上比较相似。管理心理学则把元认知特征作为重要的策略元素与高阶特征，定义为"理解、控制、反思和发展认知功能与认知策略的能力"。在本书有关元领导力、元行动、元竞争和元策略等多项讨论中，元认知都是深层次心理机理的重要元素。

2) 智力理论。智力是心理学中研究最多的领域之一，也是定义众多的一个概念。一般认为，智力是指从经验中学习和适应环境的心理才能。比较有影响的智力理论有：斯皮尔曼(Spearman)的"双因素智力理论"(认为智力由一般智力与特殊智力所组成)、卡特尔(Cattell)的"流体智力与晶体智力理论"、加德纳(Gardner)的"多元智力理论"、斯滕伯格(Sternberg)的成功智力和"三元智力理论"(分析智力、创造智力和实践智力三种基本元素)等。成功智力包含了四项元素：社会文化情境下识别、协调和达成生活目标的能力；具有扩大强项和补偿弱项的功能；旨在适应、塑造和选择环境；综合了分析(元认知)、创造和实践智力元素。林崇德等(2003)在"多元智力与思维结构"中阐述其思维结构智力理论，以六种因素组合成多元思维结构模型：思维监控、思维目的、思维材料、思维过程、思维非智要素和思维品质结果，又称为"三棱智力结构模型"。特别是思维的目的性、监控性、非智性和品质性论述反映出智力研究的新趋势。这些理论成果成为管理心理学认知加工和智力特征原理的重要基础。

3) 内隐知识的特征。学习与工作中有两种知识类型：形式学术知识和内隐知识。前者可由一般智力测验和能力倾向测验测试，后者则需要运用情景与程序化的方式进行评价，即程序性知识。内隐知识是指使个体达成价值目标的活动导向的知识，是在没有他人直接帮助下获得的，也是一种实践技能，通常不能开放地表达和陈述。这种知识的获取和运用对于努力取得令人满意的绩效是非常重要的。内隐知识具有三个特征：

- 程序性结构，程序性知识通常以条件—活动匹配的一般形式表现出来；
- 高实用性，与个体的价值目标达成有关；
- 知识获取时的低环境支持性，内隐知识获得很少有他人或媒体的帮助。

在实践中，自我管理、他人管理和任务管理时都会使用内隐知识。自我管理的内隐知识是指在工作情景中有关绩效的自我激励和自我组织方面的知识；任务管理的内隐知识是指关于如何很好完成具体工作任务的知识；他人管理的内隐知识是指关于管理其下属和与同事交互作用的知识。

知识研究特别区分了专家与新手的知识结构与特征，认为专家的知识结构具有程序性、功能性、网络型、集聚性等特点，而新手的知识结构则表现为陈述性、表面性、单链型、离散性等特点。在解决问题的过程中特别能显示出这些差异。徐琴美、王重鸣（1993）围绕知识结构及其评估专题比较了专家与新手的知识结构。那么，对于具有程序性、加工性特征的决策知识结构如何进行诱发与获取呢？王叶毅、王重鸣（1996）采用全方格技术（repertory grid technique）开展了实验研究。这种方法源于建构心理学，通过为知识元素（如概念）作出维度区分，构建出多维空间并分析其结构关系。

表 2.1

人事决策知识要素表

特性要素（独立双维知识结构）								
成就感	自主性	满意感	舒适性	紧张度	安全性	自由度	重复性	集体性
灵活性	风险性	丰富性	多样性	竞争性	流动性	独立性	知识性	意义性
人职要素（交叉双维知识结构）								
个性	潜力	能力	兴趣	知识	特长	志愿	体力	工种
住房	工资	奖金	地区	晋升	进修	机遇	假期	同事

研究通过现场访谈获得人事决策与职业生涯决策中最多认知和思考的知识要素，分为 18 个特性要素（抽象概念）和 18 个人职要素（具体概念）两套知识元素，分别依据人的资质与心理状态标准和工作性质与工作感受标准进行比较分析，见表 2.1。诱发获得工作特征—工作体验比较清晰的双维抽象知识结构和能力特征—职位要求相对交叉的双维具体知识结构。此外，我们进行了一系列相关实验和应用分析（王重鸣，1992；王重鸣、王益宝，1995），取得许多新的进展。

专家与新手的认知策略捕捉与分析研究可以为技能培训与知识系统设计提供方法和理论模型。时勘、徐联仓、薛涛(1992)的研究在这方面进行了方法尝试。他们采用汇编栅格法系统分析了高级技工(专家)诊断人机系统生产活动的认知策略特点。高级技工的认知结构中,存在着对多因素交互作用下复杂情况进行诊断的认知地图,以特定方式组合着常见的问题类型和原因特征,是制约技工复杂技能提升成效的关键要素。汇编栅格法对人机系统中专家的认知结构进行功能模拟是一种有效方法,不仅揭示出高级技工认知结构,而且以其直观的投射方式,提供专家启发式策略的新信息,在培训和评估复杂技能与知识结构方面具有良好的应用前景。这些研究成果为决策支持知识系统开发、组织设计知识策略、组织知识评估与转换,以及组织能力建设提供了丰富的理论依据与方法支撑。

(2) 情绪智力理论与情绪管理

1) 情绪智力的概念。与智力密切相关的是情绪智力,也称情商,是管理情绪的能力,也是工作能力研究中的新领域。在管理心理学中,情绪智力是一个比较新的概念,早在1980年代初就有人关注在工作中表达、感受、理解、反映情绪的能力。到1990年,提出基于能力的情商学术概念,把情商定义为"监测自身和他人情感情绪并加以辨别和利用,以指导自身思维与行动的能力"。著名心理学家丹尼·戈尔曼(Deniel Goleman,1995)的《情商:为何胜过智商》一书使得情商的概念在实务界得到迅速推广、传播和应用,并顺应了人们急于应对工作与生活中面临各种新挑战的需求。许多人因而相信,情商比智商更能预测生活成功和职业发展。情商的概念越来越得到各类专业人士的青睐,成为融入各种专业实践的胜任力特征。本书有关情商的讨论采用情绪智力的用词。

情绪智力包含了自信心、责任意识和成就动机而不只是用以解题的认知智力。情绪理论认为情绪与智力并不矛盾,情绪可以使得认知过程适应情景并使人理性地思考其情绪。换言之,情绪与认知交互作用增强了人们适应复杂情境的能力,成为情绪智力。从人脑区的情绪功能分布来看,杏仁核位于精髓末端上方,负责触发情感,而情感有时是阈限设定的原始冲动行为。这也是储存经验的地方,随着生活经验的积累,直觉得以增强。额叶前部区域是"工作记忆"部位,对于理解、决策和推理很重要,形成集中注意力和记忆重要信息的能力。在压力情境或者冲突场景下,应激情绪会阻碍理智的大脑运作而爆发情感冲动,称为"杏仁核劫持",需要培养出高度自我意识以便控制情绪,避免危机。发展到今天,有关情绪智力的理论日趋丰富,情商概念也越来越流行。管理心理学中运用比较多的有两种理论模型:心理能力模型和情绪胜任理论。心理能力模型把情绪智力定义为四种相互关联的心理能力要素:

□ 情绪感受力。指用以识别、区分和感受自我与他人情绪的能力，包括情感与思维状态，使人能运用声、色、外表、语言、行为等线索，识别他人与艺术作品及物体的情绪，并作出诚信和虚假情绪表达的区分与判断，表现复杂问题解决相关的情绪元素。

□ 情绪促思力。指运用情绪促进各种认知活动，诸如推理、解题、释惑和人际沟通，从而引导注意力对多种学习排出思维顺序。特别是有助于判断与记忆过程并产生相关性情以促进对多种观点的思考与处理，形成不同的思维风格。

□ 情绪同理力。指理解、分析与同理情绪的能力，包括对情绪语言与意义的理解和对多种情绪细节的鉴别解释与设身处地，以及对复杂情绪和喜怒哀乐信息的再认与加工。

□ 情绪调节力。指情绪的反思与调节，用于防护、减弱、增强、修正自己的情绪反应，对特定情景下情绪反应适合度的判断。常见的情绪调节能力包括对愉快或不愉快情感的关注或开放、投入或脱离、监测或反思、影响或解题。

2）情绪胜任理论。戈尔曼提出的情绪胜任理论则包括四个模块，分为意识—管理、自我—社会两种维度的四个象限，表现出四种情绪胜任力。

▫ 自我意识（自知之明）。情绪的自我意识，自我评估精准认知，自信心；
▫ 社会意识（社会认知）。他人的移情换位，组织意识理解他人，服务心；
▫ 自我管理（自我调控）。情绪的自我管控，适应能力成就导向，主动性；
▫ 关系管理（团队调节）。他人的开发鼓舞，变革管理冲突化解，合作性。

图 2.1 表示出情绪智力的胜任模型与心理能力模型的相互关系。

图 2.1　情绪胜任力关系图

在最新出版的《剑桥人工智能研究全书》中，也把人工情绪与人工意识作为重要章节，强调情绪智力与意识在报警机制、行动选择、工作适应、社会调节、持续学习、目标管理、工作动机、策略加工、记忆控制、信息整合、注意聚焦和自我心态等方面的关键功能。情商成为理论界和实务界共同关注的领域和应用工具。

围绕情商的测量，提出了多种方法。其中比较流行的有戈尔曼采用的情绪胜任力测验（ECI）。这项测验是以戈尔曼提出的情绪胜任力为基础而设计的360度测评或自评工具，采用了1—6的评分（1＝从不，2＝难得，3＝有时，4＝时常，5＝一直，6＝不知），适合于个体与组织的评价。ECI测量四个模块的18项胜任力特征：

□ 自我意识模块，包括情绪意识、精准自评、价值自信要素；

□ 自我管理模块，包括情绪自控、诚信透明、灵活适应、成就导向、机会主动、乐观坚持要素；

□ 社会意识模块，包括移情换位、组织意识、服务导向要素；

□ 关系管理模块，包括开发他人、鼓舞指导、变革催化、说服影响、冲突管理、团队合作要素。

涉及数万人的群评和自评研究都表明，ECI在应用中显示较好的辨别效度（与个性等其他测量相互独立）和聚合效度（模块间表现一致）。在领导力、团队动力、冲突谈判、创业能力开发等多项研究中，表现出良好的预测力。

3）激情的特征与体验。在工作与生活中，我们常常体验到各自的情绪反应或者情绪冲动。说起激情，人们似乎会更多与生活中的爱情或喜怒哀乐联系在一起。有关激情主要是哲理性的讨论，直到1990年代后期，心理学开始较多关注激情的特征，把激情（passion）定义为"对自认为喜爱的活动投入时间精力所表现出的强烈情绪倾向"。激情具有内在性、带动性、学习性和领域性等特点。心理学认为激情有两个要素：沉入式激情（情不自禁或冲动着迷）与和谐式激情（自主认同或执着投入）。心理学研究表明，沉入式激情促使有限投入和刻板追求，实践中需要自我控制，有助于接近或回避绩效，但对绩效提升往往有负向影响；而和谐式激情则对工作的坚持性、执着性和适应性都有正面的作用，实践中需要自主展现，有助于主观幸福感和目标掌控乃至绩效提升。通过提高活动选择性、活动评价性和活动内化认同性，有利于改善激情的质量。

激情研究是管理心理学的新领域。我们把激情分解为情绪性激情（类似沉入式激情）和认知性激情（类似和谐式激情）并学会提升与调用元情绪。管理心理学提出，鼓励交叉职能工作和跨界合作，让人参与感兴趣的额外项目，与客户一起提议创新产品与服务等都有利于增强和谐激情。与此密切相关的是，创业激情（entrepreneurial passion）成为新的关注点，我们将在第11章具体加以讨论。

4）组织中的情绪管理。工作与管理场景中的情绪管理日益引人注目，成为管理心理学的新领域。我们把情绪定义为"人们对于环境刺激作出生理心理反应的体验，从而形成身心变化、激情调节与行动准备"。情绪是行为适应环境的信号机制，可以是产生幸福感的前提条件，也可以是应对压力、危机挑战场景的需求信号。在管理情境中，情绪在多个层面与工作行为或组织行为相关，而且表现得各不相同，因而情绪管理是一项比较复杂的任务，需要综合的策略。管理心理学提出，组织中的情绪管理具有三个特征：

□ 认识情绪的多面性。在最基本的层面，每个人都有自身的情绪反应与心境状态，我们平时说某人的工作激情也是基本的情绪模式。心理学研究发现情绪状态会显著影响创造性和认知适应性，认为正面情绪会增强认知适应性，而负面情绪却不一定都呈现负效应。不少研究发现，负面情绪状态会促进人们的坚持性且有助于解题任务；而正面心境会提高不确定条件下的冒险行为而影响商务决策。有研究认为，工作满意度与绩效的关系比常规下认为的正面关系更为复杂。显然，做好情绪管理，需要协调好多层面的情绪特征与管理要素，调适情绪的压力、动力、脱力、拖力、拉力，做强正面效应。

□ 理解情绪的交互性。在工作和组织情境中，无论是人们常常研究的情感承诺、情商特征，还是群体内聚力、群体认同感、领导者与成员交换关系等情绪特征都带着交互性的特点。为此，情绪沟通、情感互动、情绪工作者参与、情绪自控与他控交替、跨层互动体验和内外交流感染以及线上线下情绪表达就成为情绪管理尝试的策略。

□ 促进情绪的建设性。在团队与组织层面，情绪具有传递性、可塑性、建设性。无论是内在的还是人际的情绪，正面的还是负面的心境，都可能具有较强的感染力或传递性，需要引起高度重视。情绪管理的策略是设法增强其可塑性，加强情绪的调节与建设性。

管理心理学研究提出，把情绪（心境）管理作为团队领导力的最关键能力要素，通过激励与指导加以优化；提高团队负责人的情商水平，学会做情绪工作，以增进团队情绪和工作效能。在创业创新、变革转型和危机管理场景，建设奋发向上的健康情绪氛围和企业精神成为组织发展的重要举措。

（3）意志特征与责任协同特征

1）组织中的意志特征。意志是生活与工作的重要心理基础。管理心理学重视行为的意向、意愿和意志。从早期的特质视角，到近期的行动视角，有关意志的研究和应用也经历了深化与发展。我们把意志定义为有关意向坚持、意愿自控和意念实现的心理倾向与行动。意志以行动为表现，以情绪为调节，以思维为指导，综合运用了多方面心理资源。无论是在挑战、压力、危机、失败、病痛和逆境面前，还是在机会、利诱、幸运、成功和顺境下，意志力是越来越重要的心理素质。人们在个人成长奋斗中需要认识和提升自身的意志力，组织在挑战发展中需要不断加强意志力管理。意志力的核心要素之一是自控力，指人们面对目标而调节与控制自我的能力。心理学研究认为意志力是可以训练、学习和自我优化的，并以不同方式展现在各自的生活与工作中。坚强的意志首先建立在坚定的理想与信念之上。在组织管理情境下，公司的使命、愿景和核心价值观对于干部、员工的工作意志和成长信念具有重要的影响。管理心理学研究提出三种目标导向的意志力策略：

　　□ 坚持意向策略。充实的目标坚持意向是增强意志力的有效策略。通过进一步明晰所要达成的目标，坚定团队目标方向和整合实现目标的资源，从而集聚新的能量，增强面向目标追求的坚定意向。

　　□ 行动决断策略。充分的目标行动决断是支撑持续意志力的又一种有效策略。通过行动决断，强化目标追求和意志展现。尤其在群体条件下，成为众志成城、克服困难、追求目标的心理依据和信心来源，从而增强自控力和自励力，也是团队领导力的关键要素。

　　□ 续能毅力策略。充足的目标能量续聚是维持和强化意志力的再一种策略。需要面向目标追求的能量接续和聚精会神的策略运用与调节。通过集中能量与注意力，防范干扰和挫折分散精力、资源，可以保持意志力的焦距和能量。在意志管理中，需要配以策略设计与赋能方法，聚力续能，增强意志力。

　　此外，意志力管理讲求镇定的心境、犹新的初心和敏捷的调节，以自控力和自律力保持意志旺盛和可续。

　　2）组织中的责任特征。管理心理学以"认知—情绪—意志—责任"作为核心行为机制。责任也是管理心理学研究与应用的关键概念。本书在多处谈及或深入讨论责任与责任型管理的相关研究与应用，并把责任作为心智模式的核心要素、文化理念的重要元素、创业社会责任的主干概念和责任型管理的主线。我国古代早就有"循名而责实"之说（《韩非子：定法》）。中国文化中常用的责无旁贷、守土有责和"天下兴亡，匹夫有责"等用语，都强调了责的重要性。心理学把工作场景中的责任（responsibility）定义为作出对行为决策或过程结果拥有所有权的意向选择。比较强调责任的承担与选择。相关研究可以分成自上而下的职责、负责、问责（accountability）和自下而上的守责、担责、尽责。我国改革开放实践就是从"责任承包制"发起的。王重鸣（1986）通过个体与集体不同目标责任条件下员工对于工作成功与失败的归因特点，提出了目标责任归因理论，成为最早开展的有关责任特征与担责机制的管理心理学研究。有关责任的理论中比较有影响的是心理学家巴里·施伦克等(Barry Schlenker,1994)提出的责任三角模型,认为责任由角色认同、规则处方和关系事件三个元素组成,并在个人控制力、职业义务感和任务清晰度的影响下形成感知责任。在管理场景下,责任价值、责任规范、责任担当表示出责任型管理的三要素。

我们在管理心理学研究中则把责任界定为价值认同、规范动力与担当参与三要素。王重鸣、赵雁海(2018)进一步提出创业社会责任的新理论,认为创业社会责任主要表现在文化价值取向、个体组织动能和参与担当行动方面,包含了责任价值、责任动力和责任参与三个维度。我们将在第4章详细论述创业社会责任、责任领导力和责任管理的原理与策略。

图2.2表示了管理心理学的知情意责心理模式,以责任特征(价值—规范—担当)协同认知特征(心智—知识—策略)、情绪特征(情绪智力—激情—情绪管理)和意志特征(意向—决断—毅力),构成工作与管理的心理机制。

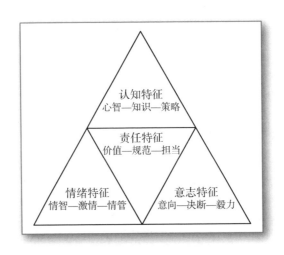

图2.2　知情意责特征的协同模式

在全球化、信息化、变革型、创新性的工作与管理情境下,需要识别、理解、重构更具整合意义的管理胜任力模型和运用多维能力模型来指导各项工作。管理胜任力建模成为管理心理学研究与发展的重要路径。请阅读"研究解读2.1　管理胜任力建模与组织心理学发展的中国途径",思考和讨论中国企业管理者胜任力研究的进展模式与应用意义,如何运用知情意责特征的协同模式构建管理胜任力模型。

研究解读 2.1　管理胜任力建模与组织心理学发展的中国途径

作者：王重鸣（浙江大学）

发表刊物：《国际心理学杂志》，2003 年，第 38 卷，第 5 期，323—334

（Managerial competency modeling and the development of organizational psychology: A Chinese approach，*International Journal of Psychology*，Vol. 38，No,5,323 - 334）

文章评价：首创中国领导人才能力层次建模与评价技术。第 26 届国际心理学大会的大会特邀报告。获教育部第四届人文社科优秀成果奖。

研究内容：进入新世纪以来，管理胜任力与人力资源面临全新挑战，需要在全球化、信息化和管理转型中强化团队网络能力、风险适应能力、变革创新能力。管理胜任力中的核心是领导胜任力，包括心理素质（认知解题、责任意识、群体相容）、领导素养（道德诚信、价值承诺、成就动机）、管理技能（决策管控、赋能指导、协同创新）、专业知识（职能财务、项目专长、绩效管理）四个维度。为此，提出领导胜任力整合评价的四项特征：多维、群组、程控、多段。作为管理胜任力的关键要素，围绕五种胜任力分析能力维度，明晰中国特征并提出建模方法：

A. 发展导向的成就动机胜任力（自我—社会动机、过程—结果动机四维）；

B. 文化导向的组织承诺胜任力（中国文化下留任发展与社会交换交互式承诺二维）；

C. 开发导向的新型团队胜任力（职业认同、团队责任、关系共享、集体行动、变革主动、交换依存六维）；

D. 绩效导向的跨文化胜任力（文化胜任、成就胜任、决策胜任、团队胜任四维）；

E. 变革导向的组织发展胜任力（适应变革、重组队伍、调节社保、激励员工、开发能力、创新项目六维）等。

在此基础上，本研究提出中国管理心理学的四项新特点：主动推动理论创新、持续跟进方法优化、研究紧密嵌入实践、系统拓展跨文化社经视野。关于面向未来的管理心理学研究与应用，主张采取领导胜任策略（通过选任培训、团队建设、能力开发)、领导网络策略(构建敏捷组织、开展战略职位建模和流程再造)和领导承诺策略(运用职业发展和参与、保留、后备计划,创建高承诺组织)。本研究深度分析了管理胜任力建模的导向机制和多维模式,指出了中国管理心理学发展的新路径。

2.2　能力特征与五力管理框架

知识要点 2.2　能力特征与五力模型

工作胜任能力：综合知识、协作技能、心智能力和非智力行为模式的组合能力
高阶元领导力：适应动力元、选配活力元、发展张力元三项元策略领导力框架
新型领导类型：弹韧赋能、责任伦理、团队数字、创新创业、变革精益五模块
五力管理框架：基于竞融协智整的生态力、文化力、团队力、创新力、行动力

2.2.1　能力特征与元领导力模型

（1）认知学习与胜任力的特征

1) 认知与行为学习能力。学习是最基本的心理过程与能力特征,心理学的学习理论十分丰富,主要有行为论学习学派、认知论学习学派和建构论学习学派等,近期研究则更注重于在学习的社会认知神经机制和差错学习方面表现出来的能力特征,并揭示了社会学习的自主神经与控制神经交互机制以及差错学习中纠错反馈与容错加工的产生式神经反馈机制。常用的有经典行为学习论、操作行为学习论,从不同侧面解读了管理学习过程及能力特征,并加以实践应用。

□ 行为学习论。这是运用经典条件反射原理,通过刺激与行为之间形成联想而实现学习。刺激是指可能引发行动的外部客体或条件。通过条件反射,把原先中性的刺激与影响行为的另一刺激联系在一起,从而获得学习的能力。这时,中性刺激就成为"条件刺激",并作出"条件反射"。例如,某位管理人员对员工良好工作行为给予奖励时,奖金刺激会使得管理人员(中性刺激)与良好行为形成某种条件式联结,以致于管理人员的出现,会引发条件反射。操作行为学习论则把学习看成

通过操纵行为结果而控制行为的过程,在行为结果中获得学习。例如,公司对员工合理化建议给予专门奖励,会使得员工在提出建议(操作)获得奖金的结果中学会多提建议和积极参与管理,从而成为提高工作绩效的能力。

　　❑ 强化学习原则与程序。强化学习分为正强化原则和负强化原则。正强化原则表现为运用积极的行为结果增加相似情景中重复该行为的能力。负强化学习则通过回避负面结果而增加所需行为。为了获得最大的强化效应,必须只在出现正面行为时给予奖励,管理心理学称之为"列联强化律"。同时,奖励应该尽可能在所需行为出现后尽快给予,称为"即时强化律"。在管理实践中,可以采用行为学习理论与程序开展不良行为或差错行为的矫正和积极行为的增强。

　　认知学习的基本模式之一是社会认知学习。这是指通过对工作事件与个人目标及期望之间关系的认知与思考以及与环境的互动而获得学习,包含着推理、解释、判断和决策,而不只是刺激与行为结果的简单联结。著名心理学家班杜拉(Albert Bandura)提出一种人与环境交互作用获得学习的社会学习论。图2.3是社会学习论的过程机制图解。学习者通过观察学习和模式行为学习实现社会学习,主要以直接观察与行为学习、文字与视频等符号映像和榜样行为的学习以及实训与角色扮演式综合行为学习等办法取得认知、行为与情境式的提升。从社会学习的机制上看,主要体现出两种学习心理机制:一是以价值观、语言及映像指导行为,增强内在控制源(locus of control)机制;二是以互动与角色尝试提高自我效能感机制,促进学习成效。社会学习理论对于理解和优化工作、管理与社会环境下的学习行为具有重要的意义。

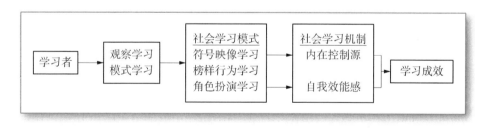

图2.3　社会学习的过程机制

　　2) 能力与工作胜任力。管理心理学把人们能够顺利完成某种活动的心理特征称为能力,分为一般能力和特殊能力等两大类。管理心理学把认知能力作为重要的基本能力,主要包括四个方面:

　　❑ 言语能力:理解和运用管理任务与活动中的书面和口头语言的能力;

□ 数字能力：迅速准确采集与运用数据开展运算、建模和应用的能力；

□ 方案能力：进行多任务归纳、演绎思维，提出综合解决方案的能力；

□ 运作能力：准确勘察时间与空间特征进行时空特征心理操作的能力。

与能力相关的技能概念，则与具体任务或知识领域密切有关。管理心理学把技能理解为一种习得的、有组织的工作模式，主要与所从事职位或岗位活动有关。技能行为是连续的，相互连接和影响；包含信息加工从输入、加工到输出的所有阶段。技能是一种有目的的任务型熟练行为。

人们在工作与管理中日益需要一种汇集知识（K：knowlede）、技能（S：skill）、能力（A：ability）和其他行为（O：others）多方面元素的综合素质模式。其中，行为更多指反映非智力因素与特征的行为表现。综合起来称为 KSAO，形成依赖心智素养和神经调节的综合胜任力。在常规工作或单一任务上，运用基本的单一知识、操作技能、感知能力和个体行为规范要素，足以开展和完成个人工作任务。但是，在工作与管理任务及其情景变得动态、风险、压力、多样且社会性和整合性不断加大时，需要综合运用复合知识、协作技能、心智能力和复杂、新兴的价值模式，才能胜任岗位要求和实现组织目标。我们把胜任力定义为"承担复杂任务要求所需要的综合知识、协作技能、心智能力和行为模式（非智力因素）组合而成的综合能力"。胜任力的概念包含着对于任务、岗位或职位要求及组织任务"胜任"的含义，即针对岗位任务标准和工作绩效要求来看所需要的综合能力。表 2.2 是传统综合能力和新兴胜任能力的 KSAO 特征比较。

综上所述，胜任力是与任务情景相联系的综合才能。管理者的胜任力是管理者诸项素质有机结合所形成的能力，表现为管理者凭借自己的道德品格素质、个性心理素质、身体与年龄素质、新兴胜任元素等有机结合起来具体运用于工作与经营管理实践的能力。

表 2.2

岗位任务特征	知识（K）	技能（S）	能力（A）	其他（O）
传统综合能力	单一陈述知识 如，专业知识	个体操作技能 如，职能技能	任务感知能力 如，言语能力	个体行为规范 如，敬业承诺
新兴胜任能力	复合程序知识 如，内隐知识	团队协作技能 如，项目技能	创新心智能力 如，创新能力	组织价值规范 如，弹韧情商

传统综合能力和新兴胜任能力的 KSAO 特征比较

（2）元领导力模型与赋能特征

与胜任力密切相关的概念是领导力（leadership）。由于领导力是贯穿全书的核心概念之一，需要在一开始就明确其内涵特征。我们把领导力定义为"在群体组织中影响、激励与引领成员实现组织目标的行为过程与统合能力"。这不同于常见的领导行为风格概念，例如，参与式领导、任务型领导和家长式领导等。领导风格是行为表率；领导力则是行动能力，在内涵上更加侧重过程与成效。简而言之，领导力是一种能力或者胜任力。在全书各章都会相应地讨论到领导力的概念，并在第9章系统介绍和讨论领导行为与领导力的理论与策略。

1）动力、活力与创造性张力。元领导力是众多领导力类型的元认知框架，主要包括动力、活力和张力三项要素。在变革创新和转型升级的情境下，可续动力、成长活力和创造性张力成为更具发展潜能的特征。管理心理学进一步解读动力、活力和创造性张力的特征与功效。无论做人还是做事，这三力要素在生活、工作、管理、职业与事业的场景中具有重要价值。

□ 动力的特征：动力是一种心理内驱要素，具有内外、强弱和长短之分，是内在驱动还是外在驱动，是强动力还是弱动力，是持续动力还是短暂动力，直接影响启动效应的模式与强度。管理心理学强调通过价值适应、教育学习、激励推动和调节维护，形成内在为主、适中强度和持续增强的动力。在工作或职业的初期、中期和后期，动力要素都"扮演"着启动角色。

□ 活力的特征：活力是一种心理动能要素，根据著名心理学家勒温的"场理论"，人与环境（生活、工作、职业、组织、营商、文化环境等）的互动与互依在"成长空间"中形成活力或场强，实现资源选配与势能转化，进而研判、调节、增强其潜能与效能。在工作与职业中期，往往会由于"习以为常"、"功成名就"或"自我中心"而进入"中期陷阱"，亟需通过增强互动、集聚资源或选配决策而转换心智、重塑目标或激发能量，进而超越自我，形成新成长动能。

□ 创造性张力的特征：张力是一种心理开发要素，是订立目标以变革当前状态之间的心理差异或紧张度。在现实中，初创的任务成功、阶段的指标成绩和得心应手的项目经验等往往会使人越发"路径依赖"，变得"墨守成规"，急需通过重设目标、推出举措、加快行动而形成新的张力。由于生活、学业、工作、管理、业务、职业乃至事业的任务与场景日趋多样、动态和高压力，竞争环境更加多变（Volatility）、不确定（Uncertainty）、复杂（Complexity）、模糊（Ambiguity）即 VUCA，创造性地发挥张力成为应对策略和能力建设的重点。什么是创造性张力呢？管理心理学把创造性张力定义为"以创意举措追求愿景的使能力场建构"。创造性张力包括三项元素：愿景型追求、创造性举措，使能式力场。

▫ 愿景型追求：这是指共享愿景、锚定方向、规划策略、创造价值、追求目标，类似于重塑成长目标、新编成长脚本。例如，以可续发展为新的愿景，设立企业在环境、社会和治理方面的新发展目标，从而明晰现有经营实践必须变革转型的差距与方向。

▫ 创造性举措：这是指以创造性的方式策划行为剧本和目标性行动，类似于创作一份高潮迭起的成长脚本。例如，学习任务的全新模式，工作目标的创意实现，项目管理的创造尝试和行动模式的创新拓展等，从而集聚创造性发展的策略能量。

▫ 使能式力场：这是指以创造创新创业的方式拓展发展的心理空间和增强使能的力场。类似于搭建起故事发展的新空间。例如，拓展任务域，建构责任体系，更新创造力文化和优化行动路径等，从而拓展想象力、创造力空间，形成促进"知情意责"资源有效调集和"聪明才智"持续施展的创造性张力。

图2.4表现出动力、活力和创造性张力的效应模式。如果以职业发展或企业成长的阶段曲线为例，可以看到，动力线、活力线和张力线在初创期都处于低位且功能相似，在成长期拉大功能差距，创造性张力（小三角链表示）在跨越期显著提升了效能，并带动了动力与活力的协同效能。动力、活力与张力分别在不同阶段发挥独特的作用，而创造性张力对于改变常规、跨越陷阱、突破瓶颈、超越自我、可续发展是至关重要的。本书在以下章节所讨论的五力管理框架和领导力模型，都以动力、活力和张力理论作为基本思路之一。

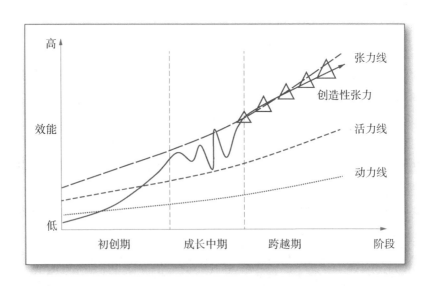

图2.4　不同阶段动力、活力与创造性张力

2) 元领导力模型。

我们在连续主持与承担国家自然科学基金委资助的三项重点项目的一系列研究成果基础上，围绕企业家成长机制、变革领导战略决策机制、组织变革文化融合机制等理论创新，依据元认知理论、五力管理框架、人与组织适配原理、ASD变革行动理论、组织双栖策略的思想（王重鸣，2020，2021）以及元竞争的理论（Barnnett，2017），提出基于能力建设的元领导力（meta-leadership）的新概念。元领导力是"有关如何实施领导力的高阶领导策略框架"，在内涵结构上，元领导力以适应、选配和发展（ASD：adapatation，selection and development）三项基本元策略为框架，以动力元为基础，活力元为中心，张力元为拓展，整合形成元领导力三角模型，作为领导力建构的深层次框架。见图2.5的"元领导力三角模型"。

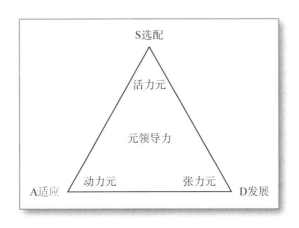

图2.5　元领导力三角模型

□ 领导力动力元。价值适应策略是领导力的动力元基础，形成元领导力模型的"底座"基准，是元领导力的内驱性要素。典型的特征是采用适应与转换心智模式，组合知情意责元素，明晰价值理念，瞄准愿景目标和定位内在激励等途径。

□ 领导力活力元。决断选配策略是领导力的活力元支撑，形成元领导力模型的"左樑"联结，是元领导力的动能性要素。常见的做法是采用支撑战略决断，协同资源选配，激活团队动能，选择工作模式和创新行动策略等。

□ 领导力张力元。赋能发展策略是领导力的张力元开发，形成元领导力模型的"右柱"拓展，成为元领导力的开发性要素。有效的策略是运用协同胜任能力、促进组织创新、拓展行动策略、提升赋能效能和增强可续发展等举措，形成创造性张力。

我们在随后的弹韧领导力、赋能领导力、伦理领导力、责任领导力、团队领导力、数字领导力、创业领导力、创新领导力、精益领导力和变革领导力等一系列新型领导力的概念与原理讨论中,都会运用元领导力三角模型,而领导力效能则在很大程度上取决于领导力的动力元、活力元和张力元。从心理机制上看,领导力开发的要义是增强其动力、活力与张力。我们将在各章相关领导力的讨论中作出进一步阐述。

3) 赋能与赋能过程特征。赋能(empowerment)是在心理学、管理学中越来越流行的概念。管理心理学认为赋能主要包括三个要素:学习力(learning power)、控制源(locus of control)和效能感(self-efficacy)。赋能是一个学习力、内控力和效能力互动作用的过程。管理心理学把赋能定义为"有目的地通过积蓄知识、聚集能力和创设效能等方式来提升学习力、控制力和效能力的能力加工与增强过程"。

□ 赋能的学习力。学习力是人们生活、工作、管理、职业和事业的最重要能力之一,也是赋能的第一要素。我们在本章和第 10 章中阐述研讨多种学习理论与组织学习及开发原理。在此,我们把学习作为员工通过获取 KSAO 而增强人才资本的过程。除了正式的培训学习机会,也包括平时的行动式学习、工作经历体验、岗位轮换历练等途径以及参与、担责、协作和各种创新创业项目的非正式学习和知识获取的能力。既有个人的积蓄收获与自我调节式学习,也包括团队与组织层面的集体学习与线上线下及社交媒体的各种学习。学习力则是指适应、积蓄、记忆、迁移和转化胜任特征并提升多水平学习绩效,特别是担责敬业和工作幸福感的能力。学习力在概念上超过了知识学习,而是包含了学习目的动机、学习态度与主动性、学习效能增长等多个方面,我们的研究提出,在赋能过程中,可以采用蓄能策略增强学习力。

□ 赋能的控制源。控制源(也译为控制点)是俄亥俄州立大学的朱利安·罗特(Julian B. Rotter)在 1954 年提出的个性特征,表示人们对于生活时间的控制力信念,分为内在控制和外在控制,表现为对生活或工作是否具有"主宰力"或控制力。许多研究者采用罗特的迫选题量表加以测量。我们的研究发现,内在控制源对于工作与生活行为模式具有预测力,在动态、复杂、不确定的情境下,内源控制表现定力和驾驭力,有效的赋能通过强化控制源而集聚能力,形成内源化控制的聚能机制。

□ 赋能的效能感。效能感是由斯坦福大学著名心理学家班杜拉(1977)提出的概念,被定义为"人们对自己能否组织与执行达成目标所需行动能力的统合性判断与信念",称为感知的自我效能,主要包含两个要素:感知的能力信念和达成的目标行动。管理心理学则比较注重蓄能(积蓄与储存势能)、聚能(集聚与催化动能)和使能(发挥与开发效能)。使能的概念最早出现于春秋时期(公元前 770 年—

公元前 476 年)的《周礼・天官・大宰》,所谓"进贤、使能"。心理学把"使能"(enabling)作为鼓励或助长个人(特别是儿童或接受心理辅导的人)满足自己的需要并达到预期目的的过程,可以有正面或负面的涵义。积极管理心理学则主要从正面视角,强调赋能的使能策略,促成"举贤使能"的效应。

赋能策略是不断增强学习力、控制力和效能力的途径与方法。我们从 2008 年起参与全球万名女性巾帼圆梦创业赋能计划,就是通过运用包容援助、社会责任、创业实训和组织发展等多层次赋能策略来提振自信、关爱合作、行动学习、强化群体,进而综合提升创业女性的潜能与持续发展能力。在实践应用中,比较常见的有包容式赋能(援助弱势群体)、社会式赋能(体现社会责任)、专业式赋能(更新职业技能)和组织式赋能(实施组织发展)等。其中,组织式赋能是管理心理学研究和应用的新重点。我们将在第 3、11 和 12 章中进一步讨论赋能适配、赋能领导力、组织赋能策略等方面内容,建立起持续赋能成长的效能感机制。

2.2.2 五力管理框架与能力建设

(1) 创业五力模型的维度特征

管理心理学研究和应用的重心转移主要表现在三个方面:从单一能力要素转向多要素综合模式(例如,能力模式或模型);从基于具体任务的技能性能力转向基于心理机制的能力建构(例如,心智模式或思维链),特别是与数字经济发展和创业创新这两大新趋势密切结合;从常规能力测验转向基于关键事件和动态发展的情境判断测试和多阶段、多数据、大数据的数据采集。其中,最显著的发展是数字化管理心智模式与创业创新心理模型的能力建构。王重鸣(2015,2020)在《创业能力建设读本》中,以改革开放 40 多年前沿研究成果,独创性建构了创业五力模型,形成创业心理学和管理心理学的新理论与策略框架,《创业能力建设读本》被指定为国家人力资源与社会保障部的全国专业技术人才知识更新工程和新一轮全国专业技术人员继续教育培训计划的教材。我们把创业能力定义为"为达成创业目标而集成的一组胜任力特征,表现为从适应、选配到发展的胜任过程"。我们把众多能力要素的结构性方位分成两大维度组合,形成创业五力的基本框架:

1) 技术—社会维度。技术性能力要素包括创业科技、创业跨界、创业经营和创业转型等要素,形成践行技术拓展的创新能力模块和效能能力模块;社会性能力要素则包括创业价值、创业责任、创业合作和创业领导等要素,构成比较注重于发挥社会功能的协同能力模块和规制能力模块。

2) 自主—管控维度。自主性能力要素包括创业合作、创业领导、创业科技、创业跨界等要素,构成更为自主发展的协同能力模块和创新能力模块;而管控性能力要素则包括创业责任、创业价值、创业经营和创业转型等要素,属于比较强调规范成效的规制能力模块和效能能力模块。

上述两维能力模块交叉在一起,形成了四种象限结构模块。其中,管控—社会交叉象限形成创业能力的规制模块即创业文化力;社会—自主交叉象限形成了创业能力的协同模块即创业团队力;而自主—技术交叉象限则形成了创业能力的创新模块即创业创新力;技术—管控交叉象限形成创业能力的效能模块即创业行动力;居中的人环模块(人与环境)与四个象限都有交叉,是创业核心模块即创业生态力。图 2.6 是这一创业五力模型。

图 2.6 创业五力模型及其模块与能力要素

有关创业能力的实证研究发现,如果以持续创业业绩和创业满意感作为综合有效性标准(也称"效标"),在众多的胜任能力特征要素(预测指标)中,十项能力特征要素具有显着的预测效应和正面效应:创业心智能力、创业环境能力、创业价值能力、创业责任能力、创业合作能力、创业领导能力、创业科技能力、创业跨界能力、创业经营能力、创业转型能力。从能力内涵上,创业生态力注重创业心智模式与创业环境特征之间的竞合机制;创业文化力强调创业价值理念与创业社会责任之间的融合机制;创业团队力关注创业合作动力与创业领导协调之间的协合机制;创业创新力重视创业科技创新与创业跨界学习之间的智合机制;创业行动力则强化创业经营管理与创业转型变革之间的整合机制。这些机制支持了上述五项模块。

为了进一步学习和理解创业能力的过程性与策略性,请阅读"第2章研究案例 知识产权创业能力的理论构建与实证分析:基于高技术企业的多案例研究"。请思考和讨论在知识产权创业实践中会遇到哪些创建的挑战与困难,应对这些问题主要需要哪些创业能力? 通过案例分析,创业能力有哪些新的特点呢? 我们在研究中采用了马奇的"探索—开发"的组织学习"双栖策略"(参阅第11章相关讨论),开展了多案例的深度分析与研究。

第2章研究案例 知识产权创业能力的理论构建与实证分析: 基于高技术企业的多案例研究

作者:王重鸣(浙江大学)、薛元昊(浙江大学)

发表刊物:《浙江大学学报(人文社会科学版)》,2014年,第44卷,第3期,58—70

研究内容:知识产权创业能力是一项重要的创新能力。这里所说的创业能力并不局限于创业企业,也泛指以创业精神为导向的各类企业。所有企业和组织都需要建设创新团队以便推进创新驱动战略。我们的案例研究聚焦在高技术企业对专利等知识产权的开发与管理。对于高技术创业企业而言,如何构建相应的创业创新能力以更好地创造、保护、管理和运用知识产权并促进创业的成功,仍然是亟待解决的问题。通过理论构建和多案例分析,归纳出高技术企业知识产权创业能力的核心维度和关键特征。有效的知识产权管理包括知识产权保护、专利和商标控制、知识产权交易、完全品牌化、支持核心研发五个方面,包括从创意提出、研究开发与技术获取,到商业化的三阶段知识产权管理过程;从战略上看,又可以分为基础防御、成本管控、利润中心、整合开发和愿景引领五个阶段。我们的案例分析则把知识产权创业能力定义为"将知识产权资源融入创业创新过程,从而促进自身成长与发展的能力",运用马奇的"探索—开发"组织学习策略,补充了"转化"的学习策略,形成了"探索—转化—开发"新组织学习框架,体现在知识产权的创造、学习、管理、保护、运用等系列行动过程中。研究从国家高新技术企业中选取了三家企业开展案例研究,分别是全国企事业知识产权示范单位和市级专利试点企业:鸿雁电器(1981—)、朗科科技(1999—)和网新集团(2001—)。运用深度访谈、文件调阅、关键事例分析、专利墙与技术创新展、主管科技局/知识产权局走访等采集数据,分别从初创期、成长期、发展与转型期分阶段集成分析知识产权创业事件并加以案例梳理。在此基础上,提炼出知识产权创业能力的三项维度:知识产权获取能力(含探索学习、创造吸收两项要素)、知识产权维护能力(含转化学习、维权保护两项要素)和知识产权运营能力(含开发学习、增值运营两项要素)。其中,知识产权获取能力体现在通过内部资源配置和与外部组织开展合作研发及技术引进交易等途径,探索和学习如何以技术创新创造和外部吸收促进知识产权的获取;知识产权维护能力体现在通过申请、维权等手段保护知识产权并采用组织设计、制度建设、管理优化等办法,转化和学习如何使知识产权安全嵌入产品服务和融入组织流程与文化,帮助企业适应变革环境,构建竞争优势;知识产权运营能力则表现在通过产品开发、市场拓展等途径以及知识产权的授权、交易、参与标准制定和奖项评选等活动,开发和学习如何使知识产权成为获取创新业绩的关键策略。从深度案例研究中,我们提炼出探索学习、转化学习和开发学习的三项维度能力要素,三者相辅相成,协同集成为"知识产权创业能力"。上述企业案例为增强创新创业创造能力建设提供了有效的实践示范。

(2) 五力管理框架的基本要素

1) 五力管理框架的模块。创业五力模型为创业型企业和组织的能力建设提供了理论指导,也为管理模式与策略的创新发展提供了新的理论基础。在管理心理学中,我们结合中国管理重要实践问题和管理创新需求,以创业五力模型为基础,参照其结构框架,定制与创建了五力管理框架,包含了五项框架模块与维度要素。我们把五力管理框架定义为"以可续管理、责任管理、团队管理、创新管理与变革管理实现生态力、文化力、团队力、创新力和行动力的基本框架与能力体系"。我们采用了"增效—拓展"和"协创—可续"两项维度呈现出五力管理的基本框架结构。图2.7表示五力管理框架的维度特征模型。可以看到,在增效—拓展与协创—可续参照轴构成的四个象限中,表示出五力管理、10项新型领导力的总体结构布局。处于中间位置的是生态力管理的可续管理维度及其要素布局;处于方格图四角位置的分别是文化力管理、团队力管理、创新力管理和行动力管理的象限以及相应的责任管理、团队管理、创新管理、变革管理及其维度要素布局。新型领导力包括了弹韧领导力、赋能领导力、伦理领导力、责任领导力、团队领导力、数字领导力、创新领导力、创业领导力、精益领导力和变革领导力及其相关维度。我们将

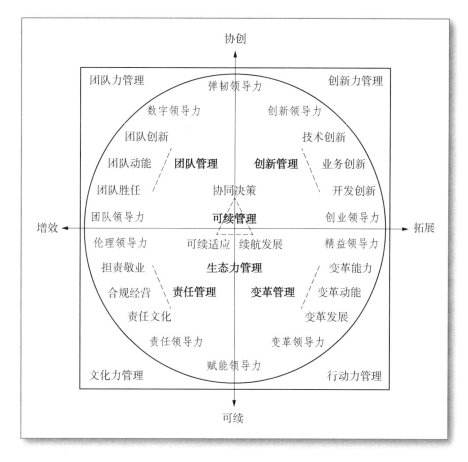

图 2.7 五力管理框架模型

在随后的各章中详细介绍上述维度及要素的内涵与应用价值。

　　□ 生态力管理特征：作为五力管理框架的核心模块，以可续管理为主线，以弹韧领导力与赋能领导力为双翼，包含可续适应、协同决策和续航发展三维管理，注重弹韧适应与可续发展之间的竞合适应关系。

　　□ 文化力管理特征：作为五力管理框架的规制模块，以责任管理为主线，以责任领导力与伦理领导力为双翼，包含责任价值、负责经营和担责敬业三维管理，聚焦责任规范与伦理价值之间的融合规制关系。

　　□ 团队力管理特征：作为五力管理框架的协同模块，以团队管理为主线，以团队领导力与数字领导力为双翼，包含团队胜任、团队动能和团队创新三维管理，强调团队合作与互联分布的协合协同关系。

　　□ 创新力管理特征：作为五力管理框架的创新模块，以创新管理为主线，以创新领导力与创业领导力为双翼,包含技术创新、业务创新和开发创新三维管理,重视开拓创新与创业创造的智合持续关系。

　　□ 行动力管理特征:作为五力管理框架的效能模块,以变革管理为主线,以变革领导力与精益领导力为双翼,包含变革能力、组织动能和转型发展三维管理,关注精益管理与变革转型的整合效能关系。

　　我们在第 12 章提出了五力管理能力建设的五星地图,总结了五力管理的基本维度特征、领导力要素及蓄能、聚能和使能的提升策略。

　　2)五力管理框架的机理。我们以五力管理框架作为管理心理学的"能力地图"。在人环、规制、协同、创新和效能五项模块下,五力管理框架分别表现出五力的动态心理机制:生态力管理的竞合机制、文化力管理的融合机制、团队力管理的协合机制、创新力管理的智合机制和行动力管理的整合机制。在五力管理中,管理者与员工扮演着不同的角色。根据明茨伯格(Mintzberg,1973)的经典角色模型,结合创业五力模型(王重鸣,2020),我们提出五大角色类别 20 种角色要素,并根据不同管理要求,定制和加强相应的角色组合。

　　▫ 生态角色:心智提升者、能力开发者、政策运用者、生态塑造者。
　　▫ 文化角色:责任担当者、价值拓展者、社会创业者、文化建设者。
　　▫ 团队角色:合作共事者、项目主管者、创业领导者、资源分配者。
　　▫ 创新角色:管理决策者、开拓创新者、冲突化解者、协调谈判者。
　　▫ 行动角色:精益管理者、业务经营者、变革转型者、组织发展者。

　　从 2015 年起,我们积极参与了国家人力资源与社会保障部启动的"全国专业技术人才知识更新工程"的各项工作,王重鸣(2015,2020)撰写和出版了《创业能力建设读本》,总结了我国创业研究与理论方法的多方面进展,创建了创业五力模型,为推动和提升创业能力建设水平提供了新的理论与方法框架。请阅读"研究解读 2.2　创业能力建设",思考和讨论创业能力与管理心理学的关系。

研究解读 2.2　创业能力建设

作者:王重鸣(浙江大学)

出版物:《创业能力建设读本》,2015 年,2020 年,中国人事出版社

研究内容:《国家中长期人才发展规划纲要(2010—2020)》把专业技术

人才知识更新工程确定为国家重点人才工程。2015年人力资源社会保障部颁布出台了第一部面向全体专业技术人员继续教育的部门规章《专业技术人员继续教育规定》,全面提升了继续教育的层次与战略意义。本书第一版于2015年出版并作为"全国专业技术人才知识更新工程公需科目教材",在此基础上,为贯彻落实中共中央《2018—2022年全国干部教育培训规划》,由人力资源社会保障部专业技术人员管理司组织编写,本书第二版于2020年出版,作为全国专业技术人员继续教育培训教材。这套教材以新理论、新知识、新技术、新方法为主要内容,着重提升专业技术人员思想政治素质、职业素养和创新创造创业能力。本书在展示理论创新、反映实践成果、增强行动学习和推进能力建设等方面体现了示范性、创新性和解释力。

(1)以改革开放40多年积累的前沿研究成果,独创性建构了包含人环模块(创业生态力)、规制模块(创业文化力)、协同模块(创业团队力)、创新模块(创业创新力)和效能模块(创业行动力)的创业能力模型,并以身边案例亲验和创业策略提炼,系统解读了创业能力的维度要素。由创业生态力、创业文化力、创业团队力、创业创新力、创业行动力构成"创业五力模型",体现出理论创新和知识体系的新颖性与前瞻性。

(2)全面反映创业创新的最佳实践,特别是围绕小微创业、女性创业、文化创业、技术创业、专利创业、社会创业、跨境创业、绿色创业、责任创业、精益创业、数字化创业、智能创业等12种最新创业模式与类型,深入浅出阐述,跟踪前沿发展,充分反映创业创新的实践尝试与进展。

(3)独创了五环行动学习策略方法,以问题驱动、原理反思、行动目标、行动反馈和行动迭代等五环节学习,通过亲历参与、实践问剑、群体解题,展现出实践反思、机会判断、行为加工和互动改变的行动学习特征,强化了创业能力行动学习的亲验性、行动性、迭代性和创新性。

(4)突出加强创业能力建设的适用性,面向各类人才在工作岗位、职业生涯和社会生活中发挥创业精神,提升创新能力,增强社会责任,拓展全球视野的综合能力开发。突出了知识原理解释力身边案例感染力和多行业可应用性,形成广泛的重要影响力。

本书创建的创业五力模型成为管理心理学的主要理论框架和原理体系基础,也为进一步的理论研究与实践应用提供了前沿性指导和方法论依据。

2.3 组织认知与责任归因模型

知识要点 2.3　认知学习与归因模型

组织认知模型：组织注意、组织组块、组织释义、组织判断、组织思维五要素
学习与去学习：文本策略、实操策略、并行策略、元认知策略四种去学习策略
目标责任归因：目标责任特征制约归因模式而影响期望意向满意的归因机制
行动过程理论：行动顺序、行动结构（技能、模式、心智、策略）和行动聚焦

2.3.1　组织中的认知与学习理论

（1）组织认知与心智知觉理论

管理心理学的重要基础是组织中的认知特点与认知机制，我们在这里简称组织认知。

1）组织认知研究的理论视角。从沿革发展来看，组织中的认知有三方面的来源：工程心理学信息加工研究、行政管理组织决策研究和社会心理学认知归因研究。

□ 工程心理学的人因研究。人因研究（human factors）对组织中的认知分析提供了最早的理论思路，特别是二战后有关技能性作业的人类信息加工研究视角和认知实验心理学的发展，从作业过程模型、复杂工业流程的人因表征，到人与计算机交互作用和工作记忆等基于信息加工阶段的理论成果。其中，认知图式（schema）、心理模型（mental models）和人机交互（MMI）对组织认知研究的影响深远。之后，生态工程研究思路强调人与环境的互动关系和自然背景下的专长与知识结构；认知工程研究思路则注重复杂工作场景的系统设计。

□ 组织决策与高阶梯阵研究。组织研究出现了多项重要进展，司马贺（1947）的《管理行为》勾画出组织决策的有限理性（bounded rationality）和认知能力及信息加工获得性（information availability），行为决策理论也得到迅速发展；汉布里克和马森（Hambrick & Mason，1984）提出高阶梯阵理论（upper echelons perspective），把战略选择作为组织的高管团队的心理组成元素并采用认知评估方法和教育经历等认知要素来预测组织绩效。相关研究进一步发展，验证和丰富了

心理认知表征在组织适应与团队发展中的作用。请参阅第9章的内容。

□ 社会心理学认知归因研究。社会认知与认知归因研究为组织中的认知研究提供了新的视角,激发了管理背景下的社会认知与因果归因过程分析和管理行为机制的探索。在人事决策判断模式、工作动机认知机理、组织决策启发式、社会认同过程、社会认知学习策略等多方面显著促进了组织认知的理论发展与策略应用。

此外,近期有关认知计算模型与释义理论的进展也都加快了组织中认知的多种思路整合,成为管理行为的系统认知基础。组织中的认知研究在理论思路上形成两种范式:计算视角和解释视角。前者注重管理行为与组织过程的信息加工局限、选择性、偏差性和变量间效应;后者强调个体与群体对于情境线索的特征释义、原理提炼和模式建构。在管理心理学发展中,多种研究思路日趋交叉互补,融合创新。

组织认知思路在管理心理学的各项专题中都占据重要的位置,特别是在责任归因、能力建模、态度改变、心理契约、目标设置、组织公平、共享心理模型、高阶团队动能模型、领导者—成员交换、高阶梯阵理论、工作与组织设计、组织决策、变革发展等领域,研究进展喜人,理论创新活跃。

2)心智知觉理论(mind perception theory)。在社会认知的最新发展中,心智知觉理论颇为引人注目。哈佛大学心理系的格莱等(Gray 等,2007)在《科学》(Science)发表了经典文章"心智知觉的维度",通过对数千人的成对图符比较调查和因素分析认为,心智知觉包含19项心智能力要素,呈现两个维度:经验(包含气愤、害怕、痛苦、愉快、暴怒、需要、个性、意识、骄傲、尴尬和享乐等11种能力)和代理(自控、道德、记忆、情绪、再认、计划、沟通和思维等8种能力)。这种基本的心智知觉表明了社会认知与判断的潜在机理。人们得以一次"读懂"所处的多种情景、不同行为、各种表情神态、多样群体及成员和"看清"自我或他人。最近的研究关注不同沟通技术和虚拟条件下的心智"解读"和社会判断。周欣悦、Kim 和王丽丽(2019)运用心智知觉理论,通过五项研究发现,将钱拟人化可以提高慈善捐赠的能力。拟人化的钱可以引导人们对钱的感觉能力与感知(即热切感)和做事能力(即能干感)。这种热切知觉的解读增强了慈善捐赠意向。心智知觉理论对于识别与转换心智模式与组织心智提供了重要的理论基础,在组织认知加工和管理心理模式方面具有富有前景的理论与应用价值。

(2)组织认知模型与学习策略

1)组织认知模型。在工作和管理情景中,知觉作为个体对信息进行选择、组织、储存和解释的过程,成为激励指导、群体协同、决策领导和组织管理等的重要前提。我们把信息加工分为"直接加工"和"间接加工"，前者是有控制、有意识地感知与接收信息，后者则是自动而无意识地加以感知和处理信息；还把信息加工分为"系列加工"和"并行加工"，前者按照顺序逐一处理信息，后者则激活多点网络式地处理信息。管理心理学把工作认知看成一个信息加工的组织认知过程，包括组织注意、组织释义、组织判断、组织记忆和组织思维等阶段特征。

□ 组织注意。面对管理情景中的各种信息，工作知觉的注意阶段首当其冲，决定需要加工哪些信息、忽视什么信息，形成组织注意。这是指组织中的决策者注意力的社会性结构模式，即在管理决策中对于不同信息的过滤、筛选和关注模式。司马贺把组织行为描述为"注意过程的复杂网络"。在工作知觉的组织阶段，多种琐碎信息的"组块"使之成为较高水平、较为抽象的概念。对电话号码的记忆就是通过"组块"的方式完成的。在管理与工作情景中，以经营管理与工作信息的图式加工形成"组织组块"。常见的社会信息加工有两种图式：剧本图式和原型图式。剧本是指包含行动顺序的加工图式；原型则是指用以组合各种个人特征的图式。

□ 组织释义。在工作知觉的解释阶段，人们对经过组织的抽象概念加以解释，赋予深层、完整的意义，称为释义或称"组织释义"（organizational sense-making）。同样的工作行为可能会有不一样的解释。例如，员工加班行为既可以解释为工作积极性高，也可以释义为工作任务没有完成好而不得不加班加点。解释阶段容易出现"投射效应"和"归因效应"。前者是指把自己的想法或情感"投射"到对他人特征的解释之中而造成知觉偏差；后者则是知觉者对他人行为的原因作出因果关系归因，从而影响知觉解释。比较有效的解决方法是进行"知觉训练"，减少解释偏差或运用多种信息源加强正确归因。组织赋义与组织释义密切相关，即在释义的同时，赋予新的组织意义。管理心理学把组织释义分为四种类型：指导型释义、选择型释义、碎片型释义和底线型释义。其中，指导型和选择型释义的赋义程度比较高，而碎片型和底线型释义则其赋义程度比较低。在变革创新背景下，组织释义能力成为首选的未来工作能力。

□ 组织判断。在知觉的判断阶段，知觉者对所解释的信息给予加权和综合，从而作出整体判断。在管理心理学研究中，组织中的信任、伦理、道德、价值、责任以及决策、选择、风险、变革等，都与组织判断密切有关。由于认知判断的有限理性，组织判断也包含许多偏差与风险。比较常见的偏差包括损失反转偏差、可取性偏差、基准率偏差、承诺升级偏差等，这些偏差都会显著影响组织中知觉的准确性。组织中的决策程序、决策模式、决策策略、参与决策、数字化决策和决策辅助等各方面，组织研判都是至关重要的。

□ 组织记忆。组织记忆是组织在初创、成长、成熟、转型过程中获取、积累、储存和记住的知识体。在组织成长过程,组织记忆是组织认知的重要环节与特征。在心理学有关记忆的原理基础上,管理心理学注重组织中的外显记忆(例如各种文件或事件)与内隐记忆(例如组织惯例)、短时记忆与长时记忆,以及组织运营的"工作记忆"等特征。特别是在多团队、多业务、变革创新情境下的分布式认知与情景性认知的记忆模式。分布式认知分析为组织记忆提供了复杂心理表征的基础,表现组织记忆的分布性、嵌入性和情境性特征。在组织记忆过程中,从组织层面描述记忆表现,作为组织信息加工的特征,运用其记忆功能优化组织学习,形成组织记忆系统。组织记忆的特点、模式与策略都成为组织胜任能力的重要特征。

□ 组织思维。组织思维是组织认知的重要内容,主要包括组织水平的思维模式、知识转换与问题解决策略。管理心理学的组织思维内涵十分丰富,本书讨论到的就有 30 种思维要素:基础层思维包括主动与成长思维、聚合与发散思维、正向与逆向思维、辩证与双栖思维、弹韧与适配思维、捷径与启发思维、前瞻与警觉思维等要素;管理层思维则包括心智模式、设计思维、数字思维、关系思维、合作思维、行动思维、创新思维、创业思维、创造思维、精益思维和变革思维等关键要素。

在组织认知的框架下,组织注意、组织释义、组织判断、组织记忆和组织思维都是管理心理学行为机制、组织动能与行动发展的重要认知基础。

2) 学习与"去学习"策略。身处变革年代和面对创新转型实践,许多常规习惯、惯例行为和知识技能,特别是原有心智模式,都需要不断更新、学习或"撤换",却并不容易做到。怎么才能"清空旧习"呢? 管理心理学称之为"去学习"(unlearning),定义为"以新的学习方式忘却和去除原有知识元素、技能模式与行为习惯的过程"。直观地说,通过"去学习"设法"腾出认知空间",以便有效地装载新的知识与技能库。由于原有知识与行为习惯并非临时搭建,而是长期积累、内化而成,"去学习"也并非"一日之功"能够完成,加上知识结构与知识管理日趋复杂多样,需要尝试综合途径或策略。我们的研究提出四种学习与"去学习"策略:

□ 文本策略。通过"删除、覆盖、替换、粘贴、保存"的计算模式完成"去学习"过程。这种策略比较适合于初学阶段和陈述式外显知识或技能的学习任务。

□ 实操策略。通过行动学习、情景加工、"破中有立"的"干中学"方式完成"去学习"。这种策略比较适合于程序式内隐知识或能力的学习与再学习任务。

□ 并行策略。通过多知识点、多技能层的并行分布式加工,采用焦点调节、知识组块、释义建构和节点激活等方式,开展学习、"去学习"和再学习的综合任务。

□ 元认知策略。这是采用元认知方法,通过问题体验、自我反思、策略认知、解法迭代、目标反馈等启发式,完成学习、"去学习"与开发过程,实现知识调度与策略组合的学习。

我们在第 10 章将详细介绍的行动学习、创业式学习、数字化学习、开发式学习的研究中,都采用了"去学习"策略。通过多水平学习、多功能学习和多源学习,可以帮助企业员工、经理或创业者有意识地"忘却"陈规旧习,促进心智模式的"改版"、转换和升级,显著提升创新创业能力和策略性学习能力,加快推进新项目、新产品、新服务和新流程的开发与应用成效。

2.3.2 目标责任归因与归因偏差

(1) 归因理论与目标责任归因

归因理论是著名心理学家海德(Heider)在社会知觉的心理学实验研究中提出来的。他在实验研究中发现,参与者会对不同形状无规则移动的现象作出有因果关系意义的归因解读,进而形成对事件的社会性知觉与行为效应。由此提出的归因理论,成为管理心理学的重要理论与研究领域。我们把归因定义为"对事件或行为的因果关系知觉并作出认知解释的多阶段过程"。归因研究提出一系列理论模型,研究者从不同角度对因果关系归因的过程和影响因素作出了解释。其中比较流行的有以下几种:

1) 三维归因理论。凯利(Kelley)提出三维归因模型,认为影响行为因果关系的归因有三方面因素,这三维归因特征共同作用导致了归因模式。

□ 独特性,即一个人在不同情景下是否以同样的独特方式作出归因,还是因场景不同而异,是否具有独特性;

□ 普遍性,即在相似情景中,人们是否都有相同的归因反应;

□ 一致性,即一个人在不同时间的归因行为及模式是否前后一贯。

举例来说,某位员工在不同工作任务上的工作绩效都低,我们就倾向归因于他的内部原因造成低绩效;如果他偶尔成绩不佳,我们将会解释为外部原因。要是从事相似任务的所有员工的工作绩效都低,我们就倾向归因于外部原因;反之,如果其他员工工作绩效都高,或者该员工一直成绩不好,则一定是该员工自身的问题。

2) 成就归因理论。韦纳(Weiner)针对成功与失败的归因特点提出了成就归因模型,认为人们获得成功或遇到失败的主要原因有四个方面的因素:努力、能力、任务难度和机遇。这四种因素可以按内外因、稳定性和可控制性三个维度加以划分。努力和能力属于内部原因,任务难度和机遇则属于外部原因;能力和任务难度属于稳定因素,而努力和机遇则属于不稳定因素;努力是可控制的因素,而任务难度和机遇都是难控制的因素。人们对成功和失败的归因,对于以后的学习与工作态度、情感和工作意向会有很大影响。

□ 成功结果的归因。把成功归结为内部原因(努力或能力),会使人感到满意和自豪,提高进一步取得成功的信心;而把成功归结为外部原因(任务容易或机遇好),则会使人产生惊奇的心情。把成功归因于稳定因素(任务容易或能力强),会提高以后的工作积极性;而把成功归因于不稳定因素(机遇好或努力),以后工作的积极性可能提高也可能降低。

□ 失败结果的归因。把失败归于内因,会使人产生内疚或无助感;而归因于外因,则不容易提高信心。要是把失败归因于稳定因素(任务难或能力弱),就会降低以后的工作期望;而如果把失败归因于不稳定因素(运气差或努力不够),则可能提高进一步的工作积极性。

在管理情景中,管理人员对于员工工作表现的归因模式或是干部员工对于自己工作结果的归因,都会影响他们随后的期望、满意感和行为倾向。

3) 目标责任归因的准实验。我国管理心理学的归因研究起步比较早,王重鸣(1986,1988b)围绕员工激励机制的目标责任归因模型是最早的研究成果之一。1980 年代初,经济责任承包制成为各类企业改革的新模式,但是缺乏激励机制的理论指导。为此,我们提出并采用准实验方法检验了目标责任制对于工作行为影响的假说,在多家企业开展为期 1—3 个月的现场准实验研究。这是以原有班组为样本,安排进入个人目标责任制、集体目标责任制和个人与集体目标责任结合的三种不同目标责任模式,并给予任务结果达标或未达标的反馈。员工表现出不同的归因倾向并产生不同的工作行为效应。在比较了不同目标责任条件下员工的归因倾向及其效应后发现,集体目标责任有利于员工更多作出"同志合作"因素归因而维系和加强其目标行为。由于员工对完成任务的成功绩效结果归因于相互合作,且把未能完成任务的失败绩效归因于任务难,进而保持了工作期望和信心;而在个人目标责任条件下,员工更多把成功与失败归因于任务难易、个人是否努力或自身能力高低,进而显著弱化目标追求行为或因为把失败归因于任务难而降低随后的工作积极性。个体目标与集体目标相结合的责任制取得了更好的归因效应。

4) 目标责任归因理论的主要原理。我们在一系列现场准实验研究基础上,提出目标责任归因理论:目标责任特征制约归因模式进而影响期望、意向和满意的归因机制,主要包含以下三个理论要点。

□ 目标责任方式影响归因模式。目标责任特征对于员工有关工作结果的归因模式、工作态度和行为倾向具有显著效应。目标责任特征包括个体—集体、短期—长期、经济—社会等目标责任导向。

□ 综合目标责任优于单一目标责任。集体与个体相结合的目标责任组合模式在归因模式与效应方面优于个体目标责任模式,而集体目标责任在合作任务或团队任务条件下更为有效。

□ 因果归因倾向会显著影响行为与绩效。目标责任归因直接影响人们的认知判断、工作期望、交往模式、满意感受进而影响绩效追求行为和工作绩效,形成目标责任归因对于工作效能感、工作满意度和可持续绩效的激励机制。

图2.8是目标责任归因的效应图解,表明目标责任归因的心理机制是目标责任对归因模式形成显著效应并影响随后的工作情绪、目标期望和努力水平。该图表示:目标责任特征有三个特征维度(个体责任—集体责任、短期责任—长期责任、经济责任—社会责任)会交互影响责任归因模式(能力—努力、任务—合作、外在奖励—内在奖励)进而决定绩效追求行为(增强效能感、提升满意度、促进可持续)。

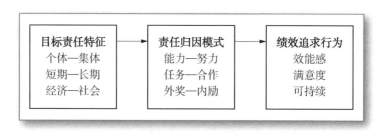

图2.8 责任归因机制模型

(2) 归因偏差和归因绩效关系

1)三种归因偏差的基本特点。在现实生活中,由于受到主客观条件的限制,特别是许多人的认知习惯或模式,在归因判断中往往存在各种偏差,了解这些偏差对防范和矫正具有现实意义。常见的偏差有以下三种类型。

□ 基本归因偏差。这是指人们在对他人行为作出归因时,会表现出高估个人因素而低估情景因素的倾向。例如,当公司经理对员工的绩效问题作出归因分析时,会更多把员工的不良绩效归因于员工内部原因,如能力不够或努力不足,而不是外部情景方面的原因,如领导不够支持等,表现出某种基本归因偏差。

□ 自我服务偏差。这是指在对自己的不良工作绩效进行归因时,人们倾向于高估外部情景的因素,而低估自我因素,显示出"自我服务偏差",即倾向于否认自己对不良工作绩效的个人责任,而把工作成功归因于自身的原因。

□ 优先与近因效应。优先效应是指一个人最先给人留下的印象对其行为归因有很大影响;近因效应是指最后给人留下的印象对其行为归因有显著影响。管理心理学的研究表明,优先效应和近因效应都在工作知觉中起着重要作用,而且,一般来说,在对陌生人归因时,优先效应有更大的作用,而在对熟悉人的归因时,近因效应更有可能起作用。

2) 归因取向与任务绩效关系。有效的管理者善于把握正确的归因,减少归因偏差带来的失误。也需要对下属进行培训与指导,帮助他们改善归因的习惯与策略。与此有关的是日益流行的"印象管理"。

□ 印象管理的特征与方法。印象管理是采取系统的措施创设和维持自己在他人面前的印象,特别是防范归因偏差,常见的方法包括:

- ▫ 保持高度的自知之明;
- ▫ 在决策情景中寻求多种信息源以便确证或否定个人的印象;
- ▫ 善于听取他人对情况的分析、归因与意见;
- ▫ 在个人因素和情景因素的分析时避免常见的归因偏差;
- ▫ 认识各种知觉和归因图式及其影响;
- ▫ 注意自己给别人的印象;
- ▫ 避免不适当的行动;
- ▫ 留意影响他人的知觉和归因。

□ 归因研究的新趋势。近期的归因研究更多围绕管理者在战略决策中对组织成功因素和困境因素的归因模式及其效应,解释战略决策的认知机制和管理认知研判能力;研究还比较关注管理人员和员工的归因特征对于公司社会责任举措等的影响,探究社会责任等组织举措的跟进行为的认知归因模式;把认知归因与研判能力作为领导力开发中的多层次胜任能力要素(王重鸣,2019)。在创业能力建设研究中,开展因果归因在创业能力行动学习中作用的研究,分析不同归因策略对创业成败经历、创业效能感与再创业行为关系的调节作用。工作归因策略也成为管理胜任力的重要要素。

2.3.3 行动过程理论与差错取向

(1) 行动理论与行动过程模型

1) 什么是行动? 正如我们在前面提到的,行动是指目标导向的行为,是一种目的性行为,而非简单的动作。早在上个世纪,研究者就开始区分行为、行动、社会行动以及理性行动和价值行动。到 1990 年代,管理心理学研究重申了行动研究范式的重要性,强调了诊断—行动—评价—再行动链的应用(王重鸣,1989)。现在我们把这一过程称为行动迭代。

2) 行动过程理论三要素。著名心理学家麦克·弗雷瑟(Michael Frese)提出了创业导向的全新行动理论。他在谈到创业心理学的行动理论时,提出以行动作为关键创业概念内涵的思想,并且提出行动的三项过程要素:行动顺序、行动结构、行动聚焦。

□ 行动顺序。行动的时间顺序和要素顺序:目标意向、信息加工、行动计划、执行监测、反馈加工等;行动的阶段、环节、先行、启动、调节等。在创业等不确定情景下,行动顺序会经常中断、调整、继续,往往出现多种顺序模式。行动者需要有较强的自我效能感和适应能力,调节顺序而又坚持目标。

□ 行动结构。行动结构与行为的层次性认识调节模式有关,不同层次调节形成行动元素的相应组合。行动理论提出四种行动调节层次:最低层次的称为"行动技能层",负责调节具体的常规技能或自动化的技能,通常处理一些并行出现、快速、简便的元素和操作型目标要素;如果需要较大程度的修订行动计划,就需要上升到第二层次的行动模式层,负责调节目标和子目标。这个层次包含了图式性行动,用以灵活调节情景性的行动计划参数。许多行动学习是在这个层次上展开的。第三层次是行动心智层次,包含行动领先、执行导向、行动映像和行动意志等要素。执行力强的人通常会表现出较强的行动心智调节。第四层次是元行动层又称为行动策略层,表现为元认知启发式。这是复杂心理调节层,既有意识化也有无意识形态,包括自我反思、策略认知、"走捷径"、"擦边球"等启发式。行动的元认知是关于如何行动或行动策略的认知加工活动。这四种层次的调节构成了行动的结构。

□ 行动聚焦。这是指行动的情景特征:任务、社会和自我。行动焦点涉及任务情境、社会情境和自我聚焦。任务调节聚焦是针对社会任务、创意任务或是变革任务,学会通过调节聚焦不同任务以及任务的长远视角;社会调节聚焦涉及市场客户导向和社会价值导向,盈利导向或是环保导向等;而自我调节聚焦则涉及自我认知、自我管理、自我效能等要素。

图 2.9 表示上述有关行动的三元模型。研究表明,和新手相比,专家在行动顺序、行动结构和行动聚焦方面表现更加交叉、聚合、跨层、灵活。这也是希望通过行动学习加以增强的。当我们说行动学习的行动迭代时,也必须考虑行动顺序的迭代、行动结构的迭代和行动聚焦的迭代,以此作为行动学习的核心内涵之一。

(2)差错学习与差错管理策略

1)差错取向与差错学习。在学习过程中,常常会表现出差错取向,需要学会去伪存真、改错归正,从而不断提高自身的水平。在行动学习过程中正确理解差错取向并优化差错管理氛围,有助于在工作层面促进差错学习与管理的成效。王重鸣、洪自强(2000)针对组织中的差错管理氛围与工作效能的关系开展实证研究。

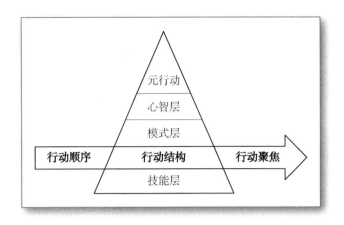

图 2.9　行动过程三元模型

把组织差错氛围定义为"组织看待与处理差错的程序、态度和实践等方式方法",包含差错防范和差错管理两种策略。前者指采取措施避免出现差错或防止差错扩大化等相对被动的策略;后者则指积极分析差错原因、促进公开讨论与沟通、学习与培养处理差错能力等主动的策略,并强调差错学习过程对优化差错氛围和建立差错管理行动体系等的作用。我们在 50 家企业选取 168 名员工开展调研组织差错取向和组织效能。组织差错量表包含差错掌握、差错预测和差错压力三个基本因素共八项元素:

- 差错掌握:差错能力、差错学习、差错沟通、差错思考;
- 差错预测:差错风险、差错预计;
- 差错压力:差错进展、差错掩盖。

组织效能量表采用了相对评价指标:产品/服务范围、经济收入、任务绩效、离职倾向、总体满意、业务前景。研究结果显示,差错掌握显著增强组织效能评价,而差错压力则不利于组织效能。我们把差错掌握和差错压力作为差错管理氛围的主要维度,而把差错预测作为差错管理策略实施的辅助因素。这些结果为优化行动学习机制提供重要的实证依据。

有关差错学习心理与神经机制的研究也取得了显著的进展。差错心理学实验表明,在出错学习后给予更正反馈,可以增强学习的成效。对于高自信差错,这种更正反馈的效应更加明显。过度纠错效应(hypercorrection effect)解释了差错学习的神经机制,帮助知识点的中介提取,促进递归式认知提醒,加强习得知识重新整合和调节与缓冲差错学习的情绪效应。相关研究为积极有效的差错学习和差错管理培训提供了新的科学依据。

2) 失败中学习的策略。行动学习的核心思想是干中学,强调从差错和失败中学习。失败是成功之母! 但是如何识别失败、正视失败和学习应对失败,却并不是一件容易的事。失败和失败学习都是管理心理学的一个全新领域。我们在创业失败的研究中提出创业学习视角,从创业挫折与失败中学习。把失败作为学习的前提条件,看做学习旅程的关键元素,形成创业的"学习准备度"。在创新创业场景下,这种来自失败学习的"准备度"是适应跨文化商务、选择创新策略的重要基础。哈佛商学院著名教授埃德蒙森(A. C. Edmondson)(2011)针对失败学习提出了一组行之有效的策略。在工作场景中的失败有许多原因,比较常见的有:行为违犯工作程序或要求;工作注意力分散或"一心多用";缺乏任务技能或培训;具备能力却遇到差错或复杂程序;工作任务过难或挑战多;出现不确定事件或好心做错事;研发创新项目的实验性失败;管理决策偏差导致失败,等等。请读者列举身边的失败实例,思考和讨论属于哪类失败或新型失败。

怎样从失败中学习呢? 可以尝试采取以下失败学习策略。

□ 学习文化策略。在本单位或行业构建一种容忍失败和从失败中学习的文化,其核心是建立一种心理安全环境。这是指创建一种共识,随时报告出现的问题、差错或失败,系统地分析失败和主动寻求新的实验尝试的机会。例如,在研发部门建立鼓励、容忍和分析失败的专题例会;针对常规任务、复杂任务、创新业务等不同失败场景制定不同的失败学习计划,都是比较可行的做法。

□ 失败侦查策略。在许多单位,侦查隐藏或潜在的失败问题并加以学习、分析失败原因和提前预防失败是比较有效的失败学习策略。暴露问题和预判失败是一件比较敏感的事,要求做到"对事不对人",更多从失败分析、失败学习、优化流程、协调配合、提高能力的角度,发现问题和分析失败。由于这种策略在实施中会遇到问题相互推诿、原因限于表面和协作流于形式等常见的文化现象,我们建议把失败侦查分析纳入日常工作流程并建立集体责任制。

□ 实验尝试策略。由于在许多工作场景,高达70%的任务或项目会出现各种问题或失败迹象,我们需要强调发现失败的价值和跟进实验尝试的效益,进而建立更新实验和尝试新的"与失败斗争"的备案和奖励计划。

在跨文化背景下,差错取向和差错学习对于企业学习成长具有什么不一样的模式与意义? 浙江大学与基盛大学在德国科学基金会(DFG)的项目资助下开展了为期四年的中德小企业创业成功心理策略的合作研究项目,并进一步进行了八年跟踪研究,取得了一系列重要研究成果。请阅读"研究解读2.3 创业者差错取向的绩效作用及其跨文化比较",思考和讨论在跨文化场景下,创业者差错取向与差错学习有哪些不同特点? 如何加强创业学习的持续成效?

研究解读 2.3　创业者差错取向的绩效作用及其跨文化比较

作者：王重鸣（浙江大学）、郭维维（浙江大学）、Michael Frese（基盛大学）、Andreas Rauch（悉尼大学）

发表刊物：《心理学报》，2008年，第40卷，第11期，1203—1211

研究内容：创业管理是管理心理学研究的新领域。研究采取跨文化比较方法，考察检验了中国和德国创业者的差错取向特征对绩效作用的模式。差错取向是指个体在行动偏离目标或标准时的行动倾向，得以提示学习过程、激发探索创造、指引行动方向。我们把应对差错的心理资源和行动资源统称为差错应对资源，分为差错风险、差错压力、差错预见、差错掩盖四项情绪导向维度和差错胜任、差错学习、差错沟通、差错思考四项行动导向维度；企业差错氛围则指企业员工注重从差错中吸取经验教训的氛围。研究选用差错胜任、差错沟通、差错学习三个差错取向维度和差错学习氛围、差错沟通氛围和差错思考氛围三维要素。研究选取中德多省市的信息、餐旅、机械、建筑四种行业的小型独立企业创业者与各3名员工为样本：中国样本为430家创业企业的723人，德国样本为557家创业企业的687人。创业者填写差错取向问卷，员工填写差错氛围问卷，以避免同源数据造成共同方法变异。创业绩效采用创业满意感、成功评价、销售额成长和员工规模成长4项指标。研究运用协方差结构方程模型等方法检验两国样本的数据并系统分析。研究结果发现，中德两国创业者在差错胜任取向、差错学习取向、差错沟通取向上以不同方式分别作用于企业差错思考氛围、企业差错学习氛围、企业差错沟通氛围，表现出创业者个性特质对创业企业组织特征的"投影效应"；中德不同文化背景下，"投影效应"存在选择性：中国创业者在差错胜任上"投影效应"明显，德国创业者则在差错学习和差错沟通上"投影效应"突出。在正式权威领导文化下，创业者差错取向对创业成长绩效的影响完全以企业差错氛围为中介，而在实践权威领导文化下，创业者差错取向对创业成长绩效的影响不以创业企业差错氛围为中介。创业者差错取向的"投影效应"与文化差异中介模式为创业能力与创业行动理论提供了全新依据。（相关概念可参考本书其他章节的讲解）

1. 什么是心智模式？举例说明双栖心智类型及其对管理行为具有的重要作用。

2. 什么是情绪智力？如何理解认知、情绪、意志与责任的特征和相互关系？

3. 什么是元认知？简述元领导力模型框架的维度特点和相关策略。

4. 五力管理框架有哪些基本模块与维度特征？试述五力管理框架的管理基础并举例说明。

5. 请简述目标责任归因理论的研究依据和主要策略。在实际中如何加以应用？

6. 请运用行动四层次模型和三阶段加工过程解读行动的主要心理特征。

第3章 决策策略与可续管理

3.1 行为决策与决策的启发式

知识要点 3.1 行为决策与风险决策

行为决策：多重备择方案、不确定性判断、多任务多时段、决策认知启发四类
决策偏差：统计偏差、回归效应、效度错觉、因果关系、锚定效应、承诺升级
有限理性：问题导向、认知局限、时间压力、离散渐进、直觉判断、满意标准
风险决策：展望理论、风险偏好、框架效应、占优启发、跨期决策、心理距离

3.1.1 组织管理中的决策与判断

（1）不确定条件下的决策特点

管理心理学提出，决策任务可以分成两大类型：任务结构明确的决策问题和结构含糊的决策问题。前者指决策备择方案及决策问题结构的特点都有比较明确的决策任务；后者则任务结构比较不确定，且与复杂的经营与组织环境有密切的联系。日常工作与生活中大量遇到的决策问题属于后一种决策任务。管理心理学把这种决策不确定性定义为"无法确定某种决策结果发生概率的程度"。我们把结果状态概率、备择方案和结果价值作为这类决策问题的三个主要成分，表现出多重备择方案、不确定性判断、多任务多时段和决策认知启发式四项特征。

1）多重备择方案。在管理活动中，不确定决策经常发生。例如，当人们从原有的常规管理转变到运用数字化管理过程中，面临着某些潜在的原管理系统功能失调和程序不适应等问题，需要决定解决的方案。通常，不确定性主要是指将来条件对于决策的影响难以预测时的情况。不同决策任务的不确定性程度往往很不一样。从备择行动方案选择、决策结果及其发生的概率和结果价值等基本成分的情况，就可能估计出决策者对决策问题不确定性程度的知觉。

2）不确定性判断。决策的不确定性也反映在决策任务的心理学特征方面。王重鸣（1987）在有关计算机系统开发决策及其策略的研究中，提出了不确定性决

策的四种特征指标：信息加工的复杂性、依存性、时间性和规范性。高度的不确定性表现在决策信息交流的复杂性高，决策者与环境交互作用的依存性低，决策信息的时间性差，决策信息的规范性低等特征。与决策不确定性密切相关的决策信息特性是决策模糊性，是指决策中对重要因素的认识不清，无法确定决策成分或将来条件；不确定性则是指决策中重要因素清楚而只是较难据以作出预测。

3）多任务多时段。在现实生活中，决策是一个动态变化的过程，包含着较长的时间维度，常常伴随着显著的组织变革以及较大的资金或人力投入，在很大程度上受到组织环境特征、决策任务复杂性和决策者偏好及能力等多方面因素的影响，具有高度的不确定性和风险性。动态决策的重要特点是多任务多时段实时判断和决策反应。这方面的研究难度比较大，因而很少有深入的机制分析。为了考察这种复杂决策任务的认知加工机制，梁立、王重鸣、白延强、马国庆（1997）以资源理论结合认知加工模型，通过系统控制不同条件下的补偿追踪与警觉型飞行模拟任务为实验任务，以各种机种与等级的 250 名男性飞行员为真实样本开展实验研究。研究结果表明，无论在单一任务还是在多任务中，都表现出大脑时钟的多道分时对于低速和高速任务绩效降低的认知效应机制。多种有限的特异加工资源可以采用不同运算处理指令的组合加以处理，成为不断学习优化的认知资源而提高作业成绩。这项研究为动态决策的多任务多时段加工机制的解读提供了重要的理论依据。

4）决策认知启发式。不确定条件下的决策行为带有很大的直觉色彩，表现出多种决策启发式（走捷径）和认知偏差。管理心理学和决策心理学把启发式定义为"为了比复杂方法更为快速、节省、准确地实现决策目标而采用的忽视部分信息的策略"（Gigerenzer & Gaissmaier 2011），决策者由于认知局限而采用的非正式决策规则，用以简化决策信息加工过程。我们在下一节对此做详细的讨论。

（2）不确定条件下的认知启发式

在不确定条件下，决策判断表现出认知启发式加工，容易出现多种偏差。对于这些启发式与偏差特点的了解，有助于我们提出优化决策的有效方法。常见的决策认知启发式及偏差特征如下。

1）统计偏差与代表性启发式。代表性启发式在决策判断中十分普遍，反映出人们在决策中倾向于根据某种信息在一类别中的代表性，判断该信息属于特定类别的概率，却忽视事件的基准率，即事件在总体中发生的概率。这种认知偏差包括多种常见的情况：

□ 忽视结果的先验概率。事件发生某种结果的先验概率是一种基准率，在不确定性决策条件下往往忽视基准率信息。这种认知偏差表现为忽视结果的先验概率。例如,在人事判断与决策中,以往人员在录用以后工作成功的比率就是一种基准率,对于人事决策的效用是一种必要信息。人们在没有其他信息的情况下,一般能正确地利用这种先验概率信息,然而,当提供了有关候选人的其他信息,如某种个性特征描述(即使是无关的描写)以后,决策者的判断就会在很大程度上依赖于这种描述,从而显著地忽视基准率信息,产生决策偏差。

□ 忽视样本大小与对机遇的误解。在要求对从特定总体所抽取的样本获得特定结果的概率作出评估时,人们一般都会运用代表性启发式,即只看样本结果与总体均值的相似性而忽视样本本身的大小。对机遇的误解则是指人们在决策判断中,认为随机产生的一系列事件,即使其序列很短,也将具有随机过程的基本特征。而且,机遇的特征不只是从序列上总体地反映出来,而是在每一局部都是如此。这样,在具体的决策任务中,就会高估小样本事件的可重复性,造成判断偏差。

□ 忽视回归效应。决策判断中,还会由于忽视事件结果信息的回归效应而造成认知偏差。这就是"向中数回归"的现象,这是统计学家高尔顿(Galton)早期发现的统计倾向。例如,在某项测验中得分很高以后再做一次测验时,往往会不如先前的成绩好;高个子的父亲的儿子常常长得矮一些,高智力的母亲却会有一个相对较低智力的孩子等。

2) 效度错觉与因果关系。当面临许多不确定性条件下的经济决策时(例如,证券市场的预测与判断),决策者往往用代表性启发式作出判断。假定给你一份有关公司情况的介绍,把这家公司描述得很好,具有代表性的判断总是认为这家公司一定十分盈利。如果这个介绍描述得不大好,你就很有可能作出成效较低的判断,从而忽视描述的可靠性或有关信息与预测的准确性没有关系,形成认知偏差。决策心理学把这种只把自己的预测建立在结果与输入信息之间良好匹配基础之上的偏差称为"效度错觉"。其主要影响因素是输入信息模式的内部一致性。

□ 因果关系启发式的特征。决策者在进行预测时,常常会对影响决策事件的因素作出归因,这种因果关系推论的不同模式会使随后的预测和判断出现偏差。当不具备因果关系的信息时,决策者才倾向于利用其他统计方面的信息。这种现象称为因果关系启发式。

□ 可取性启发式。这是指人们在决策中倾向于把容易想象或回忆的事件,判断为具有更高的发生概率,从而产生认知偏差。例如,在有关企业改革的决策中,由于接触到改革中出现的某些暂时的阻力,就判断认为出现消极后果的可能性很大,因而影响决策行为。当要求管理人员对计算机系统开发问题及其对策作出选择与决策时,他们也倾向于高估容易想象的系统本身故障的发生概率,而低估由于似乎比较抽象的心理抵触或组织结构不适应等因素造成系统方面故障的可能性。

□ 案例可提取性偏差。在决策判断中,如果依据案例的可取性来判定一类别的规模,那么,具有易提取案例的类别,将比难提取案例的类别更有可能判断为规模更大,即使事实上两者的规模相等。这里,除了决策者对该类案例比较熟悉以外,信息的突出性也会对可提取性产生影响,例如,在有关交通管理的判断任务中也发现,人们倾向于认为亲眼看到的事故具有更高的发生概率。

□ 信息搜索集偏差。与决策任务有关的知识范畴,形成了某种"信息集",不同的任务又诱发出不同的信息搜索集。研究表明,对于比较抽象的信息集的搜索,比那些较具体的信息集要费力一些。决策者容易低估其发生的概率,而具体信息集的发生概率就可能被高估。同时,在复杂的决策情景中,有时需要调用多个知识范畴的信息,在多个信息集之间进行搜索与转换加工,自然会影响信息的可提取性,在这种条件下,决策判断中的认知偏差也比较显著。

3) 锚定效应与承诺升级。在不少决策与预测的情景中,决策者需要根据事件的某种初始值作出判断,从而会影响决策者对事件概率的正确估计与调整,以及随后的判断与决策,在很大程度上表现出锚定效应。这种启发式与以下方面有关。

□ 锚定效应与调节不足。锚定效应既与事件的初始值有关,又与决策信息加工的不完整性或加工不足有关。这后者就是调节不足造成的偏差,从而导致低估事件发生的概率。不确定条件下的决策包含着调节不足造成的认知偏差。在决策分析中,常常要求对概率分布特点作出估计,以便检验决策判断的瞄准度。实际上,主观概率分布往往与适当的瞄准点有着显著的偏离,这种偏离也与锚定效应紧密有关。

□ 承诺升级与损失反转。决策判断中的另一种偏差发生在得益与损失情景中,称为"损失反转偏差"。这是指决策者在面临得益与损失情景时,倾向于更加看重"损失"而轻视"得益",即使实际上"得益"与"损失"绝对值相等。这种"损失反转偏差"对于决策判断有很大的影响。人们一般比较偏爱肯定的结果,而非有风险的结果。当面临肯定的得益和风险的得益两种选择时,大多数人将选择肯定结果而回避风险得益。然而,在肯定的损失和风险的损失两种选择之间,大多数人却将选择回避肯定的损失。

上述不确定条件下的决策偏差会在很大程度上影响工作情境中行为决策的质量,对于管理机制的有效性也具有显著的影响。正如司马贺所说,管理就是决策。在很大意义上,管理行为就是一种决策判断与行为选择。

3.1.2　行为决策与风险决策特征

（1）行为决策过程与展望理论

1）行为决策的过程模型。有效的决策既需要有充分的决策知识作为基础，又取决于所运用的决策判断策略。决策心理学把决策知识看成决策的"数据库"，而把决策策略看成调用知识的"程序"。决策知识数据库有其层次结构，包括了与决策任务有关的各类信息；决策策略则包含多种不同的信息加工方式，例如，分析式加工策略、直觉式加工策略等。我们进行的一系列研究表明，决策者在决策中运用何种决策加工策略，在很大程度上受到决策信息知识的表征结构与方式的影响。当面临以决策任务基本维度为结构的决策信息表征时，或者以因果关系结构呈现决策信息时，决策者往往能相应地调整自己所采用的决策策略，以便以更有效的方式作出判断和决策。

决策判断可以简化为一种决策过程模型，见图3.1的图解，表示出决策过程各个阶段之间的关系。可以看到，决策过程由决策问题所"激发"，包括外部环境所提供的机会、挑战、反馈信息和任务压力等；这些决策问题形成了决策需要，成为决策者所面临的决策任务，决策者的价值观与决策技能决定了他们对决策任务的认知判断与行动判断，涉及决策动机、目标知觉、认知偏差、决策风格和路径预测等多个方面因素；进一步作出备择方案与行动的选择，完成创造性解题；在决策执行中，决策的接受度、实验行动、进度监控和效果评价成为关键因素。

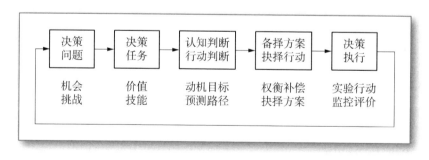

图3.1　认知决策过程模型

在认知决策中，组织利益、资源分享以及决策者价值判断等，都会在很大程度上改变决策者对于决策问题的认知，从而影响对于决策备择方案的选择。决策行动计划的实施，会受到许多内外因素的影响，如人际关系、个人角色、群体氛围、组织行为、管理体制、备用资源、技术类型、领导风格和组织文化等。

2) 管理决策的有限理性。决策的理性模型在被应用到实际管理决策中去时，表现出很大的局限性。1950年代，人们就开始注意到认知行为中"有限理性"（bounded rationality）的现象。司马贺（1976,1997）在其名著《管理行为》中，提出了"程序理性"（procedural rathinality）的概念以表示复杂决策判断中的各种非理性行为和运算选择，成为行为决策理论的重要原理。他认为管理决策判断存在两种前提：价值前提和事实前提。决策的价值前提是指对决策的最终目标的选取由决策的各种子目标价值形成最终决策目标；后者则涉及决策目标的实现，与决策所包含的行动计划与操作程序的构建密切有关。为什么管理决策的难度不断增大呢？这是因为决策的情境越来越复杂，决策的选项越来越具竞争性，决策的价值前提越来越多元和重要。在管理决策中，价值前提的权重不断增大，决策者会更多持有"有限理性"，而且更多用"满意标准"而非理性的最优判断与决策加工方式。在集体决策场景，这种群体性的"有限理性"互动判断就会更加内隐、竞合、交替，这也是集体决策更需要加强统一目标和正面、积极、开放的互动与协商环节的原因。无论是价值前提判断，还是事实前提判断，两种决策判断都包含着信息加工"计划"与"设计"含义，即对于整个决策过程的程序化策划。由于决策目标总是由不同层次的子目标和子计划构成，决策的价值判断与事实判断通过一种"决策价值与事实的层次系统"，把决策判断与实现目标的手段整合在一起，以便科学、合理地进行决策判断。

决策的有限理性模型强调管理决策信息不完全性，决策时间压力、多决策目标不一致、决策情景条件限制等因素的影响，使得决策者只能在有限理性条件下进行决策。决策的有限理性模型有以下重要特征。

□ 问题导向：有限理性决策要求决策者面向问题，分析情景与任务，而不是寻求完整信息和新的机会。

□ 认知局限：有限理性决策要求决策者在认知局限内，运用有限信息，寻求实现决策目标的途径，重视在决策过程中发现问题、解决问题。

□ 时间压力：有限理性决策要求决策者注重时间压力带来的限制，在管理决策中运用短时信息搜索，并在不完全信息条件下决策。

□ 离散渐进：有限理性决策往往部分地解决问题，并且会将问题分解或暂时搁置，或者逐步解决和检验，因而使得决策具有离散性和渐进性。

□ 直觉判断：有限理性决策更多表现为决策者依据以往经验和感觉，作出直觉判断。

□ 满意标准：有限理性决策运用"满意标准"而不是持续搜寻"最优标准"。在决策中,注意建立最低绩效标准,并接受首先满足最低标准的备择方案。

管理心理学研究表明,理性决策模型比较适合于决策者熟悉的常规性决策,而有限理性决策模型更适合于决策者不太熟悉的非常规决策。诺贝尔经济学奖得主卡尼曼(D. Kahneman,2003)在"有限理性的地图"一文中,从三个方面系统分析了不确定决策中偏离理性模型的多种系统偏差:人们在不确定性条件下作出判断与评价时如何运用启发式和产生的偏差;风险条件下选择的展望理论与风险倾向;决策判断中的框架效应。这些理论与方法贡献不仅增强了决策心理学原理与方法,而且丰富了行为经济学的理论体系与方法。

(2) 风险决策特征与框架效应

1) 什么是风险与风险决策? 我们在生活、工作、管理、商务、创业、社会、技术、环境等各方面,越来越关注风险问题。各个学科都把风险认知、风险决策、投资风险、财务风险、金融风险、创业风险、人资风险、质量风险、供应链风险、风险管控和风险管理等作为重要研究课题。有关风险的概念有一个演变过程,至今仍然有不同的定义。"风险"一词最早出现在法语中(1557)。概念上比较明晰还是在意大利语中的 risco,指航海中士兵的危险或命运。之后,海斯(Haynes)于 1895 年给出风险定义:"风险一词在经济学中和其他学术领域中意味着损失的可能性。"进一步的研究阐释提出"风险是关于不愿发生的某种事件的不确定性之客观体现"的观点。管理心理学和管理学则把风险管理作为新的关键领域。风险管控要素也是管理行为的保障要素。在经营活动中重视风险管控,特别是注重人财物、市场方面以及外部环境的突发性多种风险以及网络安全和金融风险等问题。曾照英、王重鸣(2009)在论述创业融资决策过程中的感知风险时指出,管理学、经济学、统计学、精算学、保险学等学科把风险定义为"事件造成破坏或损害的可能性或概率",通用公式是:风险(R)=损害程度(H)×发生可能性(P)。这些关于风险的定义,所描述的是客观存在的风险。在决策行为领域,如消费决策、投资决策、融资决策等,人们的决策行为所涉及的风险往往不同于客观存在的风险,而是"在风险情形和风险评估中加入了主体的自身特征",导致同样风险情形下不同主体感知到不同的风险,称为感知风险(perceived risk)。不少研究以感知风险的操作性测量作为其定义,认为在给定决策目标下,决策者存在各种可能选择,他们对于每种选择所包含固有风险的期望价值不同,感知风险就是对这些期望价值的重要性加权的主观评估。决策者在一定的决策情形下,预期各种可能的选择,然后对每种选择包含的各种风险,评估其期望价值和重要性权数,最后将每种固有风险的期望价值与对应权数相乘并汇总,便得出每种选择的感知风险。我们把这种行为叫做风险知觉策略。谢晓非、徐联仓(1996)针对个体面临风险情景下的风险认知倾向开展了计算机模拟实验,采用模拟风险情景的 2×2×3 的实验设计,分析个体的风险认知策略与风险情景因素的关系。实验表明,风险认知策略的调整与风险情景中的实际风险程度(风险概率)、风险信息类型以及对风险情景可控与否的知觉有关。

2) 展望理论与框架效应。按照卡尼曼(D. Kahneman)和特佛斯基(A. Tverskey)所指出的,传统预期效用理论无法完全描述个人在不确定情况下的决策行为。为此,他们共同提出展望理论(prospect theory),认为人们在不确定条件下做决策判断时会基于初始状况(参考点位置)不同,而对风险作出不同态度的决策选择,取决于结果与展望(预期、设想)的差距。也就是说,人们在决策时会预设参考标准,然后衡量每项决定结果与这个参考标准的差别。这项理论描述主要应用于不确定条件下的决策行为研究与实践。对决策备择方案的判断在很大程度上取决于决策者的期望效用,而相同决策任务的不同描述方式会影响决策者对备择方案的效用认知,出现"框架效应"。

□ 框架效应。这是风险选择框架效应的俗称,是由卡尼曼和特佛斯基(1981)提出,用以描述决策问题中因表述改变而导致偏好反转的现象。以经典的"亚洲疾病问题"为例,某亚洲疾病的发作预计将使得 600 人死亡。请判断两种与疾病做斗争的备择方案:

在正面框架下,A 方案,200 人将生还;B 方案,有 1/3 的机会 600 人将生还,而有 2/3 的机会无人生还。

在负面框架下:C 方案,400 人将死去;D 方案,有 1/3 的机会无人生还,而有 2/3 的机会 600 人将死去。

研究发现了违背规范决策理论的现象:正面框架下大部分人选 A,而负面框架下大部分人选 D,而实际上 A 与 C、B 与 D 是理性经济逻辑中期望效用值相同的选项。这种现象称为框架效应。在决策中主要有三种框架效应:基于风险选项的风险选择框架效应(如上例)、基于事物属性的特征框架效应和基于行动目标的目标框架效应。段锦云、王重鸣(2010)以参加培训课程的有工作经验的中国白领员工为对象,以创业风险决策为情景,通过 2(逻辑推理与艺术欣赏)×2(框架:输与赢)被试间设计的实验,研究了框架效应的大脑半球定位。实验结果表明,右脑激活条件下更容易出现框架效应,脑右半球是框架效应认知机制的大脑定位。相应地,以整体/启发式思维的个体更容易表现出框架效应。这项研究为框架效应提供了神经基础的实验依据。我们在另一项实验研究中,以 128 名有管理经验的企业员工为对象,验证了认知需求、加工深度等认知资源投入方式对于框架效应的显著影响(段锦云、王重鸣、田晓明,2010)。框架效应的作用取决于决策方案选择式的任务、内容和环境等因素。其中更具影响力的则是决策者可接受的风险水平或风险偏好。

□ 风险偏好与风险判断。影响决策者风险判断的重要因素很多,其中特别重要的是风险偏好。李劲松、王重鸣(1998)采用实验方法,测量风险偏好类型及对不同风险投资项目的决策判断,系统分析了风险偏好、任务结构与风险判断模式之间的关系。我们在研究中发现,以决策判断反应作出的效用函数曲线表现出四种风险偏好类型:理智型、风险回避混合型、复杂型或交替型、风险追寻型。实验表现出风险判断中存在多种偏差,存在一个"损益值敏感区域",风险判断符合展望理论的预计。这些风险偏好类型与风险任务的不同损益极值结构特征会发生交互作用,对风险判断模式产生显著影响。

3) 占优启发式模型。这项模型认为,人们在进行风险决策时需经历不同的过程或步骤:首先,决策者需比较两个选项的最小结果,如果两者差值大于或等于抱负水平(最大结果的 1/10),决策者就终止信息搜索,选择最小结果较大的选项;其次,如果不作出选择,决策者就需进一步搜索信息:比较两个选项最小结果的概率。如果两者差值大于或等于抱负水平(10 个百分点),决策者就终止信息搜索,选择最小结果概率较小的选项;再次,决策者还需进一步搜索信息:比较两个选项的最大结果,选择最大结果较大的选项。占优启发式模型包含多种表现。汪祚军和李纾(2012)采用眼动技术检验风险决策整合模型和占优启发式模型的研究发现,自主决策任务条件下决策过程反应时及信息搜索模式都不同于期望价值(EV)迫选任务条件下的决策反应时及信息搜索模式;自主决策任务条件下决策过程反应时并未随着选项间整体值(CPT 值)差值的变大而变快,且基于特征的信息搜索多于基于选项的信息搜索,不符合整合模型预期。他们建议从决策过程视角检验已有决策模型的有效性并建立新的启发式决策过程模型。

4) 跨期决策与心理距离的行为机制。环境决策和跨期决策都是近年来比较活跃的管理决策新领域。何贵兵、杨鑫蔚和蒋多(2017)考察了环境决策中的社会折扣效应。把他人与自我之间的社会距离越远,则他人的获益或损失带给自我的效用就越小的现象称为社会折扣。研究以优劣空气天数为例,在损益两种情境下探索环境结果的社会折扣现象,并考察利他个性对社会折扣的影响。结果发现,指数模型在损益两种情境下皆能更佳拟合环境结果的社会折扣函数;损益情境与社会距离的交互作用影响环境结果的社会折扣程度,损失情境下的社会折扣程度随社会距离的增加而变大幅度大于收益情境;利他个性在社会距离对社会折扣的影响中起调节作用。研究对理解环境结果社会折扣和环保决策行为具有重要意义。

对于不同周期的决策判断或者跨期决策,研究的重点之一是心理距离对于决策判断的效应问题。这方面取得了许多新的成果。凌斌、王重鸣(2014)根据解释水平理论,采用实验方法考察了时间心理距离对于验证性信息加工的影响,即在个体和组织决策情境中,人们倾向于偏好选择和高估与自身观点和决策相一致的信息,而不是非一致性信息。通过四个情境决策实验,研究结果一致表明,近期决策会提高信息搜寻和评估中的验证偏差,而远期决策会降低它们的验证偏差,知觉到的决策确定性在其中起到部分中介作用;解释水平和期许性—可行性表征分别在时间距离对验证性信息加工的影响中起到调节作用。而陈海贤、何贵兵(2014)也采用实验方法考察时间距离、社会距离和概率距离对跨期选择和风险选择的影响。研究结果发现,无论是时间距离、社会距离,还是概率距离,心理距离越远,在跨期选择中越倾向于延迟选项,在风险选择中则越倾向于风险选项,进一步验证了不同心理距离对于跨期决策判断效应的相似性。

风险决策研究与应用的重点转向群体风险决策。在群体风险决策中,框架效应有何特点和作用呢?请阅读"研究解读 3.1　风险决策中动态框架效应研究",思考与讨论决策动态框架效应的主要特点及其在管理决策中的作用与意义。

研究解读 3.1　风险决策中动态框架效应研究

作者:王重鸣(浙江大学)、梁立(浙江大学)

发表刊物:《心理学报》,1998 年,第 30 卷,第 4 期,394—400

研究内容:决策研究的重要方法是采用群体模拟实验。王重鸣、梁立(1998)的研究成为这方面的方法论示范之一。针对风险决策中的动态框架效应问题,我们开展了管理心理学模拟实验研究。从风险敏感性观点来看,在目标明确的情境下,决策者抱负水平受到目标的限制而很少发生变化,不会出现风险偏好逆转的现象。决策知识专长呈层次结构分布的团队,会由于决策风险偏好不同而提高任务效能。研究采取实验方法,运用计算机联网模拟团队分布式动态风险决策过程,从过去绩效、启动资金和目标设置三种因素,分析决策者在动态分布式条件下风险偏好的变化规律。实验采用空中防卫模拟任务,以 20 个分别包括 1 名领导和 3 名下属的四人团队,团队的每位成员都经过训练以得到不同于其他成员所获得的有关空中防卫的专业知识,从而形成拥有分布式专长的团队。加上情报来源于不同成员的分布式特点,团队决策任务要求成员相互查询和传递所需信息,并由团队领导人根据自身判断和下属建议代表团队作出决策。实验以团队领导人综合风险水平作为团队风险指标，其他三名下属成员的风险水平作为个体风险指标加以测量与分析。研究结果表明，实验的三种条件显示出不同的主效应和交互作用。目标设置因素和过去成绩反馈所产生的损益框架对成绩效应具有抑制作用，以往绩效和启动资金对个体和团队的风险偏好产生了交互影响。在动态决策情境下，风险敏感性对风险框架效应具有交互性特征，风险决策框架效应的动态特征是任务性质、任务内容和所处决策情境的函数。这项研究通过分布式多阶段决策过程，系统揭示了风险决策中的动态框架效应，丰富了团队风险决策的心理机理理论和实验方法论。

3.2　管理决策特征与垃圾罐模型

知识要点 3.2　决策胜任与管理决策

决策胜任：　风险框架、决策规范、决策自信、沉入成本、决策定力、决策参与
群体决策：　分布式加工、互动式备择、集体式决策、参与式行动四项过程特征
垃圾罐式：　目标多样性、技术模糊性、人员流动性、选择多重性四项决策特征
变革决策：　分布式多源启动的多策略判断与交互式前瞻选配的多资源警觉

3.2.1　管理决策胜任与群体决策

（1）管理决策的主要特征与要素

1）什么是管理决策？管理决策是涉及人财物、市（场）产（品）研（发）以及从战略到运营多方面的决策任务，包含着个体、群体和管理等多个层面作出的决策，特别是集体参与的决策。管理心理学则把管理决策定义为"组织情境中作出的管理问题决策"，也可以称为组织决策。管理决策是代表组织作出管理问题判断与决策选择的过程。管理决策不但受到决策者的个人特质与价值取向的制约，也会受到各方面、多层次因素的影响，特别是组织的愿景战略、核心价值、文化导向、群体利

益、人际关系、利益相关者的利益诉求、内外环境及其风险以及社会责任等因素,同时,管理决策中的伦理、价值、责任、承诺、情绪、偏差、风险等都成为研究的重点领域。

组织每天都面临各种决策问题,正所谓"管理就是决策"。著名管理决策学专家司马贺(Herbert Simon)和马奇(James March)先后提出管理决策与商务判断的"决策有限理性"、"决策的探索与开发策略"(March,1991)和"决策的模糊性与动态机制"(March,2010)等经典组织动态决策理论。司马贺在其名著《管理行为》中明确勾画出组织决策的理论框架,把管理决策过程作为理解组织行为的关键。复杂管理任务的决策远远超越了效用最大化经济理论的原则,这是因为现实决策并不拥有充分的信息和实现决策的手段,需要运用"满意标准"以取代"最优标准",为复杂的管理决策行为机制提出了指导性的研究与应用思路。管理决策过程是一个比较复杂的判断与抉择过程。在管理决策中,领导者必须具有较强的决策能力,包括分析问题的能力、逻辑推理能力、开拓创新能力、直觉判断能力、风险决断能力和群体决策能力。

2) 管理决策的分类及其特点。管理决策可以根据程序与时间跨度作出分类,一般可分为战略性决策与战术性决策;也可根据不确定性程度分类,分为确定型、非确定型、竞争型决策。战略性决策是一种非程序化的决策。由于管理决策会受到许多当前不能控制的不确定因素的影响,一般难以按照常规程序来做决策,其成败更多要依靠决策者的知识、经验、信息、决断能力、风险意识、开拓魄力等个人素质。有关组织体制、人事选拔、技术创新、新品开发、融资投资等许多重大管理决策问题均属于战略性决策范围。战略性管理决策在很大程度上受到决策任务环境不确定性和决策者能力等方面因素的影响。战略性决策的显著特征是其阶段性和渐进式,是一种跨时间、跨情境条件的决策模式,强调决策后果特征和任务环境(王重鸣,1993)。战术性管理决策是一种比较程序化的决策,其决策条件一般都比较稳定,影响因素较易控制,因而,可以依靠常规程序来决策。许多日常管理业务,如生产计划、任务分配、操作安排等均属于战术性管理决策。

3) 决策胜任特征与策略。决策研究的重要新趋势是从关注决策风格和决策偏差,转向重视决策胜任特征与决策能力。所谓决策胜任特征(DMC:decision making competence)是指"决策中识别认知偏差与调节适应的能力要素"。决策胜任特征成为管理心理学有关决策能力的重要因素。我们在前面讲述了不确定条件和群体组织情境中的多种认知偏差,需要在决策过程中识别和有意识地加以调适。帕克和菲施霍夫(Parker 和 Fischhoff,2005,2017)提出了决策胜任 DMC 七特征系列并通过对 19 岁到 30 岁的样本的 11 年跟踪研究,论证了决策胜任特征的稳定性和对于减少决策风险和社会行为表现的预测效度。菲施霍夫等(2020)在《心理学年鉴》发文,进一步评述了DMC的行为决策价值和实验研究方法,指出决策胜任特征对于决策技能开发的关键意义和对于全生命周期决策能力的重要价值。

决策胜任策略以决策胜任特征和决策参与为框架,表现决策者在研判决断中需要增强的决策能力及其策略,主要特点如下:

□ 风险框架胜任。这是以一致风险知觉(CRP:consistency in risk perception)决策胜任特征为依据,采用风险知觉策略,胜任多种风险条件,能在多风险并存下避免认知偏差,作出一致、准确的知觉研判,实现风险决策的有效性。这反映出决策中评估概率的准确性,可以用一致风险判断的数量来衡量。与此相关的是以阻抗框架效应(RF:resistance to framing)决策胜任特征为基础的认知框架胜任。采用框架效应策略,以胜任各种研判视角,在决策判断中不受特别设置或问题表述框架特点的影响而作出比较客观的认知判断。这反映出决策中两组框架效应任务(多特征框架任务与风险得失选择框架任务)之间的一致程度,可以用一致成对选择的数量来衡量。

□ 决策规则胜任。这是以应用决策规则(ADR:applying decision rules)决策胜任特征为视角,善于在动态、不确定决策场景中有效运用多种决策规则,熟悉多特征、多效用、多选项、多程序的决策方法与规则运用。这反映出决策者在各种复杂问题上遵循决策规则的能力,可以分析正确选择的频次作为评价指标。与此相关的是社会规范胜任。这是指以识别社会规范(RSN:recognizing social norms)决策胜任特征为视角,善于识别社会责任与规范,能在决策中相辅相成,作出合理判断,防范盲目从众判断,提升决策自信与效能。这反映出决策者评估责任规范的能力,可以采用决策判断与社会性意见的相关性加以评价。

□ 决策自信胜任。这是指以平衡自信(UOC:under-/over-confidence)决策胜任特征为出发点,善于保持决策定力,调节心态,端正定位,在决策中具有排除常见的过高或过低自信引发决策偏差的能力。这反映出决策者的"自知之明",可以决策中自信选择的均值加以考察。

□ 沉入成本胜任。这是指以阻抗沉入成本(RSC:resistnance to sunk cost)决策胜任特征为基础,善于在多阶段或跨期决策判断中,正确协调沉入成本的认知偏差,形成阻抗性认知加工,合理作出决策研判。反映出决策者能够在判断中不受先前投入成本影响的能力,以在决策中不考虑沉入成本的次数做出评估。

□ 决策定力胜任。这是指以独立决策路径(IDP:independent decision path)胜任特征为基础,善于运用自身的愿景、价值观和行为规范,作出独立判断与合理推理,减少认知偏差、群体潮流影响的能力。这反映出决策者在复杂情境中的决断力,可以用多次决策之间的关联性加以评价。

□ 决策参与胜任。这是指以分布影响力(DBI：distributive influence)决策胜任特征为框架,善于运用多层次决策事件管理和参与影响力分布机制,优化决策的建设性、接受度和执行力。可以采用各层次参与多种决策事件与程度及其影响力来评价。

管理心理学研究表明,众多因素可能制约着决策胜任特征。影响比较大的因素包括决策计划、认知适应性、决策管控、社会认知等。进一步研究需要考察各项决策胜任特征在实际管理决策中的效应模式。

（2）群体决策特征与改进策略

群体决策是群体工作中的关键活动之一,也是谈判过程的核心环节。群体决策对群体效能与谈判成果具有重要的影响。管理心理学对此开展了一系列研究,取得了重要的进展。

1) 群体决策的三个阶段。在群体决策过程中,群体成员面对所要决定的问题以及各种可供选择的解决办法,需要作出分析、比较、权衡、选择。群体决策包括三个维度：成员决策参与、群体决策内容、群体决策范围。这三个决策维度决定了群体决策的特点与质量。管理心理学研究提出,群体决策的过程可以分为三个阶段：诊断、判断、决断。

□ 问题诊断阶段：群体在此阶段确认问题性质、问题情景和问题产生的原因,提出解决问题的标准;

□ 备择判断阶段：群体成员提出和解读各种可能采用的解决办法并作出备择方案的判断;

□ 选择决断阶段：通过群体讨论、分析、比较,权衡不同备择方案的利弊,对于有可能获得最佳结果的解决办法作出决断。

实际的决策过程常常不是那样规范和理性的,而是受到许多社会和心理因素的影响。特别是与群体成员的价值观念、信念、态度、期望以及群体规范等都有密切关系。

2) 群体决策的主要特征。在群体活动中,既需要有个体决策,也需要开展群体决策。个体决策和群体决策各有利弊,我们可以从解决问题的速度、准确性、创造性、冒险性和解决问题的效率等方面进行比较。群体决策的四项过程特征：

□ 分布式加工特征。群体决策条件下可以比个体决策获得更多的信息并更充分地运用知识与专长解决问题。尤其在多样性程度高的群体中,需要在群体决策时有更多的机会诱发、利用和处理信息,分布式决策的创造性更高。

□ 互动式备择特征。在群体决策中,往往会产生多种备择方案,群体互动环节就尤为重要。通过互动研讨,作出更多选择,提高决策的准确性,避免由于视野狭窄,影响最优方案的涌现,造成决策失误。

□ 集体式决策特征。群体决策可以增强积极的价值观念。群体决策的结果更易得到所有成员的理解和接受,因而在群体成员中形成对决策结果的集体承诺,群体成员愿意承担所决定的任务和接受所需要的变革。群体决策增加了成员相互了解和信任,利用适当的群体压力制定较高而又能达到的目标。

□ 参与式行动特征。群体决策的执行和跟进具有群体参与的特点,表现出群体参与性和分工行动性。作为群体决策的组成部分,参与行动中经历决策结果的尝试、研判、反馈、调节和推进,并体验群体的互助、互补和互利,从而改进与实现群体决策的质量。

3) 群体决策的偏差。群体决策效率在很大程度上取决于决策任务的复杂程度和时间及代价。在这两方面,群体决策有时较费时间,群体在决策过程中常常比个体决策更为冒险和容易极端化,从而影响群体决策的效果。在群体决策情景中,由于各种因素的制约,可能存在各种偏差,可能影响着群体决策的质量,如小集团意识、极端性转移、多人责任分散等。群体决策的小集团意识现象是心理学家贾尼斯(I. Janis)考察了造成重大失误的群体决策事件后提出的。这是指群体决策时,群体倾向于以表面一致意见的压力去阻碍不同意见的发表,使得群体弱化了对问题和解决方案作出批判性分析和评价的能力,进而导致决策失误和重大损失。如何在群体决策中克服可能出现的小集团意识偏差呢? 管理心理学研究提出了一些克服小集团意识的有效办法。

□ 明确关键评估人角色。在群体成员中确定关键评估人的角色,对群体决策给予指导,充分利用可取信息,创造性地解决冲突。要求参加决策者清晰和合理提出自己的看法,集思广益,以便作出准确的决策。

□ 分组讨论议题。让大家独立思考和提出看法,充分酝酿,依靠多个分组讨论的相似意见进行决策。无论分组决策意见是否一致,都可以对最终决策产生促进作用。

□ 提供二次决策机会。承认群体决策中可能出现的弱点,提高群体成员的偏差意识,并在实施决策初期,提供第二次修订决策的机会。

群体决策的另一种偏差是极端性转移,也称为冒险性转移现象,是指群体决策比个体决策时更容易出现冒险倾向或极端倾向,或可能倾向于特别保守。造成极端性转移现象的基本条件是群体成员对问题有比较一致的意见,但是责任分散和规范强化。群体决策极端性转移的方向(冒险或保守),取决于群体讨论开始时多数人的倾向和形成的意见"规范"。在群体决策中需要注意预防和矫正极端性转移倾向，提高决策质量。

在群体决策中，还会由于急于寻求"一致意见"而可能产生多人责任分散的现象，造成决策的"承诺泛化"，指群体承诺度分解而形成较低成员承诺度的情况。在风险决策或危机决策中，可能出现群体决策由于讨论不充分而作出个人决策，却让参与决策的成员分担可能的风险责任。

4）改进群体决策的主要途径。虽然群体决策可能出现多种偏差，群体决策还是能够通过成员互动参与、多样意见分享和充分协商承诺等方式提高群体决策的质量，对共同决定的目标形成较高的责任感和义务感，从而大大提高群体决策的效能。

□ 群体互动参与决策。群体内公开交流、相互支持，增强群体成员对群体目标的义务感，使得不同意见能得到建设性的解决，决策能达成一致的结论。

□ 群体多样意见分享。管理决策中注意把不同观点与意见作为有用的资源，而让多样性讨论成为对群体成员的决策能力历练。群体决策设置较宽裕的时间，避免由于决策时间紧迫而采取折中或服从别人意见了事的"捷径"方式，以便加快达成决策方案。

□ 决策跟进评价机制。建立和完善群体决策的事后跟进机制是改进群体决策的有效举措。实践表明，有关决策实施的评价、反馈和调整的决策跟进制度有助于确保管理决策切合实际和避免决策风险，也有利于决策行动的有效推进。

3.2.2 管理决策机制与决策策略

（1）管理决策过程特征与策略

有关组织管理决策过程的研究认为，组织的功能主要体现在组织成员有关共同目标的判断过程中，经营者的任务在于决策和实施。管理决策的过程模型提出常规决策阶段：识别与诊断、设计与评价、决策与选择和授权与实施。决策的理性模型是一个具有主动性、明确性、逻辑性的决策部署，使决策的效用达到最优。

1）管理决策过程的五大成分。决策无时无刻不出现在管理工作中，而且，随着决策环境和决策任务的复杂性、风险性和责任性不断提高，越来越多的管理决策采取集体决策的程序，试图作出更符合实际的决断。由于经营管理和企业发展处于动态、多样、变化、竞合、风险情境，决策判断已经不是一个简单的认知加工，而是一个集"知情意责"四方元素的组织行动决策。管理决策作为一种判断与选择的过

程,不仅是指作出决定的选择,更是决定的执行、评价和升级的行动过程。管理决策包含着以下五大成分:

□ 多特征决策备择方案。管理决策任务包含若干个备择方案,这是管理决策的第一个成分。每项管理措施都可以是一项备择方案,需要对每一项备择方案作出评价,并初步分析备择方案的强项和弱点。王重鸣、范柏乃(1990)通过对 27 家企业经营承包招标决策情况的现场调研,考察了招标决策的一般程序和任务结构,分析了决策信息偏向和备择方案特点以及考核评估手段与决策方式等任务结构特征。研究从决策信息结构、投标方案程序规范和群体决策参与流程等方面,为理解多特征复杂决策的备择方案特征和完善经营责任制决策提供了理论依据。

□ 多层次决策目标特征。管理决策是一种有目的的行为,总是指向一定目标。管理决策的第二个成分是决策目标本身的明确性、具体化、难度、时间性和结构化的程度。这些多层特征直接影响着决策的方向和效能。决策目标除了其层次与内容各不相同,按照时间及影响范围,有长期、中期与短期决策之分。中、长期决策的目标往往包含更多的资源分享、涉及更高代价和复杂程度,其难度也较高。

□ 多价值决策行动判断。管理决策的第三个成分是认知与行动判断(或称行动判断),即对多个备择方案优劣利弊和整体态势的认知、价值、机会、风险评价。从决策者的认知分析和价值研判过程转变到行动的判断与选择过程,都离不开有关该决策任务的事实前提和价值前提;对于复杂决策议题,在判断中需要利用分布式加工和前瞻警觉决策的策略。管理决策的认知—情绪—责任—意志—行动,是多价值决策行动判断中影响决策效能的链状关键因素。

□ 多行动决策抉择方案。管理决策的第四个成分是在决策认知—行动判断的基础上作出抉择,从多个备择方案中选取出满意或可行方案。由于多种决策备择方案各有所长,作出抉择并非易事。决策者的抉择行动伴随着在"知情意责"元素之间调整补偿,在"利弊得失"元素之间斟酌权衡,决策中的认知失调和心理调节特别活跃。在决策抉择阶段,激情、自知、才干、情境、弹韧性以及群体利益权衡是关键的动力要素,直接影响着决策的执行模式与决策行动。

□ 多效能决策执行效能。管理决策的第五个成分是决策的执行与结果的评价。在战略性决策时,管理决策的执行过程,特别是决策行动的调节与迭代,对于管理决策的成败起着决定性的作用。由于管理决策的高度不确定性,决策行动的执行就成为尝试、实验、更新、优化、创新、推进的行动过程。决策行动的阶段进展反馈与行动效能的评价,成为执行与结果评价阶段的动力机制。

2) 大数据环境的决策范式。大数据的迅猛发展对工作、管理、商务、社会和生活等都产生了巨大的影响,也正在改变与重塑管理决策的过程和价值创造的方式。常规的决策范式正在向新兴的大数据决策范式转变。陈国青、曾大军、卫强、张明月和郭迅华(2020)围绕决策范式转变与使能创新,总结出四项特征:决策信息范围从单一领域向跨域融合转变,全面研判与分析企业运营、盈利、服务、品牌、行为等综合数据;决策主体从个人、群体、组织向人机协同、智能化集成研判与决断模式转变;决策理念从常规假设向宽假设拓展,宽视野策划与求解包括库存、生产、服务、物流、供应链、市场、研发等多领域全模型设计;决策流程从线性、分阶段模式向非线性过程转变,管理决策策略让位于数据融合、全景洞察、智能策略、长效跟踪等多环节的迭代、响应和增值。在此基础上,管理决策有条件作出使能创新,在行为洞察、风险预判和业务模式方面得到全新的价值创造。

大数据环境下的管理决策范式与管理范式都发生了显著的变化,乔凯瑞等(George,Haas,& Alex Pentland,2014)提出大数据商务分析条件下管理模式与商务行为研究问题,强调了大数据的特点并非数据量大,而是依据大数据以研究全新问题和创新管理模式,从而获得更深、更宽层面的行为特征建模与多维效能预测。

(2) 垃圾罐决策与组织启发式

1) 管理决策的"垃圾罐"模型。马奇的重要理论之一是管理决策的"垃圾罐"模型。这个理论模型的基本思想是,组织管理中的事件和决策,常常不是像有限理性决策模型所界定的那样具有系统性,而是具有三种特征:决策偏好不清(问题、备择方案和目标模糊且结构不良)、技术关系模糊(难以识别其因果关系)和有限流动参与(决策参与人员流动率高,参与时间有限)。

"垃圾罐"决策模型说明了日益动态、变革环境中组织决策的复杂性和模糊性,并且,组织决策的重要特征是其非顺序性,往往不是按部就班的过程,而是纵横交错的。"垃圾罐"式的决策总是有四条线索:

□ 目标多样性:在组织决策中,决策目标常常并不一致且各方偏差不明确。由于决策者往往对组织目标的认识不够一致,他们的目标行动就不容易像同一个乐队那样协调一致。同时,决策者常常会随实践推移或会后重新思考各自的偏好及观点而以不同方式推行所决定的方案。不少研究表明,在组织决策中,决策者习惯于在失败或成功情况下改变自己的偏好,在决策问题的当前状态与所需成效之间常常出现差距。

□ 技术模糊性:从组织各个层次提出的多种解决方案,为决策提供线索,而在组织决策中,对于如何实现组织目标会有不同的方法路径偏好。由于各位组织成员都在各自有限范围或场景条件下行事,因而会对不同解题技术或方法表现出不同的行动意见。

□ 人员流动性:组织决策是一个过程,参与者的角色、职位、部门常常流动性比较大。即使是同一拨参会者,由于问题与方法的不确定性,其意见、知识偏好也是多样化的,不容易有稳定的决策判断。参与者具有不同的问题知觉、经验、价值观和训练,加上任务繁忙和时间压力,其参与程度各不相同,使得参与者线索更为动态多变。

□ 选择多重性:组织决策面对的选择机会日趋多重化。这是指管理情景中需要决策的问题各不相同,有人事的、财务的、业务的、创新的和社会的问题,等等。在复杂的竞争、挑战、风险、危机面前,组织决策包含多重选择和机会权衡,成为"垃圾罐"式决策的重要线索条件。

马奇等认为,提出管理决策类似在垃圾罐中做决策,具有高度的有限理性、杂乱性、学习性和尝试性。决策者需要在决策目标、决策方法、决策参与和决策选项等方面有更好的能力准备和组织预案,以解题式、学习式、赋能式和行动式应对复杂管理决策的新挑战。

2) 管理决策的组织启发式。在管理决策中,除了个人决策和群体决策的偏差和启发式的影响,组织启发式起着特别重要的作用。我们围绕组织启发式开展了一系列实证研究。组织启发式可以分为认知性组织启发式和社会性组织启发式。前者通常来自组织过程的学习,建立于组织有限理性,表现为组织认知法则,帮助在组织决策中简化认知加工和聚合组织的注意资源;后者主要来自组织内外的社会性学习和社会理性,通常表现为组织行为模仿与合作或分离行为的研判等。在实际管理决策中,管理者常常会采用多种决策行为启发式,例如,惯例固着、路径依赖、短视学习等。吉仁泽和盖斯梅尔(Gigerenzer 和 Gaissmaier,2011)在《心理学年鉴》的"启发式决策"一文中把启发式定义为一种忽视部分信息的策略,旨在使决策比采用复杂方法时更为快速、简洁且准确。他们把认知启发式应用到社会场景,比较关注基于多认知策略的适应性启发式、基于环境效应的生态理性启发式和基于社会信息的权衡性启发式(例如决策精准性和投入资源度的权衡启发式)等。我们的研究以认知性和社会性划分决策线索,并以指引性和规避性分类不同的组织启发式,还关注了组织启发式是如何影响组织决策的。研究结果发现,决策者会因为同时或序列式激活而并行运用多种组织启发式完成决策认知加工,进而影响管理决策的判断与选择。

3.2.3　变革决策与参与决策策略

（1）变革决策过程与心理机制

管理心理学的重要进展是有关管理决策特别是变革决策心理的研究，主要围绕三个方面：变革决策的机制、管理决策权分布与参与策略、管理决策与决策辅助。组织决策相关研究比较关注决策者的行为认知与价值前提、不确定条件下决策判断的启发式行为以及组织决策过程中的主动加工倾向、过分自信偏差和决策行动偏离等问题，并从多类决策中分析行为偏差与应对策略。近期则注重变革或创新背景下的组织决策以及决策者在组织适应动态环境行动时所扮演的不同角色。马奇（March，2003）称之为"决策的组织适应"。

中国企业的组织变革具有多任务、多目标和跨阶段等动态特点。王重鸣（2021）在组织变革决策研究中指出，企业组织变革决策趋向于从"参照性判断"及"惯例式选择"向"分布式判断"和"交互式选配"转移，为此提出"多源启动判断"和"前瞻警觉选配"的新概念。我们设计了变革决策的模拟实验任务，开展认知神经机制的一系列实验，系统检验和支持了组织变革决策的分布式多源启动判断模型和交互式前瞻警觉选配机制。实验研究表明，变革决策的认知判断在图 3.2 所示的"内源加工—外源加工"与"认知加工—情绪加工"的心理维度上构成了"目标参照与分布启动"和"前瞻判断与交互警觉"的双重心理机制（见虚线箭头）：分布式多源启动的多策略判断和交互式前瞻警觉的多资源选配的决策机理。

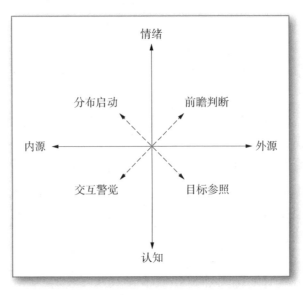

图 3.2　分布交互式变革决策心理模型

□ 分布式多源启动（多策略判断）。多轮神经决策实验着重检验了目标模糊与多类线索的管理决策情境下的多源启动效应，从行为过程和神经机制的双重视角剖析了目标模糊情境特征与多源启动方式对于行动线索和思维线索具有交互影响的多源启动效应的神经机制。这种选择策略强调分布式多源激发与启动选择模式。

□ 交互式前瞻警觉（多资源选配）。脑电数据表明，启动线索类型（未来线索与过去线索）存在交互式激活与抑制的关系，从而验证了前瞻性信息搜寻和参照选择在资源分配上具有正面效应，促使决策者强化其前瞻警觉的创新策略。这种选择策略重视交互式战略预见和超前布局的选择模式。分布式多源启动（目标参照—分布启动）和交互式前瞻警觉（前瞻判断—交互警觉）的研究成果为变革决策等复杂管理决策的机理与优化策略提供了全新的理论框架，具有重要指导意义。

（2）企业决策特征与关键因素

1) 参与决策的心理学因素。有关企业参与决策和决策评价指标的研究也取得许多进展。管理决策要素大致分为三维九项因子。心智模式维度：心理准备、动机协调、价值前提；决策动力维度：决策源位、决策能力、利益关系；管理动因维度：治理模式、制度程序、管理文化。徐联仓等（1989）在我国进行有关参与决策心理的研究。我国企业管理干部针对不同问题采取不同方法，常用方法是事先征询下级意见并讨论商量，再由领导决策；企业中层和基层管理干部参与决策的水平有待加强；高管人员随职务时间延长而经验积累，学历较高的领导者，在处理具体问题决策时，让下级参与决策的趋势加强。王重鸣、沈剑平（1990）通过在 21 家中外合资企业的现场调研，围绕企业的合资动机管理决策特征和效能评估指标进行了深入考察与分析。中外合资企业基于多重合资动机，其管理决策具有多层次、规范化和信息结构开放等特征；合资动机协调性、决策的价值前提、决策源定位和企业组织环境等是影响企业管理决策效能的关键因素。在此基础上，我们提出了中外合资企业管理决策效能评估的指标体系。

2) 企业决策的新特征与策略。对企业改革与新技术引进中的决策特征与机制开展的一系列实证研究，取得了比较系统的理论进展和策略应用成效。王重鸣、范柏乃（1990）有关企业经营责任制的招标决策实证研究，综合运用了座谈会、关键人员访谈、问卷与档案材料分析等多种方法，具体分析了招标决策的准备阶段、投标阶段、考核阶段、确认阶段的任务结构因素，提出了决策信息结构设计、投标方案规范与反馈机制、群体参与决策等三项优化策略。王重鸣、何贵兵（1989）围绕新技术引进决策的信息结构与辅助要求问题开展现场调研，对 38 家多种类型企业和 6 家引进工作主管单位参与新技术引进工作的干部员工与主管部门领导进行了测评。研究结果发现,企业新技术决策的关键因素包括员工心理准备度、企业条件配置度、决策者特征能力、绩效市场目标、决策参与建议、奖惩激励协调、决策相关者关系、技术目标要求等。这些研究结果为企业组织决策提供了系统依据。

以下请阅读"第3章研究案例　合资企业新技术投资决策与引进时机的案例分析"。该案例提供了一种决策场景,由此思考在诸如新技术投资决策与引进时机这类长期决策过程中,可能出现的问题或挑战。请结合当地企业变革创新的决策问题,思考与讨论如何优化决策判断模式和阶段性行动反馈功能等问题,进一步提高管理决策的有效性。

第3章研究案例　合资企业新技术投资决策与引进时机的案例分析

作者:王重鸣(浙江大学)、钱永红(浙江大学)

发表刊物:《应用心理学》,1994年,第9卷,第2期,8—14

研究内容:新技术引进决策是企业组织发展与技术变革的重要环节,包含多种不确定因素与风险因素,并具有跨期战略性决策的特点。案例研究采用"独特案例分析法",对某地中外合资制鞋有限公司的新技术投资决策和组织管理过程作案例访谈考察与纵向分层分析(个体、群体、组织、结构、人资变化)和平行比较分析(前5年生产产值与新技术及产品研发数据)以及新技术引进前后的关键事件、体制演变、生产程序、决策参与和决策行动等进行了深度案例分析。聚焦在新技术引进决策前后的人资、领导与员工心理影响,主要表现在两个方面:企业用人自主权的扩大和企业奖励制度的改革的决策判断。前者包括如何自行招聘职工,用考试方式择优录取,并按有关法规辞退不合格人员等决策;后者是按岗位定工资,实行绩效挂钩的激励模式决策。新技术引进决策中员工参与度提高,董事会在生产方面放权,职代会加强了参与和协调,经理人员的领导方式向以下属为中心的领导风格转移,员工心理压力加重,优化了工作状态。案例表明,企业组织具有较强的适应能力,新技术的组织与技术心理准备改变了心理距离,参与人员的心理与技术适应能力增强,较快适应技术变革与配套举措。通过新技术决策形成渐进式组织变革与管理新机制。

(3) 管理决策参与的策略模型

1) 管理决策权分布模式。企业管理决策的参与模型与授权式领导行为密切有关。1980 年代,塔维斯托克人群关系研究所海勒(Frank Heller)等根据研究成果提出决策参与模型,作为管理决策的理论框架。这个理论模型强调复杂管理情景下的决策影响力—职权分享和决策能力利用的关系,认为决策影响力—职权分享随着决策阶段不同而变化发展,其核心是下属的决策能力能否得到充分利用和发挥。决策参与模型从不同管理层次来分析决策参与的模式,把管理层次分为高层经理层、中层经理层(或总监层)、主管层、一般员工层。管理决策参与模型提出,决策影响力—职权分享的变化大体可以有六种模式:

□ 初始参与型:某个管理层次在组织决策的初期或第一阶段具有最大的参与度和影响力,但在决策分析和抉择的随后几个阶段却参与度很低,影响力很小。

□ 阶段参与型:某个管理层次在组织决策的初期(第一阶段)和中期(第三阶段)具有最大的参与度和影响力,但在第二阶段和第四阶段则参与度较低,影响力较小。

□ 全面参与型:某个管理层次在组织决策的各个阶段都具有最大的参与度和影响力。

□ 中后期参与型:某个管理层次在组织决策的中后期(第二阶段和第四阶段)具有很高的参与度和影响力,但在其他阶段则参与度较低,影响力较小。

□ 执行参与型:某个管理层次只在组织决策的后期即执行阶段具有参与权,在其他阶段则没有影响力。

□ 无参与型:某个管理层次在组织决策的所有阶段都没有参与。

2) 基于事件管理的管理决策参与策略。管理决策的参与策略可以事件管理为依据。我们从 1987 年起与塔维斯托克人群关系研究所的决策研究中心海勒等合作,开展了有关管理决策权分布模式及新技术应用的为期六年的国际合作研究,分别在中、英两国各选取 30 家和 10 家代表性企业(服务业与制造业),对数百名中高层管理干部,进行了现场调研与案例分析,系统分析不同层次人员在多项决策任务的参与模式和决策能力利用策略,以及在各类决策中的影响力分布模式。这项研究在方法上有两个显著特点:采用了纵向分析手段考察企业不同发展阶段的决策模式;采用群体反馈分析方法以调研分析综合成总体趋势数据,返回各个企业,召集中高层管理干部,进行群体反馈与讨论。

这项研究表明,参与决策具有显著的积极效应;决策能力的利用和发挥,与工作满意度密切相关;不同行业的企业,在决策权分布模式和参与策略方面有显著差异,在短期、中期和长期决策等不同决策类型之间显示出不同决策模式。研究发现,决策影响力—职权分享的模式取决于决策任务的特点。短期决策(如,工作任务分配、工具分发等),中期决策(如,指派中层干部、分配奖金等)和长期决策(如,引进新技术、开发新产品等)三种不同决策,在不同管理层次上,针对短期、中期、长期管理决策事件,表现出十分不同的决策影响力—职权分享模式(马剑虹、王重鸣、王钢、郑全全,1992;马剑虹、王重鸣、海勒,1996)。这是改革开放形势下我国管理心理学团队在陈立教授指导下围绕管理决策模式与决策能力发挥等重要实践问题开展的第一项国际比较纵向研究。这项研究创建了管理决策影响力转移理论。

管理决策的参与度反映出决策影响力的分布模式,对于管理决策的质量至关重要。我们在主持与承担了中英合作的管理决策模式的国际比较研究的基础上提出"事件式参与决策策略"。请阅读"研究解读 3.2 中英企业管理决策的影响力分布模式",思考和讨论管理决策与参与管理的基本策略及其对企业管理决策能力开发的意义。

研究解读 3.2 中英企业管理决策的影响力分布模式

作者:王重鸣(浙江大学)、海勒(塔维斯托克人群关系研究所)

发表刊物:《国际人力资源管理杂志》,1993 年,第 4 卷,第 1 期,113—128
(Wang,Z. M. and Heller,F. A.,Patterns of power distribution in organizational decision making in Chinese and British enterprises,*International Journal of Human Resource Management*)

研究内容:从 1987 年开始,在陈立教授和海勒教授的共同主持下连续六年开展有关中英企业管理决策的联合实证研究,成为我国管理心理学领域最早的国际合作研究之一。见图 3.3 所示。

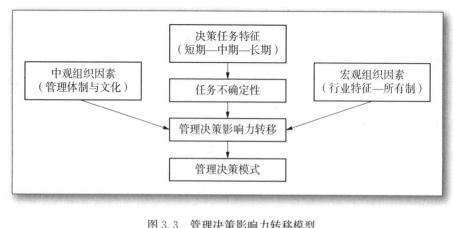

图 3.3 管理决策影响力转移模型

研究分制造业与服务业考察企业管理决策任务特点,分为短、中、长期三类决策:短期决策任务包括改进工作条件、分配职业培训、调动部门工作、更换小型设备、分配日常任务、批准额外假期和采用弹性工时等;中期决策任务包括选拔部门经理、采纳选任程序、选拔主管人选、改变薪资制度、调整部门组织、辞退个别员工和开展工作研究等;长期决策任务包括划分大宗投资、生产新型产品、引进新型技术和决定重大事项等。以"事件式参与策略"模式,采用了基于短、中、长期7层次参与决策的影响力测量:员工层、一线主管层、中层管理层、高层管理层、工会职代会层、主管机关层。研究综合应用小组访谈法和问卷法在30家中国企业和10家英国企业开展实证比较研究。

　　研究结果表明,中国制造业企业中长期决策权高于服务业企业而英国服务业企业长期决策影响力高于制造业;中国企业管理层的中长期决策影响力和工会的决策影响力均高于英国企业,而英国企业管理层在短期决策中显示更强的决策影响力,其中层管理层亦表现更大影响力。根据我们的系列研究,构建了管理决策影响力转移的理论模型,为管理决策优化和参与管理提供了重要的理论框架和指导。

3.3　人与组织适配和可续管理

知识要点 3.3　人职适配与可续管理

人组织适配:通过适应、选配和发展呈现多维、并行、分布、生态式成长匹配
生态力管理:可续管理为主线,弹韧与赋能领导力为双翼的竞合性生态管理
弹韧领导力:适应力、调制力、发展力;赋能领导:学习力、掌控力、适配力
可续式管理:可续适应管理、协同决策管理、续航发展管理的三维度特征

3.3.1　人职匹配和人与组织适配

（1）人职匹配和人与组织匹配

有效的组织是一个协同共享的高绩效工作系统。人员特征、组织结构、公司战略和愿景目标相衔接，通过人员选配、综合激励、团队建设、领导力开发、组织设计、组织学习、文化建设和变革发展等方法，实现人与组织的适配和可持续发展。从人职匹配到人与组织的适配，管理心理学提出一系列原理与方法。

1）人职匹配的特点。人力资源与组织管理的关键机制是人与职位相匹配，从而通过能力与岗位之间的适应和协调，提升工作的效能。在快速的变革创新和激烈竞争的压力下，如何吸引、保留、发展高素质员工成为研究者和管理者关注的焦点，增强组织的持续发展与组织能力（organizational capacity）成为一项战略任务。金杨华、王重鸣（2001）回顾了人与组织匹配研究的进展及其意义，提出进一步优化人职匹配的新思路。匹配的概念来源于相互作用心理学有关人与情景的互动，关注个人职业兴趣与工作岗位任务之间的一致性。人职匹配的研究大多从需求互补的观点出发，主张在人员选拔与配置时采用人职匹配的方式来提升任务绩效。

2）人与组织匹配的视角。从 1990 年代后期，人与组织的匹配（PO Fit：Person-Organization Fit）的新视角日趋流行，强调员工与组织之间的整体匹配。关于人与组织之间相容性模式，克里斯托夫（Kristof，1996）提出，有两种重要区分：一致匹配与互补匹配；需要—供给观与需求—能力观。我们加以进一步解读：

□ 一致匹配与互补匹配的区分。一致匹配强调个体与组织其他成员或组织文化等方面的相似性，属于补充式加法匹配；互补匹配则主要强调个体是否拥有独特的资源，组织可以提供机会发挥个体的独特潜能，属于互补式乘法匹配。一致匹配最常用的操作方法是个体与组织价值观及目标之间的相似一致；互补匹配则是个体职业选择和组织选拔之间的需求对接。

□ 需要—供给观点与需求—能力观点的区分。需要—供给观点主要从组织的角度出发，认为匹配发生在组织满足个体的需要和偏好时；而需求—能力观点则更多的是从个体角度出发，认为个体拥有组织所要求的能力时，匹配就发生了。

相似一致匹配（箭头 a）是对接互补匹配（箭头 b）的基础。在对接互补匹配中，组织提供供财务、物理和心理资源，提供工作发展和人际交往的机会来满足个体在这些方面的需要（箭头 c）；个体则通过提供自身的时间、努力、承诺和综合能力

（KSAOs）等资源来满足组织在这些方面的要求（箭头 d）。为此，管理心理学提出了一个人与组织匹配的一致互补整合模型，如图 3.4 所示。

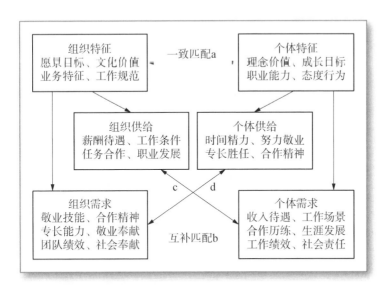

图 3.4　人与组织匹配的一致互补整合模型

特别是在企业面对国内外激烈的人才竞争时，如何在情感、待遇、条件、职位、事业上吸引和留住企业关键人才，提高人才发展和组织效能，人与组织匹配研究具有重要的理论和实践意义。

（2）人与组织适配的战略模型

1）人与组织匹配的研究。管理心理学有关人与组织匹配的研究日趋深入。我国研究中比较有代表性的有王重鸣、姜金栋（2005）运用人与组织匹配的思想，针对外派经理个人与组织期望的不同组合匹配对于绩效影响的研究以及陈卫旗、王重鸣（2007）围绕人—职务匹配和人—组织匹配对员工工作态度的效应机制开展的实证研究。王重鸣（2021）以人与组织匹配为理论基础，开展的中国企业组织变革与文化融合机制研究，进一步分析了人与组织的适配模式与机制。这些研究在人与组织匹配的效应机制方面取得了丰富的理论创新和实践应用。研究以组织文化价值和工作特征的关键事件题项及价值认同评价建模方法测量人职匹配和人与组织匹配，并采用结构方程方法验证了人职匹配和人与组织匹配的策略都以"内部整合"、"人际预测"为中介，影响着员工工作满意度和组织承诺度，从而提出了人与组织匹配的效应模式。

2）人与组织适配的战略模型。由于员工个体、团队组合、组织模式都不断在变革创新发展中成长和演变，加上越来越多的人参与多种任务、职能、组织，甚至多种兼职、零工、同时就业和创业等，人与组织之间逐步形成了动态适应式的分布适配模式。所谓人与组织适配是指"个体通过适应（A）、选配（S）和发展（D）形成适应性成长模式"。在这个概念中，运用王重鸣（2012）构建的 ASD 行动理论的思路，把人与组织之间的匹配看成一个多维、并行、分布、生态式适应模式，其关键机制是以适应、选配和发展机制创建基于人与组织适配的适应性组织。重要的研究与应用策略是：人与组织适配程度可以用适应性、选配性和发展性三个指标来加以衡量。量表工具 3.1 是组织选配度的测评表。

人与组织的适配是一个阶段过程。员工并非一进企业就达到适配，而是在与同事互动交往、在任务项目上熟悉历练中，对公司文化适应而行为日趋规范，更重要的是，通过在多个团队的参与和体验，进入较高层次的选配状态，再经过新任务、新模式、新业务下的转岗换位和升职晋级，逐步实现了人与组织的适配。我们的研究表明，职业心智模式、职业心理健康、弹韧抗压能力和工作幸福感等都成为资质能力清单要素并成为技能以外的关键适配要素。有关职业经理人职业资质的研究提出，经理人的职位适配度指标表现出人与组织适配的多维性和多向性。从经理人领导力的视角，把职位适配度分为：职位任务适配、企业治理适配、生态文化适配、班子团队适配和组织发展适配五个方面。

3.3.2 生态力管理与可续式管理

（1）组织生态观与生态力管理

> **量表工具 3.1 组织适配度量表**
>
> ① 员工文化价值与组织核心价值的适应程度
> ② 员工任务角色与组织业务要求的适合程度
> ③ 员工胜任能力与组织能力建设的匹配程度
> ④ 员工合作配合与组织协调选配的认同程度
> ⑤ 员工参与管理与组织决策质量的关联程度
> ⑥ 员工自主发挥与组织成长机会的衔接程度
> ⑦ 员工成长路径与组织指导指引的一致程度
> ⑧ 员工学习长进与组织赋能策略的跟进程度
> ⑨ 员工心态行为与组织转型行动的响应程度

1）组织的生态观。生态力管理很大程度上体现在可续管理与组织生态系统的建设。潘剑英、王重鸣（2012，2014）围绕组织生态系统开展了一系列理论与应用研究。组织生态观强调把组织群落与其赖以生存发展的经营环境结合在一起分析问题、特征与机制，并借用自然生态系统的概念和理论框架来解读组织的生态系统。组织生态系统把组织及其结构作为一个具有生命的有机系统，能对内外环境作出反应,随环境变化而演进,组织作为环境的有机体要采取行动以适应环境变化,组织本身则具有自我进化的功能。随着研究的拓展和深化,生态系统隐喻被运用到多种组织形态、结构与过程,出现各类生态系统,例如,产业生态系统、经济生态系统、商业生态系统、社会生态系统和创业生态系统等。组织生态系统的研究也越来越广泛,成为管理心理学与组织行为学的前沿领域之一。与自然生态系统相比,组织生态系统表现出以下的特征:所处环境持续动态变化与系统能力持续更新开发,主体具有学习、预测、运营、发展的智能,属于有目的性、调控性、创新性的人工生态系统。多学科相关领域围绕组织生态系统开展有关组织责任角色、组织社会网络、组织创业文化、组织管控治理、组织适应绩效和组织赋能发展等一系列研究。我们根据开展联想企业文化设计的研究进展,提出基于服务、精准、创新、共享的组织生态系统建设策略,在许多研究与企业实践中得到有效应用。从管理心理学来看,组织生态系统是多团队和组织共同动态演进的平台,通过相互合作、竞争创造和获取新的价值,形成各自的特色生态力。

2)什么是生态力管理?生态心理学始于知觉—行动关系的研究。不同于认知心理学的思路,社会心理学家勒温等提出"场理论"和"生态效度"的心理学生态思想,又与生态知觉研究相结合,于1940年代形成生态心理学体系。生态心理学认为生态心理机制基于知觉与行动构成的动力学系统,在方法论上主张自然观察,采集行为情节,关注行为情景,模拟生态行为流等。进入新世纪,生态心理学、环境心理学与组织生态学相结合,注重生态演进的时间、资源、内部动力和情境等因素,进入了新的发展阶段。

我们从2005年开始就率先开展了有关社会型创业、绿色企业、绿色创业决策、绿色创业导向和创业企业社会责任等方面的一系列系统实证研究并取得显著的理论进展。王重鸣(2015,2020)提出创业人环模块与生态系统的理论,以人与组织及环境互动作为创业生态力的机理。从管理心理学和管理学的视角来看,生态力的核心特征是可续管理与发展的能力,研究把注意力放在可续管理的心理行为特征与机制方面,重视如何促进组织的可持续发展。在五力管理框架中,生态力管理位于其他四力管理的交汇原点,从而影响着文化力建设、团队力开发、创新力设计和行动力发展等各项策略的竞合效应。生态力管理是以可续管理为主线,以弹韧领导力和赋能领导力为双翼的竞合性适配管理过程。可续管理则通过弹韧—赋能机制,增强个人可续力与组织可续力,创建新型组织生态系统,实现可持续效能目标。这里所说的生态系统,不同于以往所说的生产技术式系统,例如,产业链上、中、下游的垂直整合系统,而是以数字化和社会网络联结在一起的,基于成长愿景的创新平台和治理架构。人和组织都是其中的建构者、协调者、创新者和推动者。我们在

第 12 章将讨论新一代创业生态系统的新策略。

（2）弹韧领导力与赋能领导力

生态力管理双翼能力组合是弹韧领导力与赋能领导力，以此促进人与组织的持续适配。我们来看一下这两项领导力的维度特征。

1）弹韧领导力的维度特征。弹韧领导力（resilient leadership）是一种以心理弹韧性为基础的领导力，也是实现人与组织适配的关键能力。这里所说的弹韧领导力表现出带领团队从压力与机遇中形成弹韧心智的复原适应性（适应力）、弹韧策略的多元协调性（调制力）和弹韧整合的转型发展性（发展力）的领导力三维结构，以引领团队与组织实现新的目标。我们以元领导力模型为框架，提出弹韧领导力的三维能力特征。图 3.5 表示弹韧领导力模型。

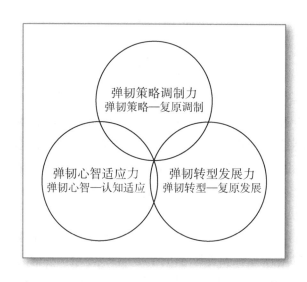

图 3.5　弹韧领导力模型

□ 弹韧心智适应力。这是弹韧领导力的第一项能力特征，主要包括弹韧心智与认知适应两项要素。弹韧心智要素是以心理弹韧性为特征的心智模式，主要包含弹韧思维、自信坚韧、信任调适、同理关爱、自尊自强、复原创造等基本心理要素。弹韧领导者不但善于适应和增强自身的弹韧心智，而且能够影响与指导同事与下属成员适应弹韧心智模式。认知适应要素则是指具有弹韧思维与适应创造等心理资质，引领团队增强应压、抗压、适压、协压的适应力。

□ 弹韧策略调制力。这是弹韧领导力的第二项能力特征，主要包括弹韧策略与复原调制两项要素。弹韧策略要素是指善于调配资源、赋能开发，整合队伍策略、业务策略和财务策略等多种策略，形成抗压定力与行动弹力的能力；复原调制要素则是指具有在压力下沟通调适、设置目标、激励团队、学习创新和复原推进的能力。弹韧策略调制力确保各项业务活动与工作任务做到决断有力、带队有方、运营有序和行动有略。

□ 弹韧转型发展力。这是弹韧领导力的第三项能力特征，主要包括弹韧转型与复原发展两项要素。弹韧转型要素是指善于识别挑战、捕捉机遇、策划行动和推进转型的能力，以及把压力转换为动力，激励创造、鼓励变革和协力升级的能力；复原发展要素则是指善于制定战略、主动创新、复原开拓和持续发展的能力，以及把员工成长与组织发展相整合，形成可持续发展的优势，共同实现奋斗目标。

2）赋能领导力的维度特征。我们在第 2 章讨论了赋能的概念及其关键心理特征：学习力、控制源与效能感。在管理与经营情境日益动态、风险和不确定，创业创新与数字化转型日益成为新管理实践的情境下，为了达到人与组织的持续适配和可续发展，需要在个体、群体和组织层面持续开展能力建设，又称组织赋能（organizational empowerment）。组织赋能是一个多层次能力建设过程，旨在增强员工、团队和企业对工作与职业（事业）的学习力、控制力和效能力。组织赋能主要采用三重策略：蓄能学习策略、聚能掌控策略和使能发展策略。赋能领导力发挥着关键的作用，既包括领导者自身学习提升专长对其职位要求匹配，也注重其带来团队与组织实现胜任适应、内在掌控和效能适配的目标。我们把赋能领导力定义为"包含蓄能学习（学习力）、聚能掌控（掌控力）和使能适配性（适配力）的三维结构领导力"，并以协同学习和整合赋能作为"赋能组合拳"策略。图 3.6 表示赋能领导

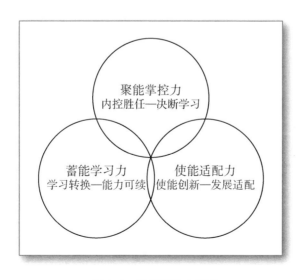

图 3.6 赋能领导力模型

力模型。

□ 蓄能学习力。这是赋能领导力的第一项能力特征维度,主要包含学习转换与能力可续两项要素。学习转换要素强调以领导者和群体的学习心智与模式转换,树立和形成新的组织学习、集体胜任、目标选择、持续成长的学习心智与知识转换;能力可续要素则注重领导者与团队确立自信自强、学习赋能、决断可控、效能可续的理念价值与意志责任,形成新的蓄能学习策略。领导者秉承能力建设的理念,强化以赋能责任为核心的学习心智和转换机制。赋能领导力重视提炼和优化学习成长的价值体系,使得赋能成长成为组织内在可控动力,激发多层次赋能活力,促使各级干部与员工积极主动地投入和参与到组织赋能的各项行动中。

□ 聚能掌控力。这是赋能领导力的第二项能力特征维度,主要包括内控胜任与决断学习两项要素。王重鸣(2021)等研究发现,在高竞争、强风险和不确定环境下,内控胜任要素对领导者布局能力和组合资源都具有直接的影响。我们的研究以分布启动、目标参照、交互洞察、前瞻判断四项特征表征变革决策选配的策略;而决断学习要素则进一步结合马奇(James March)的组织学习"探索—开发"策略,通过深度案例研究、分布式决策神经实验和模拟实验等实证分析手段,综合验证了前瞻胜任与决策选配的心理机制及其效应。在赋能领导力方面,内控胜任注重有关多层次胜任力的战略预见和前瞻布局能力;决断学习则强调赋能学习的战略决断和选择配置能力。

□ 使能适配力。这是赋能领导力的第三项能力特征维度,带领团队在蓄能学习和聚能掌控的基础上,实现以使能创新和发展适配为重点的组织赋能和可续愿景目标的能力。使能适配力主要包括使能创新和发展适配两项要素。使能创新要素注重针对愿景战略定制生态力、文化力、团队力、创新力和行动力管理的创新策略与配套条件,识别机会、挖掘资源,提升五力管理整体效能的能力;发展适配要素则作为赋能发展的开放机制,通过开发企业内外的各种效能源(人才资源、创新资源、客户资源、财务资源、社会资源和全球创业资源等),增强组织效能感,实现多层次的可持续发展。

(3) 可续管理策略与模型特征

1) 可续管理的体系。说到可持续发展与管理,许多人以为这是政府部门的事,或是企业组织对外表达的态度。不完全如此。常见的企业发展中期停滞、员工生涯中段陷阱、工作—家庭平衡失调、工作倦怠精力不济以及职业续航乏力等现象,都与个体、职业或组织的可续发展有关。如何增强职业可续力和组织可续力,已成为每个人、每家企业面临的新任务,反映出可续管理的重要性。如今,可持续发展已经成为各行各业的基本共识、成长策略和战略目标。

事实上,针对可续管理这一全新领域,我们在进入新世纪以后率先开展了有关环保企业绿色创业策略与决策机制、新能源企业组织变革决策与策略、社会型创业导向、科技园创业生态系统和创业社会责任等一系列实证研究,取得一批新的理论与方法成果。在此基础上,王重鸣(2020)把生态力作为创业五力之一。从人与组织相适配的视角,我们把可续管理作为重要的组织成长路径。可续管理是指运用可续理论与评价方法,对工作或经营活动的能力、能量和资源作出提升、管控与发展,以达到可持续发展目标的过程。可续管理主要包括可续适应、协同决策和续航发展三部分内容。我们来看一下可续管理的策略依据和维度特征。

2) 可续管理的三项策略依据。有关生态绩效、社会绩效和经济绩效的生态—社会—经济三重发展 3P(performance)绩效底线即"三重发展底线"(TBL:Triple Bottom Line)会计原则(Elkington 1997)成为企业走向可持续公司并实现可持续发展的双赢商业战略。在此基础上,我们以有关创业社会责任(ESR)的理论与方法、有关环境—社会—治理管理(ESG)的评价体系与方法和有关可续发展目标(SDG)作为策略依据,定制和建构可续管理体系,整体优化队伍、财务、业务、组织、环境影响力要素,建立起高水平的组织可续力和可续发展的使能功能,并通过可续影响力评价和组织使能策略显著促进生态力管理与发展。

□ 价值—动能—参与三维创社责任(ESR:entrepreneurial social responsibility)。这是以王重鸣、赵雁海(2018)提出的创业社会责任 ESR 的模型(参阅第 4 章有关概念内涵与应用方法的详细解读)为依据,包含了责任价值、责任动能和责任参与三项维度。在可续管理上,我们聚焦于企业组织的可持续发展目标,建构了ESR 的三方面评价要求:A. 创业社会责任文化价值与可续理念在公司文化与各类报告中的宣示和实践中的践行等;B. 管理与运营方面的责任实践与人力资源支持等;C. 公司领导模式与重要决策参与等主要指标,用以诊断、评价和提升可续社会责任价值、可续运营动能和可续责任治理,并获得具体的研究证据和效能评价。

□ 环境—社会—治理三元效能体系(ESG:Environment,Social,Governance)。ESG 是从 1960 年代有关烟草生产与商务活动采用负社会责任的投资评价指标发展而来,用于评价企业投资策略,并成为以非财务指标结合进行投资决策及经营治理的标准体系。ESG 中的 E 是指环境效能标准,包括企业在能源、碳排放、气候变化和环保价值方面的效能;S 是指社会效能标准,涉及企业的人力资源劳动关系、公共关系、社会声誉、多样性与包容性等方面的效能;G 是指治理效能标准,主要考察企业的内部治理、管理决策、合规经营、管控体系以及对满足利益相关者

（客户、员工、供应商、社区和股东等）需求的承诺等方面的成效。越来越多企业采用环境—社会—治理 ESG 指标体系与方法，特别是各类可续投资的评价，并证明其综合效能，包括员工绩效、高绩增长、投资优化、业绩好转、成本降低、市场拓展和信用评级提升以及员工的"亲社会"行为、获得感与义务感等。ESG 各元素相互交织，成为综合考察环境性影响、社会性影响和管理治理影响的价值创造式评价。埃克尔斯等人（Eccles，Johnstone-Louis，Mayer & Stroehle，2020）在《哈佛商业评论》提出推进 ESG 应用效能的 SCORE 策略组合：简化 S、联结 C、拥有 O、奖励 R 和例证 E 五项行动策略。具体来说，这五项策略是：简化目的表述，让更多员工掌握；联结企业战略，为可续成长服务；转换"从我做起"的自主心智模式；配套奖励激励措施，鼓励相关业绩；以实际成效例证展示可续发展等。ESG 成为可续管理的重要参照标准，为企业聚集优势、可续投资与高质绩效发展，提供有效的框架。

□ 可续发展目标系统指导框架（SDG：Sustainable Development Goals）。这是 2015 年联合国可持续发展峰会正式通过的 17 项可续发展目标，旨在 2015—2030 年间以综合方式解决社会、经济和环境三个维度的发展问题，全面转向可持续发展道路。这 17 项可续发展目标包括消除贫困、消除饥饿、健康福祉、优质教育、性别平等、清洁卫生、清洁能源、体面工作、工业创新、社会平等、可续社区、可续供求、气候行动、海洋环境、陆地生态、机构正义和全球伙伴。这些可续发展目标（SDG）都是管理心理学研究与应用的新兴领域，也为可续管理提供了续航发展的新张力，成为可续管理的系统指导框架。

3）可续管理的三项维度特征。我们把人与组织之间的关系看成一个多维、行、分布、生态的可续发展模式。可续管理强调通过优化可续适应力、协同决策力和续航发展力来实现队伍、业务和组织的可持续发展。可续管理包括可续适应管理、协同决策管理和续航发展管理三项维度。

□ 可续适应管理。这是可续管理的第一项维度，指有关成长能量的补充与调动策略。企业组织是一个开放的多项目协作与创新网络，也是一个由人才、数据、服务和资金流相链接的竞合相依的成长过程。可续适应管理主要包括担责适应、活力增强、蓄能续航三项要素。担责适应要素聚焦于组织的"内在功力"，即心理健康、弹韧心智、责任能力，实现队伍内功的提升与工作业绩的拓展。活力增强要素注重队伍适应成长的社会性与情绪性特征，强化内外相关资源的获取与激发，注重人员选配、职位设计、社会角色与营商环境优化等。蓄能续航要素强调通过组织变革发展与队伍建设形成创新激发、创业学习、创造合作等多种能量提升和积蓄。蓄能过程是可续适应管理的激发机制。我们在有关职业经理人职业资质的研究中，提出了经理人的职位适配度指标，比较好的表现出人与组织适配的多维性和多向性。生态力管理作为五力管理框架的核心模块，确保胜任成长和可续发展之间的适配度。

□ 协同决策管理。这是可续管理的第二项维度，指围绕一系列可续发展行动作出协同性研判与选择的管理策略。协同决策管理包括价值协同、选配重构和聚能创新三项要素。我们在有关绿色创业变革决策的一系列实验研究中，检验了组织可续特征在决策研判中的价值协同效应，系统验证了环境可续特征的启动效应（priming effect）和价值协同作用。有关绿色创业组织变革决策的实验研究结果显示出决策认知框架匹配与认知框架重构的双重效应。这种选配重构要素直接影响组织变革策略的建构与选择，从而为优化可续经营管理决策提供了理论依据与应用方法。协同决策管理还包含聚能创新要素，一方面，通过创新与定制职业发展机会，优化选任用人决策和加强跨职能多项目的合作行动，创新与聚集可续发展的决策效能；另一方面，运用类似于环境—社会—治理（ESG）评价框架等方法，研判与区分出"高可续企业"和"低可续企业"，并以此推进合规治理、选配重构与聚能行动。我们的研究提出，聚能过程是协同决策管理的定位机制，形成可续管理的可续聚能策略。

□ 续航发展管理。这是可续管理的第三项维度，指通过"设计思维"作出组织使能设计与组织发展的管理过程。续航发展管理主要包括使能设计、责任担当、使能发展三项要素。使能设计要素是组织主动创设条件（可续文化、组织设计、发展平台等），促成潜能发挥与施展而获取可续发展的行动过程；责任担当要素注重致力于责任型组织与伦理型公司的建设；使能发展要素强化基于使能设计与责任担当的变革动能和发展行动，并嵌入员工职业成长和组织高质发展的效能体系。使能过程是可续管理的推进机制。本书第12章将详细阐述和解读组织使能策略。

可续管理强调主动提升组织可续力，从而实现相互促进、共同演进的人与组织持续适配。组织可续力概念最早来自"成就当前不以将来为代价"的可持续思想，逐步发展到同时兼顾利润、人与环境绩效的"三重发展底线"（TBL）（以会计指标衡量）的成长理念（Elkington，1997），并进一步拓展到心理健康可续、人的可续发展和生活幸福感等方面。管理心理学把组织可续力（organizational sustainability）定义为"使队伍、业务、组织和生态系统、运营环境及社会网络的可续适应力、可续决策力和可续发展力整合提升与持续适配而形成的动态能力"，成为可续管理的主要目标。

图3.7是可续管理的理论模型。可以看到，可续管理包括三项维度：可续适

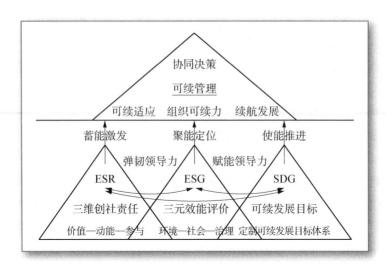

图 3.7　可续管理模型

应、协同决策和续航发展。可续管理以创业社会责任(价值—动能—参与)、三元效能评价(环境—社会—治理)和可续发展目标(定制可续发展目标体系)为基础,充分发挥弹韧领导力和赋能领导力,通过蓄能策略激发可续适应力,以聚能策略定位协同决策要点,采用使能策略推进续航发展,进而持续强化组织可续力与可续管理水平,实现生态力管理的目标。

根据可续管理模型的要点,个人、团队或者组织都可以制定出增强可续力的设想与计划,从优化可续适应管理(弹韧、调适、社责、匹配等)、提升协同决策管理(专注、投入、创新、选配等)和增强续航发展管理(愿景、设计、开发、适配等)入手,制定具体的行动计划,包括投入—产出、长短规划、重点举措、资源重构、行动评价等内容,使之成为生态力管理的"战略地图"。我们把适应力、决策力与发展力作为职业成长和组织续航的三项特别要素。

在组织生态系统建设中,人才队伍成长特别是建设创业创新人才生态系统是一项战略任务。王重鸣(2017)专题研究了中关村的创新驱动和创业人才成长案例,以各种创业创新故事,显示出创业人才起步历练、脱颖而出和快速跨越的成长主线。请阅读"研究解读3.3　中关村创业人才成长报告",思考和讨论创业人才成长与中关村创业环境优化之间所经历的紧密相互关系动态适配特点。请运用本章有关生态力管理的原理,进一步分析中关村创业人才成长表现出什么样的中国企业精神和生态力管理特征?读者还可以参阅第12章有关新一代创业生态系统的论述。

研究解读 3.3　中关村创业人才成长报告

主编：王重鸣(浙江大学)

出版物：《中关村创业人才成长案例》,北京：党建读物出版社,2017

研究内容：本研究回顾了中关村创业人才从 1980 年代艰苦初创起步,到 2010 年代创新转型和跨越发展所经过的 30 多年创业历程。在青年创业和精英领军、离职创业和互助合伙与连续创业和容忍失败及学习中,中关村涌现出一大批产业领军团队,表现出鲜明的群体成长效应。创业人才的成长重点表现在领军人才的三种产业领军能力：战略性新兴产业引领能力、经营管理与转型发展能力和宏观把握与创新管理能力,以及三项产业成长特征：基于高端人才集聚的社会影响力、基于变革思维的持续行动力和基于战略发展的创业生态力。

我们通过对小米创业、汉王科技创业、爱奇艺创业、精进电动创业等一系列案例的分析与研究,围绕中关村创业人才的商业模式创新、科技成果转化过程、创业人才队伍建设、激励制度创新与完善、人才培养评价和人才引进成效等多角度作出深度考察。中关村科技园作为我国第一家国家级自主创新示范区,集聚了数万家高科技企业,形成了以电子信息产业、互联网＋和新一代移动通信及卫星应用、生物医药产业、先进制造业智能化与定制化、现代农业创业、新能源与环保产业及低碳经济驱动产业等优势产业集群和高端发展产业为基础的各类创业人才的创业创新成长平台。从中关村创新孵化服务平台的创办主体多元化、运营模式市场化、孵化链整体化、专业服务多样化、资源配置全球化等重要特征出发,通过创业人才成长的深度案例分析,着重考察了中关村创业人才的集聚效应、创业导师制的持续培育模式以及科技成果产业化的高转换效率。中关村还创建了诸如创业大街、软件园孵化器、国际孵化园等多种创业孵化与众创平台,逐步形成中关村创业生态系统的自组织机制,创建了以创业人才为创业基因,以风险投资与创投基金为融资渠道的创投发展机制。从中关村创业创新人才特区的行动计划与支持政策看释放出的创业活力,着重分析在创业人才评价、创业人才培养、创业人才激励和创业人才服务等诸方面出台的创业人才政策及其创新特点。中关村示范区为搭建起创业人才成长的创新平台,出台了系统的创新政策和税收政策,包括科研成果处置权与收益权、鼓励创新创业税收试点、股权激励、科研项目经费管理、高新技术企业认定以及全国性场外交易市场等方面。在此基础上,以中关村的多种创新平台建设、各类产业园发展、南北高端产业聚集区建设等途径,构建和完善有利于创业人才持续成长的创业创新生态系统。从中关村创业文化的核心价值观形成与发展出发,通过对联想集团、京东方科技集团、北斗星通、方正集团等创业企业的文化特征与文化建设策略进行考察,展示出基于创业者使命感与社会责任感的爱国奉献精神、不怕失败与敢为人先的创业创新精神、中外文化融合创造的特色体系、愿景驱动与团结奋斗的凝聚共享模式。随着团队创业、连续创业和职业经理人创业创新等新创业者群体的成长,形成多元化、专业化和创新与求实并进的创业文化以及各类创业社会组织蓬勃发展的崭新局面。中关村科创示范区在原始创新引领、创业创新生态、创业高质发展、开放协同成长和营商环境优化五方面都走在前列。

第 3 章 思考题

1. 不确定条件下决策有何认知偏差和启发式?如何理解风险决策的框架效应?

2. 什么是决策胜任特征?变革决策的多源启动机制与前瞻选配机制有何特点?

3. 垃圾罐决策模型有何特点?如何运用管理决策权分布模式提高决策的质量?

4. 阐述人职匹配、人与组织匹配和人与组织适配的理论涵义和实践意义。

5. 什么是弹韧领导力和赋能领导力的能力维度特征及其领导策略?

6. 什么是生态力管理?叙述可续管理的主要思想和 ESR、ESG、SDG 策略。

第二编　价值、文化与激励

第4章　个性价值与伦理责任

4.1　个性理论与个性研究进展

知识要点 4.1　个性理论与个性研究

工作个性理论：个性特质、个性层次、个性认知情感系统、职业个性四项理论
中国个性研究：工作个性特征、古代个性层次分类、大六中国人个性模型研究
大五个性模型：外向交往、情绪稳定、协同相容、责任意识、开放经历五因素
个性测评工具：MBTI 行为类型问卷、OPQ 问卷、GPI 全球个性、大五个性量表

4.1.1　工作个性与个性理论框架

（1）个性特征与中国个性思想

1）个性与工作个性。个性（personality）是指个体特有的，经常、稳定地表现出来的心理特征总和，也有人称之为人格。我们在管理心理学中采用个性一词，在有些场景下也可称性格，而不用人格一词，以免误导涵义。个性表现在心理特征和身体姿态等多方面，反映出个体在观察事物、思考问题、情感关系、意向特点和行动风格方面的总体行为倾向。个性作为稳定的心理特点，决定了心理活动的速度、强度、指向性等特点。我们在这一节着重论述工作个性特征、中国古代个性思想、个性理论、职业个性特征等内容。

个性因素对于工作、生活或事业都有很大影响，管理心理学的重点对象并不是一般的个性特征，而是关注工作个性。工作个性（personality at work）是指工作与组织场景下员工特有的、稳定表现的个体独特心理特征。工作个性是在人的学习、工作和职业成长过程中逐渐形成的，包含遗传形成的独特心理特征，也在很大程度上受到工作环境因素的制约与影响，常见的企业文化因素、群体与组织因素、工作任务与情景因素等都对员工的个性具有某种重塑作用。人们各自的经历、交往、工作与管理情景等社会性因素及互动体验的烙印在工作个性上更为显著。依赖于人和环境的交互作用以及个人的主观能动性，形成了特有的工

作个性特点。

个性作为一种非智力因素,长期以来不如智力因素那样得到重视。可是,1990年代以来,工作个性越来越引人关注。各类企业都日益注重人际的互动、团队的协同、创新的群体和集体的效能,个性在能力开发和队伍组合与管理等方面日趋重要。工作个性与工作能力不同。工作能力与工作绩效的关系比较直接、一致和稳定,能力测验结果对于绩效的预测效度证据比较充分;而工作个性与工作绩效的关系并非简单的关联性,而是在很大程度上受制约于工作情景特征及其他因素的影响,即我们在研究中常说的"中介效应"和"调节效应"。例如,管理心理学研究发现,个性特征与绩效之间的关系一般会受到能力特征的调节,自我效能感常常是个性与绩效关系的重要中介变量,等等。管理心理学更加注重工作个性与绩效的过程模型,关心影响"个性—绩效关系"的多种过程效应机制。管理心理学认为,人的工作个性是发展变化的,特别是在日趋动态纷争的经营管理和工作环境中,工作个性并非简单的、静态的类型(例如,把个性分为多血质、黏液质、忧郁质等类型说),而是以多维、多层次的个性模式发生作用并解释行为的内在规律。管理心理学有关工作个性的研究,尤其是在管理背景下怎样影响别人、如何对待自己,以及整体行为方式,为有效的组织管理(尤其是干部与员工的测评、选拔、配备、培训和发展)等方面都提供了系统的科学依据。

2) 中国古代个性思想与管理。我国古代的诸多文献中,蕴藏着丰富的个性心理学思想。综合来看,中国古代个性思想可以概括为三个方面:个性形成与发展、个性分类和个性评定。

□ 个性的形成和发展。中国文化的不断沉淀,逐步形成了中国人独特的个性特征。一方面是道家以虚无、柔静为本,而难以形成治世的主导思想。另一方面是儒家以仁义、崇德、利用为本,既与现实社会相适应,又吸收、涵融了道、法、阴阳诸家思想,成为一种涵括比较全面的社会文化思想。从儒家理想个性的重要特征来看,个性的发展表现为社会取向和利他取向。其实质是一种道德型个性,具有伦理化的倾向,比较强调个体个性的塑造与内化,强调"自觉"与"自律",对个性发展产生了内向封闭的影响。

□ 个性的分类与层次。中国古代管理心理学思想的研究很早就有对于个性分类的论述。人的个性分类可以总结为德、智、勇、气质性格差异等四个方面。在儒家文化影响下,古人对他人的评价主要从道、德、仁、艺四个方面进行。每个方面均有复杂的内容。较高层次概括了较低层次的内容。从高到低分别表现为:第一层次是道,是对人的整体要求,形成高远的志向,使人的行动有所依据,要求人能够做到心灵宁静澄澈和天下为公;第二层次是德,是行为的原则,要求符合九德:宽宏大量、庄重谨慎，温顺柔和、卓然独立，老实厚道、严肃恭敬，治理才干、办事认真，顺从驯服、刚毅果断，耿介正直、温文尔雅，志向远大、注重小节，刚劲强正、实事求是，坚强不屈、符合道义；第三层次是仁，是判断人们行为的尺度，即所谓"恭、宽、信、敏、惠"，在性格上表现为刚强、勇敢、质朴和语言谨慎；第四层次是艺，包括礼、乐、射、御、书、数六艺，其中，古人更加重视礼和乐，以使行为受到约束，利于学习。

以上从中国传统文化特征以及古代个性思想中归纳出不同人群的个性层次特征，为管理背景下工作个性特征的研究和认识，提供了参考与思路。

（2）工作个性研究的理论思路

多年来，研究者从不同角度对工作个性开展研究。早期的个性研究主要集中于临床应用方面发现异常个性特征及其影响因素，并加以治疗与矫正。此后，在个性的临床研究基础上，发展出许多新的研究与应用方向，重视对正常个性和工作背景下的个性特征分析。例如，弗洛伊德的个性心理动力理论假设个性从本能、自我到超我的发展取决于本能与养育环境之间特别是生活早期的相互作用；而奥尔波特的特质理论则强调个体的独特性以及影响行为的内在认知与激励过程，等等。个性特质理论和社会认知理论被视为个性心理学的两个主要理论思路。

1）个性特质理论。个性特质理论强调个性特征的稳定性和跨越情景的一致性，相对忽视情景的直接影响。个性特质有所共有，但特质因人而异，形成了人际的性格差异。情绪稳定性、活动性、支配性、内倾性、外倾性和社交性等，都被认为是重要的个性特质。汉斯·艾森克（H. Eysenck）的个性理论提出了新的范式和具有较为坚实的理论依据，把个性看作是某些特质的组织，并把个性分为四种不同的层次：第一层次为特殊、具体的行为反应，第二层次为相似情景下频繁出现的习惯性行为反应，第三层次是由不同习惯反应相互关系基础上得出的特质反应，而第四层次则是在不同特质反应中提炼出来的个性类型特征。因此，个性是与稳定的、一致的和反复出现的行为反应相关联的共同变异特征。

艾森克进一步提出一种基于生物因素的个性理论，认为个体传承了一种影响其学习与适应环境能力的神经系统。他确定了三种相对独立的个性特征：神经质（稳定、冷静与自控和情绪不稳、冲动与夸张）、外向性（外向交往、活力乐观、冒险刺激和内向平静、保守自控、被动悲观等）和精神质（易冲动、孤独、缺乏同理心等）。前两项特征为双极概念，而精神质特征为单一概念。艾森克个性理论启发了几代研究人员。然而，他的理论比较忽视复杂情景下的行为反应与适应性，因而具有一定的局限性。艾森克编制的个性问卷（EPQ：Eysenck Personality Questionnaire）

包含了内外向(E)、神经质(N)和精神质(P)三项个性维度及效度量表(L),其龚耀先中文修订版(88题项)在我国得到广泛应用。程灶火、谭林湘(2004)对8省市1192名人员的EPQ测试结果开展了深度分析。其中,专业技术人员占41.11%、政府机关与企事业负责人占12.75%,其余为机关办事人员、服务业及各业从业人员。研究运用结构方程方法进一步验证了该量表的结构效度以及E、N量表因素结构的跨文化稳定性。

2) 个性结构的表层特质与根源特质。卡特尔提出更为全面的理论,通过综合生活记录数据、问卷数据和行为数据,确定了16项个性特征因素(16PF)。卡特尔(Cattell,1965)曾采用聚类分析法,将171个特质形容词合并成35种特质群类,称为表层特质;并进一步对这35个表层特质的数据加以因素分析,得出了16个根源特质,属于个性结构的内层,以表面特质为中介。例如,"大胆、独立、坚韧"等个性特质可以在个体身上直接表现出来,属于表层特质,但它们的共同根源特质是"自主性"。根源特质各自相对独立,普遍存在于各种不同年龄和不同环境经历的人身上,决定了个体之间个性的差异。运用个性特质形容词分析的研究方法很有应用价值。

3) 个性的认知—情感系统理论。许多研究者认为,在个性理论结构中既应包括动机因素,还应考虑情景的影响,个性理论的另一方向是试图将个性的认知成分和情景因素结合起来考虑,提出了个性的认知—情感系统理论。该理论不仅考虑了个性,还考虑到情景因素的影响以及许多中介变量的效应。认知—情感系统理论认为,个体在不同情景下表现出来的差异,是内部稳定而有机的个性结构的综合反映。个体与情景之间存在着许多认知—情感中介单元,个体根据不同情景激活所选择的中介单元(例如编码与情感),多个中介单元相互作用激活个性系统中的其他中介单元(例如期望、目标、行为脚本及计划等)。如图4.1所示。

人的个性系统在模式稳定时会对多种情景作出不同的行为反应,形成各自独特的认知—情感个性系统。比较常见的中介单元有:

- 编码:自我、他人、事件和内外情景等元素的分类;
- 期望与信念:关于外界、特定情景下的行为结果、自我效能的预期与信念;
- 情感:感情、情绪和情感反应,也包括生理反应;
- 目标与价值观:所需要的结果与情感状态,目标、价值取向和人生规划。
- 胜任能力和自我调节计划:个人所能作出的潜在行为与过程,组织行动以影响结果的计划与策略,以及自我行为与内部状态等。

从图4.1可以看到,这些中介单元在经验的作用下以独特的方式联系在一起,

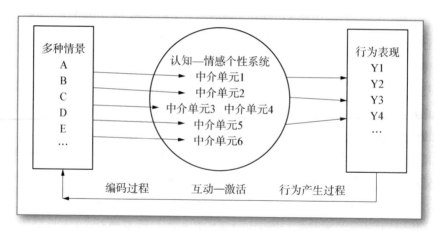

图 4.1　认知—情感个性系统理论图解

形成了不同情景下相对稳定的个性结构,从而产生特定于情景的认知、情感和行为,并体现出跨情景的个体差异。分析情景变化下的不同行为表现并绘成剖面图,就可以看出人的个性模式,称为情景—行为剖面图。个性的认知—情感系统理论从动态的角度,分析了人和情景的交互作用,进而解释个性心理的动力特征与自我调节机制等,更有效地解释复杂情景下的工作个性特征与模式。

4) 职业个性取向模型。经典个性研究的思路是围绕若干个性特征维度与工作行为关系作出测量和分析检验。近期研究注重个性变量的显著意义,常用的有自我监控、心理控制源、归因风格等。工作个性研究采用个体、群体、组织三种水平的跨层次分析,采用综合评价方法,把上级、下级、自己和同事等多个层面的测量综合在一起,从而强化了组织背景下的整体个性特点并寻求关键个性变量,用以预测工作行为与绩效。工作个性研究还比较重视个性特征与职位情景相互匹配,寻求与个性变量匹配的岗位特征。比较有影响的是霍兰德(Holland)的理论模型,认为主导性职业个性取向分为六种,各自适应于相匹配的职业,高匹配达成好绩效。

霍兰德把个性特征划分为六大取向,包括以下维度特征:

□ 现实取向:倾向于从事需要技能、力量和协调的体力职业,例如,林业和农业方面的工作;

□ 研究取向:喜欢从事包含认知活动(思维、组织、理解等)而不是情感活动(感觉、表演、人际交往等)的职业,例如,教师、科学家等;

□ 社会取向:向往从事包含人际交往而不是智力或体力活动的职业,例如,临床工作、外事工作和社会服务等;

□ 规则取向：愿意从事那些条理清楚、规则明确的岗位，例如，会计工作和金融业工作；

□ 首创取向：喜爱那些包含言语活动和影响他人的工作，例如，经理、律师和行政干部；

□ 艺术取向：倾向于从事有机会自我表现、艺术创造、情绪表达的职业，例如，艺术家、广告设计等。

大部分人拥有多种职业个性取向，其中，主导性的取向在很大程度上影响工作的绩效。该模型为工作个性与岗位职业要求的适配模式提供了理论参考。

4.1.2 大五理论模型与个性测量

（1）大五个性模型与中国研究

1）大五个性模型。个性研究已经有比较长的历史，心理学家一直在探索个性的模型。早期采用韦氏国际词典对能区分人类行为的形容词加以抽取和评定，从18 000 多特征词起步，研究个性的不同分类特征。这种从词汇角度研究个性特征的方法持续了较长时期，并进一步开展了个性指标的效度研究。到 1980 年代，相关研究逐步趋同，经过因素分析得出了五个相对显著且稳定的因素，即"大五个性模型"，涉及精力充沛、相容协同、责任意识、情绪稳定和生活经验等特质。一般来说，这五大个性特征因素分别命名为：

▫ 外向交往因素：表现外向性、善社交、喜好场景、多言善感和展示性。

▫ 情绪稳定因素：表现焦虑感、急躁性、情绪处事、喜怒无常和性情化。

▫ 协同相容因素：表现容忍度、敏感性、热情友好、友善助人和可信任。

▫ 责任意识因素：表现组织性、系统性、时间观念、成就导向和可靠性。

▫ 开放经历因素：表现好奇心、有创意、喜欢尝试、思想开放和有智慧。

管理心理学研究表明，个性外向的人比较适合推销、鼓动性的任务，寻求信息反馈和新工作环境；情绪稳定个性的人易在压力下调节、面对复杂多变情景；相容个性强的人倾向于助人为乐和适应多样性工作任务与人际关系；责任意识高的人表现出多种工作任务或职业的激励、绩效和生涯成效；个性开放的人适合灵活处事、持续学习与变化度高的工作情景或岗位。在工作内容多样、项目任务繁重和业务转型升级的背景下，责任意识、协同相容和情绪稳定三项个性特征具有重要的价值和绩效预测意义，值得在团队配置和人员选任中多加考虑。

2）大五个性的相关研究。以大五个性因素为代表的个性模型在我国得到了广泛的研究与检验，成为得到普遍认可的个性结构理论。我们的研究表明，大五个性因素与工作绩效,尤其是"周边绩效"有着重要关系。围绕中国人个性的特征及其测量问题,张妙清、梁觉、宋维和张建新等(1993,2008)通过长期合作,研究和编制了适合中国人群的个性量表。他们结合运用了合理建构法、实践效标法和因素分析法,开发和制定了"正常个性量表框架"和"病态个性量表框架",对不同职业人员采集性格特征形容词并进一步磋商和实践检验,以标准化程序编制了 CPAI 量表,得到正常个性特征四因素:可靠性、传统性格、领导性、独立性,以及情绪问题和行为问题两项病态个性特征因素,也称为"大六个性"。张妙清等(2008)又开展了一系列跨文化(中国人)个性测量表的研究和广泛应用,兼顾文化通用性(etic)和文化特殊性(emic),开发了成人版和青少年版测量工具,成为中国文化情境下通用、有效的个性研究与评价工具。

与此相关的研究,王登峰、崔红(2003)开展的中国人"大七"个性结构分析,建构了包含外向性(活跃)、善良(重感情)、行事风格(自制)、人际关系(诚信)、情绪性(耐性)、才干(决断)和处世风格七项因素。这些研究进展为深入理解中外文化下中国人的个性结构和行为风格提供了新的视角与测量方法。在个性研究中,管理心理学也特别重视个性特征对于行为的影响。大五个性特征常常与其他心理特征一起以交互方式影响工作行为与绩效。段锦云、王重鸣、钟建安(2007)围绕大五特征与组织公平感的关系及其对员工进谏行为的影响开展实证研究,选取长三角地区 17 家国有企业的 361 名知识型员工为样本,采用双极形容词评定量表测量大五个性特征(开放性、责任性、外向性、宜人性即相容性和神经质即情绪稳定性),以组织公平量表测量组织公平感(程序公平、分配公平、领导公平和信息公平)并采用进谏行为量表。研究结果表明,外向性、责任性个性特征对进谏行为具有积极作用,而开放性有负面影响,情绪稳定性则显示显著主效应;组织公平感对进谏行为具有正面影响和对部分个性特征的效应具有缓冲作用,促进更多进谏行为。这项研究建议,管理者可以通过选择与培养具有责任性、外向性和情绪稳定个性特征的员工,并公平对待员工来促进员工进谏行为,有利于知识传递和组织的创新。

(2) 个性测验方法与应用进展

现代管理和团队崛起对员工和管理人员的个性素质提出了更高要求,个性测验广泛地运用于工作场景中。从挑选高管人员,到许多重要项目的团队,已经采用了许多办法进行个性评定。管理心理学研究和应用中较多采用的是迈尔斯-布里格斯(Myers-Briggs)行为类型问卷、职业个性问卷、GPI 全球个性问卷和大五个性量表等。当然,在采用个性测量工具时,需要注重专业化使用和综合性解读。通常,可以把个性测量作为多种方法之一,从一个侧面加以考察,与其他方法结合使用,以便提升"多特征多方法评价效度"。

1) Myers-Briggs 行为类型问卷(MBTI 量表)和职业个性问卷。MBTI 量表是目前应用得最为普遍的个性评价工具,各地每年有数百万人接受 MBTI 量表测验。测验由 100 个问题组成,包括四个双极维度或偏爱,组合成 16 种个性类型。外向—内向(E 或 I)、思维—感受(T 或 F)、感知—判断(P 或 J)、领悟—直觉(S 或 N)。这四种维度表明人们在四个方面的个性风格:获得与运用能量的方式,收集与获取信息的方式,作出决策的方式,组织生活的方式等。MBTI 测评获得的结果可以助益综合测评的区分性与预测性,以及用于发展目的,即作为诊断和资质开发的工具。

2) 职业个性问卷(OPQ)是 SHL 测验公司经过多年的研究、应用和研制成功的。在各地运用,具有相当高的效度。职业性格问卷的基础是职业性格模型,该模型认为个性有三大维度:他人关系、思维风格和感情情绪。职业个性问卷采用多项行为陈述的迫选题,要求从四个陈述句选项中选出"最能反映"和"最少反映"性格特征的题目,并运用双极记分的方法,计算出他人关系、思维风格和感情情绪等三个方面的个性得分。

3) 大五个性量表与其他问卷的组合使用。大五个性量表对工作个性作出比较准确的描述。新趋势是重视个性的动态特征及其评价效用,考察工作情景特征下个性与绩效的关系,从而显著提高预测效度。我们运用大五个性的综合量表并结合其他问卷考察工作个性对于工作表现的预测效度,发现以下个性因素具有较高预测力:

□ 责任意识因素:包括认真、负责、谨慎、可靠、可信、责任感等特征。这些特征反映了个体的责任意识和规范、自律的个性特征。

□ 人际相容因素:包括热情、幽默、坦率、爱交际、和蔼、体贴、温柔等特征。这些特征反映了与别人交往、接触过程中的行为方式,体现了人际相容特色和强度。

□ 情绪稳定因素:反映个体神经活动的强弱、持久性、稳定性等方面的特点,包括冷静、镇定、承受压力、有毅力、有恒心、遇变不惊、自控、乐观等个性特征。

□ 思维倾向因素:反映个体头脑的灵活性和感知觉的敏锐性,体现了个体智慧,包括思路宽广、思维敏捷、有创造力、有远见、机智、敏感等个性特征。

□ 动机驱动因素:反映个体内在动机对外部目标的指向及其强度,包括上进心、成就欲望、独立性、冒险性、竞争性、自信、果断等个性特征。

□ 领导风格因素:反映领导者的个人魅力、领导和管理的风格,主要包括有威信、有权威、处事公正、作风民主、有魄力等个性特征。

□ 伦理个性因素:与人们的传统文化环境有密切联系,主要包括社会价值取向和伦理判断,有诚实、善良、正直、刚正不阿、踏实、敬业、尊老爱幼等特征。

4) GPI 全球个性问卷(GPI:Global Personality Inventory)。GPI 以"大五因素"模型为框架,包括多重个性维度,从工作个性的特征出发,结合访谈和其他研究结果,采用了"德尔菲法",广泛征求来自 20 多个国家、地区不同文化背景的管理心理学家的意见,经过多次讨论、汇总、反馈,设计和确定了 GPI 的测量题项及其结构,由 507 个题项组成,构成 39 项个性特质,每一种特质由 13 个题项来测量。我们的研究系统测量和跟踪分析了所关注的个性特质,取得了工作个性的中国 GPI 模型和相关常模。研究结果提出工作情景下具有较高特质、情景关联度与区分度的 30 项工作个性要素:注重细节、聚焦任务、思维敏捷、创新创造、思维导向、目标导向、远见展望、责任意识、主动精神、自我中心、印象操纵、微观管理、社交倾向、体谅同情、信任自信、老于世故、独立自控、竞争冒险、合群依赖、乐观开放、义务责任、适应调节、负面情绪、情绪控制、承受压力、自我意识、洞察理解、注重印象、精力充沛、成就追求,可以作为相关研究与评价的工作个性模型要素。

(3) 个性研究进展与主要趋势

1) 我国开展的个性研究。我国有关个性特征的系统研究从 1980 年代开始,着重于以学生为对象进行研究。后期陆续开始了工作个性的研究与评价。例如,从经典量表中抽取若干题目编成个性倾向量表,对运动员等人群的个性倾向和绩效水平作出评定。有关工作个性特征的研究不断深化,特别关注领导行为与个性的作用,比较有代表性的是 Li、Liang 和 Crant 等(2010)的实证研究。这项研究选用了 54 个工作群体的 200 位中国员工为样本,验证了领导者—成员交换关系(LMX)和程序公平氛围对于主动进取的个性和工作满意度与组织公民行为的效应关系中的调节作用。研究结果为人员选拔和配置提供了新的理论依据。

2) 个性特征的信息整合理论。有关个性的另一方面研究来自诺曼·安德森(Norman Anderson,1981)提出的信息整合理论。这一理论运用"认知代数"的方法,定量分析了人们在社会性判断情景下如何对多重复杂信息作出个性知觉、人际判断和社会决策的信息整合心理机制,从而为个性特征的提取、评价、决断和应用提供了重要的认知心理学方法论。王重鸣、沈剑平(1992)运用信息整合理论及其方法,以不同专业的大学生为对象,对 164 个特质形容词的"喜爱度"和"意义度"进行测定,取得了这些形容词的信息特征,发现我国大学生在个性特质形容词特征评价中的趋中和极化特点。这种特点对于人事决策判断过程中的信息整合和决断具有重要的意义。信息整合理论及其功能测量方法得到了十分广泛的应用,例如,运动与竞技决策、工作态度形成与改变、信任模式与机制、工作生活质量等领域。安德森(2013)系统总结了多变量如何整合为统一变量的信息整合规律,综合了个体心理学、社会态度、学习与记忆、群体与跨文化研究以及各种类型的决策判断行为等研究结果,提出了信息整合三项定律(即平均整合、加法整合和乘法整合定律)对于统一心理科学各领域概念与实证分析的普遍意义。其中,特别是乘法整合定律为管理心理学研究提供了重要的理论构建与方法论依据。

3) 工作个性研究的新趋势。工作个性研究在已有个性研究与应用的基础上日益注重个性特征与工作及管理情景的交互作用,并特别关注个性与能力在人们应对变革挑战和促进创新创业行为过程中的交互影响,以及前面所说的"乘法信息整合效应"。近期的许多个性研究围绕工作幸福感和心理健康问题而开展。弗里德曼和克恩(Friedman & Kern,2014)在《心理学年鉴》的综述中指出,从研究趋势上看,工作个性研究的重要进展是发现个性对多方面的结果变量或效标具有效应,而不是局限于常规采用的笼统绩效变量。研究因而关注选择适当的结果变量并主张采用多元变量,包括身体健康(完成日常工作任务的能力与能量以及特别疾病)、主观幸福感(积极心境情绪和生活满足感认知)、社会胜任力(个性对于成功投入社会交往互动的效应以及对支持性关系与社交网络的影响)、工作效能(持续的绩效、成就和对社会的贡献度)、认知功能(记忆、推理、语言及决策能力等)以及多年的健康与生活质量等。另一方面的重要进展是发现责任意识个性特征(可信可靠、有条不紊、坚持不懈等)具有全生命周期的显著正向预测力,具有这种个性特征的人保持健康、精力充沛、良好应对行为且能调节压力因素和可预期长寿效应。显然,个性在工作与生活中已经成为不可忽视的重要胜任特征。

在工作与管理场景下,个性发展与能力成长作为双重机制,通过多层次的胜任力建模和赋能开发,在工作实践中表现为对组织环境变化的释义、加工、决策和自规、参与、行动的能力,不断明晰愿景、历练经验、增强智慧、创造创新、数字胜任、提升情商,培养高度的胜任力。应该如何开展胜任力的评价与开发呢?请阅读"研究解读4.1 管理胜任力特征分析:结构方程模型检验",思考和讨论如何评价与建模个性行为表现的方法选择和应用途径。我们在研究中,围绕管理胜任力的评价、分析与建模方法,展示了如何针对胜任力评价目标,以结构方程建模研究路径揭示胜任力内隐特征。本研究得到许多读者的检索与参考。

研究解读 4.1 管理胜任力特征分析：结构方程模型检验

作者：王重鸣(浙江大学)、陈民科(浙江大学)

发表刊物：《心理科学》，2002 年，第 25 卷，第 5 期，513—516

研究内容：高素质的经营管理人才是应对全球化、高竞争、创新型挑战的精英力量。管理者的胜任力特征是影响管理行为和组织绩效的重要因素之一。只有具备与组织战略目标和岗位要求相匹配的胜任力特征，才能高效发挥经营管理才能，实现组织的长远目标。管理胜任力特征分析一直是管理心理学和人力资源管理研究与应用关注的焦点问题。本研究以管理胜任力特征(导致高管理绩效的知识、技能、能力以及价值观、个性、动机等特征)为基础，运用基于胜任力的职位分析方法，通过实证评价与分析，获得高级管理者胜任力特征的结构，并采用结构方程模型等建模方法，揭示不同职位层次在胜任力特征结构上的差异并构建胜任力模型。本研究在全国 5 个城市的 51 家企业取样，调查了 220 名中高层管理人员，分别来自国有企业、民营企业和外资企业。在访谈及以往研究基础上提出管理胜任力由管理素质(价值取向、责任意识、权力取向等)和关键管理技能(战略决策、激励指挥、关系协调、开拓创新、经营监控等)两部分组成，初始量表编制在通过 10 家企业的 50 名中高层管理人员的结构访谈及试测，收集反映经营管理者任职要求的关键行为事件，形成了《管理综合素质关键行为评价量表》共 42 题并另选 100 名中高层管理人员做第一阶段预研究，修订后分为总经理(正职)和副总经理(副职)平行两套。采用探索性因素分析与验证性结构方程软件 EQS 做二阶因素分析及正副职比较建模。研究结果表明，管理胜任力特征具有层次结构：管理素质和管理技能两个维度，形成共通结构。正副不同职能层次在管理胜任力特征上具有不同侧重。特征要素方面，责任意识与成就取向要素相融合而得以增强，关系协调能力则体现在经营监控能力和激励指挥能力之中，表现出成就取向和关系协调在中国管理胜任力特征中的内隐性。本研究为胜任力建模和人与组织适配提供了有效的方法论。

4.2 工作价值与组织伦理管理

知识要点 4.2　工作价值与伦理管理

工作价值： 工作中指导干部员工行为意向、行动方式和决策判断的统合性信念
组织价值： 责任价值、合作价值、学习价值、弹韧价值、可续价值的五项特征
组织伦理： 价值取向、思维判断、标准遵循、行为规范、员工关怀、社会协同
伦理领导： 伦理经营合规力、伦理沟通研判力、伦理原则践行力三维能力结构

4.2.1　工作价值与价值管理策略

（1）工作价值特征与社会通则

1）工作价值的定义。人们在工作中的各种决策判断都有一定的指导思想和价值前提,社会生活中的个人经历、家庭、朋友、群体、学校、组织乃至经济、社会氛围和接受的各种教育等多方面因素都会影响人们的人生观和价值观,并体现在各自的工作行为中。随着经营环境与业务日趋竞争和任务角色越发多样合作,工作价值观的研究与应用向团队与组织水平转移,组织价值或管理价值特征以及人与组织的价值互动机制成为主线。管理心理学把工作价值取向定义为"在多种工作情景中指导人们行为意向、行动方式和决策判断的统合性信念"。价值取向直接影响着工作态度和行为。

2）社会主义核心价值观体系。社会主义核心价值观是现代中国社会与组织管理的"内核",集中反映出中华优秀传统文化精髓、爱国凝聚的民族精神、改革创新的时代价值体系。这一体系对于干部员工的工作价值观提升具有重要的指引意义。其基本内容包括 12 个要素 24 个字:

- 国家层面的核心价值取向:富强、民主、文明、和谐;
- 社会层面的核心价值取向:自由、平等、公正、法治;
- 公民层面的核心价值准则:爱国、敬业、诚信、友善。

社会主义核心价值观的培育和践行,要求既注重宣传教育、示范引领与实践养成相统一,又重视政策保障、制度规范、法律约束相衔接。这些要素与建设要求为组织管理实践的优化和提升,提供了重要的基础和指导框架。在管理实践层面,比

较常用的高关联度的核心价值观要素包括和谐、公正、爱国、敬业、诚信等。

3) 社会通则的特征与功能。工作价值观还会受到社会通则的影响。什么是社会通则呢？有关价值观差异的研究主要有三种思路：一是比较思路，以代际、跨界、跨文化视角分析与比较价值观差异；二是层析思路，以群体内外、上下层次、组织—社会视角考察价值行为的层次异同；三是通则思路，以个体与社会信念为基础，检验心理与行为表现的价值通则。沿着通则思路，梁觉等（2002）提出社会通则（social axiom）的概念，指有关自我、社会与物理环境或者精神世界的一般化信念，通常表示为实体或概念间关系。研究认为，人们的理念是具体而多样的，有些信念是情境化的，特定于行动者、具体场景或特别时间；另一些信念则是高度抽象且在各种情境、行动者、目标群体和时间段的一般行为，称为社会通则，用于多种场景以实现目标、维护自我、表达价值取向和认识世界。为此，研究者编制了社会通则问卷，在不同国别与地区的 40 种文化群体中加以检验和应用，发现这些社会通则在实践中表现出四种态度功能：促进重要目标的达成（工具性）、帮助保护自身价值（自御性）、利于表达价值取向（价值性）、有助于理解世界（知识性）；这些社会通则在不同文化背景下具有五个共同的维度：愤世嫉俗、社会复杂、行为回报、教派理念和命运控制。

□ 愤世嫉俗（social cynicism）。这是表现为对特定人群的负面观点，或对社会常模、习俗或人际关系的偏见与不信任感以及对新生事物的某种期待感。例如，认为"好心反而吃亏"、"认真得不到好评"等。

□ 社会复杂（social complexity）。这是认为世界是复杂多样的，难以有万用的一般规则，先前可行的方法不一定总是行得通，需要自我监测行为的可行性，以便用多种方法实现目标。例如，"不同场合需要有不同的行为表现"等。

□ 行为回报（reward for application）。这是强调努力工作必有好处，世界是公正的，在社会场景，付出努力总是有用的。例如，"一分耕耘一分收获"、"努力工作终有成效"等。

□ 教派理念（religiosity）。这是指对超自然因素存在的信念，犹如生活与工作中的教派信仰，在精神上影响各自的行为。例如，认为"冥冥之中贵人相助"、"水不在深，有龙则灵"等。

□ 命运控制（fate control）。这是相信事情都是预先注定的，受到"命运"和"控制源"的支配，例如，"人定胜天"；而行为回报则更多涉及不受命运摆布的努力行为。

社会通则的原理具有"泛文化"的意义，加深人们对个体行为的认知和多样文化下的通用性，有利于我们更多观察和解读跨文化相似性和"求同存异"的组织文化建设新思路。社会通则得到多方研究领域的关注,帮助人们从新的视角探讨文化及其差异,并采用新的问卷工具,评价与加深对文化特征及其机制的理解(马溧莉、张建新,2009)。周帆、梁觉和彭迈克(2009)在先前40种文化人群的7590名大学生的数据基础上进一步聚焦,对行为回报和命运控制两项维度加以比较,结合社会层次的其他指标(学术表现、经济与成效等)数据作联合分析。研究结果表明,社会通则概念与原理在理解深层次文化信念与价值取向上对于人们行为的影响机制方面具有重要意义。

(2) 工作与组织价值观的特征

工作与组织价值观是在工作与管理的实践中所形成的管理现状、管理环境、管理对象、管理目标、管理结果和管理发展的价值前提。管理心理学把管理者价值观的梳理和优化看成企业成长的战略举措和愿景战略下的价值聚焦。这方面主要有四种理论框架与方法尝试:价值特征模型、新生代员工价值观、组织价值观和战略价值观。

1) 价值特征模型。有关工作与管理价值取向的早期研究主要围绕生活工作中有哪些价值特征,如何分类与评价的问题展开。比较有影响的是心理学家罗克奇(Rokeach,1973)在其名著《人类价值的本质》中提出的终极价值与工具价值分类表即罗克奇价值观量表(RVS:Rokeach Value Survey)和施瓦茨(Schwartz,1992)通过对20个国家的比较研究得到比较通用的价值特征模型。罗克奇认为,终极价值反映人们有关最终想要达到目标的信念;工具价值则反映人们对实现既定目标手段的信念。终极价值和工具价值各有18个成分,表4.1是终极价值和工具价值分类表(王重鸣,2001)。在工作背景中,我们可以把价值观层次因素看成表层的工具性价值观和深层的目的性价值观,前者是为了达到工作目标所采取的手段,后者表明了一种工作利益倾向。

表 4.1

终极价值和工具价值的分类

终 极 价 值		工 具 价 值	
舒适的生活	令人兴奋的生活	雄心大志	心胸开阔
成就感	世界和平	能干	乐观
世界美丽	平等	清洁	坚持信念
家庭安全	独立自由	原谅	助人

终 极 价 值		工 具 价 值	
幸福	内心和谐	诚实	有想象力
成熟的爱	国家安全	独立	聪明
愉快	节俭	逻辑性	热爱
自尊	社会认可	顺从	恭谦
真正友谊	智慧	负责	自我控制

施瓦茨的模型由 4 项极点形成两个双极维度即自我超越—自我增强和保守—开放变化,涵盖了 10 个类别的 56 种具体价值特征:自我超越包含普遍性、仁慈性,自我增强包含权力性、成就性和享乐性(部分),保守包含传统性、顺从性、安全性,开放变化包含了自我方向性、激发性、享乐性(部分)等类别。

2) 新生代员工价值观。随着时代的变迁与经济、社会的发展,新生代成为工作与管理队伍的主力人群,新生代员工的工作价值观和能力开发日益受到管理心理学研究的关注。这里所讲的"新生代"更多是一个时代特征,而不只是通常所说的 80 后、90 后或 00 后的年龄段分类。从管理心理学的视角来说,时代年龄要比单纯生理年龄对于工作行为的影响更大。工作场所逐步进入多代际并存的阶段,代际价值观差异也成为一项重要因素。从工作价值观意义上看,新生代工作价值观是由一系列生活条件、工作体验、同伴互动、组织文化以及事业成长构成的多源价值系统。

以施瓦茨价值特征模型为基础,唐宁玉、王玉梅、张凯丽(2017)运用演进现代化理论,采用通用的价值观量表,在 16 家各类体制的制造业企业选取了 602 名主管和 2010 名下属开展了代际价值观的问卷实证研究,对改革开放之前、期间、之后的三代群体进行比较。研究为全面理解新生代员工的工作价值观的特征和优化新生代管理体系提供了有效的理论基础和应用指导。相关研究比较活跃,侯煊方、李艳萍、涂乙冬(2014)采用质化和量化相结合的方法,围绕中国情境下新生代工作价值观的结构、内涵和测量工具开展研究,并检验新生代工作价值观对绩效的影响。研究结果表明,新生代工作价值观是一个包含功利导向、内在偏好、人际和谐、创新导向、长期发展的五因子结构,并对角色内绩效和角色外绩效都呈显著的正向效应。研究进一步解读了新生代工作价值观的新特征。

3) 组织价值观研究。基于使命的组织价值观模型以组织的变革态度(稳定—进取)和组织的环境导向(自我—社会)为双维,构成了商业盈利价值(效益、专业化、结果导向)、人际关系价值(沟通、团队、对人尊重)、持续发展价值(创新、学习、持续改进)和超值贡献价值(客户满意、社会责任、队伍成长)。在创新驱动、数字化转型和变革发展的新阶段,组织价值观出现许多新的变化。我们通过近年来的一系列研究总结,提出了五项基本的组织价值观要素:责任、合作、学习、弹韧、可续。这五项价值观要素对应于我们的五力管理框架,即文化力、团队力、创新力、行动力和生态力。图4.2是组织价值观的五特征模型的图解。

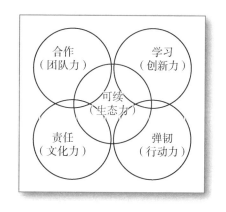

图 4.2 组织价值观五项特征

作为组织价值特征,这些要素都包含着新的内涵。

□ 责任价值。这是文化力管理的核心要素,注重责任导向与责任管理、强调担责敬业、做事精准务实。

□ 合作价值。这是团队力管理的核心要素,强化合作导向与协作思维、重视诚信合作和共享行动。

□ 学习价值。这是创新力管理的核心要素,重视以学习导向建设学习组织、激励学习创新、提升学习能力。

□ 弹韧价值。这是危机情境下行动力管理的核心要素,注重以弹韧导向增强组织弹韧力、开发弹韧领导力、注重转型复原力。

□ 可续价值。这是生态力管理的核心要素,强调以心智模式的持续适应和生态系统的敏捷适配,形成永续组织的价值特征。

4) 战略价值观。战略价值观是有关组织层面的竞争优势、定价体系、成本效益、产品服务、商业模式、市场支配、产业路径、创新策略、创业政策以及利益相关者关系与可续发展等方面的价值定位、价值创造和价值创新。战略价值的构建和运用能力包括运用内外环境分析、产业发展政策解读、竞合关系与全球化趋势评价等方法,识别面临的挑战与机遇、优势与劣势、战略与战术、集中与分散以及当前与未来等多方面的战略选择。在此基础上,制定战略性价值关系的方向与强度图,表现战略价值要素的动态系。王重鸣(2020)在论述创业价值能力时,把战略价值与其相关的商务价值、愿景价值一起作为核心价值维度的关键要素。战略价值往往包含多项要素,相互关联,形成价值链,成为创业与组织管理的重要价值观特征。

在工作价值观测量方面,最常用的是前面讲述的罗克奇价值观量表(Rokeach Value Scale,RVS)和英格兰价值观量表(England Value Questionnaire,EVQ)。

RVS 价值观量表使用排序法测量两类不同价值观：工具性价值观（18 个题目）和终极性价值观（18 个题目），共 36 个题目。相关研究却表明，RVS 对于测量海外地区的价值取向是一种有效的工具，但难以涵盖东方文化价值取向的一些重要方面。英格兰价值观量表则包括 48 个题目，形成五个因素：组织目标、人员作用、人际关系、个体目标、管理思想等（王重鸣，2001）。

4.2.2　工作伦理与组织伦理特征

工作伦理与组织伦理是管理心理学的重要领域，也是工作背景中日益凸显的关键行为实践。具有良好工作伦理行为和伦理型文化建设实践的企业组织在正面工作规范、管理运营效能、健康工作氛围、招聘市场信誉、客户与社会美誉、遵纪守法合规经营和财务业绩提升等方面，甚至在股市业绩上都有上佳的成效，成为专业人士职业发展和企业竞争优势的核心要素。在这一节中，从伦理思想与工作伦理概念、组织伦理特征与策略以及价值型领导与伦理领导力三方面展开论述。

（1）伦理思想与工作伦理特征

1）中国古代伦理思想主要观念。中国古代管理的伦理思想与实践在很大程度上受到儒家、道家、法家的影响。这些思想博大精深，至今在商务行为中具有巨大的影响。这里只就对中国管理心理学与相关实践影响比较大的方面加以讨论。

□ 儒家思想与伦理观念。儒家思想体系的核心为仁、义、礼、智、信，信奉"道德感化"，遵循"三纲五常"的家族式文化价值观，并表现出强烈的社会责任感和重教强学，提倡德政、礼治和人治。重视道德规范，认同等级地位，看重家庭观念，偏好中庸之道，强调圈子文化，注重学习教育和自我管理。在商务活动中，遵循伦理规范，讲求行事分寸，偏好关系导向，表现时运变通，注重情境交融，维护社会声誉，重视教学相长等。

□ 道家思想与修炼理念。道家思想注重天人合一、无为而治、阴阳相依、率真超越、淡泊避世，关注自身修炼和内功发挥，成为管理文化中强调执著奋斗、内敛出招、刚柔并济、执行行动等基本理念的渊源。

□ 法家思想与规则导向。法家思想则遵循标准规则、责任管控、权威治理，注重理性规范，成为制度规范、权责担当、纪律管控等重要规则的基础。

Ke 和 Wang（2014）检索和回顾了多个学术数据库在 1996 到 2012 年期间主要的商业伦理国际杂志发表的有关中国文化与商业伦理的研究共计 225 篇文章，并对共计 100 篇文献加以分类处理和综合分析，得到了一系列成果。其中有关中国古代管理思想的分析中，特别注意到儒家有关自我培育与外部参与的和谐思想和群体导向以及关系、面子、圈子和人情为主要元素的关系思维;道家则强调平衡与和谐以及可持续性成长的理念。这些思想在宏观、中观和微观层面上都对管理情境下的伦理行为和企业社会责任实践产生影响。

2) 工作伦理概念与实践遵循。工作伦理是人们在从事一项工作职业时表现出来的伦理行为。工作伦理有四项特征:

□ 工作价值取向。指工作伦理价值与组织核心价值观的一致性,例如,工作行为是合作导向还是竞争导向。有些员工入职面试时表示完全理解和遵守公司核心价值观,却在自身工作中表现与之相抵触或缺失。管理心理学强调有效识别与增强工作价值取向,创造条件践行核心价值观。

□ 工作思维判断。指工作任务思维与决策判断中是否符合伦理性,例如,工作中作出决策时的伦理性对错考虑。特别是在某些涉及相关朋友关系、家庭成员、母校同学的决策判断中比较容易受人情关系左右。管理心理学注重伦理心智模式转换和伦理管理能力提升。

□ 工作标准遵循。指对工作中各种规章制度的行为遵循和在工作中做出宽以待人、严以律己的奖惩遵循,例如,工作中有关奖惩计划是否公正有效的行为思考、表达或选择。

□ 工作行为规范。指工作行为表现规范合理,对于工作纪律和要求等遵纪守法,在各种工作任务或活动中展现公民行为,例如,工作行为规范中是否表现出合规榜样或是违规越轨。

工作伦理是一个多维构思。人们在个体行为伦理上边界比较清晰,却会在群体行为伦理上表现出"双重标准"。有些员工对个体性工作伦理规范能自觉遵守,行为边界清晰,却对带有群体利益的工作伦理规范的行为遵循表现出"虽不合规,情有可原"心态或"集体护短"现象,称之为"群体性伦理宽容效应"。实践中,这类群体性伦理宽容造成的偏差,常常最终有损集体形象和组织声誉,值得在工作伦理建设中加以认识和矫正,设法在录用、培训、考核、奖励中加以体现,并在文化建设等方面有配套举措。

(2) 组织伦理特征与研究进展

1) 什么是组织伦理? 组织伦理是指组织在工作实践和人际交往中对治理规范、工作伦理、市场规则和基本伦理价值观的认同、理解和遵循。特别是,在组织经营与变革实践中表现出来的职业伦理、职业操守、诚实守信、文化伦理和管理伦理行为等。这里所说的组织伦理,涉及组织管理与经营活动过程中的伦理规范、伦理判断、伦理适应和行为响应,表现为组织管理过程中的各种伦理安排与行为。例如,在处理客户关系、供应商管理关系、员工关系管理、组织参与管理、组织治理模式、企业间关系以及环保责任管理等方面的诚实守信与行为规范。这里包含两方面的视角：组织伦理的正面提炼与促进；组织中非伦理行为的理解与防范。

组织伦理主要包含四个方面的特征：特质、决策、两难和发展特征。

☐ 组织伦理的特质特征。组织伦理成为组织成长中较为稳定、内在的特质，既有刚性规则的一面，约束组织恪守规矩、坚守底线、以理取信，形成遵循规范、规则和规矩方面的竞争优势；又有柔性包容的一面，促进组织在变革创新中默契配合、优势互补、合作共赢，形成柔顺成长机制。

我们的研究表明，在企业组织的初创期，需要形成一些比较稳定、系统的组织伦理特质，例如，组织定制伦理规范、组织伦理的独特性和组织伦理行为要求等。尤其是在处理经营决策或是可持续发展问题（环保、节能、质量等）方面，组织伦理可以发挥重要作用。从研究结果来看，行动领先倾向比较强的企业往往容易在风险情景中作出误判，更倾向于为突破成长壁垒而不惜违反现有规则或突破现有规范底线，会在商务规则面前表现出"捷径思维"（不按规则而试图走捷径）和"擦边行为"（在规则边缘行事），从而降低组织的伦理水平，因而需要建立本企业独特的组织伦理调节策略。

☐ 组织伦理的决策特征。组织伦理常常包含多种行为的两难决断，具有较强的决策特征。有效的伦理决策判断与选择不是一件容易的事。在涉及组织伦理价值、文化多样性、商务伦理道德和经营—发展等两难决策情景下作出伦理判断与选择需要一定的伦理决策策略和道德合规性判断力，而且往往是比较快速的即时研判。基于组织伦理的决策策略成为伦理领导力的重要能力要素。

☐ 组织伦理的两难特征。伦理问题容易陷入两难困境。比较常见的是在机会识别、资源获取、关系处理、竞争策略、利润分享、风险管理、法规遵循、客户信誉、员工福利、公司文化、社会责任和权责担当等方面面临伦理性两难境地。因此，组织伦理成为企业持续成长的关键因素。此外，技术创新和变革转型也都会造成组织伦理问题。组织常常会面临"激活存量"与"创新增量"和"变革发展"与"适应融合"之间复杂关系处理的伦理困境和各种抉择与利益考量。

☐ 组织伦理的发展特征。组织伦理问题既然如此重要，需要在涉及创新文化、组织变革、跨文化管理以及容易涉足的违法或违规相关商务问题时，有清醒头脑和价值判断能力，尤其是在发展中着重改善"商业伦理氛围"和形成组织伦理规范。

在有关转型期企业组织特征的研究中，以内部—外部和认知—情感维度，构建了图4.3的组织伦理特征模型：基于认知视角的规范遵循与价值承诺元素，基于情感视角的员工关怀与社会协同元素，体现出对概化交换、协同交换、协定交换和互惠交换下的整合式组织伦理。我们在"第4章研究案例（转型时期民营企业组织

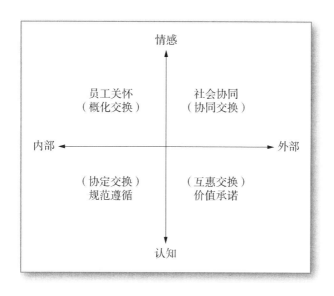

图 4.3　转型期企业组织伦理模型

伦理构思的案例研究)"中具体解读这些交换特征。

在转型期,组织伦理处于新的建设阶段。企业在组织发展方面出现了哪些新的特点呢?请阅读"第 4 章研究案例　转型时期民营企业组织伦理构思的案例研究",思考与研讨转型期组织伦理面临的挑战和新特点。请结合周围各类企业的发展阶段,进一步提出如何建设伦理型公司并提出组织伦理管理的新策略。

第 4 章研究案例　转型时期民营企业组织伦理构思的案例研究

作者:莫申江(浙江大学)、王重鸣(浙江大学)

发表刊物:《管理案例研究与评论》,2009 年,第 2 卷,第 6 期,366-379

案例分析:组织伦理是"组织处理与内外部利益相关者关系时所参照的道德标准",以此对伦理氛围、伦理文化和伦理价值三项互补重叠的概念作出凝练,把组织伦理作为企业可持续发展的重要价值。研究以社会交换理论为框架,以协定性交换、互惠性交换、概化性交换、协同性交换四项要素开展深度案例分析。研究借鉴了多项企业社会责任与企业伦理关联的评价体系,从企业形象认同、社会角色、公益价值、公司声誉及所属行业、区域等概化效度考虑,选取腾讯科技公司、万科公司和远大空调公司为案例样本,作出深度分析。

1) 协定性交换—规范遵循:双通道职业生涯体系、自助式设施服务、内部亲属回避制度等；

2）互惠性交换—价值承诺：员工家庭的关怀计划、持续性股东回报、主动承担纳税义务等；

3）概化性交换—员工关怀：实施学习型组织计划、节能型配套设施、技术梦想实现平台等；

4）协同性交换—社会协同：节约型电器建材配套、友好型网络安全、倡导绿色建筑理念等。

通过案例背景、案例描述、案例解释的详尽分析和多案例整合分析，提出转型时期民营企业组织伦理的新模型。还发现在组织伦理实践中，个体及组织间互依性加大，表现出平衡兼顾内外部利益相关者的重要性。从多案例的实践看，在转型发展阶段各类企业拓展开放、和谐、高效、共赢的可持续发展体系，倡导伦理型企业公民思维，营造凝聚进取、协同创新的组织伦理环境。研究为多案例研究范式和理论提炼提供重要参照。请思考与讨论组织伦理建设面临的任务、挑战和应对策略。

2）组织中的非伦理行为。在组织伦理的另一方面，相关研究十分关注组织中的非伦理行为，主要围绕三方面的问题：非伦理亲组织行为（或非伦理亲群体行为）、非伦理行为与腐败行为的演变以及治理非伦理行为的策略。组织中的"非伦理亲组织行为"是比较普遍的现象，以为只要对"小集体有益"就可以"任意妄为"，实际上是以"对组织有利"为借口，通过"合理化加工"作出各种对内对外的非伦理行为，或以小群体利益为由作出有损公司文化和长远形象的非伦理行为，结果养成"非伦理行为习惯"或"非伦理组织承诺"的恶果。乌姆帕勒斯等（Umphress，Bingham 和 Mitchell，2010）首先提出非伦理亲组织行为（UPB：unethical pro-organizational behavior）的概念，指员工为潜在的组织利益而进行的非伦理行为。UPB 主要包括两种要素：非伦理行为，以非法或道德上不可接受的方式行为；亲组织行为，并非规定要做或被领导要求做的有助于组织的行为。UPB 的最终结果往往"事与愿违"，导致有损个人且危害组织的后果。他们的研究提出了组织认同与积极互惠信念的交互作用对于 UPB 行为的显著效应，高组织认同与强积极互惠信念更容易导致非伦理亲组织行为，从而解释了 UPB 的心理机制。在中国情境中，王晓辰、应莺（2018）从社会认同理论的视角检验了变革型领导与非伦理亲组织行为之间关系及其预测效应，发现组织认同在变革型领导与 UPB 行为之间起部分中介作用。苗青等（2019）则以政府部门 60 个团队员工开展两次调研发现，反思性

道德关注在伦理型领导与 UPB 行为之间起到中介作用。研究进一步解读了非伦理亲组织行为的机理。在非伦理行为与组织腐败的关系方面,谭亚莉、廖建桥、李骥(2011)围绕管理者非伦理行为到组织腐败的衍变过程开展了系统的分析,从心理社会微观视角出发,探讨了从管理者非伦理行为到集体不道德,进一步导致组织腐败的衍变过程及内在机制,发现从诱发阶段、横向扩散阶段和纵向传递阶段表现出不同的心理与社会的动力机制,需要针对性制定相应的管理、控制和治理对策。

(3) 价值型领导与伦理领导力

管理心理学研究重视伦理型组织的建设和伦理领导力(ethical leadership)的开发。尤其是,越来越多的企业在转型升级、竞争挑战和成长发展过程中,面临多种"伦理困境",即员工、领导、企业、社会以及员工待遇、工作安排、客户关系、竞合业务、协作模式等多种关系的价值判断与利弊权衡中显现的难题。价值型领导行为和伦理领导力也成为变革发展中的重要特质与新的优势。

1) 价值型领导行为。价值型领导理论与实践是在有关企业组织如何通过员工、客户、投资者和社区的参与创造价值的领导研究基础上发展起来的。这里讲的"价值"是在公司与这些利益相关者的互动关系中得到体现的。价值型领导是指"领导者在高竞争环境中以组织的核心价值观和榜样行为激励员工、客户与其他利益相关者追求卓越、创造价值,实现持续增值与发展的领导行为"。价值型领导强调通过以下三项维度实现团队目标。

□ 人力资源与团队价值维度。这是适应或转换领导价值心智,通过对核心价值观的承诺,鼓励员工遵循价值观,尊重员工潜能,仁慈对待下属,奖励员工创造创新,充分发挥其与组织利益相一致的潜力。通过组合多样技能人员和强化担责敬业,培养团队,轮换岗位,参与决策,推进组织价值的体现和目标的实现。

□ 信任承诺与尝试价值维度。这是指聚焦现有资源与人脉价值,通过进一步明确目标,汇集资源,勤俭治企,强化信任。注重晋升诚信工,公平对待员工、客户和社区,构建高信任的增值关系。鼓励创新发现,管控发展性风险,内外合作,讲求实验效益,实现自主成长。在成功条件下关注差距,防范失误,开发新市场,实现新的价值。

□ 多元取胜与社区价值维度。这是指注重创设新的增值路径,通过发展客户关系、增强基业,构建多元业务能力,持续增强服务优势来赢得市场地位。激励员工主动参与社区活动,谦和解决社会难题以增强组织声誉,承担社会责任,整合社会资源,提升企业价值。

2) 伦理领导力的特征。早期研究把伦理行为简单看成员工的个人特质或素养,注重选拔任用个人素质好的干部和员工,对问题行为开展行为矫治和习惯改造;近期研究开始强调通过系统培养、多岗历练与教育重塑,改善工作伦理行为。但在实践中,个体行为的伦理界限相对清楚,而当伦理行为与群体利益或组织得失交织在一起时,伦理标准就比较模糊。因此,伦理领导力的开发和伦理型公司的建设成为新的战略任务。

全球化和组织竞争下公司的多种伦理困境和道德风险,带给组织管理与领导研究一系列新的课题。伦理领导力与道德型领导成为管理心理学和管理学的重要领域。其中,伦理领导行为的研究从"领导者应该如何做"之类的哲理性规范性的讨论,转向更为描述性和预测性的探索,特别是在伦理与领导的交集上作出新的研究与应用。由此,伦理领导力的概念与特征日益成为一个重要的领域。这里,不同于行为风格式的"伦理型领导",管理心理学把伦理领导力定义为"在群体与组织中通过个人行动与互动行为,带领群体合规敬业以实现组织目标的能力"。布朗和特纳维诺(Brown & Trevino,2006)在深度综述中特别强调了伦理领导力的双向沟通、正面强化和决策行为的重要作用。那么,伦理领导力包含哪些维度特征呢?我们在研究中提出伦理心智的经营规范性(合规力)、伦理沟通互动的研判性(研判力)和伦理原则的实践性(践行力),认为伦理领导力包括伦理心智合规力、伦理沟通研判力和伦理原则践行力三维能力特征。图 4.4 是伦理领导力模型。

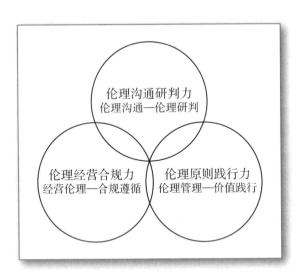

图 4.4　伦理领导力模型

□ 伦理经营合规力。这是伦理领导力的第一项能力特征维度,力求从心智模式上解决常见的"说归说、做归做"的"伦理两张皮"心态和非伦理亲组织思想。这项能力特征维度主要包括经营伦理和合规遵循两项要素。经营伦理要素包含适应经营活动所遵从的基本伦理道德(诚实守信、公平公正、敬业奉献等)和合规意识、价值理念等心智模式;合规遵循要素则是指奉行伦理操守,遵守工作规范,表现成熟的伦理认同与专业素养,遵循伦理规则与伦理操守,合规管理、合规经营,遵纪守法,表现职业精神和事业规范等能力。领导者不但需要适应与更新自身的伦理道德价值观,而且要帮助下属改变其伦理心智,并从"应该"转向"践行",增强伦理心智转变和合规行为。

□ 伦理沟通研判力。伦理领导力不只是自身明白,而是需要分享伦理规范,宣传与沟通伦理标准与伦理行为,并善于作出伦理研判。伦理沟通研判力是伦理领导力的第二项能力特征维度,主要包含伦理沟通和伦理研判要素。伦理沟通要素是指具有对符合或违背伦理标准的各方进行有效沟通,解读伦理规范,分享伦理认同感和承诺度的能力;伦理研判要素则是指善于针对各种涉及伦理问题的决策判断,作出合规判断和协调多种关系的能力。伦理沟通决断力是伦理领导力的核心要素,特别是在工作或管理行为中,表现出敏锐的伦理理解、伦理判断、伦理处置与伦理行为响应的能力。例如,在处理与客户的关系、对供应商的管理、人事管理、员工与企业关系、环保与社会责任等方面,都需要高度的伦理沟通决断能力。

□ 伦理原则践行力。伦理领导力是一种行动导向的能力。这是伦理领导力的第三项能力特征维度,主要包含伦理管理和价值践行两项要素。伦理管理要素是指对企业经营目标、工作伦理规范与道德程序的有效承诺、遵循与管理能力;价值践行要素则是指善于促进价值行动领先,推动伦理行动学习,引领伦理型公司建设和带领团队践行企业愿景战略与核心价值观的能力。

企业组织通过团队水平的"承上启下"式的调节,促进工作绩效与组织成长。在团队水平,伦理行为与组织公民行为方面有什么新的特点呢?请阅读"研究解读4.2 伦理领导力与团队层次的组织公民行为",思考这项研究的主要进展和对人与组织适配管理的理论价值与实践意义,进一步讨论您所在团队的组织公民行为状况和伦理领导力增进策略。

研究解读 4.2 伦理领导力与团队层次的组织公民行为

作者:莫申江(浙江大学)、王重鸣(浙江大学)、Kleio Akeivou(雷丁大学)、Simon A. Booth(雷丁大学)

发表刊物:*Journal of Management and Organization*,2012,18(6):818-832

研究内容：有关企业失败与伦理问题的讨论日益注重伦理领导力对于增强团队层次组织公民行为（TOCB，team-level organizational citizenship behavior）的作用。其中，团队层次组织公民行为是指在整个团队表现的组织公民行为并调节团队的社会互动与认同；伦理领导力则是指在群体或组织中形成与实施伦理原则的领导能力，表现出规范实施个人行动与互动关系并通过双向沟通、正面强化和参与决策，带动所有下属合规敬业。本研究围绕伦理领导力、组织伦理情境（伦理文化与公司伦理价值）和团队层次（TOCB）之间的关系开展研究，选取了中国的 57 家企业的 57 个职能团队，采集了团队水平的数据。运用伦理领导力量表、伦理文化量表、公司伦理价值量表和团队层组织公民行为量表，并以内部相关系数（ICC）检验团队层总加数据。研究结果表明，虽然伦理领导力与团队层次组织公民行为呈正相关，伦理情境特征正面调节了伦理领导力与团队层次组织公民行为之间的关系。在高伦理情境特征条件下，伦理领导力对于团队层次组织公民行为的效应更强。研究构建了伦理领导力与伦理情境对团队层次组织公民行为效应的交互模型，为多层次组织公民行为的研究与应用提供了重要的理论依据和方法示范。图 4.5 是本研究的交互效应模型。

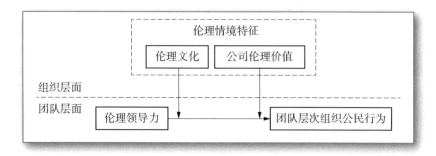

图 4.5　伦理领导力与伦理情境对团队层次组织公民行为关系的模型

图 4.5 表示出团队层次组织公民行为在伦理责任与伦理情境动力特征的交互影响。以利他助群、牺牲精神、组织认同、担责主动、公民道德、守护开发等六维组织公民行为作为参照，研究强调多层次公民行为的特征，包括团队价值、伦理领导、公民文化、服务精神、创新行为、情境动力等。

4.3　职业道德信任与责任管理

知识要点 4.3　道德信任与责任管理

职业道德：职业伦理意识、职业处事准则、职业行为规范、职业诚信敬业四维
工作信任：信任心智适应、合作目标协同、互利亲验行动、志同道合发展策略
创社责任：基于风险与创新行动的责任价值、责任动力与责任参与三维度结构
责任领导：责任价值担当力、责任动能转化力、责任行动参与力的三维度能力

4.3.1　职业道德与职业行为规范

（1）工作职业道德与诚信管理

1）职业道德的特征与管理。职业道德是职业资质的核心要素，也是职业精神与职业行为规范的基础。职业道德是人们在进行职业活动时需要遵循的职业意识、处事准则和行为规范的总和，是内在的、非强制性的。《新时代公民道德建设实施纲要》（2019）明确指出，要积极"推动践行以爱岗敬业、诚实守信、办事公道、热情服务、奉献社会为主要内容的职业道德，鼓励在工作中做一个好建设者"。我们日常所说的伦理道德、道德规范和做人原则都是职业道德的相关说法。职业道德还与特定的职业和专业紧密联系在一起，例如，工程师职业道德、会计师职业道德、审计师职业道德、经理人职业道德、人力资源专业职业道德、新闻专业职业道德、医护专业职业道德等。管理心理学把职业道德的内涵定义为四项维度要素：职业伦理意识、职业处事准则、职业行为规范、职业诚信敬业。

□ 职业伦理意识。这是职业道德的心智维度，是指对职业公认和遵循的伦理道德要素与标准的认同与思维。是在面临工作压力、自身利益、熟人关系、外来干扰、自我审查、雇主立场、政府监管等道德行为时的价值理念、责任尊重、信任信用、服务精神、利益权衡、道德行为调节、道德压力管理、道德风险防范和社会价值等都是伦理意识元素。还涉及对违背道德原则行为的判断与应对意识等。

□ 职业处事准则。这是职业道德的标准维度，是指职业所要求遵循的道德准则、伦理标准、职业法规、服务水平、决策判断、利益权衡、公私边界、专业套路等。通常包括从业过程中对公众和社会的负责要求，职业角色与职业义务之间、理论上

要求与实际处理方式之间的一致准则等,也表现在处事的价值标准:以人为本、安全可靠、关爱自然、公平正义、公正信用、客观保密等准则。

□ 职业行为规范。这是职业道德的规范维度,既是指工作与职业行为方面必须遵循的规则、常模、尽责、守则及榜样规范,也包括职业道德素养、知识、技能、能力、行为等胜任规范,处理道德挑战困境、坚守职业道德和职业发展的行为规范等。特别是在与同事、主管、高管、客户、供应商、社区、政府与监管机构等打交道和在网络安全、数字化平台作业等方面表现的职业行为规范。

□ 职业诚信敬业。这是职业道德的行为维度,是指工作与职业实践中表现的诚信行为与敬业行为,即诚实、守信、可靠、公正、投入、助人、负责、奉献等行为表现。诚信敬业作为一种行为选择的道德评价和知行合一因素,充分体现在日常工作和行动之中。

2) 道德型领导的特征。在增强组织伦理的目标下,日益注重领导者道德行为,应运而生的是道德智力(MQ)与道德型领导理论的发展。我们把道德型领导定义为"运用品德素质、品德决策与资源配置的原则促进团队实现组织目标、核心价值观和行动计划的胜任特征"。在众多领导胜任特征中,道德型领导强调三项胜任要素:诚信、责任和关爱。这些要素支撑了道德型领导的基本行为。

□ 诚信胜任特征。主要包含遵循价值,讲求真实,坚持原则和保持承诺等。许多案例表明,行动与价值不一致会带来巨大的代价。同时,还要能够讲真话,尤其是能够真实报告工作绩效。我们的研究证实,坚持立场、保持承诺、真实沟通"低差绩效"是道德型领导的重要胜任标准。

□ 责任胜任特征。主要包括担责敬业、差错问责和负责服务等。道德型领导善于对自己的行为选择担责问责,并认真负责为组织和员工服务。

□ 关爱胜任特征。主要包含组织内主动关心他人,积极配置保护和鼓励群体互动。关爱也包含宽容他人和宽容组织等行为表现。

上述要素构成了道德型领导特征,对于伦理道德型组织的构建与发展具有重要意义,也成为有关领导行为理论的新内容。

3) 诚信管理的特征。诚信管理是职业道德管理的重要内容。所以,组织诚信研究与实践中的诚信管理领域有相当的契合,反映出诚信研究对组织水平问题的重视。诚信管理是成功经营和可持续发展的关键元素,不仅包含在工作中所表现出来的职业素养和职业精神,而且涉及对工作目标、任务规范、日常行为的承诺度,以及对各种工作与群体活动的心理准备等。心理学和相关学科的前期研究把诚信看成一种个人特质或道德行为。陈丽君、王重鸣(2002)的研究回顾了中西方有关诚信在自律与治律上的差异(见第 5 章组织文化的"研究解读 5.1")。管理心理学把诚信度(integrity)定义为"个体正直和诚实的特质或品行",对"诚信"概念强调"诚",以诚实作为诚信构思中其他要素的基础。思路上更强调诚信概念的相对性和关系性,认为诚信或诚信缺失是人与情境特征交互影响所导致,且组织因素更为重要。例如,组织内机会、与非伦理行为关联的强化与惩罚机制、程序公平知觉、情景压力和模范作用等。我们在研究中界定了领导干部品德评价的四个维度特征:信念价值、诚信廉洁、事业责任、伦理决断;而在诚信度的分析中,通常认为诚信度包含四个维度:正直、一致(可信)、认同、诚实,注重个体的德行;而把组织诚信度解读为包含认同、真实、一致、承责四项特征,注重组织的品性。诚信管理则是指在管理实践中对干部与员工的诚信行为加以有意识的开发与管理,采取具体措施,强调诚信认知和制度稽查的双重作用。

在诚信管理方面,比较强调知行合一、建立制度和激励评价。诚信管理的一般程序包括以下环节:

□ 建立与执行企业诚信准则。以日常工作活动为基础,建立、开发出企业诚信行为期望要求,制定成书面的各层次人员的行为操守手册并加以切实执行。

□ 设计与实施员工诚信培训。让全体员工充分知晓在工作过程中,特别是可能有利益冲突的工作情景中,企业对其诚信行为期望要求与相关规则,并培养自己的诚信行为习惯与模式。

□ 建立与实施诚信行为稽查。对日常工作表现进行考核、监督和奖惩。完整的诚信管理包括制度层面的其他手段,如在招聘和选拔程序中确保选择具有更好诚信品质的人选并设立公司伦理执行官等。

□ 实行定期的工作轮换制度。明确不同层次管理者的授权,实行管理者的权利分离。比较有效的实践做法是采用定期工作轮换制度,既可以熟悉和协调各种岗位的行为要求,也可以预防和调节出现长期任职的"习惯性偏差"。

□ 建立与实行诚信管理体系。将企业可能的冲突利益情景登记注册,树立员工典型并配合奖惩条例,建立配合诚信行为考核的薪酬奖励系统等。

4) 工作与组织中的信任。全球化业务、数字化转型、协同式创新强化了工作与组织中的信任机制,信任成为管理心理学的关键概念和研究选题。

□ 信任的概念。根据心理学的原理,信任定义为"相信和期待接受他人意向或行动及其效应而不论是否有能力监测或控制对方的心理状态"。在管理情景中,信任是对合作方良好愿望以及相关的道德与精神理解陈述的信心,即"信任是交易双方相互间确信另一方不会利用自己的弱点来获利的自信心"。马可一、王重鸣(2004)在《南开商业评论》发表"中国创业情景中的信任"一文,对信任概念的中外差异和创业情景下的信任内涵做了详尽的文献回顾与实际案例分析，提出创业背景下的信任包含不确定性、脆弱性和控制性三种成分。高不确定性易伤害性大，低控制性则信任度更高、获取信任的价值更大。在中国传统中，"仁、义、理、智、信"五常之一便是信。信任与信用、信誉、信义以及忠诚、关系等紧密联系在一起，因而具有差序性。在国外研究文献中，信任则是基于对方能力的信心。

□ 信任度与信任的机制。在相关的心理学研究中，主要区分基于认知的信任和基于情感的信任。前者把信任建立在可信度的证据、认识、能力之上，后者则把信任与相互关心、照应的情绪联结和以仁慈为基础。管理心理学认为信任度是多种因素共同作用的结果，注重形成信任的四方面策略：信任心智适应策略注重基于合作共赢的心智模式转换（诚实互信、合作认同、互助双赢等）；合作目标协同策略优化合作目的目标（合作目的性、目标一致性、信任度升级等）；互利亲验行动策略重视增强互利人际经历（互动体验、交往感受、知行合一等）；志同道合发展策略强调互信协力发展（互信志同、相容相投、协力发展等）而实现增强信任度。可以表示为：

信任度＝f（信任心智适应，合作目标协同，互利亲验行动，志同道合发展）

□ 组织中的信任。管理心理学更加重视组织中的信任，即员工与主管、员工与组织、群体与群体、本单位与外单位、企业与社会、企业与客户等多向信任。我们把组织信任定义为"组织中根据其文化价值观、沟通行为和关系交易方面经历，愿意相信、接受、期待个人、群体或其他组织的能力、诚实、关切、可靠性并认同共同的目标、规范和价值的过程"。值得指出的是，信任是一个双向涵义。组织信任则是一个多向概念，既包含组织或群体对员工的信任，也包含员工对群体或组织的信任以及组织内外的多向信任。组织信任是在个性、价值观、能力、合作、管理、决策、互动、交往、工作、共事、领导、文化、架构、变革、转型、技术、商务、社会等一系列因素相互作用下形成的。在数字经济与数字化转型场景下，数字化互动、企业上云、区块链平台、数字沟通、在线学习与数字运营等，都需要强有力的信任行为与信任机制加以有效支撑。

管理心理学有关信任行为的研究与应用采用了多元、多层次、多阶段的思路与方法。如何增强工作与组织中的信任呢？相关研究提出七项"基本功"：

  ▫ 发挥才能干好工作：持续努力，展示效能，践行义务。
  ▫ 建立行为可预测性：一致表现，行为可信，实现预计。
  ▫ 分享与授权职责度：分享权限，授权监管，共担责任。
  ▫ 开放透明准确沟通：开放行事，诚信作为，准确沟通。

- 关心尊重乐于助人：尊重维护，关心关照，乐于助人。
- 管理相互期待关切：明晰期待，互通关切，管控差异。
- 增强心理安全文化：容忍差异，鼓励创新，安全文化。

在组织中，信任问题无处不在，信任是工作、生活、个人和组织取得成功的关键要素。如果工作中出现了信任问题，需要首先检查自身的言行是否得体，其次是反思对待他人或客户是否具有同理心，再者回顾工作流程或者管理方式上是否合理。在此基础上，通过走访听取员工意见、倾听客户心声、完善信任文化、启动合作课程和优化考评指标与奖励制度，不断提升组织的信任"功底"。

（2）伦理型公司的特征与建设

随着变革竞争和创新转型日趋激烈，优化组织理论会显著增强核心竞争优势。相关研究表明，建设伦理型公司（特别是伦理文化建设）已经成为大多数公司的重要战略任务。伦理型公司在员工满意度、遵纪守法经营、组织承诺度、多业务多项目合作、变革转型成效、吸引高潜力人才、保健福利效益、员工保留度等方面都比一般企业有显著的提升。

1) 伦理型公司的特征。那么，伦理型公司在哪些方面与众不同呢？管理心理学提出六项特征：

□ 伦理工作标准：干部员工遵循和问责一致的伦理标准，建立基于核心价值和行为准则的伦理型工作标准机制。

□ 伦理学习教育：公司制定持续改进式的伦理学习计划，形成强化道德行动学习、价值冲突解析和工作与生涯导向的伦理学习教育机制。

□ 伦理关怀服务：员工都得到真正的关怀、尊重和赋能，形成道德人文关怀、亲情尊重文化和伦理赋能服务的伦理关怀管理机制。

□ 伦理自律反馈：在经营管理中遵循明确伦理标准和自律原则，建立内部报告制度，鼓励员工报告各自的伦理关切，不断完善伦理自律反馈机制。

□ 伦理纪检问责：加强伦理行为问责与伦理困境处理的检查督促；建立通常由人力资源部门和法务部门负责的伦理纪律与处理条例的伦理纪检问责机制。

□ 伦理考核评价：企业开展伦理标准培训、纪检和评价工作。把伦理行为评估作为绩效考核评价体系的重要内容，建立包括伦理管理的工作标准、学习教育、关怀服务、自律反馈、纪检问责以及经营管理、伦理解困、伦理奖惩等方面效能的伦理考核评价机制。

2) 伦理型公司建设的六项机制。根据伦理型公司的六项特征，管理心理学提出伦理型公司建设的六项机制，分别是工作标准机制（创建伦理型公司行为标准与

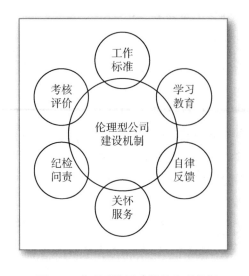

图 4.6　伦理型公司建设的六项机制

实施优化的机制)、学习教育机制(增强以伦理赋能和伦理行动学习为主题的机制)、自律反馈机制(建立伦理行为自律体系与行为反馈的机制)、关怀服务机制(实行伦理关怀与辅导服务的机制)、纪检问责机制(制定面向工作程序、客户服务和内外关系伦理规范体系的机制)和考核评价机制(启动包含工作标准、学习教育、关怀服务的伦理评价机制)等。图 4.6 是伦理型公司建设的六项机制图解。

量表工具 4.1　伦理行为指标量表

◆ 伦理价值规范、伦理自律要求、伦理胜任能力、伦理沟通报告

◆ 员工权益尊重、员工参与决策、管理决策公平、伦理诚信透明

◆ 问责处罚到位、行为奖励认可、主管信任关系、职业道德合规

◆ 伦理文化宣传、伦理员工关怀、伦理人资管理、伦理经营行为

◆ 伦理培训赋能、管理规范有序、伦理制度健全、伦理效能评估

我们在管理心理学相关研究与应用中采用 20 题伦理行为评价表,取得较好的效果,见量表工具 4.1,可供读者参考。其中,伦理胜任能力是伦理型能力建设的"重头戏",也成为管理心理学的新热点。把伦理实践作为重要的工作胜任力,也作为创业创新文化力的核心内容(王重鸣,2020)。

4.3.2　创业社会责任与责任管理

（1）创业社会责任与责任报告

1) 创业社会责任。承担社会责任已经成为所有企业组织的核心要务之一,各类企业都在创新驱动和竞争挑战下向创业创新型公司转型。原有基于大型企业的公司社会责任概念(CSR：corporate social responsibility)在进入新世纪以后日显

不足,难以解读和指导创业型企业特别是中小企业的责任模式与策略选择。为此,王重鸣和赵雁海(2018)在以往研究、现实挑战和发展趋势的分析基础上,提出了创业社会责任(ESR: entrepreneurial social responsibility)的新概念和理论模型,主要包括责任价值、责任动力和责任参与三项维度特征。图 4.7 表示了创业社会责任的三维图解。

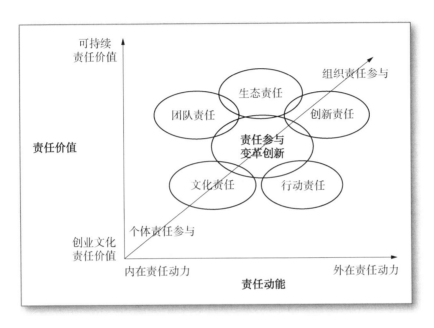

图 4.7　创业社会责任(ESR)三维结构

可以看到,我们在以往研究、理论进展和中国实践的基础上,提出了创业社会责任(或创业型社会责任)的三维空间框架:以责任价值(创业文化责任价值—可持续责任价值)、责任动能(内在责任动力—外在责任动力)和责任参与(个体责任参与—组织责任参与)为理论框架。以变革创新为核心,集聚了生态责任、文化责任、团队责任、创新责任和行动责任各项要素,形成创业社会责任的综合体系。

　　□ 责任价值维度。也称为责任心智,指以可持续价值作为责任价值的核心内容,通过创业文化建设,提升社会责任的价值内涵,包括责任心智、责任理念、责任角色、责任规范、责任激情等价值行为模式,整体增强员工、客户、组织的负责任价值理念等。

　　□ 责任动能维度。也称责任动能,指识别、策划、重组内外动力要素,主动激发高阶责任动力因素,形成以变革创新为主线的责任动力,包含责任沟通、责任领导、责任文化、责任团队与责任组织特征等多层次动能因素的责任工作与合规经营体系。

□ 责任参与维度。也称责任行动,指增强个人和组织层面的负责任参与行动,表现在多层次参与各种责任管理与责任举措,注重负责工作、促进责任创业、实施责任生产、鼓励责任创新、推行责任销售、承担责任安全等行动。建立开放共享的担责、问责和协责(协同责任)的责任参与制度并发布创业社会责任报告。

创业社会责任理论已经引起了各方的关注与认同。王重鸣于2018年6月在加拿大蒙特利尔召开的"第28届国际应用心理学大会"做特邀主旨报告:基于创业社会责任与创业能力的变革模型,引起了学术界和企业界的高度重视并启动了创业社会责任国际合作研究。

2)社会责任的指标与策略。践行社会责任正在成为各类企业组织的重要战略,从前期主要以公益性的社会责任活动表现企业形象和参与外部事务,转向注重基于创业社会责任的变革创新活动。同时,许多企业成立专门班子撰写与宣讲企业社会责任年度报告,有利于使社会责任的实践与企业战略紧密结合,并显著促进社会责任实践与企业各项工作紧密联系在一起,使得员工、干部和全体利益相关者对社会责任功能和各自的参与责任有明确的心理意识和准备,形成类似于责任人资、责任生产、责任服务、责任供应链等内外结合的综合优势,大大增强了工作成效和企业的可持续发展。研究认为,社会责任的战略显著改变了企业的竞争优势。例如,常规社会捐赠并不关注捐出去的钱如何发挥效益,采用创业社会责任的新思路,捐赠不只是展示公益形象,更要紧的是如何使捐赠对企业成长和对社会影响力着实创造了新的价值。从战略的视角,社会责任不仅在于重塑企业的价值链,而且使得员工成长和企业发展的生态圈得到新的提升。根据中国工业经济联合会发布的《中国工业企业及工业协会社会责任指南》(第二版)的要求,社会责任实践从两方面建立指标:社会责任体系包括组织管理、制度建设、能力建设、利益相关方沟通与参与、组织实施与运行程序和监督考核等方面;主要社会责任包括组织治理、公平运营、环保节约、安全生产、客户权益、劳动关系和社区参与等指标。

(2)责任领导力与责任型组织

1)责任领导力的特征与要素。在有关责任心理特征、创业社会责任和领导力的概念解读基础上,管理心理学把责任领导力定义为"以担责奉献心智模式,通过价值塑造、动能激发和行动转换,带领群体共同实现社会责任与持续成长的能力"。以元领导力模型为框架,责任领导力包括责任价值担当力、责任动能转化力和责任行动参与力要素三维能力特征。图4.8是责任领导力模型。

□ 责任价值担当力。这是责任领导力的第一项能力特征维度,主要包括责任心智与负责担当两项要素。责任心智要素包含责任角色、责任规则、责任关系三项经典元素和责任价值、责任动能、责任行动三项新元素,形成担责奉献的心智模式;

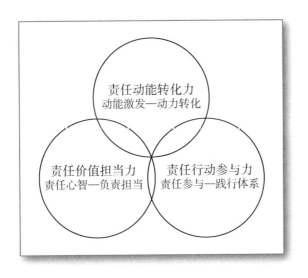

图 4.8　责任领导力模型

负责担当要素注重责任定位、责任重塑、责任担当、警觉风险、问责尽责、责任协调等责任行为,表现出引领团队成员强化责任导向,提升价值理念和负责担当的能力。

□ 责任动能转化力。这是责任领导力的第二项能力特征维度,主要包括动能激发与动力转化两项要素。动能激发要素是指通过责任嵌入工作任务、责任提升管理实践和责任增强社会服务而识别、产生和激发新动能的能力;动力转化要素则是指具有把责任互动、责任协同、责任整合、责任管理、合规经营、责任创业和承担社会责任等组织责任动力转化与迁移到各项工作中去的能力,以此涌现、汇集和转化较高阶责任动力因素,实现组织的可续发展。

□ 责任行动参与力。这是责任领导力的第三项能力特征,主要包括责任参与和践行体系两项要素。责任参与要素是指善于策划、鼓励、推动各级人员多层次参与责任管理各项活动的能力;践行体系要素是指具有界定责任关系,制定责任体系,践行责任管理和引领责任团队的能力。

近年来,随着全球商务和数字经济的发展,全球责任领导实践受到高度重视,责任领导力已经成为各行各业企业经营与创新发展方面的重要领导能力之一,也是各类领导力开发计划中不可缺少的内容。在责任领导力的元素中,更加强化了高管班子责任、责任愿景与战略重塑、跨文化责任沟通、责任问责体系、全球责任领导模式、责任赋能开发、跨界责任参与和责任伦理行动等内涵与实践。责任领导力成为全球化、数字化和变革创新发展的成功要素。

2) 责任管理(或负责任的管理)是基于责任理念与责任实践的管理模式。责任型管理的重要指导是联合国发布的责任教育原则 PRME（The Principles for Responsible Management Education），主要包括了六项原则：以可续发展能力为目的，体现全球社会责任价值观，责任领导力方法，开展责任管理研究，为实现社会责任结为伙伴和企学政客户媒体社区对话。责任型管理定义为"以可续发展、价值责任和道德伦理为主线的管理实践"。管理心理学把责任管理定义为"以责任文化、合规经营和担责敬业为主线的管理实践"。在工作实践中，责任文化、合规经营与担责敬业三大要素相互融合形成责任管理整体，并贯穿在管理的目标、资源、过程和绩效的各个环节。我们在第 2 章讨论过责任的特征与责任管理的心理学机制。在创业社会责任的三维要素以及责任领导力的维度要素的基础上，我们提出了责任管理模型。

如图 4.9 所示，在五元价值心智（CVM）、三维创社责任（ESR）和双链综合激励（DCM）（参阅第 6 章）的基础上，通过伦理领导力与责任领导力而加强价值心智、责任框架和双链激励，全面增强责任文化管理、合规经营管理和担责敬业管理，从而提升责任管理与文化力管理水平。

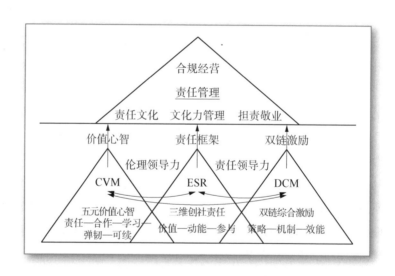

图 4.9　责任管理模型

这里，我们把责任文化管理（价值心智）、合规经营管理（创社责任）和担责敬业管理（双链激励）作为责任管理的三项特征。具体涵义如下：

□ 责任文化管理。责任管理注重建设以责任、合作、学习、弹韧、可续为五元价值心智（CVM：core value mindset）为主题的责任文化，要求在管理中形成担责敬业、人人有责，社会责任、处处彰显的组织氛围。责任文化建设鼓励提升责任价值和职业义务感,并在管理实践中得到体现和贯彻。

□ 合规经营管理。责任管理强调以创业社会责任为导向的合规经营并激发可续动能,通过系统的责任设计和策划,在组织中启动以责任规则为策略的人财物管理和变革创新实践。合规经营管理并非只顾常规而不做创新,而是以变革创新的视角规范启动负责任的项目、业务和运营。

□ 担责敬业管理。责任管理运用双链激励鼓励干部员工的责任参与和责任决策与公司治理,通过行动学习与发展,在责任文化建设和合规经营中担责敬业,改善责任关系与协同步伐。双链激励推动文化力管理,促进有责任意识、责任担当、责任能力和责任协同的敬业模式和可持续发展的责任型组织。

责任管理看重基于管理能力、内在动力和成长实力而形成的社会影响力。其中,人才队伍的能力开发是责任管理的第一要务,组织运营的动能激发是责任管理的关键策略,创新发展的实力集聚是责任管理的核心战略。许多企业都把责任能力建设作为实现责任绩效的一项战略任务。通常包括专项培训、流程优化、文化提升等措施,不少企业专门设立"责任管理经理"职位等,并给各级主管和所有职位都设立了责任型职责,贯彻在各项工作之中,以便更全面地增强责任管理的效能。

有关创业社会责任的理论与策略行为是管理心理学和创业学的重要新进展,请阅读"研究解读4.3 创业社会责任的理论与策略",王重鸣与赵雁海(2018)对此作出了细致的分析与理论建设。请思考和讨论如何结合企业组织愿景战略与管理特点,践行与增强创业社会责任,推进企业可续管理与持续发展。

研究解读4.3 创业社会责任的理论与策略

作者:王重鸣(浙江大学)、赵雁海(兰州大学)

出版物:《SAGE 小企业与创业研究全书》第22章,伦敦:SAGE 出版社,2018

Wang, Z. M. & Zhao, Y. H. 2018, Entrepreneurial social responsibility, Chapter 22, *The SAGE Handbook of Small Business and Entrepreneurship*, London:SAGE Publishers

研究内容:创业社会责任(ESR:entrepreneurial social responsibility)代表着进入新世纪以来创业理论与社会创新实践的重要进展。随着全球商务日趋创业型、互联化和创新性,责任型组织应运而生。原先主要在大企业流行的外部导向的公司社会责任（CSR：corporate social responsibility）实践加快转向中小企业甚至小微企业并成为新的成长策略。但是，现有的"商务＋CSR"加法模式难以适应创业型小企业的社会责任实践动能，需要提出一种"商务×CSR"乘法模式或者叫"创业社会责任模式"。特别是创业者的伦理行为、社会创业实践和可持续创业，都成为新模式面临的挑战。我们在以往研究与实践尝试的基础上，着手建构面向小企业和创业型公司的整合概念即创业社会责任。责任与社会责任的思想在中国古代商务思维与实践以及早期国外管理发展中就已经比较流行。中国古代的儒、佛、道家都注重仁慈、捐赠、人性和社会规范。商务实践中寻求利义和谐、义为利本和见利思义，强调公平、诚信、勤奋、仗义。近期，群体责任和领导责任制促进了社会责任成为组织层面的新概念。从社会创业与社会创新兴起到可持续创业与国际创业的实践，社会责任的内涵不断深化和得到拓展。公司社会责任CSR的概念逐渐难以涵盖经理人和企业家、大公司和小企业的不同特点与创业创新动力机制。

我们的研究发现，在四个方面，创业型企业社会责任实践需要新的理论解释和实践支撑：

（1）小企业和创业者并非只是规模小，而是对社会责任与可持续发展的承诺模式以及文化、资源、能力开发的策略不同；

（2）创业者在企业发展轨道、事业志向、决策压力等方面具有多重伦理标准和责任模式，注重较长期的发展潜能；

（3）社会责任和商业伦理对于中小企业来说更加嵌入创业的变革与创新实践并对各自的事业发挥更大的影响力；

（4）创业型企业的成功在更大程度上依赖于在当地社区的联系与声誉，因而更加注重可持续发展及其对于社区的价值。

在此基础上，我们创新性地提出了创业社会责任的三项策略框架：

（1）责任价值策略：以创业责任价值到可持续责任价值的价值策略维。主张从当前任务目标责任实现拓展到可持续责任担当。例如，通过责任文化建设，共享责任理念，明晰责任价值，转换责任心智，促进责任治理等做法。

（2）责任动能策略：以内部变革动力到外部变革动力的动能策略维。

注重推动与激发内外结合的变革与创新动力因素,或称为高阶责任动力特征。例如,通过强化责任互动沟通、责任决策选择、责任创新绩效等,形成新的责任活力和市场竞争优势。

(3)责任参与策略:以个体投入参与到组织系统参与的参与策略维。强调把责任行为从个体努力提升到团队主动和组织行动。例如,通过责任能力开发和责任参与计划等举措,使得多层责任参与成为"新常态"。

创业社会责任是一种变革创新行动。我们系统界定了创业社会责任的三维模型:责任价值、责任动能和责任参与。创业社会责任的创新性是强调社会责任的嵌入性和可续理念与可续行动的整合性,在应用中从创业小企业拓展到各类企业,得到了国际学术界与各类企业的普遍认可与积极应用。

第4章 思考题

1. "大五"个性理论的基本维度是什么?中国人个性有哪些具体特征?

2. 工作价值观有何基本特点?伦理领导力有哪些关键能力维度特征?

3. 组织伦理包含哪些要素?请举例说明和讨论如何建设伦理型公司?

4. 在工作中如何采取综合措施提升职业道德与诚信管理行为?

5. 创业社会责任有何主要维度特征?如何提升创业社会责任?

6. 什么是责任领导力?责任型管理有哪些主要特点与新策略?

第 5 章 组织文化与文化建设

5.1 组织文化理论与文化融合

知识要点 5.1 组织文化与融合策略

文化力的管理：责任管理为主线，伦理与责任领导力为双翼的融合性文化管理
文化智力维度：元认知智力、认知智力、动力智力、行为智力四维结构与策略
变革文化机制：创新动力、责任担当、前瞻警觉、组织协同、赋能适应五机制
组织文化融合：创业社会责任、能力适配成长、心理获得角色、变革赋能行动

5.1.1 文化力管理与文化的策略

（1）文化与组织文化基本概念

1）文化的概念与要素。组织动能的关键因素之一是文化，在价值、伦理、责任、激励的基础上，组织文化建设成为企业持续成长的核心策略。早在中国古代，就有人文、文明、化成之说。文化一词涉及人的活动规范及其传承、传播与认同。文化首次出现在 1430 年的牛津字典时，指基于拉丁文化的"土壤栽培"。到中世纪晚期，文化开始涉及道德、心智与修养。进入 19 世纪，文化与心态仪态的培育以及社会行为与理念紧密联系在一起。人类学家第一次把文化定义为"包含社会成员所拥有的知识、信念、艺术、道德、习惯及其他能力的复合体"。时至今日，文化成为人们生活、工作与经营管理的共同价值、胜任特征和文化智力。

中国传统文化源远流长，五千年文化积累了世界文化的精华，对于现代文化有着广泛而深刻的影响。其中，对于现代商务、管理与创业影响最大的当数儒家文化、道家文化和法家文化。儒家文化强调学习、教育和自我管理的重要性，高度重视道德品质尤其是社会规范，注重官衔等第、家庭为重、中庸之道、关系圈子、名分等级与家族式文化价值观。道家文化关注自我修炼和历练内功，注重阴阳相依和柔弱因循，强调天地万物由道而生。而法家文化则强调标准和规则、计划与管控、责任和权威，注重工具理性。到了"五四爱国运动"前后，"新文化运动"把民主与科

学作为我国思想界的新血液。发展到今天,我们推崇的是社会主义核心价值观的培育和践行,极大地更新了我国的文化实力。

在管理心理学中,文化是指"群体通过学习而获得的共享基本假设的模式,包含共同认同的理念、价值观和行为规范"。文化是人们在生存、活动与发展过程中,逐步形成并影响和指导行为的价值取向和指导原则的集合体。文化是抽象的,看不见、摸不着的,但是却牢牢影响和驾驭着每个人的行为;文化是深刻的,深深扎根在生活与工作的架构、模式、故事、仪式等多种行为或习惯之中;文化是在工作和生活中逐步习得和体会得到的。

2) 组织文化的概念。什么是组织文化? 管理心理学把组织文化定义为"组织成员共享的一组愿景理念、管理行为假设、核心价值观、行为准则和行为规范的体系"。管理理念与愿景属于深层次的文化成分,以核心价值观为导向,直接影响与指导工作行为;而行为模式则充分体现理念与价值观。组织文化具有多种层次,不但包含深层次的价值观、行为规范等内隐的成分,还在很大程度上表现在组织的使命愿景、组织架构、常用语言、流传故事、各种仪式与标记、形象设计和物理环境等许多外显的方面。组织文化就如图 5.1 所示的"冰山模型","水面"之下的是组织文化的内隐要素,群体共享的管理理念、价值取向和行为规范;"水面"之上的是组织文化的外在表现,包括组织架构、活动仪式和流传故事等。组织文化与企业文化或公司文化密切相关。我们在研究中,把企业文化看成组织文化的一种广义的类型,把组织文化的内涵作为企业文化的核心成分。企业文化是一个比组织文化更为广泛、实务性的概念。此外,组织文化还在很大程度上受到国别文化、民族文化、区域文化乃至行业文化的影响,并受制约于组织的体制、所有制特征、经历积累和发展条件。

与组织文化密切相关的是组织氛围的概念。这方面最经典的是勒温的群体动力学研究与理论,认为群体氛围是一种心理氛围,随环境与场景变化而成为人们心态、动机与行为的决定因素。从概念上讲,群体氛围与组织氛围是指成员有关团队或组织实践、工作程序、奖励所创造氛围的知觉。组织水平形成组织氛围;组织文化则更多是指成员共享的理念、价值观与行为规范。

组织文化建设中,我们重视发挥其积极功能并通过实证研究提供新型组织文化建设的原理与工具。组织文化的功能主要包括以下几个方面:

☐ 促进组织成员形成组织认同感。强有力的组织文化是一种黏合剂,可以显著促进组织成员的认同感与凝聚力,聚合人心,协同行为,成为全体成员从情感上认同的价值规范。

☐ 增强组织成员组织使命承诺感。优秀的组织文化可以使组织使命得到明

图 5.1　组织文化的"冰山模型"

确的表达,融合到组织管理的各类制度、工作任务和环境中去,促使组织成员形成强烈的使命感与承诺感,从而支撑进行中的组织变革与转型。

□ 强化团队工作目标与行为准则。组织文化是一种深层次的管理控制和影响力,可以指导和帮助界定符合公司组织期望的长期、中期和短期工作目标,明确和鼓励正面的行为规范和准则。

□ 明晰团队协同和合作责任行为。组织文化既是价值导向,更是责任机制。正如我们在创业五力模型中特别强化的创业文化力维度所表明的,创业价值能力与创业责任能力是文化力的两项支柱。

3) 组织文化研究的新发展。关于组织文化的研究,施耐德等系统回顾了近年来取得的许多新进展(Schneider, Ehrhart & Macey, 2013),主要表现在三个方面:一是组织文化的分析水平从个体层次提升到组织层次,改变以往仅采用个体问卷调研员工主管感受的局限性,更多采用多层次测量与个体数据集成等方法,作出组织水平分析,并结合组织文化举措的行为评价,构建组织文化(企业文化)模型与建设策略。二是组织文化的研究从宽泛组织文化构思转向焦点组织文化建构,比较活跃的是有关服务文化、安全文化和创业文化的聚焦式研究,显著深化了我们对于组织文化内涵及其效能的理解和应用。徐璐、王重鸣(2013)围绕组织服务导向,采用服务导向指数(SOI: service orientation index),选取了 343 名信息服务及咨询服务业员工开展实证研究,建构与验证了包含需求匹配、服务创新和品质构建三维结构的组织服务导向模型,为企业服务文化建设,特别是现代服务业组织氛围研究,提供了新的理论框架。三是组织文化的机理成为重点研究领域,加强了组织文化研究的整合性和策略性,并通过建立多层模型而推动组织文化与组织氛围的整合研究。正如麻省理工大学斯隆管理学院的埃德加·施恩(Edgar Schein, 2010)所指出的,组织文化机理研究特别强调"文化嵌入机制"(culture-embedding mechanisms),把领导者的言行、宣示与领导行为表现价值观作为一级嵌入机制,而把强化管理体系与流程作为二级嵌入机制,主要表现在领导力嵌入和组织设计嵌入两大领域,展示出全新的研究与应用方向。在本书有关文化力管理的研究中,我们突出了组织文化的责任动力与伦理效应等机理分析,加强了组织设计与高阶组织动能的整合机制,为组织文化研究与建设提供了新的理论与方法,成为文化力管理的重要内容。

(2)文化力管理的特征与策略

1)什么是文化力管理。在管理心理学的五力管理框架中,文化力管理是关键的核心能力模块。管理心理学把文化力管理定义为"以组织文化理论为基础,运用价值伦理和责任理念形成企业文化优势而实现愿景战略目标的综合管理过程"。文化力管理以责任管理为主线,以责任领导力和伦理领导力为双翼开展融合性文化管理,增强基于责任与伦理的"文化嵌入机制",以实现企业的愿景战略目标。

2)责任管理与发展。责任管理是指工作中承担社会责任,担当变革与创新的任务职责,开展社会型公益任务和责任型文化建设的过程,主要包括社会责任管理、绿色商务管理和多元效益管理三要素。

□ 社会责任管理。关于责任、社会责任和责任型管理,在第2、3章讨论过基本心理机制。我们把价值认同、规则处方和关系事件作为责任型管理的三项要素;社会责任和创业社会责任的概念与管理主要包括责任价值、责任动力和责任参与等能力子要素,在这里就不再赘述。进入新世纪以来,责任担当和社会价值在工作中的重要性显著增大。社会责任管理强调以转换与加强从内向外的变革责任与创新责任行为以及上下结合促进的队伍成长的责任和各类管理的责任元素。建设责任型组织成为重要任务之一。

□ 绿色商务管理。这是指在组织文化上鼓励绿色商务策略,注重生态效益,并在工作与管理实践中,强化绿色生态理念,提升社会价值,运用环保节能、绿色运营、变革适应、资源重组、价值再造、生态成长等模式改进、优化、创新和颠覆原有商务活动,启动绿色商务文化计划,鼓励绿色心智转换和绿色环保文化实践的激励与考核体系,形成节能环保、绿色工作和生态拓展的新风尚,经营和获取生态性的效益。

□ 多元效益管理。加强基于可持续发展理念的多元效益管理是文化力管理的关键策略。多元效益是面向企业的利益相关者(客户、股东、员工、社会、国家等)经济效益、社会效益、治理效益、环境效益和发展效益;持续发展不只是环保视角与社会理念,还包括在工作与管理中的精益思维、保持后劲、消除浪费、集聚资源、形成拉力和高质发展。与此有关的文化力要素还包括效益心智、弹韧应对、心理安全、文化智力等。这些能力要素在管理心理学中也成为重要的领域,我们将在随后的章节中分别讲述与讨论。

3) 价值管理的要素。价值管理是一种以组织层面的、全体成员内生认同的价值取向与遵循,开展组织管理实践的过程,主要包括价值伦理管理、合规运营管理和文化契合管理三要素。

□ 价值伦理管理。这是指主导性的工作价值导向,包含战略成长价值和愿景包容价值等子要素。战略成长价值是指公司战略与员工成长兼顾的伦理价值导向。针对经营环境、业务产业、竞争定位、政策法规、创新驱动、转型升级、互联网+等因素,通过识别组织竞争与经营管理过程中所面临的主要挑战与机会、优势与劣势、专业与成长以及可持续发展的多种路径,形成企业发展的战略伦理价值导向;同时,通过注重员工利益和历练成长,强化员工发展的成长伦理价值要素。愿景包容价值是指在组织管理活动中所遵循的愿景导向和文化包容开放。在企业愿景逐步建立、发展与升级和员工成长逐渐起步、历练、发展的双过程中愿景包容价值观得到积累、沉淀和转型。

□ 合规运营管理。工作规范包含伦理规范、任务规范、绩效规范等工作行为规范等。合规运营管理表现为工作中遵循伦理规范、合规行为模式以及在工作岗位、业务商务、社会关系、技术模式、团队管理、工作纪律等多方面践行各种行事规范和纪律要求等。

□ 文化契合管理。文化管理的重要任务是加强员工与公司文化的契合度,称为文化契合管理。公司文化契合度包含两个成分:文化兼容度和沟通融合度。我们曾经为联想电脑公司设计和开发了核心价值观,面向联想公司高科技和国际化的经营竞争环境,构建了"服务客户、精准求实、诚信共享、创业创新"四项核心价值观,并通过多层次培训与文化行为考核,显著提升文化契合度,成为联想公司成功并购 IBM PC 战略实践的强有力的核心价值支撑和跨文化包容价值。

(3) 文化智力特征与管理策略

1) 什么是文化智力? 随着人们的工作场景的日益全球化、多样化,越来越要求能具有适应不同文化情景和价值取向的能力与资质。在关于元认知理论和多维智力理论的基础上,厄尔利和昂等(Earley 和 Ang,2003)提出了文化智力的概念模型,把文化智力(cultural intelligence)界定为个体有效适应、应对和管理文化多样性情景的综合能力(capacity),简称为"文智"或"文商"(CQ),并进一步研究和开发了相关的测量工具。

从概念上说,文化智力包括四个维度:元认知维度、认知维度、动能维度和行为维度。

□ 元认知智力维度:有关文化认知的知识和管控,涉及识别、理解、获取和运用文化知识的能力。元认知的概念与理论来自认知发展心理学经典研究(Flavell,1979)。元认知智力强的人会有意识地关注不同文化的假设,反思文化互动的过程,适应不同文化背景下的活动等。在管理心理学中,元认知属于较高层次的认识加工策略,涉及如何进行认知加工的认知以及如何运用各种文化认知启发式。文化智力的研究表明,元认知能力强者更善于在不同文化交互中作出认知监测、换位思考和表现自知之明,并快速作出文化适应性行为,从而形成文化领导力优势。

□ 认知智力维度:这是有关个体的文化知识及其知识结构。前述的元认知智力主要针对高阶认知加工过程,认知智力维度则反映出人们在接受教育和各种经历中所获得的有关不同文化下规范、实践和习俗方面异同特征的知识,称为文化知识。其中既有跨文化的普适性知识(例如,基本需求、生活起居、保健模式、贸易交易、育儿习惯、沟通模式等),也有表现各自文化差异的独特性知识(例如,直接间接、中庸面子、竞争意识、挑战历练、个体群体等)。认知文化智力对于人们的思维和行为有很大的影响,特别是在促进文化意识和文化自信,并且显著改善文化内和文化间的社会互动质量方面。

□ 动能智力维度:这是文化认知的动能源,聚焦作为智力源的能量大小和方向,表现出引导认知注意力和能量指向文化情境中的学习和行为过程的能力,从而调控情绪、认知和行为,提升跨文化情境下的信心和动力,有利于达成学习与工作目标。动能智力维度决定了跨文化场景的方向性和参与度,在国际商务与管理中成为关键的文化智力特征。

□ 行为智力维度:这是个体有关文化场景下行动水平的行为表现,体现在与不同文化背景的人员互动时恰当行动以及行为举止与心态仪态适宜的综合能力,还包括跨文化场景下的行为释义能力和反馈调适能力等。

文化智力的四项维度表现出四方面的文智能力:文智元认知(文化心智与文化策略)、文智认知(文化体系与文化情境)、文智动力(内外激励与自我效能)和文智行为(言语行动与非言语行动)。研究表明,这一文化智力四维结构要素对于文化智力的组织战略具有多重效应,显著影响领导文智承诺、组织文智审计和组织文智行动。图 5.2 表示出这些维度要素及其效应。

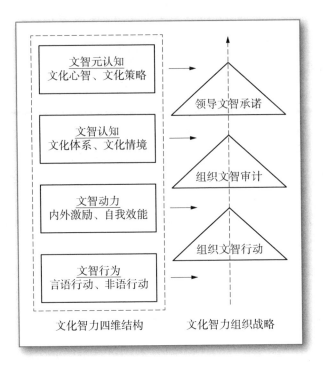

图 5.2　文化智力提升路径

2）文化智力的测量与效应。文化智力的测量有多种方法。其中比较经典的是昂（Ang）开发的量表。文化智力在具有跨文化工作经历的中国管理人员中得到了系统的检验。唐宁玉、郑兴山、张静抒、付佳（2010）围绕文化智力的构思和效标关联效度开展了实证研究。他们在研究中对 334 名在 15 个国家与地区有海外工作经历的中国管理人员采用经典的文化智力量表等一组问卷进行了测量，该量表分别包括元认知文化智力（"当与来自不同文化背景的人交往时，知道要使用不同的文化知识"等）、认知文化智力（如"知道在其他文化中非语言行为的规则"等）、动能文化智力（如"享受和来自不同文化背景的人交往的乐趣"等）、行为文化智力（如"为适应不同的文化，在沟通交流过程中使用停顿和沉默也会有所不同"等）四部分题项以及基于角色的工作绩效量表和互动适应量表等。研究进行的验证性建模分析结果表明，量表具有较好的构思效度，文化智力对于工作绩效和互动适应具有显著的影响。研究还发现，文化智力的不同维度具有差异性的效应：元认知文化智力对创新角色影响更大，动能文化智力则与组织贡献、互动适应关系密切，行为文化智力与生活满意度管理紧密，而认知文化智力则对跨文化适应最具预测作用。这项研究揭示了文化智力研究的重要理论意义和对提升跨文化能力的应用价值。

5.1.2　组织文化功能与形成机制

（1）组织文化功能与形成模型

随着全球化、信息化、数字化、技术创新日新月异,商务竞争日趋激烈,组织文化建设也日益成为各类企业组织实现转型升级和高质量发展的关键策略。企业组织越来越认识到需要把强有力的、积极进取的组织文化作为获取经营管理竞争优势的重要途径。管理心理学有关组织文化功能的研究和应用也日趋活跃,成为管理心理学的重要研究领域之一。

1)组织文化的生存之道。麻省理工的施恩(Schein,1999,2010)在对组织文化系统研究的基础上,强调了企业组织文化是特定群体在应付外部环境挑战和内部整合所带来的问题时,逐步学习、优化和适应的过程。组织文化主要有两种功能:外部适应功能和内部整合功能。前者指处理组织外的各种挑战与机遇,努力实现组织目标的过程;后者重视群体创造性和促使组织成员和谐相处做出工作绩效的方法。企业组织文化在成长过程中不断优化与融合成为企业生存之道:初创期的文化缔造与演进、转型期的文化重塑与学习、跨越期的文化新动能与可持续发展,成为组织的核心竞争优势和发展纲要。

围绕组织文化形成过程,可以运用外部适应与内部整合功能的原理,把组织文化发展成群体的多阶段行动学习。在施恩的组织文化过程模型基础上,结合我国企业的实践,我们提出图5.3的组织文化行动学习模型。将组织文化行动学习看成群体在内部整合和外部适应中"干中学"的过程,把组织文化的建设归结为组织目标挑战与领导理念行为、价值规范宣讲与人资政策体验、团队行动目标与岗位表现目标、文化行动反馈与个人绩效反馈、文化行动迭代与工作行为成效的行动学习过程,形成了独特的组织文化发展和文化建设成效。

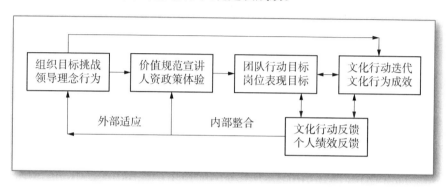

图5.3　组织文化形成的行动学习模型

2) 组织文化审计与发展策略。前期有关组织文化的研究以横向对比研究为主，大多数研究采用文化分类方法，例如，提出差序文化、角色文化、道德文化、加班文化、创业文化、创新文化等文化类型。也有的研究者以优秀企业的最佳实践为对象，对企业组织文化作出分类。近期的组织文化研究则越来越多地采用动态的研究思路，重视组织文化的识别、审计、建设、融合、重塑和发展。同时，越来越关注领导者和管理策略在组织文化发展中的作用。

□ 领导者在文化建设中作用。领导者在组织文化的形成过程中发挥着重要的作用。在组织文化的初创期，领导者的主要职能是根据组织内外环境的要求，制定组织文化的目标；在组织文化发展的形成期，领导者根据其经营哲学、改革思路、合规经营策略和组织发展目标，逐步推进形成组织价值观和核心胜任力；在组织文化的发展期，领导者通过激励与指导，根据组织核心价值观、组织规章制度、组织发展等要求，进行奖励或惩罚，并通过反复实践和授权，在员工中形成共享的核心价值观。领导者和经理人在组织文化建设的不同阶段，因势利导、重在实践，持续优化组织文化的持续成长功能。

□ 文化审计与管理策略。通过企业文化审计可以增强文化的识别与建设。企业文化审计是组织文化发展过程中的主要方法。管理心理学提出了"组织文化审计"的原理和方法，对企业组织文化作出诊断、审核和设计，用于组织文化管理与建设。组织文化审计通常包括五项步骤：

① 确定公司使命、愿景、核心价值观和战略目标，以便审核是否与组织文化相衔接。例如，以客户第一为愿景目标和核心价值观的企业是否有支撑客户服务导向的文化实践？比较常用的方法是考察流行的"故事"。

② 采集企业文化表述。需要有比较完整的组织文化版本，以便识别文化状况。除了一些成文的资料，需要请高管参与表述相关文化问题：您希望员工如何看待企业？您想要客户怎样看公司？企业中最流行的说法或"故事"是什么？等等。这些素材可以简明扼要。

③ 选聘文化审计团队。可以请高管班子成员牵头，也选择财务、运营、人资、销售、研发等部门的领导参与，还邀请工会或职工代表大会负责人参加，组成文化审计小组。

④ 采集文化审计数据。需要采集多种信息和多源资料，如访谈考察、问卷调研、焦点小组座谈会以及各种文化培训材料和上岗学习手册等。在此基础上，确定关键绩效 KPI 指标、开展专题工作小组研讨以及组织文化标识分析等。文化审计的数据经过统计分析，识别其潜在文化差异和强项与弱项，作为组织文化提升与优化的基础。表 5.1 列出了组织文化审计常用的 10 类指标，以此为"菜单"，定制年

度文化审计的 20 项主要指标。文化审计也可以采用专门的企业文化模型。请参考本章 5.2 有关文化契合度和联想文化设计的相关内容。

⑤ 文化审计解读报告。为了确保文化审计的客观、全面,需要注意综合多层、多源、多种资料与数据,考虑正面与负面事例或意见,以群体讨论为主对事不对人,说法与实践对照印证,现状分析与建设行动规划相结合。

表 5.1

组织文化审计指标

文化审计指标类别	常用问题	重点指标
1. 企业文化环境与场景	文化氛围与客户需求?	组织文化标识
2. 企业工作习惯与常规	常规行为与行为规范?	文化规范要求
3. 企业仪式与事件规格	举行系统的庆贺仪式?	仪式事件频次
4. 企业政策与制度关系	对制度规章的指导性?	政策规则基础
5. 企业考核与问责标准	是否有文化问责考核?	文化问责关联
6. 领导行为与角色模式	领导行为与角色榜样?	角色榜样关系
7. 企业奖惩与认可模式	企业奖惩与文化衔接?	文化奖惩衔接
8. 企业培训与管理开发	投资提升学习型文化?	人资文化投入
9. 沟通渠道与参与模式	评价综合沟通多渠道?	沟通能力提升
10. 组织架构与文化建设	架构支持新文化建设?	架构文化协同

(2) 组织变革与文化融合策略

进入新世纪以来,管理心理学围绕组织文化心智模式、组织文化认知认同、组织文化智力、组织文化决策、组织文化建设和创业文化发展等多领域开展了一系列研究工作。组织变革与创业创新实践显著促进了组织变革与文化融合策略的研究。我们主持承担了国家自然科学基金委管理科学部首个重点项目群的项目"基于并行分布策略的中国企业组织变革与文化融合机制研究"工作。通过连续五年先后在 1000 多家中国企业开展的实证研究,针对中国企业转型升级和变革实践中所面临的组织变革与文化融合关键问题,聚焦变革文化适应、转型决策选择和变革行动发展等文化融合机制问题,系统检验了中国企业组织变革与文化融合的理论思路,提出了变革文化融合的五项机制(王重鸣,2021)。在组织变革和转型升级背景下,中外文化汇集、新老文化碰撞、创新文化践行,文化融合成为关键策略。进一步归纳起来,可以构成以下五项连环机制。

1）创新动能机制。从企业转型升级、全球创新竞争和科技创业发展等方面来看，基于数字转型，以企业上云运营、互联网加、数字化智能化举措，促进新型文化取向的适应学习，多元价值的跨界转换，社会—技术并行发展等文化理念与价值取向的融合过程，显著增强变革文化融合的创新动能机制。

2）前瞻警觉机制。在变革与文化融合的行动决策中，基于并行分布，以分布式认知启动、多层次目标参照、内外商机交互洞察、目标—手段前瞻判断这四种特征，显著优化变革文化融合的前瞻警觉机制。

3）赋能适配机制。聚焦于女性创业、知识产权创业和跨境创业应用领域的变革创新，基于我们创建的创业五力模型，通过生态力、文化力、团队力、创新力和行动力的创业五力开发，形成以文化力提升为中心的可持续发展理念与文化融合的赋能适配机制。

4）责任担当机制。基于变革创新和可持续发展的文化价值观模式，强化创业社会责任，从责任价值、责任动力和责任参与三层次的融合，显著增强变革文化融合的责任担当机制。

5）组织协同机制。基于团队互动，以团队间合作互动来增强创新参与程度，显著提升合作型领导和文化融合的层次，增进团队互动，在团队层面上加强文化融合，从而提升变革文化融合的组织协同机制。

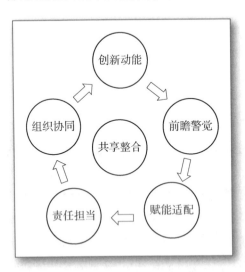

图5.4　变革文化融合连环机制

上述五项机制通过"基于双栖策略的共享整合机制"形成变革文化融合的连环机制模型。见图5.4。

图5.4表示了变革文化融合机制，形成创新动能、前瞻警觉、赋能适配、责任担当、组织协同的共享整合机制，为各类企业成功开展转型升级和变革创新提供了可供采用的理论框架。

组织文化管理的重要心理基础要素是诚信及其管理。有关诚信的基本概念和诚信管理的主要环节，请进一步阅读"研究解读5.1　中西方关于诚信诠释的研究"，从文化视角加深理解为什么诚信在组织文化建设中如此重要，并进一步讨论组织诚信的影响因素和增强组织诚信的途径。

作者：陈丽君(浙江大学)、王重鸣(浙江大学)

发表刊物：《哲学研究》，2002年，第8期，35—40

研究内容：诚信是组织文化的核心特征之一。东西方对诚信的研究源远流长。我国自孔子起诚信一直是哲学领域关注和研究的问题，直到上个世纪才有相关学科的介入。新的发展迫切要求制定各类社会、经济活动和内外部交换活动中涉及人的行为规则。诚信研究进入活跃时期。在对待诚信的看法上，中西方文化一致地都将诚信视为社会道德体系以及个人道德素质要求的核心成分。但在具体理解上，存在很大差异，并由此影响着不同文化人员诚信行为表现的差异。从早期儒家学者探讨诚信的内涵和作用起确立了诚信在中国文化与管理中的地位作用，表现为把诚信作为个人立身处世以及道德修养的基本要素，要求个体真实无妄、人己不欺和以义理为宗。把诚信作为社会交往以及经商致富和治理国家所需要遵循的基本规范和准则。由于中国传统文化强调自律而忽视他律，重视个人修身养性而相对忽视法治制约，诚信实践主要体现为宣教，即通过模范人物确立和义理的宣传来形成民众的道德观念。至于诚信行为或道德行为的养成，则主要靠自我约束。所以有"一诺千金"的故事和大量关于晋商、徽商诚信经商的故事，却鲜有商业经营的诚信准则和法规。诚信在实践应用中与其说是道德行为规范，不如说是理念。其停留在高度浓缩的义理要求上，缺乏操作层面的可为与不可为的制度规定。宣教以及自律在自给自足和小范围商业经营活动中也许能奏效，因为个体很容易观察了解到交换双方的真实情况并即刻得到各种行为的不同后果。但在大范围的交易活动中，时空的隔绝、机会的多样以及后果追究的成本扩大都使得自律出现很多漏洞或弱点。可见中国传统诚信观念不适合大规模市场经济的要求。

西方诚信研究的兴起来自实践要求，主要体现定义组织内的诚信概念和文化及行为准则，按照诚信准则制定雇员的行为规范，实施涉及人员日常行为的动态诚信管理。同时，研究和开发用以评价人员诚信与否的工具，编制诚信度测验，通过测量应聘者的诚信度，选拔出具有良好诚信品德的个体，以避免组织或个人可能的损失。诚信管理的核心是将诚信理念转化为可操作的行为规则,管理者通过明确告知员工什么是可做的,什么是不可做的,以此实行考察和奖惩来达到管理的目的。

　　总结西方的诚信研究应用,具有以下四项特点:(1)重操作甚于重理念,重分解甚于重概括。企业借助于工具来检测员工诚信度,选拔员工;并且在具体的管理情景中看诚信原则,在具体的行为中看员工对规则的遵从。(2)重制度甚于重宣教,重他律甚于重自律。(3)重防范甚于重补救。(4)重过程甚于重结果。其诚信管理是一种前瞻性的管理,预计员工可能会在某些冲突情景中错误地选择某种利益行为,因而预设了对员工的行为期望。同时,它也是一种防微杜渐的管理,对员工的行为进行日常点滴的考察。企业诚信实践应用的细致深入,一定程度上也促成了整个社会诚信机制的形成。

5.2 企业文化特征与文化建设

知识要点 5.2 企业文化与建设策略

大庆精神要素: 爱国主义精神、艰苦创业精神、科学求实精神、忠诚奉献精神
创业文化类型: 包容型、社会型、创新型、学习型、责任型、数字型文化分类
组织文化建构: 以管控—授权和内源—外源的目标、规则、支持、创新四种导向
联想文化模式: 服务客户、精准求实、诚信共享、创业创新四价值螺旋式模型

5.2.1 企业文化演变与文化契合

(1) 我国企业文化与创业文化

　　我国早期的企业文化在很大程度上受到传统经商思想演变和管理实践发展的影响。新中国成立以后,增添了许多正能量。特别是在改革开放和全球商务的背景下,改革创新文化和多文化融合发展逐渐成为主线,中国国学文化与伦理价值元素也得到了进一步的研究、提炼和应用。在最近的责任组织、文化领导力、创业文化力和组织文化融合等前沿性研究中,组织文化思想和创新实践得到了新的应用

和深化(Wang,1993,王重鸣,2020)。

1) 企业文化的演进。新中国成立以来的较长时期,在国民经济发展的同时,企业文化不断得到更新。在1950—1960年代,企业文化比较注重群体导向和工作奉献精神,通过各种劳动竞赛、先进班组评选等实践,培养群体精神,强调刻苦耐劳心态和"螺丝钉精神"。1960年代初的"鞍钢宪法"即"两参一改三结合"(干部参加生产劳动、工人参加企业管理,改革企业中不合理的规章制度,在技术改革中实行企业领导干部、技术人员、工人三结合的原则)的全面推广,显著提升了企业文化,特别是以王进喜为铁人代表的几代大庆人艰苦创业、接力奋斗,树立起以"爱国争光、艰苦创业、科学求实、为国奉献"为核心特征的"大庆精神"。大庆精神文化要素包括:中国志气、民族脊梁爱国主义精神,自力更生、艰苦奋斗艰苦创业精神,科学态度、三老四严科学求实精神和胸怀祖国、打垒担责忠诚奉献精神,从而成为中华民族伟大精神、我国企业精神和我国企业管理最佳实践的重要组成部分。

改革开放以来,企业处于改革浪潮,全面推进经济责任制,其企业文化从"大锅饭文化"逐步向"竞争与效益文化"转变。各类企业在改革开放实践中历练成长,调动各级干部群众的积极性和主动性,形成责任制导向的效益文化。1980年代后期起,外资企业逐步成为我国改革开放实践的组成部分,企业文化进入包容多样和开放学习的新阶段,受到国别文化、外籍经理文化背景、中方企业文化特点、员工教育背景与经历、中外经理与员工的开放心态和学习风格、合资管理模式等多因素的影响。民营企业不断发展带来较强烈的"乡土文化"和创业文化价值观,企业注重技术创新、经营模式转型、人力资源开发,不断优化家族文化和变革创新文化。各类企业的文化建设也日趋创新驱动和展现崭新的企业精神。

2) 企业文化的创新驱动与发展。从中国企业组织变革的实际出发,企业文化研究取得了有益的研究成果。王重鸣(1988,2015)指出,积极有效的企业文化具有三方面特点:与组织目标和发展战略衔接,在组织内外形成行为规范,以人力资源开发为文化建设配套。许多研究对企业文化从多方面入手作出分类:

□ 企业精神文化:包括企业使命、愿景、经营宗旨、价值观念和行为准则。企业精神文化是企业文化的"纲领性内涵",其重点放在企业价值观、企业精神、工作作风、道德规范、行为准则等方面,最重要的是企业价值观和企业精神,反映了企业所有成员追求的共同利益与长远目标。中国企业精神是企业组织文化的主线,表现出坚定的使命感、强烈的责任感、鲜明的价值观,其核心是艰苦奋斗精神和开拓创新精神。企业精神文化体现在企业使命和愿景目标中,不仅反映企业的经营理想和特色,而且表现不断进取的企业精神。

□ 企业产品文化:包括产品与服务创新、质量优化、市场和成本利润控制。企业文化必须充分体现在产品服务、制度规范和形象设计等多个方面,使得工作、生产和经营活动全过程反映企业精神、价值观念、目标宗旨要求等内容,并以行为规范与准则的形式固化在行动中。与此相关的是企业制度文化,包括组织设计、治理管理、文化建设与人资管理的配套。企业文化也体现在形象文化方面,包括企业内外形象、品牌标志、品质风貌和社会责任感。

3) 创业类型与创业文化特征。根据创业的类型、焦点内容、主要模式和能力特点的不同,创业文化具有包容性、社会性、创新性、学习性、责任性和数字化的显著特点。

创业文化是在文化和组织文化概念的基础上,面向创业活动的一组创业理念、创业价值观取向和创业行为规范。在调研中,被评为比较常用的元素以四个字表达,共有 20 项创业文化要素:勤奋自信、吃苦耐劳、敢为人先、追求成就、承担风险、主动进取、机遇意识、事业承诺、处事果断、承担责任、人际合作、关系网络、成长愿景、创造创新、容忍失败、勇于开拓、整合资源、竞合共赢、团队精神、行动领先。创业文化尤其表现出六大类 12 种类型(王重鸣,2020):

□ 包容型创业文化。大量的小微创业与女性创业,创业具有投资小、业务新、运营灵活、适应性强等明显特点。小微创业具有"小本启动、志同创新、成长导向、社会关联、互助集群"五项能力特征;女性作为相对弱势的人群,其创业的尝试、模式、能力和成效等都备受关注,具有"商机警觉、不懈坚持、互动合作、学习进取、成功追求"五项能力特征。女性创业潜力巨大、价值倍增,成为创新创业实践的靓丽风景线,成为重要的研究选题和扶持领域。

□ 社会型创业文化。文化创意创业与社会创业形成了社会型创业文化。文创产业具有"文化创意、艺术思维、专业服务、多样模式、社会协同"五项能力特征。社会创业是指通过社会创新,捕捉机会,设计实施提升社会价值的创业解决方案,具有"社会创新、公益理念、社技系统、社会参与和持续发展"五项能力特征,社会创业与技术创业并称"双翼创业策略"。创业事业的成功飞翔需要具备技术创业与社会创业的双重翅膀:创业技术创新加速展翅,社会创业持续飞翔。

□ 创新型创业文化。技术创业与专利创业加速了创新型文化的建设。技术创业具有"科技创新、团队协同、迭代学习、智能互联、平台支撑"五项能力特征。知识产权创业作为创业的核心策略,具有"技术创新、法律保护、产品开发、科创投融、市场链接"五项能力特征,成为创新型创业文化的主题。

□ 学习型创业文化。精益创业与跨界创业成为重要的创业行动策略和新兴模式。精益创业(参阅第 12 章内容)具有"精益理念、紧实平准、准时流程、加速周期、学习改进"五项能力特征,形成了高质量创业和高效益创业的新模式。跨界创业包括跨界众创、内容营销、传媒合作、跨境电商等新实践,具有"互联心智、全球商机、跨境项目、联盟合作、跨界学习"五项能力特征,大大强化了学习型创业文化。

□ **责任型创业文化。**绿色创业与责任创业凸显责任文化的重要性。绿色创业以社会、环保、节约、变革、效能为导向,具有"持续理念、社会责任、节能环保、变革模式、环境创意"五项能力特征。责任创业则以创业社会责任为主线,具有"责任心智、担责价值、变革创新、全员参与、责任组织"五项能力特征,致力于创建"基业长青企业"的责任型创业文化。

□ **数字型创业文化。**大数据创业、数字化产品与数字化平台,物联网、云计算、区块链等各种数字化技术,加速推进了数字创业模式的创新和跨越发展。数字创业具有"数字心智、团队协同、创新模式、在线平台、并行项目"五项能力特征。智能创业则具有"智能思维、精准服务、创新组合、迭代学习、云端平台"五项能力特征。数字型创业文化成为数字经济时代的文化引领模式。

(2)示范性企业文化核心要素

为了说明企业文化的使命、愿景与核心价值观等核心要素的特点,在此分享若干示范性企业的应用实例,以此说明企业文化要素的不同用途和特点。

1)物产中大集团的企业文化特色。物产中大集团创始于 1996 年 4 月,前身是 1954 年起步的省物资供应局。发展到 2008 年已经位居浙江省百强企业之首,2011 年跻身《财富》杂志 500 强,成为以供应链集成服务为主体,以金融服务与高端实业为两翼的中国供应链集成服务引领者。通过多阶段的混合所有制改革和引入职业经理人,企业推广有限合伙企业模式、创新引入动态调整机制、构建全流程份额流转体系。实现"全员创新、合伙创业",企业文化建设走上新的台阶,积极变革创新,打造全新的现代企业制度。表 5.2 是物产中大集团的企业文化要素。

表 5.2

物产中大集团的企业文化要素

物产中大集团使命、愿景和核心价值观
企业使命:物通全球,产济天下。 **企业愿景:**致力于打造具有国际竞争力的产业生态组织。 **核心价值观:**企业与时代共同前进、企业与客户共创价值、企业与员工共同发展。 **核心文化理念:**以人为本、团队精神、绩效理念、追求卓越。 **三铁文化:**铁的决心、铁的制度、铁的手腕;三零精神:决策零失误、管理零失误、操作零失误。

2)阿里巴巴集团的数字经济体应用。阿里巴巴是人们熟悉的优秀企业,在

1999 年正式创办,以核心商业、云计算、数字媒体及娱乐以及创新业务为主线,成为一家涵盖了消费者、商家、品牌、零售商、第三方服务提供商、战略合作伙伴及其他企业的具有全球影响力的新兴数字经济体。阿里巴巴的升级版"新六脉神剑"使命、愿景、核心价值观及相应诠释和行为解读,作为一种以文化、制度、人才为驱动力的企业传承,在干部员工和全社会认知共享。表 5.3 是阿里巴巴集团的企业文化要素。

表 5.3

阿里巴巴集团的企业文化要素
阿里巴巴集团使命、愿景和核心价值观 **企业使命**:让天下没有难做的生意。 **企业愿景**:让客户相会、工作和生活在阿里巴巴,并持续发展 102 年。"活 102 年:我们不追求大,不追求强,我们追求成为一家活 102 年的好公司;到 2036 年,服务 20 亿消费者,创造 1 亿就业机会,帮助 1000 万家中小企业盈利。" **企业六大价值观**:客户第一,员工第二,股东第三;因为信任,所以简单;唯一不变的是变化;今天最好的表现是明天最低的要求;此时此刻,非我莫属;认真生活,快乐工作。

3) 吉利集团中欧汽车技术中心的价值理念。企业文化建设不只是为大企业准备的套餐,而更多可以在千千万万家小企业或企业部门落地。吉利集团在哥德堡创建中欧汽车技术中心 CEVT,将世界一流的工程专家汇聚到瑞典的汽车工业心脏地带,联结全球汽车市场。CEVT 从行业方式定义和人才价值观等做出了小单位新文化的示范。表 5.4 是吉利中欧汽车技术中心的文化要素。

表 5.4

吉利中欧汽车技术中心的文化要素
吉利中欧汽车技术中心 CEVT 的价值理念 **行业方式定义:** **模块开发**:灵活满足多样化的客户需求,实现资源最大化利用与高效率。 **集团内虚拟工程**:努力突破常规,开发更具前瞻性的产品和高效、精准的测试。 **持续创新**:创新技术解决方案,跨界团队紧密合作,致力前推出色创意。 **人才与价值观:** **高瞻远瞩**:我们致力于以前所未有的创新方式满足未来全球市场的需求。 **另辟蹊径**:我们激励创新,鼓励每个人都参与探寻和开创新的解决方案。 **同心协力**:我们的团队成员相互启发,以极强的群体内聚力完成沟通的使命。

4) 方太集团的文化传承与价值理念。方太集团创建于 1996 年,专注于高端厨电,业务涉及厨房电器、集成厨房和海外事业三大领域。多年来坚持中华文化传

承建设,创新创业发展走在前列。不断学习和展现中华优秀传统文化元素,推行"五个一"文化修炼:立一个志,读一本经,改一个过,行一次孝,日行一善。努力践行企业文化理念法则与行动体系,全面提升了公司可持续发展的能力。企业高度重视创新实力建设,是国家级知识产权示范企业。表5.5是方太集团的企业文化要素。

表5.5

方太集团的企业文化要素

方太集团的企业文化建设
使命: 为了亿万家庭的幸福。
愿景: 成为一家伟大的企业。
核心价值观: 人品、企品、产品三品合一。
方太一句话文化: 以顾客为中心,以员工为根本,快乐学习,快乐奋斗,促进人类社会真善美。

(3)公司文化契合度主要特征

1)公司文化契合度(corporate culture fit)的特征。组织文化建设的目标之一是以组织文化元素为核心,加强员工与公司文化的契合度。在企业转型升级和国际化合作业务中,文化契合已经成为一项战略任务。这里所说的"契合度",主要指人们对于公司文化、转型文化或者合作伙伴之间的文化价值一致性和相容性。管理心理学的公司文化契合度概念包含两个成分:文化兼容度和沟通融合度。由于各家公司的类型、阶段、业务、技术、文化、核心价值观和愿景战略等构成了各自的不同情境条件,公司文化契合度也非常取决于具体的公司场景,称为"情景性文化契合度"。我们可以运用第3章中所讲述的人与组织适配度来进一步理解公司文化的契合机制。

公司文化契合度的评价通常用于招聘选拔、文化建设、团队建设、业务转型和并购重组等目的。由于文化契合的复杂动态和多水平,我们建议采用多种方法加以相互印证。比较常用的是有关工作价值导向的行为访谈法、核心员工参加的焦点小组讨论、文化价值元素测评表和同事—群体会谈评价等。最为流行的要算行为访谈,做起来相对比较客观、具体、偏差较低,因而其效度也比较高。以下是比较典型的行为访谈题项。

访谈题1:我们常常会遇到一些两难选择,决定怎么做最有利于公司的工作。请您列举自己遇到过的两三个两难情景,当时您是怎么处理的?
访谈题2:请举一个您在工作中做过的伦理型决定。当时主要考虑过哪些因素?
访谈题3:请列举有一次您为了工作而不得不违犯公司规章或纪律的事。当时您是怎么处理这件事的?

公司文化契合度是组织凝聚力的黏结剂。由于文化契合度低可能导致低绩效、差合作甚至造成职业生涯中断等负面影响,因此,从聘任阶段开始到培训、发展、晋升、成长的各个阶段,评价和提升公司文化契合度都成为关键的环节。在动态变革、创业创新或风险危机等环境中,这项指标格外重要。实际成效比较好的是推进"发展导向的公司文化契合度"。

2)如何构建发展导向的文化契合? 通常,根据公司文化的不同类型和发展阶段,在确定公司使命、愿景和战略的基础上,经过公司创始人的价值理念宣召、高管团队的核心价值研讨、各方参与形成公司文化框架与行为规范章程等环节,建构组织文化的模式与价值导向特征。管理部门启动相应的公司文化建设计划,组织参与践行核心价值观和行为规范的项目、活动。作为公司文化契合度的应用,要求各级干部员工和招聘经理都能识别公司文化的关键元素。我们在研究创业文化建设策略的时候,与许多公司领导层和各级经理们商讨,确定以创业社会责任、创业价值伦理和创业创新精神作为三项关键元素,作为公司文化契合度的重要指标和建设标准。

在公司文化契合度方面,也有一些新的思路。比如,在创新驱动、创业变革和数字化转型的发展形势下,许多公司面临重塑文化、转换理念和增强文化多样性与创新性的新挑战和新任务。在人员招聘、团队培训和人才管理中,需要在注重文化传承的同时,强化重塑、转换、学习、创新,增强团队的文化适应能力。公司文化契合度建设成为一项愿景导向的战略任务,也成为创业创新能力建设的重要内容。我们可以在公司文化契合度的选任面谈中增加一些新的元素。

- 开放性:你最希望进入何种文化导向的公司(或部门、团队)?
- 发展性:你会建议公司在文化发展方面强化哪些新的元素?
- 参与性:你会给这家公司(或部门、团队)带来哪些新行为规范?
- 适应性:使公司面向新的转型发展,如何提高公司文化的适应能力?
- 创新性:你觉得公司文化如何才能促进大家的创业创新与奋斗精神?

管理心理学研究提出,可以通过岗位轮换、项目交叉、平台共享、跨界学习、生涯计划、多部门互动和文化建设考核与奖励等多种形式与策略,提高公司文化契合度的优化和变革文化融合度,从而使文化建设与员工成长及组织绩效紧密联系在一起。

在企业文化的发展中,不同区域的文化传统都会影响创业精神和组织文化的特色。请阅读"第5章研究案例 创业精神的区域文化特征:基于浙江的实证研究",思考与讨论从这项研究案例看到区域文化对于创业精神与创业文化有哪些影响,并列举身边案例,分析和探讨所在区域的创业精神与创业文化特点。

第5章研究案例　创业精神的区域文化特征：基于浙江的实证研究

作者：徐建平、王重鸣(浙江大学)

发表刊物：《科学学与科学技术管理》,2008年,第12期,141—145

研究内容：企业家创业精神成为经济发展与变革创新的内在动力。创业精神与区域文化特征有密切的关系。新的趋势是日益重视个体、群体、组织和区域文化特征等多层次的文化建模与机制分析。作为国家自然科学基金重点项目"基于人与组织多层互动匹配的企业家成长机制与创业环境研究"(70232010)和"基于人与组织匹配的组织变革行为与战略决策机制研究"(70732001)以及浙江省政府重点项目"民营企业自主创新能力与发展战略研究"的研究内容之一,我们对浙江省9个地区的民营企业家进行了深度案例访谈。共计访谈了98名董事长、总经理和其他经理,请他们列举最有特点和最为重要的区域文化特征,对案例进行编码分析,提取出创业精神体现出区域文化特征的关键词。调研得到编码频次比较高的依次为：吃苦耐劳(勤奋)、机遇意识(有头脑、远见)、务实(踏实、实干)、激情(胆识、风险、拼搏)、事业心(执着)、创新(学习)、稳健(保守、安逸)、社会责任(诚信)、低调(朴素、谦虚)、合作(团队、大气)、兴趣(自信、模仿)等。浙江传统上归属吴越文化,崇尚事功和经世致用,表达为民风沉淀深厚,历史遗风深沉,人性性格温善,民俗文化发达,善于积极进取,但又近乎功利,具有很强的生命力与适应力。这种区域文化特质对于浙江创业风格具有深刻的影响。

(1)"善进取,急图利,而奇技之巧出焉"的功利主义色彩,与浙江创业精神关注创新性并有良好机遇意识、创业激情、经营有道和事业心紧密相关。

(2)"崇尚柔慧,厚于洋味"的人文关怀,主张追求人性体现和欲望的满足,体现在浙江创业精神上为人务实、稳健保守、需求安逸。创业中,务实,不盲目冒险,一步一个脚印。

(3)深广的大众趋向,使得浙江民营企业在创业风格上行事低调,崇尚合作,强调诚信和追求社会责任与责任感,创业所选择的行业和产品符合市场规律,从而实现产品畅销,满足社会大众的需求。

我们在案例访谈中也发现不同地区的亚文化差异：浙北地区倾向于创新学

习、稳健保守,浙东地区倾向于务实肯干、做事执着、事业心强,而浙南地区倾向于冒险、激情、胆识,且富有团队合作精神等。这项多案例研究为深刻理解创业文化特征与创业精神演进提供了新的理论指导和依据。

5.2.2　组织文化建构与文化设计

（1）组织文化建构模型与特征

奎因（Robert Quinn）等（1988）提出了比较系统的组织文化建构模型。这个模型用纵横两个参照轴来表示组织文化的两项关键维度,即内部—外部维度、控制—灵活维度。图5.5表示出该模型的结构图,可以看到,横轴表示组织文化的重在内部管理还是外部发展。内部管理关注的焦点是组织的内部过程与人群关系,强调规章制度和人际程序;外部管理则关注与外部环境之间的关系,强调目标达成、创新发展。图中的纵轴则表示组织文化是强调灵活性还是强调控制性,灵活性鼓励组织成员有较大的自由度,强调开放式沟通、参与管理、创新适应和发展;控制性则是指组织注重工作过程监控和目标管理等。两大维度组合在一起,形成了四种不同模块:"理性目标模块"（强调目标导向）、"内部过程模块"（注重规则导向）、"人群关系模块"（侧重支持导向）和"开放系统模型"（追求创新导向）。

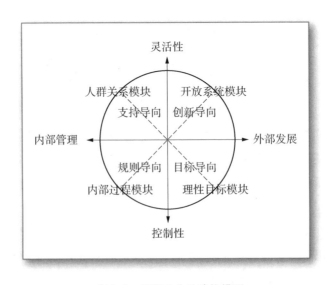

图5.5　组织文化的建构模型

2）组织文化建构的四种导向与行为。在组织文化建构模型的框架基础上,我们对我国企业的组织文化模式作了深度访谈、评价量表设计、实证测量检验和数据分析建模,得到了基于典型行为的四种组织文化导向量表,可以表现组织文化的导向特征并在研究或应用中采用。量表工具5.1的组织文化导向量表是组织文化的四种导向特征的测量,供读者采用:目标导向注重工作目标计划和构建工作标准的组织文化特征;规则导向强调按程序办事和照规章监控的组织文化特征;支持导向鼓励进取成长和支持团队合作的组织文化特征;创新导向注重开发新产品、寻求新市场和外部机会等组织文化特征。

（2）企业文化设计与开发途径

我们在过去25年间对国内外2 300多家企业经理开展了多种调研和分析。许多企业都从初创期就感知到文化的影响力,随着企业的成长,新的挑战都伴随着文化的困惑。例如,组织的急速扩张,使得企业原有文化稀释变形,影响了新老员工认同度,甚至出现"文化代沟"现象;原有文化难以适应新的挑战与发展,亟待更新文化理念和文化力。总体来说,企业文化正在发生巨大的变化,从以内部管理为重心转向以外部发展为重心,从注重控制性向强化灵活性的方向转移。

我们团队从1990年代中期,与国务院发展研究中心合作,承担了联想文化的设计与开发任务。通过深度访谈、战略梳

> **量表工具5.1 组织文化导向量表**
> **（王重鸣,2021）**
>
> ① 制定目标要求评估工作绩效。
> ② 采用目标管理推进工作任务。
> ③ 优化目标体系设置工作指标。
> ④ 按照严格程序管理工作任务。
> ⑤ 优化规章制度坚持合规经营。
> ⑥ 遵循核心价值担负工作职责。
> ⑦ 支持合作协同发扬团队精神。
> ⑧ 激励关心员工增强待遇机会。
> ⑨ 开发员工能力提升职业发展。
> ⑩ 创新产品服务拓展新兴市场。
> ⑪ 发挥科创优势开发创新业务。
> ⑫ 鼓励数字智能实现创新目标。

理、业务分析、团队研讨,进一步对部分员工、干部、家属、客户等利益相关者群体开展系统调研,并紧密结合业务与任务的新要求,围绕联想公司创业成长的丰富历程和深度分析,构建与设计出"螺旋发展式联想文化模型",成为紧密结合中国管理实践建设企业文化的重要框架与示范。当时,联想集团的使命是"为客户:联想将提供信息技术、工具和服务,使人们的生活和工作更加简便、高效、丰富多彩;为员工:创造发展空间,提升员工价值,提高工作生活质量;为股东:回报股东长远利益;为社会:服务社会文明进步"。联想集团的愿景是"未来的联想应该是高科技的联想、服务的联想、国际化的联想"。联想集团的使命、愿景明确显示以客户为中心、

反映社会价值、考虑利益群体；其愿景也易于宣示，容易为干部员工接受和践行。例如，某家数字化企业的愿景为"成为数字化产品服务开发平台（领域）国际知名的（定位）设计商和服务商（性质）"。现实中，不少企业的愿景与其目标混淆，也不表现其领域、定位和性质。例如，某公司的"愿景"为"实现100亿产值的一流企业"，需要作出进一步的完善或优化。

1）联想公司的成长阶段与文化变迁。我们先来看一下联想公司的成长与文化演进情况。从1984年创建至今，联想经历了近40年的成长和发展，励精图治，变革创新，其创业文化形成了持续发展的动态机制，成为我国创业企业成长发展的最佳实践之一。概括来说，不同发展时期具有以下文化模式。

□ 初创期的绩效文化。在初创期，采取了基于绩效目标的"贸工技"策略，即以市场为先导、以生产为核心、以技术为发展的策略，总结出中国管理三要素：搭班子、定战略、带队伍，大大强化了战略、团队、领导力，增强了高绩效成长的能力。公司建立起明晰的岗位目标责任体系，形成强有力的基于目标导向的绩效文化。公司推出大预算制度，加强了经营意识和成本意识，并进一步实施"屋顶图体系"，通过经营核算目标体系，增强了结果的可预测性和可控制性。这些经营实践都表现出强烈的绩效文化和目标导向文化。

□ 成长期的严格文化。进入成长期，公司把工作模式转移到讲求规则、注重规范和鼓励正式管理流程、崇尚规范化严格管理的新模式，强调规范和精准求实的管理风格，全面推行基于规则流程、注重"严格、认真、主动、高效"的严格文化价值观；推出联想集团管理大纲，出台一系列制度化和规范化管理措施；技术创新成为新的发展重点，创建"联想研究院"，率先实施ERP系统，促进业务流程的规范化和协调性，各部门共享信息，显著提高创新水平与工作效能。在价值观和行为规范上，从绩效文化转向严格文化的新阶段。

□ 成熟期的亲情文化。在企业进入成熟期阶段，强调合作精神、团队工作、互助共享、激励培训和团队合作的亲情文化。鼓励亲情、强调合作。公司实施"入模子班"，强调服从、认同，把个人发展融入企业发展，开始实施"平等、信任、欣赏、尊重"的亲情文化价值观。配合绩效的增长，新的薪酬福利系统开始实施，更好体现以人为本理念和公平原则，加强了包括员工持股在内的多种激励措施，并推行指导人计划，注重员工发展、互动合作和不断学习，还启动了新的技术升迁体系，形成内在激励与专业技术人员成长的亲情文化机制。

□ 转型期的创业文化。公司的转型期通常会经历较长的时间，各类业务都进入"二次创业"式的新阶段。公司启动创业文化建设，以创新为核心的国际化文化建设。在技术与组织上都采取了渐进式创新，显著提升资源整合能力和经营效益。

提出平底快船模式、大船结构和舰队模式的三大机制创新,表现出强烈的创业创新价值理念,进而从国际化战略延伸到新兴市场战略,面向可持续发展,形成了新的创业创新的文化态势。

2) 运用组织文化建构框架设计联想文化。从以上案例分析可以看到,联想公司在发展中先后经历了绩效文化、严格文化、亲情文化、创业文化等企业文化转变,而这些文化类型与组织文化建构模型的四个象限或模块相吻合,分别表现为目标导向、规则导向、支持导向和创新导向。而且,根据我们的研究,进一步发展下去,联想文化将进入较高层次的目标导向等四种导向,从而展现出组织文化的螺旋发展新趋势,即国际化框架下全球商务的目标导向、国际商规的规则导向、多元包容的支持导向和跨界开放的创新导向。

那么,文化的核心价值观内涵的界定怎么样呢?我们在对联想企业的1 200多位员工和300多位家属开展了深度文化访谈、行为评价和关键文化事例分析的基础上,运用认知决策互动反馈与文化内涵解析等方法,率先提炼和创设以"服务、精准、共享、创新"为核心元素的企业文化内涵,我们把四项核心价值观要素界定为:服务客户、精准求实、诚信共享、创业创新,并构建了相对应的目标导向(基于服务客户)、规则导向(基于精准求实)、支持导向(基于诚信共享)和创新导向(基于创业创新)的联想创业文化模型及其关键行为。图5.6表示联想文化核心价值观的要素框架。

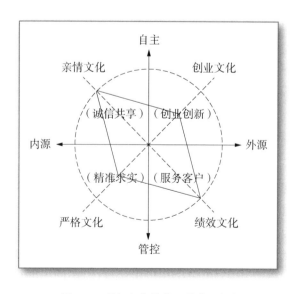

图5.6 联想文化的核心价值观框架

我们以"内源—外源"和"自主—管控"两个维度的交互关系刻画组织文化螺旋发展的动态机制。"百年老店靠文化。"联想文化以人为本,薪火相传。其中,服务客户是每位联想人和联想事业的价值基础,以专业化服务和客户第一为联想文化的 DNA;精准求实是以科技、数据和实务显示合规、标准与纪律,以及联想勇于实践,敢于担责的价值精神;诚信共享是以诚信为核心,人本管理、激励成长,分享经营策略,建设利益共同体的价值体现;创业创新是强烈的创新驱动与风险精神、事业追求和变革精神、危机意识和拼搏精神。我们有太多的故事可以解读这些核心价值要素。时至今日,服务、精准、共享、创新四项价值观要素已经融入各类企业可续发展的行动。

我们在联想公司以及其他企业开展了一系列组织文化评价。结果表明,在高绩效创业型企业中,典型的组织文化模式表现为图 5.6 所示的菱形模式(王重鸣,2015,2020)。我们以可续高绩效作为效标,创业型企业都表现出目标导向与支持导向增强,创新导向与规则导向适配的菱形文化模式。这并不表示规则、创新较弱,而是表现相对更强的成长目标追求和队伍建设发力。

在联想文化核心价值观框架基础上,对我国企业文化的模式作出四种组织文化导向及其典型公司行为的解读:

□ 基于主动服务客户的服务文化:注重工作目标计划、执行、考核、跟进和构建工作标准的目标性文化特征;

□ 基于规范精准求实的精准文化:强调按程序办事和照规章运营,建章立制、精益管理的规则性文化特征;

□ 基于鼓励诚信共享的共享文化:支持员工成长和团队协同合作,强调激励指导和诚实守信的支持性文化特征;

□ 基于强化创业精神的创新文化:注重战略创业、开发新产品、应用新技术、寻求新市场、创新可续发展模式等创新性文化特征。

3) 组织文化的核心价值元素与过程机制。参照高绩效文化模式,我国企业在组织文化建设方面可以加强目标导向和支持导向的文化策略,同时,使得规则导向与创新导向保持在较强水平上。20 多年来,通过联想文化建设项目提出的"服务、精准、共享、创新"核心价值元素已经成为成千上万中国企业创业成长的四大价值观。我们可以用内源—外源横向坐标轴和自主—管控纵向坐标轴(见图 5.6)形成服务、精准、共享、创新的四个象限,分别表现创业文化的目标导向、规则导向、支持导向和创新导向。

组织文化的建设与发展是一个动态过程。领导者在不同阶段对组织文化的形成和发展起着关键的作用。我们的企业研究发现,组织文化发展表现出以下特点:

□ 目标定位特征。在组织文化发展第一阶段，企业主要以目标定位为特征，注重于确定其经营宗旨和核心价值目标，包含领导者的管理理念、经营哲学和策略，并在经营活动中不断得到检验和筛选，形成组织文化的构架。这个阶段比较注重对长远发展有利的价值观和确定组织发展的战略目标。

□ 规则定位特征。在组织文化发展第二阶段，组织文化的焦点转向规则定位，使管理的各个环节规范化：组织体制、选拔程序、绩效控制、薪酬体系，以及日常工作流程等。组织根据其核心价值观，建立和检验各种规章制度。领导者根据经营环境的要求和组织成员的特点，从制度和规程上体现组织的核心价值体系。

□ 支持定位特征。在组织文化发展第三阶段，组织文化的特征表现为支持定位。此时，组织绩效趋于稳定，组织逐步建立起有效的激励与约束机制，形成更有利于发展的组织文化氛围。领导者的主要任务是通过对正面行为进行激励、鼓励团队合作与团队精神，不断优化组织文化。

□ 创新定位特征。组织文化发展的第四阶段，组织处于调整和创新的阶段。关键任务是通过组织战略、组织结构和组织绩效的重新设计，鼓励创业精神，强调更新和可续，使组织成为一种更为开放创新的学习型组织。

管理心理学研究表明，当主导性组织文化的定位特征与组织的经营战略、发展机会和成长要求相衔接时，组织文化建设强化其过程机制，能在最大程度上促进共同奋斗，增进整体经营绩效和员工持续成长。

文化融合和发展的重要领域是跨文化组织公平感的问题。在我们具体讨论跨文化管理心理学的主要原理之前，请读者阅读"研究解读 5.2　中国合资宾馆经理工作满意度：组织公平感分析"。梁觉、史密斯、王重鸣和孙海法（1996）在重要学术刊物《国际商务研究杂志》发表了一项多年研究的成果，以中国合资宾馆管理为研究课题，系统分析了组织公平感的动力机制和对跨文化融合的影响。

研究解读 5.2　中国合资宾馆经理工作满意度：组织公平感分析

作者：梁觉（香港中文大学）、史密斯（萨塞克斯大学）、王重鸣（浙江大学）、孙海法（中山大学）

发表刊物：《国际商务研究杂志》（*Journal of International Business Studies*），1996 年，第 27 卷，第 5 期，947—962

研究内容：围绕跨文化管理情境下的组织公平感问题，系统分析外资企业不同国别外派人员共事员工的工作满意度公平机制。研究在沪杭地区的42 家合资宾馆选取了与外籍经理共事的 137 名中国主管。他们分别来自与日本、新加坡和美国等国家和地区的合资宾馆。在研究中,分别测量了程序公平、互动公平、基于绩效的分配公平和比较式分配公平以及工作满意度。研究结果发现,在合资宾馆的场景下,程序公平和基于绩效的分配公平与工作满意度具有密切的关系,而互动公平却与工作满意度没有稳定的相关关系。进一步分析表明,管理层比员工层知觉到更低的程序与互动公平;而员工层面,与东方文化如日本籍外派人员共事的中国员工相比与西方经理共事的中国员工知觉到更低的程序公平和交互公平感。从这项研究来看,组织公平感可以作为跨文化管理情境中解读工作行为和工作成效的重要研究指标。同时,研究关注外派经理的不同管理模式对于其在外派项目中的文化适应与工作绩效的关系。研究建议,为了增强管理文化组织公平感,可以增强以下举措:增强诚信共享与以人为本的企业文化导向,给各类员工提供参与管理决策机会与条件,制定合理标准使各种管理程序都有章可循,对各类员工提供一视同仁奖惩与工作待遇,为各类员工配套公平激励的职业发展机会,为各类员工提供会商征询和意见反馈平台。

5.3 跨文化管理与心理学策略

知识要点 5.3 跨文化管理与策略

跨文化的策略:求同融合、包容共享、团队绩效、跨界竞合、能力开发五策略
国别文化特征:个集取向、权距接受、不确定回避、男女性风格、长短期取向
跨文化胜任力:文化心智、团队合作、跨界创新、全球领导、文化协同五特征
跨文化的适应:基于整合—同化—分离—边缘策略的涵化适应和濡化适应过程

5.3.1 跨文化管理心理学的领域

跨文化管理是管理心理学的经典选题,主要涉及跨文化背景下的个体行为特征、交叉文化胜任力、文化与工作激励、团队合作与协同、跨文化领导力开发、外派人员管理、跨文化创业创新等领域。

（1）跨文化管理心理学的视角

1) 跨文化管理心理学方法。跨文化管理心理学主要关注工作过程与行为的跨文化相似性和差异性以及多文化场景中的跨文化界面特征与动力机制。盖尔芬德等(Gelfand, Erez 和 Acan, 2006)在《心理学年鉴》的综述回顾,指出了跨文化管理心理学的基本领域与新趋势,特别是与文化相关的微观的心理知情意责特征、中观的团队、领导力与冲突谈判过程和宏观的组织结构及文化等三大视角。虽然跨文化行为和文化差异早在公元前 400 年就有论述,而且古丝绸之路联结了不同文化人们的贸易和交往,有关跨文化管理问题的理论与研究只是在过去 40 年间才成为管理心理学的重要内容。梁觉与周帆(2010)在《心理学报》发表文章,围绕跨文化研究的方法进行了系统的分析,指出了跨文化研究中常见的研究效度问题,例如,跨文化构思内涵、测量与统计检验中的对等性问题,样本选择与研究构思方面容易出现的偏差等,指出汇聚多方法研究跨文化多情景、多构思和多关系问题的重要性。特别主张通过系统比较策略、协变量策略和多重方法策略以及概念配置的结构对等性分析与多层线性模型,显著提升跨文化研究的综合效度(请参阅王重鸣(2021)《心理学研究方法》)。

2) 跨文化管理策略的特征。全球化、信息化、数字化的迅速发展,大大促进了中国企业在"走出去"战略和"一带一路"倡议下加快海外拓展、国际合作、跨境经营和国际化管理的进程。对企业经营的管理思维和管理理念提出了新的挑战和优化跨文化管理策略的任务。在进行跨境管理时,除了对其管理方法、决策方式、控制程序等的进一步熟悉与了解,最紧迫的任务则是跨文化因素,特别是价值观念、工作态度与工作行为差异的适应与管理。作为国际化企业,经营管理者不仅要解决组织结构、资金投向、市场占有率、投资收益率、外派人员选拔等问题,更重要的是解决由于交叉文化因素而产生的各种新问题。

徐淑英等(Tsui, Nifadkar 和 Ou, 2007)系统回顾了近 10 年发表在全球 16 种主要管理学与心理学刊物上的 93 篇跨文化管理文章,包括 26 项中国研究,总结了理论与方法上的新进展与差距,提出了 7 项研究建议:了解跨文化研究的个体化局限,加强团队水平的文化概念研究;减少过多跨文化维度概念,加强格局式

（configuration approach）文化价值类别建构；重视国别差异，开展国别加文化的多情境效应检验；弥补个体水平分析局限，注重跨层次跨文化特征建模；排除翻译测量局限，以共通性与特殊性视角确保构思效度；鼓励本土化文化特性研究，贡献于全球管理知识；认识个别、个体式研究局限，加大长期性跨国别合作研究。这些建议对于跨文化管理和其他研究领域都具有重要的指导意义。

跨文化管理心理学研究与应用取得了一系列新的进展。跨文化管理心理学研究侧重于从文化价值观角度，提出跨文化组织心理策略、海外经营领导力、跨境管理团队建设、跨国人才管理等方面的管理心理策略。相关研究围绕跨文化情境提出多种管理心理学策略：求同融合策略、包容共享策略、团队绩效策略、跨界竞合策略和能力开发策略等。

□ 求同融合策略。为了增强企业的国际竞争力和与国际管理接轨，我国企业与组织正在实现从内向型管理向外向型管理的重大转变。管理工作中的计划、组织、指挥、监控等职能，在内涵和外延上都发生了很大的变化，跨文化管理成为关键的环节。如何有效促进组织文化与跨文化管理的协调、融合、发展？管理心理学的跨文化策略正在从关心文化差异和文化冲突，转向关注文化求同和文化融合。我们的研究注重动态情境下创业社会责任、能力适配成长、变革赋能行动和角色心理获得感等融合策略。

□ 包容共享策略。跨文化管理也日益重视文化包容与共享的策略，有意识地加大项目团队和合作交流活动的跨文化多样性，关注文化弱势人群（例如女性创业群体和贫困地区的跨地域合作）的支持辅导与能力开发。跨文化包容共享策略还强调提升跨文化领导的团队相容性（Wang，1999），主要包括四个层面的兼容特征：

▫ 领导风格兼容：培养相互适应的工作风格，通过提升合作伙伴的文化意识、团队互动准备度、任务目标支持度和跨文化互动能力，强化领导风格兼容度；

▫ 胜任特征兼容：增强各方团队的跨文化领导胜任度，开展跨文化团队建设、胜任特征建模与利用、群体信息分享制度，形成合作导向的胜任心智模式；

▫ 合作承诺兼容：注重相互合作目标与组织长期目标方面的认同与相容度，通过联合式目标订立与规划制定以及提升跨文化职业发展与团队协同性提升合作承诺兼容度；

▫ 工作绩效兼容：强调包容共享的目的是提升各自的整体绩效和竞争优势，通过共创绩效文化、加强绩效问责制度和绩效管理与发展战略，形成高绩效兼容模式。

□ 团队绩效策略。管理心理学研究结果表明，员工的工作价值取向逐步从重视内部关系向注重目标绩效的方向转变；从个体工作取向向团队工作取向转变。强调跨文化团队的目标整合和管理。王重鸣（Wang，1999）提出了外资企业团队

开发的主要策略:

　　▫ 跨文化团队胜任力开发策略:转换跨文化营商价值心智、激发跨文化工作动机、提高跨文化互动技能、实施跨文化领导力计划;

　　▫ 跨文化合作网络力提升策略:促进跨文化管理体制兼容性、建立跨文化沟通反馈网络、重构跨文化人资网络化管理、创设跨文化管理职能横向合作机制;

　　▫ 跨文化组织承诺力增强策略:改进跨文化团队责任制、优化跨文化组织文化专项建设、强化跨文化参与管理制度与合作式目标管理及激励计划。

　　□ 跨界竞合策略。从和睦相处朝竞合承诺转变,跨界价值取向、全球领导力、社会责任绩效、项目团队建设、交叉文化管理等方面,都成为管理心理学中活跃的新的策略开发领域。在文化力建设的过程中,强调跨文化价值伦理能力和跨文化社会责任能力。从跨文化核心价值观、责任管理体系、责任创业、绿色商务、跨文化可持续发展报告与实践等方面,跨文化能力开发都成为新的战略任务。

　　3) 交叉文化与国别文化特征。在不同文化背景下,管理价值观会有很大差异。荷兰著名学者霍夫施泰德(Hofstede, 1980)曾在大型跨国公司 IBM 中对管理价值观进行了历时 4 年的系统研究,在 60 多个国家的 IBM 分公司对 16 万员工进行了问卷调查。他发现,国别文化特征对于工作态度与行为来说,是比个体特征和组织因素等更为重要的决定因素,从而总结出交叉文化情景下管理价值观的五个关键维度:

　　□ 个体与集体取向:强调自身及家庭成员并与群体关系松散还是与群体及成员联系紧密并制约个人认同度。调查发现,美国、英国、澳大利亚、加拿大和匈牙利的国别文化更为个体取向,而中国、厄瓜多尔、危地马拉、印尼和巴基斯坦的国别文化更为集体取向。

　　□ 权力距离接受度:对社会的权力分布和地位差异的不可接受还是接受的程度。调查发现,奥地利、丹麦、以色列、冰岛和新西兰的国别文化更为低权力距离接受度,而俄罗斯、菲律宾、墨西哥和斯洛伐克的国别文化更为高权力距离接受度。

　　□ 不确定性回避度:对不可预测或模糊的情景具有容忍和舒坦感还是偏好可预测情景和容忍模糊度。调查发现,中国、新加坡、丹麦、瑞典和牙买加的国别文化具有高模糊度容忍和较低的不确定性回避,而比利时、希腊、葡萄牙和危地马拉等国别文化更为高不确定性回避,难以容忍模糊情景。

　　□ 男性与女性风格:看重成就、竞争、财富获取与独立支配还是看重关系维护、生活质量、关心弱势与互依移情的程度。调查表明,日本、奥地利、匈牙利、斯洛伐克和委内瑞拉等国别文化显示男性阳刚,而挪威、荷兰、瑞典和智利等国别文化更为女性风格。

□ 短期与长期取向：注重常规和当前还是面向革新与未来的程度。调查表明，中国、日本等国别文化更为短期取向，而法国、美国等国别更为长期取向。

表5.6是对美国、法国、日本、中国的员工所作研究的分析比较。这一结果表明，在 IBM 公司工作的中国籍或华裔员工在"权力距离接受度"和"短期与长期取向"方面得分比其他国家的员工更高，而在"个体与群体取向"方面得分比其他国家的员工低得多，即更倾向于接受高权力距离、长期取向和群体取向。研究认为，交叉文化管理价值观特征不同，所采用的管理思路和方法也不相同，这会影响各自的合作共事和经营管理的策略。

表5.6

管理价值观	美国	法国	日本	中国
交叉文化价值取向的国别比较				
个体群体取向	91H	71H	46M	20L
权力距离接受	40L	68H	54M	80H
不确定性回避	46L	86H	92H	60M
男性女性风格	62H	43M	95H	50M
短期长期取向	29L	30L	80H	98H

注：H=高，M=中，L=低

（2）跨文化管理的能力与模式

1）跨文化胜任力特征。跨文化胜任力包含哪些关键要素呢？梁觉、Ang 和 Tan(2014)在《组织心理学与组织行为年鉴》发表论文，提出跨文化胜任力的三方面的个人特征：文化间特质、文化间态度和文化间才能（综合能力）。其中。文化间特质主要包括开放式心智模式、对文化模糊容忍性、跨文化情景认知能力和文化差异下的耐性与弹韧等；文化间态度包括对不同文化人与事的正面或负面态度以及文化互动中的心态、仪态、姿态等。总体来说，在不同的国别文化、行业分布、外资来源、技术水平、组织体制和职位级别等背景下，通过研究考察并检验其与工作绩效、管理绩效和工作满意度等的关系，管理心理学研究提出跨文化管理胜任力的五方面特征：跨文化心智、跨文化团队、跨文化创新、跨文化领导力和跨文化协同管理等。这些胜任力特征与相关管理因素交互影响，在很大程度上决定了企业总体绩效与综合效应。

□ 文化心智特征。跨文化心智体现在薪酬奖励偏好性、产品质量控制认同度、决策程序公平性、授权参与与人员配备合理性、纠错与冲突投诉程序公正性以及纪律问题与业绩评估等方面转换文化心智模式的能力,特别是注重双赢进取、尊重他人权利、关注非正规组织、鼓励集体决策、客观衡量成就等心智特点。

□ 团队合作特征。这方面主要表现在跨文化团队冲突管理与团队合作方面:保持正面冲突成效,改善成员合作态度,提高冲突解决的公正性、合理性和互利性;在跨文化背景下应对风险挑战、双向直言沟通、勇于承担团队责任、注重合作专长和鼓励跨文化公司忠诚度等。

□ 跨界创新特征。在管理创新和模式创新方面,明确跨文化职责任务、创新制度规范,善于协调跨界创新任务、发挥跨界专业特长、协调跨界创新绩效,鼓励人员发挥创意,创造成员融洽关系,创新整体服务质量等。在责权分工上,强调跨界创新指导、灵活程序、共同负责,优化跨界创新管理和创新文化建设等。

□ 全球领导特征。在跨文化管理中,文化沟通能力、中外成员协调能力、冲突管理能力、质量管理能力、纪律秩序规范性、人员激励指导性与决策决断参与性等都是跨文化全球领导胜任力的重要特征。

□ 文化协同特征。在跨文化管理中,以文化协同胜任特征促进人员责任明确、绩效目标明确、技术资源充足、产品与服务质量、经营成效明显,管理部门士气高昂、跨文化人员共同承诺、相互信任和协同共事等。

这方面的研究证据比较多。史密斯、皮特森和王重鸣(1996)在《国际商务研究杂志》发表了有关中国、美国和英国企业经理的跨文化管理胜任力的实证比较研究。我们采用事件管理研究法(王重鸣 2021),请来自三国企业的经理描述他们如何运用五种资源处理九类管理事件。研究结果发现,英美企业的经理更加依赖自身经验和培训来处理管理事件,且过多依赖主管指示而容易造成角色模糊;中国企业的经理则更多依靠规则和程序来处理这些事件,并且主管指令并没有造成角色模糊问题。显然,不同的文化价值观显著影响了企业经理的处事风格。这些研究都为深入理解跨文化管理胜任力提供了新的理论依据与方法参照。

2) 跨文化管理模式。管理心理学研究围绕跨文化差异及其影响进行了深入系统的分析。许多研究认为,影响外资企业管理的中外文化差异主要是目标期望差异和协调管理差异。由于文化背景不同,中外企业经理产生各有特点的协调原则,在以人为本、质量优先、人际关系、企业归属感、群体价值与自我价值等方面都存在较大的认知差异。王重鸣(2001)阐述了交叉文化管理模式的研究进展。特别是我们对不同外资企业组织体制(合资、独资)、不同外资来源(欧美、港台投资)、不同行业分布(制造业与服务业、消费品与服务业等)以及不同技术水平(技术密集型、劳动密集型)等特征进行的分类比较,系统考察交叉文化管理模式的差异,并进一步检验不同模式特征与管理绩效及满意感的关系,在组织层次上论证交叉文化管理模式对企业总体绩效的影响。

□ 跨文化管理模式与总体绩效。在跨文化管理中,注重协调跨文化合作模式和人力资源管理手段,合理调整和优化企业管理模式,充分开发和利用多种资源,有利于改进管理质量和提升企业总体绩效。外资企业的组织设计与管理模式直接影响中层经理和其他管理人员的管控运作过程,乃至交叉文化管理的效能。不同外资体制与跨文化管理模式的特征,会显著影响组织各类成员的文化适应性、群体协调性和工作满意感,从而影响工作绩效与组织效能。

□ 跨文化合作模式与管理机制。跨文化差异、价值取向、冲突管理风格等贯穿于跨文化管理的各个方面,直接影响工作与管理的效能。尤其是人力资源管理的不同实践,会在很大程度上影响跨文化合作模式和组织运行的顺畅性,从而为外资企业管理及其绩效提供必要的管理支撑。

□ 跨文化冲突管理的模式策略。跨文化企业组织发展有两大机制:跨文化适应与跨文化冲突。适应与冲突这两项机制是跨文化管理的"双栖策略",既要促进跨文化适应成长,又要学会跨文化冲突管理。我们在以下两节中着重讨论跨文化适应成长和跨文化冲突管理的问题与策略。

5.3.2 跨文化适应成长主要策略

(1) 跨文化适应与外派策略

1) 跨文化适应成长的模式特征。由于全球商务与组织间竞争不断加速,跨界商务和国际化创业成为普遍的经营实践,提出多方面的挑战与应对策略,也成为管理心理学和人力资源管理的重要研究领域。

□ 跨文化外派的模式。经理的文化适应、资源调度和能力提升以及外派人员与当地人员如何有效互动、适应和调节是外派人员在工作中发展文化融合关系和取得高绩效的关键问题。同时,各类企业外派人员模式也不断变迁和创新。从1990年代初开始,众多外资企业派遣外籍经理和技术人员到中国参与合作、合资或独资的商务或技术活动;进入新世纪,越来越多的中国企业实施"走出去"战略,企业选派自己的管理与技术骨干到世界各地从事商务、技术和投资等活动;同时,许多经理人完成海外工作任务回国工作,面临由于工作职位或任务变动带来的"重新适应"问题和许多"自主外派"人员来华从事商务活动或加盟相关企业所面临的文化适应与合作共事的挑战。

□ 什么是跨文化适应。跨文化心理学把文化适应分成两种心理过程:一是涵化适应(acculturation),是指因不同文化相互接触、持续碰撞、交互影响而导致的文化价值变迁与心理变化的同化或整合过程;与此相关的是逆向涵化(reverse acculturation),指主流群体如何去适应弱势群体文化或是当人们回到原文化时的社会化重新适应和规范维持过程。二是濡化适应(enculturation),是指相同文化变迁或自身文化经历对原文化的融合或习得过程。跨文化适应通常表现为四种维度:行为适应、价值适应、知识适应和认同适应。在外资企业管理中,跨文化适应则主要表现在管理决策适应(决策价值前提、人事安排决策和管理规范化等要素)和人际合作适应(中外经理沟通、上下级关系和中高层团队合作等要素)两个方面。关于跨文化适应的过程策略,巴里等(Berry 等,2002,2011)的双维模型得到广泛应用。这个模型根据跨文化适应中个体对原所在群体和现在与之相处新群体的价值导向不同而区分出不同的文化适应策略:保持原文化与身份的倾向性和与其他文化群体交流的倾向性两种相互独立维度,并区分出四种策略:整合(integration)、同化(assimilation)、分离(separation)和边缘化(marginalization)(余伟、郑钢,2005)。巴里等(2011)在其名著《跨文化心理学》(第三版)中进一步深化了跨文化适应的理论与方法。图 5.7 是跨文化适应机制的图解,可以看到,在不同文化的接触与交互影响下,通过整合、同化、分离、边缘化等跨文化策略的作用,促进或抑制了跨文化涵化与濡化适应过程,重塑了跨文化心智力、跨文化沟通力、跨文化创新力和跨文化行动力,进而影响到适应成效,包括行为适应、价值适应、知识适应和认同适应。

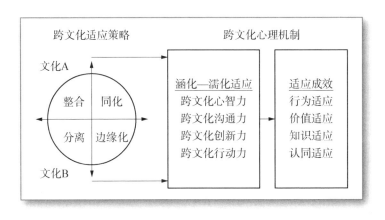

图 5.7　跨文化适应机制模型

　　□ 跨文化适应的效能。管理心理学有关跨文化外派能力、适应和职业发展的研究日益活跃和深化。有关外派人员跨文化适应的研究也采用了文化适应力

(cultural adaptability)的视角,把跨文化适应分为两个维度:心理适应和社会适应。前者以情绪适应为主,指跨文化情境下的身心健康与主观幸福感;后者是指适应当地的工作与社会环境,并进一步分成工作适应和人际适应。如何衡量跨文化外派人员的综合绩效呢? 王重鸣、姜金栋(2005)在所承担的国家自然科学基金资助研究项目中,针对我国外派回国人员所面临的挑战,采用了个人内在成长、个人职业发展、组织业务拓展和组织社会形象四项指标。实证研究的结果发现,个人内在成长与组织业务拓展及组织社会形象绩效指标具有高相关及相互促进作用,而个人—组织期望匹配模式直接影响个人的内在成长与职业发展(参见研究解读5.3)。

2) 跨文化适应成长的管理。跨文化适应成长是一项战略任务,需要一个整体解决方案,包括从外派人员的心智与能力准备、跨文化职位的设计与人员选配、海外工作的激励与绩效管理,到跨文化适应成长的持续赋能、外派人员的职业发展和返回母公司的待遇安排以及家庭援助等内容。随着越来越多的企业在全球拓展业务并主要依靠外派员工来开展其全球运营,包括 1 年以内的短期经理人项目和1—5 年的长期任务,在海外成功开展合作项目和新业务已经成为各类企业的全球竞争优势。企业通过在国际商务和文化环境中培养具有胜任挑战性任务的素质与能力来发展其员工的职业生涯,并帮助确定有潜力的后备干部人选。管理心理学的研究指出,成功的外派员工一般具有三种特征:智力资本(知识、技能、经验、文化智力和认知适应力等)、心理资本(不同文化情境下得到的弹韧历练、亲验学习和在东道国运作的能力)和社会资本(能与当地的利益相关者建立信任关系,包括员工、供应链合作伙伴和客户等)。全球企业领导力与国内企业领导力有很大不同,外派员工需要专题性的领导力开发训练与教练辅导计划,并理解与具备全球文化意识、开放心态和认知灵活性。

为了增强跨文化适应成长的能力,需要选派具备一些重要胜任特征的人员,以便成功执行相关任务。跨文化适应成长胜任特征主要包括:弹韧自信与自力更生能力(自信独立、毅力坚持、职业道德等)、合规经营与复杂解题能力(多文化经营、跨文化解题等)、包容沟通与互动交往能力(社会敏感性、多向沟通技巧等)以及变革管理与创新拓展能力(变革创新心智、跨文化创新拓展等)。这些研究进展为国际企业的领导力开发、组织设计和人力资源管理提供了重要的理论指导和有效工具。

(2) 跨文化心理获得感的研究

1) 跨文化外派的心理获得感。说起外派经理或外派员工,一般都是指各类企业选拔和派往海外工作或者外资企业选派到中国分支企业的人员。不少优秀企业先后启动了诸如"巡洋舰外派人才计划"和"外派项目团队后备人才计划"等,并以跨文化管理能力开发与跨境项目培训相辅助。近年来,跨文化"自主外派"日趋流行,这是指个人自行到海外或来中国工作或创业的人员。与先前的企业外派相比,自主外派人员由于缺乏系统的热身培训和专项准备,因而面临如何适应新文化环境与工作模式的挑战。为此,詹纳沙里(Jannesari)和王重鸣等(2017)的研究围绕自主外派人员的心理获得感及其效应方面。所谓心理获得感的原意是指"在特定时刻的亲身经历而体验、认知和取得心理资源获得性的感觉",成为帮助员工确定其角色和同事如何互动的心理条件之一。我们在研究中把心理获得感定义为"对合作伙伴引导心理资源的能力和动机",以此表现跨文化双方的心理资源可得性感受。研究聚焦在外派员工怎样调节与构建心理获得感以及自主外派者与当地同事如何共同构建新角色组合的策略方面(王重鸣,2021)。研究表明,外派经理的主动个性正面影响心理获得感。主动个性是指个体主动应对环境变化的资质特征,表现出正面主动性、机会识别和积极应对行为。跨文化互动关系会受到主动个性特征的积极调节作用。

在跨文化适应成长方面,主动个性与心理获得感建立起自信和进取精神,有助于应对文化差异与挑战,并正向调节跨文化适应成长的压力和焦虑,以免可能产生负面影响,降低他们的创新力与行动力。由于21世纪的职业越来越需要与跨文化同事合作共事,通过主动精神和互信共享模式,可以显著促进心理获得感的正面效应,形成跨文化适应成长的良好态势。

2) 跨文化自我建构与知识迁移。在詹纳沙里(Jannesari)和王重鸣等(2016)的另一项研究中,通过对外派员工的社会资本作出分析,考察了跨文化知识迁移的动态机制。社会资本包含三项维度:关系关注、认知结构和自我建构。我们的研究结果表明,自主外派员工和当地员工在互依性自我建构程度较高时会产生更多的知识迁移;在变革转型背景下,互依性自我建构有助于建立高质量跨文化适应关系和归属感;社会资本显著促进跨文化各方的互动和有效的双向知识转移。跨文化各方的社会资本如果能与相互的技术与管理专长紧密结合,能够显著促进互信和发展共享愿景。

5.3.3 跨文化冲突管理主要策略

(1) 跨文化冲突的特征与策略

1) 跨文化冲突的特点。跨文化冲突管理是跨文化管理"双栖策略"之一。不同文化下的冲突处理模式,会在冲突内容认知、不相容行为模式、冲突处理方式以及合作—竞争策略选择等方面,不同程度上改善跨文化管理的效能。

    ☐ 跨文化群体冲突的处理方式。我们的研究表明,在解决跨文化群体冲突时,所采用的策略存在文化差异。中国文化条件下,人们倾向于采取低不确定性策略(如回避和折中策略);而欧美文化条件下,人们则更多采用高不确定性策略(如竞争和合作策略)。

    ☐ 跨文化冲突管理的模式差异。我们的研究表明,外资企业在冲突管理方面普遍表现出结果导向,在跨文化合作模式上,对价值取向和冲突管理模式的认同程度较高;在企业组织结构方面,外资企业管理人员对组织责任、权力分布和利益分配有较高的评价。

    ☐ 跨文化合作模式的特征评价,我们在研究中采用的评价体系包括:协同能力、文化心智、价值取向、冲突管理、管理协调、职权分配、规章制度、选拔聘任、培训开发、报酬奖励、绩效考核、职业发展、参与管理、团队建设等14项指标。分析结果显示,文化差异程度和合作模式因子都在较大程度上预测群体合作与企业绩效。

    2) 跨文化冲突管理的机制。跨文化管理注重企业组织特征(结构、文化、价值取向和商业模式等)对于跨文化管理能力的影响,并通过跨文化领导策略与团队策略,对总体绩效产生正向或负向的效应。林士渊、王重鸣(2006)开展了一系列实证研究,选择了长三角地区和珠三角地区的不同组织体制、产品分布、技术水平、外资来源的50家外资企业的管理人员开展调研。研究结果发现,跨文化管理中的冲突管理、领导策略和团队策略对于绩效达成与合作满意度具有显著的作用。相关研究表明,在跨文化管理环境下,彼此尊重、相互理解、求同存异、合作发挥等可以增强合作心智模式,通过合作项目与共事岗位上的"换位思考"、沟通协调和积极的冲突管理与团队建设措施,有助于建立高绩效的跨文化管理机制和总体效能。

    根据一系列有关跨文化冲突管理的研究,我们提出了图5.8所表示的跨文化冲突管理的策略模型。在外资企业的组织特征下,采用包括责权分配、管理协调和文化契合三要素的跨文化管理能力,以基于建设性冲突管理的跨文化领导策略和基于协同性文化管理的跨文化团队策略相协同,显著影响企业总体绩效,从而形成跨文化管理的新策略机制。

    跨文化管理心理学研究比较关注我国企业在"走出去"战略下如何适应与应对新的挑战以及通过适应组织的期望而获取持续的成效。请进一步阅读"研究解读5.3 外派人员与组织的期望匹配模式对绩效的影响",思考与讨论"派出去"和"走进来"两种跨文化适应模式的异同和有效策略。

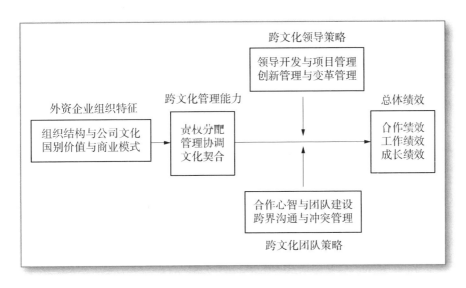

图 5.8　跨文化冲突管理的策略模型

研究解读 5.3　外派人员与组织的期望匹配模式对绩效的影响

*作者：*王重鸣(浙江大学)、姜金栋(杭州师范大学)

发表刊物：《应用心理学》,2005 年,第 11 卷,第 4 期,291—296

*研究内容：*本研究以不同国家、多种行业的外派国内外的经理为对象,综合验证人与组织期望匹配模式对于国际商务项目运作绩效的影响。跨文化情境中的外派经理管理,不但关心外派人员从国内到国外的适应与管理,而且越来越重视外派回国员工的重新适应和留任发展的问题。本研究深入考察外派经理个人与组织的心理契约期望组合模式对于绩效的影响。我们选取来自不同国家、多种行业的跨国公司(涉及通讯、医疗、贸易、电子、服务等)的 128 位外派经理,包括从国外外派到中国和从国内外派到境外的外派经理。运用因素分析方法提取出四个因素：个人内在成长、个人职业发展、组织业务发展和组织社会形象。验证性结构方程建模分析表明,组织越符合个体的期望模式,越有利于组织增强社会形象与个体内在素养的提升;个体越符合组织的期望,则越有利于个人的职业发展,但却会对组织业务拓展产生负面影响;个体与组织对于外派的关系期望和交易期望组合成不同期望

模式：相互忠诚、代理机会、组织机会和相互交易；人与组织的不同期望组合模式，对个体与组织的绩效具有不同效应，当组合模式为相互忠诚时，组织绩效更高，而当组合模式为组织机会时，个体发展与内在成长的绩效水平会更高。个体期望匹配对于个人成长和组织形象效应最为显著，而组织期望匹配则主要影响职业发展和业务拓展方面的绩效。这项研究为跨文化外派经理的管理与生涯发展提供了富有价值的理论依据和实践指导，丰富了跨文化人力资源管理有关文化价值适应和人力资源策略的原理。

第 5 章　思考题

1. 什么是文化力管理？文化力管理有哪些文化策略？请以企业案例为例。

2. 在实践中如何提升文化智力和公司文化契合度？请以新生代为例说明。

3. 组织文化的融合和建设可以采用哪些策略？请举例说明两种不同策略。

4. 在转型升级与变革创新背景下，如何设计企业文化的新元素？

5. 请用联想文化原理为例，解读身边的企业文化特征。

6. 如何做好跨文化管理？如何通过人资策略优化跨文化胜任力？

第6章　激励机制与组织承诺

6.1　激励概念与持续激励机制

> **知识要点 6.1　激励理论与持续机制**
>
> 综合激励：三维激励、成就动机、责任归因、目标特征、需求层次、工作特征
> 持续激励：双因组合激励、期望递增激励、组织公平激励、认知评价激励策略
> 组织整合：固定式调节、外部式调节、外插式调节、认同式调节、整合式调节
> 双激励链：目标激励—责任归因—组织效能和内外激励—认知调节—自主内控

6.1.1　激励三维与综合激励理论

现代管理的一项关键任务是充分调动管理者和广大员工的工作积极性，即激励问题。激励问题一直是管理心理学的核心内容和研究热点，也是我国管理心理学研究的重点领域。管理心理学把激励看成"持续激发动力的心理过程"。与1980年代或1990年代开展的需求调查和薪酬高低的研究相比，2000年代和2010年代的激励越来越从激励的多种措施或制度本身，拓展到激励过程、持续激励和体系设计等方面乃至整个生涯发展的策划与实施。激励机制与薪酬体系越来越被作为一个整体解决方案来加以设计和实践。

（1）激励三维度与激励的机制

激励是指推动人朝着一定方向和水平从事某种活动，并在工作中持续努力的动力。"方向"指的是所选择的目标，"水平"指的是努力的程度，"持续"则指的是行动的时间跨度，需要从目标、强度和持续等三维要素考察其激励水平。

1）激励的目标要素。激励需要有明确的目标指向。目标是激励的第一要素。目标要素有多项特征：层次、时间、类型。目标在层次上分成个体目标、群体目标、组织目标；目标在时间上分成短期目标、中期目标、长期目标；目标在类型上分成操作目标、经营目标、战略目标。激励机制的设计与构建首先需要明晰目标体系与管理。

2）激励的强度要素。激励有不同的强度要求，强度是激励的第二要素。有效的激励强度有三个重要特征：适中、协调、递增。激励强度与绩效之间的关系呈"倒U型"，过强或者过弱的激励度，都不会有高绩效，只有中等强度的激励才能导致持续高绩效；激励协调是指多种激励之间的协调，特别是内外激励的平衡。德西（Deci，E. L.，1975）在相关激励研究中通过儿童游戏实验，提出"过分突出的外部激励，会显著削弱内在动机"，也称为"德西效应"（Deci effect）（详见内容）。

3）激励的持续要素。激励的持续性是激励机制设计中最具挑战性的，持续是激励的第三要素。如何形成长期激励的效应，是激励制度的关键要求。激励持续性也有三个重要特征：多样、程序、体系。激励持续建立在多样激励措施的合理组合；在激励流程的各环节显示程序公平性并在激励的各种制度安排、分类举措、奖金薪酬福利多方面形成体系。

有关工作激励的理论基本划分为两大类：内容理论和过程理论。内容理论主要集中于分析个体的多种需求，认为管理者的任务是创设一种积极满足各种个体需要的工作环境。内容理论可以帮助选择最具需求的激励内容和组合模式，也称"组合激励策略"；过程理论则围绕人的激励过程及其对工作行为的影响，可以解释如何确定最具效能的激励策略和流程机制，也称"流程激励策略"。

（2）成就动机与责任激励策略

1）成就动机理论。这是最近更多受到关注的激励理论。心理学家麦克兰德（D. C. McClelland）和阿特金森（J. W. Atkinson）提出的成就动机理论，用以解释追求成就的动机和回避失败的动机究竟如何影响人们在有卓越绩效评价情景中的行为。他们通过一系列研究，以"主题统觉投射测验"（TAT）作为工具，研究人的需要与动机，包括三种动机要素：

- 成就动机要素：追求复杂任务、高绩目标和持续成效的成就激励；
- 关系动机要素：与他人建立、保持和发展关系与社交成长的关系激励；
- 职权动机要素：在工作中影响他人、管控进展并对他人负责的职权激励。

成就动机理论认为，人们在生活与工作经历中逐步历练、积累和形成三类激励要素，需要在工作场景中创造发挥和适配的任务和角色，使得成就动机与事业发展相互促进和提升。在挑战与成就情景中，成就动机倾向（$T_{成就}$）是由追求成功倾向（$T_{追成}$）和回避失败倾向（$T_{避败}$）这两种倾向所合成，见以下公式；而在一定条件下，外在奖励等因素产生的行为意向（$T_{外因}$）可以补充成就动机的强度，但前提条件是有足够的追求成功的内在激励。

公式1：成就动机合成倾向（$T_{成就}$）＝ $T_{追成}$ － $T_{避败}$

公式2：成就动机合成倾向（$T_{成就}$）＝ $T_{追成}$ － $T_{避败}$ ＋ $T_{外因}$

我们的研究认为,具有高度关系动机的员工重视人际关系和沟通拓展的机会;而具有高职权动机的人员则愿意寻求和发挥各自的影响力,注重组织意识和职位平台。在有关中层管理人员动机特征的研究中,我们把争取成功与回避失败作为成就动机的重要评价指标;把组织意识与控制他人的倾向作为职权动机的关键成分;而把社交愿望与群体协同作为亲和动机的主要方面。研究表明,中国企业管理干部正在形成新型工作动机,包括以下特征:

- 目标创新与持续发展导向的成就动机;
- 个人成长与社会责任导向的职权动机;
- 团队任务与合作共享导向的关系动机。

在此基础上,我们设计和采用情景判断题,对管理成就动机作出了有效的评价,为在组织变革与创新转型情境下深度理解、激发和促进工作成就动机,提供了新的理论指导和应用工具(王重鸣,2020)。

我们在经理人成就动机的研究中,以成就目标、成就期望和成就价值三要素加以表达,发现经理人成就动机与任务决策之间具有重要的效应关系。杜红、王重鸣(2003)围绕经理人成就动机与不确定任务决策问题,以经理人为对象,开展了心理学实验研究。实验以情景模拟与角色扮演的形式进行分组实施:分为过程成就目标组(任务目标)和结果成就目标组(绩效目标),并以角色扮演方式完成六项情景模拟决策任务。同时以成就目标承诺度量表、自我效能量表、成就归因量表加以测量。实验结果表明,由成就目标、成就期望和成就价值组成的成就动机要素对于任务决策具有显著效应,表明成就动机三要素的强度越高,越容易在行为决策时选择挑战性、高难度的任务。这项研究对于进一步理解经理人成就动机与任务决策之间关系的机理,提供了新的研究证据。

2) 目标责任归因激励。在数字化转型和创新型群体建设过程中,需要发挥员工的主动精神、责任意识、团队合作和团队间协同的能力。管理者的任务是创造条件以满足下属的潜能发挥需求和承担具有挑战性的目标责任。在本书第 2 章,我们讨论了目标责任归因理论的研究依据和责任激励机制。责任目标通过以认知归因作为关键的行为机制,强化责任激励,从而提升综合激励的水平。根据目标责任归因理论,我们系统地解读了目标—归因—满意—努力—绩效的"激励链",并提出目标责任激励的原理。以目标责任归因的效应为基础,认为目标责任激励是以目标责任特征,形成责任归因模式而促进和影响随后的工作情绪、目标期望和努力水平。其中,目标责任特征包含三个特征维度(个体目标责任—集体目标责任、短期任务责任—长期成长责任、经济目标责任—社会目标责任),这些特征交互影响,形成基于责任归因的责任激励模式(个人责任激励、任务责任激励、合作责任激励、经济责任激励和社会责任激励)进而决定了绩效追求行为(增强自我效能感、提升工作满意度、促进可持续行动)。

进一步的研究表明,在组织变革与创新发展的新阶段,尤其是数字化转型的新场景中,"合作目标责任—社会责任激励—组织效能感"成为持续高成长的责任激励主线。图6.1是目标责任激励策略的模型图解。可以看到,在数字转型与责任管理的策略支持下,分布式合作目标责任得到强化,激发了创新式社会责任激励水平,进而在协同创新和组织赋能条件下不断增强组织效能感和可续成长。这里所说的分布式合作是指不同业务、团队、任务之间的合作,而创新式社会责任是指聚焦企业内在变革创新的责任模式。在数字化和责任型经营管理中,分布式合作和创新式社会责任成为核心竞争力要素,而创新式社会责任激励是一种稳定且可持续性比较强的激励模式。

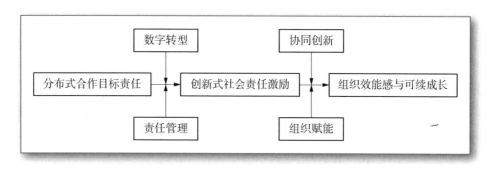

图 6.1　分布式目标责任激励机制

3) 目标特征激励策略。管理心理学注重把目标指向行为作为激励的核心要素。目标设置理论是由心理学家洛克(E. A. Locke,1984)提出的,认为人们的行为是由目标和志愿所驱动的,具体、有挑战性的目标会导致高工作绩效,并且强调反馈的重要性。

□ 目标特征。人们在工作中会面临各类工作目标和任务。有的目标比较笼统、含糊,有的目标具体、明确;有的目标简单易行,还有的目标则复杂而具有挑战性和反馈性。我们的研究表明,自主性强、团队性高、创新性强、责任性大和成长性好的目标,更能激发持续的任务努力并增强坚持性,促进形成有效任务策略,显著提高工作动机乃至工作绩效。

□ 目标承诺和自我效能感。目标设置理论认为,人们接受目标并为之努力的程度就是目标承诺的表现。研究表明,中等难度的目标使人知觉到目标达成的机会,因而会增强目标承诺的程度。在这种情况下,员工的自我效能感会得到加强,进而促进成就目标行为。

围绕数字化转型和团队化最新趋势,在经典的工作特征模型强调个体岗位的任务多样性、任务完整性、任务重要性、任务自主性、任务反馈性五项特征的基础上,王重鸣(2015,2020)根据最新研究构建了新的工作目标特征模型,也包括五项特征:

□ 目标自主性:设置具有自主性的目标有助于增强激励性。这里所说的自主性,并不只是目标的个人自由度和挑战性,而是强调团队目标和组织目标的自主性。因而涉及团队间的势均力争和跨组织的竞合发展。

□ 目标责任性:设计责任明晰和易于问责的目标对于提升激励性成效显著。在管理心理学的知情意责四元机制中,起协同引领作用的是责任元机制,在目标特征中强化责任性,有利于协调目标认知、目标认同、目标意志等激励特征。

□ 目标成长性:这是指目标具有随时间递增的特征,比如设置长短期相结合的目标或者阶段性比较强的目标,也可以采用系列目标设计等形成可续成长目标。

□ 目标团队性:加强目标的团队性有利于鼓励团队激励,延展目标的效应面。在数字化转型背景下,会出现多种协同式项目团队,目标团队性会带有较强的分布性,即所设置的目标与多个协作团队有协同关系。

□ 目标创新性。为了提高目标的激励度,需要不断增强目标的创新性,这既是任务创新驱动的要求,也是强化激情和提升目标追求力的举措。

我们在行动学习中采用这五项目标特征作为行动目标设置的标准,显著增强了目标特征在行动实施中的内在激励功能。

(3) 激励需求与工作特征激励

1) 员工激励需求的比较。激励策略的一个重要前提是与干部员工的需要层次和类型相匹配。我们1980年代中期曾在企业员工中就需要和奖励措施开展调研(王重鸣,2001)。结果表明,企业最多采用的奖励措施依次为发给奖金、表扬鼓励,而晋级提升、奖励证书、分配住房、工作条件、学习培训、特殊待遇、带薪休假、弹性工时等则排在较为次要的位置。有关最有价值奖励措施的调查结果表明,对不同类型奖励的偏爱程度分别为:发给奖金、学习培训、工作条件,而晋级提升、带薪休假、分配住房、表扬鼓励、特殊待遇、奖励证书、弹性工时等则偏好程度较弱。可见,比较通行的激励措施仍然是奖金、表扬和晋升;而比较受人重视的奖励类型却还包括学习培训和工作条件。30多年后的现在,研究得到了怎样的不同结果呢?我们的比较调研表明,目前企业使用最多的奖励措施还是金钱奖励,但是金钱激励的形式多样化了,依次为奖金、利润分成、期奖、股权和绩效积分等;团队奖励的比重显著加大,底薪的比重也显著提高了,更多采用了项目制薪酬;采用学习培训作为成长举措的企业较先前普遍,但大多作为人资部门按需设置的能力开发常规内容,特别是在线学习成为自觉的行动,并没有都与奖励计划挂钩;加班费的比重显著增加,许多企业作为"一揽子"报酬计划并与项目工作任务挂钩,而不是单独计酬;企业文化建设在奖励中的内在作用显著加强了,各类社会活动、竞赛排名、公益活动、社会责任承担和团队间协作共事等都成为新的激励因素和贡献内容。

经过我国改革开放 40 多年的实践,员工的需求和激励导向在薪酬奖金的基础上,明显地向学习成长、历练才能、施展才华和协作共享方向转移,表明我国员工内在激励程度的显著提升。在有关组织改革的现场研究中,与奖励制度改革以及工作扩大化策略相比较,群体参与式的组织变革是一种既受员工欢迎,又能产生实效的改革与激励措施。群体参与策略与奖励制度的激励措施结合在一起,可以发挥更好的作用。

2) 需求类型与需要层次理论。早期激励理论中比较流行的是心理学家马斯洛(Maslow)提出的需要层次理论,需要层次理论认为人的需要可分为五种不同层次:生理需要、安全需要、社交需要、尊重需要和自我实现需要。这些需要是从低级向高级发展的。

- 生理需要:人类最基本的需要,生理机能、维持基本需要;
- 安全需要:生活、工作得到保障,获稳定生活和交往环境;
- 社交需要:情感需要,归属需要,与他人关系和群体认同;
- 尊重需要:得到他人尊重,自尊、声誉、认可、才能胜任感;
- 自我实现需要:实现理想、抱负,发展和发挥才能与创造性。

需要层次理论认为,多层次的需要交互影响,某些需要会占主导地位,而且需要是动态的。员工需要层次与价值取向密切相关,注重奉献精神、事业心强的人倾向于追求高阶需要;也与岗位或职位层次有关,担任中高管理层职位的人员比较重视高阶需要,而操作层面或基层职位的员工则比较侧重于低阶需要。同时,需要层次也与人们的职业发展阶段、企业规模、组织环境和交叉文化背景等因素有关。在职业生涯发展和领导潜能开发的实践中,把重点放在激发高层次需求和发挥自我实现的需要。在需要层次理论的基础上,"存在—关系—成长理论(ERG)"把人们的需要分为存在需要、关系需要和成长需要三个类别。这个理论强调持续的成长发展,强调多种需要可以同时得到满足并相互影响,促进可续成长。

3) 工作特征激励理论。对于知识型员工和新生代员工来说,工作任务本身的内在特征会产生持续的激励效应。哈佛大学心理学家哈克曼(J. R. Hackman)等为此提出工作特征模型,为工作内在激励提供了新的理论原则。工作特征模型提出,任何工作都包含五个核心特征,如图 6.2 所示。

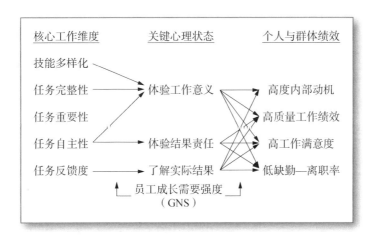

图 6.2　工作特征模型

① 技能多样性,即工作岗位所要求具备的多种技能与知识的程度。

② 任务完整性,指工作任务的整体特征(有始有终,并有看得见的结果)。

③ 任务重要性,工作职位与客户端的贴近程度。工作与客户端的接近程度越高,即对销售端的贡献程度越大。

④ 任务自主性,在任务安排和决定工作程序等方面具有的自由度。

⑤ 任务反馈度,有关任务结果有直接、明确的信息。

根据上述五种工作特征,可以采取以下措施:

① 采用较大工作模数,把高度专业化的任务组合成较大的工作模数,提高任务的多样化和完整性;

② 形成自然工作单元,使工作任务具有整体责任感;

③ 建立用户联系,使员工有机会不断听取有关产品或服务的意见与要求,并改进工作,从而提高任务的多样化、自主性和反馈程度;

④ 增加纵向自由度,使员工能决定工作的时间程序和工作节律及方法;

⑤ 开放反馈渠道,帮助员工了解工作结果及其与工作目标间的差距,以便改进工作。

工作特征对于员工和工作过程有三方面的影响。当工作的技能多样化、任务完整性和重要性得到提升时,会显著增强工作责任感等心理状态,并在很大程度上决定工作动机、工作绩效和工作满意度的程度。员工的"成长需要强度"(GNS),即满足高级需要的愿望,是一个重要的变量,高 GNS 的员工将体验到上述心理状态,见图 6.2。整个模型运用"激励潜力分数"(MPS)作为工作特征的指标:

MPS＝(技能多样性＋任务完整性＋任务重要性)/3×任务自主性×任务反馈度

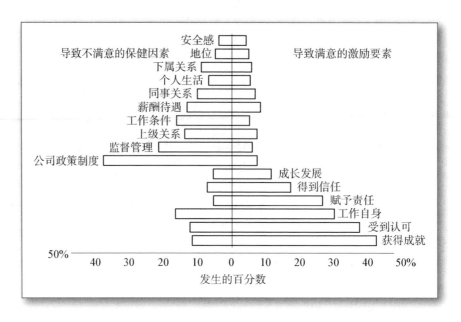

图 6.3　双因素论的保健因素和激励因素百分数图解

从这个公式来看,技能多样性、任务完整性、任务重要性三种工作特征之间呈现"加法"关系,可以互补,而任务自主性、任务反馈度则表现为"乘法关系"。这就是说,在工作中,任务自主性与任务反馈度是缺一不可的特征,当这两种特征降低至接近"零"时,总体内在激励强度也会降至最低。其关键条件是"员工成长需求强度",说明了各类工作特征的重要效应关系。我们开展的企业研究表明,在中国企业中,任务自主性和任务反馈度,任务团队性也对激励潜能具有"乘法增强作用"。

6.1.2　组合激励与流程激励策略

（1）双因素论与组合激励策略

1) 双因素组合激励。著名心理学家赫兹伯格(Herzberg)最早注意到知识型员工的激励不同于一般激励的特点,早在 1968 年就在《哈佛商业评论》第一次提出双因素激励理论,之后又先后在《哈佛商业评论》第二、三次发表,知识型员工的组合激励成为构筑人才竞争优势的举措。这项双因素激励理论是赫兹伯格等(1959)根据对匹兹堡地区会计师和工程师所做的经典研究而提出的。他们的研究发现,工作成就、社会认可、工作性质、工作责任和职业发展机会等内在因素与积极的情感紧密联系在一起,称之为"激励因素";另一些因素,例如,管理政策、上下级关系、报酬及工作条件等外在因素,往往会引起人们的不满,与工作情境有关,称为"保健因素"。当保健因素得不到满足时,个体会感到不满意;而在这种需要得到满足时,个体并不会感到不满意,但也不会感到满意。当激励因素没有被满足时,个体不会感到满意,却也不会感到不满意;而当这种因素得到满足时,才会使人感到满意。通过现场访谈的内容分析,确定导致工作满意度的情景特点以及这些情景所激发的需要或动机及持续时间。

2) 激励因素与保健因素之间的关系。研究发现,工作成就、社会认可、工作性质、工作责任和职业发展等因素与积极、正面的工作态度与满意度紧密联系在一起,由于这些因素都和内在工作特征有关,因而称之为"激励因素";另一些因素,例如,企业政策与管理、与上级关系、薪酬及工作条件等,与工作情景有关,往往容易引起人们的不满和负面情绪,称为"保健因素";而且,积极情感比消极情感持续的时间更长。在此基础上,提出了双因素激励论,即激励因素与保健因素的理论。研究得到的两种因素的百分数分布见图 6.3。

双因素理论的基本原理可以概括为:充分激励,适度保健。每个人在工作中都会面临两类因素:与工作外部条件及心理环境有关的保健因素:组织政策、工作条件、基本工资、同事关系、下属关系、社会地位和工作保障等;与工作内在特征及挑战性有关的激励因素:成就、认可、工作本身的特点、责任、发展和成长机会等。激励因素与保健因素对于工作满意度的效应有什么区别呢? 研究表明,在工作中,当保健因素得不到保证时,个体会感到不满意,降低激励程度,并在保健因素的满足程度逐步增大时,会减少不满意,但随着满足程度的增加,总体满意感受却会徘徊在中等水平上;而当比较内在的激励因素没有得到保证时,个体不会感到特别满意,却也不会感到不满意,一般处于中性状态,在激励因素得到满足的程度持续增加时,会使人感到内在激励度显著提升,且这种激励效应会持续较长时期。这就是"充分激励,适度保健"双因素互补机制的基本原理。对于知识型员工的持续激励来说,这一原理得到广泛的验证,成为激励成本—效益最佳的选项。

（2）流程激励策略

管理心理学的激励理论研究与应用日益转向关注激励过程和持续激励有效性方面。激励的过程理论也通过准确地解释和预测复杂、动态工作背景下的激励行为与绩效而得到不断深化。应用比较广泛的激励过程理论有期望理论、公平理论、目标设置理论和认知评价理论。

1) 期望理论的原理和流程激励。最有影响的激励过程理论之一是心理学家弗鲁姆(V. H. Vroom)在《工作与激励》(1964)一书中提出的经典的期望理论,认为工作动机是由员工有关"努力—绩效关系"与工作结果的观念与期望有关。这一理论可用以下公式表示：激励力(M)＝效价(V)×期望(E)。其中,激励力指调动个体积极性与内部动力的强度,效价指所要达到目标对于满足个人需要的价值和重要性,而期望则是指一定工作行为与努力能够导致任务达成和需要满足的可能性(或概率)。假如目标价值越重要,实现目标的概率越高,所激发的动机就越强烈,请看图 6.4。期望理论界定了工作动机的"三部曲"：

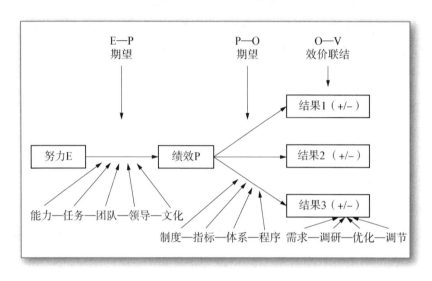

图 6.4　基于期望递增的流程激励机制

　　□ 从工作努力(E)到作出绩效(P),受到工作的能力、任务、团队、领导、文化等因素的支撑,形成 E—P 的期望值；

　　□ 从工作绩效(P)到获得结果(O),受到绩效系统的制度、指标、体系、程序等因素的配合,形成 P—O 的期望值；

　　□ 从所获结果(O)到结果效价(V),受到需求、调研、优化、调节等因素的价值关联或评估,形成 O—V 的期望联结。

　　根据期望理论,为了有效地激发工作动机,需要处理好以下三种关系：

　　□ 努力与成绩的关系：努力与成绩的关系决定于个体对目标的期望概率知觉。期望概率是一种主观估计与知觉,受到人们的认知、态度、经验、价值取向等个体因素和任务特征、奖励结构、团队合作、领导支持及组织文化等因素影响。

　　□ 绩效与奖励的关系：绩效与奖励的关系是指在实现预期工作绩效后能得到适当、合理奖励的方式与程度,包括内在与外在奖励、绩效考核指标与系统等。研究表明,绩效与奖励之间的关系应注意其总体性和多重性,使奖励制度更具综合激励作用。

▫ 奖励与满足需要的关系:通过需求调查所获得各类人员偏爱的奖励类型,以满足不同层次人员的需要。可以设计多种奖励方案,以利于形成复合式效价结构,满足多重、多阶段的需求。

期望理论以需求和努力来定义激励的概念,认为由效价、工具性和期望等因素的交互作用决定着激励程度,即:M＝E×I×V。这一公式表示,效价(V)、工具性(I)和期望(E)中的任何一项值接近零时,激励效应将急剧下降;反之,要使奖励具有高度正面效应,与其关联的效价、工具性和期望值都必须是高正值。这在理论上对激励过程的机制作出了进一步的解释,对于管理实践具有重要意义。

（3）公平理论与组织公平激励

1) 公平理论。把激励过程与社会比较联系在一起,认为人们倾向于把自己的工作待遇和他人的工作待遇相比较,如果出现不公平性就会带来心理上的不平衡,从而产生激励意义。在出现不公平感时,个体会采取以下四类策略,以调节心理平衡。

▫ 改变策略:改变工作投入,改变所获结果,改变他人投入,增强奖励;

▫ 调整策略:调节工作任务与心态,调整工作模式或他人的奖励量;

▫ 自我策略:自我心理调节,感知不公平的暂时性,作出自我增强调节;

▫ 参照策略:把自己与不同的同事作比较,设定新参照。

这里所说的投入包括知识、智力、经验、技能、声誉、努力以及工具和工作条件或资源等,奖励也可以包含多种类型。

有关公平理论的研究与应用比较多,除了薪酬奖励方面的公平性,也包括非薪酬的其他待遇或管理上的公平性。其中,有关组织公平的研究成为公平行为研究的重点。这里说的"组织公平"是指人们对于组织中公平性的知觉或公平感。研究表明,在组织情景中有两种类型的公平感:分配公平与程序公平。前者是指员工在组织中所感受到薪酬或其他成果分配的公平性(例如,收入分配水平的总体感受);后者则指所感觉到的薪酬或其他结果决定方式的公平性(薪酬水平如何确定)。许多研究认为,程序公平比分配公平更具有持续的激励效应。

2) 组织公平激励。研究者进一步提出了人际公平(或称为互动公平)和信息公平的类型。前者是指组织中人际关系或上下级关系处理方面的公平性;后者指组织在决策或管理中所运用信息的准确性与周全性带来对决策或管理行为的不同公平感。其中,在组织管理过程中,员工从相互的人际社会交往和信息沟通中体验到公平性,称为"互动公平"。在组织背景下,互动公平会显著地影响群体氛围、组织文化和部门间协调。

6.1.3　工作设计与认知评价激励

（1）工作设计模式与设计策略

1）工作设计发展的四个阶段。工作设计的发展大致经历四个阶段，表现出不同的激励设计策略。

□ 工作专业化与职责分工。工作设计模式发展的第一阶段，重点是提高工作的专业化程度，强调职责分工、流水线作业和工作专业化。从短期效果来看，工作专业化提高了生产效率、加强了质量控制。可是，过分的专业化也带来许多弊病：工作单调乏味、缺乏激励性和挑战性、令人疲劳和紧张等。

□ 工作扩大化与任务轮换。工作设计模式发展的第二阶段，主要采用工作轮换和任务扩大等新的工作设计思路，重视任务的多样化，能够显著减低工作单调感，提高工作满意度。但是，并没有从工作更为内在特征方面提高工作的激励程度，因而仍然是一种短期的工作设计策略。

□ 工作丰富化与多样特征。工作设计模式发展的第三阶段，立足于对整个工作结构和特征的重新设计，在更大程度上改变工作的内容、功能、相互关系和反馈等特征。

□ 工作数字化与分布团队。工作设计模式发展的第四阶段，结合数字化转型和数字业务发展开展重新设计，注重任务间、岗位间、职能间的数字化协同和模块化设计，形成互补、跨界和产品服务导向的分布式团队设计。在工作设计中还注意把人员特征、工作特点与组织发展要求等因素联系在一起作为一个"数字化平台系统"，使人员、工作、技术、组织等四个方面形成最佳适配，建设高绩效工作系统和组织生态系统。

2）工作职位丰富化和工作特征设计。工作职位丰富化着重于增加工作的责任性、自主性和决策权，注意在工作中提供有关绩效的反馈，给予奖励，并提供个人成长发展的机会；工作特征设计则从满足员工需要和考虑个体差异出发，对工作本身的特征加以改革。数字化设计途径正在快速崛起，成为最有前途和最具创新的工作设计模式。

最近一项对 140 个国家业务部门和人资部门的 1.04 万经理人的调研表明，首选的最重要人力资源发展趋势是企业组织管理正从设计新型组织向积极构建组织生态体系和网络转变，如何在新型组织中建设高度授权的团队网络，建立内在激励、团队间互动、灵活敏捷的组织体系成为变革创新的重要竞争优势。

（2）**认知评价激励与德西效应**

1）认知评价激励。激励也表现为人们对于奖励因素及其关系的认知评价过程。著名心理学家德西（Edward L. Deci）等（1975，1985）依据一系列实验研究提出有关内外激励机制的认知评价理论（CET：cognitive evaluation theory）。在其中一项心理学实验中，研究者发现，对一组有内在兴趣而专注于玩具游戏的儿童多次给予外在物质奖励，造成他们的内在激励程度显著减弱；而另一组有内在兴趣的儿童游戏同样玩具后不给与外在奖励却保持了内在激励程度，从而揭示了认知评价激励的心理学机理。

2）德西效应的原理。德西提出的认知评价理论认为，"过分突出的外在奖励会显著削弱内在动机"，即"德西效应"。这是因为，过分突出的外在奖励容易强化行为的外部控制源，使得员工对工作行为和获得奖励原因的认知更为"外在化"，倾向于从内部解释转移为外部解释，即认为积极的工作行为是由于外在奖励激励的缘故，从而削弱行为与目标的自身价值与内在激励效应。认知评价理论聚焦于人们对于胜任和自主的基本需求，进一步提出了反馈、沟通、奖励对于内在激励的重要性。自主性和内部控制源即自我决定力是内在激励的关键，光有任务胜任能力是不够的。认知评价理论对于深入理解基于自主性和内控力的激励策略设计，具有重要指导意义。

（3）**组织体整合论与双激励链**

1）组织体整合论。在现实生活中，内外激励是交织在一起的。研究发现，即使是外在激励，基于认知评价的自我调节也是重要的激励机制。为此，研究者发展了自我决定理论（SDT：self-determination theory）并提出了基于自我调节的组织体整合理论（organismic integration theory），用于解读外在激励行为的自我调节机制。组织体整合理论提出，可以把对外在奖励的自我决定力调节分为五种模式：

□ 固定式无调模式：没有设立任何调整方法，内外奖励与能力、价值和调控力都不挂钩，往往形成奖励随时间递减和与需求脱节的奖励方法。

□ 外部式调节策略：依靠外部设置的奖惩调整方法，缺乏自主或管控的自我调节能力，被动接受企业的激励方法，使得外部奖励局限于一般加薪的作用。

□ 外插式调节策略：员工有一定的参与和调节机会，有时流于形式。在执行比较到位的企业，可以增强一定程度的内在奖励与惩罚作用。

□ 认同式调节策略：员工可以根据自己的认同性和奖励的重要性作出自选和有意识的激励价值增强，奖励与目标行为相衔接，显著提升奖励认同感。

□ 整合式调节策略：企业组织与员工的价值相互融合，认知—情感相互协调，内在与外在整合调节，自主与控制力充分发挥，形成与组织目标相互适配的自我决定力。

图 6.5 是基于认知评价（自我决定力）的内外激励调节机制图解。研究与实践证明，针对不同层次的激励模式，综合运用四种调节策略有利于建构有效使用内在和外在奖励的新型激励机制。从管理心理学来看，在内外激励策略、能力建设、绩效管理系统、团队工作、高绩效文化和领导力的共同作用下可以实现综合激励效能。

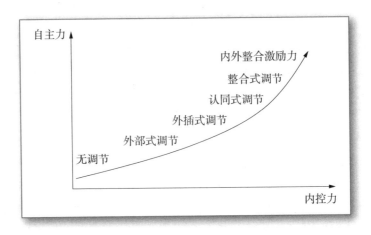

图 6.5　基于认知评价的内外激励调节机制

2）双激励链综合激励模型。我们讨论了"目标激励—责任归因—组织效能感"和"内外激励—认知调节—自主内控"的双激励链。图 6.6 为基于双链路的综合激励模型（DCM：doual chain motovation）。

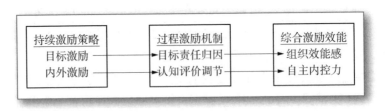

图 6.6　双链综合激励模型

双链综合激励模型涉及的主因素链是：持续激励策略—过程激励机制—综合激励效能。其中，一组激励链是包括目标激励、目标责任归因和组织效能感的程序式激励链；另一组激励链是体现内外激励、认知评价调节和自主内控力的协和式激励链。综合激励效能主要包括组织效能感和自主内控力等要素。双链综合激励模型为深入理解组织激励的心理机制提供了新的理论框架。

在线远程工作与知识管理成为日趋流行的模式。在线工作与人际合作网络工作模式下如何开展激励与知识分享呢？请阅读"研究解读6.1 激励知识管理系统中的知识分享：准实验研究"，思考与讨论这项准实验所提出的优化在线工作场景下激励策略与知识管理效能的途径。

研究解读6.1 激励知识管理系统中的知识分享： 准实验研究

作者：王晟(内华达大学拉斯分校)、诺伊(Raymond A. Noe，俄亥俄州立大学)、王重鸣(浙江大学)

发表刊物：《管理学杂志(JOM)》，2014年，第40卷，第4期，978—1009 (Wang，S.，Noe，R. A. & Wang，Z. M.，2014，Motivating Knowledge Sharing in Knowledge Management Systems：A Quasi-Field Experiment，*Journal of Management*，Vol. 40，No. 4：978－1009)

文章评价：本研究是在中国企业开展的现场准实验研究，通过预备研究与正式实验，开展持续17周的实验检验。无论从知识管理系统的激励机制，还是准实验研究方法，本研究都是重要的示范，为知识管理激励理论与数字化平台策略提供了创新的研究依据。

研究内容：许多组织都在运用知识管理系统(KMSs)促进知识分享。然而，很少有研究通过实证分析探究个体特征与组织的工作实践如何影响知识的分享。基于问责理论、人与情景互动心理学视角和"大五"个性模型。本研究运用一项准实验设计，检验新的激励策略：两种问责管理实践(评价与评价加奖励)及其与个性特征的交互作用如何影响使用知识管理系统人员的知识分享程度。

本研究在方法上先选取142名大学生参加预备研究，检验实验条件操作是否有效，检验问卷测量题项的用语和填写时间。在正式研究中，中国某软件公司的100位员工参与这项研究，他们来自三个部门，并随机分配进入三种实验条件，无条件设置的对照组和两种问责条件的实验组，并分别举行实验准备会议。准实验持续17周时间。研究测量采用标准的个性量表，知识分享则由两位有经验管理人员在不了解实验设计情况下对知识分享的数量与质量作出评分。准实验结果发现,两种问责管理实践都对知识分享具有正向作用,而评价加奖励条件比评价条件发挥更大知识分享效应。知识分享的程度受到评价加奖励与三种个性因素的交互作用,这三种个性因素是责任意识、情绪稳定性和开放经验。本研究为知识管理与数字化平台的激励机制优化提供了创新性的研究依据,也为结合管理实践开展准实验研究提供了新的范例。

6.2 工作情绪与积极管理策略

知识要点 6.2 心理健康与自我效能

工作情绪: 人内情绪、人际情绪、人群情绪、群体情绪、组织情绪五层次特征
心理健康: 生活、关系、团队、包容,胜任、负荷、指导、激励,成长、发展
心理资本: 希望、效能感、弹韧、乐观与价值信念等胜任力要素交融集合特征
自我效能: 对自己能设立、执行和达成目标所需行动能力的统合性判断与信念

6.2.1 工作的情绪与工作幸福感

(1) 工作情绪特征与情绪劳动

1) 工作情绪的层次特征。工作态度的关键要素是工作情绪。在高竞争、高压力的工作情境中,组织中的情绪管理日益受人重视。特别在进入新世纪以后,组织中情绪与情感的研究出现"激增",被称为"情感革命"。管理心理学把情绪定义为"对环境刺激的生理反应并影响身心变化和行动准备度的心理状态"。管理心理学研究表明,工作情绪与工作行为密切关联;组织中的情绪特征可以分为以下五种层次:

- 人内情绪。个体内部的情感状态、心态及情绪性行为等。
- 人际情绪。人与人之间的情绪特质、工作满意、倦怠、情商表现等。

- 人群情绪。多人之间情绪表现、情绪劳动、情绪交换、情感表达等。
- 群体情绪。群体中的情绪集合、上下级情感交换、群体情绪氛围等。
- 组织情绪。组织中情绪劳动、文化情绪氛围、组织压力与幸福感等。

在工作与管理中，多层次的情绪状态交织在一起，五种情绪融合成组织情绪模式，发挥综合效应，并通过情绪评价方法，诊断和调节多层情绪特征，实现情绪管理。情绪测量是设计与运用多维指标评价方法，通过工作日记、自我报告和部分生理指标进行测试。近年来研究者多用脑电描记法（EEG）和核磁共振（fMRI）等方法测量情绪特征并加以脑电合成建模，用以测试情绪记忆任务中的 θ（theta）脑波，取得更好的测量指标，一般用于实验研究或临床测试等。

2）情绪劳动的概念与策略。情绪劳动（emotional labor）是工作情绪领域的重要内容。情绪劳动概念最早由霍尔布希德（Hochschild，1983，2003）在《心绪管理：情感的商品化》专著中提出，她把员工的情绪劳动方式分为表层动作（surface acting）和深层动作（deep acting）。其中，表层动作是指员工被动（或主动）调节其情绪表达加以"伪装"以符合组织的要求（如展现表情）；深层动作是指员工为表达组织所期望的情绪而主动（或被动）尝试改变自身真实感受来展示情绪角色。管理心理学把情绪劳动定义为"调节和管理自身情绪以便创造公众可见表情与动作的努力"，并认为情绪劳动会直接影响员工幸福感和组织的任务绩效与周边绩效。

有关情绪劳动的前期研究比较集中在考察表层动作与深层动作（或称策略）的不同效应方面，而且较多涉及工作倦怠或负面行为。在我国的相关研究中，胡君辰、杨林峰（2009）以公司营业厅和客服人员为对象，采用量表调查法，研究情绪劳动要求、情绪劳动策略和情绪耗竭之间的关系，发现情绪劳动的专注度和严格性要求对于表面行为和深度行为策略都具有显著效应；情绪劳动策略在情绪劳动要求和情绪耗竭之间起到一定中介作用。莫申江、施俊琦（2017）的研究聚焦于情绪劳动策略与主动破坏行为之间的关系，以呼叫中心员工为对象开展分时段的问卷调查，发现情绪劳动表层策略显著影响了主动破坏行为；政策强度感知和情感社会分享分别显著调节了表层或深层动作与主动破坏行为之间的关系。研究为员工情绪劳动管理提供了新的策略依据。

（2）工作幸福感与心理健康度

1）幸福感的概念与视角。幸福感是人们长期关注的话题，幸福感的概念日趋完善和深化。这里所说的幸福感并非只是当前主观感受的幸福（happiness），而是包含了心理功能幸福（well-being functioning）。管理心理学把幸福感定义为"人们对生活、工作和最佳心理功能与体验的评价"。管理心理学的最新发展之一是重视工作幸福感（work well-being）和组织幸福感（organizational well-being）的研究与应用,在幸福感管理、快乐与高质量工作、工作—家庭平衡策略以及相应的组织设计等领域,理论与方法方面都取得一系列进展。有关幸福感的早期研究之一是1969年的心理幸福感分析,以积极和消极功能划分情绪,并把两种功能的平衡点界定为心理幸福感,并探讨幸福感的多种影响因素。之后,受到积极心理学思路的影响,幸福感研究日趋关注生活满意感、工作—生活平衡和幸福感对于工作效能的促进等相关问题,进一步明晰了对工作幸福感内涵的整体结构维度的理解。进入1990年代,行为决策心理学把幸福感分为感受幸福和思维幸福,前者指一般主观感觉与体验,后者指对生活的思考与评价,并探讨各自的特点。就像我们问“今天感觉满意吗?”和问“一直以来生活得怎么样?”会得到很不一样的回答。决策心理学称其为“焦点错觉”(focusing illusion)。

总体来看,幸福感研究有两种视角:一是快乐视角,聚焦愉快式积极情感体验或消极情感的主观幸福感;二是幸福视角,聚焦个人成长、自我实现、个人表达和生活意义的追求所形成的幸福感。工作幸福感既要关心快乐工作,又包含整体幸福。彭凯平、窦东徽、刘肖岑(2011)提出了幸福科学及其实证探索的研究领域:幸福的神经机制、幸福与亲密关系、幸福与情绪、幸福与文化、幸福经济学、幸福的测量等六个方面的内容。近期,工作幸福感研究更加重视幸福感的动力机制和工作幸福感方面的理论发展与应用方法。可见,工作幸福感领域的研究与应用经历了个体正负情绪平衡因素阶段、工作—生活平衡与互动关系阶段、幸福感动力学与工作幸福感阶段等三个阶段。

2) 幸福感研究与测量方法。幸福感研究非常丰富多彩。研究者在三方面取得了比较重要的理论进展:

□ 心理幸福感维度模型。从1990年代开始,心理幸福感研究提出更为结构性的六项维度,都反映出积极的幸福感功能:自主幸福(在工作与生活中具有自我决定感)、支配幸福(有能力有效管理自己的生活与主宰周围世界)、成长幸福(感受到自身的持续成长与发展)、关系幸福(拥有高质量的积极人际关系)、生活幸福(相信自己的生活目的明晰且富有意义)、行动幸福(积极评价自己的生活经历,基于工作追求与奋斗体验)。随着年龄的增长会发生幸福感各维度占比的变化,青年期以成长幸福与自主幸福为主,中年期成长幸福、行动幸福和支配幸福增强,老年期则关系幸福与支配幸福占比最高。这个维度模型为幸福感管理提供了有效的指导。

□ 幸福感动力学与工作幸福感。幸福感是由内外多种因素交互作用而形成和决定的。幸福感动力理论提出,从生活与工作之间的多种资源与互动界面出发,以生活与工作的压力与资源(包括心理资源等)和工作—家庭交互界面特征,通过任务与过程经历的体验,获得生活与工作的效能,从而形成幸福感的动力机制。可见,幸福感的形成与改变和心理资源的获取与分配、工作—家庭相互关系等密切有关。邹琼等(2015)讨论了工作幸福感的概念测量和不同模型,认为工作幸福感是通过组织和个人持久努力和投资的动态过程,工作幸福感多水平动态形成机制模型整合了组织和工作环境因素、个人特征以及人与环境的交互作用,体现了工作幸福感的动态特征和心理机制。外溢—交叉动态模型解释了幸福感在不同生活领域的外溢以及在工作团队成员或家庭配偶之间的传递,有助于推动工作幸福感不同测量水平的效应研究。郑晓明、刘鑫(2016)的研究结合自我决定理论,从心理授权的视角分析了互动公平影响员工幸福感的内在机制,并探讨了权力距离感对此影响机制的调节作用。通过对一家制造业企业199名员工多时点匹配问卷的调查发现,互动公平与员工幸福感之间呈现正相关关系,心理授权中介了互动公平对员工幸福感的影响作用;权力距离则负向调节了对于员工幸福感的中介机制。该项研究为有效提高员工幸福感提供了新的理论依据与策略参照。

□ 工作幸福感测量与态度评价的体验取样设计方法(ESD)取得了许多进展。诺贝尔经济学奖得主卡尼曼(D. Kahneman)主张把幸福分为感觉幸福和思维幸福。卡尼曼(1999)在《客观幸福感》(Objective Happiness)一文中,运用期望效用方法,创造性提出"客观测量幸福感"的途径。这种方法是选样和确定三种效用值:即时效用值、回忆效用值和总体效用值,将其整合成涵盖生活各方面的幸福感效用模式。这种方法的采用,需要运用日趋流行的体验取样设计方法。这种方法类似于我们在研究决策加工过程时采用的"过程跟踪方法",设法捕捉同时或先后发生的诸如事件、行为、感受或思考的体验。这种方法的独特性在于其对于个体在"自然"环境中即时体验的"重复采样",不同于单一事件回溯式故事重构的问卷调查或访谈方法。所采集的数据资料包括"谁、什么、哪里、何时或怎样"的实际体验与行为,并获得"个体内"和"个体间"的体验、行为、事件和情景特征的变异特征。在管理心理学和组织行为学的研究与应用中,采用这种方法取得了很好的成效,较多采用在线采集或移动手机采集的办法。数据分析采用多水平层次方法,开展个体内、个体间和群体内三种分析模式。

3) 心理健康管理与组织健康。职业心理健康和创业心理健康是管理心理学关注的新问题。传统思路以"疾病"视角被动看待心理健康问题,局限于个人问题的心理问题治疗或者被作为管理外职责而寻求外部医疗支援。关于不同职业员工的心理健康问题的研究,比较重视职业条件与人口学背景资料(例如年龄、婚姻、文化程度、工种及所在地区等)对于心理健康的显著影响。近期的研究开始关注互联网、移动端创业及变革转型带来的心理健康影响,取得了新的进展(王重鸣,2020)。

新的思路是以"健康"视角促进员工心理健康,把员工心理健康和建设积极向上与健康奋发的职场,作为管理者的新职责和组织健康的基本特征。作为管理心理学的新趋势,我们关注诸如人力资源管理、团队管理、领导方式和组织文化等对于员工心理健康的正面或负面影响,并把心理健康管理看成身心健康适应、弹韧能力增强、工作负荷协调、群体关系顺畅、上下级相互理解、组织氛围支持包容、生活—工作关系平衡和职业生涯机会有望等多因素共同作用的结果。管理心理学提出了"组织心理健康"的新概念,从员工心理健康出发,通过各级人员共享积极心理健康的愿景和承诺,平衡员工工作要求与组织需求,开放、尊重和包容的心理健康文化与工作条件,形成组织的心理健康。在此基础上,以弹韧性、效能感、担责、敬业为心理健康的核心要素,通过工作胜任、生活平衡、关系协调、负荷适度、团队支持、领导指导、文化包容、工作激励,实现个人成长和组织发展,从而形成10项指标,作为评估与增强组织心理健康的策略框架。图6.7是组织心理健康策略的图解。

图 6.7 组织心理健康策略

6.2.2 积极管理心理与公民行为

（1）积极管理心理与幸福感模型

1）积极管理心理与管理行为。在很长一段时间里,心理状态的研究主要与心理治疗、心理病症、心理压力或者工作场景的压力、抱怨、不满、冲突等问题联系在一起,比较倾向于以负向思维或防御视角来关注心理问题和失调行为,而不是从正向思维或促进视角去理解和增进正常心理功能和成长发展。鉴于此,塞里格曼(Seligman,1998)在其著名的美国心理学会主席演讲中,解读了他有关"习得无助"的经典研究到"学得乐观"的成功转移,呼唤"积极心理学"。

什么是积极管理心理学呢?作为积极心理学的创建者,塞里格曼建议把研究的重点进一步聚焦到正向思维和促进视角的员工幸福感、工作效能和最优功能,以便充分实现人的潜能(Luthans & Youssef-Morgan,2017)。20多年来,积极心理学成为心理学研究的新思路和新潮流并日趋活跃,积极组织科学、积极组织行为学、积极管理心理学(POP:positive organizational psychology)等也成为新兴领域。这些领域的共同特点是注重组织的能力建设和成长绩效。我们把积极管理心理学定义为"以积极成长视角对个体行为、团队动力和组织管理的特征及其效能开展研究与应用的心理学领域"。积极管理心理学成为管理心理学发展的"新透镜"。相关研究比较关注积极工作的体验(幸福感、乐趣和关爱等)、积极工作特质(感恩、弹韧和同理心等)、积极组织(激励、培养和成长等)以及积极组织认知、积极工作情绪、积极组织文化、积极团队动能、积极领导模式、积极组织学习、积极变革转型和积极组织效能等方面的特征与过程。采用积极管理心理学的视角,并不只停留在采取积极的态度,而是需要提升积极心理学方法和标准,主要包括四个方面:基于证据(循证)的理论导向;运用积极心理的研究思路;强调研究效度和可测可用的方法依据;重视开放发展的实践应用。积极管理心理学研究为管理心理学的新发展提供了正能量。

2) PERMA 幸福感模型。影响比较大的是塞里格曼(2011)提出的 PERMA 幸福感模型:P 代表积极情绪(positive emotion),包括幸福感、愉悦感和舒适感等,表现保持乐观的能力,建设性地面对过去、现在和未来;E 表示参与(engagement),是指对某项活动、组织或事业产生深度的心理联结与投入,注重在参与中体验乐趣和关爱,创造一种幸福于沉浸任务或活动中的内在激励与情感"流动"状态;R 是指关系(relationship),包括与社会或社区的整合感、受人关爱和融入社会网络的满足,无论是关系支持还是社会心理安全感,在风险、压力和挑战面前都是重要的积极元素;M 表现意义(meaning),是指生活与工作的目的感和方向感,往往超出自身的意义,有助于享受任务和增强工作的满意感;A 表示成就(achievement),是指实现目标所体验的满足感和苗壮成长而洋溢的自豪感等。PERMA 特征可以采用 15 题项的 PERMA 轮廓指标加以测量。

(2) 心理资本理论的四项要素

积极管理心理学中经常被引用的是 HERO 要素模型和心理资本理论。

1) HERO 要素模型。HERO 是四个相关领域英文名称首位字母的缩写:希望(hope)、效能感(efficacy)、弹韧(resilience)和乐观(optimism)。这四个方面也被作为主要的积极心理资源要素。以下是各自的涵义。

　　□ 希望要素。这方面的心理学研究比较活跃。希望是一种认知过程,激励人们的目标导向和规划实现目标的方法。我们把"希望"定义为"基于目标指向和通路建构的积极动机状态",主要包含两个维度:心理代理维度和心理通路维度。其中,心理代理维度注重以目标追求的意志与定力表现希望;而心理通路维度以目标计划的能力与实施来解释希望。新的思路是综合这两项维度,在工作与管理情景下,同时加强目标追求的意志与定力和提升目标计划的能力与实施,从而显著增强希望并发挥积极心理效应。

　　□ 效能感要素。这是指根据社会认知理论提出的"个体有关调用动机与认知资源成功实现目标行动的能力感",包括对目标结果的期望和实现目标的能力期望。效能感通过掌控能力的成功经验、学习他人的类似榜样、创设社会化正向反馈和获取身心激情支持等方式得以加强。本书有关自我效能感、团队效能感和组织效能感的论述都为此提供了系统的理论支持和研究证据。

　　□ 弹韧要素。弹韧心理表现"从不利局面、冲突、失败或者正面的挑战和担责中复原坚持的心理特征",尤其在困境、风险与危机场景下面对现实,通过心智转换、释义应变和调适历练,形成个体、群体和组织的心理资本和精神素养。积极心理学的发展强调从相对关注心理疾病的心理弹韧性概念转向如何保持心理健康与成长毅力的新思路。请参阅第 2 章中有关心理弹韧性的阐述和讨论。

　　□ 乐观要素。这是指"个体、群体或组织面对正面或负面的事件、经历、场景和压力所表现的积极心态和期望风格"。根据 30 多年的研究积累,塞里格曼(2006)在第三版《学得乐观:如何改变心智与生活》中详细解读了如何通过认知培训与心理疗法,学会乐观心态,特别是采用"逆境、信念、后果"模型,有效增强了学得乐观进而改变生活态度与工作成效。

　　管理心理学认为,希望、效能感、弹韧和乐观行动对于个人工作与成长、群体建设与发展、领导力增强与开发、风险与危机管理、组织文化与学习以及变革转型与创业创新等都具有持续的积极效应和精神价值。

　　2) 心理资本的理论。当希望、效能感、弹韧性和乐观四种积极心理资源要素与价值信念(价值观、事业心、理想信念、奋斗精神)等多种胜任力的"一阶心理资源要素"交互融合、汇集在一起,就形成了新的高阶集合特征,称为心理资本(psychological capital)。我们把希望、效能感、弹韧、乐观(HERO)和价值信念作为心理资本的五项基本维度,在不同情境、场景、人际、群体、组织层次上形成多源心理资本要素互动的模式与机制。最新的神经科学研究已经提出新的证据,在直觉的情绪反应之外,系统说明了正向与负向心理资本加工的高阶理性思维的脑机制。在此基础上,积极管理心理学提出了全新的心理资本干预模型(PCI),在组织健康、职业心理健康、创业心理健康、积极个人心态与积极群体发展等方面作出心理资本开发的新应用。

6.2.3　自我效能感与效能感发展

（1）自我效能感的特征与功能

自我效能感是管理心理学的重要概念,我们在第 2 章把自我效能感定义为"人们对自己能组织与执行达成目标所需行动能力的统合性判断与信念"。班杜拉(1997)在专著《自我效能：控制的实施》中从理论和实践两方面,全面系统论述了自我效能感理论及其研究的进展。

1) 自我效能感的基本特征。自我效能感包含层次、强度、广度等基本特征。

□ 自我效能感层次。表现在效能感在个体、群体或组织层次上,这种层次特征会导致个体选择难度各异的工作任务和追求不同层次的目标。

□ 自我效能感强度。自我效能感的强度会制约经验的影响,即自我效能感弱的人容易受到负面影响,自我效能感强的人则不会因一时挫折而失去信心,而会相信自己有能力取得最终胜利。

□ 自我效能感广度。人们判断自己效能所涉及的领域范围,会产生不同影响。多项目的活动及情境的多样性会促进形成具有广泛适应性的自我效能感特征。

2) 自我效能感作为团队效能感的基础。自我效能感是团队效能感的激活与效应基础,包含认知、动机、情感与选择四个过程。

□ 认知过程。这主要是在自我能力评价的基础上设置目标的过程。我们在研究中证实,员工在感知自我效能感较强时,倾向于设置更具挑战性的目标并表现出较高的承诺度。同时,高自我效能感的经理往往能促使创建预见性认知行动情节,并在紧迫情景下保持任务导向,得以预测事件、调节研判,较好地控制行动。

□ 动机过程。自我效能感对于动机的自我调解(self-regulation)发挥关键的作用。其中有三种认知性激励因素：因果归因、结果期望和目标认知。我们在研究中发现,高自我效能感有助于员工在失败时归因于努力不足而不是能力不够,并增强团队责任归因,从而通过自我效能感影响和保持工作动机、项目绩效和任务满意度,增强行动的可预计性和结果期望,并以目标认知增强工作动机。同时,我们还注意到,自我效能感可以使得员工在失败或挫折中支撑行为的坚持和弹韧性。

□ 情感过程。自我效能感的情感过程更多表现在压力任务情景中和面临挑战时的情感体验和工作热情维护方面。高自我效能感的员工能够较好地应对工作焦虑并保持工作热情和信心。相关研究还表明自我效能感可以帮助控制压力反应和增进免疫功能与身心健康。

□ 选择过程。在自我效能感的上述三个过程中,需要人与环境的良性互动和增强,这就是选择过程。我们研究发现,通过增强自我效能感的措施,员工和经理都可以更为自主地选择激活或抑制超负荷的活动和情景,培养自己的胜任力、职业兴趣和社会网络,促进任务研判、职业选择和人与组织适配程度。

3) 自我效能感的作用与功能。自我效能感的作用主要表现在三个方面:

□ 工作行为选择。自我效能感影响人们的行为选择,而对于自我效能的判断,会受到工作活动和社会环境因素的巨大影响。人们倾向于回避那些超过其能力的工作情境,而愿意承担那些感觉能够干好的任务。在实际工作中,高自我效能感者容易培养起积极的工作承诺度,并促进胜任力的发展。

□ 工作努力坚持。对自我效能感的判断直接影响努力程度和坚持性。自我效能感越强,会越努力,并越能够坚持下去,以更大的努力去迎接挑战。

□ 思维情感模式。自我效能感影响人们的思维模式和情感反应模式。自我效能感低的人在与环境作用时,会过多想到个人不足,并且高估潜在的困难;自我效能感高的人将把注意力和努力集中于组织与工作的要求。

4) 自我效能感主要影响因素。在管理背景中,人们的这种"自我效能"判断是建立在多种工作信息基础之上的,包括有关个体(价值、意向、能力等)、任务(目标、难度、结构等)、他人(期望、支持、反馈)等方面的信息。自我效能感的形成与发展受到四个方面信息的影响:

□ 个体行为结果信息。在多次工作的成功或困难的经历中,人们根据自己的以往经验,获得对工作任务的直接经验,从而确认自己所具备的"自我效能"。成功经验能提高自我效能感,多次的失败则会降低自我效能感。不同的人受个体行为结果(成功或失败)信息影响的程度并不一样。对于高自我效能感的人来说,偶然的失败不会影响其对能力的判断,而更有可能寻找环境因素、努力不足或策略方面的原因,进而保持和提高其自我效能感。

□ 群体行为所传递的信息。同伴的成功能促进自我效能感的提高,增强实现同样目标的信心;但同伴的失败,尤其是付出巨大努力后的失败,则会降低自我效能感,减弱获取成功的期望。当人们对能力判断缺乏现实依据时,间接经验的影响最大。

□ 他人评价和自我知觉信息。他人的实际评价会对人们的自我效能感产生较大影响,有关直接经验的自我知觉信息的影响最大。

　　☐ 情绪和生理状态信息。稳定、健康的情绪状态对于增强自我效能感至关重要,人们的紧张、焦虑等情绪状态容易降低其自我效能感。

　　图 6.8 说明了自我效能过程与工作绩效之间关系的模型,可以看到,以往经验、知识技能能力与行为特点、任务特征和激情唤起等因素共同影响了任务要求与目标特征,能力努力、难点挑战与自我才干,个体群体、情景资源、制约因素与综合评价,从而作用于目标激励、努力策略和内外控制源,进一步制约了自我效能感、目标行为、集体合作和持续努力,最后影响绩效与反馈。

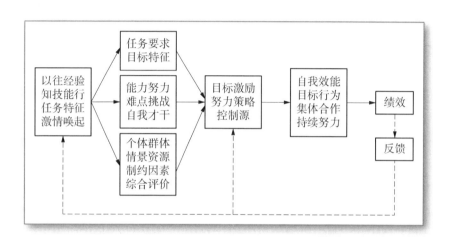

图 6.8　自我效能过程与工作绩效关系模型

（2）团队效能感与组织效能感

　　1）团队效能感的特点。团队效能感理论是在自我效能感概念的基础上发展起来的。团队效能感的激活具有适应变化、面对挑战、调节行动、助力目标行动的作用,如能配套设置合适的条件,就能增强个体和团队的综合竞争能力。管理心理学把团队效能感定义为"团队成员对团队成功完成特定任务所拥有集体能力的共同信念"。一般说来,团队效能感越强,就越有可能成功地完成其工作任务。研究表明,团队效能感会促进人们追求成就的模式,有利于团队成功完成其任务;但是在一定的条件下,如果团队效能感过高,也有可能使团队成员高估其完成任务的能力或过分自信,甚至会产生"小集团意识"等现象。在团队管理中需要适度调节对于团队效能感的测量,强调与特定领域的关联,常用的方法是采用团队成员自我效能感的总和指标,适合于常规团队和任务比较同质的团队。如果团队成员任务的依赖性程度和相互作用比较低,团队成员的自我效能感的总和是其团队绩效的比较适当的预测指标。也可以通过集体讨论和成员互动方式作出团队评价来衡量团队效能感,其预测效度要高于其他方法,并较好反映团队互动所体现的团队效能感。

2)组织效能感与追求卓越。管理心理学除了关注个体效能感和团队效能感,也日益重视组织层面的效能感。根据班杜拉(1997)关于集体效能感的论述和鲍恩(Bohn,2010)关于组织效能感的研究,我们把组织效能感定义为"组织有效应对商务环境中各种需求、挑战、压力源和机会而产生的有关集体性合作能力、未来使命目标和组织弹韧性的综合判断与总合信念"。组织效能感包含三个特征要素:

□ 集体合作能力。组织效能感的核心理念是对集体合作应对挑战的能力的信念。在动态、竞争、多变、危机的商务环境中,团队合作是组织加快决策、整合内外资源和协同各种变革创新活动以获取组织效能的关键能力。

□ 未来使命目标。这是指具有使命感、愿景性和明晰的目的性,从而表现组织定力和共享未来愿景,并以此作为组织成长的关键能力。

□ 组织弹韧应变。组织在新的成长与发展中,会面临和需要战胜越来越多的障碍、困难、压力或危机,需要一种组织层次的坚持性、意志力、复原力和弹韧性,从而激发奋斗精神和冲刺能力。

组织效能感成为优秀组织可续发展的重要组织能力。践行组织效能型实践也成为企业努力的行动目标。彼得斯(Thomas J. Peters)和沃特曼(Robert H. Waterman)(1982)合著的《追求卓越》,通过对20多家优秀企业案例的深度总结,展示出优秀企业的八种效能策略:

□ 行动领先。追求卓越企业都有行动领先的倾向,并不等待所有证据到手或条件具备就开始行动,决不拖延决策与行动。

□ 贴近客户。客户第一的价值观念是卓越企业的重要效能策略:全流程的贴近客户,从客户获得有关当前与未来产品意向、公司经营策略与绩效等信息。

□ 自主创业。有效策略是把公司分解成若干个子公司,鼓励自主的、创造性的,甚至比较冒险性的经营举措或项目,从而形成多种自主性团队和创业型单元。

□ 员工效能。卓越企业把员工和经理人都作为最重要的资产,并把人员的组织承诺作为增强策略,主张通过全员努力而提升效能。

□ 基层管理。卓越企业强调高层经理密切联系"基础实务",实行现场管理,并成为规范。在数字化转型与数字经济场景下,管理重心下移并呈分布式基层管理。

□ 坚持主业。卓越企业不轻易从事自身专长之外的业务,不搞无关行业的"多样化生产",坚持发展自己的"核心胜任主业"并保持定力。

□ 精兵简政。卓越企业的管理机构精简,不以人数规模来衡量公司地位,而以管理者对组织绩效的影响力来评价其重要性。

□ 宽严并济。卓越企业既用强有力的、严密型的价值理念体系来凝聚与约束员工,又采取宽松的行政风格和担责敬业的文化,促进自主管理与创新效能。

卓越型企业的最佳实践为组织效能感提供了行之有效的实践支持与要素。

3) 行动效能感的发展。管理心理学关注企业在不同发展阶段如何形成"行动效能感"而促进高绩效可续发展。行动效能感是指组织效能感与工作绩效联结的强度,往往是一个发展与提升的过程。我们在企业研究中,把行动效能感的效应分为形成期、持续期和成效期三个阶段。其中,形成期的特征是"绩效反馈—任务自信—能力组合"联结形成行动效能感;持续期的特征是"责任归因—内控预期—激情行动"联结提升行动效能感;成效期的特征则是通过"效能体验—绩效增强—反馈定位"联结增强行动效能感。在此基础上,组织效能感提升与绩效效能增强之间形成螺旋发展关系,经过循环往复,形成交互式增强的多层次行动效能感,产生可持续的工作动力和组织绩效。

自我效能感和组织效能感都具有内驱性,与目标激励关系密切。请阅读"研究解读 6.2　目标激励对创业行动效能影响的情景模拟实验",思考和讨论目标激励的相关策略与创业行动效能之间关系的特点及其实践意义。

研究解读 6.2　目标激励对创业行动效能影响的情景模拟实验

作者:袁登华(广东外语外贸大学)、王重鸣(浙江大学)

发表刊物:《心理学报》,2005 年,第 37 卷,第 6 期,812—818

研究内容:研究把目标理解为个体或群体在一定时间内所期望达到的行为结果。目标激励是通过设置适当的目标而使得行为具有方向性,引导开拓、冒险前行、持续努力,以达到预期的理想结果。本研究假设愿景表征性目标激励更具发展效果。以往研究把成就目标导向分为学习目标导向(注重任务价值)和业绩目标导向(注重胜任能力)。本研究提出成就目标导向在目标激励与创业行动效能的关系中起缓冲作用,而能力感只会在其中起中介作用。我们采用 2×2 因素型被试间实验设计(目标激励×成就目标导向),在预备试验后,选取 136 名大学生参加了情景模拟实验,要求他们扮演创业者角色,对包含创业目标追求和创业行动效能信息的 8 个公司备忘录作出问题情景的多重选择。通过实验指导语和任务描述作出实验操作。采用规范方法检验缓冲效应。实验结果表明,目标激励对于创业行动效能具有显著的主效应,愿景表征型目标更能够促使个体憧憬未来、大胆开拓和前瞻创新,从而激发更高的行动效能;成就目标导向显示显著的缓冲效应,在业绩目标导向情景下,愿景表征型目标激励带来更高的行动效能并感知较高管理能力;个体感知的管理能力起到了显著的中介效应。研究为目标激励模式与效应提供了重要的研究证据,为在创业实践中加强目标激励特别是成就目标导向提供了新的理论指导。

6.3　工作敬业与组织承诺策略

知识要点 6.3　工作敬业与组织承诺

组织公民：利他助群、牺牲精神、组织认同、担责主动、公民道德、守护开发
工作敬业：个人特质、情绪投入、角色行为、事业责任四维和持续敬业五策略
心理契约：发展机会、物资激励、环境支持；规范遵循、组织认同、创业创新
组织承诺：对组织的情感承诺、持续承诺、规范承诺、责任承诺四维心理特征

6.3.1　组织公民行为与员工敬业

（1）组织公民行为与研究进展

组织公民行为(OCB：organizational citizenship behavior)是管理心理学和组织行为学中较新的概念。1990 年前后,有关员工行为的理论开始重视正式任务以外的特征。在工作绩效领域,在常规的工作任务绩效(task performance)基础上,提出了周边绩效(contextual performance)的概念,用以表示通过合作、额外努力和奉献精神而获得的成效。与周边绩效相关的重要元素就是组织公民行为。我们把组织公民行为定义为"由员工自发进行的有益于组织效能的正式管理体系规定

以外的行为表现之总和"，也称为"角色外行为"。

1）OCB 的六项维度特征。组织公民行为的表现与内涵不断扩展，主要包括了以下六项维度，成为理解组织公民行为内涵的基本维度框架。

- 利他助群：自发助人，利他解题，乐于帮助集体；
- 牺牲精神：积极投入，任劳任怨，为团队而牺牲；
- 组织认同：维护形象，防范威胁，逆境忠诚认同；
- 担责主动：自愿主动，责任担当，激励组织成员；
- 公民道德：践行道德，参与监控，崇尚组织利益；
- 守护开发：守规护业，重在发展，学习开发才干。

2）OCB 的研究进展。樊景立（Farh, Jiing-Lih）等（1997，2004）对组织公民行为结构的研究做了一系列研究，总结出中国背景下的组织公民行为的相关维度，分别在《行政科学季刊》和《组织科学》等国际杂志发表。1997 年以中国台湾地区员工为样本的研究提出以下 OCB 维度：

- 认同组织：员工努力维护公司形象，积极参加公司活动与会议，主动提出有建设性的方案等对公司有利的行为；
- 帮助同事：员工在工作上乐意帮助同事，并能主动参与协调沟通的行为；
- 敬业精神：员工工作认真、出勤表现好、遵守公司规定等行为；
- 人际和睦：员工不会为了个人利益，从事可能破坏组织和谐的行为；
- 节护资源：员工不利用上班时间及公司资源处理私人事务的行为。

他们于 2004 年在北京、上海、深圳和杭州四城市调查了 72 家国有企业、集体企业、合资企业和民营企业的 158 位员工，采集并筛选出 27 组别的 595 项 OCB 事例。加以分析后，得出了 5 项通用 OCB 维度和 5 项中国组织情景下的拓展维度。通用维度有：发挥主动、帮助同事、建议建言、群体参与、公司形象；拓展维度有：自我培训、参与公益、节护资源、场所环保、人际和谐等。其中，人际和谐和节护资源是中国文化下特有的新维度，涉及"家庭式集体取向"；而运动员精神、礼貌待人、倡导参与等维度没有出现在中国场景下的角色外行为中。许多和张小林（2007）的综述文章在回顾了中国组织情境下的组织公民行为研究与特征后认为，在中国情境下，员工角色内行为的范围比较宽泛，与角色外行为相融合；员工公民行为和社会整体利益与规范相关联；组织公民行为与人际关系密切相关并凸显自我主动行为。相关研究提出了 OCB 的多层次模型，以自我、群体、组织、社会四个层次对各个维度加以组合。这些研究为深入理解中国情境中的组织公民行为及员工管理提供了重要研究依据。

（2）员工敬业度的理论与方法

1）什么是员工敬业度？管理心理学在讨论工作态度问题时比较重视工作的投入、参与和奉献。随着工作环境日趋动态、复杂，人才竞争日益激烈，吸引、保留和发展骨干员工成为关键问题，员工敬业度更加受人关注。各种员工敬业度调查与咨询报告十分活跃，员工敬业度与工作绩效的关系成为热门话题。员工敬业度的内涵也在研究与应用中不断得到深化。我们在研究中把员工敬业度定义为"员工对于其工作与组织的精力投入、奉献尽职、热情承诺和认同行动的心理状态"。我们把敬业度看成员工与组织的适配度指标之一，尝试把员工敬业划分为层次维度（岗位敬业与组织敬业）和阶段维度（现实敬业与持续敬业）两个维度，认为员工敬业度可以有不同层次和不同发展阶段。岗位敬业表现为职位工作任务上的投入，组织敬业表现为对整个组织的认同和各项工作的投入；现实敬业是指对当前工作的投入，持续敬业则是指对职业发展的持续认同与投入。敬业度高的员工表现出关心、认同、奉献、热情、责任和结果导向。

有关员工敬业的研究主要有四种观点：个人特质论、情绪投入论、角色行为论和事业责任论。

□ 敬业个人特质论。认为敬业是一种个体特质，包含正面的人生观、工作价值观、行动式个性、责任意识等。

□ 敬业情绪投入论。认为敬业是一种情绪投入，包含精力充沛、工作满意、工作投入、承诺度和积极赋能等。

□ 敬业角色行为论。认为敬业是一种角色行为，包含组织公民行为、个人主动精神、角色奉献和积极行为等。

□ 敬业事业责任论。认为敬业是一种事业责任，包含责任心智模式、职业精神、事业心和责任感等工作表现。

2）员工敬业度的模型。围绕员工敬业度与组织绩效关系已开展多年研究，表明员工敬业度与组织绩效密切相关。可是，研究也表明，员工管理面临许多挑战，多达30％的员工在工作中表现出缺乏足够敬业度或者感知组织支持度不够高；敬业度欠缺的员工不但多数工作绩效低，且导致较高的人员流失率。因此，越来越多的企业组织重视员工敬业度问题，并把员工敬业度作为衡量组织绩效可持续发展的关键指标。敬业度得分高的企业组织比得分低的企业组织在业务绩效方面的表现显著更好，包括净利润、收入增长、客户满意度、员工保留度和组织绩效等。

有关员工敬业度的元分析研究和相关专题报告认为，员工敬业度不但受到多种因素的影响，而且也进一步影响多方面的工作结果。图 6.9 表示这种关系模式。

可以看到,个性价值、知技能行、任务丰富化、团队合作、管理支持、主人翁角色、公司文化、职业发展等因素都对员工敬业度具有显著效应。员工敬业度是员工个人对所从事岗位形成心理认同的程度,并对工作效能、客户评价、工作满意度、员工成长、组织承诺度、离职倾向、安全事故等指标都呈直接或间接的强正效应。对有关员工敬业度的263项研究进行的总结发现,在192家相关企业的实证数据中,一半以上的企业报告说员工敬业度对于降低离职率和减少安全事故的影响最大,近1/3的企业在盈利绩效与客户关系方面获得显著提升。

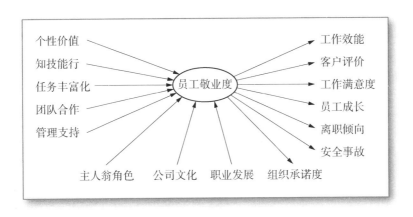

图 6.9   员工敬业度的影响因素与效能指标

新近的研究提出,敬业式工作体验包括三个方面:
- 价值取向:指坚持价值信念,认同选择,评价工作经历;
- 满意情感:指员工积极评价概化到实际工作体验和情感;
- 情绪状态:是员工实际工作中体验到的情绪状态。

管理心理学研究把员工敬业度分为两种:短期操作型敬业行为和可续内在型敬业行为。前者更多是在当前工作环境下的具体行为表现,后者更多显示对公司文化的认同、对最终价值的追求进而可续内在的敬业行为。有一项全球研究调查了32 000名员工后发现,短期操作型敬业行为可以提高努力程度14%,却没有像可续内在型敬业行为强的员工那样增强高绩效27%。为此,我们提出采用可续敬业导向作为员工敬业管理的关键指标。那么,怎样提升员工的可续敬业导向呢?管理心理学研究结合五力模型提出五项策略:

□ 生态式工作设计。为了更好解读工作意义,增强工作幸福度,可以尝试开展生态式工作设计,从人与工作相匹配的角度,提高工作任务的自主性、多样性、完整性和参与各项活动的机会。

□ 发展式文化策略。创设发展导向的文化价值，推进文化包容度，可开展组织公民行为活动，提高敬业态度的组织公民内涵、可启动敬业型组织建设。

□ 协调式团队角色。提倡跨部门合作和组织凝聚力，通过设立团队协调人之类的"挂职"岗位，增强内在型敬业行为，并通过激励指导提高团队间协作能力。

□ 学习式创新策略。增强敬业创新心智模式和创新赋能学习，可出台学习式创新合作网络，提高敬业创新激情和敬业效能感。

□ 反馈式行动参与。加强组织行动计划，提供参与计划的成效反馈度，可运用数字化信息平台建立敬业参与考核和可续发展计划。

（3）心理契约理论与管理策略

在日新月异的技术创新与变革转型面前，员工与组织之间的契约关系和原有的心理契约受到冲击和挑战。管理心理学把心理契约定义为"组织与员工两个方面在聘用关系中隐含的、非正式的相互允诺、期望和责任知觉"。多数研究把心理契约划分成交易、关系和团队成员三个维度：交易维度表现组织对员工完成任务的一定时期内的专门待遇与报酬；关系维度强调员工与组织之间的社会—情感交互关系和工作保障与职业支持；团队成员维度重视组织中的人际配合、团队取向和成长。相关研究的重点是知识型员工的心理契约问题。朱晓妹、王重鸣（2005）针对我国知识型员工的心理契约，着眼于理解与加强企业与员工之间的和谐、默契、激励、奋发的共享关系和长期保留与发展，开展了深度实证研究。我们在收集现有问卷的基础上加以补充与修订，通过结构化访谈和开放式问卷开展试测，主要问题围绕企业与员工相互承担的责任认知。研究选取了多个样本，对来自 40 家国有企业、民营企业和外资企业的 562 名员工进行问卷调查，采用探索性与验证性因素分析方法，分别提炼出知识型员工的组织心理契约和个体心理契约的维度结构模型。

1）组织心理契约三维结构。包括发展机会、待遇激励和环境支持三个维度：

□ 发展机会维度（方差解释量 37.3%）：工作挑战、施展才能、自主工作、晋升机会、目标方向、交流沟通、学习培训、公平对待等要素；

□ 待遇激励维度（方差解释量 7.2%）：竞争薪酬、福利待遇、绩效工资等；

□ 环境支持维度（方差解释量 6.8%）：稳定工作、关心生活、合作氛围、信任尊重、工作认可、领导支持、充分资源等要素。

可以看到，组织心理契约的三维中，发展机会维度表现出主导特征，成为中国知识型员工的组织心理契约的独特主导维度，而待遇激励维度与环境支持维度类似于经典的报酬与关系维度。

2) 个体心理契约三维结构。包括规范遵循、组织认同和创业创新三个维度：

□ 规范遵循维度(方差解释量 32.4%)：工作履职、遵守规章、职业道德、加班工作、安排调动、职外工作等要素；

□ 组织认同维度(方差解释量 10.5%)：支持决策、长期任职、认同目标、忠诚组织、维护利益等要素；

□ 创业创新维度(方差解释量 8.3%)：勇于创新、合理建议、适应变革、同事合作、增强技能等要素。

从图 6.10 可以看到，在中国员工的个体心理契约三维中，规范遵循维度表现出组织认同主导特征，而组织认同与创业创新维度则表现出中国文化背景下的新特点。在这项研究基础上，我们提出中国心理契约的维度结构。图 6.10 三角图形的顶端是发展机会，作为主导组织维度，左右两角分别是待遇激励与环境支持两个组织维度研究；中间以规范遵循作为主导个体维度，并以组织认同与创业创新作为心理契约的支撑维度。这项研究从组

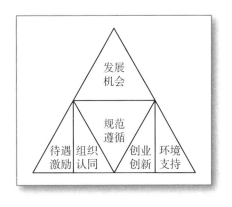

图 6.10　中国心理契约维度结构

织与个体的责任要素出发，进一步创新和丰富了中国背景下知识型员工的心理契约的双层次结构与文化内涵，也为知识型员工的持续激励与员工发展提供了系统的全新策略依据。朱晓妹和王重鸣(2006)随后的研究表明，员工心理契约的各个维度对于离职倾向、任务绩效和组织公民行为等组织效能指标具有显著的预测作用，表现出心理契约维度结构模型的实际效度。

6.3.2　组织承诺特征与形成机制

（1）组织承诺特征与四维结构

在全球化、信息化、互联网、大数据和变革创新的经营环境下，认同、承诺、敬业成为新的关键词。根据管理心理学原理，工作承诺是指员工对工作的一种态度，表示对工作价值的认同、工作任务的参与、工作责任的承担。员工的工作承诺与工作满意度密切相关。组织承诺则是工作承诺的扩展，是组织水平的心理承诺。组织承诺是指员工对组织目标、价值、发展的一种认同、义务和责任，由此衍生出特定的态度与行为倾向。

1) 组织承诺的成分及其特征。根据管理心理学的理论,组织承诺包含三个基本成分,我们在研究中发现,在中国管理情境中,组织承诺具有双向的涵义,即员工个人对于组织的承诺和组织对于员工个人的承诺。我们把这一双向承诺称为"责任承诺"。在本书中,我们采用了四项成分的组织承诺概念。

□ 情感承诺。员工由于对组织目标的认同而形成情感联结,从而对企业组织形成认同并努力工作的程度。

□ 持续承诺。员工在即使有其他更好机会也坚守本单位岗位,认同组织有进一步发展而继续留任组织内工作的倾向。

□ 规范承诺。员工由于组织文化规范和社会责任感与社会规范的约束与遵循而形成留任倾向。

□ 责任承诺。员工与组织之间由于各自面向对方的承诺,形成相互担责承诺的心理倾向。

我们开展的多方面实证研究表明,在经营环境和组织成长常规稳定的背景下,组织承诺的情感承诺成为主线,规范承诺与持续承诺为辅,而责任承诺并不凸显。但是,在变革创新、动态转型和数字化转型进程中,各方利益交叠复杂、组织架构程序动态多变,责任承诺成为组织承诺的关键成分。近期的研究结果表明,组织承诺的四个成分对工作绩效的效应比较显著。在常规经营环境中,研究结果与先前的分析结论相似:情感承诺成分在多种管理情景和多种职业类型中显示比较一致的显著正面效应,并在相关的国际比较研究中显示具有跨文化的普遍意义;在中国组织变革情景中,组织承诺的责任承诺成分表现出双向的差异和交互影响:在员工对组织的承诺和组织对员工的承诺两种层次,实证研究验证了这种双层效应,单向组织承诺适应于个体水平的任务绩效,而双向组织承诺则更适应于组织水平的适应绩效,而且责任承诺与情感承诺共同预测组织成长和创新绩效(王重鸣,2020)。

2) 组织承诺内涵与相关要素。关于组织承诺内涵有多方面的心理学、管理学研究,取得不少理论进展,尤其是新近的行为决策思路在很大程度上丰富了组织承诺的理论内涵和应用领域。

□ 组织承诺的影响因素与决策效应。管理心理学对影响组织承诺的各种因素及其对组织承诺的决策效应开展了许多研究。总的来说,影响因素中比较重要的有以下五类:

A. 管理因素(组织愿景、治理架构、职位待遇、组织效益等);

B. 文化因素(核心价值、绩效文化、组织文化、国别文化等);

C. 心理因素(收入分配、待遇得失、人际攀比、群体动力等);

D. 个体因素(心智模式、价值取向、事业信念、生涯发展等);

E. 变革因素(转型升级、创新发展、能力开发、激励机制等)。

□ 组织承诺的效应。持续工作绩效、组织公民行为和个体组织成长被作为组织承诺的主要效能指标。在研究中,我们在责任承诺、情感承诺、规范承诺和持续承诺的基础上,增加了决策承诺(类似于责任承诺),强调对决策判断实施的行动性承诺度。

（2）跨文化管理的组织承诺度

有关组织承诺的研究与应用,也比较关注不同文化背景下的企业组织承诺。刘小平、王重鸣(2004)比较了国有企业、民营企业、合资企业和独资企业员工的组织承诺概念及其影响因素,发现在跨文化场景下,学习成长机会与组织支持都是比收入待遇更为显著的组织承诺因素。相关研究也注意到,组织承诺的经典特征模型尚不能很好捕捉跨文化组织的承诺机制。我们进一步开展了一系列实证研究:跨文化团队管理(王重鸣,1998),在华外资企业员工的组织承诺感与组织公平感(梁觉、史密斯、王重鸣、孙海法,1996;刘小平、王重鸣,2001,2004),跨国公司在华经营的知识转移(刘帮成、王重鸣,2007b),外派经理与员工的跨文化适应与心理获得感(王重鸣、姜金栋,2005;Jannesari 和王重鸣等,2016,2017)等。在这些研究的基础上,我们提出跨界组织承诺的新概念。跨界组织承诺度的定义为"员工对跨文化支持策略、信任关系和公平程序的认同感、信任感和获得感"。跨界组织承诺度包含三个要素:策略认同感、关系信任感、成长获得感。

□ 策略认同感。这是对国际经营或创业策略的认同感,包括引进或外向的策略、组织支持的策略和跨文化人资的策略,因而形成组织层面的、较为整体的组织心理承诺体验。

□ 关系信任感。这是对跨文化工作过程与交互关系的信任感,包括组织内、子公司间、不同文化互动交往、团队内外关系协调等形成的组织心理承诺体验。

□ 成长获得感。这是对跨文化组织场景下的待遇公平和机会均等等所形成的成长获得感与组织承诺心理体验。

在全球化背景下需要不断增强跨文化情境的适应能力与组织承诺。各类企业在国际商务合作与全球创业过程中,都把"跨界组织承诺度"作为最重要的国际商务胜任特征,把提升跨界组织承诺度的能力作为组织动态能力之一。请阅读"第6章研究案例　动态能力视野下中小企业国际创业策略研究:基于4家浙江企业案例"。思考与讨论中小企业国际化所面临的挑战和跨文化组织承诺特征,并提出增强跨界组织承诺度和提升创业策略的可行途径。

第6章研究案例 动态能力视野下中小企业国际创业策略研究：基于4家浙江企业案例

作者：孟晓斌、王重鸣（浙江大学）

发表刊物：《技术经济》，2011年，第30卷，第4期，8—13

案例内容：国际创业是指"企业在跨国业务运作中所体现的创新、主动和风险承担行为，并且这种行为的目的是创造新的组织价值"，也指"企业在国外市场上寻求新的竞争优势过程中创造性的发掘和开发创业机会的过程"。即使是"生来国际化"的企业也面临优化国际经营与创业创新行为的挑战。国际创业也是转型升级、变革创新的重要策略。我们对深度案例研究构建了"中小企业国际创业策略模型"作为研究的理论框架。选取了4家具有代表性的中小企业：特福隆集团有限公司、浙江凯恩商标织带有限公司、浙江星际实业股份有限公司和浙江美农化有限公司，并将这些企业在国际创业过程中的变革特征和应对行为作为分析单元，通过案例背景信息加以客观呈现，企业的应对行为则重点描述其相应行为事例及特征。案例结果从变革的线性程度角度把企业国际创业范式分为线性渐进和非线性激进两类；从企业适应规则变更的特点角度看，国际创业行为可分为递增适应和规则适应两种行为。由此构成了四种基本策略：柔性适应策略、愿景驱动策略、因循规则策略和压力推动策略。表6.1是企业国际创业的四种策略。图6.11表现四种策略的基础与模式。

表6.1

企业国际创业的四种策略			
特福隆集团的 柔性适应策略	凯恩公司的 愿景驱动策略	星际公司的 因循规则策略	美农化公司的 压力推动策略
创建20年高端转移	创建25年夯实质量	创建10年发展行业龙头	创建15年科技研发
杜邦加工多元发展 规则适应非线变化 基于反馈迅速行动 标新立异追求突破	科技创新特色品牌 突破规则实现跨越 行动领先推进成长 追求卓越内部创业	自主研发国际经营 顺其自然实现成长 稳妥行事有备推进 代工学习积聚能力	国内营销国外拓展 改造规则应对压力 模仿创新转危为机 主动学习提升能力

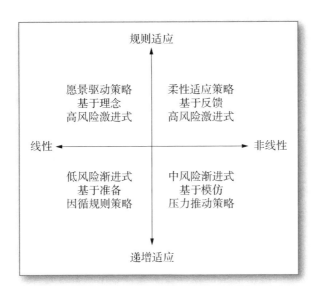

图 6.11　中小企业国际创业策略模型

从多案例比较研究可以看到,上述四项策略各具特点,并适应于不同企业创业发展模式,形成企业国际创业的动态能力。

(1)柔性适应策略:这种策略处于图 6.11 的右上角象限,即非线性变革与规则适应组合场景下的有效国际创业与跨文化策略。主要表现在基于反馈渐进互动的高风险激进模式。

(2)愿景驱动策略:这种策略处于图 6.11 的左上角象限,即线性变革与规则适应组合场景下的有效国际创业与跨文化策略。主要表现为基于理念的高风险激进模式。

(3)因循规则策略:这种策略处于图 6.11 的左下角象限,即线性变革与递增适应组合场景下的有效国际创业与跨文化策略。注重基于自身准备的低风险渐进模式。

(4)压力推动策略:这种策略处于图 6.11 的右下角象限,即非线性变革与递增适应组合场景下的有效国际创业与跨文化策略,主要体现在基于模仿的中风险渐进式模式。

（3）组织承诺形成过程与评价

1）组织承诺的过程模型。围绕不同文化背景和各类工作与组织情境下的组织承诺的影响因素与形成机制研究一直十分活跃。我们在一项中法合作科研项目中，对此开展了系统的研究。刘小平、王重鸣（2001,2004）对此作出了深入的总结。研究认为，组织承诺大体可以分为两类：态度承诺（attitudinal commitment）和权衡承诺（calculated commitment）。前者是指员工对企业的投入参与、社会规范方面的承诺，侧重于社会性交换过程；后者是指员工对待遇得失的权衡计算而形成的承诺，侧重于经济性交换过程。

在国有企业背景下，组织文化与团队管理对态度承诺效应显著，领导风格对权衡承诺影响巨大；而在外资企业背景下，团队管理显著影响态度承诺，组织文化对权衡承诺效应显著，且两种承诺相互影响；在两类企业中，领导风格都对态度承诺有一般影响，而领导—成员关系只在外资企业背景下影响态度承诺。图 6.12 是我们在研究中验证得到的组织承诺形成机制三阶段综合模型。该模型表明，第一阶段为组织承诺的对照式比较判断阶段，聚焦于组织支持判断，以社会比较、价值匹配和组织公平为比较标准，通过企业现状与员工期望值的相互比较，确定最初的情感承诺方向；第二阶段是组织承诺比较结果归因阶段，注重于组织支持归因，以"人员导向（如管理者素质）—情景导向（如管理体制）"和"外源—内源"（归因于外部原因或内在因素）等两个维度作出归因，形成组织支持感与承诺度；第三阶段进入交互式比较判断阶段，权衡组织支持与机会选择，作出行为选择。在此基础上，形成组织承诺。深入理解组织承诺的形成机制，有助于员工管理、干部成长和有效实施吸引、保留、发展队伍骨干的人才战略。

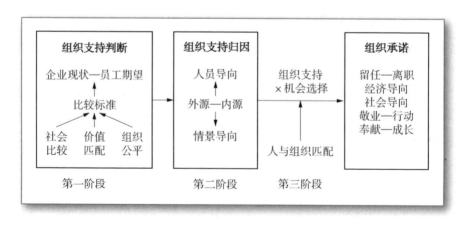

图 6.12　组织承诺形成机制综合模型

2）组织承诺评价与应用方法。常用的组织承诺量表通过问卷的方式对于情感承诺、规范承诺、持续承诺进行测量，均采用5点量表进行评价。我们所做的实证研究结果表明，新的组织承诺因素结构可以较好地测量组织承诺度。量表工具6.1是新组织承诺量表的要素。其中，情感承诺因素反映员工对组织目标的认同和所表现的忠诚并努力工作，即对组织的情感承诺；规范承诺因素反映员工由于受社会责任感和规范的约束，为了尽自己的责任而留在组织内的规范承诺；持续承诺因素反映员工为了不失去多年投入所得的待遇而

> **量表工具6.1　新组织承诺量表**
>
> ① 情感承诺因素
> 本单位激发员工潜能，价值准则与单位相似，对本单位具有自豪感，庆幸选择在这家单位。
> ② 规范承诺因素
> 为单位成功付出努力，很适合在本单位工作，关心本单位发展前途，对本单位具有忠诚感。
> ③ 持续承诺因素
> 单位工作机会比较多，不考虑选择其他单位，留任对自己发展有利，为留任可做任何工作。
> ④ 责任承诺因素
> 员工对单位承担责任，单位对员工承担责任，个人单位都兑现承诺，具有较强责任文化。

不得不留在组织中的持续承诺；责任承诺因素则反映员工负责、担责、尽责和遵循与加强责任文化的责任承诺。

组织承诺受到组织内外多种因素的影响，组织承诺的增强是一个动态发展的过程。请进一步阅读"研究解读6.3　组织承诺影响因素的模拟实验研究"，思考与讨论在转型升级与变革创新环境下，如何运用这项研究成果，提升与加强新生代员工的组织承诺度和长期激励效能。

研究解读6.3　组织承诺影响因素的模拟实验研究

作者：刘小平（中山大学）、王重鸣（浙江大学）、Brigitte Charle-Pauvers（法国南特大学）

发表刊物：《中国管理科学》，2002年，第10卷，第6期，97—100

文章评价：本文是与法国南特大学合作研究的重要成果之一。共同创建了基于双向承诺的新型组织承诺模型和系列验证研究。本研究得到了国家自然科学基金的重点项目资助（70201012），为组织承诺研究与应用策略提供了新的理论框架。

研究内容：围绕组织承诺的影响因素及其效应机制，特别是组织支持、工作选择机会等因素对组织承诺的影响开展研究。与常规的问卷调查研究方法不同，本研究采用了情景模拟实验的新方法，运用了2×2的被试内设计：组织支持度（高、低支持情景）×选择机会（多、少选择情景），形成四种组合场景，分别包含了9项特征：岗位认同、前进吸引、人际满意、待遇满意、发展前景、离职损失、舆论压力、期望比较、机会多少。研究采用我们修订后的组织承诺问卷（情感承诺、持续承诺、规范承诺三要素）和现有的组织支持感问卷及结果变量指标。选取在职学员96名作为样本。结果验证了上述特征对于三种组织承诺维度的显著影响，得出以下主要结论：组织承诺是在组织支持感基础上形成新的模式；员工备择机会制约着组织承诺度的强弱并建立起组织——员工之间的交换关系；组织支持与选择机会交互作用影响组织承诺，形成公平交换法则；组织与个人发展前景和机会比较组合对于组织承诺形成长效机制；情感承诺与持续承诺是影响留离意向和工作业绩的最重要维度；情景模拟实验法通过对情景特征加以有效控制形成整体模拟从而显著增强研究的生态效度。研究结果进一步明确了组织承诺的综合影响因素和动态效应机制，丰富和发展了中国管理权变情境下的组织承诺权理论与方法。

第6章 思考题

1. 工作激励有哪些基本要素？请举例说明持续激励的不同策略及应用途径。

2. 工作幸福感有哪些特征？请叙述HERO模型的四种要素及其应用意义。

3. 积极管理心理和组织公民行为如何影响工作绩效和工作满意度？

4. 请讨论自我效能感、团队效能感与组织效能感的异同点及其对绩效的影响。

5. 工作敬业有哪些心理特征和管理策略？中国企业的心理契约有何特点？

6. 在变革创新情境下组织承诺有何新的特点、影响因素和有效提升策略？

第三编　协调、团队与领导

第 7 章　沟通谈判与冲突压力

7.1　沟通模式与组织沟通策略

知识要点 7.1　沟通模式与组织沟通

管理沟通：沟通战略、沟通氛围、沟通例会、沟通机制、沟通渠道、危机沟通
沟通网络：轮式、链式、环式与全通道式沟通网络和虚拟式与跨文化沟通模式
虚拟沟通：整合式信任力、连贯式专注力、集成式释义力的加工、解读与构义
组织沟通：交互心智、内容导向、移情反馈、双向调节、信任承诺、行动关联

7.1.1　沟通特征和沟通过程模型

（1）沟通定义与沟通模式特征

1）沟通的定义。沟通是有效管理的重要途径、关键条件，也是干部、员工在工作、生活与经营管理中的重要能力。尤其在复杂动态、多元文化和变革创新的经营管理环境下，沟通成为首当其冲的胜任力。曾经有一项研究对 2 500 多名招聘经理进行调研，请他们回顾过去五年中所招聘入职并在本单位职业适应与起步良好的员工，最重要的是什么能力。这些经理一致认为，最关键的是他们具有良好的沟通能力，可见沟通的重要性。

在各类企业组织中，沟通早已不是个人工作与管理的能力，而是职业发展和组织获取竞争优势的关键策略。随着多任务、数字化、全球化的工作模式和商务关系日趋流行，沟通的协调功能日显重要。在许多组织，协调多项目、多部门、多组织的工作关系成为沟通的首要功能。多渠道沟通、多方向交流、分布式并行加工成为更为有效的管理技能和领导方式。常规管理和高绩效管理的沟通功能有何不同呢？在常规管理或一般组织中，沟通的主要功能是基于认知要素的上情下达或下情上传，而在高绩效组织中，尤其是日益流行的平台型组织中，沟通的主要功能则是基于知情意责的行为共享和任务协调。不只是认知交流，更重要的是认知反馈、情绪传递、行动协调、责任共担方面的综合功能。

管理心理学把沟通定义为"两个或多个员工或群体之间信息交流、分享、互动、协调认知、情感、意志和责任的过程"。我们更注重"组织中的沟通"或"组织沟通"，把沟通看成组织管理中的一种群体动力学的交互活动。司马贺曾经给信息沟通下的定义是：信息沟通指一位组织成员向另一成员传递决策前提（重在价值导向）信息的过程，沟通对管理人员来说非常重要。无论是常规管理意义上的计划、组织、领导、决策、监督、协调等职能，还是数字化和创业创新中的服务、精准、共享、创新等体现核心价值的实践，都需要以基于知情意责的新版沟通为前提。人们把沟通作为最为重要的领导技能之一。

2）组织沟通特征与功能。早期研究中描述正式沟通渠道和组织中的沟通问题时，强调自上而下的"下行沟通"以及命令链和控制的作用。近期研究则把这一过程看成多方位的信息互动。组织中的沟通有四个主要特征：

□ 交流激励：沟通是为了在组织中交流分享信息和激励各级人员，尤其是有关任务进程、组织愿景、公司文化、组织目标、任务指导、管理决策、工作成效等方面的多种信息。沟通并非只是传达或交流信息，更重要的是采用积极沟通方式发挥激励的功能。

□ 分享情感：沟通带着情感与情绪色彩，传达着组织的情绪和激情，这在组织背景下尤其重要。沟通中的面部表情、情绪色彩、语气用语等都表达了一定的情感和传达了特定文化下的情绪信息。

□ 协调行动：就像人类的神经系统，对刺激作出反应，并通过把信息发送到人体各个部位，沟通协调着组织各个部分的行动。通过沟通对任务加以进程管控和反馈改进，从而更好地协同前行。

□ 共担责任：沟通分担责任与角色担当，责任沟通能够促进责任认同、责任分担和责任协同的程度。同时，通过沟通推进知识的分享与各级知识的管理。沟通是责任领导力的关键能力，责任沟通是组织沟通的核心元素。

在面对面沟通与在线虚拟沟通两种模式的比较中发现，在线虚拟沟通的效果不亚于面对面沟通的结果：在线虚拟沟通在分享情感、协调行动和知识管理方面有独特的优势；面对面沟通的交流激励作用则在常规组织中发挥比较充分，而在网络组织或平台组织中，在线虚拟沟通的交流激励作用更加显著。研究建议在组织沟通中进一步通过沟通网络与平台设计，充分发挥在线虚拟沟通的效能。

3）组织背景的沟通过程模型。组织中的沟通过程构成了大多数管理职能的基础，对组织效能有关键性的影响。图 7.1 表示沟通过程的主要环节。

沟通的基本环节有：发送者、符号、讯息、通道、接收者。沟通的过程包括三大

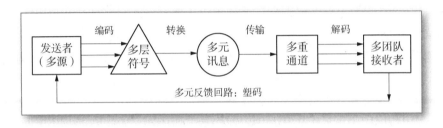

图 7.1　组织沟通过程模型

步骤：发送者把信息编码成符号，转换形成讯息，经过特定通道传输给接收者，进一步解码，依据反馈作出塑码。每一环节都有可能出现偏差。信息编码是建立在符号认知与理解的基础之上的，含糊的符号系统会导致解码误差。在言语沟通过程中，同样词汇对于不同的人可能具有多样含义，多种非言语线索（姿势、表情等）也会使信息含义发生变化。不同沟通媒体的信息携带能力和加工速度，都会对沟通质量产生影响。同时，反馈回路则起着矫正偏差、调节速度和提高效率的塑码作用。沟通效果的最关键因素则是发送者和接受者的沟通能力和技巧。有准确的编码、转换、传输、解码和塑码，才能保证有效的沟通。

组织中的人际、团队和组织沟通过程越来越多地具有场景沟通和数字化沟通的独特性，其基本元素还是人际沟通，通过语言讯息的传递，交流情感、思想、态度、观念。组织沟通具有更为及时的双向反馈；也往往容易出现心理偏差，人们的言语、知觉、推理、交往等方面能力和相容、情绪、开放等个性特征都会影响沟通的效果。管理心理学的大量研究都是围绕着沟通模式特征及其偏差的分析和预防而开展的。

（2）管理沟通策略与责任沟通

1）管理沟通模式与责任沟通能力。沟通研究的主要途径之一，是对管理沟通的流程即路径和方向进行分析。管理沟通的流程具有三个方向特征：上行沟通、下行沟通和水平沟通。上行沟通和下行沟通是组织层次间的沟通：上行沟通为下级向上级的沟通，下行沟通是上级向下级的沟通；而水平沟通则是跨部门的沟通。组织中这三类正式沟通的总体模式就形成了一种沟通网络。在管理沟通的新型模式方面，可以发挥社交媒体的功能，加强多向沟通和跨项目、跨部门的分布式沟通。

管理沟通的重要策略是责任沟通（responsible communication），是指以责任为主线开展的理念传播、信息交流和沟通分享，或者称为领导的沟通责任，主要包括三个方面：以责任心智传播适当的责任价值理念（诚信公正、担责敬业、组织信任、职责义务等);以责任方案解读企业责任实践或组织责任运营(责任管理、责任运营、社会责任、责任团队等);以开放心态分享责任问题并指导责任参与行动(鼓励参与、责任赋能、责任领导、责任组织)等。从责任沟通的视角出发,领导沟通技能分为三种层次:核心沟通技能(口头与书面沟通、非言语沟通、主动倾听、给予与接收反馈、情商风格、冲突与谈判沟通等)、团队沟通技能(走动式管理沟通、促进会议效率、激发团队精神、协调团队任务与冲突等)和战略沟通技能(传播使命、愿景、价值观,建立有效沟通系统、扮演沟通榜样、开展知识管理、市场与公共关系沟通)等。

2) 管理沟通的有效途径。沟通管理的新趋势是重视管理部门与员工之间的有效沟通,并将其作为管理沟通的核心内容。怎样才能加强管理部门与员工的有效沟通呢? 我们在组织变革与数字化转型研究中提出以下沟通途径:

□ 沟通战略。制定一项沟通战略:许多公司没有明确的沟通战略,急需专门制定沟通战略,即如何通过有效沟通增强信任度、责任心、敬业度、承诺度和工作满意度。

□ 沟通氛围。构建透明信任氛围:建立管理部门与员工沟通的透明规范与渠道,特别是在人事安排、业务挑战、创新创业和公司财务状况方面的透明化,有利于创造信任和理解。

□ 沟通例会。重申公司的目标预期;建构管理部门与员工的定期正式通报例会,使得双方对公司目标调整以及对员工任务预期及时交流或更新,并及时认可良好工作表现,以便鼓舞士气,激励高绩效。

□ 沟通机制。定期回顾本单位新近与过往成功历程,完善以目标—反馈为主线的正式沟通机制,从而强化大家的荣誉感和一家人式的组织沟通,使得管理部门与员工培养高质量沟通的行为机制。

□ 沟通渠道。运用多种沟通渠道,完善多层次、多方向、多渠道沟通模式,特别是利用数字化技术支撑、社交媒体平台搭建、人工智能学习平台、工会协会项目组信息网络以及月度调研、职业培训等创建综合在线沟通生态系统。

□ 危机沟通。管理沟通的一个新领域是危机沟通,其行为要求不同于一般沟通。危机沟通的主要特点是突发快速、透明度高、责任性强。在危机下,对于增强弹韧、转危为机、成长机会的认知与行为倾向,在很大意义上受到危机沟通传播能力的影响。通过危机沟通,充分理解和积极调适危机心理与行为特征,有利于增强弹韧性与适应能力,从而提升危机管理沟通水平。

实践尝试与研究分析表明,上述途径的落地并配套提升沟通技能,能够极大提升管理沟通的效能。主要的沟通技能包括:主动沟通、结果导向、声誉构建、时间管理、倾听意见、理解他人、构建网络、辅导学习、自信跟进、适应调节等 10 项能力要素。

3）危机沟通的特点与过程模型。管理沟通的新重点是如何有效开展危机沟通。事实上，新的沟通模式已经远不止"通讯式"的交流，而是更多用于"推动式"的沟通策略。图 7.2 是新型危机沟通的模型：运用了预警参与式沟通、研判决断式沟通、方案对策式沟通的三步曲沟通方法。该模型在沟通三步曲框架下把危机沟通划分为热身准备、启动研判、交流辅导、方案践行四要点的沟通过程及其行为要求。可以看到，新的沟通心理理论与应用正在转向以沟通目的—行动为中心的有效沟通策略的定制和创新。

图 7.2　危机沟通过程模型

新型危机沟通包括以下过程模式：

□ 预警参与式沟通：沟通始于危机前。有效的沟通以热身准备启动。相关经理与员工、客户、社区等人员沟通并制定预案，与利益相关者建立合作伙伴关系，创设专项沟通程序、预警热线联系和参与式沟通系统。其中一项重要沟通分享任务是危机预案的策划、起草和检验以及组织与人员的配置。

□ 研判决断式沟通：这是指危机发生时的沟通，包括启动研判和交流辅导两个环节。一方面沟通和表达同理心、识别风险性并解读备择的应对行动，另一方面沟通和研判当前状况，分析多方信息，决断应对策略。

□ 方案对策式沟通：这是就危机应对方案开展沟通和评价，鼓励警觉策略，商讨应对举措，评价危机管理与处置方案，通过沟通分享，达成心理共识，开始践行新的方案。

由于危机中情况错综复杂，员工的心态表现为担忧焦虑，沟通互动往往出现"心理折扣"，及时、透明和多渠道补充与提供"官方"信息，有利于加强危机沟通的参与、研判、接受与践行效果。

7.1.2 沟通模式分类与功能特征

（1）沟通模式特征与沟通策略

沟通可以按照不同标准进行分类，各自具有相应的功能特征。

1）正式沟通与非正式沟通。按照组织管理系统和沟通体制的规范程度，可以分为正式沟通和非正式沟通。正式沟通是通过组织管理渠道进行的信息交流，传递和分享组织中的"官方"工作信息。例如，上级文件按组织系统逐级向下传达，或下级情况逐级向上反映等，都属于正式沟通。正式沟通在很大程度上受到组织结构的影响，管理沟通的流程与正式沟通有密切的关系。通常，上行沟通多用于向上传递信息，下行沟通多用于下达指示、指令或绩效反馈，而水平沟通则多用于协调努力与活动。

非正式沟通是在正式渠道之外进行的信息交流，传递和分享组织正式活动之外的"非官方"信息。非正式沟通网络构成了组织中重要的消息通道。例如，员工间私下交换意见，议论某人某事以及传播"小道消息"等都是非正式沟通的行为。当正式沟通渠道不畅通或出现问题时，非正式沟通会起关键的作用。由于非正式沟通在管理活动中比较普遍，而且有时可以通过非正式沟通"试探民意"，管理心理学重视研究非正式沟通。

2）沟通方向与沟通模式。按照沟通的方向特点，分为单向、双向、多向和分布式沟通。在工作与管理实践中，主张提高沟通的双向性，与单向沟通相比，双向沟通的准确性更高，所体验的自我效能感也更强；双向沟通的沟通技巧和人际压力相对比较大，动态性高。由于工作任务越来越交叉关联，每位干部、员工承担多重任务或项目的情况很普遍，加上管理模式与领导风格上越来越授权和扁平化，同时，信息技术突飞猛进，各种网络平台层出不穷，社交媒体也成为组织中人际沟通的主要手段，多向、多部门、多项目的分布式沟通（distributed communication）成为组织中的主要沟通模式，也成为数字化分布式创新的沟通策略。

3）沟通网络结构与模式特点。管理心理学关注沟通的网络特征。沟通网络的建设一般都与群体或组织的结构相衔接。通常，组织的沟通以任务有关的沟通联结及其协调为主，时间一长，这种沟通关系就形成某种模式。我们把沟通网络结构划分为四种基本类型：轮式、链式、环式和全通道式，见图7.3所示。

□ 轮式沟通网络。信息沟通在处于中心的经理（或主管）和周围每一位成员之间进行。在群体情景下，轮式网络是典型的沟通结构。

□ 链式沟通网络。信息沟通在上下级间进行，而并不与链端人员直接进行。

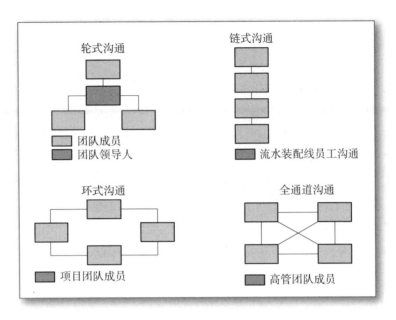

图 7.3　沟通网络结构的类型

☐ 环式沟通网络。信息沟通只在两边进行，例如项目组成员间的沟通。

☐ 全通道式网络。每位成员都与其他人进行沟通，呈全员群体沟通状态。

在正式组织中，这四种沟通网络又与一定的组织结构形式相配套。群体或组织中的不同沟通结构对于群体活动效率有不同的影响。研究表明，这四种沟通网络各有其优缺点。链式沟通网络的信息传递速度最快，环式沟通网络能提高群体成员士气。轮式和链式沟通网络解决简单问题时效率高，而在解决复杂问题时，环式和全通道式最为有效。链式网络相当于一个企业中四个等级的上下级组织，彼此间交流信息的传递速度很快，但可能由于信息经过层层"筛选"，使上级难以了解下级的真实情况，也可能使下级不容易了解上级的真正意图。轮式沟通可以代表一位领导者与三个下级人员保持双向联系。

每个组织都具有与其组织结构和组织文化相一致的正式沟通网络。管理者应注意分析和研究组织的正式沟通网络，改进存在问题，提高沟通效能，保证多向信息能得到更有效的沟通。

（2）在线虚拟沟通三元素模型

随着网络化、数字化以及社交媒体与在线平台的广泛应用，在线虚拟沟通的独特能力引起研究者和沟通人的关注。在线沟通或称虚拟沟通需要信任、专注及释义。由此提出虚拟沟通的在线工作与虚拟交流能力：信任力、专注力和释义力元素，形成在线虚拟沟通的三元素模型，可以用于理解、评估与改进虚拟作业的沟通效能。其中,释义力在虚拟沟通条件下更为独特。从管理心理学原理来说,在线虚拟沟通三元素模型是数字化行动学习的重要基础。我们在第 11 章有关数字化行动学习的讨论中提出的信任力、专注力和行动力三力模型,与此紧密相关。

1) 虚拟沟通的连贯式信任力。在工作与组织沟通中,信任度一直是关键的心理元素,除了认知理解和判断,从沟通到行动的通路建立在一贯的相互信任基础之上。王重鸣与邓靖松(2005)开展的虚拟团队沟通模式对信任及绩效关系的实验研究认为,信任的策略行为体现为主动合作、意见采纳、信息分享和监督查看等四种行为,虚拟沟通信任策略行为的测量从沟通的内容中抽取。在线沟通与面对面沟通的区别之一是沟通信任一般并非逐步形成,而是表现为"快速信任"(swift trust),具有沟通之初就迅速建立信任和在线实时形成依存关系的特点(王重鸣、邓靖松,2004)(参看有关信任概念的相关章节内容)。虚拟沟通的连贯式信任力需要快速信任的互动维护和相互促进。

2) 虚拟沟通的整合式专注力。由于虚拟沟通的在线交流、独自工作和时间不确定性,沟通者往往会以并行或分布式参与的方式沟通对话却同时在做几件事。虚拟沟通的专注性会符合"折扣加工"模式,即以分时或分散注意的方式降低认知资源投入而进行多样任务的加工。在很大程度上,在线虚拟沟通的效果取决于沟通人的认知适应能力和知情意责整合能力。我们的研究提出,学会有效的分布式虚拟认知加工,提升认知适应能力并设法整合情绪、意志和责任元素,可以对增强整合式专注力元素发挥显著的补偿作用。

3) 虚拟沟通的集成式释义力。我们在第 2 章阐述了人们在知觉解释阶段经过组织的抽象概念加以解释,赋予深层、完整的意义,称为释义或称"组织释义"。当威克(Weick,K.,1995)第一次提出"释义"(sense-making)时,包含制定(感知框定意义)、选择(沟通提炼共识)、保留(解读共享意义)三个阶段的生态式"释义情节"。释义主要指一种认知加工过程,具有认同建构、经验回溯、取义制定、社交互动、过程跟进、线索取证和合理确信等七项特征,包括了感知、解释、记忆的个体思维过程和群体互动解读的社会建构过程。由个体认知加工和群体社会建构过程整合成释义的解读与行动循环。作为一种沟通释义能力,需要聚焦目的标准、明晰问题任务、承认各种视角、识别挑战假设、推演多种选项、采用相关信息、作出合理决策、尝试学习多解等多方面的元素,集成在线虚拟沟通的释义力元素,与信任力和专注力融合发力,使得相对碎片式、分段式、集聚式的信息分享与交流转换成整合式、连贯式、集成式的加工、解读、赋义与构义。

7.1.3 沟通效能因素与沟通技能

（1）沟通效能的主要影响因素

沟通的效能受到许多因素的影响和制约。管理心理学把影响沟通质量的因素和差误分析作为重要领域。除了认知因素、任务因素、人际沟通因素、态度与个性因素和跨文化因素等，沟通信息加工能力和沟通渠道与程序是有效沟通的基本因素。

1）沟通信息加工能力。沟通信息加工专长包括编码、解码、参照框架和选择加工等能力。

□ 编码能力。在沟通过程中，需要对信息进行"编码"或"译码"。信息发送者的可信度，发送者对于接收者或"听众"的敏感性，都对沟通效果有显著影响。人们的背景、经历等也会影响对于讯息的解释。

□ 解码能力。人们的判断和思维能力很大程度上决定了对沟通信息的编码与解码质量，由于同样词语对于不同人员可能具有多样的"语义"和"释义"，因而对同样的沟通信息可能给予不同的信息加工，使得编码与解码之间不兼容，从而造成沟通偏差。相反，解码能力强的人在沟通过程中具有快速释义、解码汇总、要义提炼的成效。

□ 参照框架。各人的认知与价值参照框架会有较大的差异，处于第一线的员工、主管等群体具有不同于中高层经理的参照框架，因而产生内隐性的关系依赖、刻板解读、信息误判和选择释义等典型沟通偏差。我们的研究表明，开放包容的心智模式有利于不断优化参照框架，增强沟通的"收纳度"、释义域和整合性。

□ 选择加工。人们在沟通中会表现出某种"选择性倾听"，更多加工具有与自己偏好相似、易获取且"报喜式"的信息，以至于阻碍新的似乎有所冲突、不同意见的、难取得的、"报忧式"信息的加工，并在沟通中起到"过滤"作用。例如，下属对上级保留不利信息。沟通中的选择性注意和认知加工水平会在很大程度上制约沟通者对于信息的检索、接收、筛选、加工、研判和反馈，也会由于经验不同，而对于相同沟通信息作出不同的选择性解释。

2）沟通渠道与程序影响因素。沟通的通道特点、所使用的媒体、程序要求和开放文化等因素都对沟通质量影响很大。沟通任务特征与沟通渠道模式的匹配度是特别关键的因素：群体决策沟通需要采用全通道沟通网络模式，有利于获取多源信息、参与互动和集思广益；任务执行沟通适合于采用链式网络或轮式网络模式，有益于提高沟通效率和及时推进或解题。在变革创新和数字化转型的进程中，互联网、数字化、智能化沟通技术日新月异,电子沟通与数字沟通成为主要沟通类型。社交媒体沟通、移动沟通和在线沟通都成为新的主流沟通方式。移动通讯、电子邮件、在线视频会议和虚拟沟通等方法得到广泛应用。沟通者自身的数字化沟通能力的培育和提升,数字化组织沟通平台和信息分享生态圈的建构,都成为至关重要的新策略。数字化沟通不但改进了组织信息的质量特别是编码、解码和反馈的精准程度,促进了开放、包容、激情、共享的组织沟通文化的建设,而且显著改变了沟通模式、加工速度、信息传递与共享成本,提高沟通的敏捷性,大大促进了沟通模式和管理方式的变革与创新。各类网络化的群体支持系统、移动项目沟通系统、数字化行动学习共享系统和企业云端知识管理系统等广为应用,使组织更为柔性、任务更为共享,沟通成为管理的神经系统。数字化沟通正在全方位地改变整个组织的无边界、分布式经营管理与工作模式,成为新的竞争优势(王重鸣,2015)。

(2) 组织沟通特征与沟通技能

1) 组织沟通的特征。组织沟通在 1940 年代起就引起管理与心理学研究者的关注,到 1990 年代已经发展成一个重要的多学科领域。组织沟通包括了组织内外和跨越文化的各种沟通方式。组织沟通使得组织中的沟通行为从日常信息交流或传播转向如何运用沟通策略来创新组织过程和提升组织的信息加工与创新能力;沟通策略的视角从一般、通用的组织沟通模式转向面向内容、事件、情景的沟通策略。组织沟通具有交互心智、内容导向、移情反馈、双向调节、信任承诺、行动关联等特征。

□ 交互心智和内容导向。组织沟通具有多样交互心智的特点,新型沟通层出不穷,如创新沟通、责任沟通、风险沟通、危机沟通等。组织沟通强调内容导向:沟通分析视角从一般沟通偏差与信息传播质量等转向情绪沟通(强调情绪劳动)、工作—生活沟通(着重交互释义)、领导—下属沟通(促进交换关系)、同事—朋友沟通(采用互信模式)、团队间沟通(注重心理安全感)、组织文化沟通(提升文化智力)等。

□ 移情反馈与双向调节。组织沟通与管理沟通具有较强的移情反馈与双向调节特征。在全球化、信息化、多样化的形势下,开放沟通能力成为经理人的基本组织沟通能力。成功的高层经理的沟通活动提升到将 90% 的时间花在多类沟通和分享意见上;各个管理层次的经理无论是工作日还是周末,处于"全天候"沟通工作中;数字化沟通成为组织沟通的关键能力。同时,组织沟通要求高水平的移情反馈与同理心。信息反馈是有效双向沟通的一个关键条件。在组织沟通中比较强调激情投入,注重在反馈中移情,设身处地,换位处理,学会适应他人观点和理解他人情绪,从而通过质量和数量方面的双向调节而获得融洽理解的同理心情绪基础。

□ 信任承诺和行动关联。组织沟通的重要特征是强调相互信任，讲究对沟通相关行动的承诺和跟进，并设法消除"沟通信息超载"，以提高行动的通畅性，用沟通推进行动，以沟通完善行动，力求提升沟通的行动效能与组织效益。此外，有效的组织沟通不但增强交流与合作，而且能够提升组织的敏捷性、创新性和高绩效。

2) 跨文化组织沟通的特征与策略。随着全球化和跨国经营日益普遍，跨文化互动交流成为主要的管理沟通技能。这里所说的"跨文化组织沟通"有两层含义：

□ 中外文化条件下各类企业的组织沟通。例如，外资企业中来自不同文化背景的经理人员之间的沟通，跨境组织中项目团队间、员工与领导之间的沟通等。

□ 不同区域观念下的人际沟通。例如，来自沿海发达地区和中西部地区的人员之间可能会形成某种跨亚文化背景的人际沟通。

管理心理学比较注意的是跨文化工作沟通。在跨文化沟通条件下，沟通的焦点会由于不同文化背景下人际沟通侧重点的差异而发生变化。研究表明，文化的同质性会使人际沟通更多注意相互关系方面的信息，而忽视工作任务方面的信息。人们在沟通中更容易把自己局限在相互关系内容的交流上。具有文化多样性特点的人际沟通则更容易进入工作状态，讨论工作中所遇到的各类问题。在语言、语义等方面的差异也会影响跨文化沟通的效能。

跨文化沟通挑战是中外企业员工和经理都面临的问题。我们对外资宾馆中外方经理的研究表明，中外经理在人际交往和管理风格方面存在着较大的跨文化沟通差异。许多来自海外的经理比较注重直线式自上而下的管理信息，而中方经理则更多依赖于按照社会规范和企业文化习惯行事。因而，他们在合作共事时容易出现跨文化沟通的冲突或沟通协调问题。在合资企业中，中外经理在决策沟通方式、会议沟通方式等需要密切互动的管理行为方面表现出显著的跨文化沟通差异。田志龙、熊琪、蒋倩(2013)运用深度访谈法研究了跨国公司的中国员工所面临的跨文化沟通挑战与应对策略。研究结果表明，中国员工对跨文化沟通的挑战普遍采用"改变沟通方式，逐渐适应"的应对策略，及时沟通也是较多选用的方法，从事海外业务的员工则更多采用"增强跨文化知识经验"和"妥协"的策略；而相关企业则较多选用"外派中国籍员工"和"跨文化培训"等策略。研究进一步发现中国员工的跨文化敏感性基本处在接受与适应阶段，需要增强跨文化沟通和管理的文化融合胜任力。请回顾我们在第5章具体讨论的文化智力和跨文化胜任力的相关内容。

如前所述，在虚拟团队的沟通中，信任是更为重要的因素。请进一步阅读"研究解读 7.1　虚拟团队沟通模式对信任和绩效的作用"，思考和讨论在虚拟沟通中的信任模式特点和提升信任水平的新策略。

研究解读7.1 虚拟团队沟通模式对信任和绩效的作用

作者：王重鸣(浙江大学)、邓靖松(中山大学)

发表刊物：《心理科学》，2005年，第28卷，第5期，1208—1210

研究内容：虚拟团队是管理心理学的最新研究领域之一。其重要工作机制则是新型沟通模式，而信任与协作则是其关键特征。虚拟团队的沟通模式主要有三种：层级式(例如以发起单位为核心的领导结构)、网络式(例如新产品开发团队)和序列式(例如单向联系的电商供应链团队沟通)。在以往研究基础上，提出了两项假设：(1)在网络式沟通下，团队绩效和个体绩效最高，层级式沟通次之，序列式沟通的绩效最低；(2)在网络式沟通下，团队信任水平最高，信任策略行为最多，层级式沟通次之，序列式沟通的信任水平最低，信任策略行为最少。实验采用了沟通模式与轮次的因子式设计。120位经管与心理专业的大学生参加了实验。随机分配到序列式沟通组、层级式沟通组和网络式沟通组。实验任务是由4人组成虚拟团队参加公共资源分配任务。以主动合作行为、信息分享行为、意见采纳行为和监控查看行为测量信任度；采用内容分析评价沟通发言的三类算子：主动合作、意见采纳、学习分享，作为信任策略变量的取值。通过8组试测举行操作检验，并运用问卷测量和行为编码检验信任行为的效度。实验结果验证了研究假设，表明在资源两难的任务结构中，虚拟团队的不同沟通模式显著影响团队的信任和绩效。任务情境反映出虚拟团队任务的某些特征，如成员间利益冲突、个体与团队的目标冲突、群体问题解决与决策等。研究的结论具有普遍意义。在类似的问题解决任务中，最恰当的虚拟团队工作方式应该是网络式沟通方式。

本研究在虚拟团队沟通领域作出的实验实证分析与结果对于虚拟团队沟通研究和提高虚拟团队信任度与工作绩效具有重要的理论意义和实践价值。本研究对于信任行为及信任行为策略的实验分析和方法论创新，为未来的信任实证研究提供了可操作性且高效度的方法论依据。

7.2 谈判管理特征与谈判策略

> **知识要点 7.2 谈判策略与谈判能力**
>
> 谈判行为：心理谈判力、混合激励力、群体认同力、组织利益力、虚拟决断力
> 谈判策略：分布、整合、混合动机策略和回避、顺从、竞争、合作、妥协策略
> 谈判能力：心智技巧、群体协调、多重权衡、数字研判、组织动能、策略管理
> 谈判技能：创造性解题、灵活性转换、全局性调控、多赢式激励、合理性否决

7.2.1 谈判管理要素与权衡特征

（1）谈判成分特征与基本阶段

谈判是管理心理学研究与应用的重要领域，从 1960 年代有关劳资关系谈判行为的策略研究开始，与博弈论视角的理性偏离研究结合。到 1980 年代，研究主要集中于博弈论和行为决策理论的应用。从 1990 年代开始，以社会心理学的实验方法对谈判过程进行深入的实证研究成为主流，关注谈判策略和采用文化视角关注各类谈判行为。进入新世纪以来，谈判心理研究更侧重于认知的视角。确实，人们在生活和工作中越来越多遇到需要讨价还价、商讨权衡、求同存异和达成一致意见的场景。多任务实施、多团队经营管理、多项目技术研发、新旧市场推广、创新生产运营、多元文化人力资源等各种工作的大部分时间，都是在协调任务、协商合作、商讨问题、权衡利弊、对话矛盾、协同意见等。我们试图通过沟通、谈判和冲突管理来协调解决工作、生活、管理以及人际群体、组织内外和跨文化的大部分问题。说现在的管理是七分沟通谈判、三分经营技术，不无道理。谈判及其技能在管理行为中日益重要。

1）谈判的定义。当人们在不合作就不能达成各自的目标时，他们就需要进行谈判了。谈判是指"两方或多方缺乏共同意见而进行的协商与决策过程"。谈判是各方识别可能协议、估计结果需要、理解他方意见并沟通说服的过程。那么，谈判有哪些基本成分与特点呢？通常，谈判包含四个基本成分：

- 谈判依存关系：谈判各方具有相互依存性；
- 谈判目标程序：各方的目标或程序冲突性；

▫ 谈判动机投入：各方的动机及投入程度；

▫ 谈判意见信念：各方对达成一致意见的信念。

在管理心理学中，我们的注意力也从谈判本身的基本成分特征转移到谈判的组织情境、文化习惯、谈判技能和博弈权衡策略等方面，作为谈判的四项新成分。

2) 谈判过程的四个阶段。管理心理学把谈判过程分解为四个阶段：

□ 调查准备阶段：这是最重要的谈判步骤之一，需要收集问题与方案的事实信息，了解他方谈判风格、动机、个性与目标，分析基本背景，确定各自的利益关切和谈判策略。

□ 方案表达阶段：这个阶段包括提出最初要价、表达各方需求。这时，表达能力与沟通能力十分重要，跨文化差异在这一阶段比较明显，文化敏感性与适应能力更为重要。

□ 讨价还价阶段：在这个阶段，管理人员运用各种公关手段、沟通技能与谈判策略，互动商谈，作出研判，以便达成原则意见或潜在结果。

□ 达成一致阶段：在这一阶段，谈判团队作出决断，谈判接近尾声。假如没有反复，各方通过讨论达成一致意见或最终协议。

3) 谈判行为分析的五个层次系统。有关谈判行为的研究与应用比较集中于整合式谈判与分布式谈判，大体可以分为五种影响力：心理谈判力、混合激励力、群体认同力、组织利益力和虚拟决断力。

□ 心理谈判力。这种谈判行为研究思路关心谈判者的心智、知识和经验如何影响谈判表现。比较多的注重于心理谈判力、性别和情感对于谈判的影响。这里所说的谈判力是指谈判协议之外的最佳其他备择能力，又称"BATNA"（Best Alternative to a Negotiated Agreement），即讨价还价的最大余地。根据社会交换理论，达成交易的好处（奖励）和资源分配是人际交换的心理基础。人们以此与备择方案加以比较来决定谈判的保留点（RP），进而依据双方的协商（讨价）区间来确定谈判的策略。

□ 混合激励力。这种思路关注谈判各方的行为和心境特点对于谈判过程与结果的影响。这方面的研究主要围绕两方面的因素：谈判互动中的混合激励力（合作与竞争等）和人际情绪状态所发挥的作用。许多研究围绕混合激励力开展，关注双方或多方谈判风格对于谈判态度与策略选择的作用，其中比较多的是采用"对等"策略，看似公平，却不一定是最具策略性的谈判习惯。近期研究更重视情绪（尤其是愤怒与喜悦）在谈判中的人际效应。许多谈判者善于利用情绪信息来预推对方的策略和保留点的价码。例如，在愤怒中往往容易显露自己的"出牌模式"。在谈判时间压力比较大的场景中，情绪的人际效应更为明显。人际谈判动力因子还包括谈判各方的主观价值取向、相互信任度以及各方的相互关系。其中，信任度因子在整合式谈判中很关键。在高信任条件下，谈判各方更愿意分享信息和各自底线，也更容易达成激励力的整合结果。

□ 群体认同力。这种思路注重群体认同感、文化认同感、群体文化以及团队认同因素对于谈判过程与结果的影响力。谈判各方各自群体的动力因素（例如，价值取向差异、利益关系、权力关系、参与模式等）都会对群体间的谈判代表心态、筹码、保留点的高低和出牌方式等产生关键的影响。同时，群体谈判就像是一场竞合游戏或解决两难困境。团队利益和个人得失常常交织在一起。在谈判决策中，群体认同力与这些因素交互作用，影响了谈判过程中双方的研判，并导致较大的认知偏差，特别是群体信任度、知识结构、组织承诺度等因子比起经济利益的权衡影响更大。

□ 组织利益力。这是指谈判者由于具有行业角色（例如加盟行业协会）或者属于跨组织的联盟、市场协会或高新技术园区的网络而形成高阶利益关系的影响力。这类组织利益力往往形成成对关系和组织间利益权衡而影响谈判中的信任、期望、伙伴选择和对研判解决方案的认知与价值取向。这方面组织因素的效应往往具有跨期的和比较深远的影响力，即实践跨度比较大的谈判决断。

□ 虚拟决断力。随着电子媒体或在线平台的普遍采用，采用电子邮件、在线沟通、视频会谈等方式举行高管会议、开展协商谈判日趋普遍，使得虚拟互动、数字化谈判和数字化决策过程成为谈判管理的虚拟决断力。在数字化工作环境中，如何理解虚拟谈判的独特挑战、评价最有效的数字化沟通方法、识别获取最好谈判结果的数字化谈判行为等，都是谈判管理的新任务。虚拟谈判研究与应用主要关注三方面的问题：数字化谈判可能弱化了面对面谈判过程的社会认知、情绪加工和互动交往中多种线索或认知—情感联结，容易使谈判行为由于缺乏"心理缓冲层"而更多依赖书面解释和电子邮件交流；数字化谈判可能加快谈判节奏，而需要更充分的预案和较快速的研判与决断；数字化谈判的能力开发要求更多战略层面的谈判策略才能和多项目多向虚拟互动、跨文化电子沟通风格的谈判技能与文化敏感性。

（2）谈判策略与跨时权衡模式

1）谈判研究的策略思路。谈判心理研究早在 1990 年代就引起我国管理心理学界的重视，徐光国与王重鸣（1997）在综述谈判理论与应用进展时指出，谈判研究有两种思路：规范式思路在个体具有充分理性的基础上，试图诊断出一个人会在竞争性情景中怎样谈判。认为人类的理性能使人在学习获取阶段尽可能获取所有信息，而在信息加工阶段完全加工所获得的信息并有效执行自己的判断和选择，以确保谈判选择的有效性;描述式思路注重于分析使得谈判行为偏离标准的多种因素,例如,认知、学习、个人偏好、价值取向等因素。由于谈判者在谈判过程中往往不可能获得所有相关信息或进行全理性的信息加工,个人因素或群体因素就会直接影响谈判中的分析判断、策略行为和决策结果。

2) 跨时权衡谈判。市场研究的重要发现之一是谈判合同随着时间的跨越而越来越具有整合性,要求谈判一方在某次谈判中作出让步,而在后面的谈判中获得回报从而使双方获得更高的共同收益。这种权衡称为跨时权衡。跨时权衡已成为谈判的热门研究课题。多数商务或重要谈判场景都是多轮拓展式的,会比单次谈判更难达成整合式协议。常见的情况是由于资源有限或者各方价值取向及备案偏好的差异较大,且时间权衡可以成为重要的因素并在不同谈判阶段成为"筹码",因而把时间视域这一决策过程元素作为最重要的跨时谈判影响因素。时间视域是指谈判者对于将来时间需要付出代价和获得收益而赋予的一种权重。如果看重长远价值,其时间透视能力就会比较强,时间视域越长。在重要谈判或利弊权衡时,许多谈判者倾向于以短期的损失,换取长远的得益或回报,作出更有利的跨时段的权衡式谈判。在采用跨时权衡时,谈判管理心理学主要考虑四方面的因素:

□ 时间折扣。在跨时选择时,由于选择现时小得益而放弃将来才能获得的奖励,即对将来打了"折扣",造成了收益"贬值"。如果感知到的时间折扣率过高,就会认为在谈判中失去了作出跨时权衡的意义。

□ 时距感知。这是指对客观时距的知觉。相同的客观时距会产生不同的时距感知,各人的时距知觉容忍度不同。因此,时距感知是影响时间折扣率的认知和对漫长等待时间的容忍度,进而影响其对未来赋予更高的权重,并在谈判决策中着眼短期策略。

□ 未来收益。人们会由于环境不确定性或者谈判对象变化不定及流动性而知觉到未来收益的高不确定性。加上谈判各方之间的信任度和相互理解及承诺等变动而降低对未来收益的期望,从而影响其谈判策略。

□ 短期损失。这是指对于短期损益结构的感知会影响跨时权衡的效能。有关风险判断与决策的研究发现,知觉到损失要比知觉到得益更多影响决策选择。这是因为在不确定情景下,效用函数的形态表现是损失的斜率显著高于得益的斜率。在谈判中,蒙受损失的知觉会使得谈判者更倾向于作出项目或时间上的权衡,影响形成整合式协议。

上述原理与研究进展对于理解和把握有效的谈判策略具有重要的参考价值。请读者回忆或设想应聘工作时就薪资待遇问题开展谈判时的场景和自己可能采取的谈判策略,进一步理解跨时权衡的基本原理和心理模型。

7.2.2 谈判管理的策略及其特点

（1）谈判管理的主要策略类型

1）常见的谈判策略类型。谈判时需要采用不同的策略。管理心理学研究表明，采取适当的谈判策略对于谈判的成败至关重要。常见的谈判策略包括分布策略、整合策略、混合动机策略。

□ 分布策略：谈判的目标相互冲突，争夺"固定蛋糕"，称为"零和博弈"。谈判的任务是争取我方价值最大化，任务聚焦在创造谈判方案的价值和获取价值。分布策略通过威胁或情绪性押注或者提供单边方案而影响对方作出让步。但是，采用分布策略的谈判者由于过于"单边思维"而容易忽视识别潜在的权衡机会。在分布策略框架下，谈判者也采用了不同的策略重点，形成三种子策略："接受或离开"策略、公平标准策略、先报价再讨价策略。在选项过少的情况下，"接受或离开"策略比较有效；公平标准策略是为了更好谈判；而先报价再讨价策略则可以利用"锚定效应"初步"锁定"要价，使得对方难以充分调节其策略定位。

□ 整合策略：谈判的目标得以共享，拓展成"双赢蛋糕"，谈判的任务是分享信息、创造价值，使得联合收益最大化。相关研究提出三种策略变式：外显信息交换策略（明晰选项的得失）、内隐信息交换策略（隐含在谈判选项中）、启发式试误策略（尝试整合的捷径选项）。

□ 混合动机策略：谈判双方"拓展蛋糕"，以便满足大家的需求，而同时争取我方份额。谈判各方在竞争与合作的混合动机下，或求同存异，或"胡萝卜"与"大棒"并用，力求达成各方可以接受的"一揽子方案"。

在实际谈判过程中，由于谈判的动态性，往往会出现三种谈判模式之间的转变或交互。

2）谈判关切点和五种行为策略。在谈判中，各方在考虑谈判博弈时会表现出两种偏好：关心与对方的关系和关心谈判结果的损益，从而体现各自不同的利益关切。这两个因素之间的交互作用会显著影响谈判的实际过程及其最终结果。研究表明，有关关系关切的重要性会受到一些因素的影响：各方关系的现状沿革、人际关系、对未来关系追求、关系的承诺度、谈判前沟通的开放度和坦诚性等；而有关结果关切的重要性也受到不少因素的影响：谈判结果对各方的重要性？是否需要全赢而获取优势？或者甚至会问谈判结果实际上是否会有较大影响？等等。

谈判结果的重要性高低和谈判关系的重要性高低，构成了谈判的五种常用策略：回避策略、顺从策略、竞争策略、合作策略和妥协策略，图 7.4 表示出这五种常

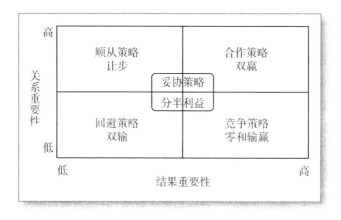

图 7.4　五种谈判策略

见的谈判策略,分别属于不同的关系重要性与结果重要性高低的组合情况。

□ 回避策略:这项策略位于关系重要性和结果重要性都低的场景。所以无论从关系还是从结果来看都没有必要引发谈判冲突或对立的策略,因而采取回避冲突和不主动跟进谈判砝码的办法。采用这种策略会在先前的谈判中对现有两种备选方案加以回避,而改用其他策略进入新一轮谈判。例如,对于正在申请的两家用人单位各自谈判就职待遇时,避而选择下家谈判,以便提高在前两家谈判的"议价力"。

□ 顺从策略:这项策略位于高关系重要性和低结果重要性的场景。在这种情景下,结果对于谈判并不重要,因而像是"兜了底",输了也不要紧,只要作出让步以确保赢在关系维度上。有时,可以用此策略以暂时损失增强相互关系的层次。例如,员工为了搞好与主管领导的关系而在年度考评阶段以顺从策略暂时搁置提薪谈判诉求,以便在以后的生涯发展方面赢得较好的主管支持。在长期项目的谈判或系列性谈判中,这种策略会比较有效。

□ 竞争策略:这项策略位于低关系重要性和高结果重要性的场景。在这种时候,谈判策略是以竞争赢得结果,暂且损失关系。这就是零和输赢的结果。这种策略多用于短期项目谈判或者一次性谈判。在许多商务谈判中,竞争策略与合作策略交替使用,往往容易推进谈判过程。研究表明,这项谈判策略的成效取决于几种关键要素:明确界定议价范围(可谈起点、谈判目标和终点及谈判破裂点)以利于定位竞争策略;最佳备择方案选定(又称 BATNA,谈判协议最佳备案);竞争谈判配套战术(例如佯装攻击或威胁等行为战术)等。

□ 合作策略:这项策略位于高关系重要性和高结果重要性的场景。维护关系和获取结果都显得很重要。这时,最有利的策略就是采取合作策略,争取双赢结果,期望通过双方合作获得各方需要的双赢解决方案。这项策略的成功在于谈判双方都愿意采取合作策略,并且特别适合于谈判双方有互补业务、共同客户、相同供应商甚至服务人员的情况。需要有高度信任、相互理解、明确目标需求和良好、开放的沟通渠道与倾听能力。

□ 妥协策略:这项策略位于中度的关系重要性和结果重要性交汇之处,是一种综合多种策略内涵的策略,可以顺利用于多种情景。对于多数谈判实例来说,这种妥协式策略都可以不同程度地加以利用。妥协策略在谈判中也被称为"默认策略"或"备用策略"。在双赢条件不成熟、合作策略暂不可能、相互信任度不够高等情况下,采取妥协策略是"短平快"的谈判策略选项。

(2) 谈判偏差特点与谈判能力

1) 谈判的认知偏差。有关谈判认知偏差的研究以卡尼曼(D. Kahneman 和特佛斯基(Tversky)的不确定条件下决策启发式理论为指导,通过设计两方谈判的实验来检验框架效应、锚定效应和过分信任等认知偏差在谈判行为中的表现。这些研究发现,在谈判中存在多种认知偏差。当给予谈判者"最大程度减少损失"框架操作的条件下,给出显著更少的让步,表现出更为冒险的讨价策略行为;在锚定效应实验中,谈判者在定价决策中受到报价单锚定效应的显著影响。同时,在谈判场景中也表现出一些独特于谈判的认知偏差。比较突出的是"固定馅饼偏差",影响谈判因素的权衡。这是指在资源总量固定时,不得不以一种"不赢即输"的方式作出优先度判断。固定馅饼偏差是错误认为谈判对方的优先度和利益性与自己这方完全、直接相反。如果让谈判者在谈判结束时马上写出所认知的对方因素权衡模式,可以明显测试出这种偏差。

□ 下意识偏差与启动效应(priming)。在谈判过程中,决策判断的偏差有时会比较"内隐",即比较下意识。例如,性别歧视或者低看某类人群或文化等。心理学家称之为"内隐社会认知"。这种下意识偏差需要采用认知心理学的启动技术,使用适当的关键词或特别刺激来激活谈判者的"域限下意识",从而全面理解和预测其随后的判断与行为。这种方法对于社会性或跨文化谈判的偏差识别和效能提高具有重要的价值。

□ 谈判的动机性偏差。最近的研究更加注重动机驱动的偏差。持自我中心偏差的谈判者会倾向于把自己看成拥有更多资源而高估自己的利益分享权;还有一些谈判者要求别人采用自己的观点对待方案选择。谈判是一个过程,存在一些较为普遍的动机性偏差。例如,非理性地加大承诺,一方得利、一方受损,以及求胜心切而过分要价等。在谈判中,充分认识和调节这些动机性偏差对于谈判的有序进行是至关重要的。

2）谈判技能与能力开发。谈判的复杂性、动态性、文化性和战略性不断提升，谈判技能和能力开发成为一项战略任务。谈判也成为个体、群体、组织层面需要经常担负的策略任务。谈判管理心理学的重点从有关个体或人际视角的谈判问题研究与应用，转移到组织能力的视角，把谈判能力的组织模型作为一个多层次行为系统和组织能力框架，包括了个体行为层面、群体协调层面、权衡决策层面、数字谈判层面、谈判方关联层面和组织策略层面等。各个层面具有相应的能力要求。

□ 心智技巧能力。这是谈判的基本能力层面，比较关心谈判者的心智模式与个人专业素养、参与或主导谈判的经验、多种谈判与协商技巧、谈判的人际互动能力等要求。新的趋势是以个体行为特别是心智技巧作为基础，"跳出"个体层面，更多开展群体与组织层面的谈判及其能力的研究与应用。

□ 群体协调能力。在谈判的群体层面，协调群体内外利益与极端意见，做好群体层面的适应与谈判团队选配，协同多个群体之间的谈判参与和合作等能力。这些能力的基础是群体动力理论和如何激发团队的主动性、合作性、责任感和谈判效能感等心理特征。

□ 多重权衡能力。在谈判的调查准备、方案表达、讨价还价和达成一致的全过程，利弊权衡、跨时权衡、得失研判、战略决断、行动跟进等能力要素组成了谈判的"决策能力包"。

□ 数字研判能力。这是新技术、新形势下的数字化谈判与虚拟沟通能力元素，主要包括应对前述虚拟谈判新任务特征的数字化谈判心智模式、数字化分布式加工与研判能力要素和数字化沟通策略要素等，其中特别是虚拟沟通的专注力、信任力和释义力元素。

□ 组织动能能力。这是关注谈判的"场景"或"关联方"，特别是多个相关谈判的过程与结果的相互影响以及并行开展的谈判参与群和利益相关者。这方面的研究还包括对以往谈判过程及结果的回顾，对竞争对手或合作者的分析，对参与谈判的相关人员及群体的协调与合作能力等。相关的谈判动能的开发并非只涉及当前谈判任务，更重视组织动能的开发。

□ 策略管理能力。这是从战略的视角提升组织的整体谈判能力，主要包括依据愿景战略和谈判目标，在市场定位、商业模式创新、数字化变革、转型行动方案和新兴战略选择等方面的配套推进能力。这方面还涉及与组织利益相关者、合作伙伴和战略伙伴等的协调能力和资源配置能力。

表7.1展示了我们从多层谈判能力、谈判能力焦点、谈判管理重点、关键因素分解和能力开发策略的不同方面入手，小结了五层次谈判能力特征以及能力开发的策略要点，主要包括个人行为层能力、群体协调层能力、数字谈判层能力、谈判关

联层能力和组织策略层能力。这些也是谈判管理的新趋势和新重点。

表 7.1

谈判的多层次组织能力特征与开发策略

多层谈判能力	谈判能力焦点	谈判管理重点	关键因素分解	能力开发策略
个人行为层能力	心智个性技能	骨干谈判者	任务流程绩效	选拔培训实习
群体协调层能力	群体动力因素	核心团队成员	团队利益得失	团队建设策略
数字谈判层能力	数字化谈判力	谈判团队	虚拟沟通策略	教练指导策略
谈判关联层能力	谈判场景配置	相关参与人	场景知识经验	群体协调研讨
组织策略层能力	部门协同整合	组织决策层	谈判举措 KPI	领导力开发法

许多企业专门组织有关谈判技能的培训,主要包括以下五方面的技能:

① 创造性解题技能:能从多重角度看待问题,善于综合多种意见,创造性解决谈判中出现的难题;

② 灵活性转换技能:能够快速思维、敏感体察,善于转换视角、换位思考,灵活处理谈判冲突;

③ 全局性调控技能:能从全局视野审视形势,善于在谈判各环节进行调控,有效驾驭谈判进程;

④ 多赢式激励技能:能从多赢视角激励谈判进程,善于鼓励谈判各方以多赢方式处理决策方案;

⑤ 合理性否决技能:能在谈判中有理、有节、有据、有序处置矛盾,善于合理否决谈判论点与草案。

谈判技能实际上是一种内隐知识,需要通过谈判实训、角色扮演和实际参与决策等谈判经历加以体验、积累和培养。

3)谈判决策与选择策略行为。管理心理学重视谈判情境中常见的囚徒困境决策及其行为机制。王重鸣、成龙、张玮(2010)总结了相关研究的新进展并进行了实验检验,分析了如何从囚徒困境决策的经验优化群体决策效能和谈判管理质量的途径。研究围绕谈判与冲突情境下常见的囚徒困境决策(又称两难困境决策)的行为机制问题,检验了不确定条件下决策过程中出现的"分离效应"即违背确定事件原则的现象(又称艾勒悖论,Allais paradox)。实验结果表明了分离效应的验证性与行为机制。研究为深入理解沟通、谈判和冲突管理中的博弈行为特点与机制提供了新的参考。

在跨文化情境中,谈判与冲突管理是关键的能力与管理策略。有关这方面的研究与应用,请阅读"研究解读7.2 跨文化团队冲突管理策略"。王重鸣(1998)总结了相关研究的新进展并提出了新的指导原理。请思考和讨论跨文化情境下常见的冲突管理策略,并运用本章原理和跨文化管理的内容提出新的解题思路和管理策略。

研究解读7.2 跨文化团队冲突管理策略

作者:王重鸣(浙江大学)

发表刊物:《中国国际管理研究》(*International Management in China*),1998年,第3章

研究内容:团队管理与群体价值取向是中国集体主义文化下的重要策略。中国团队管理情境在1960年代和1990年代先后受到"先进班组评选"和"优化重组改革"的实践影响而注重团队责任感和团队承诺度。围绕1990年代以来的国际合资企业发展和全球化商务背景下的跨文化团队冲突管理,本研究是一项我们与沃顿商学院合作的跨文化冲突管理研究。聚焦文化间冲突和文化内冲突管理的特点、策略和机制,特别是进一步理解两种文化冲突管理的共通性和特殊性。研究聚焦中外合资企业的中国经理和外籍经理在双文化团队中处理文化内冲突和文化间冲突的策略比较。研究设计了文化间冲突案例和文化内冲突案例并在前期研究中通过现场访谈采集冲突解决方式作为材料,选取中外合资企业中经常与不同文化经理交往的142名中国经理和142名外籍经理参加研究。请他们评价冲突处理方式之间的相似性,再运用多维量表方法分析不同文化经理管理文化冲突的行为特征。研究结果表明,外籍经理的文化内冲突评价得到二维解法(维度1:报复—和谐,维度2:被动—主动);外籍经理在文化间冲突条件下则表现出三维解法(维度1:被动—主动,维度2:调解性,维度3:破坏—迁就)。中国经理的文化内冲突评价得到二维解法(维度1:直接—间接,维度2:维和性),而在文化间评价中也得到二维解法(维度1:直接—间接,维度2:建设性)。见表7.2的中外籍经理团队冲突管理风格比较。研究为跨文化团队冲突管理风格与解题差异提供了理论依据。

表 7.2		
中外籍经理团队冲突管理风格的比较		
	中方经理冲突管理风格	外籍经理冲突管理风格
跨文化相似性	和谐为重、文化内直接、公开冲突失面子式破坏风格	和谐为重、文化内直接、报告上司式报复性破坏风格
跨文化差异性	文化间表现维和性、建设性 聚焦良好关系和谐工作环境 间接建设性行动和直接上会 无视、退缩等间接维和行为	文化间表现调解式、解题式 聚焦维持同事与文化间关系 直接互动讨论问题鼓励合作 无助、辞职等被动解题行为

7.3 冲突管理与压力管理策略

知识要点 7.3 冲突管理与压力管理

冲突管理：信任重建(合作)、开放重塑（同创）、合作重展（双赢）的三环模型
冲突策略：协调对立、适应研判、交互应对、跟进行为、提升成效五阶段策略
个人主动：自我发动、行动领先和坚持不懈三要素构成的行动导向与心理倾向
压力管理：倦怠应对、压源分解、事件控制、主动调适、社会支持、心理弹韧

7.3.1 冲突概念与冲突管理特点

（1）冲突基本成分与冲突类型

1）冲突的概念与过程模型。冲突与冲突管理是管理心理学中的重要领域。当人们具有不同的目标或利益时，会产生外显或潜在的意见分歧或矛盾，从而体验到心理冲突或人际冲突甚至是群体冲突和组织冲突。在中国文化背景下，"冲突"一词具有一定的负面含义，通常会在情况相对严重时采用。许多时候，人们会更多愿意用"矛盾"或"分歧"概念来描述和分析所存在的问题。

管理心理学认为,冲突是人们对重要问题意见不一致而在各方之间形成摩擦的过程,即由于目标动机、价值理念和资源需求不同或意见不一而产生争议、摩擦或对立的过程。冲突的发展过程具有四个关键成分:矛盾内容、认知情绪、分歧过程、措施行动。产生矛盾或对立的内容包括在利益、资源、任务、协调等方面的矛盾;矛盾或对立的认知与情绪是指冲突各方对相关问题或矛盾存在着不同的认知、观点和情绪状态;分歧过程是指出现分歧或矛盾的经历过程;措施行动是指冲突过程中采取的行动,即分歧各方设法阻止或推动对方实现其目标的措施。

管理心理学运用系统观点,提出了冲突管理的过程模型,见图 7.5。这个模型包括三个阶段:输入、加工、输出。在冲突来源输入端,个性特征、价值观念、利益冲突、角色冲突、权力冲突、有限资源、利益矛盾、文化冲突、经营理念、组织变革等都是常见的因素;在处理冲突的加工段,有组织、有计划的变革策略或者冲突处理不及时或不恰当等都会在认知、情绪、减缓、激化以及时间节奏、协商模式、应对方式等方面调解或加剧冲突过程;在冲突结果的输出端,冲突管理可以提高能力、改进效能、化解协调、和解共赢,也可能由于处理不当而僵持搁置、损失资源、弱化组织效能甚至使得组织目标失调。

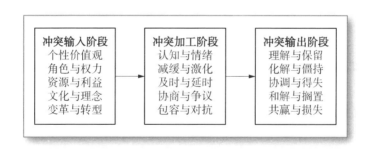

图 7.5　冲突管理的过程模型

2) 冲突的五种类型。按照冲突具有的不同水平,可以分为五种类型:

☐ 人内冲突:当同一个人面临互不相容的多个目标或试图从事两种以上不相容的活动时,会形成内心心理冲突。

☐ 人际冲突:两个或两个以上人员在交往时,由于工作或生活目标、风格和价值理念互不相同,产生人际之间的冲突。

☐ 群体内冲突:在群体中,由于群体内各个成员对问题的认识不同,对群体目标、活动或程序的意见各异,从而出现群体内冲突。

☐ 群体间冲突:不同群体、职能部门或子公司,由于对工作任务、资源和信息等方面的不同处理方式,从而发生群体间的冲突。群体间冲突有时是同级之间的

"水平式冲突"，有时则可能是跨越管理层次的"垂直式冲突"。

□ 跨文化冲突：这是由于人们的文化背景与行为方式显著不同而出现组织文化冲突。管理心理学研究表明，在注重个体价值取向的文化背景下，会鼓励竞争行为；在群体价值取向占支配地位的文化背景下，则注重合作精神；当来自多种文化背景的员工或管理人员共事时，比较容易出现跨文化冲突。

3) 冲突的模式与特点。不同类型的冲突，结合不同情景特点，表现出不同的模式与特点。在冲突管理中，人们采取相应的管理策略与解决途径。早期有关冲突心理学的研究中，最具影响的是著名心理学家勒温（K. Lewin）开展的一系列研究。这些研究按照冲突中相互接近与回避等两种倾向的不同组合，划分出心理冲突的四种心理模式。以下是这些冲突模式及其特点：

□ 接近—接近型冲突：这是指一个人同时要达到两个相反的目标，由于目标背道而驰，难以同时达到，从而引起内心冲突。在解决这类冲突时，必须采取放弃其中一个目标，或者同时放弃两个目标，以便追求新的折衷目标等方式。

□ 回避—回避型冲突：这是指一个人面临需要同时回避的目标时所产生的冲突类型。在这种情况下，人们会设法摆脱这种困境。在许多情况下，客观条件却使人难以摆脱这种处境，因而陷入内心冲突状态。

□ 接近—回避型冲突：这是指人们一方面要接近某个目标，同时又想回避这一目标，产生接近—回避型的冲突。这种冲突包含激烈的心理冲突，也是近期研究较多的冲突类型。

□ 双重接近—回避型冲突：两种接近—回避型的冲突有时会交织在一起，形成一种复杂的模式，称为双重接近—回避型冲突模式。

在现实生活中，上述心理冲突的基本模式并非单一显现。人的内心冲突是复杂的，必须从实际管理与工作情景出发进行分析。了解冲突的各种基本模式，有助于进一步了解复杂冲突状态并寻求对策。有关冲突与绩效之间关系的研究提出，冲突与绩效呈现"倒 U 型"关系。当冲突适度时，绩效水平最高；冲突过少或太多时，都会影响工作绩效的发挥。冲突并不总是起消极作用，适当冲突或对冲突处理得当，都能够对群体工作效能产生很大的促进作用。

（2）建设性冲突管理的新策略

1) 建设性冲突的特点。管理心理学研究把冲突分为破坏性的冲突和建设性的冲突。早期研究的观点认为，工作与管理情景中出现的冲突都是消极的，冲突会影响组织功能的正常发挥，是"非功能性"的，甚至具有破坏作用。确实，冲突容易使人们脱离工作任务要求，进而造成决策偏差或失误。管理者采取各种办法避免冲突，设法协调各方的利益，寻求共同目标。建设性冲突的观点则认为，冲突是工作或生活的一个组成部分,可以在企业组织中转变成为可以起到有益甚至是创新作用的"功能性"冲突。建设性冲突管理提出以下观点:

□ 适度群体冲突具有正面作用。在良好的群体工作设计条件下,群体冲突既有利于增加群体的张力,达到较好的经济目标,又能增强群体成员的工作动机,并形成良好的团队文化,增进群体成员间的信任和承诺度,协调个人、群体与组织的目标。

□ 群体冲突促进多样化和创造性。群体成员的多样化可以引进各种新观念、新思路,促进创造性地解决问题和成员间的动态合作,从而提高群体工作效率,尤其是高层管理部门群体的效能。当然,群体多样化也可能增大管理的难度,影响沟通效率,产生紧张情绪,降低成员的群体承诺感,增加离职率。

2)组织中的建设性冲突管理。有关组织中的建设性冲突管理成为冲突管理的主要途径。管理部门设法通过重建信任关系、重塑开放心智和重展合作前景等多种手段来实现建设性冲突管理。图 7.6 是建设性冲突管理的图解。

图 7.6　建设性冲突管理三环模型

可以看到,建设性冲突管理(CCM:constructive conflict management)分为三个环节:

□ CCM 信任重建环节:以互信合作思路建立信任关系,各自转换心智模式。冲突各方着重构建认同式信任、诚信式关系,转换合作心智,理解各自关切。

□ CCM 开放重塑环节:以包容整合思路开放心智讨论,重塑合作方案。冲突各方围绕存在的问题开展开放心智式讨论,做到求同存异,采用整合策略解决问题,建构合作方案与计划。这里所说的"开放心智式讨论"鼓励冲突各方通过开放表达意见,充分理解相互的关切,尝试整合达成共识,实现转冲突为积极因素和提升创造力的目的。

□ CCM合作重展环节:以共赢发展思路建设新型关系,重现合作绩效,实现优质合作,创造双赢发展。

建设性冲突管理三环模型为群体冲突管理和跨文化冲突管理都提供了全新的理论视角和管理心理学策略。

3)冲突管理策略的心理过程模型。冲突管理的阶段策略会显著影响冲突的结果。特别是在跨文化管理环境中,组织成员间的冲突是常见的,适度冲突会对组织的功能具有建设性的作用。图7.7是冲突管理策略的心理过程模型。

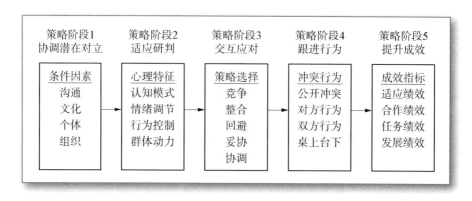

图7.7 冲突管理策略的心理过程

冲突管理可以分成五个策略阶段:

□ 策略阶段1:这是冲突处于潜在阶段,着重协调来自沟通不畅、文化相容性低、个体差异大、组织体制错位等条件因素潜在对立的策略;

□ 策略阶段2:这是在冲突适应阶段时采取的策略,注重对认知模式、情绪调节、行为控制和群体动力等心理特征加以个性化的适应与研判;

□ 策略阶段3:这是冲突管理的重点阶段,采用交互应对策略,在竞争、整合、回避、妥协、协调五种冲突管理方式上作出选择或组合;

□ 策略阶段4:这是出牌行为阶段,实施跟进行为策略,公开冲突、对方行为、双方行为或者"桌上台下"不同行为表达等多种方式。

□ 策略阶段5:这是冲突管理的评价阶段,通常采取成效提升策略,设法在适应绩效、合作绩效、任务绩效和发展绩效方面评估成效。

在许多冲突场景下,冲突管理是一个逐步演化的过程。冲突管理策略过程模型对于理解和把握心理与行为演化的过程具有重要的指导意义。

（3）群体突发事件的心理特征

群体性突发事件的不断增多，已经成为管理心理学和管理学研究的新重点。群体性事件涉及公共管理、企业管理、冲突管理、群体沟通、危机管理、群体谈判策略与群体冲突管理等多个领域。

1）群体突发事件的社会心理特征。群体冲突行为的相对剥夺感理论（RDT：relative deprivation theory），已经有 70 多年的历史，至今在相关研究中产生较大的影响。这项理论认为，当人们将自己的处境与某种标准或参照物相比而发现自己处于劣势时会产生受剥夺感，进而表现出负面情绪与行为。相对剥夺感在心理学、社会学和管理学中都得到广泛的研究，并在个体行为层面和群体行为层面与社会认同理论、社会归因理论等相整合，出现许多新的理论进展和创新。其中，影响比较大的是社会评价理论、群际情绪理论、群体间接触理论和近期提出的与相对剥夺感对应的相对满足感理论（当人们将自己的处境与某种标准或参照物相比而发现自己处于优势时会产生的满足感），以及整合微观、中观和宏观要素的情境社会心理学理论。

□ 群体相对剥夺感与集群冲突行为。我国有关群体突发事件的相关研究中，张书维、王二平、周洁（2010）运用相对剥夺与相对满足理论，通过实验模拟群体性事件中的冲突矛头转向，以考察相对剥夺与相对满意对集群行为的影响。研究发现：相对剥夺的个体比相对满意的个体更有可能参与集群行为，群体相对剥夺—满意对于个体相对剥夺—满意与集群行为之间关系起部分中介作用，而集群认同对相对剥夺—满意与集群行为之间关系具有调节作用。马皑（2012）针对集群行为与群体性事件参与行为所表现的相对剥夺感与社会适应方式及其归因方式等因素开展了较大规模的问卷调查。研究结果发现，相对剥夺感对社会适应方式具有正向预测作用；归因方式对相对剥夺感与社会适应方式的关系起了一定的中介作用。

□ 群体情绪理论与群体事件行为。群体突发事件的一个重要特点是群体情绪的爆发性、弥散性和激奋性。我们常说"群情激奋"，就是指群际情绪。群际情绪理论较好地解读和预测了这一社会心理过程。刘峰和佐斌（2010）回顾了群际情绪理论及相关研究的进展，指出群际情绪是当个体认同某一社会群体且群体成为自我的一部分时，对内群体和外群体的情绪体验。群际水平的情绪不同于个体水平的情绪，很大程度上取决于群体认同水平。群际情绪管理涉及了群际焦虑调适、群际决策判断、正向群情激发、群际情绪能力开发、群际态度与行为矫正等重要环节。

2）群体事件的冲突管理策略。群体突发事件的管理是一个多因素、多策略、

多学科的系统工程。有关研究发现,群体事件的冲突管理包含人与组织的多种关键因素:

□ 人员与群体动力的影响因素。群体事件中,群体成员的相互联结与承诺度是群体冲突中的重要因素。特别是群体成员对参与群体事件承诺和情绪的投入以及群体相互间的信任关系对于群体冲突具有"沉入效应";群体互动特别是高情绪化的相互影响形成了事件相关的群体动力因素,加上相关利益因素和群体义气文化,会在很大程度上激发群体事件的群际情绪和群内协作行为。

□ 冲突策略与组织的影响因素。由于群体冲突或内耗因素往往影响成员的正向投入,需要积极的调适和主动的疏导,促进成员的承诺转换和减缓冲突,从而对群体事件起抑制作用。比较有效的是采用群体成员支持与辅导方法,挖掘群体正能量,强化冲突管理的新动能,提升群体事件冲突管理的领导力。我们的研究表明,不同行业与各类企业都加强了冲突管理的意识与能力。在群体的成员支持、组织承诺、激励考核、教育培训、组织支持和平台体系等方面都加大了冲突管理的力度。徐浩等(2019)围绕群体性突发事件非利益相关者羊群行为开展了演化博弈分析,考虑到参与者的心理效用、参与成本、个人形象损失、闹事侥幸心理、不闹机会损失等因素,并引入政府干预因子。研究结果表明,非直接利益相关者参与事件的比例和演化趋势与参与成本、侥幸心理、机会损失、政府干预等影响因素存在明显的相关性。

这些研究为我们充分理解各类群体的冲突管理特点和相关影响因素及其效应,提供了新的理论依据。

7.3.2　工作倦怠与压力管理特征

工作倦怠与压力管理一直是管理心理学的重要领域。早在 1970 年代就有人提出"工作生活质量"的综合概念。随着工作负荷和竞争压力日趋加大,管理心理学的相关研究与应用日益活跃,人职匹配和人与组织匹配理论不断发展,新的理论与策略不断涌现,在人与组织适配的概念中,心理健康、抗压能力和幸福感都成为关键的适配要素。

(1) 工作倦怠与职业压力管理

1) 工作倦怠的概念与相关。倦怠(burnout)一词最早在 1961 年的小说《倦怠案例》上出现。倦怠现象 1970 年代就开始在专业服务业(例如医疗服务)的工作中引起心理学家的关注。"倦怠"的概念 1973 年首次在研究中采用,以描述员工在工作中情绪逐渐耗尽和动机丧失的现象,并正式定义为"职业工作引起心理与身体耗竭的状态"。近期的研究把工作倦怠的概念扩展到专业职业效能感减退和认知疲倦感。管理心理学把工作倦怠定义为"个体在工作中经历多种压力或多重要求而身心资源耗竭产生的衰竭感、疲惫感和懈怠感"。工作倦怠是指工作中表现个体衰竭感、人际疲惫感和任务懈怠感三维特征的身心综合征。特别是在长期的压力、疲劳、挫折、无助情境下,人们更容易发生工作倦怠。用比较通俗的话说就是"精力耗尽"或者"燃烧殆尽"。

2) 工作倦怠感与个人主动性。有关工作倦怠的研究与应用比较关注产生工作倦怠的任务、社会、经济、文化等方面的各种因素以及容易出现倦怠的工作场景或行业。1980 年代以后,工作倦怠问题的研究加强了实证分析,运用问卷调查等方法并开发出符合心理测量要求的量表。比较经典的是 MBI(Maslach Burnout Inventory)工作倦怠问卷,用以测量工作中的个体衰竭感、人际疲惫感和任务懈怠感。贝克等(Bakker,Demerouti & Sanz-Vergel,2014)在一篇有关倦怠与敬业研究的重要综述文章中指出,在影响工作倦怠的情景因素中,工作要求是比工作资源影响更大的因素,即工作中要求持续的体力、情绪或认知努力与投入。其中特别是工作角色的模糊、冲突、压力和工作的负荷等。与工作要求密切相关的是工作资源。在工作背景中,倦怠问题直接影响工作状态、群体关系与工作绩效,是十分值得重视的现象。薛宪方与王重鸣(2009)针对员工工作倦怠对工作行为的影响,专门调研了 34 家企业的 230 名员工和 34 名主管,采用了工作倦怠量表、组织承诺量表、主动性氛围量表和个人主动性问卷等测量工具。研究使用了多层线性建模方法进行统计分析,结果发现,工作倦怠和组织承诺、个人主动性呈负相关;组织承诺在工作倦怠与个人主动性之间起到了部分中介效应;主动性氛围在组织承诺与个人主动性的关系中起到缓冲作用。这项研究强化了组织承诺和主动性氛围对于工作倦怠管理的重要性和发挥个人主动性的关键作用。个人主动性是以自我发动、行动领先和坚持不懈三要素构成的行动导向心理倾向,对于应对工作倦怠与压力以及近期的创业创新行为都是重要的心理特征。我们的研究提出,以个人主动性为基础而形成和建构的团队主动性和组织主动性是变革创新发展和组织可续力建设的关键心理机制。

这项研究采用了量表工具 7.1 的个人主动性量表,可供读者在研究与应用中选用。详见第 8 章的相关内容。

3) 什么是职业压力? 在高竞争经营环境下职业压力(occupational stress,又称职业紧张)问题成为受人关注的管理心理学领域。心理学家提出诸多有关职业压力的理论加以诠释和指导,比较流行的有 A 型行为理论(以 A 型行为类型及其特征解释职业压力)、情绪平衡理论(认为压力感与人的适应资源分配程度密切有

量表工具 7.1　个人主动性量表(请根据您的实际情况作出选择)

	非常 不同意	不 同意	中等	同意	非常 同意
① 我积极的应对问题。	1	2	3	4	5
② 不论出什么问题,我都是立即寻找 解决方案。	1	2	3	4	5
③ 在工作中只要有参与机会,我都会 尽力抓住。	1	2	3	4	5
④ 面对问题我会马上主动解决,尽管 他人不这样。	1	2	3	4	5
⑤ 为达成目标,我会尽快利用机会。	1	2	3	4	5
⑥ 我通常都做的比工作本身要求的 更多。	1	2	3	4	5
⑦ 我特别善于把想法变成现实。	1	2	3	4	5

关)、工作要求模型(以工作负荷和决策自由度大小解读压力高低)、人与环境匹配模型(以人环匹配不良解释心理紧张度)和生活事件理论(考虑职业紧张与压力的多源因素和成因机制)等。职业压力又分为个体水平的压力和组织水平的压力。其中,生活(工作)事件理论较好地解读了组织水平的职业压力。

职业紧张因素结构与组织压力管理是研究的重要领域。王重鸣与王剑杰(1995)通过实证分析发现,不同职业和性别对于职务感受和个人因素及身心健康都有显著影响,而目标要求、压力应对策略和员工内源控制感则是影响职业紧张的深层次原因。我们在研究中认为,由组织目标要求、任务特征、社会与个体的心理期望相组合而形成的目标要求,与应对工作压力所采取的策略以及所体验到的内部控制感这三种因素及其交互作用决定了职业紧张与心理压力。这项研究结果创新了职业紧张与压力管理的理论。

在随后的研究中,尝试通过对目标要求的细化与确立,实际应付压力的策略设置,尤其是培训员工的内部控制感,达到调整职业紧张水平和提高组织管理效能的目的。图 7.8 是研究中提出的职业压力的组织心理模型,分析了产生职业紧张的深层次机制,发展了有关职业紧张的理论观点,也为现代企业的压力管理提供了全新的视角与途径。

4) 职业压力测量与管理。关于职业紧张与压力的评价,有许多尝试。我们从

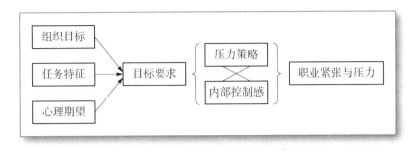

图 7.8　职业压力的组织心理模型

1990 年中期开始,修订了库珀(C. L. Cooper)《职业紧张量表》(OSI: occupational stress indicators),使之不仅具有较高的测量信度和构思效度,而且反映中国文化背景下职业紧张的特征。有关工作压力因素,主要包括六个方面:

　　▫ 工作内因。主要测量工作负荷、多样任务、报酬水平等的压力。

　　▫ 管理角色。主要测量他人对个体的期望、角色模糊度和角色冲突等的压力。

　　▫ 他人关系。主要测量工作中的人际关系、办公室政治、上司支持等的压力。

　　▫ 职业成就。主要测量职业发展认知、晋升前景、裁员风险等的压力。

　　▫ 组织氛围。主要测量行政化机构精简或重叠、沟通通畅或障碍、组织士气高低等方面的压力。

　　▫ 工作家庭。主要测量工作与家庭之间的交集关系,工作或家庭平衡问题的影响等。

　　在 OSI 量表中国版研究中,王重鸣与王剑杰(1993)采取了多人平行翻译与对照的方法译成中文。共分为六个部分(加背景信息部分),见表 7.3 的 6 项分量表共计 25 个因素与 75 个变量。

　　□ 工作压力感受分量表(22 题),职业发展、管理方式、组织角色、工作特征、个人工作五个压力因素;

　　□ 行为方式分量表(14 题),生活态度、抱负水平、行为风格三因素;

　　□ 事件控制源分量表(12 题),组织氛围、行政管理、能力可控三因素;

　　□ 工作压力来源分量表(22 题),家庭界面、个人职业、管理因素、工作特征、管理角色与人际关系等因素;

　　□ 压力应对策略分量表(20 题),兴趣爱好、宣泄感情、被动适应、任务策略、规则处理、工作与家庭策略六因素;

　　□ 心理与身体健康分量表(30 题),心理健康、身体健康两个因素。

表 7.3

职业压力与紧张量表因素

分量表	因素	变 量
工作压力感受分量表	职业发展	职业发展、实现理想、个人发展
	组织角色	同事关系、受人重视、榜样认同
	工作特征	任务类型、工作负荷、工作特征
	管理方式	革新方式、解决纠纷、管理体制
	个人工作	工作自由、参与决策、工资匹配
行为方式分量表	生活态度	竞争严谨、进取精神、时间观点
	抱负水平	知足随遇、成就感强、逍遥自在
	行为风格	不惟工作、性情急躁、处事干练
事件控制源分量表	组织氛围	结果难测、社会适应、参与授权
	行政管理	管理部门、领导支配、绩效评估
	能力可控	可控性、工作技能、个人能力
工作压力来源分量表	家庭界面	家庭稳定、事业家庭、工作家庭
	管理因素	情绪支持、经费资源、职责分担
	个人职业	职业发展、组织忽视、缺乏共同
	工作特征	差旅食宿、无力放权、过于挑战
	人际关系	员工支持、监督他人、人际协调
	管理角色	缺乏权力、工作量大、承担风险
压力应对策略分量表	兴趣爱好	扩大兴趣、稳定偏好、有趣方法
	宣泄感情	超前计划、抑制感情、透彻思虑
	规则处理	求助规则、授权利用、按序处理
	任务策略	安排时间、重组工作、即时处理
	工家策略	工作家庭、行动节奏、支持建议
	被动适应	回避情绪、分散注意、回家避压
身心健康分量表	心理健康	处事敏锐、主动振作、处事不惊
	身体健康	头昏脑胀、胸闷心跳、疲劳倦怠

  表 7.3 所列 25 个因素分析得出荷重最高的三个变量要素。读者可尝试以这 75 个变量为基础,设计与开发一个全面的职业压力评价量表,或者制作针对相关 选题的分量表。为了避免问卷量表测试中常见的社会称许性偏差,我们在研究中

注重方法上的设计,通常采用双极式的六点计分制,即正面计分的有三点,负面计分亦有三点。测量采用严格统一的指导语,由受测人独立填写。之后,采用内部一致性系数及折半信度进行测量质量检验,以因素分析方法考察量表题项的构思效度。

世界卫生组织与联合国劳工组织发布的职业心理健康的特别报告建议包括工作场景和工作内容的九类工作压力特征:组织职能与文化(任务环境与目标界定、解题环境、发展环境、沟通、支持文化),组织内角色(角色模糊、角色冲突、人员责任),职业生涯发展(生涯机会、生涯停滞、职业地位、薪酬状况、职位安全、工作价值),决策与控制(参与决策、工作控制权、工作决策),人际关系(社会或物理隔离、与主管关系、人际冲突、家庭支持、双职问题),任务设计(职责不清、工作不确定性、工作单一性、工作琐碎或无意义),工作负荷(工作节奏控制),数量与质量(工作负荷、时间压力),工作时间(轮班工作、工时弹性、工作时间预期、长时间工作)。这些工作压力特征指标为我们评估与设计工作和职业心理健康策略提供了系统的依据。

(2)压力管理的策略及其特点

我们在一系列实证研究和压力管理咨询项目中,提出压力管理的六项策略,主要包括倦怠应对策略、压源分解策略、事件控制策略、主动调适策略、社会支持策略、心理弹韧策略。

1)倦怠应对与压源分解策略。倦怠应对策略聚焦在应对和减缓倦怠体验和增强倦怠的适应能力。由于组织中的倦怠源具有多层次的特点,我们主张采用综合应对的策略,包括工作重新设计、情感支持辅导、多样社会活动和倦怠预防准备等。不少倦怠应对方案把工作重点放在出台倦怠服务计划和心理辅导计划方面,取得较好的成效。

压源分解策略是压力管理的常用方法,采用压力源分析方法,识别与分解压力源,并采取"各个击破"的办法逐一弱化与处理相关压力源。我们在多年研究中发现工作压力、创业压力、组织压力等多种压力源。其中,工作压力源有收入问题、家庭问题、职业发展、工作挑战、多重角色与人际关系等因素带来的压力;创业压力源包括创业卷入、知识储备、竞争强度、资源需求和管理责任五方面压力;组织压力源分为组织水平上的业务时间、项目任务、内外环境、人际竞争、群体工作与组织间等方面的压力。特别是多种压力的交互施压产生的心理压力,如失去控制感、职业沟通与反馈缺失、工作负荷过高与过低等,都可以通过压源分解策略取得一定的压力管理成效。

2)事件控制与主动调适策略。压力常常与相关事件密切有关,事件控制策略主要从组织氛围修缮或重塑、行政管理改进或优化、士气能力增强或控制三方面作出应对。多种因素可以根据面对的状态与工作场景加以组合或定制,制定出压力事件管理的工作预案、培训计划和文化方案,从而建设适应性强、灵活度高和动力—活力—张力大的"弹韧型"团队和组织。详细内容请参阅"群体动力理论"和"领导力模型"的相关章节内容。

压力管理研究日益重视如何把压力的挑战性转变为动力的主动调适策略。这也是组织压力研究的新进展。孙健敏、陈乐妮、尹奎(2018)围绕挑战性压力源和员工创新行为关系,开展了实证研究。他们基于工作要求—资源模型,探讨了挑战性压力源促进创新的关键条件。研究将领导者—成员交换与辱虐管理作为工作资源,辱虐管理作为影响领导者—成员交换是否可以被视为工作资源的情境因素,挑战性压力源作为工作要求,检验挑战性压力源与员工创新行为关系三维调节因子。运用两个领导者—成员配对样本的分析结果表明:挑战性压力源、领导—成员交换与辱虐管理对员工创新行为有显著三维交互调节作用。这项研究验证了工作要求—资源模型在解释挑战性压力源与创新行为之间关系的有效性,说明资源因素在挑战性压力源激发员工创新行为中扮演重要角色。

3) 社会支持与心理弹韧策略。缓解倦怠和保持旺盛工作与创业精神的重要途径是采取社会支持策略。不同的社会支持或资源扶持能够在很大程度上缓解压力,并对倦怠起到直接效果。韦雪艳、王重鸣、段锦云(2012)的实证研究分析了民营企业家的社会支持与职业倦怠之间的关系。研究验证了社会支持策略的四个维度:信息支持、工具支持、情感支持和反馈支持。其中,情感支持、工具支持和信息支持维度对于职业倦怠的情绪枯竭、成就感和认同感子维度影响显著,具有重要的预测作用,而对于职业倦怠的去个性化维度则影响并不显著,提示采用更为个性化的社会支持定制方法,提供更具针对性的社会支持。

在压力与危机情景下,心理弹韧策略成为风险、压力、危机情境下的重要解题方法,并与领导力与组织设计密切关联。管理心理学研究提出 9 项增强心理弹韧度的新途径:构建援助网络、正面解读困境、接受拥抱变化、持续追求目标、采取决断行动、寻求复原机会、培养积极心态、拓宽心境视野、保持希望愿景等。弹韧领导力是压力管理和危机管理的重要领导能力。由于弹韧概念也开始嵌入管理全过程,关于弹韧领导力、组织弹韧性和弹韧型组织设计的内容,在有关人与组织适配和有关弹韧型组织等章节加以详细讨论。

在组织变革与企业转型中,重组与整合是比较普遍的任务。企业需要在组织体制、企业文化、管理模式、经营套路、项目组合、人员调动等方面,通过调整、并购、重组和发展完成变革与发展任务。特别是,在组织与人力资源方面往往面临的人资整合风险,成为变革管理的巨大挑战。请阅读"第7章研究案例　并购式内创业中人力资源整合风险的控制策略"。思考和讨论这些风险控制策略的特点和配套条件。深度案例分析表明,并购重组中人力资源调整和风险控制策略可以从实施基点、实施载体、实施时间、实施结果以及优势与劣势来加以比较和加深理解。表7.4是这一控制策略比较的分析。从研究案例的策略实践来看,四项风险控制策略各有哪些显著特征? 在风险控制方面如何发挥多种策略的叠加或协同效应?

第7章研究案例　并购式内创业中人力资源整合风险的控制策略

作者:颜士梅(浙江大学)、王重鸣(浙江大学)

发表刊物:《管理世界》,2006年,第6期,119—130

案例分析:在企业调整并购重组过程中,特别是内部创业中,人力资源整合风险的控制是关键。运用四种人力资源整合风险控制策略开展案例分析:基于组织规范的风险控制策略(建立制度规范,形成整合性的价值观以降低整合风险),基于程序公正期望的风险控制策略(通过组织的公正程序来提升积极期望以管控风险),基于绩效结果期望的风险控制策略(通过组织的运作来取得高绩效期望以便控制风险),基于重组安排契约的风险控制策略(制定重组安排的契约而增强组织依存度来控制风险)。研究选取了四个典型案例:

    A. 广州贝龙环保热力设备有限公司并购天津锅炉厂。实行全员承载式兼并,母公司实施以市场为导向、以岗位能力为基础的人资竞争机制,采用选派骨干参与、组织座谈谈心活动、建立规范奖惩制度、优化员工待遇等多种措施。多样、长时、嵌入、贯穿风控全过程。

    B. 海菱电器有限公司并购宁波三联电器有限公司。实行高度人资整合,基于公正期望的风险控制策略,通过对干部员工工作行为公正奖惩和关键事件公平处置,体现尊重、公正、信任、认同,加快了人资整合步伐。

    C. 金洲集团有限公司并购湖洲钢铁厂。转型实行母公司人资实践,强调岗位责任与多劳多得,启动发挥技术人员的新项目,分组开展思想工作,处罚违纪违规员工。前景项目和新生产线成为基于高绩效期望的风控成功关键。

    D. 世达集团并购广州奥力斯油封有限公司和广州市橡胶密封件厂。采用基于契约的人资整合风险控制策略。先"买断"职工工龄,再重新招聘吸纳,与员工签订具有法律效力的契约,以双向选择、自愿录用,显著降低风险,辅以文化建设举措,加快整合步伐。

表7.4

并购式内创业的人资整合风险控制策略的比较

维度	基于规范的控制策略	基于公正期望的控制策略	基于绩效期望的控制策略	基于契约的控制策略
策略基点	新规推行共享	公正人资实践	获取高组织绩效	签订法规契约
策略载体	人资整合过程	整合的关键事件	有前景业务绩效	多成员进入前提
实施时间	人资整合过程	人资整合前期	人资整合初始	人资整合之前
实施结果	共享新规范	树立组织信任	建立信心依赖感	成员进入心态
优势	有效人资整合	控制整合风险	有效控制风险	清除整合障碍
劣势	实施难度时间长	易出现负面影响	需辅助配套策略	易造成人才流失

创业压力与职业倦怠及压力管理的关系密切。在变革背景下,企业家如何应对多种创业压力源呢?请进一步阅读"研究解读7.3 变革背景下民营企业家创业压力源与职业倦怠的关系",学习和理解多种压力源形成综合压力感。通过自我与社会的压力应对策略,在心理控制源的调节下,改善或释放职业倦怠感,激发新的工作劲头。

研究解读7.3 变革背景下民营企业家创业压力源与职业倦怠的关系

作者:韦雪艳(江南大学)、王重鸣(浙江大学)、段锦云(华东师范大学)

发表刊物:《软科学》,2009年,第23卷,第11期,96—101

研究解读:企业家在变革背景下的创业过程中经历着巨大的压力和倦怠:创业实践挑战、心理压力问题、复杂环境多角色倦怠等。本研究围绕民营企业家创业压力源和职业倦怠问题开展实证研究。以往研究提出创业压力源的四种类型:孤独、沉迷业务、人际问题和成就需要。在电商创业中我们还发现网络市场竞争、网络创业角色、网络工作负荷和网络系统管理等压力来源；在职业倦怠方面，比较经典的模型认为倦怠包含三项维度：情绪枯竭、去个性化、低成就感，并提出了多种测量方法。在研究中设计了包含四个维度的创业压力源以职业倦怠问卷。其中，创业压力源包括：创业卷入、知识储备、竞争强度、资源需求和管理责任；职业倦怠感包括职业情感枯竭、职业去个性化、职业成就感和创业认同感。通过第一套问卷试测（样本为147名民营企业家）和第二套问卷验证（样本为289名民营企业家），分别检验了创业压力源的四维结构和职业倦怠的特征要素以及民营企业家应对创业压力的策略及其对倦怠感的效应机制。相关研究发现"创业压力源—应对策略—职业倦怠感"的效应关系。这一效应关系受到企业家心理控制源的制约，内源控制起促进效应，外源控制起抑制作用。研究为深入理解创业压力与应对策略的心理机制提供了系统的指导。

第7章 思考题

1. 沟通管理有哪些关键因素？如何理解多种沟通模式的利弊与适用性？

2. 组织沟通有哪些特点？如何加强数字化沟通与虚拟沟通管理？

3. 谈判管理有哪些主要类型与策略？在谈判中主要权衡哪些关键因素？

4. 阐述与讨论冲突管理的基本过程及其特点，说明冲突管理策略的作用。

5. 工作倦怠有哪些特点？如何解读与运用压力管理的六项应对策略？

6. 简述企业组织面临的主要风险并举例说明风险管理的六种应对策略。

第 8 章　工作群体与团队管理

8.1　群体理论与群体动力机制

知识要点 8.1　群体理论与群体动力

群体特征：　互动促进、共享目标、合作结构、关系功能、凝聚承诺、认同资格
关系管理：　人际互依、互动与合作关系及其效能的管理过程与策略优化途径
群体动力：　规范、角色、关系、凝聚、信任、创意、合作、发展八项活力因子
多样包容：　群体强化创造创新、沟通互动、凝聚满意、决策与工作效能的特征

8.1.1　工作群体与群体关系管理

（1）群体特征和群体互动类型

1）群体的特征。群体作为组织管理的基本单元,是由多名成员组合在一起工作,在群体互动中,提高创造性,增强承诺感,作出风险判断,改进决策质量,更重要的是获取"总和大于个体相加"的协同效应,从而形成群体绩效。在考察全球人力资源趋势的报告中,都把新型群体（团队）的崛起作为最重要的趋势之一。这是指全球化、信息化、智能化、项目化、跨界化的新群体层出不穷,日益活跃。与过去相比,团队的文化背景或专长更加多元化、所处的地理位置更加分散化、数字化合作程度更加网络化、参与的项目与涉及的产品业务线更加分布化、在线沟通与协同的工作模式更加虚拟化。管理心理学把新型群体与创业创新团队作为新的研究课题和应用领域。一般来说,群体有六个特征：成员间的互动促进、共享目标、合作结构、关系功能、凝聚承诺和认同资格。

□ 互动促进。群体成员从一开始就不同程度地互动交流与相互促进,其互动程度与模式对于群体工作效能具有直接的影响,相互促进的程度则受群体氛围的制约。

□ 共同目标。群体成员拥有共同的工作目标或总合性的任务要求,大家通过完成各自任务目标而实现群体工作目标。群体目标的相容性与合作性决定了工作

效能。

　　□ 合作结构。群体成员合作的模式结构影响群体绩效,是个体"计件承包"或是分工负责,是组长直管还是分组共事,是灵活结构或者刻板结构等都会影响合作成效。

　　□ 关系功能。群体成员相互关系的"正规性"影响其功能,是依赖正式指派的工作角色关系还是人际互动形成的非正式共事关系,这决定了关系模式及其功能特点。

　　□ 凝聚承诺。群体凝聚力的高低和成员的承诺度的强弱直接影响群体的工作氛围、群体士气和任务达成的效果和可续发展的潜力。

　　□ 认同资格。群体成员之间以及与其他合作群体的价值观认同和身份资格影响群体行为,高价值认同与多种群体活动可以增强群体的认同资格,从而提升群体的效能。

　　我们的研究表明,任务型群体互动、参与式目标设置、群体型目标管理、项目式工作关系、合作式承诺策略和价值型认同资格可以显著促进群体健康成长。

　　2) 群体社会互动效应。在群体互动关系中,社会互动效应成为理解群体过程和解读群体效能的重要因素。其中,比较重要的有以下两种效应:

　　□ 社会促进效应。群体互动的效能受到多种因素的影响和条件的制约,诸如群体的规模、群体规范、群体压力、群体决策方式、群体内聚力,以及沟通、冲突和人际关系等。其中,群体互动的主导效应是社会促进效应,即群体成员在同事在场时受到鼓舞,改进和增强绩效的倾向。这是因为在群体情景下人际情绪唤起,增强成员的努力程度,而且,在群体中对于人际评价或点赞更为敏感,因而倾向于更加专注于提高绩效。在一些在线群体互动中,这种社会促进效应更加明显。

　　□ 社会闲散效应。许多时候,多人一起工作并不一定胜过单独工作,这是由于群体规范松散或内聚力缺位时,多人共事会出现不如单人工作时多产的"社会闲散效应"。心理学研究发现,在让一批人一起尽力拉一根绳子的实验任务中,随着人数的增加,拉绳的效能反而会逐渐下降。这表明,人们在群体作业时,没有像单独工作时那样投入。主要原因是在群体情景下各人的努力与贡献不如单独工作时明显,且人们在群体中宁愿其他人承担更多任务。管理心理学为此开展了许多新的研究,发现采用提高任务的重要性、实行集体责任制、强化对群体贡献的奖励力度、开展团队建设培训等办法,可以显著减弱"社会闲散效应",增强群体适应绩效。

　　3) 工作群体类型。在实际工作与生活中,有各种各样的群体类型。通常,根据群体形成的方式划分成正式群体和非正式群体,还可以根据群体的任务特点,分为项目群体、友谊群体、兴趣群体或协会群体等，它们各具特点，需要以不同方式加以管理。

☐ 正式群体与非正式群体。正式群体由组织根据特定的目标通过"官方"途径正式组建和任命，是组织中占主导地位的群体类型并有明确的分工和结构，群体负责人或主管起着关键作用，并在群体中或管理层次之间起一种"联结针"的作用。正式群体按其任务的时间跨度，又可以分为长期群体（指令式群体）和短期群体（任务式群体）。管理心理学研究和管理实践主张运用"交叉功能任务群体"，即由来自不同职能或专长背景的成员组成群体，围绕具体项目或任务组织高效能的"任务群体"。非正式群体是根据个人关系、兴趣、利益等因素，通过人际互动，自主形成的群体。在著名的霍桑研究中，非正式群体行为规范比正式群体的规范表现得更接地气并直接影响工作成效，常常起到增进友谊、互帮互助、咨询交流等积极作用。非正式群体所形成的人际关系网络，既有可能加速工作任务的实施，也可能阻碍工作任务的完成。在实际组织管理中，需要对非正式群体加以适当引导和指导，使之发挥促进作用，避免形成自行其是的"影子群体"，有碍正式工作任务的协同与推进。

☐ 虚拟群体及其特征。随着互联网和电子商务的迅速发展，在线或跨越时间与空间的虚拟群体日益流行和活跃。我们在第 7 章沟通管理章节中已经讨论到虚拟沟通与虚拟团队沟通的关键问题。虚拟群体通常是指其成员通过计算机网络在线共事，以虚拟作业方式互动与完成任务而实现群体目标的群体。另一种虚拟群体则是指多家公司的成员利用各自的业务领域与技能专长组成的合作、合资型项目群体。通常，以"虚拟组合"方式成立跨部门或跨组织的项目小组，其成员没有常规的上下级关系，在项目任务中通过分工和沟通发挥各自的专长和负责不同任务，实现工作群体共同的绩效目标，也称为"责任绩效"。管理心理学的研究表明，虚拟群体在信息沟通、群体互动、群体决策等方面都不同于面对面工作的正式群体。在沟通协同力、群体相容性、决策判断力和项目协调力等方面，对各方成员具有更高的要求，可以形成全新的群体优势。

（2）关系管理与差序格局特征

管理的重要基础是工作中的人际关系和关系管理行为，例如，人际关系、工作关系、劳动关系、员工关系、客户关系和组织内外关系等，都是我们在日常管理中经常面对的。中国传统文化往往以中庸、关系、人情、面子、圈子为特征，以人与人之间的亲疏为维系，倾向于把关系建立在个人认知与情感基础之上。在工作和管理场景下，人群关系、群体间关系、组织内外关系却远比一般人际关系来得交互、多重、动态，要求有更高、更宽的心理格局。

1) 关系心理与关系管理。关系一词是本书中出现次数最多的词汇之一。关系是一个日常生活与工作中无处不在的用词,在英汉字典里也把 Guanxi 作为专用名词加以收录。作为一种个体特征或群体行为,其丰富的内涵一直是心理学、社会学等行为科学多学科研究的中心领域之一。相关研究比较专注关系的三项特点:关系的特征、关系的模式和关系的效应。在管理心理学中,以人际关系管理、员工关系管理、领导关系管理、客户关系管理(CRM,Customer Relationship Management)、供应商关系管理、组织(间)关系管理和公共关系管理等为主题,提出关系管理的概念、原理、方法和模式。在概念上,管理心理学以社会心理原理为基础,把关系管理定义为"工作中人际互依互动与合作关系及其效能的管理过程与策略优化"。可以看到,关系包含四个基本要素:互依、互动、合作、效能。我们把关系与一般互动区分开来。

□ 关系管理理论。在原理上,关系管理领域的多方面重要理论指导着一系列理论研究和应用实践:

▫ 群体动力学理论:强调通过关系管理提振群体关系互动并激发群体动能;

▫ 人际关系理论:以经典霍桑研究为起始,认为人际关系的关注、尊重、认同等要素是生产管理和工作中的重要影响因素;

▫ 劳动关系理论:聚焦雇主与员工之间的待遇关系和权益谈判策略模型:分布、整合、重构、组内策略;

▫ 客户关系管理理论:注重客户价值、利益相关者价值与负责任客户管理;

▫ 供应商关系管理使能理论:认为关系管理的价值创造依赖于多种使能因素:创新、弹韧、精益、迭代和可续等提升信任、沟通、同理、双赢。

关系也成为管理心理学许多重要理论的核心元素。其中,影响比较大的有:①关系管理作为情绪胜任理论的四大模块之一,强调团队情绪调节、他人开发鼓舞、变革冲突化解和合作关系提振;②关系动机作为成就动机理论的三项维度要素之一,表现与他人建立、保持和发展关系和社交成长的关系激励度;③上下级关系作为领导权变理论的三项权变条件之首,与任务结构和职位权力形成权变性决定领导效能;④领导者与成员交换关系(LMX)理论成为理解与预测领导行为机制与组织行为的重要原理;⑤在 PERMA 幸福感模型中,关系 R 表现与社会或社区的整合感、受人关爱和融入社会网络的满足感;⑥在有关领导力脑机制的 SCARF 模型中,关系 R 的安全感与公平性,增强神经可塑性,成为领导胜任力的神经基础,助力组织可续效能。

□ 关系管理特征。人际互动过程是群体动力的关键要素,可以细分出不同的相互依存模式、关系公正性、情绪卷入度、关系决策判断以及关系的私密性、交换性、发展性、承诺度、合作度、竞争度和变化度等多种特征。这些都成为值得研究的管理心理学问题。我们的研究表明，关系管理与互动情绪、工作情绪和人际支持策略密切相关。关系管理注重通过反馈和辅导来识别、分析和管理与组织内外人员或机构之间的关系及其发展，也包括与上级和各类利益相关者的沟通、说服、搭建、促销、应对、助人、协作和推动各种关系互动或互惠互利事件，形成有效的关系管理模式。在以往研究中，关系被作为中国管理的特别要素，关系导向常常是中国商务的"代名词"。其实，在企业成长中，关系并非"万用钥匙"和"杀手锏"，更重要的是把有效的关系管理作为职场成长、负责任管理、社会资本管理和可续管理的重要环节。许多人说到关系时就会联想到"有资源"、"关系网"和人事关系等，可是，关系的利益增强或削弱是一个复杂的心理过程。陈昭全和陈晓萍(2008)从社会困境的视角分析了紧密个人关系下的好处交换可能构筑私下社会资本而在组织中产生负面影响，但在自我利益冲突时，紧密关系各方的合作度更高，具有一定的正面影响；而在群体条件下，则会增强组织认同。刘平青等(2012)在《员工关系管理》中详细阐述了中国职场人际技能与自我成长的理论与方法。有关关系管理的大量研究为优化关系管理实践提供了重要的理论指导。

2) 差序格局的特征分析。关于中国的人群关系特征，费孝通(1948)提出"差序格局"的重要概念，认为是一种亲疏不同、贵贱不一的差序关系，以自己为中心的波纹模式，像水的波纹一般，一圈一圈愈推愈远，愈推愈薄。所谓格局是指一种认知范畴与视域，具有自我取向、关系伸缩和角色定位等特点。相关研究也讨论信任格局、关系格局等关系结构。如何从关系组织、多元格局和动态结构来理解差序格局呢？郑伯壎(1994)从组织行为中的关系认知与行为出发，运用差序格局的思想提出新的基于本土特点的差序格局原则，认为华人企业内部人际与群体互动包含三项格局特征：关系、忠诚与才能。

☐ 关系格局。这是新差序格局的第一项特征。企业组织中，各种关系有亲疏之分，亲疏远近、"圈内圈外"因人而异。透过关系的判断，识别交往各方在社交网络中的定位，以确定符合自己身份、角色特点的交往行为，形成自己或群体的关系格局。

☐ 忠诚格局。员工对于企业及其领导者的忠诚度是新差序格局的第二项特征。员工忠诚度也是管理心理学的经典领域。为了企业基业长青，我们都希望建立客户忠诚度，而更重要的是员工忠诚度和组织忠诚度。管理界提出"基于忠诚的管理"，建议企业创设忠诚价值取向、提振士气与承诺度、忠诚员工管理、客户忠诚度等，形成忠诚管理体系和忠诚格局。

☐ 才能格局。这是新差序格局的第三项特征，指企业组织的成员之间工作能力与动机等综合素养与胜任力的整体认知与判断。也可以把才能格局看成企业组织的胜任力心理框架。才能格局需要与员工能力提升、群体能力开发和组织赋能策略结合在一起,整体增强组织的胜任力。

从差序概念出发,开展了不少有关差序信任格局、群体关系与团队差序特征、差序特征异位、差序式领导等多方面的研究,取得了一系列的进展。

8.1.2 群体动力理论的基本特点

(1) 群体动力理论的主要原理

群体的组合、运营、管理与发展需要有内在的推动力。群体的各项特征和内外因素之间的相互作用和转换都对群体形成动力、活力和张力。群体中各种因素"力"的相互作用形成"群体动力",对群体成员在资源利用、工作开展、项目实施、关系维护、担责敬业和事业投入等方面都产生效应。管理心理学提出经典的群体动力理论。

1) 群体动力理论与基本观点。群体动力方面最经典的是勒温(K. Lewin)创建的群体动力"场"理论。这项理论认为,人们的心理与行为主要依赖于内在需求和周边环境之间的相互作用。根据"场"理论,勒温提出了一个行为动力公式:

$$B = f(P, E)$$

其中,B是行为,P是个人,E是环境,f是函数。

这个公式表示行为是个人内部力场与情境力场之间相互作用的函数或结果。"场"理论在个体行为和群体行为研究的基础上提出了"群体动力"概念,其包含群体的规范、发展途径、决策模式、群体内聚力的形成等要素。群体行为互动激发出规范、角色、关系、凝聚、信任、创意、合作、发展等活力因素,构成了管理心理学有关群体动力学的基本要素。

在经典群体动力学理论的基础上,管理心理学家开展了各种相关研究,系统阐明特定组织的内外环境中组织行为动力、群体发展行为、团队建设行为与群体绩效之间的复杂关系。其中包括群体规范行为(准时工作、尊重客户、协助同事等)、群体互动行为(言语或非言语行为、人际互动沟通、人际交往的情感态度与价值取向等)、群体合作行为(信任心智、互补技能、协作协同等)以及群体与组织的交互界面形成的共享心理模型。群体动力学的重要内容是群体发展机制。

2) 群体规范与群体动力。群体形成的规范是重要的群体动力因素。群体规范是指群体所建立的普遍认同的行为标准与准则。群体规范基本上是非正式的、不成文的规定,不同于组织正式明文发布的规章制度。群体规范又分为正面规范(与群体目标一致、需要鼓励的行为表现)和负面规范(与群体目标违背、应该回避的行为表现)。群体规范通常有四个方面作用:

□ 成长功能。群体规范帮助群体成长发展。在群体发展过程中,形成正面的群体规范,帮助群体实现目标。

□ 程序功能。群体规范使管理程序简化,并使群体明确所期望的行为,从而提高群体绩效和实现群体目标。

□ 榜样功能。群体规范帮助成员塑造正面的形象,特别是重塑专业精神与行为榜样,以适应各类情景与应对多种挑战。

□ 价值功能。群体规范表达了群体的核心价值观,成为全体成员遵循的价值观要素,有利于组织文化建设。

群体规范一般在群体发展的融合期形成,并逐步发展成多元融合式规范。群体规范的形成与群体成员的个性特征、情景要求、任务特点和历史传统密切相关,并受到模仿、暗示、顺从等心理因素和群体工作氛围的制约。在群体成员互动的条件下,群体行为倾向于接近、趋同,并发生一种类化过程。群体规范指导和约束着群体成员的行为,并在有人违反群体规范时,施加某种压力,使之服从于群体规范。在管理工作中,应该充分了解群体规范的形成和发展,注意树立正面的群体规范和努力克服负面的群体规范。

3) 群体内聚力与群体动力。群体成员之间的相互作用和感情交流,对于群体任务的完成起着重要作用。管理心理学把群体内聚力(在组织层面称组织凝聚力)定义为"群体成员相互吸引和共同参与群体目标活动的程度"。成员之间的相互吸引力越强,群体目标与成员个人目标越一致,则群体内聚力程度越高。在多团队协作任务和项目团队工作模式下,群体内聚力既指群体成员与整个群体的吸引程度,又包含群体成员之间的交叉相互吸引以及多个团队之间的协同吸引力。内聚力与群体规范一样,都是群体动力学的关键要素。在群体互动发展的初级阶段,群体规范和内聚力相对都比较单一和稳态,但是当群体发展到合作型或交叉式的工作团队时,这些因素就会在多水平团队互动过程中形成"高阶动能因素"。我们在群体或团队层面称群体内聚力或团队内聚力,注重内在吸引,而在组织层面称组织凝聚力,强调内外凝心聚力。

群体内聚力通常分为任务内聚力和社会内聚力。前者表现了群体成员为达到特定的任务而相互愿意在一起共事的程度,以群体目标和任务活动相联系;后者表现群体成员彼此喜爱和愉快交往而倾向于在一起相处的程度,以友谊、亲和与社会性支持等人际关系为基础,也称为交往内聚力。群体内聚力受到许多要素的影响,包括群体的构成、群体规模、群体任务、群体领导模式、激励方式和共享的愿景与发展目标等。在高内聚力的群体中,员工的士气和满意感都比较强,群体任务绩效也比较高。关于群体内聚力与工作绩效的关系,与心理学正面诱导和负面诱导的模式有关。无论群体内聚力高低,正面诱导都能提高绩效,且高内聚力群体的工作绩效更高;而负面诱导却会明显降低绩效,高内聚力群体的绩效更低。由此可见,对群体的教育与引导是有效群体管理的关键一坏,管理者必须在增强群体内聚力的同时,努力使群体内聚力成为促进群体工作绩效的动能,使群体朝高绩效高成长的方向发展。

研究中经常采用群体内聚力指数和社会测量法。群体内聚力指数是请每一位群体成员评定自己对其他成员的感情和偏爱,然后,把这些评定加在一起,求出群体内聚力指数。社会测量法由社会学家创建,主要用于研究小群体成员之间的人际关系和互动模式,即"社会结构—人际知觉"方式。社会测量法是让群体成员评价整个群体或他们的归属感,以此作为群体内聚力的指标,成为测量群体内聚力的主要方法之一。这种方法发展至今,已经成为一种比较广义的测量手段。具体方法可以参阅王重鸣(2021)的《心理学研究方法》的相关内容。

(2) 群体多样管理与风险策略

由于各类企业组织的员工构成和经营业务与交往合作的人群日趋多样化、多文化,员工参与的项目任务以及变换的工作岗位也更加多元化的趋势,群体多样性成为管理心理学中日益重要的研究议题和应用领域。

1) 群体多样性与包容性的特征与研究。管理心理学的重要领域是群体成员组成的多样性和群体的包容性。多样性原来主要指性别与文化背景的多样,包容性则是对新生代和弱势人群的包容程度。在管理背景下,多样性研究除了性别与文化背景,还特别重视经理与骨干的不同行业背景、职业路径和国别地区背景及其对群体发展和工作绩效的影响。管理心理学认为,通过参与管理、开放沟通、战略性开发和公平待遇等使能策略,优化群体多样性与包容性,有利于强化创造创新、沟通互动、凝聚满意、科学决策与工作效能。研究发现,群体多样性能导致较高的创新力和适应能力,也会引发群体间的人员流动,增加信息交流和合作,而群体包容性能激发自信自强和合作精神,因而,更有可能成为高绩效群体。来自多样文化和不同专业背景的员工能够合作共事,致力于群体任务目标,可以显著提升任务绩效和周边绩效。在群体决策中,决策认知多样性包括决策目标、信息检索、备择方案、分析策略等方面的差异,会在很大程度上促进新的群体互动模式和增强团队动能,从而增进决策效能。多样、包容的群体比较适宜于复杂任务、分布式任务、集体任务和创造性任务。

有关群体多样性的研究从早期关注群体构成的人口统计学变量对群体绩效的影响，发展到1980年代注重多元文化背景因素的效应以及多元文化背景的员工如何有效地互动共事。进入新世纪，研究日益注重群体多样性的多维影响机制、包容性的可续效能和高阶群体动能特征。韩立丰、王重鸣和许智文（2010）提出，群体多样性作为社会群体的一个关键特征，反映出群体内成员之间的差异，包括外显的性别、年龄等，或是内隐的个性、价值观等特征。群体多样性具有"双刃剑效应"，在群体过程和群体效能中同时存在正面作用和可能的负面效应。群体多样性既可以强化其创造力和创新性，作出更有效的决策和绩效，也可能妨碍群体内沟通、互动、凝聚，甚至满意度。

我们在以往研究进展的基础上，修订和补充了群体多样性效应机制的整合模型，表示群体多样性形成的中介机制与效应关系，见图8.1。群体多样性的测量常用两类指标：异质性指数和变异系数。异质性指数法主要采用称名变量指标（性别、职能等）；变异系数法则运用连续变量指标（年龄、工龄等）。

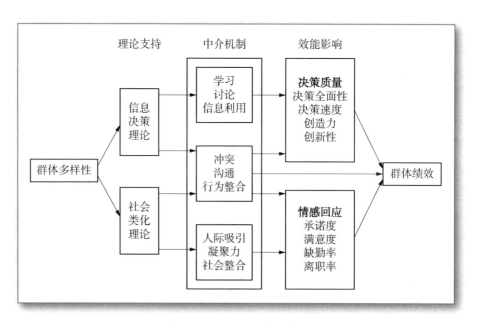

图 8.1　群体多样性效应整合模型

2）群体断层特征。群体断层理论（group faultlines）指出，群体特征形成亚群体心理分割线，进而成为互动过程的高阶动态断层动力特征，激发出新的群体动力。这种断层强度会在群体发展和相互作用时发生变化，可以成为群体互动过程中出现的高阶动态特征之一。在很大程度上，群体断层特征与多样性密切相关，逐步聚合成多个亚群或群体心理类别,进而影响群体的工作模式与效能。群体断层被认为会带来负面作用,降低群体内聚力和协同性。这种现象在跨文化经营和数字化项目运营中更为明显,需要从新的团队力视角考察如何使这种群体心理分割线成为促进群体动力和调节亚群关系的高阶动能特征。在群体管理中,可以因势利导,强调团队的共同目标,求同存异,充分发挥亚群体的主动性和各自的独特优势,增强多元群体的协同效应和整合能力。为此,我们出于整合群体断层亚群聚合度的目的,开发了整合群体断层强度指标(IGFS)并设计出问卷评价的新版"极化对维多样性指标(PMD)",从而为复杂情境群体断层研究和整合多元项目团队多样性优势奠定方法论基础。具体方法可以参阅韩立丰、王重鸣(2010)在《心理学报》发表的"群体断层强度测量指标的构建与检验:一个整合的视角"的研究进展。

3) 群体风险应对策略与风险管理。在工作与经营管理中经常出现各种风险,如何协同群体力量来防范和应对风险,增强风险管理的能力成为一项重要的任务。比较常用的群体风险管理策略包括风险评估、风险防控、风险文化、风险决断、风险责任、风险人资等六项策略。

□ 风险评估策略:通过群体定期评估,充分了解多种风险的水平,及时识别风险机会,以便在分享、反馈、交流、互联的基础上,增强群体风险管理的准备度并作出协作性应对。

□ 风险防控策略:通过设计风险管理分级预案,预备多级风险防控的群体行动方案,根据群体风险评估信息,实时启动预设的风险防控行动计划,并随时根据情况作出协调和重组。实践证明,这项群体策略与风险评估策略组合采用的效果很好。

□ 风险文化策略:通过在公司文化建设中增加风险文化策略,注重群体风险心智、风险伦理、风险责任、风险合作、应急互助和组织支持等文化价值元素。

□ 风险决断策略:通过在公司管理层做好风险管理领导力的群体培训和能力开发,增强风险决策的群体管控能力,优化风险决策程序和各项协同措施,提升群体管控水平。

□ 风险责任策略:建立健全风险管理责任制并落实到各类岗位,优化群体担责意识,细化群体责任行动,强化群体问责程序,形成全面风险管理责任制。

□ 风险人资策略:风险管理是一项人人有责、责无旁贷、群体担责的工作,需要有精准的群体激励与绩效考核等配套举措和风险防控整合机制。

在风险管理中,这些群体合作策略可供选择,并定制式用于各类企业组织。群体任务的合作行为随着不同工作阶段而演变,形成新的合作模式与合作水平。那么,如何有效地构建合作机制呢? 请阅读"研究解读 8.1 群体任务中合作行为的跨阶段演变研究",思考和讨论如何理解群体合作行为的跨阶段机制并促进群体合作机制。

研究解读 8.1 群体任务中合作行为的跨阶段演变研究

作者:严进(浙江大学)、王重鸣(浙江大学)

发表刊物:《心理学报》,2003 年,第 35 卷,第 4 期,499—503

研究内容:虚拟团队作为新型团队日趋流行,团队成员的远程沟通与工作方式成为新的研究重点。信任与合作成为群体工作的重要基础。本研究针对群体合作行为随着时间过程如何跨阶段演变的问题,采用资源两难问题作为实验任务,检验群体任务中的合作行为特点与机制。资源两难问题的基本原型是群体成员共享某种可按照一定速度再生的资源。但当资源总量被消耗过快而公共资源濒临枯竭时,群体成员面临个体利益与公共资源的两难情景。可以通过实验检验群体的合作行为模式。实验采用 2(环境不确定性高低)×3(个体价值取向、合作取向与竞争取向)×轮次的因子式设计,选取了 111 名大学生参加 3 人群体小组的实验任务,利用三重对策矩阵方法测量价值取向。研究重点在于研究个体价值等个体特征因素、环境不确定性等外部因素在动态多阶段决策任务中对成员合作行为的影响。研究结果表明,在连续多阶段的博弈过程中,不同阶段的反馈信息是决策者合作决策行为的重要线索,而其他静态因素,如任务结构与个体特征都需要通过多轮次的反馈与学习才能形成稳定的影响。价值取向类型对决策者在相同的第 1 轮决策中的行为有影响,个体取向者收获水平要比合作取向者更高,说明在单一步骤的决策任务中,个体价值取向特征与任务特征都会形成对合作的显著影响。决策轮次与环境不确定性的交互作用达到显著水平。多轮次的信息反馈是形成合作的重要信息来源。可以根据任务情景,结合动态反馈信息,形成对其他成员合作行为的预测判断,以决定是否合作。这种合作机制的建立同时也受个体特征与环境因素的影响。个体价值取向是选择团队成员的重要标准,也是群体合作模式的制约因素之一。环境不确定性是影响稳定的合作机制的重要因素。如果环境相当确定,那么决策的情景线索也比较明确,任务也变得更加有结构,决策者容易形成稳定的判断,表现出对其他成员合作行为的准确估计;如果环境不确定,那么决策者倾向于采取更加保守的策略,以确保自身利益。控制合作过程中的信息结构,形成团队成员之间有效反馈渠道,构建团队合作机制,是网络化工作组织获得成功的必要条件。

8.2 团队合作与团队管理模型

知识要点 8.2 团队管理与合作动力

团队力的管理: 团队管理发展为主线, 团队与数字领导力为双翼的协合性管理
团队管理模型: 合作性、团队化和数字化提升团队建设、团队动能与团队创新
合作思维特征: 信任共享心智、合作互补技能、互利协作布局、协同整合行动
高阶动力特征: 团队高水平互动过程中涌现嵌入团队交互记忆系统的动态特征

8.2.1 团队特征与团队合作思维

随着创新驱动、转型升级和数字经济的加速发展,各类企业组织对团队管理提出了更高的要求,团队精神、团队管理能力和团队间协同能力的培养成为各类人才成长的关键胜任特征,也是企业可续发展的重要队伍建设任务。

(1) 团队特征与团队效能因素

1) 什么是团队? 说到团队,人们就会想到群体和集体。我们在上一节已经讨论了群体的特征与相关问题。集体是目标认同感、任务合作性、成员凝聚力和利益关系度都比较高的群体。管理心理学把团队定义为"由多位成员互动凝聚,有组织的共享努力目标,工作分工合作,技能专长互补,完成依存任务和共担责任利益的集体"。从组织管理的视角出发,我们把团队作为开放的组织系统中的核心要素,具有任务依存、情境关联、多层互动、内在动能等特征。

群体与团队的主要区别可以从目标结构、合作方式、责任导向、技能模式和任

务特征等方面来讨论。群体的基本特征表现为群体成员具有个体与集体工作目标,工作中强调成员间的合作,管理上分工与责任导向,技能上各显神通模式,任务上注重个体要求;团队成员形成共享的工作目标结构,强调成员之间密切配合,管理上注意项目团队的整体责任导向,技能上体现成员间互补模式,任务上强调团队协同。表8.1说明了群体与团队在上述方面的基本区别。

表8.1

群体与团队的比较

	群体	团队
目标结构	集合型	共享型
合作方式	合作式	配合式
责任导向	分工式	整合式
技能模式	组合型	互补型
任务特征	个体式	协同式

2) 团队效能的决定因素。团队管理受到许多因素的影响。早期研究比较注意团队成员的个性、态度、处事方式或构成,此后的研究比较重视群体动力特征、团队的情境性与结构性等因素,例如团队的规模、多样性、角色等;近期的研究特别强调团队的高阶动能特征与激发条件,特别是多元文化、动态竞争与数字化及远程团队的新型团队领导力。从管理心理学的研究来看,在群体发展进入较高级阶段(如整合阶段和成熟阶段)时,愿景目标、团队设计与支持性环境以及团队内外互动而涌现的高阶协同作用得到重视。心理学家理查德·哈克曼(J. Richard Hackman,2009,2011)经过40多年的研究,提出了决定团队效能的六项关键因素,分为三项基本因素(真正的团队模式、适合的成员选配、明晰的目的方向)和三项激发条件(协同性团队结构、支持性组织环境、有力的团队教练),而团队领导力表现在使这两个方面相匹配。图8.2是根据哈克曼研究修订的团队效能模型,其核心特征是团队领导力。

□ 团队基础要素。这里所说的团队是由为实现共享目标的成员选配而成的,他们相互依赖和担责学习的真正集体,而非各有目的、临时凑合、各自为政的群组;团队成员都拥有任务绩效所需要的知识、技能与经验且各有特长;团队工作任务具体、方向明晰、激发战力并具有挑战性与行动性,而不是笼统的"客户服务"、"增加利润"或者"引领行业"之类说法。激励性方向也是团队获取成效的一项基本条件。

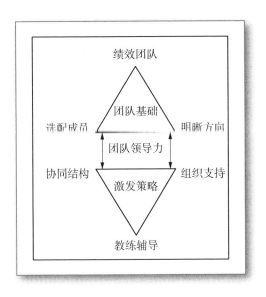

图 8.2　团队效能模型

在多样、动态、数字化的团队中,方向具体、明确,就能产生工作动力。

　　□ 团队激发策略。哈克曼提出的"工作特征模型"为此提供了经典而依然有效的参照框架。团队协同结构也包括适宜的规模和成员组成与工作规范。同时,组织支持情境是团队效能的另一项激发条件,主要包括鼓励合作的综合奖励制度、促进绩效的任务信息系统和提升胜任力的培训计划等。与此相关的是配套的团队教练与赋能辅导功能。

　　3) 团队多样化与规模特征。团队工作的效能还受到其团队多样化和团队组合规模等因素的影响。怎么调节与管理这些因素呢?

　　□ 团队多样化。这是指团队成员的背景与专长多样化和团队模式的多样化。类似于群体多样性,团队成员多样化有助于引入新的观念意见,增多建设性观点,丰富决策信息,促使产生更多备择方案和创新思想,增强团队间信息交流与合作,提高团队决策质量与适应性绩效。同时,多样化和相互交叉的团队模式使团队形成任务适应性和承担较大项目或工程的能力。同时,多样化也对团队领导力提出更高的要求。

　　□ 团队规模。团队人数多少与团队效能也有密切关系。认知心理学研究表明,人类认知加工广度为 7 ± 2,称为"心理魔数",成为确定有效团队规模的一种心理框架。在实际工作中,可以把项目团队规模定为 7 ± 2 人,把部门与班组管理或绩效考核的单元数定在 7 ± 2 的幅度等,以便达到规模与效能的最佳平衡。由于团队日益多样和项目更加交叉,团队规模与效能的关系在很大程度上依赖于任务特征与团队运营模式。

（2）团队合作思维与信任机制

1）合作思维特征和合作行为。管理心理学高度重视合作（collaboration）与信任（trust）行为。在竞争、变革和创新的环境下，生活与工作都越来越需要合作和协同了。原先我们关心的是工作中的人际合作和群体内合作，现在则关注项目合作、团队间合作、跨组织合作、合作伙伴、多文化合作、面对面合作和在线合作等。王重鸣（2015，2020）在创业能力建设领域把创业合作能力作为创业团队力的两大能力维度之一。管理心理学则把合作作为五力管理的核心要素之一。这里所说的合作与一般协作或协调的概念都不一样，虽然都叫合作，有松散结合而目标不同的"合"，也有基于工作与职能的"合"。我们所指的合作是指多位个体或组织为实现共同目标而互动共事。这是紧密而互依的"合"，高信任、高分享的"合"。合作行为越来越成为高绩效工作与各类组织功能的关键条件。

说起合作，很多人会以为是一件平常的事，但是在工作与生活中，特别是组织场景中，常见的行为模式是"合而不作"，只有"合"的意向，缺乏"作"的行动。可见，合作的关键是"行之有效"，做好合作并非易事。合作行为的基础是合作思维，也是工作心智模式的重要元素。合作思维是指有关合作心智与合作思路的模式，为此，合作是为了达成目标，合作是为了完成单独个体难以实现或需要多人共享目标任务的综合胜任力。管理心理学把合作思维定义为"多方合作共享的心智模式"，主要具有四项特征：信任共享的心智特征、合作互补的技能特征、协作互利的布局特征、协同整合的行动特征。

□ 信任共享的心智特征。合作心智模式包括团队、同理、沟通、共享、信任、尊重、依恋、认同、战略、学习、创新、领导等 12 项元素。这些心智特征的核心要素是信任与共享，依据合作的不同场景或过程阶段而形成多样的模式。

□ 合作互补的技能特征。通过内外向性格搭配、双向沟通技能开发、自主选择及优化组合和多层次赋能开发等措施，形成更为整合的技能体系。管理心理学研究发现，在挑战压境、任务当前、危机常态的工作场景下，战略心智、团队导向、多向沟通、开放共享、创新创造和合作领导是最重要的合作胜任特征。

□ 协作互利的布局特征。在工作中创造合作的机会、氛围、责任、模式、渠道和目标等都是这里所说的协作互利的布局特征的。重点是通过任务设计、项目策划、沟通模式和平台创建，作出"策略性"的布局设计及人资管理配套（职责界定、激励策略、考核办法和弹性工时等）。

□ 协同整合的行动特征。假如问合作在工作中是否重要，没有人会说这不重要。可是要是问,怎么才能协同整合大家的合作以保持高绩效,或者企业是否有明晰的战略来增强和促进持续合作行动,也许就会有许多不确定的答案。常见的情况是领导者较多注意创设合作性文化或策划合作机会,却比较忽视开发合作技能和协同合作行动。不少员工不太认同合作有效是因为缺乏对同事的信任和认同或者缺乏合作的心智模式与协作技能。在合作行为中增强"主动倾听式"行为,创设让所有人参与的行动场景并好奇关注他人意见;在合作行动中表现"同理心",以使在互动中拓展"他人思维"而给大家更多的合作空间;让合作行动包含各方更多的开放、直接、具体的反馈机会并作出合作响应和双赢式互动。

数十年来,我们从合作目标责任制、合作归因行为机制开始,到群体合作、决策合作策略,再到创业合作、团队化合作、合作共享文化和合作领导力,开展了一系列多层次合作行为的研究,在本书各章都有关于合作理论成果与应用策略的讨论。近期,研究者更加关注信息化、数字化、智能化条件下的合作行为机制,关注在线合作以及人与系统之间的合作模式,特别是人与人工智能之间的对话与配合能力,即"合作智能"(collaborative intelligence:CQ)。合作智能描述了人机交互而产生智能结果的合作网络与集体智能,表现出"胜任、参与、管理和增强人与系统交互系统的能力"。在多业务模式、多团队配合、多部门共事、多技术创新、多项目推进业务、多市场面对客户、多时空开展工作的当今企业,建构与发展合作智能已成为一项战略任务。

2)群体信任机制研究。有关工作与组织中信任机制的研究十分活跃。王重鸣与邓靖松(2007)针对团队管理的行为过程,聚焦团队动力机制开展研究,在以往有关信任形成过程的社会认知、社会交换、经济交换三种观点的基础上,提出信任的决策判断新视角,把信任定义为信任者基于对方会作出重要特定行动的期望而自愿采取的行动,信任是个体在对他人的能力、诚信和善意的认知基础上形成的,信任是一种映象决策(image decision)。研究以映象理论(价值映象、轨道映象、策略映象)为基础,认为信任决策基于理想映象(决策判断标准)和当前映象(备择方案特征)的比较和对信任对象进行的映象相容性检验。我们以相容性检测模型解释决策筛选过程的机制。研究采用实验模拟方法,系统考察了团队成员信任的形成过程及其关键特征,深入探索了团队成员信任形成的映象决策机制。这项研究通过实验检验,找到了信任映象决策过程中对于违背信任三种特征的拒绝阈限,发现了影响映象信任决策的重要因素及机制,进一步创新了信任映象决策的理论与方法。

在多项研究的基础上,我们提出群体心理信任机制的六项特征:待遇公平、互动诚信、关系承诺、利益认同、价值共享、映象决策,为基于信任的工作群体关系和团队合作模式提供了系统的理论依据。在创业管理领域，信任行为及其机制的研究也取得了许多新的进展。马可一与王重鸣（2003b）聚焦创业合作关系中的信任、承诺与风险问题，回顾与总结了交易成本理论、社会交换理论和社会合约理论等以往研究对创业合作关系解读的进展与局限，指出了创业合作关系的信任机制及其核心意义。

8.2.2　团队管理模型与团队建设

（1）团队力管理与团队的管理

1）什么是团队力管理？转型升级下队伍能力建设的关键任务是团队建设，在五力管理框架中团队力管理是重要的模块。管理心理学把团队力管理定义为"以团队动力理论为基础，整合资源、管理团队、激励指导与战略引领团队实现目标的综合管理过程"。从五力管理框架可以看到，团队力管理是以团队管理与发展为主线，以团队领导力和数字领导力为双翼的协合性管理。团队力管理整合了团队管理、团队发展、团队动能和团队化管理四项策略，并以团队共享心理模型为机制，以数字化团队管理和创新创业团队建设为重点，以建设高绩效、高成长、创新型团队为目标。

2）团队管理的维度与策略。管理心理学提出，团队管理主要包括三项维度：团队胜任管理、团队动能管理和团队创新管理。如图8.3所示，我们构建的团队管

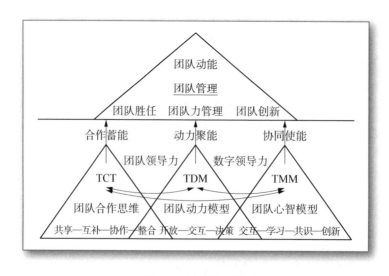

图 8.3　团队管理模型

理模型包括三项理论基础、两项领导力和三重策略。这三项理论基础是团队合作思维模型（TCT：team collaborative thinking），包含共享、互补、协作、整合四要素；基于群体动力理论的团队动力模型（TDM：team dynamics model），包含开放、交互、决策三要素和基于共享心理模型的团队心智模型（TMM：team mental model），包括交互、学习、共识、创新四要素。团队管理的两项领导力是团队领导力与数字领导力；三重策略是合作蓄能、动力聚能和协同使能。团队管理以整合式合作蓄能优化团队胜任管理；以团队化动力聚能激发团队动能管理，以共享式协同使能提升团队创新管理，从而整体增强团队力管理的水平。我们将在以下各段落解读团队管理模型所包含的各项特征与策略。

3）团队领导力的维度与特征。与团队力密切相关的是团队领导力。我们把团队领导力定义为"通过共享团队心智，激发团队动能，激励、指导与引领团队实现目标的能力"。根据团队动力与团队效能的理论与实践，运用元领导模型，团队领导力包含三项能力特征维度：团队愿景共享力、团队激励合作力、团队指导引领力。

□ 团队愿景共享力。这是团队领导力的第一项能力特征维度，指善于从个体价值理念与自我视角转变到集体价值取向与合作视角处事，并与团队成员共享愿景和心智模式的能力，主要包含团队愿景与合作共享两项要素。团队愿景要素是指以愿景认知、合作集体、互动互补、协力共享等元素构成愿景型心智模式；合作共享要素则是指具有秉持合作思维，沟通愿景目标，凝聚团队精神，优化协同技能，共享团队角色的能力。

□ 团队激励合作力。这是团队领导力的第二项能力特征维度，主要包括动能激励和协调合作两项要素。动能激励要素是指善于调动团队成员积极性，设计互动任务，激发团队化创新等高阶新动能因素的能力；协调合作要素则是指具有团队合作决断、团队协作解题、团队共享利益和团队融合关系的能力。

□ 团队指导引领力。这是团队领导力的第三项能力特征维度，主要包括团队指导和愿景引领两项要素。团队指导要素是指善于支持与指导团队成员的任务推进与创造力，教练团队胜任能力与担责敬业精神的持续赋能能力；愿景引领要素则是指善于愿景目标导向，鼓励创新行动，创造支持成长环境与推动变革转型的持续引领能力。

团队领导力是团队力管理的核心元素，也是高绩效、高成长团队建设的关键条件。我们的研究表明，团队领导力的关键策略之一是激发与运用高阶团队动能特征。图8.4是团队领导力模型。

4）数字领导力的维度与特征。数字领导力是新型团队的引领能力，也是数字

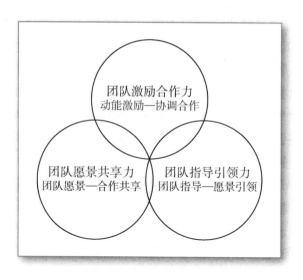

图 8.4　团队领导力模型

化转型升级的新型领导力。根据一系列深度访谈研究、专题案例研究和现场调研，我们发现在数字经济发展与数字化转型背景下，经理人面临的团队与组织领导情势与常规管理有很大的不同。就团队领导任务来看，具有数字互联、任务交叉、运营精准、责任分布、角色多样、资源共享、行动迭代和团队化整合等鲜明特点，急需开发新型数字领导力。管理心理学提出，以元领导力模型为框架，数字领导力包含数字互联精准力、数字分布协配力和数字行动迭代力的三维能力特征结构。图8.5是数字领导力模型。

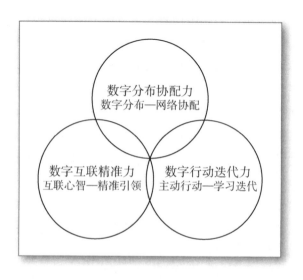

图 8.5　数字领导力模型

□ 数字互联精准力。这是数字领导力的第一项能力特征维度，主要包括互联心智与精准引领两项要素。互联心智要素是指善于以互联分布、协同迭代和学习创新、实验精准等元素建构心智模式；精准引领要素则是指善于优化数字化领导技能、增强数字化决策胜任力、引领精准运营和精准绩励（绩效管理与激励机制）的心智能力。我们在研究中提出，除了需要具备基本的数字化知识（数字信息处理、数字化沟通、数字内容创建、数字安全和数字化解决方案等）和数字化技能（在云计算、数字化营销、数字化分析和数字化平台等方面的技能），还需要具备数字化互联精准力，作为数字领导力的关键元素。

□ 数字分布协配力。这是数字领导力的第二项能力特征维度，主要包括数字分布和网络协配两项要素。数字分布要素是指具有数字化下的分布式多项目协同与"弹琴式"多业务运营的能力；网络协配要素则是指善于把互联业务、产品团队、创新平台和市场项目等看成像神经网络上的节点，交互链接、相互支持，以"互联协配型"方式带领多种团队协作决断、敏捷开发、精准服务（前后左右、上下内外）的能力。

□ 数字行动迭代力。这是数字领导力的第三项能力特征维度，主要包含主动行动与学习迭代两项要素。主动行动要素是指发起前瞻性项目，组织数字化举措和引领数字化行动的能力；学习迭代要素则是指加强学习创新、加快行动迭代和加速敏捷发展的能力。特别是带领团队尝试数字化商业模式、运用数字化转型策略和推行精准化客户服务的"组合拳"行动，引领实现数字化创新发展。

（2）团队发展与团队胜任策略

1）团队发展阶段与成长策略。我们把团队的发展分成四个阶段及建设策略：初建期以资格认同为策略，成长期以角色融合为策略，成熟期以目标整合为策略，跨越期以绩效协同为策略。图 8.6 是团队发展阶段与建设策略。

利用团队发展的阶段特征促进团队功能转换和能力开发是团队管理的重要策略。团队发展的每个阶段有相应的关键动力特征环节，对于团队建设具有重要的意义。

□ 初建期资格认同。新组建团队的成员面对新的任务、规则、环境和目标，资格认同成为关键的特征环节，又称认同期。通过建立团队成员标记，强化成员资格，协调合作互动活动等措施，增强团队的资格认同，分享信息，相互接受，从而使团队进入正常运转阶段。

□ 成长期角色融合。团队成员在工作互动、开放讨论和群体沟通的基础上进入角色分化和融合期，即相互认识和了解长处与弱点，相互磨合，"不打不相识"，并逐步进入各自多重角色，又称为融合期。通过多种角色动态融合，多重任务逐步到

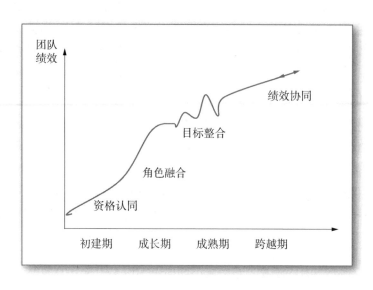

图 8.6 团队发展阶段与建设策略

位,团队内聚力持续加强,并形成新的团队工作规范,实现团队角色的优化组合。我们把团队互动中形成的团队内聚力、绩效行为规范、融合互动规则统称为"高阶动能特征"。这些特征的涌现,促进团队进入新的发展阶段。

□ 成熟期目标整合。团队在高阶动能特征的带动下,进入较高水平的任务协作和责任目标导向,又称为整合期。目标整合的关键环节是通过团队激励和角色融合而促成的。个体、团队和组织的目标整合也是高绩效团队的重要标志。在此阶段,企业通过多种途径,强化个体、团队和组织结合的综合奖励和团队绩效评估系统等,促进团队能力的整合和提升。

□ 跨越期绩效协同。团队发展的高级阶段是其跨越式协同期。团队成员深度协作,相互适应优化,形成自我监控机制和绩效协同模式,主要体现在任务、绩效和战略之间的协同发展。随着工作任务日趋显现多项目、跨职能、无边界、协资源的新特点,建设、管理和发展基于多元合作和绩效协同的创新团队成为重要的工作。

2) 团队建设(team-building)与成长策略。团队建设策略已经成为各类组织促进团队发展和建设高绩效团队的"杀手锏"。管理心理学把团队建设策略定义为"创建共享信任、深度合作、互联专长和共图绩效,以实现高绩效团队目标的策略"。尤其是对于新组建团队、跨界团队、项目团队、创新团队和数字化团队(含虚拟团队),团队建设策略都具有重要的价值。团队建设多结合采用团队阶段策略,通过组合阶段、碰撞阶段、绩效阶段、协同阶段的团队活动任务及其在不同阶段的互动体验和协作合作,增强团队的发展能力。

许多单位通过诸如拓展训练、互动热身研讨之类的群体活动开展团队建设,不同程度地加强了关系,改善了合作。可是,由于这些活动过于注重人际关系和游憩活动,因而多数停留在短期熟识或关系,缺乏绩效增强功能,收效不大。研究与应用实践表明,有效的团队建设聚焦于合作及其绩效。可以在团队建设中互动研讨两个重要问题:A. 为什么我们之间的合作对于达成组织绩效至关重要?B. 我们工作的什么具体任务需要大家合作才能实现目标?

在此基础上,团队建设策略旨在达成团队发展的新成效,表现在团队绩效达成、团队能力专长和团队精神提振等方面。我们把合作与协同作为团队发展的前置性能力要素,建设与创新则是决定目标方向、路径选择和创新发展的统合性能力要素,主要包含愿景目标、激励指导和战略引领等要素。比较强调战略性目标、积极性激发、胜任力赋能、风险性决断、全局性调控和愿景型引领。

(3) 团队动力与高阶团队动能

团队的发展是一个动态过程。从初建、成长,到成熟、跨越的相应阶段,在成为高绩效团队的过程中,表现出七种关键特征:明确的方向、胜任的成员、明确的责任、高效的程序、积极的关系、主动的激励和适应的系统。团队发展的重要策略是通过识别与激发团队成长的动力要素,特别是高阶团队动能特征,显著促进团队的动力与活力、目标的整合和团队绩效协同。

1) 团队动力特征。从有关团队发展阶段的讨论可以看到,在规划、组建、管理和发展过程中,团队不断形成与激发出新的动力特征。团队结构的演变、成员角色的分化与融合、团队决策的参与和实施、团队互动的不断升级等,都是重要的团队动力特征。

□ 团队结构设计。精心设计团队结构可以起到凝心聚力、整合优势的激发作用。常规的职能式、分工式"固化"结构已经不能适应快速变革创新环境下的商务竞争和组织发展。这里讲述的是新的赋能式、项目式"动力团队结构"的设计策略。请参阅第11章有关组织动能与组织设计的讨论,其中特别强调了新型团队设计与组织设计的崛起,从适应型、警觉型、弹韧型与敏捷型组织的设计思维出发,建立强大的新型团队结构及其阶段选择,创建适应型团队、警觉型团队、弹韧型团队和敏捷型团队等,而数字化、分布式、平台型团队则成为创新团队的模式参照,具有重要的战略意义。在团队管理中,企业组织理解和发挥团队成员各自擅长的角色,并加以合理的组合和转换,可以做到扬长避短、激发优势和增强团队效能。

□ 团队角色组合。这是团队胜任策略的另一项重要元素。团队角色不再是每位成员个体扮演单一角色或者职责，而是多人组合式承担多任务、多功能的复合型交叉角色。以团队复合型角色增强个体主动参与的动力、团队交叉发挥的活力和绩效快捷拓展的张力，成为团队胜任策略的新特征。管理心理学把团队中的角色分为九种类型：目标—协调者、组织—推动者、支持—倡导者、合规—监管者、决断—行动者、汇集—建议者、鼓舞—援助者、项目—生产者和创新—创业者等。可以采用上述要素作出评价和开发指标的建构。我们可以根据团队的目标、功能与阶段，设计最佳复合型团队角色的组合方案，并依照业务与项目的发展适时重塑角色的胜任模式。请参见量表工具 8.1 的九项团队角色及其要素内容。

2）高阶团队动力特征与团队动能。团队管理越来越重视整合期与协同期的动态管理与能力建设，管理心理学特别注重团队发展高级阶段的动力机制。

□ 什么是高阶团队动力特征？团队在不同发展阶段会由于成员的流动重组、领导班子的调整优化、团队任务的交叉更新以及组织层面的各种变革与创新活动而涌现出新型动态特征、互动模式与管理策略。同时，各个阶段的团队行为特征日趋融合和互补，不同程度地贯穿在整个团队发展过程。我们把这种"在团队高水平互动过程中涌现出的嵌入团队交互记忆系统的新型特征"称为高阶团队动力特征。在团队管理中，我们主张以众多新涌现的高阶动力特征来有效理解和把握团队的动能机制，并重视改善成员间与群体间互动模式，持续促进团队效能。

□ 常见的高阶团队动力特征。团队信任是出现在团队互动达到融合阶段时的高阶团队动力特征之一。由于交互记忆系统的作用，激发了团队新的分工、互信、协同状态，成为团队整合与跨越的新动能。在多团队工作场景，项目团队或班

> **量表工具 8.1 团队角色量表题项要素**
>
> ① 目标—协调者：设置目标，协调角色，合作关系，整合团队优势
>
> ② 组织—推动者：计划程序，组织资源，竞争动力，推动工作开展
>
> ③ 支持—倡导者：支持创意，创新思想，获取支持，关心基础建设
>
> ④ 合规—监管者：贯彻规章，量化分析，管理差错，保持群体目标
>
> ⑤ 决断—行动者：权衡备择，决策判断，实施行动，实现群体目标
>
> ⑥ 汇集—建议者：倾听成员，收集信息，建设意见，促进群体和谐
>
> ⑦ 鼓舞—援助者：拥有信念，鼓舞士气，寻求外援，增进外部合作
>
> ⑧ 项目—生产者：关心结果，检查问题，注重时限，跟踪项目完成
>
> ⑨ 创新—创业者：想象创新，独立工作，自行方式，寻求创业机遇

组活动中,也会因为在交叉任务和合作活动中不断增强团队间交互记忆系统而形成新的高阶动力特征。其中,"团队化"机制是多团队协同创新的主要动力源泉。在团队的持续发展方面,合作思维、协同心智、目标驱动、创新领导、成长文化、发展战略等因素都可以演变成为新涌现的"高阶动力特征",从而发挥团队动能的关键作用。

3) 高阶团队动力策略的特征。根据我们构建的团队管理模型,团队动能管理的重要策略是团队化策略与高阶团队动力策略。我们在下一节专题阐述团队化策略,这里主要关注高阶团队动力策略。高阶团队动力是更为动态、适应和富有能量的动能特征。高阶团队动力策略是形成更加适应的新型团队和充分发挥团队动能的策略,主要包括开放思维、交互授权、整合效能和可续成长等策略:

□ 开放思维策略。团队在开放互动过程中更能显现高阶的创意思维、凝聚激励、合作认同、多样包容和共享理念等特征。

□ 交互授权策略。团队在分布式互动与授权决策中更能形成互动发展、角色转换、动能建构和参与决策等高阶模式,形成更为动态、协同的团队动能新机制。

□ 整合效能策略。团队在开放思维、交互授权基础上运用整合效能策略,促进团队化进程和创新潜能的迸发,从而增强团队共享心理模型的效应,成为高阶团队动能的重要特征。

□ 可续成长策略。建设高阶动能团队是一项重要的战略任务。这里包括创新团队、创业团队、数字团队、精益团队、虚拟团队等新型工作团队。许多创新计划没有能达到预期成效,部分是由于缺乏可续成长团队来承担或者现有团队的适应脱节,因而难以不断适应新的任务情况和专长创意。新型团队的特点是团队组建时间短、成长节奏快,从初步磨合到形成适应空间并加快进入高阶交互创新工作模式,急需配套启动高阶团队动力策略,以便进入可续团队动能的新阶段。

在团队中信任是如何形成的呢?管理心理学注重团队信任形成过程的决策机制。请进一步阅读"研究解读8.2 团队中信任形成的映象决策机制",思考和讨论团队信任形成的心理机制和在团队工作过程中增强信任度的多种策略。

研究解读 8.2　团队中信任形成的映象决策机制

作者：王重鸣（浙江大学）、邓靖松（中山大学）

发表刊物：《心理学报》，2007 年，第 39 卷，第 2 期，321—327

研究内容：有关团队管理的研究日益注重团队行为过程及其因素并聚焦团队动力机制。其中，团队中信任形成机制成为管理心理学中的前沿领域。团队成员间的信任模式及其水平是高绩效工作团队的关键条件，团队中信任的形成过程受到成员的个体价值取向、人际交往能力、团队领导风格以及团队共享心理模型特征等诸多因素的影响。而团队信任形成与发展的机制是有待深入研究的重要课题。有关信任形成过程有三种观点：社会认知观点认为信任产生于人际互动中对他人和群体的认知评价；社会交换观点认为信任形成于个体之间重复的利益交换过程中；经济交换观点则认为信任伴随有关回报与惩罚契约的能力构建而产生，个体遵循规范的行为方式行动。但以往研究忽视信任的决策特点，缺乏有关信任决策过程和团队中信任形成动力机制等方面研究。由于是否给予对方信任、给予多大程度的信任等都是信任者的决策问题，本研究以映象理论为基础，采用了实验模拟方法，系统考察团队成员信任的形成过程及其关键特征，深入探索团队成员信任形成的映象决策机制。映象理论提出决策者在决策过程中依赖三类称之为价值映象、轨道映象和策略映象的认知表征，分别表征决策者研判原则、价值观、道德、信仰等判断标准；决策者期望达成的长短期目标等决策目标；决策者为达到目标而采取的行动策略。研究采用了团队局域网络模拟方法和被试间因子式设计开展实验，分别设置了高目标冲突（个体目标导向）和低目标冲突（团队目标导向）两种条件，对随机组合的 20 个 3 人团队（N＝120 本科生）进行了投资任务的实验模拟与分析。这项实验研究的结果表明，团队成员的信任决策是一种映象决策，表现出明确的拒绝阈限（偏差量容忍度）。在建立信任关系的过程中，理想映象和当前映象的加工对于能力与诚信因素更加重视，容易导致不信任；而对善意的要求稍宽。团队成员在工作任务中对理想映象和当前映象之间进行相容性检验，即通过信任者的非补偿性相容检验，形成对被信任者的直觉性相容知觉并作出信任决策判断。在这一动态过程中，相容性知觉起着部分中介作用，形成了映象决策的机制。研究为团队信任的形成与增强策略提供了充分的理论成果。

8.3 团队化策略与团队的创新

知识要点 8.3 团队策略与团队创新

团队化的策略： 开放沟通参与、互动合作共享、自主实验尝试、迭代反思改进
主动性的概念： 自我发动、行动领先、坚持不懈三要素个体、团队、组织主动
创新协同策略： 团队创新氛围、团队心理安全感、团队共享模型三项团队策略
共享心理模型： 适应与内隐协同、多重与动态变化、互补与分布共存三项特征

8.3.1 团队化策略与心理安全感

（1）团队化策略的特征与效应

在创新驱动、数字化转型和可持续发展的情境下,团队间的合作日显重要;平台化、科技型、协同性成为企业发展的新实践,团队化策略成为创新发展的紧迫任务和重要机制。团队需要在组建、熟悉、支持成员配合与融合的过程中扮演双重角色:审视辖域和搭建支架。审视辖域角色旨在持续迭代合作职责;搭建支架角色则重在策划工具与项目的协作平台,还包括创建容忍失败、鼓励创意的心理安全合作创新文化。运用团队动力因素推进合作创新的策略需要与团队化成长策略结合在一起,可以起到事半功倍的效果。

1) 什么是团队化? 埃德蒙森(A. C. Edmondson, 2012)在《团队化:组织如何在知识经济环境下学习、创新与竞争》专著中首次对团队化(teaming)进行系统阐述。团队化是指团队间通过互动和交流,将多种专业化人才聚集到一起,来共同解决新出现的重要问题并形成团队知识沉淀的全新团队模式。关于团队化的系统研究认为,团队化是指组织中多种团队以一种交互、灵活、跨界方式共同工作而合作演化的行为过程。从团队化的词义上说,这是一个动词,强调其跨界协调、合作动态特征,并非一个固定、稳定的团队结构。在任务复杂多头和不易预测的情况下,团队化就特别重要。例如,医院中的急救任务、会诊活动等,任务执行是在手术或综合检查中逐步展开,且时间紧迫,任何差错都有高风险。如何"协同作战"和"包容差错"就成为团队化的新考验。心理安全感和各自问责区域都需要通过团队化过程而形成新的"学习区"(高心理安全和高问责担当)。团队化的出现使团队能

够以更加开放、动态及多元化的姿态在复杂多变的商业环境下完成交互式的合作任务与合作模式，从而实现创新、共享和融合。

我们最近的研究发现，团队化包含四项过程特征。

□ 开放式互动参与：团队化过程表现出团队成员利用各种机会交流想法和参与互动，从而形成开放式的团队互动模式。

□ 互动式合作共享：团队化过程显示出团队成员高频次的互动和经常性的任务合作，从而比较容易取得团队心理共享。

□ 自主式实验尝试：团队化过程创造了团队成员通过主动尝试和开展实验的机会和氛围，并且表现出容忍团队失败和团队学习活动。

□ 迭代式反思改进：团队化过程促进了对团队项目或活动进展的反思和即时调整，表现出持续的迭代思路与改进行动。

2）团队化策略。根据上述团队化特征，可以形成有力的团队化策略。而这个过程需要个人、群体、组织等多层次配合，加强授权、合作、包容、发展的团队发展心智模式。多团队管理称为"团队化模式"，是一项新的团队胜任策略。王重鸣（2017）等的案例研究表明，团队化新模式表现在三个方面：

□ 以愿景目标引领团队。强化多团队的共享愿景，注重和团队成员之间的沟通，不断向自己的员工详细阐述企业发展前景以及怎样分步实现之。在员工发展不同阶段，给予足够宽广的舞台供他们尽可能发挥。留住人才最重要的基础是靠企业的发展。每个人都会选择有发展前景的公司，希望所在公司是领域的领头羊。

□ 以幸福企业激励团队。在尊重、公平、平等、交流、沟通的文化导向下，特别提倡多团队合作、集团思维与大局意识。许多企业启动"公司内部骨干员工股权激励计划"，让员工有机会成为公司的股东，并提出新的企业经营愿景——创建"幸福企业"。

□ 以变革思维发展团队。在转型升级和培育新业务的战略下，变革成为一种"常态"。许多企业经历了多次成功转型升级，新业务为企业带来新的增长点，也锻炼了多团队胜任力。例如，企业采用"离岸开发，在线服务、现场体验"的新业务模式，作为国际化战略实施、平台化创新发展和数字化团队合作的新策略，使得经营质量和效益都有了大幅度的提升。

团队化的关键特征与过程对于跨界创新和新型团队发展提供了有效的理论框架和策略依据，也成为高阶团队创新动力机制之一。我们在中关村高新技术开发区开展了创业人才成长案例研究，其中的一个研究课题是领军团队的群体效应特色。王重鸣（2017）在主编的《中关村创业人才成长案例》中呈现了系列案例解读,体现出团队化策略与团队力对于创业群体的指导意义。创业领军人才在企业发展过程中展现出独特的团队领导力和强烈的团队影响力。许多企业充分展示出成长经历与创业团队的群体效应。积极开展企业应用软件服务、企业互联网服务、科技金融服务,实现精细管理、敏捷经营和商业创新。在团队管理与团队化创新过程中,企业实行以愿景目标引领团队、以幸福企业激励团队和以变革思维发展团队的策略。在用信息技术推动商业和社会进步的使命和做客户信赖的长期合作伙伴的经营宗旨指引下,不断实现构筑企业互联网生态圈的可续发展目标。

（2）个人主动性与心理安全感

1) 个人主动性(personal initiative)是管理心理学的新概念。在当今组织环境的竞争性与任务不确定性增加的情势面前,快速创新和责任担当都要求有较强的个人主动性。国际著名应用心理学家麦克・弗雷瑟(Michael Frese)等(1996,2001)提出,个人主动性是一系列工作行为的集合,是指个体采用一种自我发动、行动领先、坚持不懈的方式致力于工作目标的行为特征。弗雷瑟把个人主动性称为21世纪工作的主动式绩效概念,以行动获取绩效。个人主动性的三个关键特征是:自我发动、行动领先、坚持不懈。

□ 自我发动。这是指主动行事,即在不需告知、不用明确指示或不确定角色要求的情况下就能开始做事。因而,个人主动性强的人可以自我设定目标、自我处理问题和自我实现任务需求或客户需求。在工作与管理场景中,个人主动性的自我发动特征表现为主动的目标导向、积极的信息加工、实时的反馈流程等工作模式。

□ 行动领先。这是指聚焦长远,即干起来再说,而不是不得不干才做事,也不是只说不做、等待心态。在工作中行动领先的人会特别关注新的需求、新出现的问题和新兴的机遇,预见问题甚至危机并提前处置。在实际工作与项目任务中,个人主动性的行动领先特征表现为先行式机会捕捉、序列式解题行动、连续性行动跟进等解题的模式。

□ 坚持不懈。这是指追求目标,即不断克服障碍、改进流程、修订目标、消除阻力、排除懈怠、完善行动和变革前行。心理学把坚持作为持续的目标追求与动机要素。在实践中,个人主动性的坚持不懈特征表现为持续学习改进、勇于变革创新和不断成长跨越等行为模式。

个人主动性的测量可以采用量表工具7.1。个人主动性与工作绩效、创业成效、组织效能、职业成长等都有密切的关系,可以通过学习和培训来培养。在变革、创新、危机、竞争的环境下,不但需要个人主动性,而且需要通过多种开发策略,积极培养群体主动性和组织主动性,从而形成多层次的主动心智模式和创业创新精神。我们在个人主动性研究的基础上,分别提出了团队主动性和组织主动性的新构思,成为新的高阶动能因素。

2)心理安全感的概念与特征。在组织管理领域,施恩和本尼斯(Schein 和 Bennis,1965)在组织变革研究中首先提出心理安全感可以使人们在组织中克服防御心理或学习焦虑而感觉安全,从而改变其行为以应对组织面临的各种挑战。心理安全感有助于个体表达意见和建立信任尊重的关系。埃德蒙森(A. C. Edmondson,1999)在此基础上提出团队心理安全感的概念,指的是"团队成员共享有关团队中人际风险承担的安全理念"。现有团队理论都假定团队工作在稳定常规的情境下进行。对于动态竞争和不确定情境下的团队,适应性和安全感成为团队学习与运营的关键条件。为此,团队心理安全感作为一种重要的内隐特征。通过对团队成员的现场访谈和验证得出包含 7 个测量题项的团队心理安全量表,见量表工具 8.2。

心理安全感包含个体、群体和组织三种层次,分别涉及不同的因素。

□ 个体心理安全感:主要涉及工作心智、任务胜任、领导行为、主动行为、信任自信、发言敬业、知识分享等,进而影响创造性和个体绩效;

□ 群体心理安全感:主要涉及组织场景、团队特征、任务资源、互动关系、信任分享、群体解题、团队学习等,进而影响团队创新和团队绩效;

□ 组织心理安全感:主要涉及领导模式、组织文化、组织承诺、人资实务、社会资本、创新策略、知识共享等,进而影响组织学习与组织绩效。

图 8.7 是团队心理安全感与团队学习行为的关系模型,包括团队情境、团队信念、团队行动和团队效能四个环节。

> **量表工具 8.2　团队心理安全量表**(据 Edmondson, 1999, 2004 修订)
>
> ① 如果我在团队出差错,常常会被人看不起或反对;
> ② 我所在团队成员都能提出问题和难题一起商讨;
> ③ 我所在团队成员不会因为表现或意见不同而被排斥;
> ④ 在我的团队可以没有任何心理负担去冒险;
> ⑤ 我团队的其他成员很乐意相互帮助;
> ⑥ 我团队没有人会故意做出影响我工作的行为;
> ⑦ 与我的团队成员一起工作,我的特长和才能受人重视并得到发挥。

万向集团公司是创业企业的优秀代表。请阅读"第 8 章研究案例　创业学习与持续奋斗的万向集团",思考与讨论中国创业企业领导团队在持续奋斗中的学习、创新、成长路径与组织主动性策略特点。

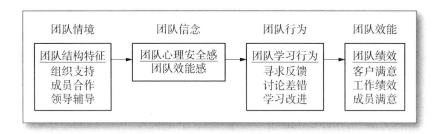

图 8.7　团队心理安全感与团队学习行为关系模型

第 8 章研究案例　创业学习与持续奋斗的万向集团

作者：倪宁（上海师范大学）、王重鸣（浙江大学）

发表刊物：《研究与发展管理》，2007 年，第 19 卷，第 1 期（51—58）及 2019 年跟踪案例分析

案例分析：围绕中国企业创业学习和持续成长的经验，以我国民营企业的标杆企业之一万向集团公司为例开展了深度案例研究。公司创业经历了 50 年的学习、变革与创新的历程，其战略沿革展现了从 1969 年到 2019 年的重要关键事件。案例分析了万向集团领导团队的战略选择和创业学习的多个阶段：倚重资源积累机制的探索启步阶段，聚焦能力构建机制的利用重组阶段，注重资本运行能力机制的新探索成长阶段和强化全球资源整合创新机制的可持续发展阶段，表现出组织创业学习过程和组织主动性机制。创始人鲁冠球董事长曾表达带领团队学无止境、持续奋斗的愿景。

万向集团领导团队带领大家成长发展可以用一句话来概括："奋斗十年添个零。"

第一个十年，1969—1979，多角化经营，"工场式"生产。生产过犁刀、铁耙、轴承、万向节等产品。员工达 300 多人，实现日创利润 1 万元，员工最高年收入超过 1 万元。

第二个十年，1979—1989，专业化生产万向节，建立"总厂式"管理制度，万向节在国内市场脱颖而出，成为全国万向节定点生产企业之一。实现日创利润 10 万元，员工最高年收入超 10 万元。

第三个十年，1990—2000，从"总厂式"转变为"集团化"，实现爆发增长。产品线丰富化，产品从零件到部件到系统，实现专业化生产、系列化产品、模块化供货。

企业日创利润达 100 万元,员工最高年收入超过 100 万元。

第四个十年,进入新世纪,传统制造业继续发展,奠定中国汽车零部件行业龙头地位,在金融、服务、现代农业等领域都取得突破性增长,成为现代化企业集团。

第五个十年,2009—2019,整合全球资源,以清洁能源为主线,做世界上受人尊敬的公司。企业日创利润和员工最高年收入都要达到 1 亿元。为达目标,做三件事:坚持"实业"与"金融"结合,提高效率;坚持"走出去""引进来",融通资源;坚持发展新能源,抢占制高点。投资建设"万向创新聚能城",围绕清洁能源产业,成为开放、共享的创新创业平台;这座城通过产业投资,实现产、城、人融合,将建设成绿色、智能的新城典范。

8.3.2　团队创新与团队协同策略

团队创新是团队管理的重要维度之一,也是管理心理学的新领域。团队创新在团队管理和组织成长中的作用日益重要,许多企业从关注个体创新或组织创新转向更为灵活多样且具有引领带动作用的团队创新,并成为各行各业激发组织创造力和获取竞争优势的关键策略。管理心理学有关团队创新的协同策略包括三个方面:团队创新与团队心理氛围、团队创新与心理安全感和共享心理模型与协同创新。团队协同不同于多人叠加,协同策略可以促成"协同效用递增效应",即在团队成员担责协作下呈现团队创新成效倍增的趋势。

（1）团队创新与团队心理氛围

1)团队创新氛围的营造与激发。团队动力因素的重要特征也是团队创新的关键因素是团队氛围。勒温当年把群体氛围看作一种心理氛围,随环境或场景变化而成为人们动机与行为的重要决定因素。管理心理学把团队氛围定义为"团队成员共享的有关团队内实践、程序、奖励所创造氛围的知觉"。团队氛围是团队成员对团队目标、团队运作、团队结构等具体情景形成的一种认知或心理体验。在组织水平,这些实践包括各种行政程序、人力资源政策、激励制度等,在团队水平,主要指团队成员与领导者的行为模式,形成组织氛围。管理心理学的研究认为,团队氛围的形成是成员与情景间相互作用的过程,很大程度上取决于人、组织和环境多方面的因素。组织情景因素在影响人的行为动机与结果的过程中,当团队或组织中的个体与情境条件(如组织任务、团队任务、团队工作模式等)产生共享心理认知时,就会形成较高层次的团队氛围特征及其共享行为机制。我们在现场研究中对团队氛围进行因素分析发现,团队氛围包含三项维度:沟通与革新支持维度、目标认同维度和任务风格维度。沟通与革新支持维度进一步包含两方面要素:团队沟通和革新支持。团队是一个动态发展的工作群体,经历从创建到发展再到逐步完善成熟的过程。团队所处的发展阶段不同,其团队氛围的关键特征与心理表征也不一样。

2) 团队氛围和团队创新与团队合作的关系。创新与合作成为团队氛围的重要作用机制。在团队创新视角方面,韦斯特和法尔(West & Farr, 1990)提出"团队创新氛围"的新概念,包含四项要素:创新支持(对追求创新的期待与支持)、共享目标愿景(对团队目标的共享承诺)、卓越任务导向(对卓越绩效的共享承诺)和参与安全感(感觉所有人都能参与和表达意见)。许多研究支持了创新支持氛围、共享愿景的团队氛围和领导者—成员交换关系等对于团队创新的正向作用。我们在研究中发现,团队发展的阶段特征、领导者—成员交换对团队氛围与团队绩效的关系产生的作用,论证了团队氛围与绩效之间的动态关系。在合作视角方面,研究聚焦在合作目标与共享认同对于团队创新与团队绩效的效应。对于团队氛围的测量,安德森和韦斯特(Anderson & West, 1996)开发了"团队氛围问卷(TCI)"并得到广泛应用。我们采用 TCI 进行了验证,团队氛围的创新支持、目标认同和任务风格都与团队绩效指标之间有显著相关。在多团队工作场景下,以团队成员在团队的发言频次与建设性作为团队成员对团队活力的贡献,把团队成员相互之间沟通频次与建设性表示为团队成员的参与度,而把多个团队之间互动沟通与心理安全感组合成团队创新氛围和合作参与指标。分析表明,这些指标对团队创新力和团队绩效具有预测作用。团队绩效包含了两个维度:

□ 工作绩效与成员主动性,主要体现团队目标达成、人力资源利用、工作效率绩效和成员工作主动性程度;

□ 团队成效与团队满意感,主要反映员工对所在团队的工作成效、合作关系、成长发展方面的满意程度。

3) 团队创新氛围的作用机制。团队创新受到组织的开放氛围所创造的员工建言方式的影响。员工建言是一个比较活跃的领域,新的研究采用辩证的视角加以分析,取得了富有意义的研究成果。梁建、舒睿、Farh 等(2019)围绕团队成员的建言模式对于项目团队创新绩效的影响开展了实证研究。采取"双栖"研究策略,把员工建言分成两类:促进性建言和抑制性建言,聚焦于不同建言方式与团队创新的不同关系。图 8.8 是研究的理论框架。这项研究在中国三家医药企业选取了78 个研发项目团队共 321 名成员开展问卷调查。研究结果表明,团队成员的促进

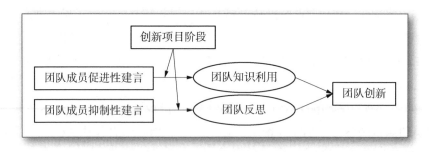

图 8.8　团队成员建言与团队创新关系模型(梁建等,2019)

性建言显著提高团队知识利用,进而促进团队创新;团队成员的抑制性建言则有利于提高团队反思,并以非线性方式影响团队创新。这种差别化的建言效应在创新过程的创意生成与创意实施的不同阶段变得更加明显。团队反思起到了中介作用。这项研究在构思与分析的方法方面采用了辩证视角,揭示了员工建言与团队创新之间的双栖机理,很有独到之处。

4) 组织创新战略与团队创新行为及组织氛围的关系。在现实管理实践中,作为创新驱动战略的主体,不少企业都在创业战略下缺乏行动路径或策略,因而实质性创新成效不明显。如何才能使组织创新战略有效落实为员工与团队的创新工作行为呢? 苏中兴、张雨婷、曾湘泉(2015)针对这一问题,以中关村的 57 家 IT 企业的人力资源经理、直线经理和 351 名员工样本为对象开展了实证研究,分别采用组织创新战略量表、创新氛围量表、心理安全感量表、创新行为量表和高绩效工作系统量表为调查工具。研究结果表明,高绩效工作系统、组织创新氛围和心理安全感等因素在组织的创新战略与员工创新行为的关系中发挥了显著的正向调节作用。战略性人力资源管理和组织氛围可以促进创新战略向创新行为的有效转化。这种多水平效应关系如图 8.9 所示。

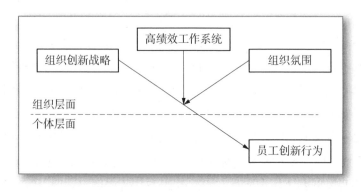

图 8.9　组织创新战略与员工创新行为关系模型(苏中兴等,2015)

（2）团队创新与心理安全感

1）创新团队建设与宽容氛围的关系。在变革转型环境下,创新团队从初创、成长到转型,往往会伴随各种挑战、问题、差错、失败、冲突和学习。如何营造积极奋进的宽容氛围,以便应对由于创新团队的挫折或失败可能产生的抱怨、责备或困惑,是一个具有重要意义的研究领域。所谓团队宽容氛围是指团队形成一种对创新中的差错与失败给予同理心对待和仁爱理解,并获得奖励、支持与期待的共识。王重鸣与胡洪浩(2015)针对 145 个创新团队(N=463)开展实证研究,验证了团队宽容氛围在团队共享愿景的支持下通过团队失败学习而对团队绩效产生的促进效应。团队宽容氛围提升团队的绩效、促进问题解决、修复工作关系并提高工作成效。研究模型见图 8.10 所示。

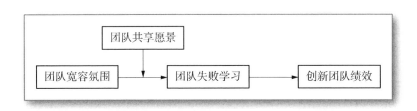

图 8.10　团队宽容氛围与团队失败学习效应模型

2）数字化团队与心理安全感。随着企业组织日趋多样化、跨地域、数字化和动态化,数字化团队成为数字经济和数字化转型下的团队创新实践。数字化团队是指以数字技术支撑、运营、共事和发展的团队,也包括企业团队与其供应商、客户、战略伙伴甚至竞争对手之间的网络化合作团队关系。数字化团队使得组织形成了更为开放、合作、创新、可续发展的生态圈。针对数字化团队多样化工作角色、分布式任务专长、跨文化价值取向和扁平化多项目管理等挑战与问题,管理心理学提出了一系列团队创新管理与建设的新策略。

□ 培养适应性愿景。为了促进多样、跨域、数字化团队凝心聚力、齐心协力,可以提出创新导向、项目驱动、拥抱变化、适应性强、成长空间大的新愿景,强调各类项目的价值发挥和面向个人成长、组织发展、社会进步和环境生态定制各自的团队发展。由于项目与任务要求的多样变化、纵横交错、快速发展,可以设立"项目愿景",强调合作、承诺、激情、创新,使之成为不同团队共享价值的行动目标。

□ 增强心理安全感。数字化团队的重要特点是其实验性和创新性,无论是领导者还是团队成员,都是新的经历与探索,需要通过增强心理安全感来创设一种鼓励互动、开放、尝试、容错和创新的氛围。值得采取的行动包括开放沟通渠道、启动差错学习、奖励建言创意、允许实验尝试和开展团队竞赛等。埃德蒙森（2019）提出了创建心理安全感的领导者工具单，见表 8.2 所示，可以作为提升组织动能的新方法。

表 8.2

创建心理安全感的领导者工具单（埃德蒙森，2019）

类别	建设阶段	参与模式	成效指标
领导任务	建立工作框架 设立期望值（失败、难点、任务关联度等） 以明晰建言需求 明确目的要求 识别主要弱项及对象	表现情景状况 承认存在差距 练习行为要求 适当提问 认真聆听 建立结构过程 创建意见论坛 提供讨论指导	表达欣赏 倾听、认可、感谢为失败正名 期待、帮助、商讨 头脑风暴后续步伐 处理违背表现
实现要求	分享期望明晰意义	增强建言信心	持续学习导向

□ 鼓励合作式学习。数字化团队的运营与管理需要合作、迭代式的学习和持续改进。特别是协同各方价值取向与利益关系，促进数字化团队的知识管理与知识分享。在这方面，需要鼓励数字化行动学习，强调建立信任、学会专注和践行创新。

（3）共享心理模型与协同创新

1）共享心理模型的研究进展。围绕共享心理模型和团队绩效之间的关系，杨正宇、王重鸣、谢小云（2003）回顾了团队共享心理模型的研究新进展，总结出共享心理模型的三方面特征。

□ 适应与内隐协同的特征。高绩效团队都表现出高度适应性。尤其在高时间压力和高复杂性任务中，团队适应性与团队绩效之间关系更为明显。形成团队适应的关键机制是内隐协同性，即基于团队成员间通畅的沟通和交互过程形成内在的协同。对付高难度、高复杂、高变化的团队项目任务条件，团队共享心理模型理论可以解释团队成员间或者多团队之间的相互适应与内隐协同机制。团队借助基于共享心理模型（或称共享知识）迅速而有效地调整其策略。

□ 多重与动态变化的特征。随着团队任务的复杂化、多样性和并行化，使得团队中存在多重共享心理模型。这类模型具有动态变化性，团队成员在原有角色与知识基点基础上，在团队互动过程中不断涌现新的团队知识，包括陈述性、程序性、策略性、社会性、技术性等多类知识模块，促使团队共享心理模型加速变化，形成高阶动力特征。

□ 互补与分布共存的特征。团队共享心理模型既表现出团队内的各自的专长与原有知识结构，又在互动中不断分化、融合，并在多种任务要求和多层次的项目行为中形成分布式共存模式，就像一张神经网络式的多样知识网状图，拥有兼容、互补、分化、集聚、交叉、重叠等特征。

2) 共享心理模型与虚拟团队管理。从研究和实践来看，共享心理模型普遍被认为是虚拟团队能够发挥作用的一个关键因素。共享心理模型可以促进团队成员形成共同语言和对任务的准确预期，使团队成员相互协同适应，从而提高团队效能。共享心理模型的定义和解释离不开共享这一核心概念。"共享"含义是团队共享心理模型构思研究的关键。共享一方面意味着共同，正如团队成员对设备使用拥有共同知识、对目标有共同认识，由此称为"认同式共享心理模型"；另一方面共享也意味着"分布"，团队成员应共同承担责任和拥有不同专长，由此成为"分布式共享心理模型"。

在这方面，我们开展了一系列研究，以群体动力理论为依据，重点考察如何形成团队共享心理模型以及不同类型共享心理模型的效能机制。谢小云、王重鸣、忻柳春(2007)通过团队模拟实验，着重考察了团队成员的价值取向与任务特征对于形成共享心理模型的合成效应。研究以校园招聘方式选取了192名不同学科背景和多年级背景的大学生组成64个三人实验团队，通过计算机完成团队合成任务，采用2(价值取向合成特征)×2(初始心理模型合成特征)×2(信息分布特征)的被试间因子式实验设计(价值取向的合成特征分为成员间不一致与完全一致，任务信息分布特征分为信息完全共享与部分共享种情况)。实验结果表明，团队成员的价值取向合成特征和初始心理模型合成特征对于共享心理模型的形成具有显著的主效应；群体合成特征与合作任务的信息分布特征形成显著的交互效应，表明共享心理模型的形成存在信息分布依存性。在信息完全共享条件下，只要团队成员的价值取向或初始心理模型具备较高一致性，都能形成高水平的团队共享心理模型；而在信息部分共享条件下，只有价值取向和初始心理模型同时具有较高的一致性时，才能形成高水平的共享心理模型。

认同式共享心理模型则表明，团队成员需要有一些共同的或相似的知识，包括任务相关知识、团队相关知识和态度信念。团队成员在这些方面的共享，有助于良好的沟通与交互，加强成员对团队目标和价值的认同，从而提高团队绩效。分布式心理共享心理模型面向虚拟团队成员的分布式特征，由于虚拟团队成员来自不同的组织地域或文化背景，具有不同的专长，团队成员只有相互了解专长责任和交互方式,才能使团队成员拥有对自己、同伴以及任务的准确期望。这种与团队交互式记忆系统相关的分布式共享知识表征,通过分布式团队沟通模式的优化设计,推动团队更好地实现目标提高团队效能。

无论是有关数字化团队还是虚拟团队的研究与实践,都强调"团队共享心理模型"的重要性。请阅读"研究解读 8.3　虚拟团队共享心理模型与团队效能的关系",进一步理解虚拟团队共享心理模型的认同式与分布式特点及其与团队效能之间关系的特点。请思考和讨论如何通过人才测评、选任与配置,优化团队成员结构以及培训与轮岗等组织干预措施,促进形成更高质量的共享心理模型,为优化数字化团队的管理与发展提供新的理论指导。

研究解读 8.3　虚拟团队共享心理模型与团队效能的关系

作者:金杨华(浙江工商大学)、王重鸣(浙江大学)、杨正宇(浙江工商大学)

发表刊物:《心理学报》,2006 年,第 38 卷,第 2 期,288—296

研究内容:有关虚拟团队的研究主要采用三种思路:技术思路关注如何通过技术手段提高虚拟沟通的有效性,行为思路注重探讨信任、沟通模式和团队领导对团队效能的影响,认知思路则结合认知科学研究成果,聚焦虚拟团队的共享心理模型、合作协同机制等方面。本研究采用共享心理模型的概念是"个体对团队、团队目标、团队过程信息等共享知识的表征,以促进团队成员相互协同适应而提高团队效能"。在虚拟团队运行中存在认同式和分布式两种共享心理模型。前者包括目标、规范、策略、沟通、团队五项认同式共享心理模型维度;后者包括专长、角色、进展三项分布式共享心理模型维度。研究选取了京沪广杭等地 25 家企业 62 个虚拟团队的 300 名成员参加调查,具有分布式特征。研究编制与采用了虚拟团队共享心理模型量表(认同式与分布式)和虚拟团队效能评价量表。通过探索性和验证性因素分析以及多水平数据整合团队层次线性建模分析。实证结果表明:(1)虚拟团队的共享心理模型包含认同式与分布式两种模式;(2)虚拟团队的共享心理模型与团队效能关系紧密;(3)虚拟团队共享心理模型的效应受到团队规模与时间变量的影响,虚拟团队的规模越大,认同式共享心理模型对团队合作效能的促进作用越大；而分布式共享心理模型则在团队规模较小时发挥显著作用，团队发展的早期阶段，认同式共享的对团队效能效应明显，随着团队发展，分布式共享逐步取而代之，交互记忆发挥更为显著的作用。有关共享心理模型认同式与分布式分类及其效应机制的研究成果，对于新型团队建设机制作出了理论创新并具有重要的应用价值。

第8章 思考题

1. 什么是合作思维与群体信任策略？请阐述群体信任的四种策略及实践意义。

2. 群体动力理论包括哪些观点和相关动力因素？团队效能受到哪些因素影响？

3. 什么是团队力管理？阐述团队管理的理论基础与主要策略，并举例说明。

4. 如何有效激发与管理高阶团队新动能？什么是团队化策略？

5. 如何增强团队创新管理？团队氛围与心理安全感如何影响团队创新绩效？

6. 如何运用团队共享心理模型理论，提升数字化团队的协同性与创新性？

第9章　领导行为与领导能力

9.1　领导行为和领导理论发展

> ### 知识要点 9.1　领导行为与领导理论
>
> 领导理论：领导行为风格理论、领导胜任能力理论、领导力理论的三阶段发展
> 中企领导：领导心智品德特征、领导管控发展特征、领导创新运营特征三维度
> 愿景领导：愿景驱动精英团队、创新引领新兴业务、创业实现价值事业三维度
> 领导权变：领导上下级关系、任务结构和职位权力三维权变性决定领导效能

9.1.1　领导理论与基本领导行为

（1）领导、领导行为与领导力

1）领导与领导行为的概念。无论是一个群体或是一个组织，都需要有领导角色和领头人，统称为"领导"。许多人以为"领导"只是指有领导职位和头衔的人。其实，无论是个人、家庭、单位、社会，都有管理自己、协调关系、提升效能、推进事务和健康成长的多项任务。在多变、竞争的环境中，即使是一线员工也经常需要适应变化、当机立断和协调任务。从这个意义上说，每个人都需要认识领导行为和培育领导能力。我们通常说的"公司领导"、"我的领导"或者"单位某人领导我们"等，是在我国文化背景下，对于"领导"概念的习惯理解。当我们说"领导"时，往往指的是"本单位领导者"而不是指具体的领导行为。在概念上有把两者交替的倾向。因而，需要在概念上进一步作出细分。

在管理心理学中，"领导"通常分为三种涵义：领导者、领导行为（或领导类型）和领导力。顾名思义，领导者是指企业组织的领导人员；领导行为多指领导的方式或行为风格，例如，参与式领导、家长式领导、魅力型领导和转型式领导等领导风格；领导力则是一种领导能力，与带领团队实现组织目标与应对各种挑战联系在一起，例如，团队领导力、变革领导力、危机领导力、创业领导力等。还有

一个常用的概念是领导胜任特征或领导胜任力,是指有关实现岗位或组织目标所具备的领导资质、知识、技能、能力、非智力要素(KSAOs)与资源特征的综合能力。领导能力并不是常识中的领导者或者一种领导岗位,而是一种胜任力和领导行为过程。

2)领导与管理的区别。领导与管理是两个密切相关但含义不同的概念。一般来说,领导与管理之间的主要区别在于:领导更侧重于设立愿景、制订战略、指挥队伍、判断决断、整合资源、担负责任等特征;管理则更多与任务目标、操作方法、调配人员、计划组织、职能责任等有关。另一个相关概念是经营,更多体现精打细算、投入产出、成本效益方面的职责或行为,包括合理投入、调配资源、成本管控、风险管理、经营责任、效益目标等职责。在现实中,这些职责常常交叉融合。作为一名领导者,既要有管理能力与经营头脑,又要有领导胜任力和领导力,并普遍突出领导力的开发。管理心理学研究日益关注指引和影响个体或组织为达成组织目标而奋斗的领导力。领导力既表现在领导过程中,也不同程度地体现在经营运作和具体管理实务之中。例如,我们随后讨论的创业领导力与创新领导力都属于这种模式。

3)领导力的内涵结构。领导力是管理心理学有关领导行为的研究和应用中最重要的新概念之一。我们在第 2 章把领导力定义为"在群体组织中影响、激励与引领成员实现组织目标的行为过程与统合能力",并提出了"元领导力框架",用以表达领导力的策略机制:心智适应(动力元)、决断选配(活力元)和策略发展(张力元)的基本元策略组合。面对复杂多变的全球化、信息化、数字化和创业创新的进程,多种新型领导力成为获取管理竞争优势并持续创造价值的关键能力。领导力概念的不断深化、定位、建构、开发与应用,对于企业经营管理的可持续引领和各类组织的创新转型,都具有重要的理论意义与实践价值。

4)领导理论的三种类型。管理心理学把领导理论与策略的演变划分三个阶段:领导行为风格阶段、领导胜任特征阶段和领导力发展阶段。在领导行为风格阶段,研究与应用比较看重领导行为作为一种风格或模式所产生的影响;在领导胜任特征阶段,研究与应用比较注重领导能力与职位目标之间的胜任度;在领导力发展阶段,相关研究与应用则强调带领团队实现目标的领导力结构与策略效能。表9.1 表明了这三个阶段的领导理论与策略类型。

表 9.1

领导理论的三个阶段发展

阶段	领导行为风格理论	领导胜任特征理论	领导力发展理论
视角	行为风格类型	胜任力特征建模	元领导力框架
领导理论与领导策略	关系—任务型领导	领导下属交换	弹韧领导力
	参与型领导	高阶梯阵理论	赋能领导力
	管理方格图	职业经理能力	责任领导力
	领导权变论	领导能力模型	伦理领导力
	交易—转型领导	领导胜任理论	团队领导力
	威权—家长领导	女性创业能力	数字领导力
	魅力型领导	愿景型领导	创新领导力
	规诲式领导	危机管理领导	创业领导力
	服务式领导	中国式企业领导特征	变革领导力
	公仆式领导	全球商务领导能力	精益领导力

那么,为什么说领导是一门艺术呢?特别是在转型升级背景下,领导更是一种变革艺术。这是因为领导的激励、决策与行动等方面,越来越与领导情境的多样变革转型以及群体的多元价值观、动力和态度等交织在一起,成为动态多变的领导任务情境。在这种新场景下,既没有现成的管理模板可以套用,也没有单一的方法路径可供选择,而是在很大程度上取决于领导者的价值判断、风险知觉、行为模式和情境条件以及因地制宜、随机应变、凝心聚力和战略驾驭的工作艺术。

管理心理学研究提出了多种有关领导的模型和理论,逐步形成具有代表性的领导理论:①中国传统领导思想与文化实践;②领导权力与影响力理论;③科学管理与领导特质理论;④领导风格与领导权变理论;⑤领导胜任能力理论;⑥在新的变革创新实践中涌现出一系列新型领导力模型。

(2)中国管理思想与实践沿革

1)中国古代组织管理思想。最有代表性的是第一部系统论述管理战略思想与战术问题的举世杰作《孙子兵法》,距今已 2 500 多年。《孙子兵法》从战略运筹《计篇》开始,通过战斗准备《作战篇》、谋略运用《谋攻篇》、形成实力《形篇》、创建态势《势篇》、灵活用兵的《虚实篇》《军事篇》《九变篇》,到行军布阵的《行军篇》《地形篇》《九地篇》以及《火攻篇》和情报采集《用间篇》等战术问题,从决策、领导、制胜、竞争和团队等兵法角度提出领军作战的领导战略与战术,其"知己知彼,百战不殆"的思想,至今在各国军事管理中被奉为经典规则,并在企业和商务管理中得到广泛运用。

《孙子兵法》对领导能力作过比较系统的阐述。孙子曰:"将者,智信仁勇严。"认为一位领导者必须具备这五个方面的领导能力与道德修养:智者,聪颖而有智慧,遇事能作出准确无误的判断和及时合理的决定;信者,信赖卜级开能获得部属信任;仁者,体贴、爱护,时刻把他人挂在心上;勇者,有勇气与魄力,处事果断,一往无前;严者,遵守法纪、赏罚分明。《孙子兵法》体现出辩证思维、超常思维和逆向思维等重要特点,成为中国兵学和组织管理思想的巨作,是带领团队与管理组织的有效领导策略与原则。

中国古代管理思想素有"选贤任能"、"任人唯贤"的主张和思想,成为人事能力测验的发源地。从隋唐时期开始的科举制度,比较系统地体现和发展了古代领导思想和人事考试选拔的思想。从人事评价和选拔的角度来看,科举制度在公开申报与竞争、综合评价与考核、多层筛选与录用等方面展现了经典实践。时至当今,以中国管理与领导者素质模型为指导,公开竞聘、综合考察、考试或实绩筛选等方法仍被广泛采用,具有重要的管理心理学意义。

2) 中国民间商帮的经营实践。民间商帮的领导行为是我国古代乃至现代管理的一个亮点。我国民间商帮历史悠久,到明清时期得到较大的发展,形成了以晋商、微商、闽商、粤商、甬商、陕商、鲁商、衢商、鄂商、赣商、浙商、潮商等代表性传统商帮。这些商帮由于所在地域和乡土文化的差异,各具特点,互显神通,对中国传统的经商管理之道产生了深远的影响。相对而言,北方重义,南方善商,北方强手笔,南方行策略。概括起来,这些商帮表现出以下三个方面的 36 项显著特点,对于我们进一步理解现代经营管理行为具有重要的参考价值和系统的行为借鉴。

□ 经商策略。注重商务、信息反馈,信奉公关、积淀关系,长远战略、巧取经营,揣摩客户、迎合主顾,因地制宜、地缘人缘,低调经营、稳中求胜;

□ 经营理念。诚信声誉、强化价值,信义为本、开放包容,灵活变通、进退有度,泛舟五湖、海纳百川,扬长避短、审时度势,敢为人先、开拓进取;

□ 组织管理。掌柜制度、责权分离,责任分红、经理负责,票号体系、层级管理,贩运致富、多重贸易,商务金融、独资合营,注重实业、产业资本。

进入新世纪以来,从浙商、温商、粤商、潮商,到晋商、贵商;从企业转型与企业家成长,到创业精神与创新能力,我国商帮经营传统也日趋开放和创新,其经营传统和实践经验成为各类商务行为的重要参照和融合范例。"海纳百川、共创未来"成为新一代经商管理者的共同理念。

3) 中国式企业管理与领导实践。以本书第 1 章引述了赵纯均(2013)深入研究的中国式企业管理的九项特征为基础,可以看到中国式企业领导实践的三方面主要特征要素。

□ 领导心智品德特征。中国成功企业的领导者普遍表现出辩证思维、中庸和合、家国情怀和强烈的创新创业精神,形成了独特的领导心智模式。他们在企业发展中多采取应变战略,利用权变模式,保持危机意识并精于资源整合策略,构成了发展导向的战略思维。这些企业家在德行操守、合规协调、事业追求等方面尤其突出,表现出高度的使命感、责任感和理想信念特征。

□ 领导管控发展特征。中国式企业领导者都比较讲求情感互动、忠诚付出、关爱信任和善于开展新型的家庭化组织管控。他们普遍运用企业文化、时代信念、使命愿景等带领企业持续发展,用企业核心价值观指导各级管理与服务行为。在政治上能注重政治分寸,建立和谐关系,承担社会责任,并能引领企业变革创新和健康发展。

□ 领导创新运营特征。中国企业的领导者特别强调标杆模仿、整合再造和"干中学"的行动学习,普遍具有引领企业自主创新的能力。很多企业采用从草根式市场竞争到品牌型创新产品与服务的开拓策略,善于实施高效能的企业管理、市场响应和精益流程,引领企业高质量的创新运营和可续发展。

4) 愿景型领导的主要特征。与变革型领导密切相关的是愿景型领导。愿景型领导顾名思义是指"以公司未来愿景鼓舞人心、集聚资源,激励、指导、引领下属实现目标的领导风格与行为"。在第 5 章组织文化中,我们描述了以愿景型公司实现基业长青目标的八项重要经验:愿景驱动、公司基业、超利理念、宏大目标、内成经理和教派文化。可见愿景、基业、超利、宏大、历练、教派等要素的引领作用。李效云与王重鸣(2005)围绕企业领导愿景的内容与结构开展了实证研究,在企业案例访谈分析的基础上选取了 365 名管理人员和员工,请其根据企业创业历程、经营、行业特点、竞争对手、未来前景等不同组合条件作出每家企业的愿景描述,再描述企业正式使用的愿景或战略的词汇作出选择并评价其机会性、创新性、行动性等16 项特征。因素分析结果显示出四个基本维度:机会获取维度(机会性、聚焦性、理解性、细节性等)、管理推动维度(计划性、行动性、激励性、支持性等)、风险承担维度(冒险性、创新性、激进性、变化性等)和前瞻适应维度(战略性、长期性、包容性、接受性等)。研究结果发现,愿景有效性特征在高成长企业显著高于低成长企业,所提出的愿景在现阶段指导企业经营活动中发挥出更为明显的效应。这项研究为开展愿景型领导领导能力开发提供了系统的研究依据和理论指导。

王重鸣(2012,2020)在主持完成中国侨联委托的"中国新侨研究与发展重点课题"中,采用适应-选配-发展 ASD 变革行动理论(参阅第 12 章),在北京、上海、浙江、江苏、广东和福建等六省市开展深入、系统、全面的实证调研,获得富有战略意义的研究成果。我们把新侨定义为"改革开放以后以留学、经商、投资等多种方式移居海外的华侨华人,以及海内外老侨的新一代华侨华人"。项目所针对的是陆续回国就业、创业和工作的中国新侨群体。在所完成的《中国新侨研究与发展报告》中,我们访谈和调研担任领导岗位的 206 位新侨领导人员,揭示出愿景型领导的三项关键维度:愿景驱动、创新引领、创业实现。

□ 愿景驱动精英团队。新侨领导者是各自领域的"帅才",打造一支愿景驱动的优秀团队,是领导者的重要任务。他们的案例都表现出发挥国际优势、全球配置人才,引进特长突出、优势互补的专家、企业家和经理人才。他们以报效祖国的愿景和自身经验优势,对年轻的团队成员进行培养和历练,努力建设各种创新团队。

□ 创新引领新兴业务。新侨领导者放眼世界,发挥自己在国外积累的经验和人脉,努力提升单位的国际化水平。案例分析中的新侨领导普遍利用自身关系,邀请知名专家或企业家推动创新,并以理想愿景吸引顶级院校毕业生和合作伙伴加盟,拓展自主集成研发,以中国发明专利推进研发成果产业化,以创新模式拓展全球新兴业务。

□ 创业实现价值事业。在转型发展时期面临许多机会与挑战,新侨领导者以国内广阔发展空间,承担项目,扎根创业,实现事业新阶段。满怀抱负,重塑愿景,艰苦创业,占领竞争制高点,实现自己的人生价值,以事业回报国家和社会。

9.1.2 领导风格与领导权变理论

(1) 领导风格理论与行为理论

随着领导者特质理论研究的进展,研究者发现更能决定领导效能的关键因素也许是领导行为特征和领导风格,特别是领导者如何有效地处理复杂的管理任务和指挥员工的领导风格。

1) 勒温的经典研究。最经典的领导风格理论是由勒温的经典研究提出的。把领导者在工作过程中的领导风格分成以下三种类型:威权型风格,权力集中于领导者个人;民主型风格,群体参与决策过程;放任型风格,每位员工自行其事。在实际管理情景中,领导者所采取的领导风格是一种混合型风格。为了分析领导风格对群体效能所产生的影响,研究比较了三种不同领导风格。放任型领导风格下的工作效能最低;威权型领导风格虽然通过严格管理使群体达到了工作目标,但群体成员的负面态度与情绪显著增强;而民主型领导风格的工作效率相对最高,所领导的群体不但达到了工作目标,而且取得了社会成效,员工更为成熟、主动,且显示出创造性。领导风格理论的比较研究忽视了下属特征和管理情景特性,在动态管理情景中具有一定的局限性。

2) 领导的行为理论。这种理论着重于研究和分析领导者在工作过程中的行为表现及其对于下属行为和绩效的影响,以期确定最佳领导行为。影响比较大的典型理论是密西根大学社会调查研究中心的领导行为研究、俄亥俄州立大学商学院的领导行为研究,以及"管理方格图"研究。密西根研究把领导行为划分为员工导向行为(以便满足群体成员的社会与情绪需求)和职务导向行为(集中于对员工工作方法与任务达成的职责监督)等两个维度。前者包含支持合作,关心员工,协调冲突,鼓励上进;后者包含激励员工,明确角色,获取资源,解决冲突,实现目标。

相关研究采用描述不同类型领导行为的1800多条问卷题目,设计、开发"领导者行为描述问卷",请下属员工评价其领导者的行为特点,通过对数千下属员工进行调查分析,得出了两类相对独立的领导行为维度:体贴精神和主动结构。前者指对下属的关心与支持程度;后者强调满足工作目标和任务达成,设置任务期限,建立绩效标准,监控作业水平等行为。从研究方法上,密西根理论把领导行为看成一个"员工导向—职位导向"的行为连续体,而俄亥俄研究则把体贴精神和主动结构作为双维行为风格图,领导者可以是同时在两个维度上得分很高或很低。

3) 管理方格图理论。在领导行为研究的基础上,管理方格理论关心确定关键领导行为;决定这些领导行为与领导效能之间的关系;设法开发这种关键行为。管理方格图理论用纵横两个维度表示领导行为:关心人员和关心任务。从一定意义上说,这种领导行为也反映出某种领导风格。图9.1表示出管理方格图,以九等分的横坐标表示领导者对生产或结果的关心程度,用纵坐标表示领导者对人员的关心程度,领导者在两个维度行为水平的交叉点,表现出领导者的领导行为类型。

管理方格图的五种典型领导行为类型是:

□ 9.9类型是关系协调、工作投入、相互信任、目标整合的"团队式领导",其领导绩效最高;

□ 9.1类型是只抓生产、注重效益、不关心人员的"任务式领导",这种领导行为类型的领导绩效较低;

□ 1.9类型为氛围友好、关系满意、忽视任务的"乡村俱乐部式领导",这种领导行为类型的领导绩效较低;

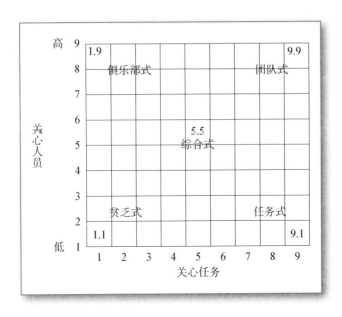

图 9.1　管理方格图

□ 1.1 类型为放任自流、忽视任务和人员的"贫乏式领导";

□ 5.5 类型则为在工作任务与员工关系之间保持平衡的"综合式领导"。

管理方格图理论对于领导人员培训具有重要意义。在实际管理情景中,9.9 类型的团队式领导属于比较理想化的模式;何种领导行为更为有效的问题,则取决于下属特征、任务特点和管理情景要求。

4)家长式与"兄长式"领导行为。在传统文化情境下,家长式领导是比较普遍的领导行为。这是指企业领导的权力比较集中,组织活动由领导者个人意志支配,管理主要依赖个人直觉、经验、个性和偏好,缺乏遵循程序或规则处事,缺乏明确责任与分工。家长式管理多以关系为基础,管理人员由家庭成员或要好朋友组成,人事问题根据私人关系和感情亲疏而定,容易形成利益群体和职位冗杂等问题。这方面引起广泛的研究兴趣,但多半是现象讨论而非实证研究。杨斌与丁大巍(2012)针对"中国式管理"以及华人社会独特的文化基因研究,讨论了"中国式管理科学基础研究"项目的发现,即家长式领导模式并不能准确描绘中国内地企业管理实践的发展状况。更贴切地说,建立在现代社会文化基础上的企业领导模式类似于"兄长式"领导风格。在领导岗位上"担当兄长的重任",运用洞察力与前瞻性来指导领导集体推进企业发展壮大。"兄长式"领导可以定义为在一种相对平等的人治氛围下,淡化命令式指挥以及完美人格形象,而强调魅力感召、愿景凝聚,注重与组织成员共享物质精神利益的领导方式。研究认为"兄长式"领导包含四个维度:

强调个人魅力,全方位影响;注重共同愿景,激发凝聚下属;强调互惠性的社会交换,重视满足多维度需求;强调公德,放宽私德。因此,"兄长式领导的思维逻辑,是中西合璧,而不是中魂西制"。在我国企业和商界,这种领导风格比较常见。

那么,家长式领导对于绩效的影响如何呢?不少研究作出了尝试。其中,陈晓萍、Eberly、Chiang、樊景立和郑伯壎(2014)通过对某企业集团的多行业 27 家公司选取了 601 对上下级对子样本,测量了家长式领导行为和情感信任度以及角色内与角色外绩效评价。研究结果表明,家长式领导的三个维度中,仁慈行为和道德行为对于角色内绩效和角色外文化通用的组织公民行为具有显著的正向影响;而威权行为则对特殊组织公民行为显示显著的负向效应。情感信任度在仁慈与道德对绩效与组织公民行为之间发挥了重要的中介作用。这项研究为进一步理解家长式领导的行为机制提供了新的理论依据。

(2) 领导权变理论与认知资源

随着领导情景日趋复杂,需要一种理论来更好解读领导者在不同管理情景和条件下如何引领和推动群体与组织的效能。如何描述与揭示领导效能由领导者特征、下属和情境因素三者共同决定的行为机制,成为管理心理学研究面临的新任务。

1) 费德勒的领导权变理论。领导权变理论中影响最大的是费德勒(Fiedler,1967)的著名理论,这个理论认为,领导者的效能取决于三种关键因素:领导者的上下级关系、任务结构和职位权力,这三者的组合形成一种使领导者与管理情景匹配以取得成功的领导模式。

□ 领导者上下级关系。费德勒采用了"最不喜欢的同事"(LPC:Least Preferred Coworker)双极形容词量表,测量领导者任务导向和关系导向。LPC 量表要求领导者设想一位最难共事的同事。这人不一定是最不喜欢的人,而是认为最难一起工作的人。并运用 LPC 量表描述对这个人的印象,从而获得 LPC 得分。根据 LPC 量表的测验成绩(16 个项目得分总和),可以确定领导行为的主导途径。其中,高 LPC 得分的领导者具有关系导向的特性,低 LPC 得分的领导者则具有任务导向的特性。

□ 领导者任务结构。这是指领导者的任务是否常规或复杂的程度。假如任务结构比较简单明确,则可以用任务导向的风格获得高绩效;如果任务结构比较复杂模糊,则需要运用关系导向的风格协调团队的努力。

□ 领导者职位权力。这是指领导者的综合影响力,在职位权力偏弱的情况下,必须任务导向,强化目标的实现能力,而如果职位权力较强,则可以采用不同的风格。

通过对于上述关键因素的测量和分析,以领导者在上下级关系、任务结构和职位权力等三种基本情景因素上的强弱程度,组合为八种类型情景条件。

图 9.2 是八种典型情景条件以及不同风格导向的领导者的工作效能分析。

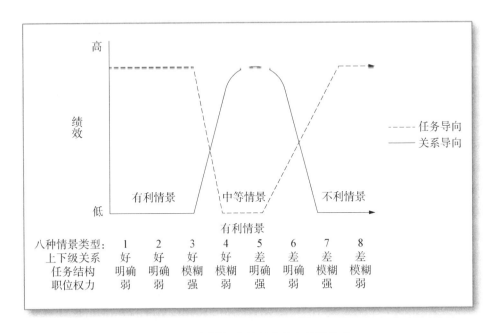

图 9.2　领导权变情景条件与绩效关系

在八种典型情景类型中,前三种情景下关键因素都较有利,属于有利领导情景(情景 1、2、3);最后一种情景在三个关键因素上都不利,属于不利情景(情景 8);其他为中等有利情景(情景 4、5、6、7)。费德勒对 1 200 多个工作群体进行了调查与分析,结果表明,任务导向的领导者(低 LPC 得分者)在第 1、2、3、7 或 8 种情景下绩效较高;关系导向的领导者(高 LPC 得分者)则在第 4、5 或 6 种情景下绩效更高。可见,在较有利或不利的情景下领导者应采用任务导向的风格获取高绩效,只有在中等有利的情景下才应该采用关系导向的风格以确保高绩效。

领导权变理论开辟了领导研究的权变思路,激发了大量新的理论构想和方法讨论,成为领导行为研究中最具影响的理论之一。

2) 费德勒的认知资源理论。进一步研究聚焦领导者智力与领导成功之间的关系,从而发展了领导权变理论。这个理论假设:高智力与才能佼佼的领导者比低智力与才能平平的领导者更能制定有效的计划,作出决策和实施行动策略,而工作压力和经验对于领导效能具有重要的调节效应。研究表明,在支持型和低压力的情景下,高智力领导行为会产生良好的绩效;在高压力情景下,工作经验与绩效之间具有显著的正向关系;在低压力情景下,领导者的智力与群体绩效有显著相关。

认知资源理论在预测领导效能时,既考虑领导者的特质和行为,如智力与指挥风格,又要顾及领导情景特点,如工作压力和群体支持。这个理论的研究结果表明,在低压力情景下,智力起着重要的作用,高智力领导者往往可以获得高绩效;而在高压力情景下,经验起着更重要的作用。智力、经验和专长等认知资源对有效领导风格具有重要价值,在领导者选拔和提升过程中需要特别重视衡量这些认知资源。

3) 领导通路目标理论。这是一项较为全面的权变理论,聚焦于使领导行为适应于管理情景的有效途径。在动机期望理论的基础上,提出领导者通过员工的工作期望而激励员工的思路,需要在不同管理情景下采取不同的领导风格,促使员工明晰达成绩效目标的关键行为即通路。通路—目标理论确定四类领导行为:①指导式行为:让下属了解工作期望和对任务达成、工作安排等给予指导;②支持式行为:关心下属的地位、福利和需要;③参与式行为:征询下属的问题并在决策前听取他们意见;④成就式行为:设置挑战性目标,鼓励工作投入和高水平绩效。通路—目标理论提出两类情景因素:①下属特征:最重要的是控制源和能力感,即下属对于自身行为结果的原因的解释(内因或者外因)以及员工对于自身完成任务能力的评价;②环境因素:最关键的是任务结构、正式管理体制和工作群体。研究表明,领导行为特征与情景因素之间的适应会增强员工的工作动机,以便取得新的绩效。

在企业发展中,领导行为越来越与决策模式和文化特征联系在一起。在共同开展中英重大国际合作研究项目中,史密斯、王重鸣和梁觉(1997)围绕这个新问题,以中国合资企业的事件管理模式为焦点,开展了一系列深入的实证研究。请阅读"研究解读 9.1 领导行为、决策与文化:中国合资宾馆的事件管理",思考和讨论领导行为、决策模式与跨文化特征之间的关系以及如何通过事件管理策略持续改进领导效能。中国企业应该如何改善和提升经理人的事件管理能力呢?

研究解读 9.1 领导行为、决策与文化: 中国合资企业的事件管理

作者:史密斯(萨塞克斯大学)、王重鸣(浙江大学)、梁觉(香港城市大学)

发表刊物:《领导力季刊》,1997 年,第 8 卷,第 4 期,413—432

(Smith, P. B. , Wang, Z. M. and Leung, K. , 1997, Leadership, decision-making and cultural context: Event management within Chinese joint ventures, *The Leadership Quarterly*, Vol. 8, No. 4,413 - 432)

研究内容：本研究是研究者们 1990 年代共同主持和承担的国际合作研究项目的重要成果之一。研究针对多文化管理情景中领导行为与决策模式上的异同特征及其效能开展实证研究，聚焦领导者的事件管理模式。根据事件管理模型，以组织事件为任务，系统考察领导者的行事风格与决策模式。以事件决策处理方式衡量不同的领导力模式。这项研究包含两个部分。第一部分研究以事件管理问卷方法，测量不同国家和地区企业中层管理部门经理对 8 项管理事件的处理依据与指导规则。这 8 项管理事件是：指派部门的新下属，一位下属一直表现很好，一位下属一直表现不好，部门中有设备仪器需要替换，另一部门未能提供给本部门需要的资源，部门内有不同意见，部门内需要引进新的工作程序，需要评估新工作程序的成功与否等。对这些事件的 8 种处理方式包括依据正式规则与程序，依据不成文的潜规则，听取专家意见，根据下级意见，听取同事意见，听从上级意见，依据自己经验和培训所获知识，根据自己国家通常的做法等。研究选取了国有企业和合资企业的 121 名经理，并与来自中国香港、中国台湾、日本、美国、法国、英国的 675 名经理数据进行比较。研究结果发现，各地经理比较一致的做法是主要依据正式规则与程序行事，中国大陆企业的经理显著较少依赖下级意见和更多依据广为接受的理念行事。合资企业经理比国有企业经理显著更多依赖自己的经验与培训处理事件，而且更少依据社会上的常规做法。在第二部分研究中，我们请 144 名合资宾馆的中外经理回答他们如何以 7 种方式（运用政策程序、回避差异、征求中方同事、运用外方经理方式、间接影响、直接对话、依赖社会常规）处理 9 项问题事件（决策方式、任务分配、时间观念、会议方式、奖金发放、指派中层经理、评价差绩效、协调工作、语言问题）。研究取得富有跨文化管理价值的不同领导模式及其效应的实证依据，为进一步优化基于时间管理的跨文化领导力与决策力提供了重要的理论与实践指导意义。

9.2　领导胜任理论与成长策略

9.2.1　领导成员交换与转换理论

（1）领导者与成员交换的理论

1）领导者与成员交换理论（LMX：Leader-Member Exchange）。这是领导者与下属以相互信任、相容互动和胜任力交换关系促进持续发展的领导力理论。这个理论的研究基础是历经 25 年的有关领导行为与下属职业发展关系的重要研究成果。格雷恩等（G. B. Graen）（1995）在《领导力季刊》发表了经典文章"基于关系的领导力研究：领导者与成员交换理论开发 25 年：应用多层次多范畴视角"。他们从最初的领导者与成员的垂直成对联结（VDL：Vertical Dyad Leadership）研究起步，经历了理论细化与进一步研究的四个演进阶段，建构与验证了 LMX 理论。从成员的生涯发展视角，领导者与成员交换关系是比成员动机与能力等因素本身更具预测力的指标。领导者与下属工作交往时的信任与互动水平，形成更为紧密的交换关系即 LMX，包含了知觉到的贡献、忠诚和相互影响。格雷恩等（1995）开展的研究，实现了领导理论的重要突破，先后经历了四阶段理论发展：

□ 阶段 1　VDL 测试：以工作单元领导者—成员对子为分析水平，检验工作单元内的区分效度。

□ 阶段 2　LMX 验证：以领导者—成员对子为分析水平，完成与不同组织结果等变量的区分关系效度检验。相关研究还分析了"群体圈内"和"群体圈外"的沟通频次、互动沟通模式以及领导者—成员价值一致性、组织承诺、组织公民行为等多种指标并加以检验。

□ 阶段 3 领导开发：以领导者—成员对子为分析水平，探索成对关系开发及成对角色形成过程理论。超越传统的"上下级"研究思维，聚焦领导力形成与发展的过程。不是领导者如何区别对待下属，而是领导者怎样面向所有员工建立"伙伴关系"，为每一位员工创造公平、高质量的 LMX 发展机会。

□ 阶段 4 团队塑造与胜任力网络：以多个领导者—成员对子的综合集体性为分析水平，测评和研究领导者—成员对子的较大集体性特征。强调多种领导者—成员对子之间的相互依赖和基于胜任力的网络组合，从而形成组织内外领导力结构的"版图"。

从 LMX 理论的演进可以看出，新的焦点是团队领导胜任力，而不只是单一的上下级关系。如何构筑团队领导力是 LMX 理论的着力点。

2）领导者与成员交换理论的应用。该理论在诸多研究中得到应用。LMX 成为理解领导机制与组织行为的重要变量。如图 9.3 所示，LMX 理论强调，领导者胜任力表现在能与具有任务胜任力、群体相容性和外向性的下属成员在互动过程中逐渐形成员工的"圈内群体"（in-group），超越原有正式工作关系下的"圈外群体"（out-group），形成集体型的胜任能力。国内外的研究表明，LMX 在多种管理场景中表现出对于工作行为与绩效的较强预测力和解释力，得到许多研究的采用，成为管理心理学研究的最常用概念之一。

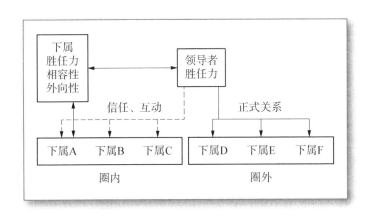

图 9.3 领导者与成员交换关系理论

杜红与王重鸣（2002）对领导者与成员交换理论的研究与应用作出分析与展望，认为 LMX 理论在组织情景中具有重要的指导意义。领导过程是在领导者和成员之间的相互作用中展开的，LMX 为分析组织情景中上下级关系和集体型领导力提供了有力的诊断工具。

3）LMX 的测量工具。比较常用的是 LMX7 量表，包括 7 个题项，可以由成员回答与直接领导之间关系，或由领导者作出评价。量表工具 9.1 是 LMX 量表题项。括号内是领导者题项的句首，后边内容相同。

量表工具 9.1　LMX 量表题项（Graen 等，1995）

① 请问你是否了解与你的领导的相处情况？你通常是否知道你的领导对你工作的满意度？（或问你的成员通常是否知道……）

② 你的领导是否很理解你工作中的问题与需要？（或问你在多大程度上理解……）

③ 你的领导是否认识到你有多大潜能？（或问你在多大程度上认识……）

④ 无论你的领导的行政职权有多大，他/她是否有机会运用其权力帮助你解决工作上的问题？（或问你有多大机会……）

⑤ 无论行政职权有多大，你的领导是否有机会运用其权力牺牲自己的利益来帮助你走出困境？（或问你是否有机会……）

⑥ 你是否有足够信心在领导不在场的情况下为他/她所作出的决策作出辩解？（或问你的成员会……）

⑦ 你怎么看自己与领导的工作关系？（或问你的成员会……）

由于 LMX 是以成对关系为基础，对 LMX 的测量既要测量成员的 LMX 看法（简称 M-LMX），又要测量领导者对 LMX 的看法（简称 L-LMX）。从理论上分析，如果 M-LMX 与 L-LMX 的一致性程度较高，则说明上下级之间的交换比较充分，双方对相关问题的认识及解决问题的方法等方面都有较高的相似性，因而具有高质量 LMX 关系。

（2）领导者与成员交换关系研究

有关领导者—成员交换关系（LMX）的研究十分活跃，取得许多理论进展，主要围绕 LMX 的效应、机制以及新的理论拓展等领域。

1）领导者与成员交换关系的互惠机制。关于中国组织情境下领导者与成员之间交换关系的心理机制，有不少相关研究。凌文铨、李锐、聂靖、李爱梅（2019）针对上司与下属社会交换关系的互惠机制开展了情境实验研究。研究结果发现：上司与下属在对待晋升、奖励等工具性回报上同时采用公平法则和人情法则，而在给予下属的鼓励、支持等情感性回报上则偏重人情法则；公平法则在交换价值完全相等时达成双方均满意的结果，而人情法则是一种适度对价，在双方交换价值相差不大时达成双方均满意结果。研究运用对价理论整合了公平与人情两种社会交换法则,为理解中国组织情境下领导者与成员间社会交换的互惠机制提供了新的理论视角。

2) 领导者与成员交换关系的新发展。由于工作与管理情境日趋动态,在部门领导人员更替频繁,许多互联网企业和数字化项目强调基层和员工的主动精神和团队精神的变革实践中,成对 LMX 的稳定性降低,因而其预测力也远不如以前。我们进一步提出 TMX(Team-Member Exchange)即团队与成员交换关系和 OMX(Organization-Member Excahnge)即组织与成员交换关系的新理论概念与应用指标,在组织变革中显示出具有更好的适应性和预测力。尤其是 OMX 在多种数字化转型组织中具有更强的预测力和研究价值。

根据图 9.4 的效能模型,在多项目交叉团队、平台型组织和数字化转型情景下,领导者与成员交换关系趋于动态性和多元化。经典的 LMX 理论难以适应领导者(主管或经理)轮换比较频繁或者跨部门、多项目动态交叉的情境。在这种情况下,下属成员需要更多发挥各自的主动性或团队能动性,即高阶动能策略,在领导者—成员交换关系相对松散或角色多样的条件下,加强组织—成员或者团队—成员之间的组织协同关系,也称为组织—成员协同关系"OMS"(organization-member synergy)(简称组织协同)和团队—成员协调关系"TMC"(team-member coordination)。这两种新型关系都运用基于责任共享和团队协同的项目工作关系模式。

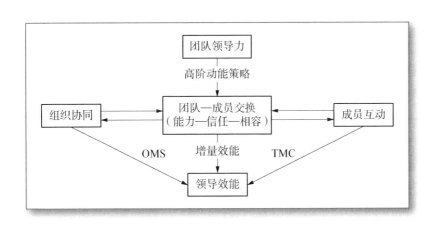

图 9.4　团队—成员交换关系效能模型

(3) 转型式领导与战略型领导

在转型升级和变革创新的形势下,所有的管理者和领导人都在思考如何增强转型式领导和提升战略型领导能力的问题。

1) 转型式领导的特点。在领导研究领域,有两种与变革场景相关的理论思路：转型式领导（transformational leadership）（也有译为变革式领导）和变革领导力（change leadership）。这两种思路有时会使人混淆其含义。其实，两者并非同一概念。哈罗德等（Horold 等，2008）在《应用心理学杂志》（JAP）上针对这两种思路做了系统分析与实证比较，并验证它们的概念差异和不同机制。转型领导行为采用行为视角，是把转型变革看成领导行为权变条件，制约着特定领导风格的有效性，认为在变革时代，魅力型领导或转型式领导行为是特别有效的领导行为模式；而变革领导力则扎根于变革管理研究，认为变革领导力是带动下属支持与实现变革的能力，并参与引领实际变革行动。我们在这里以转型式领导行为和变革领导力在概念上加以区分。

有关交易式领导与转型式领导的观点，是领导胜任理论思路的发展，强调从常规的奖惩交易式领导行为转向以领导魅力、体贴指导、鼓励志向、激发智力为特征转型式领导行为。转型式领导对于组织的绩效是否具有较强的预测力呢？管理心理学开展了许多相关研究，给出了多种证据。陈春花、苏涛与王杏姗（2016）对中国情境下变革型领导（即转型式领导）与绩效之间的关系开展了元分析，即对过去已发表的有关这一选题的研究报告进行总分析。收集了中国情境下的 117 篇独立实证研究文献进行了元分析，以期综合解读不同情境因素（例如组织属性与领导层次）与测量因素（例如不同量表）的条件下变革型领导行为与多层次绩效之间的关系。研究结果发现，变革型领导在中国情境下能带来和促进更高的个体、团队与组织绩效，归因于中国企业组织的绩效潜力、集体主义文化和团队组织行为。研究也注意到领导研究中组织与领导模式的调节效应以及取样地域差异和测量数据同源偏差度（例如领导风格与绩效来自相同样本和问卷评价）可能造成偏差，常称之为"效应扩张现象"（王重鸣，2020）。研究为进一步加强经理人变革型领导风格的识别与发挥以及重视变革型领导的塑造与开发提供了综合性的理论依据。

2）变革型领导的特征与发展。虽然变革无处不在，拥抱变化、管理变革已经成为经理人的第一要务，变革型领导和变革领导力却急需得到同步提升和增强。如前所述，变革型领导即围绕一组管理程序、工具和机制如何管控变革、管理资源、调节举措和管理成本与效益的管理活动；变革领导力则是领导者以变革的心智、技能、知识与行为，更有效地发起、驱动、调节和持续组织变革的进程与团队动力，以实现变革目标的能力。我们在第 12 章组织变革与组织发展中详细讨论变革领导力。这里主要讨论变革型领导。任真与王登峰（2008）对 20 年来的中国领导心理与行为实证研究的进展做了系统回顾。他们从 1985—2006 年间发表在国内核心期刊的变革领导心理与行为的 100 篇左右的实证研究文章中，以北大 2004 中文核心期刊标准选出 39 篇实证研究报告为主，并以研究者们在 SSCI 期刊发表的 8 篇实证研究为辅,分析了所取得的进展。研究领域主要包括领导特质研究(领导个性、胜任特征)、领导行为与风格研究(品德、团队、绩效三维理论;任务取向与个人品质两维结构)、权变领导研究(领导者与成员交换论、权变性奖励、组织公民行为等)与新领导理论研究(变革型领导、愿景型领导、价值型领导等)四个方面。在此基础上,提出要重视在不同类型和发展阶段的组织情境中分析领导机制,把焦点由领导者个体转移到领导互动过程,积极强化中国文化下的本土化研究,加强实验室方法、追踪分析和质性方法的研究等作为领导心理与行为研究的新趋势。

3)战略型领导的特征与提升。企业领导干部的能力建设成为各类企业的关键任务。这里主要指企业的高管领导和部分中层领导干部,集中在培养面对高质量持续发展和变革创新战略任务的专业精神、业务能力、学习能力、改革创新能力、市场洞察能力、战略决断能力、推动执行能力和风险防控能力等多方面的能力建设。一项重要任务是提升企业领导干部的战略型领导能力。

战略型领导是指企业组织的高管或高管团队的领导行为。汉姆布里科和梅森(Hambrick 和 Mason,1984)为此提出的著名的高阶梯阵理论(可参阅第 2 章的内容),把战略选择作为企业高管团队的心理组成元素预测组织绩效。组织的经营结果(指战略选择与绩效水平)可以部分地从管理层背景特征加以预测。企业高管年轻化特征会带来追求风险性战略(多元化、产品创新、资本运作等)并经历更大盈利性成长,高管的产品线经历会强化战略的产出导向(产品创新、前导式整合等)和生产能力(优化流程、设施更新、后置整合等)并正向影响成长等。

图 9.5 是我们修订的战略型领导高阶梯阵理论的示意图。从内外情境的五项特征出发,制约和激发十项高阶梯阵特征,进一步影响十种战略选择,最终影响五项组织绩效指标。从战略型领导的高阶梯阵模型的思路出发,王辉、张文慧、忻榕、徐淑英(2011)采用实证方法深度探讨了中国管理情境下的战略型领导行为对于企业经营绩效的影响。研究选取了来自 125 家企业的战略型领导者(CEO、董事长或

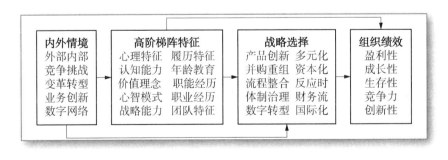

图 9.5 战略型领导的高阶梯阵模型

副总)以及所属企业的739名员工开展调查。这项研究结果表明,战略型领导行为的阐述愿景、开拓创新、人际沟通、监控运营和关爱下属五个维度对员工态度和企业绩效具有显著的正向作用;战略型领导行为通过组织文化的内部整合与外部适应的价值观影响企业绩效。这项研究为进一步增强企业高管和骨干团队的战略型领导提供了重要的理论支持。

战略型领导的重点任务之一是构建组织动态能力,努力把技术能力转化为企业的竞争优势。同时,战略型领导并非只是大企业的领导行为,即使是小企业,也很需要增强战略型领导能力。事实上,科创企业中常见的弱项正是缺乏战略引领能力。请阅读"第9章研究案例 技术能力如何转化为竞争优势",思考与讨论科创企业如何识别关键技术能力和建构组织动态能力,从战略型领导的视角,如何才能增强创业战略引领能力,明晰与实施组织内外的整合与转化战略。

第9章研究案例 技术能力如何转化为竞争优势

作者:刘帮成(上海交通大学)、王重鸣(浙江大学)

发表刊物:《管理工程学报》,2007年,第21卷,第1期,20—24

案例研究:技术创业是指基于技术能力的创业行为,这类企业通常具有较强的技术能力(technological capability)。然而,技术能力并不总能转化为竞争优势和有助于提高组织创业绩效。我们提出,技术创业型公司的技术能力在实现市场客户信息、组织合作配置能力和生产运作能力之间有机整合的基础上可以推进组织技术能力转化为竞争优势。我们通过三家典型的技术创业型公司的实践开展深度案例研究来验证技术能力转化整合能力模型。A企业以开发电子图书和电子器件为主要业务,成立于2000年,是由三位上海交大电子系在读硕士研究生在参与全国电子设计大赛获奖项目基础上建立的。创业之初的种子资金一部分来自大奖赛奖金以及学校鼓励学生创业的配套资金。同时也有一家很有实力的国内风险资本VC公司介入。现被风险资本公司控股,公司总经理是原创业团队成员之一。B公司成立于2001年,是一家以网络开发和设计为主的技术创业型公司。公司是由公司总经理以其在上海交大电信学院攻读博士期间所获一项专利的基础上注册成立。通过朋友借款填补了公司发展所必须的资本。公司业务拓展到拉美及欧洲国家。C公司成立于2000年,以生产多媒体语音智能产品为主。公司由计算机系毕业生联合创办,种子资金基本来自朋友相互筹借,并得到外方风险资本VC公司介入而控股,业务主要集中在上海地区。这三家公司都面临共同问题:如何通过组织动能与能力建设,把技术能力有效转化为竞争优势? 特别是把公司技术能力与市场客户需求信息有机整合,通过组织流程设计,提升组织动态能力。案例访谈表明,这个过程可以包括两个部分:一是组织内外的整合过程,即将组织外的市场信息吸收进来以指导组织内的新产品开发;二是组织内各部门之间的相互合作过程,如营销部、研发部门及生产部门之间保持有效沟通与互动以促进新产品开发,即组织间整合过程和组织内整合过程及其并行加工。从案例看,A、C公司较好处理了组织内外整合而成长迅速。

9.2.2　领导者能力与领导力传承

（1）职业经理人与领导者资质

1）什么是职业经理人? 关于职业经理人的概念有一个理解演变过程。当"职业经理人"(professional manager)这个名称 1930 年代第一次出现时,被称为"生涯经理",指以经理工作为"生涯"或"事业"的经理人。主要包括三类经理人:业主经理(既是业主又当经理)、行业经理(行业组织的管理者)、财务经理(专门从事财务工作的管理人员)。此后,出现了职业型的经理。他们并没有企业控制力,主要对员工、投资人和公众利益负责。随着技术快速发展和组织管理日趋复杂,这类经理人广泛流行。这里所说的"职业经理人"顾名思义是指以经理工作作为自己专门化职业的经理人。从一开始,"社会职业"一直是职业经理人的主要特征之一。

在职业经理人的成长与经理人制度的发展中,生意、商务、创业、创新的发展,要把经理工作当成"生涯职业"显然并非易事。直到 1990 年代,管理技能与领导力特别是管理决策能力的持续提升都是经理人生涯发展的关键而必要条件。我们在1980 年代积极开展的厂长、经理培训,在 1990 年代主持承担的经营管理者综合素质与能力评价,2000 年代多次主持的经理人海内外公开招聘和 2010 年代以来全力投入的创业创新领导力和全球 CEO 变革领导力的开发与赋能评价,都是旨在跟进经理人适应新的挑战、作出前瞻决策和引领可续发展的能力。2010 年,《国家中长期人才发展规划纲要(2010—2020 年)》就提出"以战略企业家和职业经理人为重点,加快推进企业经营管理人才职业化、市场化、专业化和国际化。完善以市场和出资人认可为核心的企业经营管理人才评价体系,积极发展企业经营管理人才评价机构,建立社会化的职业经理人资质评价制度,加强规范化管理"。在规划纲要的指引下，职业经理人的研究、培育、赋能、评价成为各行各业的经营管理人才工作的重点。

　　进入新世纪，职业经理人的内涵实际上已经发生了深刻的变化，经理人的专业化、市场化和国际化能力才是职业经理人的核心内涵。其间，各类专业学位教育迅猛发展，专业工程师、专业项目经理、专业人资经理、专业数字经理、专业组织发展经理等不断涌现，针对性的培训、认证和聘用机制成为转型升级特别是新兴行业获取人才优势的新战略。在各行各业，无论聘用方式、不分何种经历，只要专门从事经营管理工作的经理都首先是"职业经理"，都必须具备专业化、市场化和国际化经营的胜任力。管理心理学对职业经理人的定义是，"职业经理人是具备专业管理技能、市场化竞争能力、国际化经营才能并以经理工作为职业的经理人员"。

　　2) 职业经理人的资质体系。为了贯彻落实国家相关人才战略与政策，大力促进职业经理人队伍的健康发展与提升各类企业组织的经营管理水平，我们与中国职业经理人协会开展战略合作，主持承担和完成了"中国职业经理人资质评价标准和评价方法"等一系列重点研究项目。其中，职业经理人职业资质评价体系框架结构和职业经理人职业资质评价层级划分(2016)等全国性课题成果已被采用。我们以中国职业经理人协会于2018年发布的《职业经理人才职业资质社会评价工作指引》为基础，进一步修订和完善了职业经理人才职业能力与职位适配指标体系。从经理人领导力的视角，我们把职位适配度分为：职位任务适配、企业治理适配、生态文化适配、班子团队适配和组织发展适配五个方面，见表9.2所示。这项成果强调职业经历、职业业绩、职业素养、职业胜任、职业知识和职位适配等标准维度及其元素。从表9.2可以看到，职业经理人的职业资质体系主要包括6项维度、16个要素与50项指标。这项体系可用于经理人才的选配、培养和发展工作。其中，职业经历与职业业绩(10项指标)主要通过背景与组织资料加以考察，职业素养、职业胜任、职业知识(35项指标)主要采用科学测评方法加以评估，而职位适配(5项指标)则可运用综合评价与组织考察办法作出衡量。在中国职业经理人职业资质标准和职级层级标准研究的基础上，我们创建了"中国职业经理人赋能评价中心"，开展线上线下结合的职业经理人学习、评价和辅导工作。该系统采用了工作业绩考核、现场或在线考评和单位调研等方式，评估题型采用结构化面试、情景判断测评和管理能力与领导力测评等综合方法，全面考察职业经理人的素质、能力和职位适配度等素质特征和胜任力。

表 9.2

职业经理人才职业能力与职位适配指标体系

评价维度	评价要素	评价指标
1. 职业经历（5项）	1. 工作经历	管理工作经历、社会工作经历、国际商务经历
	2. 教育经历	学校学历教育、管理领导培训
2. 职业业绩（5项）	1. 工作业绩	任务实绩、合作绩效、创新业绩
	2. 社会业绩	公益业绩、企业业绩
3. 职业素养（10项）	1. 理念操守	遵纪守法、职业道德、担责敬业、竞业避止
	2. 意识作风	廉洁自律、求真务实、服务进取
	3. 心理素质	价值伦理、心理弹韧、心理健康
4. 职业胜任（20项）	1. 可续能力	心智适应能力、沟通协调能力、决策驾驭能力、可续管理能力
	2. 文化能力	文化建设能力、合规经营能力、风险管控能力、责任管理能力
	3. 队伍能力	团队管理能力、选任用人能力、激励指导能力、战略领导能力
	4. 创新能力	创新管理能力、创业管理能力、创造开拓能力、跨界学习能力
	5. 行动能力	变革管理能力、精益经营能力、数字经济能力、转型发展能力
5. 职业知识（5项）	1. 领导知识	政策法规、领导科学、国际商务
	2. 管理知识	经营管理、危机管理
6. 职位适配（5项）	1. 能力适配	任务适配、治理适配、文化适配
	2. 协同适配	团队适配、发展适配

根据评价结果，划分出初级经理人、中级经理人和高级经理人等多级经理认证，并选配适当的赋能计划提升职业能力等级与适配程度。实践表明，许多单位采用职业经理人赋能成长计划提供配套条件。职业经理人的赋能可以通过专题课程培训、定制辅导计划和专项赋能成长计划等方式开展，比较强调运用实际案例研究、管理智慧汇集、内部标杆参照、学习型组织推进、国际化合作学习等一系列行之有效的能力提升策略。

（2）领导者的能力模型与评估

1）领导干部能力结构模型。各类企业、行政部门、科技机构领导干部的评价、选拔和培养，可以将相应的领导者能力模型作为参考框架。我们曾在有关部门的指导下，通过广泛深入调研与实证检验，完成了一系列有关领导干部能力结构与评价方法的研究工作，取得了重要理论成果和方法创新，系统提升了我国领导干部能力研究、评价与开发的科学水平和方法应用能力。我们开展了广泛的深度访谈和问卷调研，获得了有代表性、高质量的实证数据与资料，并且采用了内容分析、因素分析、结构方程建模、跨样本多职位检验与比较等多种新方法，构建和验证了领导者多维能力结构模型。这个模型包括协同引领能力、决策掌控能力和创新发展能力三项胜任力维度。以下是每项领导能力维度包括的细分能力要素和若干指标要点。

☐ 协同引领能力维度。这项领导能力维度侧重于领导素质的方面，具有诚信度、意识法律和全局观念，敬业认真，能与他人协调合作，激励下属与自己，运用沟通协调和指导等方面的能力。

▫ 诚信执政：诚信自律、审时务实、依法执政；

▫ 敬业激励：全局意识、协作共享、激励承诺；

▫ 团队引领：合作沟通、指导授权、群众工作。

☐ 决策掌控能力维度。这项领导能力维度注重把握工作环境和管控面临问题，具有从战略发展、工作推进、国际化视角进行整体思考，优化愿景目标，进行科学判断与决断和对危机风险进行防控的能力。

▫ 战略决断：机遇判断、战略思维、科学决策；

▫ 应变掌控：驾驭风险、因势应变、掌控局面；

▫ 愿景奋斗：愿景目标、集聚资源、引领奋斗。

☐ 创新发展能力维度。这项领导能力维度关注积极主动学习、可续发展，具有协调关系、实现业务目标、提升工作业绩、积极完成所承担的职责任务、不断开拓新领域和持续创新发展的能力。

▫ 改革创新：改革推进、创业开拓、创新运作；

▫ 可续发展：务实可续、协调发展、危机管理；

▫ 利益协调：绩效关注、财务意识、整体利益。

上述三维九要素27项行为指标的评价为理解和开发各类管理干部的领导能力提供了系统的参考和指导。这些指标要点丰富了领导者能力要素的内涵，显著增强了领导能力理论指导与应用的价值。实践表明，采用这些维度与要素在不同的职级和地区评价效度都比较好。通过一系列深度实证研究和方法创新开发，取得了领导者能力研究的开拓性成果。

2）公务员绩效考核公平性。领导能力与绩效考核组成了领导者的胜任力体系。相关研究围绕其公平性取得显著进展。王重鸣与徐小军（2007）围绕公务员绩效考核的公平性结构及其影响因素开展实证研究，对三个城市政府机关的833名公务员调研测评，发现绩效评估公平性的评估系统公平、评估者公平、信息公平和人际公平四个维度及其在性别、工龄和不同绩效者（优良中差）中表现出显著的区分度。研究强调了评估者与被评估者之间的信息沟通、信任和尊重,并识别出重要组织文化影响因子,包括学习成长、诚信公正、社会责任、创新变革、信息沟通等要素,对评估公平性具有显著的影响。其中,诚信公正因子的影响最大。

(3) 领导传承与家族企业成长

企业领导力研究日益关注领导者的生涯发展和后备传承的理论发展与应用策略。随着企业的延续和发展,管理者会面临换届、传承与继承等问题。或由于企业换届、企业并购重组或企业转型,处理好管理者的传承问题,对于企业的持续发展,具有特别重要的意义。

1) 拮抗过程领导传承理论。管理心理学有关领导传承和发展的研究和实践,提出多种理论思路和实践策略。拮抗过程理论是比较典型的领导传承理论。这项理论以正论行为、拮抗动力、拮抗触发、传承策略形成传承机会——创新动力的过程解释领导传承的心理机制。实验心理学早就提出过基于同化作用和异化作用的颜色视觉拮抗过程理论。在群体动力理论中,研究也提出"结构适应理论",注意到当前任务结构、奖励结构和决策结构在预测新阶段群体行为和新水平上整合效应的局限性。为此,霍伦贝克等(Hollenbeck 等,2014)进一步提出领导传承的拮抗过程理论,认为领导接班的动态场景会使得原先习以为常的潜在冲突或争议矛盾变得凸显而影响传承的结果。为此,需要建立一定的机制或策略,使得拮抗过程在内外因素的作用下变得具有适应性而不是有碍运营。这种拮抗过程机制包括四种特征:正论(正面做法)、对论(不同观点)、协论(协同意见)和否论(否证正论)。

图 9.6 是我们修订过的拮抗过程领导传承影响过程图解。在正论行为、拮抗动力、拮抗触发因素、传承策略四方面要素在传承机会——创新行为触发下形成发展动力,在相关边界条件下制约着管理者传承的策略。其中,传承策略可以调节拮抗触发因素,传承机会与创新行为可以增强内在动力因素。

此外,有关领导传承的理论提出,有效的领导继任计划既是一个计划过程,也是一个管理者继任开发与管理系统。由于快速、复杂的变革,企业领导责任的下沉、保留与发展等战略要求,领导继任计划势在必行。领导传承的拮抗过程模型为此提供了发展导向的理论指导。

2) 家族企业传承与领导能力。领导力传承问题一直是家族企业持续发展的关键问题,家族企业通常都制定了长期的成长目标,但是只有不到三分之一的家族企业能够把领导权传承到第三代,面临所谓"富不过三代"的困境。主要问题在哪里呢?

□ 家族企业接班人的胜任力。领导力传承的基本条件是有合格的接班人,且接班人具有承担事业继承的胜任力。我们在主持承担的国家自然科学基金重点项目"基于人与组织互动匹配的企业家成长机制与创业环境研究"中围绕相关问题开

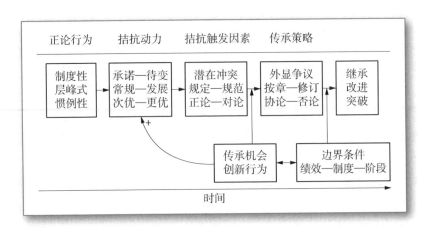

图 9.6　领导传承的拮抗过程模型

展了一系列系统的实证研究。刘学方、王重鸣、唐宁玉、朱健和倪宁(2006)围绕家族企业接班人胜任力开展了系统的实证研究。我们把家族企业接班人胜任力定义为"与家族企业继承绩效相关的,促进家族企业继承过程顺利完成、使家族企业健康生存、发展的知识、技能、能力及其他个性特征的组合"。这项研究通过详实的实证分析,为利用胜任力思路对家族企业接班人培养选拔和能力开发,乃至各类企业继承计划设计与实施,提供了系统的理论依据和应用指导。

　　□ 家族企业传承与领导力开发。关于家族企业领导力的研究,传统上比较集中在各种继承模式的探讨,分析各有利弊的策略。近年来,相关研究的重点转移到家族企业领导力开发策略,并强调文化传承、责任传承、策略创新和发展路径,提出了基于领导力开发的传承模式和创新策略。黄海杰、吕长江、朱晓文(2018)的研究以 2003—2014 年我国上市家族企业为样本,系统研究了二代介入对于家族企业创新活动的持续效应与影响。研究结果发现,二代介入对家族企业的创新活动有显著的正向影响,且在二代为海归背景、外部监督较差的家族企业中更为明显;二代介入的家族企业通过减少关联交易、提高会计信息质量等途径缓和了代理冲突,在一定程度上代替外部监督机制,进而改善了创新活动。这项研究结论对面临代际传承问题的家族企业如何保持其长期竞争力具有重要的启示意义。围绕如何才能促进家族企业领导力传承,特别是如何让二代加入和历练成长,在相关研究中受到大家的关注,提出多种领导力传承的促进策略:心智转换策略、文化传承策略、团队创业策略、学习创新策略和变革转型策略。

　　管理团队的特征对于领导传承效能具有较大的影响。我们的研究发现,以家族企业为例,其高管团队的内聚力与其继承绩效关系密切。请阅读"研究解读 9.2

高管团队内聚力对家族企业继承绩效影响实证研究",思考和讨论企业高管团队有哪些重要的特征会影响领导传承的效能,如何通过高管团队建设、继承策略设计和企业实际转型升级等办法来提升领导传承绩效,使之成为企业基业长青的有效策略。

研究解读 9.2　高管团队内聚力对家族企业继承绩效影响实证研究

作者:王重鸣(浙江大学)、刘学方(齐鲁工业大学)

发表刊物:《管理世界》,2007 年,第 10 期,84—98

研究内容:高管团队(TMT)是负责形成和贯彻公司战略的高层管理小组。对公司发展方向和公司绩效的控制权使高管团队成为公司中最重要和最具有影响力的领导团队。高管团队的内聚力对于团队信任、认同和高效能都至关重要。我们根据前期的访谈研究结果,把中国家族企业的高管内聚力分为社会内聚力和任务内聚力两项维度,并且假设与家族企业主客观继承绩效都有密切的关系。我们在浙、冀、鲁、沪已完成管理权接班的第二代经营的 224 家家族企业,分别采集了 199 份企业家问卷、570 份管理人员问卷,测量了企业背景、与控股人关系、完成交班时间、家族成员股权占比、企业资产分布、高管人数分布、职业经理人占比、高管团队双维内聚力、家族企业双维继承绩效等详细指标。研究结果分析发现,企业家评价与管理层评价都不同程度相互印证了高管团队内聚力维度和继承绩效维度的结构。图 9.7 表示本研究的效应模型。

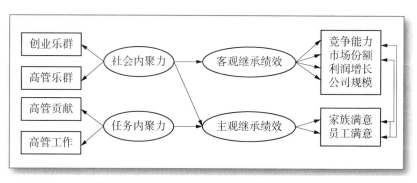

图 9.7　高管团队内聚力与继承绩效关系模型

在具体检验了多种背景变量和多样本比较的基础上，研究结果表明，高管团队内聚力两个维度中，社会内聚力维度对家族企业继承绩效的预测力更强，对客观继承绩效和主观继承绩效都有显著的影响；任务内聚力维度对主观继承绩效有较显著影响，对客观继承绩效则影响较小。研究显示出在集体导向文化下的家族企业，对处于交接班这一变革转型期的高管团队，如何确保团队内部的和谐、心理相容、共享认同，促进继承绩效的实现，对于家族企业继承成功和领导力传承具有重要的意义。研究为家族企业传承发展和高管团队建设提供了新的理论框架和实践指导。

9.3　领导的职权和领导力开发

知识要点 9.3　女性领导与能力开发

领导职权：奖励职权、惩罚职权、法定职权、参照职权、专长职权五源影响力
女性领导：以社会与组织视角发挥双向跨层促抑效应而实现女性领导成长
女创领导：变革心智、培育创新、掌控风险、整合关系、亲和感召、母性关怀
领导开发：参与原则、定制原则、迁移原则、反馈原则、聚焦"软技能"原则

9.3.1　领导职权特征与领导风格

（1）领导职权特征与管理策略

与领导行为密切有关的是职权特征。企业组织在很大程度上是一个社会关系、多层职位和职权系统。管理心理学把职权定义为"在企业组织特定岗位影响他人按照特定目标行动的能力"，又称之为"职位影响力"。这里所说的"职权"既包括了不同领导层的职务权力，也是指所有岗位任职的职责权力和决策影响力。管理心理学认为，职权是一个综合概念，职位影响力来源于多种职权特征，例如，职务、职责、岗位专长或经验、人际网络活跃度以及参与各种活动的行为效应，并非只是狭义的管理或监督权。在企业的高管层，职权是任职人为对其下属行为的管控力或影响力；在个体层次，职权又可以理解为一种影响自身或社会行为的组织意识和

心理倾向。职权既可以是一种指令性的特征，也可以是一种潜在的影响力。职权有多种来源，有些以人际因素为基础，另一些则以职权结构为基础，成为管理指挥系统的基本特征，通过企业组织体制、政策、规章和程序加以实施。领导者运用职权来达到群体实现的目标和组织成效。我们常常通过领导力开发策略增强领导者的职权能力，即运用和发挥多源权力的能力。

1) 五源人际职权理论。有关职权的研究中比较经典的是五种职权来源的职权理论，认为企业管理职权来自：奖励、惩罚、法定、参照、专长五种来源。

□ 奖励职权。管理职权来源于拥有分配奖励结果的能力。例如，赞扬、晋升、工作任务、休假、奖金乃至某种待遇等的分配和创设能力，都表现出奖励职权。在参与管理场景下，奖励职权的运用有利于增强组织承诺度，并对企业组织的目标达成产生积极作用。研究表明，分配合理性、信用度和下属需求的满足性是奖励职权发挥效能的基本条件。

□ 惩罚职权。管理职权来自分配负面结果的能力，包括给予负面处理或免除正面奖励，例如，批评、降级、减薪、辞退等。惩罚职权一般会产生短期的组织顺从，却很可能形成行为障碍甚至群体阻力。惩罚措施的规范性、预警性(预先提醒和警告)和保持信用度是惩罚职权有效性的关键条件。

□ 法定职权。管理职权来源于正式管理中的职位任命及其制度性、指令性的规范和观念。企业组织的法定职权分布于其层峰结构的职位和不同岗位之中，形成了管理的正式职权体系。企业组织的法定职权往往需要与关系导向的领导风格结合，才能形成下属的组织承诺。通常，法定职权更多导致下属在企业中的顺从行为，其关键条件包括规范化、程序化、人员导向等。

□ 参照职权。管理职权建立在任职者的某种个性特质、魅力或特定资源基础之上。领导者的领导魅力、榜样行为、诚信担责等特点，都会形成某种参照职权，影响他人的行为。参照职权最容易使下属形成组织承诺和较长期的组织顺从。公平性和利益与需求的相容性是参照职权发挥效能的基本条件。

□ 专长职权。管理职权来自拥有某种专长、知识、才能和技能而产生的影响力。专长职权有两种方式：为他人提供所需知识，使之改变态度或行为；要求他人遵从，以换取所需要的专长。专长职权运用的重要条件是领导者的任务目标是否与下属的目标一致。企业上下高度一致的目标认同，保持职权的信誉，相互尊重，使专长职权运用和组织绩效密切关联，取得更为积极的效果。

在上述五种职权来源中，前三种来源与企业的管理体制及职位有密切的关系，后两种来源则更多依赖于领导者个人的特质。在五源职权框架的基础上，相关研究特别强调了"关系职权"的重要性，特别是超越个人关系的团队关系与组织资源所形成的关系权力特征。

2）职权结构理论与层级研究。除了人际职权,不同企业组织体制下的工作活动和信息流向也会形成结构性管理职权与层级基础。

□ 职权结构因素。相关研究提出,三种结构因素起着重要作用:不确定性控制、可替代性、中心度。不确定性控制是指领导者通过对影响企业组织绩效的关键权变因素的控制而降低其不确定性,从而获得结构性职权;可替代性是指领导者对于企业组织运营的关键程度,低可替代性能够使领导者对于企业具有重要性,从而获得结构性职权;中心度是指领导者在管理流程中的地位,可以使领导者拥有较强的结构影响力。可见,不确定性降低、低可替代性和高中心度是导致结构性职权的重要因素。如何用好各种职权,使之为实现企业组织的发展目标服务,这是领导行为的重要策略。

□ 职权层级与绩效关系。职权层级关系取决于团队层级一致性,即职权与地位的匹配度,否则,职权层级容易抑制团队的绩效。季浩、谢小云等(2019)通过对大学生创业实践团队的实验分析表明,层级一致性制约着职权层级与绩效的关系。事实上,随着数字化和跨界团队的日趋普遍,常规职权层级模式逐步弱化,取而代之的是基于数字化技术的知识密集、相互支持、协作共享的分布式自组织。这种职权体系结构以参与者为导向,更注重组织成员在执行任务时通过自我组织、依靠协议、共享平台来保持控制和协调,而不是常规的分层机制。

（2）科学管理能力与领导特质

1）科学管理的领导原则。早期管理理论与实践的焦点是人与工作。科学管理理论最早的代表人物泰勒(F. W. Taylor, 1856—1915)通过在伯利恒钢铁公司进行的著名的"搬铁块"实验和"时间—动作分析",相继完成铁锹实验和金属切削实验等多项实验,首创了诸如劳动定额、工时定额、工作流程图、计件工资制等一系列科学管理制度和方法。泰勒(1911)的《科学管理原理》提出了以下科学管理原则:①把工作组织的所有责任分配给经理,由管理人员负责工作的计划和设计,而让工人执行工作任务;②运用科学方法决定每一工作任务的最好方式,由经理设计和安排每位工人的工作,确定完成任务的标准和方法;③对每一种工作选择最适合的人,经理努力使每位工人的能力与各自工作的需要相匹配;④对工人进行培训,以便正确从事其工作,经理训练工人在工作中运用标准的方法;⑤对工作作业进行监控,以保证正确执行具体工作程序,并取得适当成果,经理实施规范的控制,确保所管辖的工人以最佳的方式开展工作;⑥通过计划工作任务分配和消除差错动作来提供进一步支持。

2）领导特质理论与研究。管理心理学家从不同角度,对领导特征和领导行为进行了深入的研究。领导特质理论研究的重点在于领导者的素质或特征,认为管理的成功取决于是否拥有具有良好特质的领导者。许多心理学家对社会上特别成功的领导者进行了深入的案例分析和档案资料分析,试图找出领导者应该具有的个体特性。大家经常提到七种特质:①善于言辞;②外表英俊;③高超智力;④充满自信;⑤心理健康;⑥支配趋向;⑦外向敏感等。比较系统的领导者特质体系包括:①具有良知;②诚实可靠;③勤奋勇敢;④有责任心;⑤富有胆略;⑥开拓创新;⑦直率公正;⑧自律精神;⑨富有理想;⑩人际关系;⑪风度优雅;⑫干练胜任;⑬体格健壮;⑭高度智力;⑮有组织力;⑯有判断力等。

这些特质要素就像一份"菜单",可以根据具体的岗位要求加以组合。但是,在领导特质的研究中,比较忽视情景因素,因而难以对有效领导者作出全面、合理的解释。有关领导特质研究的新思路认为,领导是一种动态的过程,需要从领导动态过程来理解领导特质。因而,研究注重以发展的眼光分析领导特质。成功领导者的许多特征是在领导实践中学得、形成、重塑和发展的,有效的领导特质可以通过培训和历练而加以造就。

3)魅力式领导理论。有关领导特质的较新研究聚焦于魅力式领导理论领域。这里所说的"魅力"是一种领导者个人具备的带有鼓舞、支持性的人际吸引力,包含着个性、能力、经验和坎坷经历中形成的综合特质风格和动作神态。在动态、变革、转型、发展的背景下尤其需要结合领导者的人格魅力。在其他条件均等的情况下,魅力式领导更能够成功地影响下属行为,并实现组织目标。魅力式领导理论包括三种成分:建立愿景,鼓动精神,支持进取。魅力式领导者需要运用其号召力形成组织未来发展的愿景,设置高水平的工作期望,并且塑造积极工作的行为;通过个人的激情、信心和成功,鼓动奋发向上和创新进取的精神;不断支持、鼓舞、信任和影响下属实现组织目标。我国许多著名企业家,除了其他能力、素质和成长环境外,都表现出独特的领导魅力,成为他们获得成功的重要条件。

9.3.2 女性创业领导理论与策略

(1) 女性领导者的特点与成长

在领导力相关的研究中,女性领导行为特别是女性创业领导能力一直是受人关注的领域。重要的趋势就是让更多的女性进入各种管理与领导岗位。女性领导有哪些特点和优势?如何开发女性领导能力呢?

1)女性领导行为的维度特点。相关研究表明,与男性领导相比,女性领导行为更为缓转性、依存性、情绪敏感、感性直觉、技巧协商、移情跟进;在企业领导岗位更加指导导向,更少直接授权,更多征询多方意见等。从最新的研究回顾来看,女性领导的成长既有促进因素,也有阻碍因素。在 Lyness 和 Grotto(2018)提出的阻碍促进模型基础上,我们修订了女性领导成长促进—抑制效应模型,见图 9.8 所示。

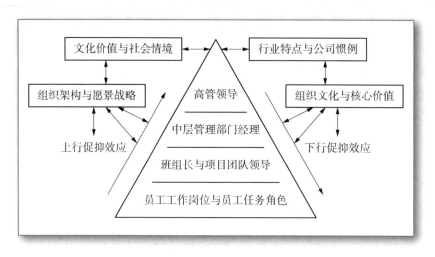

图 9.8　女性领导成长的促进—抑制效应模型

可以看到,在组织层面,文化价值与社会情境、行业特点与公司惯例、组织架构与愿景战略和组织文化与核心价值在女性领导成长方面发挥着重要的相互影响力。在组织的四个层面(员工、班组、中层、高层),我们列出了对女性领导成长比较重要的因素:

▫ 高管领导层:价值心智、胜任能力、职权模式、合作格局、领导绩效;
▫ 中层管理层:价值取向、性别特征、职责分工、任务协调、参与决策;
▫ 班组团队层:团队动能、能力分布、角色关系、内外协作、团队业绩;
▫ 员工岗位层:性别理念、任务能力、工作表现、互动角色、工作绩效。

在图 9.8 中,在四层次与三角架构内外互动影响下,学会利用和发挥上行促抑效应和下行促抑效应,是女性领导能力开发与管理目标之一。通过充分发挥增强促进和减弱抑制的成长效应,可以持续提升女性领导的成长效能。

2) 女性企业家领导模式的特征。尽管有关女性领导风格在学术界有过不少研究,多数研究受到性别刻板印象和性别角色论的影响,例如,亲和力、优柔性、妥协性、和谐力等,缺乏系统的领导风格实证评价。关于女性企业家的领导力模式,胡剑影、蒋勤峰、王重鸣(2008)开展了实证研究。在以往研究和结构性访谈的基础上,我们设计了女性领导模式问卷,在上海等多地选取了 258 位女性企业家开展调查。这些企业家中绝大部分人的工作年限为6—10年、本科学历以上(硕博士研究生学历占1/3),其企业规模200人以上,企业营业额500万元以上,表明样本的代表性与成熟度。通过对调查数据的分析与建模,获得了女性企业家领导的五种模式:

- 人本型领导模式:培养下属、回应优秀、倾听建议、告诫下属、良好沟通;
- 变革型领导模式:遵规守制、转型要领、检查跟进、体贴下属、反思工作;
- 转换型领导模式:共同目标、创意解题、前景鼓舞、团队精神、未来信心;
- 和谐型领导模式:以身作则、挑战下属、征询员工、实例启发、合作协调;
- 交易型领导模式:利益相关、教益互励、担责用人、借鉴同行、坚韧自信。

这项研究为深入理解和提升女性领导模式提供了系统的理论指导和应用参照。

(2)女性创业领导能力特征

1)女企业家的能力。进入新世纪,在创业创新的发展趋势下,女性创业能力开发成为一项战略任务。女性创业有哪些特点呢?吴冰与王重鸣(2008)对比研究和分析了上海高科技企业女企业家和中小民营企业女企业家的生存与成长情况,建议对中小民营企业女企业家加强知识技能培训和能力开发。从2008年开始,浙江大学全球创业研究中心与牛津大学赛德商学院紧密合作,秉承"提升女性就是带动社会"的新理念,开展了中国女性创业能力开发研究项目,先后为900多位高潜质的创业女性提供了基于行动式学习的创业能力开发课程,并通过实施创业行动升级计划,跟踪她们的创业实践,辅导新的持续改进计划,检验她们的创业领导力提升。王重鸣(2020)总结这项研究的结果表明,以创业五力模型为框架,通过创业行动学习,在女性创业的能力提升财务业绩和新创就业机会等三个方面取得显著成效。女性创业者普遍表现出敏锐的商机警觉、强烈的成功追求、坚韧的不懈坚持、热忱的互动合作、执着的学习进取、强烈的成功等优秀创业品质。从我们12年来的研究与女性创业能力开发实践成效来看,女性创业主要在包括信息技术创业、文化创意创业、绿色农商创业和专业服务创业等行业领域比较活跃和成功。比较有效的女性领导能力开发的策略包括建设学习型、支持型文化,创设公平、信任、包容、学习的文化氛围和人力资源政策;创设多种挂职历练项目,培养女性的领导潜能;启动女性领导能力开发项目与专题后备计划等。

2)女性创业型领导的研究。与女性创业领导能力密切有关的是女性创业型领导研究。杨静与王重鸣(2013)围绕女性创业型领导的维度及其特征开展了实证研究,论证了女性创业型领导行为的六项维度:

- 变革心智:审视威胁机会、前瞻愿景目标、担责诚信经营、策划变革转型;

▫ 培育创新：商业模式创新、授权尝试机会、培养创业能力、塑造行动文化；

　　▫ 掌控风险：协调业务问题、谨慎控制风险、整合人才队伍、化解经营危机；

　　▫ 整合关系：建立业务合作、构建竞合关系、跨业协作共事、维系公共关系；

　　▫ 亲和感召：亲和待人接物、正直坚韧处事、积极乐观示范、决策果断感召；

　　▫ 母性关怀：建立心理安全、认可包容员工、指导激励成长、亲情关怀保障。

　　进入新世纪以来，领导力研究与应用十分活跃，涌现出一系列新型领导力类型和策略（见表9.1），成为管理心理学领导力理论的全新发展。

9.3.3　领导力开发的模式与策略

　　领导力开发是管理心理学中迅速发展并得到广泛应用的领域。企业组织从未像现在这样重视培育和开发领导力，并从一般领导学培训课程，转向数字化、实战式的领导力整体培育方案或领导力成长计划。领导力开发在原理上注重参与、定制、迁移和反馈，在内容上强调软技能、数字化技能和创新创业能力，在模式多运用指导人计划和教练辅导方式。

　　（1）领导力开发原理与软技能

　　1）领导力开发的四项原则。系统获取与工作职位有关知识与技能的过程遵循四项管理心理学学习原则：

　　□ 参与原则。领导力开发提高参与学习程度，显著提升领导力开发成效。通过案例分析、角色扮演、模拟任务等方法，加强参与学习和情绪卷入的程度。

　　□ 定制原则。领导力开发强调多场景任务学习"熟能生巧"，指学会依据多种场景定制赋能策略，从而提升领导力开发的适应性和生态性。

　　□ 迁移原则。把领导力开发成效体现到实际工作的程度称为"迁移"。要求领导力开发方案尽可能有利于所学知识与技能迁移到实际情景。这需要赋能开发中增强情景模拟、任务实训、配套措施（专项激励与特别考核等）。

　　□ 反馈原则。领导力开发效果的反馈是学习的关键环节。我们在行动学习中建立了新型的"行动环"，利用"目标—反馈—迭代"形成整合反馈机制，成为领导力赋能与绩效改进的创新。

　　管理培训与领导力开发讲求通过学习迁移提升适应性绩效（adaptive performance），即通过学习与认知适应能力提升而带来的绩效。这是领导力开发更持续的成效指标。陶祁与王重鸣（2006）在多个地区对开展管理培训的企事业单位的334名管理人员进行调研的基础上，验证了适应性绩效的多维结构。适应性绩效的结构包括八项维度：紧急或危机事件处理、工作与压力处理、创造性解决问题、不确定工作情境处理、任务与技术程序学习、人际适应性、文化适应性、身心适应性等。我们的研究整合成四项维度：压力与危机处理、人际与文化适应、岗位持续学习和创新解决问题，可以作为管理培训与领导力开发的效能指标。

2）聚焦高绩效领导力与软技能。除了技术提升，日益受人重视的是"软技能"培养与应用。"软技能"主要指人际技能、沟通技能、学习技能、团队技能和领导技能。从职场面临的挑战与机遇来看，最新研究提出四种重要的职场能力：创造力、说服力、合作力和适应力。管理胜任力成为组织多层次关注的最重要需求之一，也是管理心理学的重点领域。这方面的研究十分活跃，也取得了许多新的进展。时勘、王继承、李超平(2002)采用 BEI 行为事件访谈技术和效标群体分析方法，结果发现，我国通信业高层管理者的胜任特征包括影响力、组织承诺、信息寻求、成就欲、团队领导、人际洞察力、主动性、客户服务意识、自信和发展他人等。我们的研究表明，管理胜任力主要包括三大成分：技术胜任力、人事胜任力、创新胜任力。技术胜任力是从事某一岗位或项目时应用专业技术知识的技术能力或专长的胜任力；人事胜任力是工作中与项目内外和组织内外人员或团队共事的能力，包括高度的技术素养、自我意识、换位思考及合作协同方面的能力；创新胜任力则是指管理者驾驭变革创新、解决复杂组织创新问题和识别创新机遇及实施创新项目的能力。

（2）指导计划与教练辅导计划

在实践应用中，领导力开发的最有效策略之一是"指导人计划"和"领导力教练计划"。

1）指导人培育计划(mentoring program)。这是企业组织专门设计和正式启动的"一对一"、"一对多"或"多对多"领导力培养计划。在许多企业，日常都有各种"师徒计划"，对新员工作出见习性的指导。不同的地方在于，领导力指导人计划聚焦领导力提升和历练的正式指导计划，常常作为整体能力建设计划的组成部分。典型的领导力指导人计划包括四个阶段：指导关系建立阶段、指导目标设置阶段、互动指导行动阶段和未来发展计划阶段。管理心理学把指导关系看成有经验的指导人与较年轻的被指导人之间的认知—情绪互动，在信任、支持的相互关系中，被指导人得到指导人在生涯成长(关爱、体验、历练、学习、专长等)和心理社会(才能、认同、角色、友情、伦理)方面的教诲、辅导和示范。指导人计划成为各类组织的重要领导力开发与员工成长策略。有关如何设计与加强指导关系以提升指导质量，尤其是中高层经理的指导计划，比较有效的是采用心理依恋理论(attachment theory)构建高依恋指导关系以促进高指导效能。王晟、诺伊、王重鸣、格林伯格(2009)专题研究了中国企业为期两年的正式指导人计划，对 174 对指导人与被指导人的调研表明了基于低回避与低焦虑(例如是否开诚布公和接受心态)的依恋风格交互影响了指导意愿和指导关系质量。良好的指导人计划可以显著提升终身学习、自信与适应、心理弹韧性、自我意识与自知之明、学习型组织、赋能下属等方面的能力。另一项重要理论是"自我拓展理论"（self-expansion theory），用以解释人们努力增加资源、观点、认同感以增强达成目标的潜在效能感的自我拓展动机，用以优化领导力指导计划的适配度和有效性。

2）领导力教练辅导计划（executive coaching），又称高管教练计划。在多变、不确定、复杂、模糊的 VUCA 环境下，过去的成功不再能有效指导将来的胜利，经理人的角色已经转变为"教练"而不是常规的发指令者，领导力教练计划近年来得到突飞猛进的发展。领导力教练计划与人才管理、学习型组织建设和各类领导力开发计划整合在一起。我们把领导力教练计划定义为"运用心理学技能与方法以一对一等关系模式帮助学员成为有效的经理人或领导者，使他们把这些技能结合到管理与领导才能库中去的成长计划"。比较常用的技能包括反馈技术、多向沟通、冲突解法、认知重构、框架重塑、变革管理、团队激励、战略规划、情商管理、目标设置策略、行动学习策略、新兴领导力、多团队协同、数字化项目管理等。领导力教练计划包括四个阶段：启动教练关系、制定教练计划（通常 3 个月到 2 年）、定期互动咨询、持续改进提升。教练计划聚焦当前与未来，致力行动导向、成长开发导向、运用教练才能、关注绩效问题、体现组织效能、保持积极心态。教练计划的目的和模式也日趋多样，比较流行的有生涯教练、团队教练、绩效教练、后备教练等。朱瑜、吕阳等（2018）的研究通过跨层次结构方程模型分析方法，验证了教练型领导对员工创新行为的显著影响以及创造力自我效能感的中介作用，为教练型领导能力的开发和策略构建提供了研究依据。

3）基于整合赋能的组织培养成长计划。由于领导力开发的情境性、内隐性特点，我们建议在指导人计划和领导力教练计划中建议采用行动学习模式，可以参照问题驱动策略、原理反思策略、行动的目标—反馈—迭代策略开展指导或教练（参阅第 11 章相关内容）。为了使指导人计划和领导力教练计划更具针对性和实效性，首先必须建立高度互信、开放、亲情、建设性、创新性的指导与教练关系。其次，从领导者工作实践出发，识别竞争环境、转型升级、业务拓展、内生动力、创新实践等方面对现有领导力提出新挑战、新要求和新目标。例如，在数字化转型情境下，常常面临转换心智模式和学会采用数字化管理模式的挑战和问题，需要结合如何应对从常规的监管型、分管式、行政型的领导方式向自主式、分布式和项目式的自下而上领导策略转变所带来问题出发，策划领导力开发的建议方案。实践中运用比较有效的整合赋能 GROW 模型，通过目标（G）、现实（R）、选项（O）和意愿（W）四部曲推进领导力教练计划。研究表明，成功的指导人或教练具备七方面的能力：

责任伦理、行动策划、创建关系、有效沟通、目标设置、促进成长、行动管理。此外，明晰的目标、及时的反馈、充分的诚信、组织的支持、成效的显示等都是指导人计划与教练力计划的成功条件。

从以上讨论可以看到，新型领导力都具有多维度与多水平的效应模式。请阅读"研究解读9.3 女性创业型领导：多维度结构与多水平影响效应"，思考和讨论以下三个问题：如何采用扎根理论方法作出女性创业型领导基本维度的提炼？这些女性创业型领导特征在其创业创新实践中有何具体表现和发挥？在实际工作中，如何才能持续提升女性领导能力？

研究解读9.3 女性创业型领导： 多维度结构与多水平影响效应

作者：杨静(山东财经大学)、王重鸣(浙江大学)

发表刊物：《管理世界》，2013年，第9期，102—117

研究内容：本研究将女性创业型领导作为一种新的理论构思，从理论构建方法的选择上，采用定性研究范式充分描述并解释领导的社会影响过程，以扎根理论分析，用丰富的情境视角来"捕获"领导的影响过程，开发多水平的女性创业型领导构思与测量，同时关注女性创业型领导行为在员工个体水平以及组织水平所产生的多水平影响效应。首先采用半结构化深度访谈收集研究第一手数据，对41家创办并经营企业的女性创业者和企业家做深度访谈，了解在变革背景下如何领导公司创业的详细过程；并现场观察女性企业家对管理层的经理以及员工的领导方式以及下属的追随表现，对深度访谈收集数据的真实性进行验证。结合企业网站信息、新闻报道与深度访谈的关键事件进行三角证据取证。依据理论性取样原则，进行开放式编码。对收集的所有材料进行逐行编码、逐个事件编码分析来提取相应概念。使用原生代码，即研究对象自己表达出的一些独特词语，作为反映女性创业者和企业家的观点以及所处变革情境的感知与真实反应。综合运用了逐行编码、逐句编码、逐段编码，让其中蕴含的初始概念自然涌现。从41例取样数据中共抽取了1356个初始概念。编码分析第二步骤是选择性编码，采用大量的数据来筛选代码，提取核心范畴。核心范畴是从开放式编码中"自然涌现"的，其具有两个主要特征：关联的重要性；频繁重现性。从数据中"萃取"与女性领导创业过程所表现出的关键领导行为36个子范畴并提炼为：

变革心智、培育创新、掌控风险、整合关系、亲和感召、母性关怀 6 个核心范畴，形成女性创业型领导的 6 个维度。在此基础上编制、预测形成 34 题项评价量表，选取了 246 名和 302 名两个女性创业型企业家样本加以测量和印证。通过系统的探索性与验证性建模分析，验证了上述 6 个维度的聚合效度与区分效度。进一步采用成套问卷设计，由女性创业型企业家、管理者与员工分别评价女性创业型领导能力、组织绩效和变革承诺与员工主动性。跨水平分析表明，在组织水平上，女性创业型领导行为对于创业组织财务经营绩效、组织创新绩效及社会责任绩效均产生积极的影响作用；在员工个体水平上，女性创业型领导对员工变革承诺和个体主动性的积极影响关系；女性创业型领导的亲和感召对员工变革承诺和个体主动性跨水平产生积极影响效应。本研究通过系统的多方法分析和跨水平论证整合了女性创业型领导与员工个体行为的效应关系以及与创业组织产出相关联的效能机制，全面、准确地检验了女性创业型领导能力的关键维度及其所产生的多水平影响效应，为女性创业型领导能力的研究与应用提供了重要的理论指导和方法示范。

第 9 章　思考题

1. 领导与管理有哪些主要区别？领导行为模式与领导力的概念有何不同？

2. 叙述权变型领导理论的三项情景条件及其关系导向与任务导向风格的效能。

3. 领导者—成员交换理论发展经历了哪四个阶段？LMX 与工作绩效关系如何？

4. 请用领导传承的拮抗过程模型解读主要的拮抗动力、触发因素和接班策略。

5. 女性创业型领导有哪些能力维度特征？女性创业能力开发可以采用何种策略？

6. 如何运用指导人计划和领导力教练计划提升和实现职业经理人的领导潜能和新型领导力开发？

第四编　创新、组织与变革

第 10 章　组织创新与组织学习

10.1　创新管理与创业管理策略

知识要点 10.1　组织创新与双创领导

设计思维度：　人为中心-多维整合、创新创造-洞察框架、原型开发-互动交付
创新力管理：　创新管理开发为主线，创新与创业领导力为双翼的智合性管理
创新领导力：　创新创意设计力、创新模式运营力、创新创造开发力的三维结构
创业领导力：　创业风险掌控力、创业协合创新力、创业行动开拓力的三维结构

10.1.1　创新的理论与创新力管理

（1）创新概念和创新理论原理

1）什么是创新？关于创新的概念，有多种不同的视角。按照通常的说法，创新就是"推陈出新"，即采用新的实践，把创意与知识转换成在市场中产生新客户价值的新产品和新流程。我们把创新定义为"以新流程把创意知识转换成体现新客户价值的产品与服务的行动"。在创业领域，创新被定义为：创新＝新思想＋新产品与服务＋市场实施，可以分为产品创新、流程创新、市场创新、结构创新、文化创新等；在管理情境中，创新是为达成组织目标对于管理实践、流程、结构或技术实施创新组合；在工程领域，创新是创造或生成新的活动、产品、流程和服务，以新视角看事物，跳出现有范式，改进现有工艺与功能，采用新的成功实践等（王重鸣，2020）。

显而易见，创新并非发明。创新包含三个重要元素：创新创意（新思想、新想法、新视角、新理念）；创新过程（推陈、生成、优化、变革、发展）；创新行动（实践活动、实施行为、行动模式）。其中，创新创意基于思维创新，创新过程基于程序创新，创新行动基于结构创新。我们以创新点、创新流和创新群界定创新能力的概念：思维创新点、程序创新流和结构创新群。这三者形成了交互式三特征创新体系，相互影响和支撑，实现交互创新机制，使之更具创新活力和成果潜力，表述出这一思维、程序、结构三特征的交互与整合式创新体系。

2）创新理论与管理心理机制。奥地利经济学家熊彼特(J. A. Schumpeter, 1912)在其成名之作《经济发展理论》中,首先对创新(innovation)概念作出界定,提出创新是生产函数或供应函数的变化,或是把生产要素和生产条件的"新组合"引入生产体系。1939年,从教哈佛大学的熊彼特出版了《经济周期》等论著,深化了创新概念,提出了"创造性破坏"作为新内涵,创新也成为企业家精神的新元素。其创新组合包括五种情况:采用一种新产品或产品新特征;采用一种新的生产方法;开辟一个新市场;控制新的原材料或半制成品的一种供应来源;实现一种新的工业组织。这五种创新活动可以归为三大类:技术创新、市场创新、管理与组织创新。虽然技术创新概念的提出至今已有70多年的时间,却尚未形成一项严格、统一的定义,这主要是因为技术创新是一个涉及面广泛,而又复杂的过程,可从不同角度去研究和定义。大部分研究人员一般倾向于采用以下的定义:技术创新是一个从新产品或新工艺设想的产生到市场应用的完整过程,它包括新设想产生、研究、开发、商品化生产到推广等一系列的活动。这个定义比较全面地说明了技术创新的含义,即技术创新是一个科技、经济一体化的过程,强调了技术创新的最终目的是技术的商品化应用和新产品的市场价值。从管理决策的角度看,技术创新是一种多阶段的决策过程,可以分成若干阶段:

□ 机会识别阶段,即弄清市场需要,并且基于对当前社会与经济环境的正确分析,使新思想和技术可行性相结合。

□ 思想形成阶段,对所形成的新设计思想进行评价,决定该技术创新是否值得继续投入资源,把创新项目推向下一阶段。

□ 问题求解阶段,新思想的形成与设计概念的产生,提出需要解决的问题,从而投入人力、物力、财力去寻求解决方法。

□ 问题解决阶段,问题可以通过发明解决,获得发明专利,也可以采用他人发明或已有技术解决,称为模仿或仿造。

□ 批量生产开发阶段,技术创新活动主要解决批量生产的工艺技术以及降低成本和满足市场需求等问题。

□ 新技术应用推广阶段,新技术、新产品首次得到应用并向市场推广,少数新产品得到畅销和顺利回收技术创新的投资。

技术创新包括四个要素:创新者、创新机会、创新环境和创新支持系统,技术创新是一种多阶段的决策过程。

3）设计思维与管理创新。创新的重要途径是采用设计思维。什么是设计思维呢?设计思维是指"以人为中心,通过整合技术系统条件和社会文化情境开展创新的途径"。格鲁伯等(Gruber, de Leon Royal, George 和 Thompson, 2015)在

《管理学会杂志》(Academy of Management Journal)题为"设计管理"的主编专题文章中,构建了包括创造发现、洞察框架、原型选项、互动交付等四阶段设计思维模型。他们认为,由于创新已经无处不在,管理创新也已经成为常态,设计思维应该成为每位经理和员工的心智模式与胜任力。图 10.1 是设计思维、商务思维和工程思维三种模式的比较。

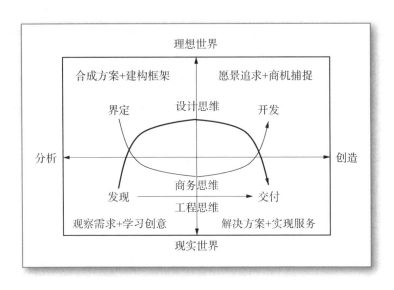

图 10.1　设计思维与其他思维的路径比较[修订自 Gruber 等(2015)]

可以看到,设计思维从发现起步,以客户的视角洞察需求,通过观察与学习,进入合成框架,联结愿景商机,到达解题实现;常规商务思维从界定出发,进入观察与学习、实践尝试,达成愿景商机;而工程思维则从发现出发,通过观察与学习,直通解题交付,实现产品与服务。设计思维重塑了商务式管理行为与管理模式。与一般商务思维相比,设计思维更多表现为直觉整体、多重选项、总有更好、商讨新意、寻求新解等重要心理特征。设计思维已广泛应用于多种产品与服务的设计与开发,并成为高绩效企业的战略思维方式,持续创新商业模式,不断开拓新业务。

从管理心理学来看,以设计思维行事、创新可以采用六项技能,实现六方面的创新效能:

　　▫ 观察新问题。以开放视野解读视角创意,深度知觉客户新需求。

　　▫ 定制新需求。以个性视角体验组织目标,定制聚焦组织新价值。

　　▫ 发挥新想象。以发散方式拓展理想空间,运用隐喻激活新体验。

　　▫ 尝试新实验。以快速迭代实现方案原型,探索实验促进新合作。

□ 分享新合作。以合作方式激发分享创意,愿景导向拥抱新参与。

□ 强化新整合。以整合方式实现创新解法,交付设计思维新成果。

管理心理学研究表明,设计思维作为一种社会—技术创新途径在实施中也需要采取新策略。在创新实践中,会遇到不少旧习惯、老模式和惯性行为的问题或阻力。常见的问题有专长经历陷阱、资料数据困扰、多样视角分散、多方利益冲突、陈规陋习束缚和变革过程抵制等。设计思维可以通过转换心智模式、释义解读资料、对标组织目标、求同存异洞察、破除偏差陈见和学习实验行动等策略,显著推进创新管理、数字化使能服务和创新型领导效能。

(2)创新力管理与创新领导力

1)创新力管理的特征。管理心理学把创新力管理定义为"以创新理论与创业策略为基础,通过创业创新创造的行动策略而开展组织管理与创新发展的管理过程"。如何在组织成长中做好创新力管理呢?从五力管理框架可以看到,创新力管理是以创新管理为主线,以创新领导力和创业领导力为双翼的智合性管理。创新力管理整合包括创新管理、创业管理、创造力管理、组织学习、开发式学习和数字化学习等多项创新学习原理与方法,全面提升企业组织创新发展能力。

创新管理有哪些基本特征与策略呢?创新管理的核心是自主创新,指运用自身领域的创意、新技术、新工艺和新思路实现技术创新、业务创新和开发创新的创造过程和创造成效所体现的管理实践。技术创新与业务创新就像是"双轮",开发创新就像是创新支架,支撑着双轮并驾齐驱。如图 10.2 所示,创新管理以创新能力体系(ICS:Innovative Competence System)(思维—流程—结构)、创业五力理论(EFC:Entrepreneurial Five Competence)(基于五力的创新)和创造开发模型(CDM:Creative Development Model)(激励—专长—组织)为基础,以创新领导力和创业领导力推进设计蓄能、科创聚能和开发使能,从而全面增强包括技术创新、业务创新和开发创新的创新管理,实现创新力管理的总体目标。

□ 技术创新管理。这是指企业组织运用自身领域的创意、新技术、新工艺和新模式实现创造过程和创造成效的过程,涉及企业研发创新与科创要素的转化,开发与应用各类知识产权,开展创新业务与技术创新项目等,也包括采用新技术、多创意方法开展内部创业式的创新项目。技术创新管理整合了包括创新思维点、创新流程线和创新结构群的创新能力体系,通过设计思维策略和知识产权策略等,以知识产权的开发与自主创新作为技术创新管理的核心任务。王重鸣与薛元昊(2014)的研究发现中国企业在知识产权创新的成功实践中,提炼出知识产权创业的三维能力:知识产权获取能力注重探索学习与创造吸收;知识产权维护能力强化转化学习与维权保护;知识产权运营能力提升开发学习与增值

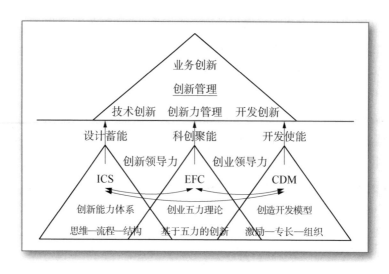

图 10.2　创新管理模型

运营。

　　□ 业务创新管理。这里所说的业务创新既是指商业模式的创新,也是指在人财物和架构与流程方面实施与常规显著不同新的管理实践及模式创新。业务创新管理以基于创业五力模型的科创能力策略为抓手,重点提升创新力管理的效能。事实上,在 VUCA 营商环境下,所有企业组织的业务与管理模式都面临创新。业务创新一般包括以下阶段:对管理现状存在问题的识别,对创新模式信息与创新知识的获取,对业务模式及管理方法的创新方案,在内外场景中尝试与检验创新方案,向其他部门或企业组织的创新推广与扩散。业务创新管理也需要重大的战略性投入,以期带来可续创新成长。以愿景战略整合财务与非财务绩效的平衡计分卡创新,有关智力资本的测量方法,生态系统开发方法,六西格玛质量管理方法,社区型商场与企业模式以及通用电气 CEO 韦尔奇创造的系列性颠覆式管理创新等实践,都带来了业务、队伍和财务的跨越发展。如何加速业务创新(管理创新与商业模式创新)呢? 管理心理学研究提出六项策略:

　　▫ 建立创新职能促进产品与服务创新;

　　▫ 创建解题式创新文化鼓励创新精神;

　　▫ 开放学习各种创新实践与创意思路;

　　▫ 稳妥实施创新式试点或实验性项目;

　　▫ 外聘专家或伙伴单位开展创新指导;

　　▫ 运用系列性业务创新实施持续改进。

　　□ 开发创新管理。开发创新管理是指运用创造力开发方法或数字技术,改进现有业务流程和员工工作效能。特别是以包括激励、专长和组织三要素的创造力开发模型为依据,建构起增强客户体验和启动新的产品服务与业务模式的开发策略,以数字化创新助力企业多方面的弹性与能力开发,加快数字化创造力开发,展现出多方面的创新管理成效。在此进程中,明晰创新愿景,建立共同目标,领导带动创新,鼓励多部门合作,并培养创造精神和容错氛围。实践证明,数字化创新可以有效协同技术创新、业务创新和开发创新的管理实践。

创新管理的理论与研究也层出不穷,许庆瑞(2007)提出的二次创新理论、组合创新管理方式和全面创新管理范式等理论成果为企业的技术创新和管理创新提供了原创性的理论与方法指导。创新并非一帆风顺,常常会有一些障碍,比较常见的有创新创造的规模效应不够大、组织模式行政化、文化与理念陈旧、缺乏合作和资源有限以及与市场衔接不紧密等。在创造、创新、创业过程中都需要加以预防和配套完善,从而实现持续创新。

(3) 创新领导力的特征与要素

不少人以为,创新是专家和科技人员的事,创新是"高大上"的任务。并非如此。在挑战、压力、变革、机遇面前,创新是每个人都需要激发的理念、表现的行为和具备的能力,其核心要素是问题解决能力。越是在变革或危机情境,创新与创造越是得到加速促成,成为关键的"生存能力"。我们在研究中提出,创新领导力包含三维能力特征:创新创意设计力、创新模式运营力、创新行动开发力。

1) 创新创意设计力。常见的问题是有创新想法,却缺乏创意设计与创造力。创新领导力的第一项能力特征维度是创新创意设计力,主要包含创意心智和设计策划两项要素。创意心智要素指设计思维、创意激发、开放冒险、标新立异等元素,以创意心智模式构思、设计和应对所面临的客户需求与成长机会;设计策划要素是指带领群体以激情创造和创新意志面对关键问题,识别客户痛点,策划设计策略,鼓励自主创新的能力。创新领导者富有主动精神,不惧失败差错,善于解题探险,快速驾驭不确定性和模糊性。

2) 创新模式运营力。常见的问题是许多创新计划比较笼统,缺乏模式选择运营策划的能力,或者创新计划缺乏重点,没有充分的实施准备,难以达成创新目标。创新领导力的第二项能力特征维度是创新模式运营力,主要包含模式决断和运营推进两项要素。模式决断要素是指善于面向市场、客户导向、目标聚焦,创新点流群结合,决断创新模式,选择创新方案,组合创新团队的能力,在紧迫情势下,往往触发创新对策,正所谓"急中生智";运营推进要素则是指具有策划创新运营、研判创新流程、选择实现客户价值方案的能力。创新团队建设是创业模式运营力的重要策略,表现为组合协同创新群体、部署团队运营策略、承担创新商模任务、提升创业协作计划的能力。

3）创新行动开发力。常见的问题是具有创新心智与模式运营的准备，却缺乏从创新思想到可持续发展行动的有效链接，需要强化创新行动策略的开发。创新领导力的第三项能力特征维度是创新行动开发力，主要包括创造践行和赋能开发两项要素。图 10.3 是创新领导力模型。

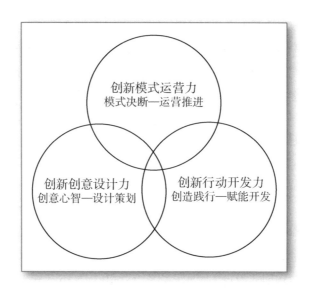

图 10.3　创新领导力模型

创造践行要素是指以创新创造与创新运营策略引领创新行动，带领群体尝试创新设计，践行创新策略，更新创业策略的能力；赋能开发要素则是指面向创新成长目标，组织多层次创业赋能，开发新兴创新胜任力。创新力是一种行动力，创新领导者引领创新行动，包含五项要求：

□ 有创新的组织文化支撑。创新领导力在核心价值观和文化导向上强调共享创新愿景，鼓励建设性创意，建立主动创新的组织机制。

□ 排除创新的障碍与框框。创新领导力善于排解影响创新的组织障碍、"绊脚石"和"拦路虎"。包括内部的竞争和回避失败的心态，也包括废除有碍创新的条条框框和陈规旧习。

□ 支持与鼓励作创新贡献。创新领导力需要修订或出台新的考核体系和奖励制度，建立相应的鼓励个人或群体创新的配套程序和管理机制。

□ 提供充分可取创新资源。创新领导力能够设置合理工作负荷和自主的决策空间，创新资源包括经费、材料、设施和信息以及开展创新项目的各种条件。

□ 建立创新团队合作网络。创新领导力需要提供具有挑战性的创新任务或项目,把组织建设成开放的创新生态系统。

可见,创新领导力的三个维度相互制约,适用于多种工作与管理场景,在变革创新与转型发展背景下具备创新领导力尤其重要。

10.1.2 创业理论与创业管理策略

(1) 创业三要素与创业领导力

1) 创业的概念与要素。创业和创业精神的概念据说早在中世纪就出现了,表示冒险之人,指对财富的强烈追求。到 20 世纪初,熊彼特首创的创新概念成为现代创业概念的新元素。创业精神则更多体现在追求创新、承诺目标和承担社会责任等方面。到了 1990 年代,创业实践中显著强化了行动导向。王重鸣(2015,2020)把创业定义为"以风险承担、创新驱动和行动领先为三要素的行为过程"。创业概念包含三项要素:心智、创新和行动。

□ 心智要素。创业的首项要素是心智,包含了强烈的风险承担和敢为人先的心智特征和对于机会、资源的自信与责任倾向。在创业活动中体现价值创造、不惧失败、勇于进取,表现出创业的风险担当、自信应对、机会意识和责任担当。创业心智的这些特征要素,成为创业成功的基本心理特征。

□ 创新要素。创业的第二要素是创新,包含了显著的创新驱动和创新行为的创新模式和擅长创意、创造、学习的胜任特征。在技术创新、队伍创新、管理创新和商业模式创新方面表现出以价值创造的方式实现独特要素组合和增值实践,以创新作为创业的核心要素。

□ 行动要素。创业的第三要素是行动,包含了主动的开拓行动和结果导向的行为模式和善于尝试、作为、推进的行动特征。行动成为创业的决定性要素,创业精神以行动实践为基础。在变革创新、数字智能的创业转型实践中,创业企业日益注重多阶段、多层次的行动策略。

在创业实践中,心智、创新、行动要素整合在一起,成为创业能力的三项"支柱"。在高技术创业中,这种整合效应更加突出,并且以创业学习和创业能力建设为重要策略。进入新世纪,创业经营与竞争环境不断转变,全球化、信息化、数字化、智能化成为创业组织面临的新挑战和新机遇。在创新驱动下,涌现生态成长、责任文化、团队协同、数字转型、危机管理等管理新实践。心智、创新、行动的创业三要素已经成为高质量创业发展的"三驾马车",涌现出一系列新兴创业策略。

2) 创业五力模型的维度。从中小创业企业的实践来看,经营成功的企业有几方面的特点:经营合规自律、关系协调沟通、激情与创业动力、客户与市场技能、融资与资金管理和创业领导力等。管理心理学把创业能力定义为"为达成创业目标而集成的一组胜任力特征,表现为从心智、创新到行动的胜任过程",主要包括以下模块(王重鸣,2020):

□ 人环模块:创业生态力。包括创业心智能力与创业环境能力。创业心智能力是指创业的理念、思维、价值、能力、激情、意志等心智转换性能力,主要包含理念思维与激情创意双维心智,拥有创业的价值创造、事业理念、创新思维、激情开拓、创意追求和行动意志等能力要素;创业环境能力则是指对营商政策环境的适应理解和开发性能力,主要包含政策法规与生态系统双维能力,拥有创业的全局策划、策略定制、营商规范、赋能开发、平台创新和资源配置等能力要素。

□ 规制模块:创业文化力。包括创业价值能力与创业责任能力。创业价值能力是指创业的价值理论与道德规范方面的指向性能力,主要包含核心价值与行为规范双维能力,拥有创业的战略价值、商务价值、愿景价值、创业规范、商务规范和绩效规范等能力要素;创业责任能力则指创业中担责尽责与可续发展的调控性能力,主要包含社会责任与绿色生态双维能力,拥有价值责任、动力责任、参与责任、绿色策略、生态效益、持续发展等能力要素。

□ 协同模块:创业团队力。包括创业合作能力与创业领导能力。创业合作能力是指善于规划、组建、管理和发展创业团队与开展合作创业的协调性能力,主要包含目标角色与协同问责双维能力,拥有创业的目标整合、任务协调、角色塑造、项目协同、交叉职能和团队问责等能力要素;创业领导能力则指决定创业的方向、决断和路径选择的统合性能力,主要包含激励指导与决策战略双维能力,拥有愿景激励、任务激励、创新指导、风险决策、战略驾驭和战略变革等能力要素。主要包括激励指导与战略引领两项维度。

□ 创新模块:创业创新力。包括创业科技能力和创业跨界能力。创业科技能力是指运用新技术、新工艺和新设计实现创造成效的开拓性能力,主要包含技术创新与科创转化双维能力,拥有创业的研发创新、组合创新、颠覆创新、结构转化、流程转化和体系转化等能力要素;创业跨界能力则是指跨领域、跨地域、跨文化开展创业活动的适应性能力,主要包括跨界商务与网络学习双维能力,拥有创业的跨界适应、跨界团队、跨界创新、网络设计、商模转换、创新迭代等能力要素。

□ 效能模块:创业行动力。包括创业经营能力和创业转型能力。创业经营能力是指创业项目的人财物经营、管理与开发的效益性能力,主要包含资源开发与精益管理双维能力,拥有创业的人力资源、财务资源、市场资源、精益运营、精益风控和精益改进等能力要素;创业转型能力则指善于根据创业的愿景、目标与战略,实施变革管理与转型升级的发展性能力,主要包括变革转型与行动策略双维能力,拥有变革动力、变革策略、转型推进、前瞻警觉、行动调节和效能升级等能力要素。

3) 创业伦理的特点。创业伦理与工作伦理密切相关,指对创业工作与市场规则和基本伦理价值观的认同、理解和遵循,特别是在创业行为中自觉遵守职业伦理、奉行职业操守、展示诚实守信、增强创业事业心和职业形象性。具体说,创业伦理涉及创业过程中的伦理判断、伦理理解和行为响应。在处理客户关系、供应商管理、人事管理决定、员工与企业关系、环保与社会责任等方面,表现出遵纪合规和职业道德。相关的特征是创业诚信度(诚实、守信、可靠、公正并在工作中表现出专业素养和职业精神)和创业承诺度(对于创业目标、规范与行为的承诺度,事业导向的精力投入和参与意志等)。我们提出伦理增强策略,采用伦理管理的方法,梳理、关注、调整和完善创业行为的伦理性。包括管理决策方案的责任性、压力管理方法的伦理性、处理工作倦怠的隐私性、设计管理健康计划的公平性等,进而提升伦理管理的质量。特别是处于经济、文化、社会的急剧转型期,出现"伦理旋涡"现象,面临多元价值观、多重利益相关方以及个人、群体、组织、社会等多层次的伦理挑战,还有短期、中期、长期等多时段得益或损失的伦理碰撞。坚持伦理型行动成为发展前行的关键能力参阅第 4 章相关内容。

（2）创业领导力的维度与要素

在创业五力模型(王重鸣,2020)的基础上,我们基于双栖策略的思想和元领导力框架提出了创业领导力的三维能力特征结构:创业风险掌控力、创业协合创新力和创业行动开拓力。

1) 创业风险掌控力。这是创业领导力的第一项能力特征维度,主要包括风险心智与激情掌控两项要素。风险心智要素是指"创业者在通过创业风险、机会、资源、挑战的释义、学习、加工和行动而动态、灵活、自规和引领创业的适应能力"。从常规领导角色模式转变为创业心智模式,形成包含事业理念、价值创造、创新思维、激情开拓、风险承担、行动意志等特征的创业风险掌控心智结构。激情掌控要素包含激情性适应和行为性管控。卡登等(Cardon 等,2009)对创业激情的性质与体验作了深度的综述。创业激情是指"创业者具有的整合性基本情绪体验,包含强烈的热情冲动与能量调集",也称为"元情绪"。在创业心智转换中,创业激情是一项动力要素。陈晓萍等(2009)采用实验方法研究了风险投资人对创业商业计划书的创业激情感知对于其投资决策的影响。他们把创业激情定义为创业者伴随认知与行为表现的强烈情绪状态。创业激情表现出情绪性神姿度元素(表情、动作、声调、

量表工具 10.1　创业激情量表

① 情绪—姿态性创业激情维度（6题）
创业者体态动作充满活力；创业者动作语言特别丰富；创业者经常充满激昂表情；创业者运用多种多样姿势；创业者在讲话时激昂慷慨；创业者讲话声调抑扬顿挫。

② 认知—行为性创业激情维度（6题）
创业者表达时内容很充实；创业者思考问题深思熟虑；创业者沟通演讲逻辑连贯；创业者宽广格局解读思想；创业者以事实证据做决策；创业者行动领先开拓前行。

姿势等）和认知性准备度元素（要点、内容、充实等）。研究发现，创业激情的认知性准备度对风投决策更具正面影响。我们在高管指导人计划的心理机制研究中发现，对指导人激情的感知与创新力管理知觉密切关联，而高质量的指导体验和认知适应力是指导激情效应的重要因素。我们所说的"创业激情"也包含了情绪性和认知行为性元素，两者交互影响着创业心智转换的效能。我们在研究中采用修订了的陈晓萍等（2009）的激情评价量表题项，见量表工具 10.1，供读者参考。

2）创业协合创新力。这是创业领导力的第二项能力特征维度，主要包含两项要素：协合决断、创新驾驭。以下是这两项要素的内涵。

□ 协合决断要素。创业决策包含着多种创新与风险因素。除了常规的领导与群众参与决策、领导者与成员交换决策和领导多项目权变决策的思路，协合决断要素依赖于创业领导者对多样风险的洞察、对多种机会的察觉和对发展路径的综合选择等能力。

□ 创新驾驭要素。创业创新的持续发展需要领导者的战略性运营驾驭能力，包括基于潮流跟随式战略的运营驾驭（善于在初期创造新潮、中期构筑涌潮、后期驾驭潮汐的创新策略），基于颠覆创新式战略的运营驾驭（采取全新产品设计、全新创造商业模式、全新开拓市场渠道等举措）和基于延展价值式战略的运营驾驭（对常规商业价值链作延展设计，使商务创新快速增值并高效运营推进）。

3）创业行动开拓力。这是创业领导力的第三项能力特征维度，主要包括激励创造与开拓引领两项要素。

□ 激励创造要素。这是指运用可持续成长策略强化愿景激励和创造行动。创业行动的主要特点是建构和实现较长远的行动式愿望图景，用以激励领导者自身、团队成员和整个组织的创业行动。比较规范的行动式愿景陈述需要界定"关键领域"，定位"行动目标"和设置"行动水准"。例如，一家实施数字化转型战略的企业新设置的行动愿景是"成为在线学习（关键领域）全国创新领先（行动目标）的网络教育行动中心（行动水准）"。愿景激励是以简洁明了的前瞻性愿景陈述与理解，激励和指引干部、员工为之努力和奋斗的能力。创业领导力需要作出行动的指导和指引。创业胜任力提升常常是天赋一半、环境一半,而高科技创新创业却往往是素质能力 30%、指导开发 30%、勇于践行 30%。创造行动包括鼓励创新理念、构建行动路径、拓展创新业务、获取创新资源和实现行动成果。这里讲的是创新式行动,指善于尝试新见解、识别新机会、贯彻新实践、组合新资源、实现新变革等。创业领导力根据愿景战略来组建团队、指导员工、带领群体实现创新式行动。

□ 开拓引领要素。善于通过创新业务重组、数字互联升级、新兴业务开拓和变革转型发展等多种途径引领开拓创新,是创业创新的重要能力。领导者要能引领变革创新的新实践,包括数字化创业、社会型创业、绿色环保创业、连续迭代创业、内部创新创业、精益创新创业等各种新型创业举措;同时,带领团队通过任务组合与设计,强化内在激励和行动的策略性。特别是增强任务策略的办法包括增强项目特征:

- ▫ 任务创新性,如设计任务创新机会和创新平台;
- ▫ 任务挑战性,如承担多样重要任务,定期轮换不同岗位或挑战性职能;
- ▫ 任务责任性,如整体负责某项任务或承担任务责任;
- ▫ 任务自主性,如给予任务上的充分授权;
- ▫ 任务反馈性,如及时获得任务成效的反馈;
- ▫ 任务团队性,如加强团队考核与实施团队奖励等。

持续增强任务策划策略,可以形成持久的任务内在激励与行动力。

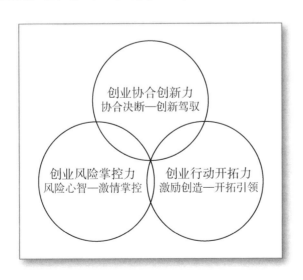

图 10.4　创业领导力模型

在员工成长和企业技术创新发展中,创新创业创造成为主线,三者相互促进、协同发挥,显著增强组织能力建设。在人力资源策略和业务战略的支持下,企业通过创新创业创造互动,显著提升其组织效能和可持续发展。请阅读"研究解读10.1 技术创新与开放系统开发策略研究",思考和结合实际讨论:如何通过技术创新、人力资源策略和开放式系统开发策略,整体提升组织的效能?

研究解读 10.1　技术创新与开放系统开发策略研究

(1) 作者:王重鸣(浙江大学),通过技术创新与 HRM 策略提升组织效能,《人力资源国际杂志》,2005 年,第 26 卷,第 6 期,481—487 (Organizational effectiveness through technological innovation and HRM strategies, *International Journal of Manpower*, Vol. 26, No. 6, 481-487)

(2) 作者:瞿文光(浙江大学)、王重鸣(浙江大学),经验对于开放式跨组织系统采用的影响,《工业组织与数据系统》,2011 年,第 111 卷,第 3 期, (Impact of experience on open inter-organizational systems adoption, *Industrial Management & Data Systems*, Vol. 111, No. 3,432-447)

研究内容:在组织系统创新优化方面,技术创新和系统开发被称为双轮策略,而人力资源与组织行为则发挥了重要的协同作用。从有关中国式管理胜任力建模研究出发,通过技术创新、管理胜任力建模和基于绩效的战略人力资源管理干预策略相整合的方式,实现长期赋能和高组织效能。我们提出构建人才策略、系统策略和组织策略的整合模型,使之定制于技术创新的研发团队,以增强产业化集体创业创新能力、研发项目管理体系配套的公司创业创新能力和领导力,进而形成组织的创业创新能力。战略人力资源的新策略是对人力资源管理系统、流程、团队、激励与绩效要素加以集成,围绕全球分布式工程与国际技术创业、信息技术创新与在线人资开发、专业化服务系统建设和客户关系管理创新设计等实践作出创新设计,形成人力资源创新系统。

围绕企业在整合和升级技术信息系统中如何运用企业经验,促进开发、采纳和使用开放式跨组织信息系统的新策略开展深度研究。运用"电子商务观察"的数据丛,采集了 26 个国家 10 个产业 8 490 家企业的访谈与问卷调查数据。研究结果表明，企业多层次信息化经历和组织策略是影响开放式跨组织系统开发和使用的主要因素，而供应链的协同合作和系统开发的配套策略与要求则是重要的调节要素。新技术优势和开放式跨组织系统开发决策之间的协同通过有战略人力资源配套支撑，形成具有动态适应能力的新型组织动能系统。

10.2　创造力开发与学习型组织

知识要点 10.2　创造开发与组织学习

创造开发：群体激励、合作专长、团队创新；内外激励、协同专长、组织创新
组织学习：探索—开发、获取—整合、变革—创新、协同—赋能、成长—适配
创业学习：心智转换、认知策略、社会建构、行为重塑、知识组块、行动亲验
学习组织：主动进取精神、协同赋能模式、创新行动策略、支持学习环境四维

10.2.1　创造力特征与组织创造力

（1）创造力特征与智力投资论

创造力是心理学的核心概念之一，数十年来，研究从不间断理论不断发展，成为管理心理学的关键研究领域。我们把创造力定义为"搁置当前判断、发现新的联结、换位审视问题和形成新型组合的能力"。具体来说，提升创造力得突破习惯思维、开发全新模式、开放多样判断、识别可行选项。有关创造性思维的五阶段模型认为，创造性思维经历了"初始洞察、解题准备、培育路径、灵感激发、解法验证"五阶段。有关研究把创造力看成问题解决的专长或才能，作为对于复杂边界模糊问题的创造性解决方案。比较典型的是以司马贺和斯坦伯格等专家为代表的认知、计算、知识和启发式等研究思路，司马贺提出的专家解题策略和斯坦伯格等构建的高阶创造力模型。斯坦伯格等提出一种"智力投资理论"，认为创造力强的个体具有特殊的能力把环境因素、智力、知识、思维风格、个性、动机等要素"投资于创意"，

从而支撑创造力的建构,汇聚形成智力思维与行为。

安德森等(Anderson 等,2014)回顾了管理科学相关领域的研究,发现在近12年中发表的研究题目中有创造力或创新一词的竟然有2万多项研究,研究内容涉及多方面的选题:创造力与创意、创新与创意实施、创新扩散度、技术创新、用户驱动创新、社会创新等,一个明显的特点是创造力与创新的概念日趋融合。之后,相关概念进一步细化和活跃:行动领先、工作编织、担责建议、个人主动性、超角色行为、组织工作行为、创造过程、创新流程、创新溢出等,并从工作水平、团队水平、组织水平等视角分析创造力和创新模式。其中,比较受人关注的有以下问题。

□ 创造力与情绪激情。从自我调节的视角,可以把创造力看成对外部环境的适应性反应。研究表明,这种适应性反应的认知功能会受到正面或负面情绪过程的显著影响。正面情绪状态会促进联想式思维和启发式认知加工,并且拓展思维—行动的链接。我们有关高管指导机制的研究表明,知觉到的指导激情通过高管认知适应力的调节而共同影响创新力管理的认知(参见第11章有关讨论)。

□ 创造力与社会场景。创造力过程与社会场景密切相关,只有在表现知识共享的团队中才会形成比较稳定的创造力自我效能感,这一点在多样性比较强的团队中更加明显。职业生涯管理也影响创造力的发挥,高职业承诺的员工更多发挥其创造力。工作复杂性和时间压力却对创造力形成非线性影响,在很大程度上取决于自我调节能力的高低。在自我调节能力强的情况下,高工作压力可以激发较高的创造力。

(2) 组织创造力的特征与研究

1) 团队创造力与组织创造力。管理心理学在有关创造力的基本理论思路的基础上,聚焦到组织创造力(Woodman,1993),以此作为持续组织绩效、组织适应力和长期生存与发展的重要驱动力,也是管理心理学的基础行为元素。通过多种途径培育创意、建设创造氛围、搭建合作平台,成为管理的重要策略。组织创造力的研究聚焦在群体与组织中的创造力特征、建构与开发,注重个体、团队、组织不同层次创造力要素的协同与整合。图10.5A、图10.5B是基于三要素模型的团队创造力与组织创造力图解。

□ 团队创造力。在面对工作任务与项目挑战时,通常需要激发团队动力、集聚团队专长和协同团队创新集体。这三方面的适应性、协调性和匹配性,决定了团队创造力。我们的研究发现,团队创造力以集体心智、互动激发、目标激励形成群体激励维度,以任务能力、技术经验、合作担责组成合作专长维度,以创造技能、启发捷径、多重创意构成团队创新维度。

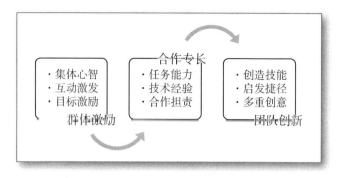

A. 团队创造力的三维模型

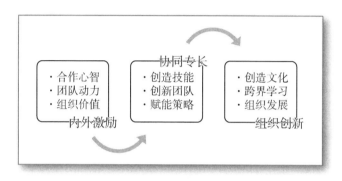

B. 组织创造力的三维模型

图 10.5　团队创造力与组织创造力模型

□ 组织创造力。我们的研究进一步提出组织创造力的新概念：由合作心智、团队动力和组织价值三要素融合为内外激励维度，集创造技能、创新团队和赋能策略三要素构成协同专长维度，以创造文化、跨界学习和组织发展三要素提升为组织创新动态模式。

2）工作创造力。关于工作创造力，周京与 Hoever(2014)在回顾研究进展时指出，员工与团队的工作创造力是组织创新与成功的关键驱动力。回顾 2000 年以来管理心理学与管理学领域所开展的实证研究，他们发现多数研究围绕创造者或者聚焦情境因素开展有关创造力的分析，而以创造者—情境之间交互作用的视角开展创造力研究将大有可为。周京和莎莉(2010)在《组织创造力研究全书》中提出，个体资质与组织情境因素之间的交互作用可以充分预测其创造性绩效，而组织创造力则是个体特征(认知能力、内在动机等)、群体特征(规范凝聚力、多样性和解题方式等)和组织特征(公司文化、奖励与资源、战略与技术等)多层次交互影响而形成的。进一步的研究指出，团队与组织的创造力在很大程度上由多种领导力特征(支持、变革、交换、赋能、共享、仁慈等)，通过多层次中介机制(团队创造效能感、团队心理安全感、创新氛围等)而共同发挥综合效应(Shin，2015)。

3)创造开发能力。创造开发也是创新力管理的主要特征，是指培育、激发和提升组织创造力的能力，通过建设创造创新创业文化、鼓励跨界开放学习和上下内外协同推进，发展开发式创造能力。在创新驱动和快速发展的新形势下，全球经理人都把创造力作为首选领导力特征。

□ 领导培育。创造力开发是各级领导的一项重要任务，通过领导与下属的互动辅导和鼓励团队知识交换与发挥，可以显著激发团队创造力。刘伟国、房俨然、施俊琦、莫申江(2018)以规范参照群体理论和团队知识创造过程导向理论为依据，通过实证分析发现，团队领导的创造力期望显著促进团队知识交换行为和边界跨越行为；团队领导的创造力角色认同对团队边界跨越行为与团队创造力之间关系具有显著调节作用，从而为创造力开发提供策略依据。

□ 全球协创。这是通过建设全球创新网络来培育、鼓励、释放创意思维、创造潜能、创造资源和创造才能的创造开发策略。全球协创能力包括点燃创造激情(尤其是团队创新激情)与转换心智模式、鼓励自主创造支持策略，提升数字化、智能化科创开发的氛围，容忍失败与多样建言的"向前看"，从小处着眼、以微创起步、拥抱变化等文化胜任元素。

□ 跨界学习。这里所说的跨界是指跨团队、跨项目、跨层次、跨组织、跨行业、跨区域、跨国界、跨文化的学习与创新。从这一点看，合作、相容、信任、责任、心智、弹韧、情商、好奇、沟通和元认知以及团队学习、创业学习、跨文化学习和数字化学习等能力，都是重要的心理特征和能力。跨界学习是指跨界开展创业创新创造性合作与学习的能力。其中，特别是强化创造开发规范理念，组织多团队、多部门、多项目、多业务、多企业之间的创造力学习与开发，并以合作、合伙、合资和联盟式实现创造力的成效和组织的创新成长。

10.2.2　组织学习论与学习型组织

（1）组织学习理论与研究进展

激烈的市场竞争和日新月异的信息技术，使得组织面临前所未有的挑战和机遇，不断学习才能持续改进和走在前列。组织学习能力成为关键的"战略性武器"。学习是管理心理学的主线之一。管理心理学关注多种学习的类型、特征、模式和策略，包括认知学习、行为学习、社会学习、差错学习、失败学习、亲验学习、行动学习和创业学习。我们逐步理解了学习在工作和组织中的重要作用和效能，形成从个体学习、群体学习到组织学习的学习系统。

1）什么是组织学习？管理心理学把组织学习定义为"组织发现、获取、整合和开发新知识以提升其核心能力的学习过程"。从这个意义上说，组织学习并非组织中个体或群体学习的简单总加，也不只是组织层面的学习类比，而是系统的协同学习和整合赋能过程。这里所说的协同学习和整合赋能是我们在这一节强调的组织学习新特征和双栖机制要素。一方面，个体在生活、教育、工作、职业过程中一直在积累、获取、转化、发挥知识和经验，以不同的资质、经历、学历、阅历形成了角色、价值、协作和胜任组合体。在激烈的竞争与挑战面前，个体学习成为生活与工作的组成部分并日益数字化和场景化。另一方面，组织从初创、成长、转型、跨越过程中不断探索、开发、变革、创新知识与资源，以不同的禀赋、失败、成功、优势形成了惯例、文化、领导和战略集合群。在个体成长与组织发展的"双重轨道"上，组织通过协同学习与整合赋能双栖策略，应对挑战，创造未来。

在快速的转型与创新面前，组织学习成为经营与发展的重要机制并更多采用组织赋能策略与组织使能管理。我们提出新的组织学习理论，认为"组织学习是在人与组织交互适配中通过探索开发与变革创新而形成以协同学习与整合赋能为机制的动态能力提升过程"。如图 10.6 所示，组织学习表现出五层次的协同赋能机制。其中，人与组织互动适配是组织学习的主线。个体成长从积累到发挥阶段，获得角色、价值、协作、胜任能力；组织发展从初创到跨越阶段，优化了惯例、文化、引

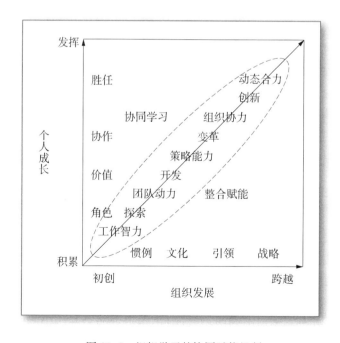

图 10.6　组织学习的协同赋能机制

领、战略能力。他们通过协同学习与整合赋能机制，从工作智力、团队动力、策略能力，到组织协力和动态合力，实现了组织学习的目标。图 10.6 表示了这一组织学习的理论思想。

2）组织学习理论。有关组织学习的许多理论研究中，有三项重要的理论产生了巨大的影响：马奇组织学习理论、4I 组织学习理论和埃德蒙森组织学习理论。

□ 马奇组织学习理论。在组织学习理论的发展过程中，马奇及其同事（1988）在著名的"组织学习"文章中，提出了组织学习的新思路，展现了引领者的角色。以惯例、历史、目的的视角解读组织学习如何编码、储存、提取组织记忆中的教义和惯例，学会适应行为和组织胜任力。为了揭示组织学习的动态机制，马奇（1991）开创性地提出了"探索式与开发式"（exploration-exploitation）的组织学习理论模型，揭示了组织学习的内在机制和过程，具有很好的理论借鉴意义，成为组织管理、战略管理、创新管理、创业管理等多个领域的研究的重要指导框架。其中，探索学习主要包括组织的搜索、发现、实验、风险承担、创新等开拓性行为，主导了企业对于新知识、新机会的发现和捕捉过程；而开发学习主要包括组织的优化、选择、制造、执行、实施等旨在提高组织效率、实现利益最大化的行为，主导了企业对于知识和机会的利用过程。马奇指出，在企业的实际经营过程中，如果只注重探索发现而忽视了开发利用，那么研发、实验的成果将缺乏有效的产业化、商品化，使企业无法从探索活动中获取利益；而如果只注重开发利用而忽视探索发现，虽然在短期内可能会获得良好的绩效，却会缺乏持续成长的动力，陷入到"能力陷阱"之中。马奇组织学习理论成为企业组织学习的重要指导。

□ 4I 组织学习理论。组织学习是一个多层次的学习演进过程，克洛桑等（Crossan，Lane 和 White，1999）提出组织学习的四环节 4I 过程框架：个体层次的直觉与解释加工环节、群体层次的解释与整合加工环节以及群体与组织环节的整合与制度加工环节，即直觉—解释—整合—制度四环节的 4I（Intuiting，Interpreting，Integrating，Institutionalizing）过程框架模型。这四个环节发挥了"粘结剂"的作用，使组织学习成为三层次的整体结构。其中，直觉环节反映出前意识的映像模式识别与个体心理体验流，进而影响其行动；解释环节通过言语转换形成认知地图；整合环节是通过群体成员的相互判断和协作行动而发展制度化的共享认识；制度环节则确保展开协同行动，进而形成组织学习的规则与程序化新机制，增强组织战略。4I 过程模型揭示了组织不同层次间的学习互动与演进过程，并在诸多如战略、运营、技术创新、市场营销、信息技术管理等领域产生影响，也广泛用于创业领域，如企业竞争与成长、创业机会识别的过程、机会开发与识别和企业家决策过程等，在创业创新方面成为重要的理论框架。

□ 埃德蒙森组织学习理论。埃德蒙森和莫因贡（Edmondson & Moingeon，2003）从过去学习的积淀、个体学习的集合、组织成员的参与和担责心智的开发，总结了组织学习的主要理论进展，特别是彼得·圣吉（Peter Senge）和克里斯·阿吉里斯（Chris Argyris）的经典理论。在此基础上，他们提出了组织学习的全新定义：组织学习是组织成员主动运用数据指导行为以促进组织的持续适应能力，发动、开发与践行组织学习的过程。围绕学习型组织建设的策略特征，埃德蒙森等（2008）对学习型组织研究与建设提出夯实模块基石的新思路，包括学习过程与实践模块（实验尝试、信息采集、信息迁移、分析提炼、教育培训）和学习领导力模块（倾听建言、反思自省、提供资源、识题解题）等，从而为组织学习的应用与提升，提供了全新的策略指导。

3) 组织学习的研究与应用。组织学习是管理心理学的热点领域。多年来取得大量研究进展和应用成效。陈国权、宁南、李兰、赵慧群（2009）对中国期刊2000年以来所发表的组织学习147篇相关文章进行了分析，意在整理组织学习与学习型组织研究与实践的现状与发展方向。他们发现，组织学习对于组织绩效、核心能力、团队知识扩散、虚拟团队学习效能等都具有显著影响，并主张进一步面向危机的组织学习机理和知识多样性与团队领导风格等方面，以及企业从外部获取知识和在内部分享知识的学习型组织及学习力的机理等的研究与实践。

□ 基于组织学习的知识产权应用。马奇组织学习理论得到了广泛的应用。薛元昊和王重鸣（2014）以组织学习的探索—开发理论为指导，构建了企业知识产权策略的研究框架，验证了组织学习与赋能行动的探索学习、转化学习和开发学习的紧密关系和理论提炼。这项研究进一步丰富了组织学习理论对于技术创新学习的应用价值和理论拓展。研究通过对35家知识产权示范企业的案例数据进行内容编码与系统分析，归纳出了企业知识产权策略的获取式探索学习、维护式转化学习、运营式开发学习三个核心维度及其关键特征。①获取式探索学习：引进知识产权、激励创新发展、注重自主研发、尝试合作研发、采集机遇信息；②维护式转化学习：保护维护专利、教育培养能力、实施战略规划、增强制度安排、设置结构支撑；③运营式开发学习：优化财务保障、加速产品升级、经营知识产权、加强合作关系、开展社会影响。其中，维护式转化学习是我们在中国企业发现的重要协同机制，为获取式探索学习和运营式开发学习发挥衔接、维护与转化作用，在企业创新实践中形成双栖策略的"哑铃功能"。

□ 组织学习的过程模型与时空观。针对组织学习的具体过程，陈国权等（2001）开展了系统研究并提出包括发现、发明、执行、推广和反馈以及知识库等五个阶段的组织学习过程模型。案例研究发现,组织学习在不同阶段面临需要防范的潜在问题障碍以及应对方法。①发现阶段:在发现潜在问题时,重视建立员工建议系统,防范能力陷阱、机制缺陷等障碍;②发明阶段:在提出解题方法时,注意引入新人才,促进多元文化和合理奖惩制度;③执行阶段:在有效实施新解决方法时,重视变革管理程序,应对组织失调,定期核查成效;④推广阶段:在推广传播到整个组织内外时,强化传播交流,优化制度建设;⑤反馈阶段:在组织反馈与改进时,进一步加强规范流程、反馈机制和知识管理。

通过组织学习的知识库加强组织记忆和知识管理,并加强对企业程序改进而使其更符合预期目标(称为单环学习)或对企业目标进行调整以更好适应不断变化的环境要求(称为双环学习),进一步拓展了组织学习的原理。

（2）学习型组织的特征与策略

1) 什么是学习型组织? 管理心理学把学习型组织定义为"主动创造、获取转换、协同赋能,持续提升知识技能,实现创新行动的组织"。这个定义包含学习型组织的四个关键成分:

□ 主动进取精神。学习型组织积极主动探索外部经营环境和新生事物,通过学习心智转换,积极调动资源,开发专长和竞争优势。

□ 协同赋能模式。获取和创造的知识与能力必须在整个组织协同转换。学习型组织能够促使干部员工"清空陈规旧习",持续学习新东西,赋能推进新实践,分享、迁移、转换知识与才干。

□ 创新行动策略。学习型组织鼓励员工应用新获取的行为和程序开拓创新,不断实现公司的战略目标和成长发展。

□ 支持学习环境。学习型组织具有心理安全、欣赏差异、开发创意和反思机会等支持性学习环境。

2) 组织学习与人力资源策略。在变革创新的情境下,组织学习成为变革场景下人力资源策略的重要方面。我们在此较详细解读一项管理心理学组织学习实验研究,以便读者学习与参考其研究的理论构思与方法论。王重鸣与李凯(2011)在这项研究中关注了四种组织变革发展类型和三种人力资源策略如何影响组织心理特征对于组织学习及组织变革绩效的效应。研究运用埃德蒙森的组织学习理论,构建了图10.7的组织变革整合模型。研究设计的具体考虑如下:

□ 多案例分析法。从方法上讲,需要更多采用跨案例分析技术,运用斯坦福大学著名教授埃森哈特创立的多案例研究范式,使用多案例及案例情节构成关键问题并设计实验任务。这种方法运用定性资料与定量数据相结合,产生中观层面的理论(Eisenhardt & Graebner 2007)。这项研究设计了基于多案例的实验学习

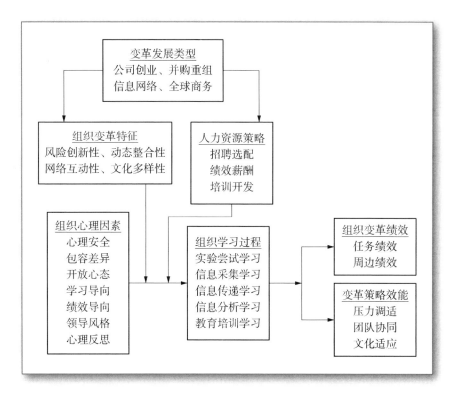

图 10.7　组织变革整合模型

技术,以组织学习为切入点,聚焦公司组织变革与发展的关键特征和人力资源策略与变革策略。

　　□ 四种变革类型。在超竞争环境下,企业组织必须通过变革与发展来获取新优势,主要包括公司创业、并购重组、信息网络和全球商务四种变革类型。而这类变革具有有别于传统变革的关键特征,如全方位变革、全链路转型、发展导向等,需要显著强化组织学习机制与人力资源支撑。

　　□ 变革特征与组织心理因素。运用了基于关键事件的 110 项组织变革案例情节开展内容分析,提炼与验证了组织变革的主要特征即风险创新性(公司创业包含内部创业的风险因素、创新业务拓展和创业变革)、动态整合性(并购重组使得公司面临全球竞争和动态业务整合及流程再造)、网络互动性(信息网络实现纵向一体化和横向联盟化及上下游企业网络式互动新模式)和文化多样性(全球商务给跨区域国际化策略与海外市场拓展带来的多元文化惯例及行为习惯挑战)等特征。以此为依据,我们梳理出七项组织心理因素:心理安全感、包容差异、开放心态、学习导向、绩效导向、领导风格和心理反思。

□ 三种人资策略。组织变革过程的有效人力资源策略包括招聘选配、绩效薪酬和培训开发。

□ 组织过程特征。根据埃德蒙森等（2008）提出的组织学习过程五环节模型：实验尝试学习、信息采集学习、信息传递学习、信息分析学习和教育培训学习等。

□ 组织变革绩效和变革策略效能。这部分以常用的任务绩效与周边绩效以及三种变革策略的成效：压力调适、团队协同和文化适应。

这项研究的设计尝试了创新的方法。研究采用多案例分析方法设计实验任务，显著提升了研究的生态效度（即表现组织变革实际问题的效度）。研究选取在职学生为样本，以基于计算机的多案例情节分析作为实验任务，由参加者阅读变革案例情节并作出判断、决策与学习。根据前期的调研与访谈采集的案例材料，设计成 7 种变革与人力资源实践类型（4 种变革类型和 3 种人力资源实践），各包含 3 种习惯案例情节。阅读案例后作出有效性、相关度、价值度的操作检验，以确信案例阅读有效。研究修订了埃德蒙森（A. Edmondson，2008）的组织学习和心理安全感等量表，并在访谈研究基础上设计出包含任务绩效、卓越工作、技术创新、解题能力、实现预算、实现时序等指标的组织变革绩效量表。

这项实验的结果验证了四项组织变革特征、七项组织心理因素和三项人力资源策略及其效应。实验判断任务的分析表明，心理安全、学习导向等组织促进因素对组织绩效的影响通过组织学习产生完全中介效应。尊重差异、心理反思、稳定导向和教育培训是影响文化学习策略效能期望的主要因素，而开放心态、稳定导向和信息收集则是影响团队协同策略效能期望的主要因素。这项研究为深入理解组织变革类型、组织学习环境、人力资源策略、组织学习过程与组织变革绩效及各种心理策略效能之间的作用机理提供了全新的科学依据。我们构建和研究的组织变革与组织学习整合模型为中国企业组织变革与组织发展实践提供了新的理论指导。

（3）创业型学习与第五项修炼

1）创业学习策略。管理心理学在学习理论的四个方面得到全新的发展：创业学习、开发学习、组织学习和数字化学习。我们把创新驱动下的创业型企业成长学习和差错学习称为创业学习；把转型升级下的领导力赋能学习称为开发学习；把变革发展下的组织能力提升学习称为组织学习；而把数字化转型下的多层次学习称为数字化学习。这四种学习模式演变出持续学习与创新发展的模式与路径，并以创业型学习与创造力增强作为管理心理的基本学习机制，贯穿全书。

创业学习把创业过程视为创业者不断探究、尝试、解决创业企业发展中的新问题、新失败、新挑战、新困境、新机遇的学习过程。由于创业学习与创业能力建设的心智转换、策略学习、建构重塑和行动亲验等都具有高度的实践性、内隐性和情景性，我们的研究成果建议采用"广热身、深预习、高解惑"的新型学习模式。这是指广泛开展实践问题与相关概念热身，深度预习多项原理与身边案例，高强度互动解惑与行动学习，从而取得创业学习"增益"和创业能力"倍增"的效果。伴随创业创新实践的发展，创业学习理论成为组织学习理论的新内容。创业学习采用了多种思路。倪宁与王重鸣(2005)开展了中国创业学习最早的系统研究之一，对创业学习领域做了深入反思，总结和比较了最有影响的三种创业学习理论思路。

□ 创业学习的实干中学思路。这种思路强调创业者或经理人在创业行动中学习，获得创业知情意责要素的联结与重塑，通过在创业环境和创业创新任务中的行动学习和历练体验，实现成为一名真正创业者或创业型经理人的成长目标。

□ 创业学习的行为改变思路。这种思路注重创业学习中的行为改变和行为过程优化，认为创业者或经理人在学习中使得创业活动与任务跟进日趋系统化和显现规律性，从而推动创业型组织的学习和成长。

□ 创业学习的决策策略思路。这种思路把创业学习看成决策知识获取与决策策略提升的过程。创业者或经理人在失败中实现策略学习，增强其元认知层次，不断抛弃导致失败的选择，建构起创业学习心理模型。

在科技型创业学习实践中，这三种思路常常交织在一起。王重鸣(2015,2020)在其《创业能力建设读本》中，综合运用了上述三种思路，创建了行动学习五环策略模型与方法。近年来，创业学习的思路与视角趋于多样化。王重鸣(2021)在《中国企业组织变革与文化融合策略》专著中总结了不同视角。表 10.1 是我们进一步提炼的创业学习的六种视角的总结，分别解读了创业学习的六项心理聚焦点：心智转换式学习、认知策略式学习、社会建构式学习、行为重塑式学习、知识组块式学习和行动亲验式学习等，并作出了内涵界定，分别形成创业的心智知识、高阶知识、网络知识、行为知识、组块知识和行动知识。

创业学习与创业能力建设在实践中如何开展呢？请阅读"第 10 章研究案例创业行动学习过程研究：基于新兴产业的多案例分析"，思考与体会创业行动学习的四个阶段特征与行动学习的螺旋模型特点。在此基础上，开展案例讨论：如何运用表 10.1 的不同视角，提出优化创业行动学习的新模式和新途径。在管理实践中，通过结合实践问题开展行动学习，可以形成多种行动学习变式。请在学习完本章内容后，以行动学习五环策略模型及其五项特征机制，对本案例作出进一步的分析与解读。

创业学习的六种视角	
创业学习六种视角	内 涵 界 定
心智转换视角	针对任务挑战调适原有心智要素和转换心智模式,通过比较、吸收、获取、转变、置换新的知识元素,学习、构建和衔接形成新的心智知识
认知策略视角	采用元认知加工策略,注重通过反思、提炼、获取"怎样做"策略式知识,建构策略启发式,并将新知识与已掌握知识相衔接形成高阶知识
社会建构视角	从人与环境交互的视角,通过创业交互过程,强化企业与群体内外关系的社会认知建构,学习形成新的网络知识
行为重塑视角	在创业过程中通过差错感知、行为分析、行为改变、技巧学习,适应新角色和开发新行为的学习过程,重塑行为,形成知行合一的行为知识
知识组块视角	在创业中通过与群体成员共建创业知识模块,通过项目任务获取经验单元并分享转移,作出集体阐释的组块知识
行动亲验视角	通过创业的问题驱动、原理反思,完成创业的行动目标、反馈分析、行动迭代等学习环节,在"干中学"过程中形成行动知识

第 10 章研究案例 创业行动学习过程研究：基于新兴产业的多案例分析

作者：陈燕妮(华侨大学)、王重鸣(浙江大学)

发表刊物:《科学学研究》,2015 年,第 33 卷,第 3 期,419—431

案例研究：新兴产业正在成为我国经济转型的重要动力和创业新领域。聚焦于传统行业和个体学习的创业学习理论转向基于行动学习的新思路和新过程。创业者通过社会互动方式解决创业问题而促进学习进程。我们构建了包含体验收集(考察问题情境,收集解题方案线索)、交互反思(社会交互过程中寻找解题新视角)、系统整合(提炼体验信息、获取灵感启发、与现实结合形成解题策略)、行动验证(践行解题方案,验证解题策略)等四要素组成的创业行动学习过程模型,采取多案例研究方法,开展案例分析。选取了田间西米工艺品公司(产品：手绘帆布鞋)、古早文化创意公司(产品：创意陶瓷)和梨园春科技公司(产品：戏曲产品)作为样本。创业行动学习四阶段分析如表 10.2 所示。

表 10.2

创业行动学习四阶段案例分析

案例/行动学习	体验收集阶段	交互反思阶段	系统整合阶段	行动验证阶段
田间西米公司	管理事件、按职能分设任务岗位超设	初创反思自下而上配置人员	重新设计分工职责定岗招聘	实施最新方案管理改革成效
古早创意公司	创业起步面临转型收集文创新线索	多方评网络平台销售可行性	销售创意转化成项目获融资	合作创办新公司获业绩翻番
梨园春公司	创办戏曲网站延伸戏曲用品求转型	会展机会调研系列产品需求	产品与文创服务整合做融资	尝试市场启动项目双环学习

案例分析得出创业行动学习的螺旋模型,为行动学习提供新的示范。该模型以创业行动学习过程模型为基础,展现出学习阶段随问题演化,从亲验聚焦、互动解读,到参与定位、尝试学习和协同践行五环递进上升的心理机制(参阅王重鸣,2021)。

---

2)"第五项修炼"与学习型组织。麻省理工学院的彼得·圣吉(Peter Senge,2003)在《第五项修炼:组织学习的艺术与实务》一书提出了组织学习的第五项修炼,成为组织学习的经典策略。特别是强调通过对现有工作和管理模式的理解以及共同开发新工作模式的过程,鼓励学习、运用新思路和新行为模式。学习型组织的"五项修炼"如下:

① 个人胜任:不断明晰新愿景和设置个人目标,主动开发专业胜任力;
② 心智模式:学会了解现有心智模式,并构建与开发新的开放式心智;
③ 共享愿景:通过对未来发展愿景的认同共享,凝心聚力和共同承诺;
④ 团队学习:通过团队成员互动式学习,发展协同关系和共同的思维;
⑤ 系统思维:学会系统关注关联行动和整合功能,以综合前四项修炼。

组织学习的五项修炼原则在管理培训和组织发展实践中得到广泛的应用,通过这五项修炼的学习,可以强化开放行为、认同解决方案、提供学习计划和指导学习型组织。许多企业都有组织学习的工作或经历,例如,工作小组、项目团队、运动球队、文体分队等学习型组织活动。无论在那种场景,都会在团队里体验到相互信任、师徒关系、合力协作、同担压力、共庆成绩。但是没有团队一开始就带劲的,一定是经过任务的打磨、能力的考验、挫折的历练、心智的转换等。在此基础上,形成了组织的新型理论方法、指导思想和创新架构,用以支撑个人胜任、心智模式、共享愿景、团队学习和系统思维五项修炼。这就是学习型组织建设的基本策略。

3）跨界学习的模式与策略。许多组织学习发生在领域跨界、文化跨境或者虚拟团队的条件下。其中，团队学习对于组织实现创新具有潜在的价值。正如彼得·圣吉在《第五项修炼》中认为的"团队而非个体是现代组织中最基本的学习单元"。唐宁玉、王重鸣（2006）聚焦于虚拟条件下的团队学习与团队效能及组织效能之间关系开展问卷调研，以国有企业和外资企业为主，选取了 307 名员工，多数来自传统制造业、能源交通和金融保险类企业。研究结果表明，学习取向以及参与合作、实验整合等学习行为对组织绩效（财务绩效与知识绩效）具有整体效应，从而为加大团队学习和组织学习的投入提供了新的指导。此外，刘帮成、唐宁玉、朱晓妹、王重鸣（2008）围绕组织国际化过程中在华外资企业组织学习的模式与效率开展研究，以基于社会文化差异的视角分析了海外市场知识获取是如何通过组织学习来实现的行为机制。通过对在华投资企业 500 强中的部分代表企业的研究，发现他们一般都具有较高的自主性学习效率。在国际化过程中组织的知识转移与组织学习行为都受到不同地域文化差异的影响，知识积累则受到诸多情境条件的促进作用。

创新学习和组织学习都需要通过知识创造与转移得以增强。在我们主持与承担的国家自然科学基金资助的重点项目"基于人与组织互动匹配的企业家成长机制与创业环境"系列研究中，包括有关技术创业企业的知识创造和跨国创业的知识转移两项研究成果。请阅读集合这两项成果的"研究解读 10.2　知识创造与知识转移的策略研究"，思考和讨论在不同创业企业情境下组织学习与知识创造及知识转移的主要难点与有效应对策略。

研究解读 10.2　知识创造与知识转移的策略研究

（1）王重鸣（浙江大学）、田茂利（杭州电子科技大学），2007，技术创业企业知识创造过程及其影响因素，《科研管理》，第 27 卷，第 6 期，28—31

（2）刘帮成（上海交通大学）、王重鸣（浙江大学），2007b，影响跨国知识转移效能的因素研究：以在华进行跨国创业企业为例，《科研管理》，第 28 卷，第 6 期，1—11

研究内容：知识的创造是企业通过组织学习和各种创新实践获取持续

竞争优势的强有力的战略武器。建立知识创造过程模型,对知识创造过程的四个环节(社会化、外部化、联合化和内部化)、知识创造过程的四个影响因素(能力、性格、信息冗余和领导)以及对知识创造过程和组织创造力产生缓冲作用等三方面作了案例研究,从公司的知识获取、分布、存储和使用等关系到企业生存和成功的关键事例,证实和拓展了知识创造的策略机制。

知识创造过程包括社会化(包含技术维度和认知维度,把个体内隐知识转化为群体内隐知识的过程)、外部化(把内隐知识转化为外显知识的过程,提高知识的可保存性)、联合化(指将零散的外显知识转化为系统的外显知识的过程,以更全局的眼光对待知识)、内部化(将外显知识转化为内隐知识的过程,通过"干中学"实现)四个部分不断循环,形成一种知识创造螺旋模式。知识创造过程受到参与者的能力、个性,领导者的学习与管理风格的显著影响。以收益与成本之间的平衡点,确定最佳信息冗余度。技术创业企业的组织学习与知识创造遵循"知识创造促进因素(能力、个性、领导、信息冗余度)→知识创造过程(社会化、外部化、联合化、内部化)→组织创造力×任务特征(任务导向、知识领域)→企业绩效"的关系链。

由于知识的跨国有效转移过程具有复杂性、专有性和内隐性,通过对在华进行跨国创业的 167 家企业中高层管理人员为样本进行实证研究,分别测量了知识转移效能(获得期望技术、技术能力提升、期望的管理经验、管理能力提升等)、知识层面特征(知识黏滞性、专属性、内隐性、复杂性)、组织层面特征(知识战略、双方信任关系等)和国家层面特征(东道国与母国文化与知识转移制度、监管及社会规范)以及创业模式、规模与经验等指标。研究结果发现,来自知识层面的专属性显著影响技术绩效,不利于知识转移;组织层面的知识战略和组织间信任关系等是影响跨国知识转移效能的重要正面因素;在国家层面,规范与舆论有利于增强知识转移效能。开展学习型组织建设将能发挥调节与增强效应,从而显著优化跨国创业的知识转移效能。

10.3　组织赋能策略与行动学习

知识要点 10.3　组织赋能与开发学习

组织赋能：以内控力与效能感的心智模式适应、胜任能力选配、效能体系发展
开发学习：管理心理与教育、知管与社会学、数字与计算机、认知神经脑科学
行动学习：问题驱动、原理反思、行动目标、行动反馈、行动迭代的五环策略
数字学习：数字学习的信任力、专注力、行动力和虚拟学习的以学习者为中心

10.3.1　组织赋能策略与开发式学习

（1）组织赋能开发途径与策略

1）组织赋能的研究证据。组织赋能理论聚焦在变革创新与创业创新成长背景下对人与团队和组织的赋能适配行为策略。作为一种通过充电、蓄电和聚电过程以增强内功转换与效能开发的综合策略（参阅第 3 章），在个体层面上充电，通常采用学习培训方法，转换心智模式，补充知识技能，提升内在功底，推进行动效能；在群体层面上蓄电，通常采用团队建设和项目实训的策略，强化责任意识，提高业务能力，嵌入合作网络，提振团队动能；在组织层面上聚电，设计创新战略，组合升级方案，创建创新网络，开发组织效能。组织赋能理论以变革行动为核心，以知识分享和行动学习为机制，重点赋能与开发多层次的适应力、创造力与学习力（探索、转化、开发），建立组织心理安全与心智调节氛围，实现基于学习创新的组织赋能行动，取得企业的转型成功与发展。

我们提出的组织赋能理论建立在一系列实证研究基础上。在领导赋能与组织赋能效应方面，钟建安、Lam 和陈子光（2011）验证了团队水平的赋能氛围和个体水平的赋能感受对于 LMX 与组织公民行为之间关系的联合缓冲效应。在组织赋能行动方面，王晟（Wang）、诺伊（Noe）和王重鸣（2014）在有关知识管理系统中知识分享的激励策略的准实验研究中，以中国某软件企业的 100 多位员工为对象，通过一项为时 17 周的准实验设计，系统检验了知识分享的不同策略的赋能行动模式，强化了组织赋能行动过程中问责管理的激励效应，从而丰富了组织赋能理论的分享和问责机制。在领导赋能学习方面，墨哲思（Moore）和王重鸣（2017）的研究

通过实证对比与考察,对不同地区首席执行官的领导力指导计划与赋能学习的创新性,提出了认知适应力与心理安全感的促进与调节效应。我们也检验了承诺升级在领导赋能行动中的正面功能。这些研究从不同角度表明了组织赋能在组织学习机制中的关键作用。

2) 组织赋能策略的特点。领导力开发是领导决策能力提升和组织赋能的核心策略,我们在相关研究中提出了多种组织赋能策略思路。工重鸣(2021)在总结国家自然科学基金重点资助项目"中国企业组织变革与文化融合机制研究"的系列成果时,提出了组织变革下组织赋能的三重机制:基于创业社会责任的适应机制、基于前瞻警觉决策的选配机制和基于变革赋能行动的发展机制,以此实现组织赋能适配。在此过程中,需要采用组织赋能策略加以推进。我们把组织赋能定义为"组织依据愿景与战略要求,在多个层次协同提升内在胜任力和增强组织效能感的系统途径",主要采用包括心智模式适应、胜任能力选配和效能体系发展的三项组织赋能策略。以强化组织赋能的双栖心理特征:以组织控制源与组织效能感为思路,组织赋能策略注重积极主动、内外协同、社会互动、迁移转换的组织知识力、组织控制力和组织效能力,特别是逐步增强工作智力、团队动力、策略能力、组织协力和动态合力。

□ 心智模式适应策略。这是组织赋能的第一项策略,通过组织赋能努力与能力建设计划,在个体、团队和组织的多个层面上实现心智模式和知识结构的适应和转换,形成组织赋能心智模式,强化个体自强理念、学习成长心态和组织可续心智的协调,形成以赋能责任为核心的心智共享和知识转换机制。

□ 胜任能力选配策略。这是组织赋能的第二项策略,采用双栖策略设计思维和前瞻决策选配布局的思路,设计与策划组织内功胜任力增强方案和控制策略选配计划,提升赋能的预见能力与选配成效。

□ 效能体系发展策略。这是组织赋能的第三项策略,通过开拓创新和转型升级增强组织效能感和组织可续发展,聚焦于组织水平的整体效能发展,并以包容式赋能、社会式赋能、专业式赋能、数字化赋能和行动式赋能多种模式建立效能体系和发展策略,实现效能创新发展。

3) 创建赋能成长的生态圈。我们开展的有关浙江大学创业校友成长模式与策略的深度案例与实证分析表明,职业与事业成长生态圈是人与组织适配的重要条件,可以采用三项赋能适配策略。

□ 赋能职业转换策略。职业生态圈注重职位的更换和职业的转换,有助于在多种岗位或业务上得到历练与成长。一般都会有 4—6 次的职业转换、赋能更新和工作历练的机会。特别是通过参与新兴业务或项目获得职业成长的机会,实现价值适应、动能转换和多层参与,从而加强成长新动能,实现主动的职业转换与赋能。

☐ 赋能协同创新策略。职业生态圈注重创设项目间协作和团队化创新计划,特别注重激活协同创新网络和知识共享机制,优化分布协作、目标整合和交互创新的合作计划,提升成长的新活力,促进协同式赋能的成效。

☐ 赋能变革学习策略。职业生态圈重视优化新型"组织发展策略"并建立"组织发展赋能库",从组织设计、云端平台、战略绩效和五力管理框架等方面,设置相应的团队学习赋能平台和系列效能指标,不断优化变革学习、组织发展和创造性张力,为企业组织提供整体学习赋能和创新成长的解决方案。

图 10.8 是赋能适配策略的图解。我们在有关组织设计、组织学习、组织使能与组织生态系统的相关讨论中,都涉及赋能适配的策略。

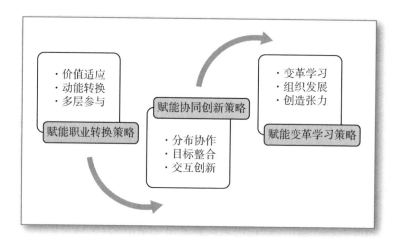

图 10.8 赋能适配的三策略模型

(2) 开发式学习与群体式训练

组织学习的新趋势是采用开发式学习模式,是指根据组织能力开发的任务目标和成长需求,设计和实施"综合赋能套装"的方式。例如,把定期培训计划与师徒计划、指导人计划、教练计划、后备计划和在线辅导计划等组合在一起。特别重视以多学科方法加强行动学习与智能化学习,从而激发学习开发的激励性、参与性、互动性,促进知识获取、辅导迁移、知识管理和才干提升的综合效能。

1) 开发式学习的多学科策略。组织赋能的思路和学习方法创新扎根于多学科的成果:管理心理与教育学、知识管理与社会学、计算机科学与数字化学习、脑科学与认知神经等领域的研究成果,不断优化教学内容、教学程序、教学技术和教学管理。

□ 管理心理与教育学方法。管理心理学与创业学的行动学习策略被广泛应用于开发式组织赋能计划,强化了亲验式学习和内隐知识与实践知识的学习。适应性学习、情景式学习、实践智力提升、自主行动学习和在线行动学习等日益普遍。结合教育心理学的新成果,开发学习中注重元认知策略的提升。比较有效的是采用"元认知支架"的方法辅助学习过程。元认知支架是指在学习系统中设置阶段性的策略增强学习方法。常用的有面向组合知识点和整合原理的"建构型支架"和面向问题解决和决策判断的"解题型支架"。参学者通过知识点提炼和汇集而强化各自的建构型元认知,并通过使用所学的策略,解决实际问题而掌握解题型元认知策略,从而显著提升开发式学习的效能。

□ 知识管理与社会学方法。结合社会动力学理论,强化基于社会学习的促进、迁移和持续改变以及新型开放的知识管理与知识获取。这种社会动力学方法可以增强学习者的道德认同、容错能力、共享承诺度和变革准备度,显著提升创新能力的扩散和延伸效果,充分利用社会创新动力拓展领导胜任能力。

□ 数字学习与计算机方法。随着开发式学习方法日益网络化、数字化、虚拟式和智能化,网络学习、数字化学习与虚拟学习开发成为新的领域。"个人学习云"和"深度学习"等新型数字化学习方式的发展尤其引人注目并成为新的在线教学模式。"个人学习云"提供各种学习工具以供挑选与组合,可以开展情境化、追踪式学习;深度学习策略则加快了数字化学习的升级换代。运用"深度学习"模式可以使数字技术从常规的数据采集或汇总功能转变为"新型学习加速器"。这种创新知识模式是运用深度学习原理,利用常规教学能力,通过教学伙伴关系、深度学习任务、原理分布联结、自主引领改变、数字技术资源、学习行动成效六个元素组成。其中最为关键的是教学伙伴关系、深度学习任务和数字技术资源。数字化深度行动学习以伙伴、任务、联结、引领、创造、行动为深度学习的能力焦点,加强胜任赋能的共创性、专注性、嵌入性、信任性、主动性和策略性。实践证明,深度学习模式是增强自主、有效赋能的创新学习技术。深度学习的系统投入和运营成本是常规的一半而效益加倍。

□ 认知神经与脑科学方法。随着认知神经科学的快速发展,学习型大脑及其对心理脑力加工机制的关注,促进了开发式赋能的脑机制研究与应用,出现了神经教育学和神经管理学的学习开发新思路。管理心理学的神经学习开发领域日益活跃,聚焦于探索学习、认知监控、学习适应、学习激励以及学习情绪等神经加工机理及应用策略。主要的方法是运用神经科学和领导力脑机制的研究成果,通过训练程序增强"神经可塑性"从而改变领导者的职位地位知觉(Status)、确定性认知(Certainty)、自主管控(Automny)、关系安全(Relatedness)和公平交换

(Fairness)五项特征的 SCARF 模型,整体提升领导胜任力的神经基础,从而增强组织可续效能。

在开发式组织赋能中,上述四种思路交叉互补,日趋整合,特别是围绕行动学习和智能学习的创新与发展,新的尝试和应用层出不穷,形成了管理心理学的开发式赋能的整合思路。

2) 群体归因训练与学习开发。开发式学习的另一种策略是运用群体认知机制改变员工的认知模式与增强元认知加工能力。我们根据目标责任归因模型,提出了目标责任制设计和目标责任归因模式训练的方案,在准实验研究检验的基础上,在数十家企业试行,取得了良好的效果。王重鸣(1988,1994,2007)先后在不同企业开展了准实验研究,其中包括群体归因训练的实证研究。研究的假设是,在团队责任目标导向结合个体任务责任的条件下,群体归因可以显著促进归因倾向和行为变化。研究开展了两项现场实验:第一场实验采用 2×2×2 因子设计准实验(团队责任与个体责任×男女性别×成功与失败不同条件),任务过程中即时、随机地得到成功或失败(是否达标)的绩效反馈并完成绩效归因。我们以时间序列方法测量其随后的满意度、期望值、任务意向和新的绩效目标。在另一项为期 2 个月的准实验中,在团队工作系统下运用群体归因训练计划(即实验处理),并测量员工的态度与绩效。这项实验的结果表明,群体归因训练可以显著增强员工的正向归因策略并改进工作行为,特别是增强了自我回顾式监控、人际互动沟通与相互鼓劲行为,显著减少了"认知归因错觉",进一步加强了归因策略的迁移和能力转换,从而持续增强群体绩效。群体归因训练策略包含了认知错觉调节、自我回顾监控、人际互动沟通、模式迁移转换四项策略。

群体归因训练有效开发了员工的归因新模式,群体目标责任归因显著增强了员工的群体绩效,反映出目标责任归因的实际效应。研究采用群体归因作为开发式学习策略,在团队工作系统下通过系统的群体归因训练计划取得了显著的成效,成为认知能力开发的范例。我们的研究根据归因理论的研究与方法,以鼓励集体主义的传统和企业团队项目管理的策略,采用群体归因训练方法促进正面的群体动力,改善团队工作行为。近年来,我们把责任归因模型运用于创业能力开发,针对女性创业者的初创业结果开展认知归因分析与行动学习,显著优化了女性创业型学员的创业心智转换与创新认知加工,从而以认知归因过程解释了创业任务进展、创业过程激励和创业能力开发的动态机制。

由于数字化、创新型、新商模、全球化等方面的迅速发展,许多企业通过开发式赋能活动提升其领导胜任力和员工创新能力。不少企业家在访谈中表示,以前开发式学习是能力的增量,做"加法",现在开发式学习是能力的超量,做的是"乘法"。

越来越多的企业创办了公司学院或企业大学或与院校联合创建领导赋能和能力建设平台。

10.3.2 行动学习特征与数字化学习

（1）行动学习特征与五环策略

1）亲验式学习的三项特征。管理心理学的原理和方法与实践问题紧密融合，包含了多种内隐知识，需要通过亲验式的学习模式与策略得以获取，又称为"干中学"和行动学习。亲验式学习包含实践性、内隐性和行动性三项特征。其中，亲验式学习的实践性表示在工作实践中体验和学得知识与技能要点；亲验式学习的内隐性表示依赖情景体会关联经历，获得内隐知识；亲验式学习的行动性强调"干中学"，知识的获取不能只靠"旁观"，而是要通过行动过程加以持续增强。

2）行动学习的特征与策略。行动学习是一种新颖的学习方式，是通过亲验聚焦问题、深度阅读解惑、互动解读要领、参与定位目标、尝试学习路径和协同践行策略的行为机制有效开展学习。行动学习是一组策略程序，超越了以往过于抽象的理论式、个体化的说教学习和相对脱节的案例学习方法。典型的行动学习包含三种要素：行动学习参与者，拟解题的问题任务，群体共同讨论解题。行动学习采用个体层面的学习反思与能力提升和群体或组织层面的学习研讨与能力开发相结合的模式，表现出明显的层次性、团队性和亲验性。

图10.9是行动学习五环策略。王重鸣(2015,2020)针对全国专业技术人才知识更新工程和新型继续教育计划，提出创业能力建设的行动学习五环策略全模型。五环行动学习策略包括问题驱动学习、原理反思学习、行动目标学习、行动反馈学习和行动迭代学习五个环节：问题驱动学习环节注重于提升学习的需求层次，综合个体、群体和组织的多层次需求分析，并通过亲验式讨论而聚焦问题的关键点；原理反思学习环节重视围绕解题对理论原理作出互动解读要领与策略反思，回顾以往成功与失败经历并加深对相关原理的理解，从而使原理围绕需要解决的主要问题和学习要点；行动目标学习环节强调通过目标程序，开展参与式定位目标，设置行动目标，使之具有自主性、责任性、成长性、团队性和创新性等五个行动式特征；行动反馈学习环节是经过初步行动式尝试学习路径而得到反馈完成亲验学习，及时开展初步的绩效分析与反馈，以得到持续改进；行动迭代学习环节聚焦于在行动反馈基础上的技能迁移和模式转换，使得行动学习进入协同践行策略的新阶段。

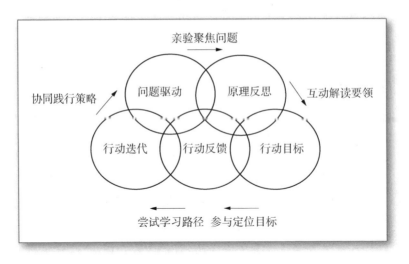

图 10.9　行动学习五环策略与过程机制

3) 行动学习策略三部曲模型。在实际研究和实践中,我们把行动学习的三个行动环节整合成高阶行动转换环节,包含行动目标、行动反馈和行动迭代要素,与行动学习的问题驱动、原理反思两项环节一起,构成行动学习三部曲策略模型。

□ 问题驱动环:问题驱动学习是行动学习的第一部曲。问题驱动是从工作或管理中所面临的挑战和新任务出发,提出急需解决的问题和转变提升的能力。针对个人职业成长机会、行业发展机遇和转型升级挑战,提出面临的问题与能力短板。例如,数字化转型形势下所普遍面临的数字化心智与工作模式转换的问题。在问题驱动学习中常见的难题是如何在复杂挑战与多项难题面前聚焦主要问题。

□ 原理反思环:原理反思学习是行动学习的第二部曲。在问题驱动学习基础上围绕基本原理领会和掌握关键知识点与反思解题线索。原理反思学习提供针对性强、可应用性高的原理,为设置和开展行动打下基础。在原理反思学习中需要综合反思多方面原理和重要知识点,才能更好做到融会贯通,因为原理往往不是一对一的知识元素。

□ 行动转换环:行动转换学习是行动学习的第三部曲,包括行动目标设置、行动进展反馈、行动策略迭代三要素。我们总结最新目标理论研究提出,有效的行动目标具有五个重要特征:目标自主性、目标责任性、目标成长性、目标团队性和目标创新性。进而形成了"目标—反馈—迭代"的转换环节。

在具体实施行动学习时,需要采用一组系列工具。主要包括表 10.3—10.5 的模板。表 10.3 是问题驱动行动学习的分析表。表 10.4 是原理反思行动学习表。表 10.5 是行动转换行动学习的成效分析表。

表 10.3

问题驱动环行动学习的分析表

方法策略 1 问题驱动与能力提升分析表	
1. 个体层次的问题驱动分析	2. 群体与组织层次的问题驱动分析
1) 对关键个体要素的理解	1) 群体与组织要素的识别
2) 能力建设个人心理准备	2) 组织能力提升的时间表
3) 个体工作模式创新方法	3) 组织赋能绩效标准更新
4) 个体工作程序配套准备	4) 组织文化建设配套策略

表 10.4

原理反思环行动学习表

方法策略 2 原理反思行动学习的学习表				
1. 能力要素	原理知识亮点	群体解读交流	能力建设反思	行动解题策略
个体层次				
团队层次				
2. 行动策略	主要策略特征	单位经营实践	采用何种策略	具体创业行动
任务行动策略				
组织行动策略				

表 10.5

行动转换环行动学习的成效分析表

方法策略 3 目标—反馈—迭代行动学习的成效分析表					
1. 创业行动目标与反馈成效分析			2. 创业行动迭代的能力优化		
目标特征	反馈成效	得分	目标—反馈	迭代—赋能	得分
目标自主性	参与反馈		目标优化	授权领导	
目标责任性	负责反馈		行动优化	责任领导	
目标成长性	增效反馈		程序优化	赋能领导	
目标团队性	合作反馈		组织优化	团队领导	
目标创新性	效能反馈		整体优化	创新领导	

注：请用 5 级计分表打分(分数越高,成效越高)

采用群体反馈方法可以强化反馈过程的多样性、建设性、整合性。迭代学习则注重行动的持续尝试和学习跟进，从而实现技能迁移、模式转换和理念更新的行动转换学习。

（2）数字化行动学习三角模型

1）数字化学习的新发展与挑战。在线学习和更为数据支持的数字化学习从2000年起逐步得到研究与尝试，经历了新的发展：

□ 2000—2010年，许多地方建立起互联网学习平台并开发与使用多种培训软件，培训咨询服务业普遍开始采用电子培训平台。我们在信息企业开展了在线知识管理与激励策略的现场准实验研究。浙江大学全球创业研究中心示范基地成为管理心理学有关认知能力和决策策略的在线研究平台。浙江大学与牛津大学共同开展的万名女性创业能力开发中国项目并建立了网络学习计划和首个在线创业能力评价系统。

□ 2011—2020年，全国专业技术人才知识更新工程成为专业人才人力资源能力全面提升的机遇，以王重鸣（2015）的《创业能力建设读本》为教材，我们开展了一系列线上与线下相结合的能力建设课程，采用行动学习策略开展能力开发工作。国际丝路创业教育联盟的全球成员院校创建在线学习的示范基地，开展"AI学习系统"和创业能力行动学习的模拟系统示范。

常规网络教学存在三项挑战。常规网络教学或在线学习灵活、多样且易于操作。但是在线教学直播与微课等教学方式也存在一定的弱点。我们在研究中主要关注三方面的挑战。

□ 学生的在线参与度和学习模式分散的问题，表现为在线教学时学生注意力分散，或同时在做其他活动而"一心多用"，出现"分心观战"和"边缘加工"的现象；

□ 在线教学与学习的授课模式显著减少了互动机会，教师在教学进程中由于单向讲授而缺乏反馈，对着电脑屏幕讲解而被称为"面屏论剑"现象，师生相互理解不足，处于低互动、弱信用状态；

□ 在线教学的内容比较分散和抽象且难以作实践技能演示或实训，教学的行动性比较低，显现"指尖谈兵"现象。此外，数字化课程内容的设计、课程线上与线下的跟进、虚拟学习与知识的获取以及混合学习、在线考查方式和数字化学习系统的优化等，都成为新的关注点。

2）数字化行动学习三角模型。我们采用数字化学习与行动学习五环策略原理相结合，提出数字化行动学习，重点增强三种能力：专注力（Focus）、信任力（Trust）和行动力（Action）。数字化行动学习这三种能力构成数字化行动学习三角模型。

　　□ 数字化行动学习的专注力。运用"问题驱动"策略，加上数字化背景教学资料，帮助聚焦关键问题和开展分布式加工，解决"边缘加工"问题。以有关"问题地图"的思考与讨论，促进学生从"分心观战"在线学习模式转向分布式的"专心参战"模式，从而增强数字化学习的专注力，即聚精会神、专心致志、问题聚焦的能力。

　　□ 数字化行动学习的信任力。采用"原理反思"策略，辅以数字化互动与反馈的机会，解决师生之间的弱信用问题。以高互动设计与原理研讨，促使教学从教师"面屏论剑"转向师生共同担责参与"互动论剑"，从而提升数字化学习的信任力，即诚信互动、原理信心、伙伴关系的能力。

　　□ 数字化行动学习的行动力。采用行动目标—行动反馈—行动迭代的三连环行动转换策略，解决在线教学低行动性的问题。以行动目标订立、行动成效反馈和行动策略迭代的方式，促使师生从"指尖谈兵"在线学习转向发展导向的"在线练兵"，显著加强数字化学习的行动力，即善于设置目标，作出行动反馈和更新、迭代行动策略的能力。

　　3）共享式虚拟学习的新特点。与数字化行动学习如何强化信任力、专注力和行动力的策略相关，这里围绕三种虚拟学习模式考察其学习效能，以此提升组织学习的数字化水平。

　　□ 以学习者为中心的虚拟学习。以学习者为中心开展在线培训或虚拟学习，要求改变单一学习模式和"齐头并进"的内容编制与模块设计。需要根据学习者的不同起始水准和知识基础作出不同的"起跑线"设计，并在学习过程中设置阶段性自选练习或解题尝试，以便增强自我效能感。常用方法是设置多层次起跑线和阶段性自选解题的阶梯式评价条件；或者运用 AI 的思想，设计自适应分段学习模式，根据学习者的学习进度、能力基础、兴趣爱好，设置基于偏好与能力的分段知识模块，根据学习者的虚拟学习进度，自主推进学习进程，提高学习者的控制感和学习主动性。

　　□ 以精益教学为中心的虚拟学习。这种虚拟学习模式比较依赖于教学内容、在线人机界面和平台友好度开展有效的虚拟学习。不少企业显著加强了教学程序与模块的精益化设计，采取"深度学习"的原理，重点深化知识点的分层呈现与案例解读，降低虚拟学习者的认知负荷和技能要求。

　　□ 以互动学习为中心的虚拟学习。常规虚拟学习的主要弱点是单向学习，例如常见的慕课模式。这可能大大减弱学习的注意力、学习的卷入度和知识点的转换度，从而也影响学习的完成率和效果。常规在线学习缺乏群体互动，以个体学习为主。虚拟学习的趋势是显著提升互动学习的程度,改进师生互动式和群体互动式学习。总体上看,虚拟学习由于适应学习、群体学习和行动学习方法的采用而大大提高了学习效能,也对学习准备度、组织配套条件、教程教法设计和多种师资配备提出了新的要求。

在高管领导力开发的新途径中,指导人计划(mentoring)和领导力教练辅导法都是行之有效的方案。在实践中,许多高管领导力开发采用两者相结合的办法。请阅读"研究解读 10.3　高管领导指导计划与组织创新性",思考和讨论如何在高管指导人计划中运用心理安全感和认知适应力,以提升组织创新性和指导质量。

研究解读 10.3　高管领导指导计划与组织创新性

作者:墨哲思(James Moore)、王重鸣(浙江大学)

发表刊物:《心理学前沿》(英),2017 年,第 8 卷,第 3 期,1—9

(Mentoring top leadership promotes organizational innovativeness through psychological safety and is moderated by cognitive adaptability, *Frontiers in Psychology*, Vol 8,3,1 - 9)

研究内容:高管指导策略如何借助心理安全感与认知适应力提升组织创新性呢? 指导人计划一直对个体和组织的成长具有积极影响力。相关研究停留在员工层次,而缺乏有关高层管理者指导计划的研究,本研究聚焦高管指导策略作为一种社会互动学习对于组织创新性的独特关系,关注心理安全感和认知适应力的调节效应。心理安全感是指人们对组织中不惧怕负面结果的安全理念。组织中,指导人的榜样行为、心理社会支持、职业辅导、难题历练、新法尝试、鼓励参与等都会增强心理安全感。认知适应力是指人们在特定动态、不确定任务环境中表现动态、灵活、自我调节的能力,是创业式心智模式的基本元素。由于指导过程具有自我反思和元认知的特点,我们把认知适应力作为另一调节变量。选取有明确指导人、有被指导经历的200 名高管完成问卷调查,包括指导质量量表(职业支持、心理社会支持、角色榜样)、心理安全感量表、认知适应力量表和组织创新性量表。图 10.10是高管指导效能模型。

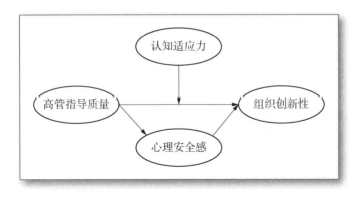

图 10.10　高管指导效能模型

　　研究结果表明,高管指导评价与组织创新性知觉显著相关,组织的心理安全感起调节作用,而认知适应力则负向调节这一关系,即在指导质量高而认知适应力低时高管的组织创新性知觉加快提升。这项研究为高管领导层的指导策略提供了新的理论证据,为开发与优化组织创新领导力的指导策略提供了重要的指导原理。

第10章　思考题

1. 请比较创新、创业、创造的差别与共同点,解读创新力管理的基本特征。

2. 比较创新领导力与创业领导力的特点,讨论对于企业可持续发展的作用。

3. 什么是组织创造力? 如何运用行动学习五环策略学习和提高创造力?

4. 什么是组织学习? 叙述马奇的"探索—开发"双栖学习策略及其实践意义。

5. 赋能的心理学机制是什么? 如何理解组织赋能和赋能领导力的主要维度?

6. 什么是开发式学习? 如何根据不同的开发目的,选用不同的赋能策略?

第 11 章　组织动能与数字转型

11.1　组织动能理论与组织结构

> ### 知识要点 11.1　组织动力与设计策略
>
> 界面层次：专长胜任、系统联结和组织参与界面层次动能提升组织效能的理论
> 组织动力：柔性架构动力、创新目标动力、责任职权动力、协同团队动力四维
> 组织动能：责任价值、决策参与、合作协同、持续创新、跨界选择、前瞻警觉
> 行动研究：组织设计、技术创新、结构决策、组织管理、人才队伍、结构维度

11.1.1　组织动力与界面层次理论

（1）组织理论与组织生命周期

现代组织理论的演变经历了从基于封闭系统的组织理论转变成基于开放系统的组织理论；从注重静态理性观点的组织理论发展为强调动态动力的组织理论。以霍桑研究和人群关系理论为代表，组织设计思路注重群体、员工态度和管理者与员工之间关系等重要因素。与此同时，"合作系统"理论合作系统由任务和人员形成平衡状态，促进组织的发展，并且建议管理者的主要角色是促进沟通和增强各级员工的高水平绩效。基于开放系统的权变组织理论成为一种比较流行的思路。这种理论认为某种组织理论主要适应特定的组织情景，需要考虑组织理论有效运用的关键条件。司马贺提出组织理论需要超越过分简化的原则，寻求不同原则成立的基本条件，推动开放系统观点的组织成长。即使到现在，人群关系、团队模式、领导力组织设计以及开放权变的理论仍然是数字化、可持续发展的关键条件和重要制约因素。

1）结构差序理论与双栖设计。管理心理学有关组织结构的多个理论采用结构模式差序或双栖分类的思路。各自表示出结构适应战略的新模式。

□ 机械式与有机式组织结构。在对不同环境条件下 20 多家工业企业组织结构模式与管理实践影响的经典研究中，通过对经理人员深度访谈、现场观察、经营

环境评价,以及对技术体系和产品市场变化速度等方面的综合考察,提出适应于稳态常规环境或动态变革环境的两类不同组织结构:一种称为机械式组织结构,其特点是采用严格的层峰式管理、职责固定、规章繁多、沟通渠道正规、决策权限集中化、架构比较高耸,适合常规化的运营,按部就班完成工作任务,对于经营环境变化或新机会反应迟缓;另一种称为有机式组织结构,其特点是颇为柔性化,在垂直与水平方向都实行合作模式,职责根据需要而灵活设置,沟通多渠道,决策权限分散参与,架构比较偏平,对变革环境具有高度适应性,重视技术专长与创新。表 11.1比较了两种组织结构的特点。

表 11.1

	机械式结构与有机式结构	
结构特征	机械式组织结构	有机式组织结构
结构战略	刻板脱离战略	灵活适应战略
沟通模式	垂直下行为主	水平开放交叉
人资管理	监管人力资源	开发人力资源
权力影响	职位权力	专长权力
目标设置	高层定位	群体参与
控制模式	集中化纠错	多样化自控
关系模式	要求忠诚服从	鼓励承诺进取
激励机制	重物质多处罚	重参与强激励
激情追求	追求成本控制	追求创新发展
绩效目标	被动式低绩效	主动式高绩效

□ 分化与整合式组织结构。哈佛商学院的劳伦斯(Paul Lawrence)和劳斯(Jay Lorsch)在机械式与有机式组织结构模型的基础上,对环境条件与有效组织结构之间的关系开展了进一步研究。他们在塑料、食品和集装箱行业选择了十家企业进行分析,以便在环境不确定性方面差异很大的行业条件下进行深入比较:塑料行业面临激烈竞争,产品生命周期比较短,新产品发展很快;集装箱行业的产品基本稳定,销售额也绩效平稳,因而处于相对确定的环境;食品行业则介于两者之间,行业经历大量创新,但新产品开发和销售增长没有塑料行业那样快。研究以不确定性作为外部环境的评价指标,包括经营环境变化速率、经营环境信息清晰度、经营环境对于管理行动的信息反馈速度等;采用分化度和整合度

作为内部环境的评价维度。其中,分化度表示下属部门(单元)之间在成员取向、任务类型、教育培训等方面的差异性,可以用作迅速变化的内部环境复杂性的评价指标;整合度是相关部门合作共事的质量指标,包括规章制度、职权层次、决策程序等。研究结果发现,高绩效企业的组织结构与环境要求最为匹配,在多变的环境中,企业部门比在确定的环境中更为差异化;在所有三种行业中的最成功企业都表现出比低绩效企业显著更高的整合度。这项研究所提出的分化—整合模型为组织理论发展和组织设计提供了新的理论依据。这种双栖模型在管理实践和研究中得到许多支持,对于组织设计和变革转型具有重要的指导意义。

2)组织生命周期理论。企业组织在发展过程中会经历初创、成长、成熟和转型、发展或衰亡的四个阶段。其间,又会由于有新业务、新项目或变革重组而出现的分支组织或派生组织。组织的成长过程表现出的演变模式被称为"生命周期"。生命周期的概念原先多用于市场研究,用以解释产品的形成、成长、成熟、衰减过程。图11.1为组织生命周期模型图解。

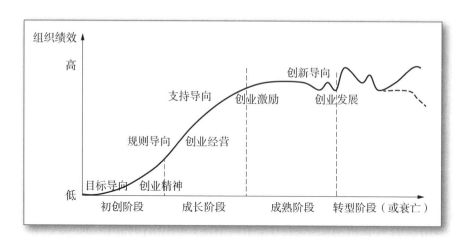

图 11.1　组织生命周期模型

管理心理学研究表明,组织生命周期随时间进展而转换、更替与发展,大体形成四阶段:

□ 初创阶段。企业组织的初创阶段始于创业精神,合伙创业或者集体创立,通常以市场为目标导向。以联想集团为例,在 1984 年初创阶段由中国科学院计算所投资 20 万元人民币,11 名科技人员合作创办,采取了"贸工技"成长策略,以市场为目标,以订单完成产品生产,再跟进技术提升与创新。在初创期,大部分企业都采取简单的组织架构,管理模式集中化且制度流程简单。尝试形成独特的能力与商业模式。初创阶段的客户和产品或服务比较单一,寻求有持续价值的产品或服务。处于初创阶段的企业如果能做出愿景式经营和可续产品导向,并以管理模式的创新为策略,则能够"事半功倍"并得到较快发展。

□ 成长阶段。"良好的开端是成功的一半。"组织生命周期的发展在很大程度上取决于初创阶段的"成长准备度"或"成长心智"(参阅第 2 章内容)。我们的研究表明,从初创阶段向成长阶段的转换节点在组织成长中至关更重要:心智模式的转换、价值规范的提升、骨干团队的选配、创新能力的开发、成长行动的策划等,都是进入成长阶段的关键举措。再以联想集团为例,在成长期之初就提出"管理三要素":建班子、定战略、带队伍,强调班子选配、决策与建设的重要性,注重战略的制定、实施和升级的指引性并高度重视队伍的激励、协同与发展。在此后的挑战、危机、转型中,企业把"管理三要素"发展成为"复盘"策略,用以梳理进程、学习总结、凝聚班子、重塑战略、协同队伍、策划行动。企业在成长期关注销售业绩增长和产品多样化的机会,并逐步开始产品的定制化,组织日趋职能化,产品创新表现为渐进式。常见的危机是企业对市场变化的反应速度减慢。

□ 成熟阶段。在成长期快速发展的基础上,企业组织进入业务比较平稳、队伍较为匹配、财务更为稳定、市场比较饱和的成熟阶段。在这一阶段,企业组织的注意力容易转向内部的效率,在市场进取方面"偃旗息鼓"。企业趋于集中化管理、机构重叠和注重绩效管控,且对创新变得相对保守,决策速度趋缓且缺乏前瞻与开拓性,容易进入"中期陷阱"或"成熟陷阱"。这时,急需强化支持导向、创业激励和警觉心智,以便跳出"成熟陷阱",准备重整旗鼓、开拓创新。联想集团在成长阶段到成熟阶段发展的亮点之一是在多元化的压力和"成功心态"下先后强化了支持导向的"亲情文化"和创新导向的"创业文化",以"国际化战略"为抓手,跨越"陷阱"进入转型阶段(参阅第 5 章的联想文化案例)。

□ 转型阶段。在面临的激烈竞争、复杂危机与创新驱动、全球创业相互交织的环境下,企业组织进入转型阶段。企业需要采取战略性创业的策略,以国际化拓展、颠覆式创新、数字化转型、内部创业创新、战略性人资、重塑式组织设计等举措,使组织加快进入新的可持续成长阶段。联想集团并购 IBM PC 业务、吉利集团并购沃尔沃轿车等案例和较近期的许多企业的数字化创业等都是转型阶段的成功实践。吉利集团在总结国际化并购十年的经验时认为,这类"蛇吞象"式转型升级实践的启示是高度重视创新与体系能力,以"模块化架构"形成可以不断衍生创新和迭代升级的协同式组织平台。请读者查阅相关案例资料以及随后章节有关创新力管理和行动力管理的讨论,进一步理解转型升级的原理与动力、活动、张力策略。

（2）界面层次理论与动能策略

组织动力学的研究与高新技术开发和信息化、数字化下的组织机理相结合，把新技术引进与开发作为一场变革，而把企业组织看成多层次激活的动力系统。王重鸣（1989）围绕计算机等信息技术与其他高新技术转型升级的互动界面层次特征，根据在瑞典 TELI 电话公司等若干企业和在我国 24 家企业开展的有关计算机系统引进策略和人—组织—信息系统能力开发的现场研究提出的"人与计算机界面层次理论"（Interface Hierarchy Theory），进一步在中国的数十家制造业企业通过准实验研究得到系统的检验和发展。我们的研究发现，在信息化技术变革的情境下人与计算机界面形成 13 项潜特征。这些潜特征构成了三个高阶潜因子：专长胜任因子（编程能力、信息加工、任务要求、自主胜任）、系统联结因子（系统能力、工作期望、效能感受、绩效网络）、组织参与因子（责任归因、群体工作、信息沟通、领导风格）的界面层次维度。这个高阶因子模型验证了研究的假设，认为在技术创新进程中，人与计算机交互作用构成了由用户界面、任务界面和组织界面组成的三层次结构。LISREL 结构方程模型验证了这一专长—系统—组织界面模型。我们在有关管理信息系统开发的研究成果基础上，对信息网络管理决策的研究也表明，信息技术领域的组织与技术创新包含着专长胜任、系统联结、组织参与等三个关键维度。详见图 11.2 所示。

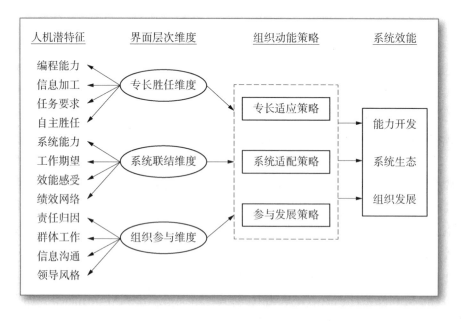

图 11.2　人与计算机界面层次模型

1) 专长胜任维度（E：Expertise）。网络工作的专长胜任力不仅使员工在信息技术应用与数字化转型面前拥有能力感，而且使组织形成基于创新业务的综合胜任力。通过相应的项目设计、培训方案和生涯计划，专长胜任力有利于促进员工价值观、激励、态度和胜任力，提高全新的工作能力与持续绩效。实施基于专长心智与组织能力的适应策略。

2) 系统联结维度（S：System）。网络化、信息化、数字化增强了组织采集、综合、整理、监测和传播信息的能力，导致组织沟通方式和运作模式的变革。组织中的传统信息交流集中于自上而下的交流，而网络化、数字化系统联结要求以多层次、自下而上、交叉横向或超级方式开展交流与复合式加工，跨越组织层次与常规职能分工的限制，直接获取与运用数据；并大大提高组织系统联结的分布性、相容性和敏捷性。实施基于系统联结与分布适配的策略。

3) 组织参与维度（O：Organization）。在组织变革与技术创新中，尤其是信息化和数字经济场景下组织多层参与对于快速跟进变革行动是至关重要的。常见的难点是，数字化转型或变革创新被看成个别技术部门或管理者的事，参与度、接受度进而行动力都不尽如人意。多层参与发展成为特别受人重视的策略，辅以全员赋能计划，则可以强化创新氛围、改进团队承诺、提升项目协同协调和增强胜任力利用水平。实施基于组织参与和团队创新的策略。

依据这项 ESO 界面层次模型，我们运用整体设计的思想，提出专长适应策略、系统选配策略和参与发展策略，创新性构建中国企业基于胜任特征的组织动能策略体系，并实现包含能力开发、系统生态和组织发展的系统效能，为信息化、数字化、智能化变革转型提供了全新的理论指导。

我们近期完成的研究支持了有关在信息技术、成长战略与组织能力等条件下，专长胜任、系统联结、组织参与等三个维度对于组织创新界面的各特征变量具有显著的效应。该研究表明，信息技术与管理变革发展迅猛，各方面发生了惊人变化，王重鸣提出的界面层次理论的原则依然可以有效地解释信息化、数字化转型的层次水平（从数字化转型的专长胜任力、数字化系统与业务项目任务的联结度以及与愿景战略的关系、数字化项目的多层参与度三个方面来考虑），从而增强数字化转型界面的维度及其协同效能。

4) 多层决策支持与赋能策略。王重鸣（1992）在《决策支持系统：经验与期待》论文集中发表题为"中国企业系统开发决策的用户知识结构与多层决策支持模型"的文章，提出了基于界面层次理论的多层次组织动力机制及其对信息化决策支持的策略价值。由于创新驱动和网络化数字化涉及企业各方面的变革与转型，需要一项整体解决方案和相应的多层次赋能支撑才能做到"事半功倍"。我们曾开展多层次决策支持系统研究,为转型升级提供新的管理心理学指导。其中一项基础工作则是构建精准决策支持所需要的用户知识结构。研究运用所诱发的知识网络,结合界面层次模型与系统开发决策过程模型(认知策略与模式定向加工等),设计了多层决策支持策略模型,为创建用户自适应决策支持提供了具体的心理模型与框架。对于当前各行各业数字化转型的组织赋能策略具有现实意义和心理学应用价值。

由于研究选题的前瞻性和引领性,许多研究仍然具有新的指导意义和应用价值。王重鸣与钟建安(1992)的研究围绕系统开发中决策支持信息对于决策模式的效应,强调支持信息并非越多越好,而是需要有策略性的设计与编排,以便对系统开发决策中的信息搜索模式与认知加工策略发挥有效的作用。面对超技术、定制化新型决策支持系统模式的开发趋势,在决策支持中配置任务能力与组织系统。管理与能力等互动界面"软信息"成为定制化设计的"标配"。我们的研究基于新技术决策相关的企业调研进展,运用"界面层次理论"(包括专长胜任策略、系统联结策略、组织参与策略),采用了18项界面支持信息,形成界面层次策略量表的题项。见量表工具11.1。

量表工具 11.1 界面层次策略量表题项

编程与计算技能程度	系统信息网络化程度	参与项目计划过程
信息系统相关知识度	多个部门间协作程度	各级领导的支持度
计算机信息系统培训	任务说明书与熟悉度	愿意承担各种任务
能侦查更正系统差误	任务难度与适应程度	参与工作任务满意
对信息化工作能力感	运用指令与注意程度	参与工作任务信心
对信息化工作积极性	系统信息化心理负荷	对项目进展的期望

通过模拟实验研究检验了两种决策支持信息(通用单维信息与因果多维信息)对决策判断认知策略的效应。研究结果发现,三维因果决策支持信息结构可以增强更全面、模式化的搜索与信息加工。研究进展可以显著优化和创新企业决策支持系统的开发与应用。

11.1.2 高阶组织动能与行动研究

(1)组织动力特征与高阶动能

1)组织动力特征。为了使组织结构不断适应战略发展,避免出现"结构僵化"

或者"活力弱化"的问题,需要持续强化组织的动力机制,表现在四个方面:柔性架构动力、创新目标动力、责任职权能力和协同团队动力。

□ 柔性架构动力特征。架构格局是指组织结构的布局和形态,主要由职责分工和任务协调要求所决定。架构通常可以用组织结构图来描述,包括所有职位、人员、任务报告关系、正式沟通与命令链路线等。结构服从战略,战略面向目标。只有保持架构的柔性,才能形成基于应变和适应能力的动力机制。常规组织的岗位职责与工作划分模式比较固定,存在职责固化、任务单一、人员不流动、分工即"分家"的刻板模式。柔性架构动力要求组织架构和部门设置都比较灵活、弹性和多样,有能力跟随不同战略的转移、相关业务的创新、并购重组的升级、数字化转型等需要而不断更新组织架构的模式与运营机制。通过新型组织弹性设计和多样化丰富化措施相结合,增强架构的柔性和新动能。

□ 创新目标动力特征。目标模式主要指管理体制与政策下特定组织目标的运营模式和员工活动方式。目标模式基本上有两个方面的特征:目标决策集中化程度和模式程序正规化程度。创新目标强调授权和敏捷,要求适当降低决策集中化和提高程序的灵活度。加强员工授权参与度,有益于创新目标的设置与实现。研究表明,创新目标动力要求减少组织的刻板程序与规章约束的比重,通过组织的工作设计、员工积极性和群体互动程度的调配,增强适应力和新动能。组织管理的趋势是采取更加参与式的决策模式和互动式的程序规范,在决策和程序方面设法协调员工自主性和组织管控支持之间的平衡,增强组织的创新目标动力。

□ 责任职权动力特征。这是指组织完成工作任务以取得成效所承担的责任。责任受到所有制的影响,在组织中形成了自上而下的下行"责任链"。责任链的分布成为组织结构的重要特征。职权则是指组织中的法定权力体系。职权与责任相互联系,经理与主管都需要对资源有足够的职权,才能充分实现其管理责任。新的趋势是随着组织架构的柔性化和部门项目之间的协同化,管理心理学强调"共担责任"和参与管理。为此,管理心理学研究提出若干种有效的授权方法,例如,创建"责任导向的组织发展计划",注重员工和团队的赋能授权,设置参与管理奖项,启动内部创业和创新项目,建设高目标、高支持的组织文化等举措。

□ 协同团队动力特征。众多团队基础上的团队活力和团队间的互动关系一直是组织结构的关键动力特征。在常规结构下,团队在职能架构下运行,主要依赖于团队内的合作与任务达成,团队的内聚力、参与度、自主性、激励性和目标性都是主要的团队动力因素。为了激发持续的协同团队动力,需要全新的多个团队间协作精神和合作思维,创建合作创新文化和团队协同场景。哈佛商学院的埃德蒙森(1999,2008,2019)提出团队心理安全感的重要性,强调团队化创新和学习型组织建设的新路径以及通过创建心理安全感来激发学习、创新和成长的"无畏型组织"（fearless organization）的策略，为增强协同团队动力提供了系统的理论与方法指导。

2）高阶组织动能。我们在变革管理研究中采用了问题驱动方法论，注重复杂情境特征、变革演进与创新发展过程中涌现的动能因素。管理心理学的最新研究提出，企业组织变革创新和高质量发展可以利用团队与组织的界面动能要素增强组织动力机制（王重鸣，2020），类似于我们在第8章所说的团队交互作用涌现出新的高阶团队动能特征，变革与创新互动也激发团队与组织界面动能要素，有效促进新的高阶组织动能特征，成为组织变革创新与发展的主要动能要素。图11.3所示的高阶组织动能要素包含团队界面动能和组织界面动能的要素，形成了组织变革与创新发展的动力、活力与张力机制。

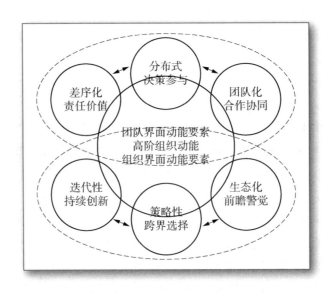

图 11.3　高阶组织动能要素模型

□ 团队界面动能要素。我们在组织变革研究中识别出多种团队层面新涌现的团队心理资源动能要素。其中，最为重要的是责任价值动能与合作协同动能。差序化责任价值动能从创业社会责任策略出发，从不同程度提振团队层面的责任价值、责任动力和责任行动，有助于通过责任管理，增强变革发展的参与度、责任感与义务感：身处变局，责无旁贷。团队化合作协同动能从团队化策略出发，强化团队间协同，并在合作中增强心理获得感，重视合作协同适应和合作角色重构等跨团队管理策略。团队的差序化责任价值和团队化合作协同两项要素通过分布式决策参与要素提升动能，成为活力效应比较显著的高阶组织动能特征，有助于激活团队、激发创新，不断增强工作团队的变革创新动能。

□ 组织界面动能要素。在组织变革与创新发展场景中,也会涌现组织界面动能要素。其中,持续创新动能与前瞻警觉动能尤为重要。迭代性持续创新动能是从创新领导力出发,通过组织学习推动组织变革与创新,作为在变革进程中获得新动能的重要策略。我们在女性创业转型案例中发现,与高校合作知识产权创业项目,快速研发与迭代新产品设计专利,都作为转型行动的持续创新动能,加快塑造女性变革领导力和女性创业创新精神。生态化前瞻警觉动能从危机管理领导策略出发,注重组织变革中可能出现的风险、阻力与危机,以警觉心智适应,作出战略性预见和前瞻性布局。特别是在队伍建设、文化建设和业务建设方面梳理与出台新的发展方案。组织的迭代式持续创新与生态化前瞻警觉两项要素通过策略性跨界选择要素显著增强界面动能,成为全新的高阶组织动能特征。

在组织变革中,识别、获取和发挥高阶组织动能特征,可以因势利导、扬长避短,建构强有力的变革动能和推进策略。

（2）社技系统理论与行动研究

1) 社会—技术系统理论与组织动能。塔维斯托克人群关系研究所在组织理论发展中提出著名的"社会—技术系统理论(STS: socio-technical systems)"。通过煤矿企业进行技术革新研究,对所采用的"短壁法"采煤,即手工采煤方法加以改造,实行"长壁法",即采用传送采煤。这就需要改变由采煤工自愿组成六人工作群体的模式,为此,他们采用一种兼顾群体作业与传送采煤两者优点的综合办法。既把原班组扩大,维持原班组人际关系;又不再固定分工,适应技术系统的创新。实践结果,生产绩效、员工关系和团队管理都大有好转。技术系统的创新和改革与社会心理系统的适应得到同步优化。依据这项经典研究,技术系统与社会心理系统的交互作用要比两种系统本身的效应更为重要。塔维斯托克人群关系研究所提出了"社会—技术系统理论",认为任何组织都由技术与社会两类子系统组合而成,交互影响、相互制约,形成了开放的整合系统。其中,社会子系统包括互动关系、沟通模式和群体合作;技术子系统则包括流程再造、系统信息加工优化与转换过程。STS 理论得到广泛的应用,并取得显著的绩效增量,整体优化了组织架构与管理过程。STS 理论的重要应用是与组织发展紧密结合的,成为富有成效的组织变革与组织发展思路和方法论。在组织发展中,把社会与技术两个方面协调作为重要任务,以便使组织在技术创新、组织结构和社会相互作用诸方面达到最佳的配合。特别在工作设计、员工参与、高绩效工作系统开发等领域都取得显著的成效。其成功原理包括:①社会与技术需求的系统分析和精准配置直接增进整体工作绩效;②社会—技术系统理论强调规则的兼容性、变异的监控性、技能的多重性,组织设计与组织发展体现人的价值和社会支持系统的协调性。

社会—技术系统理论激发了一系列新的组织设计策略以及工作群体的自主调节和适配性。在创业创新和数字化智能化发展的新阶段，社会—技术系统思维得到新的发展，与工作系统设计结合广泛应用于增强敏捷性、精益性、智能性、数据驱动和服务导向，并提升了合作式生态系统解决方案的适应性。技术与结构方面的组织发展涉及组织的各个方面，对于提高工作效率、增强管理效能和推动组织战略发展都起着重要的作用。

2）组织设计与行动研究的路径。组织技术创新和内部创业项目的要求与外部科技创新发展是重要的战略性因素。在新型工作岗位群、组织结构模式的策划过程中，需要采用行动研究的路径。组织中技术运作与创新行动的层次与速度，对组织结构提出不同的管理与协调要求，而柔性组织结构与协调性管理模式又在人员能力、工作激励、团队管理、领导风格和组织文化等方面都赋予了新的内涵和行为机制要求。

管理心理学把工作与组织设计看成一种行动研究过程，从组织设计策略和技术创新策略出发，作出结构优化决策，对愿景目标、自主创新、商业模式和变革发展作出选择，并在组织管理策略和人才队伍策略的共同调节下确定组织结构维度，定制出具有团队化、联盟化、数字化和平台化的维度组合。博克、乔治、王重鸣（2020）在《商业模式工具书（实战版）：创新商业模式的工具、方法及案例演练》中指出，商业模式创新是一种组织设计。在这一过程中，组织效能始终是行动目标。根据组织管理的一项"黄金定律"，即"结构服从战略"，进一步决定组织效能。在制定有关组织设计与结构模式的决策时，需要考虑组织设计因素（技术、环境、战略、业务、管理等）和工作设计因素（任务、能力、职责、模式等）。图 11.4 表示出这一行动研究路径的多策略之间的关系。可以看到，组织的结构特征对于组织效能具有制约的作用。在多变、不定、复杂和模糊的 VUCA 环境下，组织设计相关的 4 种策略（组织设计策略、组织管理策略、技术创新策略、人才队伍策略）直接或间接地影响结构优化决策（愿景目标、自主创新、盛业模式、变革发张）乃至组织结构维度（团队化、联盟化、数字化、平台化），在组织文化与领导力以及组织与团队动力的调节下决定了组织效能。在组织效能方面，我们的研究提出了任务绩效、周边绩效、责任绩效和创新绩效四维效能体系。请参阅本章和第 11、12 章有关组织、创新与变革的讨论中，体现出"发展战略—组织结构—组织效能"的总体思路。

从系统的观点，组织动力、组织结构与组织效能的框架，使我们全面理解企业组织的整体发展与关键策略。中国改革开放的实践给管理学和管理心理学的研究提供了前所未有的舞台和应用场景。请进一步阅读"研究解读 11.1　中国管理研究与实践"，来自王重鸣、陈国青和李维安（2011）的《中国管理研究与实践》论著。

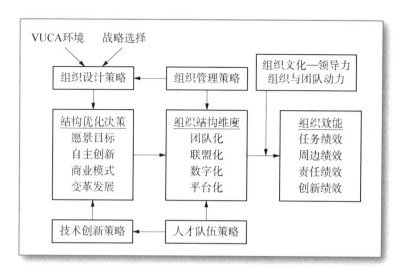

图 11.4　组织设计行动研究路径

这是复旦管理学杰出贡献奖基金会自成立以来第一次评选"工商管理领域"的获奖成果,展现和总结了我国改革开放以来工商管理研究与实践领域的高水平研究与应用成果,可以给读者提供新的管理学理论视角与应用方法,也为管理学、心理学、经济学、信息科学等多学科的研究与应用提供了全新的示范。

研究解读 11.1　中国管理研究与实践

作者:王重鸣(浙江大学)、陈国青(清华大学)、李维安(南开大学)

出版物:《中国管理研究与实践:复旦管理学杰出贡献奖获奖者代表成果集(2007)》,上海:复旦大学出版社 2011 年版

获奖背景:复旦管理学奖励基金会于 2005 年创立,宗旨是奖励中国在管理学领域作出杰出贡献的工作者,倡导管理学理论符合中国国情,并密切与实践相结合,推动中国管理学长远发展,促进中国管理学人才的成长,提高中国管理学在国际上的学术地位和影响力。自 2006 年起设立的"复旦管理学杰出贡献奖"奖励在管理学领域作出杰出贡献的工作者,奖励领域分别为管理科学与工程、工商管理和公共管理。2007 年首次评选工商管理领域的杰出贡献成果。王重鸣、陈国青、李维安三位教授获此殊荣。

研究内容：中国管理研究与实践以三位教授的研究为代表加以展现。

王重鸣教授所取得的成就主要体现在：(1)在"人与计算机界面层次决策模型"和"基于胜任特征的双维管理决策整合模型"的成果基础上构建了"基于胜任特征的多层次管理决策模型"并在实际应用中取得持续成就，成为我国企业"百年老店"基业长青的新策略；(2)提出内隐评价技术和跨维度动态评价方法，构建了包含协同引领能力、决策驾驭能力和学习创新能力等三维要素的领导干部能力模型；(3)创建了中国企业家创业策略与战略人力资源匹配的理论模型，提出"适应—选配—发展"的组织行为动力机制，并创造性地应用于我国企业创业与自主创新的实践，为我国管理心理、组织行为和人力资源管理的发展提供了全新的理论指导与独特的研究方法。

陈国青教授所取得的成就主要体现在：(1)结合我国企业信息化的重大实践问题，分析研究成长过程与关键因素，提出了国内企业信息化成长模式的规律与特点；(2)在电子商务环境下的信息分析和管理方法方面，对关联信息的发现分析、不确定信息的表达和管理进行深入研究，取得一系列创新的研究成果；(3)从多角度对电子商务的模式与微观经济机制进行分析，并结合实践得出具有普适性的结论，为我国企业的电子商务实践提供了重要理论指导。

李维安教授所取得的成就主要体现在：(1)在其《公司治理》论著中从管理学和经济学相结合的角度，吸取和借鉴国际理论，对中国公司治理进行了开创性的系统研究，率先构建了符合中国实践的公司治理准则；(2)突破国际改革单纯强调产权改革的思路局限，将资本结构、公司治理和股份制改革三者有机结合，提出了我国国企改革进入公司治理改革新阶段的思路与治理措施，为我国国企的股份制改革作出贡献；(3)结合中国的治理环境，推出了中国第一个公司治理评价体系并据此编制出中国上市公司治理指数，对规范中国公司治理和公司制度在中国的运用作出重要的贡献。

11.2　组织设计策略与新型组织

11.2.1　组织结构特征与模式特点

在创新驱动和转型升级的经营环境下,企业组织的结构持续演变并日趋扁平化、柔性化和敏捷型,经营管理体制加速转换。数字化转型、组织变革、组织发展、组织创新和组织可续成为管理心理学的主旋律。管理心理学的组织心理理论与方法不断得到丰富和完善,并得到广泛的应用和优化。对于组织和组织结构的概念和规律,有了新的更为深层次的理解。

（1）组织结构特征与设计原则

1) 组织结构的特征。现代组织的概念把组织看成一个开放的社会—技术系统,即组织不断与外部环境开放式进行人员、资源、技术与信息的交换,组织由技术子系统和包含心理、管理、战略要素的社会子系统等组成,形成了整合系统。组织的核心是其使命、愿景、价值观及其行为过程与绩效结果。组织结构是"一种由部门、队伍、业务、职权和指挥关系构成的组织目标与功能运作体系"。组织结构规定了组织活动的模式和功能,其主要目的在于指挥和协调员工的行动,从而实现组织的目标。无论企业的背景、产品、人员有多大的差异,相同组织结构的功能模式十分相似。组织结构需要建构并实现组织目标相适应的任务或管理过程,称为"劳动分工";组织结构还必须把任务结合和协调在一起,以取得总体绩效,称为"任务协同"。

2) 组织管理的行政原则。以法约尔(H. Fayol,1841—1925)为早期代表,最早提出了一系列行政管理原则,确定了四大管理职能:计划、组织、指挥、控制,并提炼和具体论述了十四条管理原则:工作分工,权威与责任,纪律,指令单元,指导单元,个体与整体利益,人事报酬,集中化,层次链,命令,平等,工龄稳定性,首创精神,团队协调。法约尔的行政管理理论对于组织管理的理论与实践产生了巨大的影响。常规组织通过三种机制来协调工作任务的职责分工：部门化、幅度控制、行政层次。这三种机制对于组合任务、创设群体、建立任务报告关系,具有重要的意义。其中,部门化程度决定了工作任务的组合和群体构建,可以按商务职能组合、按工作流程分类、按产品服务归并、按客户类型划分和按地域组建。随着组织的发展,新的趋势是调整部门化的格局,加大管理幅度、减少管理层次并采用较为扁平、柔性的组织结构,以便提高沟通效能、降低管理成本、增大员工自主权和提高工作满意度。

（2）组织结构演变的五种模式

组织结构及其设计的心理机制是管理心理学和管理学的重要内容。根据组织的性质,可以把组织分为事业型组织和企业型组织；也可以根据组织的目标,把组织分为制造型组织和服务型组织；或者按照组织的功能程度分为核心组织和边缘组织。常规组织结构比较依赖于部门化和程序规范的管控功能,强调职权的划分与决策的权限,以便提高行政管理规范化和效率；新的发展趋势是重视组织结构的柔性化和可续发展,注重项目间和组织内外的合作协同、创新创造、组织支持与资源配置。特别是聚焦在网络组织、平台组织和双栖组织的新管理特征与经营策略,取得了重要的创新成果。

组织结构的演变基本上经历了五种模式：层峰式职能组织结构、矩阵项目式组织结构、网络互联式组织结构、平台分布式组织结构和双栖生态式组织结构。在许多情况下,这五种模式可以根据业务发展需要灵活选用或同时并存。以下是这些结构模式及其主要特征。

1）层峰职能式组织结构与特点。早在科学管理时期,层峰结构就成为流行的组织架构模式。层峰职能式组织以韦伯（M. Weber, 1864—1920）的层峰组织模型为基础,从管理的分化与整合特征提出层峰组织的六大特点：选拔与晋升标准,权威层次,规则与规章,劳动分工,书面文件,所有制分离。从字面上看,"层峰式"就意味着多层级且高耸型的组织结构模式。决策权集中于高层,权力处于"命令链"。层峰结构促进"上情下达"效率,以个体目标为主,各尽其职,按章行事,管理运营成本较低。我国企业"直线职能制"结构是这种层峰结构的一个例子。见图11.5A所示。在这种结构下,职能专业化,规章制度繁多,决策权集中在高层,任务常规化标准化,注重任务绩效。这种组织结构可能导致职能化过细、专业化过窄的情况,出现"各自为政"和刻板而缺乏主动性的局限。

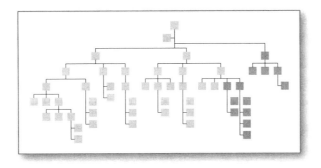

A. 层峰职能式组织结构与直线职能制

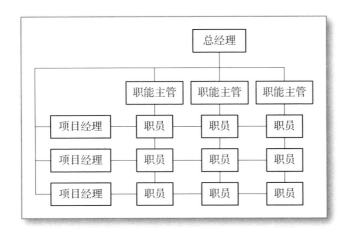

B. 矩阵项目式组织结构模式

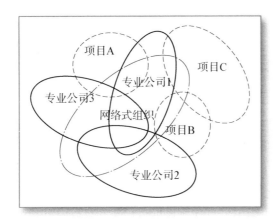

C. 网络互联式组织结构

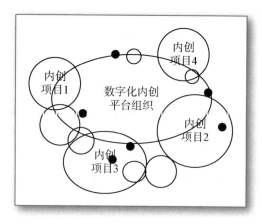

D. 数字化多项目共享平台分布式组织结构

图 11.5　组织结构模式

2) 矩阵项目式组织结构与特征。层峰职能式组织在常规、单一、稳定的业务经营上比较合适,却难以适应新兴、多元、动态的业务发展和资源整合式经营模式的变革。矩阵结构组织在原有层峰结构的基础上,根据新业务的需要,增设了若干意在整合各个职能或部门人才资源的跨部门项目组,使之发挥纵横结构两者的长处,具有较强的整合性和协调能力。例如,把产品或项目部门化横向模式与职能式纵向结构相结合。见图 11.5 中的 B 矩阵项目式组织结构。矩阵组织注重交叉目标、双重角色,强调部间的协作和项目组间配合,在绩效管理上、任务绩效上增强了相互间的周边绩效(协作绩效和公民行为),是一种项目式组织结构,可以派生出新的业务部或分公司结构。矩阵结构的难点是可能形成"多头管理",纵横协调可能出现矛盾,需要特别加强协调反馈和调节机制,并努力建设团队化的组织文化。

3) 网络互联式组织结构与特征。随着高新技术、电子商务和互联网等的迅猛发展,企业组织结构的模式日新月异。从 IBM 联合美国金融业和电信业共同首创电子商务网络组织开始,网络互联式组织结构日趋流行(见图 11.5C)。在线远程的也称虚拟组织。虚拟组织使得组织设计更为动态,在线远程员工及多个合作项目间的互动、融合与交叉加速,组织的边界淡化,通用电气的全球杰出 CEO 杰克·韦尔奇(Jack Welch)称之为"无边界组织"。这种组织的直线指挥系统淡化,控制幅度不再受到限制,自主性工作团队成为主体。网络互联式组织强调各参与公司或项目团队在合作组织中以自身专长负责任务的"责任绩效"并且强调基于共同目标的竞合关系。这类组织也分担了风险和成本,成为颇有前途的组织设计方案。

4) 平台分布式组织结构与特征。随着互联网、大数据、人工智能、物联网的迅猛发展,共享经济、数字经济、智慧城市、认知商务快速发展,新型组织设计成为各类企业构建竞争优势和"结构服从战略"的重要手段。这里更多指数字化转型背景下的开放式工作平台组织(见图 11.5D),使得各类项目组在数字化平台上充分共享资源、柔性组合、同担责任、互动创新,从而形成多样业务项目和交叉团队。管理心理学最新研究表明,数字化平台组织可以显著提升对市场和客户需求的敏捷性,丰富员工的多种数字化体验、强化数字化联结,显著加快即时反应,从而显著提升对数字化转型的认同感。通过数字化"内部创业"项目组建共享型平台是比较典型的平台组织,鼓励跨部门启动各种数字化创意、新技术、新模式的内创项目,内部立项,适时投资,并配套出台内外合作的创业创新能力开发计划,以创业创新机制支撑多项目的创业创新活力,形成数字化创新生态系统。

管理心理学的最新研究表明,平台分布式组织注重创新绩效,需要在领导授权模式、客户参与程度、产品服务模式、团队合作方式和运营绩效评价等方面做好创新准备。在中国企业实践中,组织设计与变革发展常常嵌套在一起,许多企业根据业务类型的不同而采用多种组织形式。在数字化、多业务、平台型组织中,通过"中台结构"加以协同和启动分布式治理模式等都是组织设计的变革创新实践。

双栖生态式组织是新世纪以来的最新发展。我们将在随后的章节中专题阐述与讨论。

图 11.6 是组织结构与组织绩效之间协同机制的小结。纵横两条箭头主线分别是自上而下的"层峰—矩阵—网络—平台—双栖组织"的结构模式线和从左到右的"结构—模式—任务—目标—绩效"的结构绩效线。右边的虚线框是"任务绩效—周边绩效—责任绩效—创新绩效—可续绩效"的绩效组合线,中下方的虚线框

图 11.6　五种组织结构与绩效的协同机制

则是"专长优势—互联竞合—互补共享—分布团队—双栖发展—赋能使能"的协同机制线。

在组织设计中,根据业务特征和转型方向,处理好结构模式 A 线、结构绩效 B 线、绩效组合 C 线和协同机制 D 线之间的关系,有助于显著优化组织结构与愿景战略以及创新转型的组织动力机制。

☐ 结构模式 A 线。表现组织结构设计从常规层峰职能式和矩阵项目式组织,向网络互联式、平台分布式和双栖生态式组织转型的大趋势,展现多样、交叠和整合特征。

☐ 结构绩效 B 线。以结构、模式、任务、目标和绩效五项特征,分析不同类型组织结构的内在效能机制。

☐ 绩效组合 C 线。以任务绩效、周边绩效、责任绩效和创新绩效四种类型,系统理解增值绩效的方向是大力提升更具有发展空间的责任绩效与创新绩效。

☐ 协同机制 D 线。以专长优势、互联竞合、互补共享、分布团队和可续绩效五项机制,全面刻画组织结构与绩效之间的协同机制,深度解读组织设计的新策略方向。同时,A 线、B 线与 C 线显示从左上角向右下角发展的组织设计综合效应,促进结构化的创新驱动策略。

11.2.2 组织设计策略与新型组织

(1) 双栖策略与组织动态能力

1)"双栖"辩证思维与双栖策略。由于经营环境的复杂竞争性,管理问题的情境演进性,组织发展的动态创新性,需要采用辩证思维(dialectic thinking)和"双栖策略"(ambidextrous strategy)来优化组织设计和建构致胜策略。"双栖"一词译自 ambidexterity,意指正反式辩证思维,也有人译为"二元"或"双元"。我们采用基于辩证思维的双栖策略,强调其正反性、互补性、远近性和通路性。双栖策略是辩证地运用两种互补策略的能力,例如,探索式与开发式策略,前者注重创新地探索与适应环境的变化而寻求可持续发展,后者强调有效地优化现有资源利用和满足当下经营需求而提升高绩效成果。双栖策略的特征表现为"正反两手"并用、"双维互补"交替、"远虑近忧"并重、"水陆两栖"兼程。这种双栖策略在研究思路上既显示并行视角,又表现分布色彩。早期对于双栖概念的研究主要聚焦在组织应对竞争的结构化机制(例如分化与整合、机械与有机的组织),后来关注双栖策略与组织绩效的关系,最近则聚焦双栖型领导或双栖领导力开发以及组织动态能力建设的问题。

这方面的研究进展显著。布勒多等(Bledow，Frese，Anderson，Erez & Farr，2009)在《工业与组织心理学》杂志发表一篇重要的焦点文章，提出了"创新与变革背景下领导决策策略"的新概念，即"双栖策略型领导"，认为创新是人类适应环境的核心元素，而创新领导的适应机制需要采用整合的双栖框架，以便对创新的冲突性需求进行自我调节和多重路径选择。他们从文化的影响机制，进一步提出"双栖型领导"(ambidextrous leadership)，认为有效的领导者需要根据创新要求变化而改变自己的行为以调节领导方式，即"双栖型领导"。这种新型领导行为不仅在不同时间变化而且依据不同情境而交替改变：情境塑造辩证领导能力，文化则是最重要的情境条件之一。王重鸣、郭维维、弗雷瑟和Rauch(2008)在长达四年的中德合作比较研究中，以对300多家中国企业和300家德国企业的跨国纵向实证比较，验证了中小微企业的领导决策策略受文化情境特征制约的模式。在很大程度上，文化已经成为双栖策略领导能力的关键元素。侯楠、彭坚(2019)的研究围绕恩威并施的双元特征，考察了"施恩"(仁慈领导行为)和"立威"(威权领导行为)的不同组合对下属工作绩效的差异化影响及其内部机理。这方面的研究都为双栖型领导理论的发展提供了新的思路与证据。罗瑾琏、赵莉等(2016)系统回顾了"双元领导"的国内外研究进展，认为"双元领导"是聚焦于利用矛盾思维和整合思维解决张力动态过程的前沿领域，呼应了不确定性环境下应对挑战和竞合发展的新需求；在对这类领导行为的内涵、策略、触发因素与测量方法所做相关研究总结的基础上，系统梳理了"双元领导"的效应机制，为拓展双栖型领导的理论和丰富应用提出了新的研究方向。

2) 组织动态能力。与双栖策略密切相关的是组织动态能力(dynamic capabilities)。随着工作的协作性、复杂性、压力性、自主性不断提高，组织动态能力成为在创业创新、变革转型和风险危机的情境中，尤其在多变、不确定、复杂、模糊的VUCA环境下的关键心理特征。企业组织在设法适应竞争环境时，需要一种在组织层面交替、权衡、协同"探索—开发"双栖策略的动态能力，以获取长期、持续的成长。我们把组织的动态能力界定为"企业高管领导制定战略决策、维持生态型组织强健、重构现有资产资源、识别与应对重要危机以及学习、整合、创新、转型的综合能力"。围绕企业组织的动态能力，我们开展了一系列研究。田晓明、蒋勤峰与王重鸣(2008)探究了初创企业动态能力与创业绩效的关系，以270家创业孵化企业为样本开展实证结构方程建模，发现和验证了企业动态能力(吸收整合能力与创新能力)对于初创企业财务绩效、成长绩效和创新绩效的显著正面效应。刘帮成、王重鸣(2007)以三家技术创业案例的深度分析，检验了组织动态能力(组织内—组织间知识整合)对于创业绩效的重要作用。孟晓斌与王重鸣(2011)则以4

家浙江企业为案例,验证了动态能力(柔性适应、愿景驱动、因循规则和压力推动)对于国际创业成效的重要影响。这些成果为理解和建设组织动态能力提供了富有意义的中国企业研究依据。组织动态能力显然是重要的组织动能特征,对于企业的可持续发展发挥着决定性的作用。

3) 双栖组织特征。在动态变化和竞合创新的情境下,组织的设计与动态能力的建构融合在一起。奥赖利和图什曼(O'Reilly 和 Tushman,2013)系统回顾了组织双栖(organizational ambidexterity)概念自 1996 年提出以来的沿革,并指出了发展方向。组织双栖性被定义为"在同一企业内建立多重矛盾性的架构、流程和文化以同时追求渐进式创新与离散式创新的能力",从而实现长期的的适应与生存。类似于前述的机械式与有机式组织的特征。马奇(1991)的开创性文章则以开发现有资产的能力和探索未来市场与技术变化的能力表现新探索与开发的双栖机制。进入新世纪,研究开始关注组织双栖能力与公司绩效的紧密关系,并发现制造业与服务业的不同模式。一般来说,可以采用多种方式实现组织两栖性:时段双栖(先后采用不同策略,适合稳态环境)、结构双栖(组织结构或业务板块分设不同策略,平衡适应快变情景)、场景双栖(创设双栖组织特征,自选多元策略)等。不论以哪种方式推进组织双栖性,为了保持企业的创新性和可持续发展,趋于常态化的双栖型领导力开发和双栖型组织建设已成为一项战略任务。

我们从组织设计的视角,结合五力管理框架的建构,以双栖心智和可续发展为核心要素,发现双栖组织具有五种组织特征和五组动态能力要素。

□ 五种双栖组织特征:

A. 适应型组织。注重自主式创新发展,重视提升创造开发和创新整合能力,提升整合适应机制,更多实行颠覆—突破式的创新策略;

B. 弹韧型组织。强化分布式团队协同,提升沟通合作与弹韧协同能力,通过多重激励与多层指导,引领组织创建自信理念和自强意志;

C. 警觉型组织。具有创业型责任文化导向,强调合规监管和利润效率能力,充分利用资源与业务,进行商务预见与谋划,开展渐进—增强式的创新活动;

D. 敏捷型组织。推动多方位变革行动,增进实验尝试与策略迭代能力,通过快速学习与更新,实现愿景与战略目标。

E. 生态型组织。以双栖心智和可续发展为核心特征,对不同情境要求与愿景战略具有自主适应、弹韧定制、警觉调节和敏捷迭代的能力,赋能使能获取较强的组织可续力。

□ 五类动态能力:上述五种新型组织分别强化了五类组织动态能力:A. 动态创新力、B. 动态团队力、C. 动态文化力、D. 动态行动力和 E. 动态生态力。

图 11.7 表示双栖组织特征与组织动态能力的模型架构与特征。该模型以"探索—开发"和"管控—自主"为两项坐标轴,形成了以"双栖心智与可续发展"为双栖可续核心特征的五种模块:A 为适应型组织模块(基于动态创新力,注重自主创新、重视创造—创新能力),B 为弹韧型组织模块(基于动态团队力,强化团队协同、提升合作—协同能力),C 为警觉型组织模块(基于动态文化力,建立责任文化、强调监管—效率能力),D 为敏捷型组织模块(基于动态行动力,推动变革行动、增进实验—迭代能力),E 为生态型组织模块(基于动态生态力、增强可续适配、拓展人环—发展能力)。在双栖组织的设计中可以根据企业的战略重点、业务模式和动态能力特点,主动调节模块的大小、能力之间的联接交叉和融合关系,从而实现动态能力与组织成长之间的适配。基于双栖策略的思想,应对变革创新和风险危机环境下面临的挑战和实践发展需求,新型组织应运而生、加速成长。这类组织设计通常采用"探索—开发"和"管控—自主"的双维架构和"双栖可续"心智与相关能力特征作为"构图",形成组织设计与创新的"战略地图"。在实践中,不同企业组织可以根据各自的愿景、目标、战略和核心价值观,采取整体化双栖组织转型、互补式新老业务结构,或者通过内部创业模式设置双栖型项目群组织。

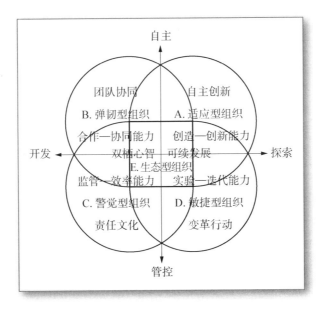

图 11.7　双栖组织特征与组织动态能力模型

(2) 基于双栖策略的组织设计

从图 11.7 可以看到,基于双栖策略,可以提供多类组织设计路径。

1) 适应型组织的特征与策略。能力与组织之间的适配是一个双向的赋能成长概念,既需要个体不断学习适应新要求的持续胜任力,又要求组织建设学习型组织形成组织动态能力以实现结构动力的持续优化力。据此,适应型组织(adaptable organization)是最常见的实现开发与探索组织特征的自主创新设计路径,并以创新赋能网络提升适应型组织特征的策略。适应型组织是以创新心智和动态创新力为切入点,比较适合在原有组织架构下开辟一块或多块相互交叉的网络式创新项目团队,实现赋能式适应型组织,强调持续学习的运营机制。王重鸣(2017)提出新一代创业创新生态系统的适应型组织模式。常规组织架构强调通过层峰行政体系开展常规业务;适应型开发项目组或适应型组织网络组织则主张通过适应能力强的分布式项目团队推进创新业务。适应型组织并非一朝成型,而是在创新转型过程中局部尝试或演进脱颖而成。

　　2)弹韧型组织的特征与策略。我们已经讨论了心理弹韧性、组织弹韧性等内容。在动态、复杂、风险、危机的经营变局之下,弹韧型组织(resilient organization)表现出新的优势,在组织的坚韧性、复原力和组织定力及协同优势方面都具有重要的意义。研究与实践表明,弹韧型组织包含了两方面的演进和五项主要特征。图11.8是弹韧型组织的五项特征和维度定位。

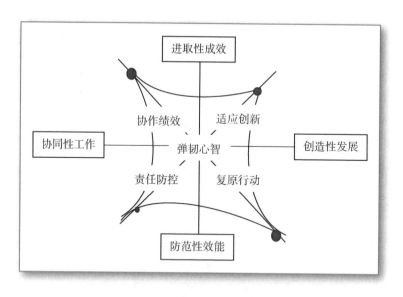

图 11.8　弹韧型组织的五项特征

　　□ 弹韧型组织的两种维度:弹韧型组织具有协同性组织弹韧(优化与协调工作任务)与创造性组织弹韧(复原与适应发展)和进取性组织弹韧(学习与促进正面变革创新)与防范性组织弹韧(防范与应对负面事件或问题)的双维互动演进,逐步形成较为稳定的组织模式。

□ 弹韧型组织的五项特征：我们聚焦在弹韧型组织的特征、设计与建设策略方面。弹韧型组织指"为生存和发展而对各种渐进式变革和突发性挑战机遇具有预见、应对、承受和转化能力的组织"弹韧型组织具有弹韧心智（重在人与组织适配）、责任防控（强在合规效能）、协作绩效（优在合作共赢）、适应创新（基于创业精神）和复原行动（强在可续发展）五项特征，构成了组织防范性效能、协同性工作、进取性成效、行动性发展四个象限的模式。

弹韧型组织的五项特征对应于五力管理框架模型，表现出生态力管理（弹韧心智）、文化力管理（责任防控）、团队力管理（协作绩效）、创新力管理（适应创新）和行动力管理（复原行动）。可以看到，弹韧型组织的竞争优势在不同情境和发展阶段，好似一张弹性组织地图，可以在弹韧心智定力的基础上，扩展或收缩相应的管控、绩效、创新和行动方向上运用四边曲线表现伸缩有度的"组织版图"，兼有防御—进取、协同—创造的双栖特征。图中的圆点大小表示该弹韧点的发力能量大小。可见，弹韧型组织模式与企业战略及组织动能更紧密地结合在一起，有效地保持刚柔并济和收扩有度的应变能力。

3）警觉型组织的特征与策略。有效的弹韧型组织既需要有成长的弹韧，又必须有变革的警觉性和不断更新的敏捷性。警觉型组织（vigilant organization）的特征在日益面临业务安全、信息安全、金融安全、数字安全、知识产权安全、生态安全和公共卫生安全等新挑战面前表现得更加明显。大多数企业组织都意识到急需增强对于竞争环境中虽不起眼、模糊不清却至关重要的线索或信号的发现、解读、预见和行动的能力。警觉型组织建设以责任文化为导向，成为新的重点和管理心理学有关组织设计与组织动能的重要新领域。在经营与成长的不确定性不断增加的形势下，各类企业都在提前考察并设法预见"预警哨号"和作出决策响应。警觉型组织作为弹韧型组织的一种交叉新结构，其关键维度及其特征如下。

□ 警觉型组织的两项维度：警觉型组织以战略预见—线索跟踪维度和聚焦防控—前瞻布局维度构成组织设计的架构。

□ 警觉组织在双维架构下表现出五种特征：警觉心智、探礁文化、防控团队、创新转机和应变行动。

警觉型组织具有警觉心智与敏感视野，决策视野宽广，寻求战略发展空间。在大多数企业中，经理们往往更多对熟悉区域或舒适区"扫描"，虽然数据丰富却容易出现错觉，例如，在便携电脑和灯具行业都遇到同样的问题，因而低估了盈利空间的快速缩减。拓宽决策视野是警觉型组织的第一步。同时，注意力更聚焦。警觉型组织对机会和威胁的敏感度比较高,对各种触发信号的跟踪能力比较强,决策警觉行动和防御管控的责任型组织机制也比较健全。

警觉管理是一种行动力,是在企业组织的竞争环境中通过失败学习、战略决策和危机管理等历练开发的。请进一步阅读"第11章研究案例 公司创业决策中的组织警觉产生过程:一个纵向新零售案例研究",思考与研讨为什么说"警觉管理是一种行动力"。请以身边案例为对照,讨论可否采用案例提出的模型来解读危机与挑战下的组织警觉问题。

第11章研究案例 公司创业决策中的组织警觉产生过程:一个纵向新零售案例研究

作者:胡洪浩(浙江大学)、王重鸣(浙江大学)

发表刊物:《商业经济与管理》,2018年,第5期,28—39

研究内容:在创业和自组织领导力情境下,组织警觉和警觉领导成为新的研究领域。试图揭示警觉的集体表征与分布特征,如公司高管是如何注意外部环境变化以作出战略决策。这些嵌入组织变革决策情境的研究如何进一步考虑警觉的情境特征、产生过程以及如何实施警觉型领导,成为全新的研究课题。研究案例的目的是揭示组织对内外环境中机会与威胁线索进行加工的"黑箱",并试图刻画组织警觉的产生与演化过程。案例分析聚焦组织变革与公司创业决策情境,以拓展警觉研究的范围,从关注创业个体认知拓展到关注组织认知特征与过程,从关注创业机会发现拓展到多源线索关注,从关注个体决策判断到群体决策判断,形成理论创新与取得新的价值。研究选取的案例企业为湖州布之韵时尚贸易有限公司(简称布之韵),是一家经营时尚品牌布鞋的连锁企业,已有14年历史,目前处在商业模式的转型变革时期,从传统的线下零售模式转向线上与线下联动的新零售公司。案例分析表明,公司从2003年起先后经历了单门店代理、多直营店多品牌地区代理、多直营店地区总代理的创业决策过程,反映出三个组织警觉过程和警觉领导阶段:1)警觉启动阶段:个体多源线索注意;2)警觉释义阶段:群体跨层次互动加工;3)警觉判断阶段:组织线索整合判断。基于上述组织警觉过程,研究提出了组织警觉的产生模型。见图11.9所示,表现出警觉领导者从多源注意、跨层释义、整合研判到警觉行动的开放包容和调整重塑过程。

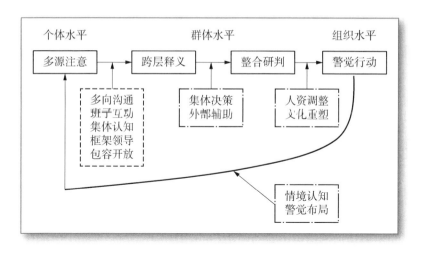

图 11.9　组织警觉过程模型(修订自胡洪浩、王重鸣,2018)

研究案例揭示了组织警觉的产生机制,推进组织水平的警觉管理。

---

4) 敏捷型组织的特征与策略。在快速创新、加速转型与动态竞争形势下,敏捷成为商界最常用的关键词之一。敏捷是企业竞争优势和长远生存的决定性因素。

□ 组织敏捷性概念。敏捷的概念最早用于软件开发与项目管理中,用于表示软件项目对于客户需求的快速反应和迭代。随着变革创新日趋加速和数字化转型快速发展,敏捷思维与敏捷开发越来越重要(谢明志,2015)。心理学和管理学提出了组织敏捷性(organizational aligity)的概念并很快延伸到经营管理的多个方面。敏捷性是指"组织在快速变化、模棱两可、动荡的环境中自我更新、适应、快速变化和制胜的能力"。敏捷性并非不要稳定性,恰恰相反,敏捷性要求企业组织的稳定性。我们常常看到一些案例,初创企业以快速行动著称,但发展到某种程度,就难以保持早期行动领先的势头。同样,大型企业或者老牌公司往往会变得刻板拖沓,过时的规则和重叠的机构妨碍其快速行动的能力。组织敏捷性是一个"双栖特征"。敏捷型组织既需要学会稳定(弹韧、可靠和高效),又必须以变革行动适应动态(快速、灵活和变化),成为"双栖型组织"。这些企业需要设计其规范结构、治理安排和运营流程,又必须创造宽松、动态、应变的敏捷元素。为了避免被"淘汰出局"或者"落后挨打",以一种高度灵活和互动的方式建设敏捷型组织。

□ 组织敏捷作为一种动态能力。敏捷方法强调人际互动、结果导向、客户合作和开放变革,组织敏捷性成为大部分企业转型和职能转换的关键能力,尤其在市场反应、产品开发、商模创新、人资运营和组织发展等领域表现突出。巴朗和拜伯(Baran 和 Bible,2019)在工业与组织心理学会白皮书中,针对动态、变化环境作出快速感知、反应和适应的动态能力,提出敏捷性和敏捷行为研究与应用的新思路。组织敏捷性和组织中的学习速度与反馈迭代能力关系密切,其关键点是在愿景战略与核心价值观下,通过"干中学"和演进式改变过程而得到增强,并运用政策与创新文化促进敏捷行为的培养和多部门团队敏捷行为的协同。

☐ 组织敏捷式转型策略。从管理心理学的视角,创建更加敏捷的个人、团队和组织需要采用一组敏捷性管理心理干预策略。其主要的挑战性在于如何在调适组织敏捷性同时,能持续提升组织绩效。对于一家企业来说,组织敏捷性有两项主要的指标:组织主动性和组织响应度(或组织弹韧性)。最新的研究表明,组织的敏捷弹韧双栖结构与公司财务绩效有显著关系,高敏捷弹韧公司表现出 150% 或更高的投资回报(ROI)和 500% 的股权回报率(ROE)。三种组织特征(稳定性、合理规模和果断纠错)都直接增强敏捷弹韧性,又有助于调节其与组织财务绩效的关系。为此,管理心理学把建设敏捷型组织看成一项转型任务,需要从组织价值理念、领导治理模式、架构运营弹韧性和技术创新模式等方面加力。积极打造敏捷团队和敏捷组织,特别是建设敏捷型领导团队,形成致力于激励、指导、决策、协调的多部门、跨项目和全链路的新型敏捷指挥团队。

上述有关双栖策略和新型组织设计的理论与方法,为身处变革创新和危机竞争环境中的各类企业组织在"结构服从战略"的进程中提供了全新的组织战略。中国企业重要战略之一是创业发展战略。特别是在跨地区创业与经营发展中,组织结构优化与人力资源管理成为更为关键的策略。这也是管理心理学十分关注的应用领域。请阅读"研究解读 11.2 中国人力资源管理的跨区域策略建模:创业的视角",思考与讨论跨区域创业发展中如何优化人才队伍建设与创业组织发展之间的适配模式与策略。

研究解读 11.2 中国人力资源管理的跨区域策略建模: 创业的视角

作者:王重鸣(浙江大学)、王晟(内华达大学)

发表刊物:《国际人力资源管理杂志》,2008 年,第 19 卷第 5 期,945—963

Modelling regional HRM strategies in China：An entrepreneurship perspective，*The International Journal of Human Resource Management*，Vol. 19，No. 5，945 - 963

研究内容：随着中国组织变革和全球化的迅速发展，大多数企业快速拓展了跨地区开展业务的规模，同时，企业也加快从职能式人力资源实践向整合式人力资源开发和战略性人力资源管理迈进，试图通过战略型创业策略和人力资源管理的配套，提升区域性人力资源与业务发展之间的适配程度。这里所说的战略型创业策略包括四项维度：资源型创新、主动型变革、风险型预见和适应型能力；战略性人力资源实践则以绩效管理策略与职业发展策略为代表。研究的区域战略发展情境表现出五方面特征：中国西部发展战略吸引人才促进区域发展；东北振兴战略提升制造业区域发展；中部崛起战略增强人力资源的活力；长三角和珠三角地区展现创业可续发展、技术创新和全球创业，特别是数字化创业。这一系列区域发展特征极大地促进了战略性人力资源与战略型创业策略的协同与发展。

研究选取了来自 10 多个城市和省份的 100 多家公司的经理与高管人员参加调研。在每个公司中，开展了深度访谈，并分发了三种类型的调查问卷：人力资源管理实践调查（绩效管理和职业发展），战略型创业策略（资源型创新、主动型变革、风险型预见和适应型能力）和组织绩效（市场份额、竞争能力和盈利能力）。分别由人力资源经理、高管和高管理团队成员填写。研究请 30 多名企业局主管独立评估企业的组织绩效，共有 600 多名员工、170 多名高管、200 多名总经理等参加调研。我们还从每个城市的经济技术开发区随机选择了 20 家企业作出深度分析。研究结果表明，绩效管理策略与组织绩效呈正相关，适应型能力作为战略创业的重要维度比较强时，这种关系会更强；绩效管理策略与组织绩效的关系在不同区域有不同的表现。而且，战略创业另外两个维度：主动型变革和风险型预见对组织绩效也显示出显著效应。适应型能力则主要表现出调节效应。本研究提出了战略型创业策略、人力资源实践和组织绩效之间的适配模型，为战略性人力资源管理与战略型创业策略提供了新的理论指导。

11.3　数字化工作与数字化管理

知识要点 11.3　数字转型与数字管理

数字化工作：数字化的心智模式、伦理价值、文化建设、项目运营和行动学习
数字化策略：数字化的工作胜任、组织认同、任务激励、虚拟合作和变革领导
虚拟式团队：前瞻指导引领、多样信任认同、定制激励赋能和分布式心理共享
分布式管理：分布式的目标网络、责任管理、授权协同、领导决策和创新发展

11.3.1　数字工作与数字心智伦理

（1）数字心智价值与项目策略

在数字经济快速发展和数字化转型的形势下，数字化的能力建设、激励机制、团队管理、领导模式、组织文化、变革创新乃至数字化学习等都成为管理心理学的新领域。

1）数字心智模式。管理心理学研究表明，在商务竞争和数字化转型环境中，多方面的挑战迫在眉睫：数字化转型如何与组织设计及组织动能相衔接？数字化转型的关键技能是什么？如何开发相应的新技能？从研究结果来看，数字化转型正在颠覆传统组织，许多企业成功地重新设计组织、重塑团队、重组队伍、瘦身剥离、开发人才。不断提高各级人员的"数字化能力"，成为各类企业数字化组织的战略任务。其中一项重要工作是学习与转换数字化心智模式和重新设计组织模式。在数字化场景下，除了需要具备基本数字化知识（数字信息处理、数字化沟通、数字内容创建、数字安全和数字化解法等）和数字化技能（对云计算、数字化营销、数字化分析和数字化平台等方面技能）等，特别要转换数字化心智模式（王重鸣，2020）。

数字化心智包括两方面要素：数字化工作心智和数字化发展心智。

□ 数字化工作心智。这是指数字化工作的基本心理特征和心智要素，"数字流利度"属于基本元素之一，把数字化工作看成基本认知、概念凝练和技能提升的过程。数字流利度是指对于数字工作或操作活动的数字认知技能、数字概念思维和数字程序胜任的特征集。数字流利度包括三个特征：数字技能、数字思维和数字胜任。数字流利度的获取主要通过参与、设计和践行多种数字工作任务与项目

等途径。

数字化工作心智还包括对于数字化工作新模式的适应性、选择性和开发性,主要包括分布式团队、联盟式理念、敏捷型工作、创造式思维、迭代式学习、协作性认知、互动式激情、行动式创意等要素。可见,在数字管理心理学中,分布、联盟、敏捷、创造、迭代、协作、互动、行动等都是关键的工作心智特征。

☐ 数字化发展心智。这是指数字化工作的群体与组织心智要素,主要包括协同价值、更新知识、大局理念、联动激情、变革思维、竞合才能、颠覆创意、成长网络等要素。可以看到,在数字化发展心智方面,协同、更新、大局、联动、变革、竞合、颠覆、成长等都是重要的发展心智特征。

2) 数字化项目策略。数字化转型在不同类型企业或单位采用的策略各不相同。有的企业(例如,手机业)以创新见长,在数字化转型浪潮中采用激进式创新模式建立高科技产品开发平台,以满足全新的客户需求;有些企业(例如,影业公司)采取以数字化传承经典系列电影,既创造新鲜主题,又保持经典连贯,取得倍增效果;许多数字原生公司(例如,互联网企业)则敏捷迭代产品与服务平台,创建新型生态圈。可谓数字化浪潮各显神通。对于大部分现有企业组织或单位来说,可以通过数字化转型把已有的管理与运营基础转化为新的优势。比较成功的做法是策划和启动数字化项目,创造和改变现有的弱项或新选项,并在项目设计与实施的过程中持续尝试与学习,以新的数字化创新愿景实现数字化。

我们在研究中提出了"数字化工作潜能量表"(DWP: digital workpotential scale),用以诊断和评价数字化工作潜能,并以此预测数字化工作的成效。量表工具 11.2 为该量表的样例,请尝试评价本团队的数字化工作潜能。

(2) 数字化工作与数字化文化

1) 数字化工作的四项特征。与中国管理实践的智能互联特征密切相关的是数字化工作的特征,其成为管理心理学的前沿研究领域和应用场景。数字化工作主要有以下四种特征。

☐ 工作行为虚拟化。数字化时代,在线工作流行、实时沟通成为偏好,社交媒体交流相对主导,网络教学成为主导型模式,多源处理与并行互动日趋普遍。总体上看,虚拟化工作技能成为重要的胜任能力。例如,在有关数字化时代技能要求方面,以专业财会人员和金融财务行业的高管经理为例,数字化时代伦理原则和伦理行为技能都极为重要。数字化工作的伦理行为能帮助公司与内外利益相关者创建高度信任的关系。工作行为的虚拟在线对工作心智模式、数字化能力、合作信任、价值取向、激励考核、团队运营、领导模式、组织架构与文化等都提出了新的要求,请读者思考与讨论。

量表工具 11.2　数字化工作潜能量表（DWP）

数字化工作潜能维度	题项
数字适应潜能	能以变革成长心态适应于数字化任务
	能适应数字化工作与团队化任务目标
	能适应数字化项目的分布式绩效要求
数字能力潜能	具备承担数字化工作任务的技能要求
	能参与数字化转型项目和数字化业务
	能承担各项数字化创业创新项目活动
	能在数字化工作与项目任务合作中共事
数字前瞻潜能	具有学习数字化工作任务要求的能力
	具有对数字化发展趋势的关注与兴趣
	努力尝试数字化的创新项目与新任务

注：请以 1—10 分评分，满分 100 分

　　□ 信息交流多元化。数字化时代，专业人士和管理层级必须熟悉和包容新型数字化文化和多种互动模式。人们在互联网、智能手机上的工作信息或客户信息交流频次与实践，都远远超出了常规的面对面交流与会议传达及分享。如何使新的工作规范嵌入日常工作交流成为大家关注的问题，怎么才能适应在线多元沟通的伦理与能力要求呢，请读者分享与探讨。

　　□ 自我管理在线化。数字化时代，各类信息在线超载。有研究说，75％的行为规范信息可以在线获取，90％的信息来自手机，73％的成年人参与在线社交活动。我们的研究提出，工作行为的自我学习、自我规范、自我判断、自我约束、自我矫正、自我增强等成为自我管理的新特征与新模式。越来越多的员工不是等他人告知如何行为处事，而是学会自主运用数字化信息、标准和案例，进行工作行为自我管理和优化判断。在线行为有哪些信息源和正反案例呢，请读者列举与研判。

　　□ 经营管理分布式。数字化时代，计划、辅导、指挥、经营、客服、管控、反馈、考核等常规管理环节都会在线上线下分布式开展。例如，数字化转型公司建设的工作、学习、报告、管理、问责和评价机制，都在各个部门、多个项目和各类群体中分布式运作。业务经营、项目跟进、客户关系、社会责任、变革创新的工作任务也嵌套在一起。如何才能创建数字化管理的新优势呢？也请读者建议与评价。

数字化工作在工作行为、信息交流、自我管理和经营管理四方面的重要特征蕴含着全新的管理心理学意义。

2）数字化伦理价值。管理心理学关注数字化伦理特点并提出推进数字化工作的伦理策略。有效的做法是：区分工作信息与社交信息，工作内外同样遵循伦理工作规范，在线沟通遵循明确的政策规则，发表意见或转发信息前"审慎而行"，不在线讨论投诉意见或案例，遵循公司文化与行为规范。

由于数字化工作显示出新的特点，数字化伦理研究和应用与网络化、数字化、虚拟化、平台化等应用场景中的伦理挑战困境及其能力建设密切相关。其中，涉及不少新的职业伦理困境：网络安全方面出现网络攻击、数据窃取、道德黑客等可能性；商业模式方面涉及盈利策略的采用、员工利益能否得到保障以及知识产权开发与利用如何遵循伦理规范等；大数据的采用需要加强监管与执行规范，对客户信息保护以及对数据的过度依赖而忽视提炼与解读等问题；商情加密方面的局部分享、分布账簿和加密规范等；在智能系统方面如何以客户为中心和在技术采购方面如何处理影子技术、技术质量和集中于有限商户等问题；在数字零售和数字项目方面如何合规开展数据分享，如何保证商品真实度，避免过度营销等问题。对这类新出现的伦理困境的理解、防范和应对，需要综合运用优化数字心智模式、设置数字安全标准、强化数字商务伦理等多种措施，在维护各方利益和坚守职业道德的同时，积极开展企业伦理道德建设。许多企业制定专项赋能计划，注重培训与开发伦理领导力，出台措施发展伦理文化和创建伦理生态系统，建立不当道德行为报告与举报制度并把道德准则融入工作流程和合规经营的管理程序等，把职业道德表现纳入企业的绩效考核与奖惩制度之中。

3）数字化文化建设。信息化、数字化、智能化新趋势和创新驱动的战略发展，大大推进了数字化文化建设。企业文化从常规文化与本土文化向全球文化、创新文化和数字智能文化转变。我们的研究表明，数字化转型必须有积极主动的组织文化来支撑，特别需要培养转型理念和数字化价值，即数字文化心智模式，拥抱数字化的心态，以数字化创新项目激活全员生涯，并配套拥抱变革的转型文化和敢为人先的创新文化。

11.3.2　虚拟式团队与分布式管理

（1）虚拟式团队有效运营策略

全球化、信息化的快速发展改变了组织的架构与运营方式，虚拟式团队应运而生，虚拟团队管理成为受人关注的热点问题。虚拟团队作为一种由具有不同知识和专长的人聚集到一起工作的团队，或是由于在空间上分散于不同地理位置，或是由于在不同时段工作，或是由于任务要求通过网络在线一起工作，形成各种网络工作组织、虚拟工作空间、电子商务团队以及远程工作站等。我们把虚拟团队定义为"跨越时间、空间或组织边界并通过在线通讯系统一起工作的团队"。通过组建和发展虚拟团队，得以聚集多地优秀员工，集中多样跨界才能，适应多层员工需求和技术优势，提升团队多样性、自主性、合作性、创造性和项目协同水平，加强组织的分布性、敏捷性和创新性。虚拟团队的工作节奏加快、知识融合加深、项目质量提高，比较好地发挥团队的整合效能和综合优势。虚拟团队的种类比较多，比较流行的有合作式网络团队、并行式交叉团队、项目式开发团队、分布式数字团队、全球化服务团队、创新型行动团队、责任型管理团队等。在很大程度上，虚拟团队代表着团队成长的新方向。

我们也看到，虚拟团队虽然有许多优点，但是其管理却要比一般团队更为复杂和难度大，需要采用创新的模式。常见的挑战有：虚拟团队由于时间、地点不同而容易出现交叉文化不匹配或冲突，团队成员缺乏内聚力和各自利益不容易协调，项目任务分散而工作步伐不容易协同，人员激励与配置的人资管理成本比较高，等等。为此，虚拟团队管理需更好的团队建设和创新模式，虚拟团队成员需要更高工作胜任力和领导力。王重鸣与唐宁玉（2006）采用定性研究方法对国内近 5 年的51 项有关虚拟团队研究进行了检索、编码与分析，针对研究主题、研究设计、研究方法以及国内外研究比较，作了深度研究。研究发现，虚拟团队是一种具有共同目标、动态性、异质性和灵活性，依靠技术，跨越时空和组织边界而形成的小型群体，需要关注团队的互动特征、资源利用和管控责任以及文化、技术上的差异。这项研究进一步提出加强研究设计与方法优化，注重本土化和实验性的研究，揭示虚拟团队的运行机制和重视跨文化虚拟团队建设等新的课题。

管理心理学研究提出虚拟团队成功的若干策略，特别重要的是指导引领策略、信任认同策略、激励赋能策略和心理共享策略。

1）指导引领策略。虚拟团队由于其跨时间性及采用非同时沟通媒体，使领导者更难实施常规的绩效管理。领导者收到的信息是延迟的，产生被动的反应；领导者监控和管理团队绩效也会更难；当虚拟团队跨时间分布时，领导者难以进行团队发展。因而，需要采用指导引领策略并提升以下能力：

□ 前瞻指导。领导者需要预见问题并提供清晰的方向和目标，这会有助于团队成员调节个人绩效。领导者也应该把指导意见和其他反馈机会整合进团队管理结构中，保证团队成员取得更新的绩效；还要把更多的资源准确分配到绩效管理行为中。

□ 分布监控。领导者要监控环境,及时通知团队成员任何重要变化;领导者应该设计支持性计划,提供在环境变化条件下暂时的缓冲效应。这种缓冲效应允许领导者修订团队目标,保证团队成员适应新环境中的角色和行为。

□ 聚焦引领。当虚拟团队跨时间分布时,连贯性和合作性成为团队成功的必要条件,领导者的发展功能会变得更加关键。领导者需要决定如何通过沟通技能培养多团队凝聚力,需要评估团队成功所要求的组织凝聚力,选择基于这些需要的沟通媒体。

□ 网络协同。由于团队成员在不同虚拟团队中拥有多种角色,且团队成员不断进出,团队成员对于工作内容和任务角色并不熟悉,就会很难整合团队力量。领导者清晰地定位团队成员的角色和团队角色网络,尤其是当虚拟团队任务变得复杂时,领导者能够建构良好的角色网络将有助于团队成员相互依赖、有效地协同运作。

2)信任认同策略。有研究认为"没有信任就没有虚拟组织"。管理心理学十分重视虚拟团队的信任特征,提出了"快速信任"的新概念来揭示虚拟工作模式必须迅速建立信任和在线实时形成依存关系的特点和信任形成的三阶段机制(职权信任、知识信任和认同信任)的阶段式信任发展(王重鸣、邓靖松,2004)。团队成员多样化角色会影响领导者的绩效管理和团队发展。由于团队成员在不同虚拟团队或同一虚拟团队中扮演了多种角色,容易导致角色边界不清和角色模糊。这时,信任认同策略显得尤其重要。

3)激励赋能策略。对于虚拟团队而言,薪酬激励需要从三个方面加以优化和赋能。

□ 利用成员多元化特征。虚拟团队的成员来自不同组织或部门,成员各自拥有迥异的理念和价值观,虚拟团队成员的多元化给虚拟团队的薪酬设计带来问题。需要按照工作性质不同、考评人员多样、结果可比性低等特点,加以区分式定制和评价。

□ 结合任务节奏性特征。虚拟团队是较为临时性、任务导向的,这要求能够迅速地启动整个团队,以快节奏、高效率完成项目任务。激励与赋能策略也注重可续效应,关注团队任务工作弹性大、变化快、不易形成固定作业模式的特点。

□ 提高结构紧凑性特征。虚拟团队成员大都来自不同单位,彼此不太熟悉,团队内聚力属于慢热式,归属感不强,信任与协作逐步加强,团队氛围相对松散。虚拟团队的薪酬设计需要以最小成本建立紧凑有效的激励机制。可以考虑选择目标设置理论进行激励设计。员工的绩效目标成为工作行为最直接的推动力。为了准确地设置员工的绩效目标,有效地达到激励员工的目的,许多虚拟团队采取自行申报挂钩奖励制度。

4）心理共享策略。共享心理模型用来说明在成功虚拟团队中观察到的流畅、内隐的交互特征。心理共享策略成为团队成员为完成协作性团队任务而共享任务信息和相互期望过程的新范式。

（2）数字化组织与分布式管理

在数字化转型背景下，出现了新型数字化组织（digital organization）或"数字公司"。移动计算、社交媒体和大数据成为工作场所的驱动力，基于数字的组织发展迅速。

1）数字化组织的分布协同特征。组织架构促进了多项目营造创新资源。按照组织的场景不同，可以在多种组织中发挥分布式协同功能，促进并行分布式创新。图11.10是这几种组织场景中的分布式领导与管理图解。分布式管理强调创新团队建设活动，强化多项目领导角色，给团队项目拥有充分自主权，项目间互动学习、快捷改进、加快创新节奏。分布式领导与管理就像分布式弹奏创新乐曲，通过内外渠道支持和客户端互动沟通，营造资源创新和合作创新的条件与能力。

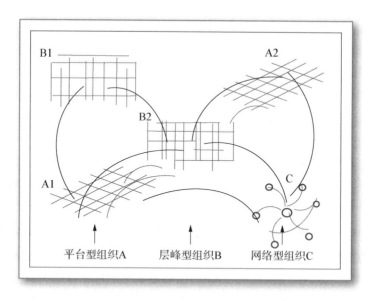

图11.10　不同组织场景的分布式领导模式（曲线为跨界协同项目）

数字化组织分布式管理模式的关键特征与行为机制是以认知科学提出的并行分布式加工的理论为基础，具有并行加工（多项交叉分布式激活）、跨网组织（多层多网分布式联结）和目标定位（多点学习分布式生成）三项特征，可以表征和解读分布式管理的行动模式。在数字化转型的背景下,许多企业组织或交叉项目团队实行跨界、多组织协同创新与合作业务的战略,涌现出多种分布式管理模式。

2) 分布式领导与运营特征。新型领导模式顺应了团队发展到高阶动能阶段时的新特点,是在企业组织内外形成多部门、多项目、多团队、多模式的跨层次、跨职能、跨业务边界的合作领导模式,特别适合数字化转型、跨地区拓展、全球化业务或项目合作等新的工作与管理场景。在数字化组织中,内部运营更为高效率、低成本、快速度和高质量,商业模式得到重塑重置和成为一种组织设计,产品开发更为智能化和用户导向,客户体验基于共同参与、需求定制和忠诚度,人力资源更加分布配置和合作成长,组织流程更为敏捷协同和基于组织心理契约,创新创业创造更多内在激发和普遍涌现(亚当·J.博克、杰拉德·乔治、王重鸣,2020)。这些潜在的优势需要有分布式领导与运营显著提升组织的可续发展和竞合优势。转型和数字化组织也会面临新的挑战,除了常见的组织变革阻力及其管理(参阅第 12 章),心智模式的转换和新胜任力的开发成为重要的能力建设任务。

组织的设计、运营和高阶动能很大程度上来自新技术的深入应用过程,基于设计与创新的激励策略和沟通策略发挥着重要的作用,请阅读"研究解读 11.3　在新技术应用中如何增强激励、沟通和组织效能"中鲁本诺维兹和王重鸣所做的深入研究与研讨。结合技术创新与组织发展的挑战与机遇,思考与讨论企业在高科技、数字化、智能化等新技术转型升级和组织优化与可续发展方面如何配置新型激励策略、优化沟通举措和提升组织动态能力。

研究解读 11.3　在新技术应用中如何增强激励、沟通和组织效能

作者:S.鲁本诺维兹(哥德堡大学)、王重鸣(浙江大学)

发表:《应用心理学》(1986 年第 2 期 11—14 页)、第 3 届战略性人力资源与创业管理国际研讨会(2005 年 5 月 10—11 日)主题演讲:创业企业的新型领导力:瑞典模式(Rubenowitz, S. & Wang, ZM., New Leadership in Entrepreneurial Enterprises:A Swedish Model)。

研究内容:新技术的引进与创新带来高挑战性的发展机会,争取获得积极效果的前提条件是,我们能够指挥和驾驭新发展,而不是被它所控制。成功的策略是在引进新技术过程中采取社会—技术策略并致力于提升组织效能,而不只是作为技术策略,从而把工作重新改造得适合于真正人性,满足

多层次需要,包括信息交流需要和增强工作动机与满意感。从心理学动机论出发,在新技术中采用的激励策略和组织策略将富有成效。这里,新技术是指以不同方式应用计算机和在工厂车间使用机器人等,这会造成组织结构急剧变革和对激励沟通产生极大影响。根据瑞典企业的研究和经验,新技术条件下的新激励策略包括五种做法:①提高新技术下的自主支配机会,使用户得以自己掌握、支配和控制计算机系统,所以电脑系统也采用一种分散化设计和自主性单元结构;②改善新技术下的领导工作氛围,在全新的组织架构与运营流程下建立新型上下级关系和沟通模式,建设一种积极支持、相互尊重的信任与合作模式;③增强新技术下的工作团队效能,在许多分散、隔离、远程的电脑化工作系统中,寻求在线互动、强调相互联系、协调伙伴关系与成员间支持的团队工作模式;④设计新技术下的工作激励机制,运用周密的人资计划使得工作职责扩大化,能负责计划、生产、保养和控制,有利于提升富有挑战性和激励度的内在工作激励,并积极配套赋能培训和综合奖励计划;⑤优化新技术下的工作负荷条件,减少工作过度激励或激励不足问题,特别是信息加工过量使能力与工作要求之间失调而产生的心理倦怠或压力,并通过新的工作分析和负荷评估,优化工作绩效考核指标、奖惩策略和组织效能提升策略等。根据瑞典的应用性研究,无论是大中型企业、公共服务部门还是初创业企业及小微企业,自实施新技术与工作生活质量计划以来,政府部门、铁路港口、汽车机床、创业企业等的各类人员都在团队内聚力、工作自主性、合作交往、参与机会、领导氛围、工作激励、工作负荷、信息沟通、工作绩效和组织效能感等多方面取得一系列成效。组织结构与技术变革改变了人们的工作义务感与组织责任感,成为实施基于"社会—技术系统"的激励沟通与组织效能策略的示范和标杆。

第 11 章　思考题

1. 从组织生命周期的四阶段分析,举例说明组织成长的关键策略与效能。

2. 什么是组织结构动力? 解读图 11.6 五种组织结构 A、B、C、D 线协同机制。

3. 什么是界面层次理论？解读图 11.7 模型组织动能策略的理论与应用价值。

4. 综合讨论适应型组织、弹韧型组织、警觉型组织、敏捷型组织和生态型组织的主要特点。

5. 如何转换数字心智、数字伦理和运用数字化行动学习提升数字流利度？

6. 在数字化转型中，如何运用与增强数字人资策略与分布式管理策略？

第 12 章　组织变革与行动策略

12.1　组织变革与组织行动策略

研究要点 12.1　组织变革与组织行动

变革的模型：解冻现状启动变革、实施举措推进行动、重新冻结固化成效三部曲
变革领导力：变革战略警觉力、变革选配决断力、变革行动推进力的三维度结构
行动力管理：以变革管理发展为主线，精益与变革领导力为双翼的整合能力管理
ASD 行动论：竞合式价值适应 A、前瞻式决断选配 S、行动式赋能发展 D 阶段模型

12.1.1　组织变革模型与变革管理

组织变革涉及体制、文化、技术、人事、管理、社会、环境等多方面的改变与创新；变革创新需要心智、能力、精神、知识等多方位的转换与提升；可持续发展催生个体、群体、组织、环境等多层次的重塑与适配。组织变革与组织发展成为管理心理学研究与应用的最为活跃内容之一。什么是组织变革呢？从概念上看，我们通常把组织变革看成"有计划的改变"，指有目标、有程序、有方法、有领导、有参与的变革，并非发生改变就是变革。所以，"有计划"是组织变革的鲜明特征。可是时至今日，组织变革的"有计划的改变"概念已经远远不够。组织变革更多是指基于愿景目标的转型升级和变革创新，包含从组织心智、组织设计、组织队伍到组织功能全方位的整体转换与更新。在管理心理学中，我们把组织变革定义为"组织层面开展有计划改变、创新和转型的行动过程"。

（1）勒温组织变革三部曲模型

组织变革管理方面最具影响的是勒温变革模型，又称变革三部曲。作为著名的社会心理学家和管理心理学家，勒温率先通过群体决策改变饮食习惯的经典研究，提出了群体动力学理论，认为群体互动参与的决策判断形成多种内生动力因素，可以转换变革心智，有效地改变态度和行为，进而实现变革态度改变。勒温（1951）提出包含解冻（U：Unfreeze）、变革（C：Change）、再冻结（Refreeze）的 UCR

变革三部曲的有计划组织变革模型,用以解释和指导如何发动、管理和稳定变革过程。勒温变革模型提出,为了实现有效的变革,需要系统的理论指导。勒温的名言是"没有比好的理论更实用的"。在勒温理论的基础上,我们通过中国企业的变革研究与实践,提出新的变革管理理论(RCN:readiness change norm),包括以下原理:

1) 第一部曲:解冻准备。这是解冻现状和启动变革的 R(readiness)阶段。开展组织变革,首先需要转换变革心智模式,创设变革动机。鼓励员工改变原有的心态理念、行为模式和工作态度,采取新的适应组织变革发展的心智模式与态度行为。采取培训或教育方式,认识变革必要性,学会改变自己,抛弃原有的老经验、旧思路、陈习惯,这一过程又称为"去学习"。许多人称为"清空自我",从而"解冻"现有态度和行为,促进心智模式的转换,建立变革准备度,通过"快速启动"的试点项目,启动变革行动计划。变革准备度是人们对变革的信心表现,在个体水平、群体或部门水平和在组织水平都有准备度的问题,通常涉及文化准备度(文化规范与拟进行的变革是否相衔接)、承诺准备度(各级人员与组织对成功实现变革任务是否充分投入)和能力准备度(组织对支撑与推进变革的成功实施与发展是否有充分的人财物资源、运营与领导能力)等三个方面。在此阶段,特别需要创造一种开放的氛围和心理安全感,减少变革的心理障碍,提高变革成功的信心和勇气。

2) 第二部曲:变革推进。这是实施举措和推进变革行动的 C(change)阶段。通过整合资源、实施变革行动和战略举措而积极推进变革。鼓励参与,开展快速变革行动,获取初步的变革成效。在目标管理方面,注重建立新的愿景目标,进行相应的资源与策略配置及路径选择;在队伍建设方面,增强个体能力与团队激励,作为变革行动策略;在变革行动方面,强化变革创新举措与转型发展理念,不断提升团队效能和发展能力。在这一阶段,特别注意为新的工作态度和参与行为树立榜样,采用角色模范、导师指导、专家演讲、群体培训等多种途径。根据我们在中国企业的研究,变革推进过程得以成功的关键,是变革理念必须简明易懂,使得干部员工易于认知和接受;变革节奏可以"小步快进",便于大家有参与感、效能感、贡献感和获得感。

3) 第三部曲:转型规范。这是稳定变革和形成新规范的 N(Norm)阶段。在转型规范期,利用必要的心理强化手段使新的态度与行为得以固化,以便使组织变革稳定下来。"新规固化"的有效途径包括通过培训活动明晰新行动规范,开展团队建设完成新文化重塑,赋能创新实现可持续发展等。变革转型的新实践常常与变革文化建设、转型参与管理、生涯指导计划和商业模式创新等举措与实践紧密结合在一起,强调多层次的变革能力开发,形成发展导向的行动力管理。为了确保组织变革持续发展,促进变革创新的"常态化",需要注意使干部员工有机会尝试和检验新的态度与行为,并及时给予正面强化;同时,促使形成稳定持久的群体行为规范,增强大家的心理安全感和新行为规范与习惯。在组织层面,以明晰的新愿景与可续战略,引领新的持续转型、组织发展与员工成长。

(2)组织变革阻力与应对策略

1)常见的组织变革阻力。组织变革作为战略发展的重要途径,总是伴随着不确定性和风险,加上组织变革常常包含改革与重组,变动"当前奶酪",会遇到各种阻力。管理心理学研究重视对变革阻力的分析并作为变革管理的重要内容。常见的组织变革阻力可以分为以下三类:

□ 组织惰性与组织结构因素。在组织变革中,组织惰性是形成变革阻力的主要因素之一。这是指企业在面临变革形势时其组织架构比较刻板、缺乏灵活性,难以很快适应环境的变化或者内部的变革需求。造成组织惰性的因素较多,比较常见的是组织现存的文化价值习惯与思维模式往往具有惰性,组织变革过程中,内部体制不顺、决策程序不良、职能划分狭窄、层峰结构刻板和文化观点陈旧等,都会形成组织惰性。此外,文化障碍、组织惯例和奖励制度等组织因素以及变革的时机等也会成为影响组织变革进程的阻力。

□ 群体惯性与行为惰性因素。组织变革的阻力还会来自群体方面或者开展变革的部门。研究表明,部分群体或部门由于原有群体的旧规范、群体"自我抱团"或者行为惰性等因素所形成的群体惯性,在变革启动以后难以马上适应新的变化,从而形成了阻力。群体规范具有层次性,边缘规范比较容易改变,而核心规范包含群体认同与承诺,往往难以变化。同样,内聚力比较高的群体也不容易接受新的组织变革。当推动群体变革的力和抑制群体变革的力之间的平衡被打破时,就会形成组织变革的阻力。由于局部变革的不平衡状况"解冻"了原有习惯的模式,需要帮助群体在新的、不同的平衡水平上重塑规范。

□ 利益失衡与职业认同因素。在组织变革中,人们往往会由于担心变革导致利益失衡的后果而抵制变革。在从比较熟悉、稳定且具安全感的工作任务,转向不确定性较高的工作任务的变革过程中,其"职业认同感"受到影响,从而产生对组织变革的抵制。不少人会从经济与地位上考虑,担心变革会影响自己的收入;复杂的人事关系可能影响其在企业组织中的地位与相互关系。此外,有关个性特征、职业保障、信任关系、职业习惯等方面原因,也容易产生对变革的抵制。

2)组织变革阻力的应对策略。管理心理学提出了若干有效的途径,以克服对于组织变革的抵制与阻力,并力争使阻力变为动力。

□ 参与与投入策略。管理心理学研究表明,人们对某事的参与程度越大,就越能够克服心态与信念的惰性,勇于承担责任,支持工作进程。因此,提高变革设计与行动计划讨论或决策参与的参与度,会显著增强对组织变革承诺度,这时,对于抵制变革的情况就显著减少。当管理者或员工所得信息不充分或岗位职权较弱时,参与和投入方法的使用会比较有效。

□ 教育与沟通策略。加强教育和沟通,是克服组织变革阻力的有效途径。这种方法适用于相对信息缺乏和对未知环境抱有疑惑的情况。通过教育与沟通,克服价值偏差,统一群体成员的认识,形成变革责任感。在组织变革中加强赋能培训和教育活动,既有利于及时明晰实施变革的各项步骤和增强能力,也使决策者能够及时发现实施中产生的新问题、新情况、新偏差,获得有效的反馈,随时化解变革过程中可能遇到的抵制和障碍。

□ 时间与进程策略。即使一开始不存在对变革的明显抵制,也需要在变革推进过程中注重随时间进展而消除干部员工可能出现的困惑并排除不利于变革的障碍,不断适应变革创新。实践表明,如果领导者缺乏耐心或定力,盲目加快推行变革,会对下属产生较大压力,因而产生抵制。为此,清楚设置时间进度对于变革的顺利推进具有重要意义。

□ 群体与促进策略。管理心理学研究提出,可以运用"变革的群体动力学"推动组织变革与可续发展。这包括创造强烈的群体归属感,设置群体共同目标,培养群体新规范,建立关键成员权威,运用群体互动改进成员的态度、价值取向和行为倾向等。这种方法在人们由于心理调整不良而产生抵制时使用特别有效。

在组织变革中,上述做法都是为了因势利导,变阻力为动力。杨百寅等(2019)提出,在组织变革过程,组织原有的基本假定、价值导向和行为意向,会成为组织适应环境新挑战的最大阻力。当组织通过一系列变革,改变了原的管理模式时,这些阻力就有可能转变为推动组织前进的动力。在应对新挑战时,领导者需要平衡理想、现实和理性三种关系,并懂得及善于运用"势"的力量:势头起来时要顺势而为、乘势而上,势头渐起时要借势而为、因势利导,而当势头还比较弱小时要造势而为、蓄势待发。

组织变革的动力和阻力来自各方面,不仅来自组织的外部环境,而且来自组织内部。做好竞争动力分析和阻力行动管理是变革管理的重要内容。

(3)变革领导力的维度与要素

组织变革与组织发展需要强大的变革领导力。企业组织变革计划的成败取决于变革心理准备、精心策划、变革行动的跟进。我们在过去40多年的研究和应用中,以深度研究和成功实践表明,启动和参与组织变革与组织发展的各类企业都必须不断增强变革领导力。变革领导力是管理心理学的重要领域。我们把变革领导力定义为"变革战略警觉力、变革决断选配力与变革行动推进力三维领导力"。从元领导力框架和变革领导力的实践意义来看,变革战略警觉力是"杠杆"和基础,变革决断选配力和变革行动推进力就像是"双杠铃"。变革战略警觉力是主要动力元,对于变革决断选配力(活力元)和变革行动推进力(张力元)具有带动力。这一解读也适合于其他领导力的建构模式。图12.1是变革领导力的维度与要素模型。

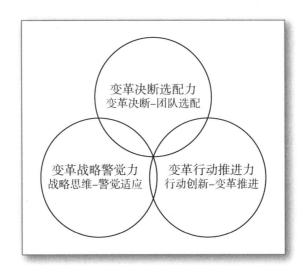

图 12.1　变革领导力模型

1) 变革战略警觉力。这是变革领导力的第一项能力特征维度。以变革管理研究为依据,王重鸣(2021)提出,有效的变革领导者需要准备、建立、适应和转换自己的战略警觉心智模式以适应变革的行动。变革战略警觉力主要包含战略思维和警觉适应两项要素。战略思维要素是战略辨识、战略定制、战略决断和战略重构的心智模式;警觉适应要素则是具有警觉预见、变革布局、包容调适和可续发展的心智能力。我们在研究中发现,面临变革任务,成功的领导者注重创设心理安全感、勇于尝试、情商带动,应对变革中可能出现的困惑、失调、倦怠,保持既积极前瞻又警觉坚定的领导心态。

2) 变革决断选配力。这是变革领导力的第二项能力特征维度,表现为善于变革决断和团队选配两项要素的能力。变革决断要素是善于决断策略、策划行动、激励参与、引领合作的能力;团队选配要素则是善于愿景导向、协调利益、协同角色、调配资源的能力。我们在研究中看到,变革中往往会面对架构重组、部门拆并、利益冲突或工作重塑,成功企业都善于建立新的愿景并以此统一理念和新的目标。运用变革领导力,作出变革决断,配置资源团队,协调内外关系,变阻力为助力,促拖力为推力,带领各级人员同心协力投入变革过程直至取得成功。

3)变革行动推进力。这是变革领导力的第三项能力特征维度,主要表现在精于行动创新和变革推进两项要素上。行动创新要素是指具有行动思维、转型动能、创新策略、行动领先的能力;变革推进要素则是指善于以变革策略践行创新发展,强调以创新模式引领变革转型,以创业精神推进变革行动的能力。许多进入转型升级的企业,变革转型计划做得"循规蹈矩、头头是道",而一到行动实施就发现方案老套、资源缺乏、步调难齐、配套不足,"计划赶不上情况的变化"。而通过把转型行动与推进策略相衔接,可以使变革行动推进既是行动路径,又是发展策略,达到"事半功倍"的效果。

量表工具 12.1 是我们在研究中采用的变革领导力量表,可供研究与应用中采用。

量表工具 12.1 变革领导力量表

① 对变革挑战机遇具有战略性辨识与战略定制的能力。

② 具有变革战略决断和路径重构的心智模式。

③ 对企业变革发展具有警觉性预见并善于作出变革布局。

④ 变革中善于包容调适并秉持可续发展的心智能力。

⑤ 善于以愿景导向带领团队并在变革中协调各方利益。

⑥ 具有在变革中协同新角色,调配多方资源的选配能力。

⑦ 善于带领团队作出变革决断和策划变革发展行动。

⑧ 在变革中具有激励下属、鼓励参与和引领合作的能力。

⑨ 具有行动思维,善于在变革转型中转换新的动能。

⑩ 善于运用创新策略,具有变革行动领先的能力。

⑪ 善于运用变革策略,推进企业的创新发展。

⑫ 在变革转型中具有推进创新创业行动的能力。

12.1.2 行动力管理与 ASD 行动理论

(1) 行动力管理与元竞争理论

1) 什么是行动力管理? 王重鸣(2015,2020)把行动力作为创业五力和五力管理的重要维度之一。我们在有关认知与行动的第 2 章节讨论过包含四层次行动结构(行动技能层、行动模式层、行动心智层和元行动层或行动策略层)和三阶段行动过程(行动顺序、行动结构、行动聚焦)的行动理论。在数字化行动学习三力模型、创业的行动要素特征和 ASD 变革行动理论中,也都以行动力作为基础。管理心理学把行动力管理定义为"运用个体、团队和组织多层次行动策略,领导与带领组织实现变革、发展、创新与转型行动而实现可续发展目标的管理过程"。可见,行动力管理是多个层次、协同引领和目标导向的行动式管理。如何在组织变革中做好行动力管理呢? 从五力管理框架可以看到,行动力管理是在策略上以变革管理为主线,以变革领导力和精益领导力为双翼的整合性行动能力管理。行动力管理整合了包括变革管理、组织发展、危机管理、精益管理、数字化管理和生态系统管理等多项行动策略,努力实现可持续发展的目标。

传统模式的变革管理局限于解决变革阻力问题和"摆平"利益关系,且变革与发展相脱节。新一代变革管理强调变革能力建设和变革动能转换,在协调、精益、创新、可续的思路下整合组织变革与组织发展的各项策略。图 12.2 是变革管理模型的图解,可以看到变革管理以三项变革理论原理为基础,包含了变革领导力与精益领导力两项领导力以及三项行动策略。以变革管理三部曲(解冻准备—变革推进—转型规范)RCN 原理、界面层次理论(IHT)(专长—系统—组织)和变革行动理论(适应—选配—发展)(ASD)为基础,通过变革领导力与精益领导力推动蓄能转型策略、聚能变革策略和使能发展策略的运用,从而提升变革管理的整体效能,

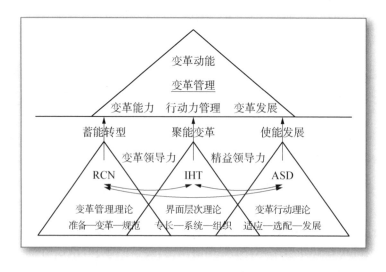

图 12.2　变革管理模型

实现行动力管理的目标。请参阅第 11—12 章的相关内容。

　　□ 变革能力管理。这是变革管理的第一项维度,变革当前,能力优先。变革能力管理以变革管理和行动力管理的原理,围绕变革的心理准备、心智转换、阻力管理、激励管理、能力建设、团队建设和变革文化建设等方面开展组织变革的动态能力开发。变革能力管理的目标是各项政策指导与社会支持下增强组织变革的内源动力机制,运用转型策略做好队伍转型、业务转型和数字化转型的各项能力建设工作。

　　□ 变革动能管理。这是变革管理的第二项维度,强调变革的动能转换与组织活力。变革动能管理以界面层次理论和组织动能模型为基础,在内外环境因素的促进下着力激发、调动和转换包含团队界面与组织界面的高阶组织动能要素(参阅图 11.3)。研究表明,在变革创新中活力比较显著的高阶组织动能要素主要包括差序化责任价值、分布式决策参与、团队化合作协调、迭代性持续创新、策略性跨界选择和生态化前瞻警觉等要素。变革动能管理的目标是运用赋能策略选配、转换和增强变革动能,从而强化组织变革的内生活力机制。

　　□ 变革发展管理。变革离不开创新与发展。变革管理的第三项维度是变革发展管理。这是以变革行动理论为依据,运用以组织发展与精益管理为主导的发展策略,重点推进可续变革发展,通过价值适应、决策选配和使能发展的变革行动范式,持续提升组织变革的可续张力机制。

　　变革管理的三个维度相互配合和共同提升,成为行动力管理的主线。本章会进一步阐述与解读变革管理的各项要素。

　　陈立先生(1988)曾经从开放系统的观点出发,就如何满足个体与社会需要、企业生产效率要求、组织改革原则、组织发展要求等方面作了系统阐述,强调企业组织改革与组织发展中开放的社会—技术系统观,主张通过包含"预诊、采集、反馈、计划、行动、再诊断"的行动研究途径,实现组织的变革与发展,从而为行动力管理指明了研究途径。我们由 40 多家企业的实证研究构建了以技能(专长胜任)、系统(系统联结)、参与(组织参与)三维策略结构的"人—系统—组织"的界面层次模型,提供了行动力管理的策略模型。之后,我们通过在数百家企业的组织变革战略决策和文化融合研究,提出了变革行动的价值适应、决策选配和赋能发展三重机制,为行动力管理提供了全新的动力机制。基于责任管理的变革创新范式成为行动力管理的新指引。

　　2) 组织的元竞争理论(metacompetition)。组织竞争的模式与策略日新月异,组织变革的动力也不断更新。从沃尔玛的大宗零售,优步的基于 app 的服务,到亚马逊的云计算平台,战略创新性变革层出不穷,竞争动力持续变换。斯坦福商学院著名组织与领导力专家巴奈特(William Barnett，2017)提出"元竞争理论"，对新的竞争动能作出了重要的解读，认为竞争的逻辑是一个原则体系，以便决定与谁竞争、怎么竞争、成败标准以及成败的后果等。这些正式逻辑背后的机制(例如竞争要素运行方式、竞争性质塑造机制等)是更重要的。换言之，在组织变革场景，识别变革推力并不难，捕捉各种推力的作用机制才是关键。从这个意义上说，理解战略创新是否会影响绩效，还不如搞清楚如何改进绩效和如何引入新的效应机制来得重要。元竞争理论改变了我们对于竞争因素及其过程的认知研判。事实上，同一种产业会有多种竞争逻辑，同一组变革推动力，也会表现出多重竞争机制，并需要采取较大的格局来估计多组织、多场景的竞争机理。我们把这种组织变革情境下的竞争原理称为元竞争生态模型(eocological model of metacompetition)，从而深度解读与预测高阶元竞争机制。

组织元竞争理论的生态模型包括直接元竞争和间接元竞争。前者表现为相同行业不同组织在多种竞争逻辑之间的直接比较形成元竞争模型，后者表现为不同行业不同组织的多种竞争逻辑的组合，通常通过竞争逻辑合法性的社会判断，作出相对间接比较。这项新理论为建构元竞争策略、深入理解新型竞争策略提供了变革推动力的元认知模式，因而在深层次上影响我们的变革心智与策略。巴奈特(2008)在《组织间的红桃皇后》一书中解读了组织学习理论和组织生态学原理，重新诠释红桃皇后竞争理论，展现了竞争过程对特定组织的适应性、竞争性与存亡性的影响，进一步验证了组织在竞争中表现的共生演化关系与发展机制。

（2）ASD 行动理论与组织变革

不断优化组织变革的行动机制，是实现可持续发展与新跨越的重要举措。王重鸣(2012)从认知科学的并行分布式加工原则和组织变革策略出发，创建了"适应—选配—发展"ASD 变革行动理论，认为在初创、成长和转型的不同阶段，高绩效的企业能够从基于竞合文化的价值适应(A：Adaptation)、基于分布决策的行动选配(S：Selection)到基于并行使能的组织发展(D：Development)，不断重塑其变革成长的行动策略。王重鸣(2021)以 ASD 理论作为框架，先后主持与承担三项国家自然科学基金资助的重点项目研究，深入考察与探究了多重变革与成长机制，通过案例分析、跟踪研究、实验与准实验，对中国企业组织变革战略决策与文化融合的双栖策略范式作出机制上的解释，进一步深化了价值适应(A)、决策选配(S)和赋能发展(D)三原则变革行动理论。

1) 价值适应(A)：ASD 组织变革行动理论的第一要素是在组织变革中的价值适应原则。这一原则包括变革心智适应，员工价值驱动，变革文化融合，项目团队化创新和领导力指导提升等举措。例如，在中国企业国际并购的重大组织变革中，通过价值适应，以"服务全球客户、践行全球规范、共享全球价值、创新全球业务"为文化建设的新抓手,助力完成国际并购下的商务整合与价值提升。转型期组织变革在中外文化价值、新老文化元素、市场经济理念、组织间价值导向、代际价值碰撞和创新情境特征之间动态交互、竞争融合,形成竞合式价值适应过程,显著增强了变革的新动能。

2) 决策选配(S):ASD 组织变革行动理论的第二要素是在组织变革中对变革资源、变革团队和变革行动等作出决策选配原则。这一原则包括行动决断、行动建模、行动释义和行动监测等举措。例如,许多公司启动一系列管理开发计划,聚焦学习型的商业模式创新。通过建立联合责任领导团队,在国际并购重组后取得跨越式的商业绩效。中国企业的组织变革具有多任务、多目标和跨阶段的特点,倾向于采取快速资源获取和持续整合选配策略以推进转型变革。由于变革情境日趋动态模糊,表现出"外源依赖、参照判断"和"惯例选择、边缘路径"的倾向,变革行动决策的选择性更为关键。我们在研究中通过脑神经模拟实验,验证了行动决策选配的分布式多源启动与交互式前瞻警觉的加工机制。决策者在组织变革中重视战略预见和超前布局的决策选择模式,显著提升了组织变革决策判断能力。

3) 赋能发展(D):ASD 组织变革行动理论的第三要素是在组织变革中的组织赋能发展原则。这一原则强调以"竞争—融合"、"开发—探索"和"规制—创新"等双栖策略为新特征,形成多层次策略演进的新范式,显著提升其组织变革与文化融合能力,进一步增强组织变革的可续效能。我们在多家企业显著推进组织变革与文化融合,设置了相应的面向组织发展的团队赋能计划与评价体系。组织赋能发展原则强调从个体主动性、群体主动性到组织主动性的多层次组织心智转换和组织发展行动机制。例如,在创业过程中,许多企业强调组织赋能与使能发展的策略。通过初创业到全球创业成长,生动揭示了成长策略对于实现全球创业成功转型的战略意义。

管理心理学以基于适应—选配—发展的 ASD 变革理论为框架,为企业可持续发展提供了新的理论与方法论。范巍和王重鸣(2015)运用 ASD 理论,以参加机关部门与企业组织中高级管理岗位选拔的 1 195 名应聘者为样本,通过结构化面试方法测试了文化价值匹配、个性匹配、供需匹配、能力匹配、兴趣偏好、胜任特质、自我监控、应聘策略、个性与价值观等评价指标,分析了这些要素对于录用推荐的效应,提出了人事选拔决策过程的内隐匹配机制,验证了文化价值适应机制对于录用推荐的显著作用。

(3) 组织变革发展的三重机制

1) 中国企业变革的问题驱动特征。ASD 变革行动理论为组织变革发展提供了新的动力机制理论框架。从组织变革问题驱动和动力因素出发,王重鸣(2021)

在主持承担的国家自然科学基金资助的"基于并行分布策略的中国企业组织变革与文化融合机制研究"重点项目研究中,运用了多案例跟踪研究和深度访谈调研,提取出中国企业变革实践的关键特征。研究围绕企业转型升级、全球创业、科技创业以及互联网＋商务、云端运营模式和数字智能发展六项新实践,提炼出形成创业动力的三项驱动性特征:行动学习、跨界整合和社会—技术并行加工;创新动力的三项驱动性特征:团队动能、组织敏捷和模式创新。图12.3呈现了组织变革发展的三重机制模型。

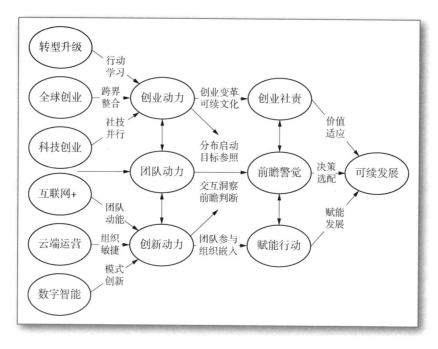

图12.3　组织变革发展的三重机制模型(修订自王重鸣,2021)

2) 企业组织变革的动态行为模型。我们在研究中进一步采用多层问卷测量、情景判断测验、行为决策实验和现场准实验等方法,提出了基于创业变革与可续文化的创业社会责任模型,基于目标参照、分布启动、前瞻判断和交互警觉的决策前瞻警觉模型以及基于团队参与和组织嵌入的变革赋能行动模型。在此基础上,运用多阶段过程建模等多种管理心理学实证方法,进一步检验了变革文化融合与可续发展的三重机制:价值适应、决策选配和赋能发展机制(王重鸣,2021)。

在《全球领导力》专辑论著中,王重鸣(2012)提出了组织变革的ASD理论,进一步深化了组织变革行动策略。请阅读"研究解读12.1　开发中国企业领导力的全球角色:组织变革的ASD理论",思考和讨论ASD理论的主要原则及其在组织变革与行动策略方面的指导意义。

研究解读 12.1　开发中国企业领导力的全球角色：组织变革的 ASD 理论

作者：王重鸣（浙江大学）

发表刊物：《全球领导力》，W. H. Mobley，Y. Wang & M. Li 主编，2012 年，第 7 卷，371—384

(Developing global roles for Chinese leadership：An ASD theory of organizational change, *Advances in Global Leadership*, Edited by W. H. Mobley，Y. Wang & M. Li，Vol 7，pp. 371 - 384，London：Emerald Group Publishing)

文章评价：本研究创新性地提出组织变革的 ASD 理论，成为组织创新、组织转型和组织发展以及全球领导力开发的全新变革成长理论，具有重要的理论意义与应用价值。

研究内容：近年来，紧密结合组织变革与转型升级的管理实践，中国开展领导力研究取得了长足的进展，中国企业变革领导力的成长模型也日益成熟。在组织变革的背景下，出现了三方面重要的新趋势：面向全球领导力场景与商务实践的问题驱动日趋应用，包括嵌入问题情境、激发实践问题、聚焦理论内涵；与全球领导力胜任力结构相整合的高绩效工作系统成为焦点，包括人力资源管理广泛应用、战略人资作为平台、人才领导力成为重点等；与新型领导力相应的理论建构日益活跃，涉及新型领导胜任力、变革领导理论、公司创业与分布式工程等。总体来看，中国组织变革领域的显著进展突出表现在 ASD 变革行动理论的创建与应用方面。ASD 理论包括变革行动过程动力机制的三项原则：

（1）价值适应 A 原则。这项原则以领导胜任力建模实现价值适应。具体包括以价值驱动方式开展人事配置，开展文化价值培训，鼓励全球项目的团队化合作和领导力的辅导与指导。例如，联想并购 IBM PC 的文化适应案例和阿里巴巴的拥抱变化的成长适应实践。

（2）行动选配 S 原则。这项原则以领导力行动学习实现行动选择或决策选配。具体包括以"干中学"作出决策尝试，决策中采取行动策略捕捉，进行行动程序建模、行动释义和行动决策监测等。例如,吉利—沃尔沃轿车的商模决策选配。

（3）组织发展 D 原则。这项原则以领导力开发网络实现组织赋能发展。具体包括行业升级计划、标杆企业合作赋能网络平台、参与新兴产业等,例如,天能集团运用开放创新、商模转换、联盟平台进入新能源业务而成为领头羊的案例。

12.2　组织发展策略与危机管理

知识要点 12.2　组织发展与危机管理

组织发展：心智转换策略、可持续性策略、学习赋能策略、目标管理策略四项
组发技术：群体训练、管理方格、反馈咨询、团队建设、目标管理、数字系统
危机管理：危机前预案适应准备、危机中管理行动执行、危机后转型发展复原
危机领导：危机管理弹韧策略、危机管理协同策略、危机管理行动策略三维度

12.2.1　组织发展特征与主要策略

（1）组织发展特征与发展策略

1) 什么是组织发展? 管理心理学把组织发展(OD：organization development)定义为变革发展的一组技术与方案,是一个日益重要的研究与应用领域。在转型升级、创新创业和危机重塑的背景下,组织发展已经成为最为有效的策略途径之一。其英文是 organization development 而非 organizational,是表示这是"发展组织"而非"组织层面的发展"。那么,采用什么方法来发展组织呢? 主要有两个方面的渊源：运用心理学的实验室训练方法,提升组织中的群体能力;采用社会心理学的调查反馈方法,诊断与改进企业组织的动态能力和组织动能。组织发展是可续成长的能力建设手段,也是提高组织效能的有效途径。

2) 组织发展策略。组织发展包含了一系列策略与技术,比较常用的有四项策略：

□ 组织发展的心智转换策略。组织发展需要具备新的心智模式和价值导向。组织发展意味着深层次和长期性的组织成长。这就需要采用全新的组织发展模型与方法。由于组织发展涉及人员、群体和组织文化，包含着新的核心价值观，注重合作协调而不是利益纠隔，强调自我监控而不是规章控制，鼓励主动参与管理而不是行政执行式管理。

□ 组织发展的可续成长策略。组织发展通过对企业进行多层诊断、全面配方、行动干预和监控评价，积极推动组织的健康改进与可持续发展。组织发展强调基于研究与实践的结合，充分诊断、定制裁剪。组织发展的关键策略之一就是持续学习和解决问题，以组织发展创造可续健康成长的组织肌体。

□ 组织发展的学习赋能策略。组织发展是一个连贯变化、学习成长的过程。强调组织各部分的相互促进和相互依存，需要从整个组织系统出发进行组织发展的学习赋能。通过有效沟通、问题解决、参与决策、培训辅导和生涯设计等过程，学习新的知识和技能，解决相互存在的问题，在态度、价值观念、技能、人际关系和文化氛围等各方面取得更新。组织发展的再教育，可以使干部员工抛弃不适应于形势发展的旧习惯，建立新的行为规范，并不断优化干部员工的态度和价值体系，明确群体和组织的愿景目标，实现组织发展的总体目标。

□ 组织发展的目标管理策略。组织发展是订立和实施发展目标与计划的过程，并且，需要提高目标设置和战略规划的能力。在组织发展中，设立明确具体且富有挑战性的目标，能够激发工作动机和提高工作效能。通过目标管理建立长期的责任感和义务感，包括制定任务指标和计划、按照预定目标确定绩效要求和胜任力目标。

（2）组织发展主要方法与技术

组织发展采用多种技术与方法。多数技术都是以群体为对象的，比较常用有以下六种方法。

1）敏感性群体训练法。这是属于个人参与群体活动的组织发展方法。通过面对面或在线的群体互动，使参加者深入了解和认识自己，也感受和理解他人的情感与多种意见，从而调整自己的认知，增强自我意识，通过互动提高对人对事的敏感性和包容度。在具体方法上，主要采用实验性的专题群体讨论方法或者案例研讨等方式。在群体内不设立明确的角色，以便确保群体在开放氛围中互动、认识和改变自己。同时，这种方法可以优化管理层群体的行为，增强大家对群体价值、相互行为和办事方式的理解，以便换位思考、开放思想、群策群力和采取行动。这种组织发展方法逐步发展成了"群体训练实验室"，专门从事群体心理训练。这种训练方法成为组织发展的基本方法之一。

组织发展的实践证明，敏感性训练注重诚信、开放、分享、交流，可以提高群体关系意识,促进个人价值观念。敏感性训练的主要对象包括一般员工和管理人员。在敏感性训练中,参加人员可以自由地讨论感兴趣的问题,表达意见,分析行为和体会感情,并接受他人的反馈意见和建议。敏感性训练方法可以有效地用于管理培训和团队建设活动,在组织发展目标的指导下,采取这种群体讨论、畅所欲言的办法,可以解决组织与群体中在人际关系方面的许多问题。

2) 管理方格图训练法。这种方法是从领导行为的管理方格理论发展而来的组织发展技术。管理方格图训练法不只是工具或手段,更是用于管理发展的一项全面策略。管理方格图训练包括六个阶段:

□ 实验室讨论阶段。介绍训练用的资料和几种领导作风的概念。

□ 小组发展的阶段。不同部门的成员在一起,讨论打算如何达到方格中 9.9 的位置,并把所学到的知识运用于解决实际问题。

□ 群体间发展阶段。这个阶段启动整体组织发展,由不同部门人员在一起确定和分析群体之间的冲突、矛盾和问题。

□ 订立组织目标阶段。群体讨论和制定组织的重要目标,增强参加者的义务感、认同感和贡献度。

□ 实施组织目标阶段。参加者设法实施和完成各自所订立的目标,并一起讨论主要进展和存在的问题。

□ 巩固效果阶段。对思想收获和行为表现方面的效果作出评价和反馈并进一步完善。

实际研究表明,这种训练法对于加强目标导向和提高组织效率有显著作用。管理方格训练法得到了广泛应用,成为简明高效的组织发展方式之一。

3) 反馈咨询组织发展法。这种组织发展途径是运用态度调查表和结果反馈方法先进行详细的多层次态度调查,对所搜集和整理的材料进行分析,然后把结果反馈给参与人员。通过反馈、互动、研讨、提炼,基于调查证据,实现组织发展。调查问卷表包括多个方面:领导行为评价、组织沟通、决策、协调与激励情况,以及员工对各方面工作的满意感等。实践证明,这种方法可以比较准确发现所存在的问题,找到解决的办法,并且促进参加者的态度和行为的转变,改善整个组织的氛围,实现组织发展的目标。

比较相似的组织发展方法是在人际水平和群体间水平上进行的,称为过程咨询组织发展法。通过群体内部或者群体与咨询顾问之间的有效交流,帮助诊断和解决组织运营过程中所面临的重要问题。过程咨询与敏感性训练及调查反馈的不同之处,是其目的不是解决组织存在的问题,而是帮助大家改变观念,转换心智模式,更为问题导向。过程咨询法的范围包括管理沟通、群体角色、群体决策、群体规范与团队发展,以及领导和群体之间关系等。过程咨询法有两个主要优点:解决组织面临的重要人际协调问题或群体间存在的问题。

4)团队建设策略。团队建设是组织发展技术中被采用最多的方法。团队是指目标协调、职能整合的班组或工作部门及群体。团队建设的目的是以群体成员的相互作用来协调群体工作的步调与合作规范,提高群体的工作绩效。团队建设分为四个步骤:

□ 预备活动。在团队建设正式进行之前,需要有一些热身活动。例如,一些生产班组在参加团队建设的组织发展之前,先参加两天的训练班,讨论存在的问题。管理心理学称为"解冻",即把问题摆出来,"清空"自己,准备接受变革。

□ 诊断活动。对来自一线的管理人员进行调研和诊断(问卷或访谈),了解有关组织文化、工作与管理内容、存在的问题等,并且把所收集的资料在各班组进行讨论,坦诚地分析问题,提出初步的改革建议。

□ 团队参与。在团队建设过程中,整个班组或部门一起参与确定解决问题的办法,制定完成目标的计划,同时,在各班组或部门之间举行会议,运用团队化策略在班组、部门之间建立合作关系,并把组织发展活动扩展到整个组织。

□ 顾问促进。团队建设方案的实施通常需要在较长一段时间内多次开展,在这期间,外来的专家顾问起着重要的促进与协调作用。团队建设可以在一种开诚布公、合作进取的氛围中提高班组或部门的效能,不但改进沟通过程,而且增强处理人际关系和业务问题的能力。

5)目标管理策略。在组织发展中,目标管理是一种重要方法。目标管理也可简写为 MBO(management by objectives)。目标管理是从目标论发展起来的,通过设置和实施具体、中等难度和集体性目标的过程,提高员工参与度、积极性和工作效能。目标管理活动可以由工作群体或个人参与,其是组织发展的有效手段之一。目标管理策略一般包含以下四个步骤:

□ 总体目标。由管理部门提出总体目标,包括对组织中主要缺点的了解(如,市场问题、产量、服务质量等方面的问题等),确定绩效考核的客观标准或指标以及考核办法,并特别重视目标与企业愿景、战略的衔接。

□ 分解目标。根据总体目标和部门的情况,以目标管理子系统对接每个部门和班组,自上而下、上下结合,设立各部门的相应目标。

□ 订立目标。这是员工会同管理人员订立自己的工作目标及行动计划,以形成个体目标与体系。

□ 评估结果。定期评价结果,对照目标,评定工作绩效。由管理部门和员工共同进行年度总体考核评定,并对所订目标作必要的调整,以适应变化了的情况和新的目标要求。

管理心理学研究表明,目标管理成功的关键是要注意个人、群体和整个组织目标的整合,注重目标的自主性、责任性、成长性、团队性和创新性。在目标实施过程中,让员工充分参与,订立为大家所接受、认同的切合实际的目标,并使目标保持一定的挑战性。目标管理是比较有效的组织发展手段,具有显著的优点:改进组织计划和控制程序,提高员工动机、责任感和义务感,明确工作角色和所负责任,提高组织沟通质量,有效跟进工作绩效和可续发展目标。

6) 数字化系统策略。随着组织发展领域的发展,运用数字化系统实施组织发展逐步成为首选方法。其采用数字化学习与构建精准绩效系统,综合多种激励策略,创造组织创新氛围,提高职业发展效能,强调管理部门和员工之间建立相互尊重和信任的数字化协同关系,共同决策和协调工作,重新设计工作平台,创新组织运营与发展模式。

12.2.2　危机管理与危机领导策略

（1）危机心理特征与危机管理

1) 危机的概念与类型。与风险的概念不同,危机更多指现实中出现事件或行为的结果。危机一词出自三国魏安《与嵇茂齐书》:"常恐风波潜骇,危机密发",常指有危险又有机会的时刻,是检验决策和问题解决能力的一刻。危机是指低概率、难预计和高负面影响的事件。危机是突发、惊人且危害企业组织及社会的转折性事件。心理学的研究与应用早就关注危机问题。近年来,各类危机对于生活、工作、组织、社会以及相关受害者的重大影响日益突出,各种类型的危机也层出不穷,既包括自然灾难和公共卫生危机,也包括了技术、商务等人为因素引发的危机以及组织面临的各种经营管理方面的危机,例如,企业发生的创业危机、经营危机、财务危机、业务危机、队伍危机、市场危机、供应链危机等。这些危机给企业、社会、经济、生活与工作以及员工的幸福感都带来了很大甚至不可估量的损失。危机管理也成为管理心理学和组织行为学的新重点。

2) 危机心理特征。人们在高度不确定、复杂多变的危机面前表现出不同于平常的心态与行为,展现出一系列危机心理特征。

□ 危机认知特征。危机当前,危机认知加工方式和危机心态发生较大变化。通常,人们在危机下会倾向于简化危机信息加工,弱化多重信息加工能力和记忆力,表现出否认、担忧、回避、无助等认知。为此,强化权威信息源的发布与沟通成为关键任务。针对员工在危机中会寻求多源信息和补充意见并表现较强的先入为主倾向,传达与沟通信息的方式需要做到多源、丰富、领先和符号化认知。

□ 危机情绪状态。人们在危机中会出现各种情绪失调或心理障碍问题,有关危机的沟通模式和人际交互方式也会受到较大影响。对于危机之初的各种不确定性情况及问题容易引发的焦虑,企业需要通过细致的沟通加以缓解,以便解除可能出现的担忧、失望或无助感等心绪,特别是缓解许多员工容易出现的否认倾向,帮助他们正视危机影响,积极应对挑战,管理好危机。

□ 危机行为沟通。危机管理的重要心理机制之一是危机沟通。危机沟通不但需要面对多种担忧、焦虑,更要针对潜在的负面行为,以便有效避免负面结果。危机下的沟通比较简化、及时、重复、可信和一致。为此,危机沟通关注可取的人际资源、可行的供求渠道、示范性积极行为和精准的及时反馈等。我们鼓励在危机行为沟通中采用"必须、应该、能够"的三段心理演练方法,围绕行动方案,帮助开展基于危机行为必要性、可行性和能动性的心理演练或"彩排",体验正面应对行为和负面经历,帮助人们减少危机焦虑与不确定性,增强自我控制感和做好行为准备。这类危机行为沟通强化了沟通行动学习,常常被作为优选方案。

□ 危机积极行为。危机不仅会引发负面情绪与行为,也会激发应对意向,提升自我价值,表现利他行为,增强援助心态,体现群体价值与坚韧意志,加强危机下的群体赋能和提升危机管理能力与危机领导力等正面举措。

3)危机事件管理与策略。危机管理主要有两种模式,一种模式是把危机作为一项事件,开展危机事件管理;另一种模式是把危机作为一个过程,开展危机过程管理。

□ 危机事件管理。对于企业组织危机来说,及时了解与管控危机对于组织的意外影响和危害性,是在紧迫情势下采取措施处理危机的必要环节。危机事件具有危害性、及时性和意外性三项特点,危机事件管理被定义为"协调各利益相关方与多种资源,对危机事件依规作出情绪反应和管理行动以实现组织恢复与重建的管理方法"。危机事件管理聚焦危机事件的前因后果、预案准备和善后处置以及与相关单位合作处理及预防危机事件再次发生而开展管理,比较适合于危机的影响范围相对较小,发生时段比较短,涉及面较为局部的危机事件。

□ 危机管理的阶段模型。对于突发、延时和范围比较大的危机,需要采用危机过程管理模式。这是指从造成危机的环境与信号线索、危机发生发展和组织关系的过程,以及危机后行动的管理出发,注重企业组织在危机各阶段作出何种反应、如何防护和复原管理等方面。危机过程管理重视危机各个阶段的战略性偏移、问题发酵、事件触发和形成及解决组织危机的多个环节,特别加强了危机后的适应、调整、重构和发展。

组织危机是指管理者和利益相关者知觉到的突显、意外和潜在破坏性的事件或情景,对组织的目标和生存产生威胁,并急需处理或产生深远影响的结果。组织危机常常与重要变动或极端事件联系在一起,例如,人事、业务、财务方面的重大变动,各类灾害、金融风暴、重大疫情等。徐宪平、鞠雪楠(2019)针对互联网时代的危机管理开展研究,提出了相关的危机特征、演变趋势、危机治理、模型构建和若干基本规则,具有新的指导意义。由于危机管理往往在被动局面中开展,而且许多人不习惯或者不希望改变,危机管理的关键是鼓励主动精神,特别是个人主动性、群体主动性和组织主动性,并把增强主动精神作为危机管理领导力开发的重点任务。

危机过程管理模式按照危机的时间框架与进程通常划分为三个阶段,包括危机前预案适应、危机中管理行动和危机后转型发展,形成危机管理的阶段模型。在危机过程管理中,需要采用变革管理的思路与策略,主动积极地沟通问题、解决问题和应对难题。图12.4表示了危机管理阶段模型的总体框架以及关键任务。

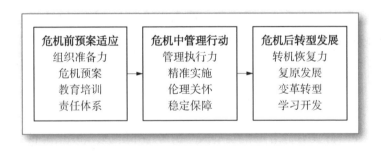

图 12.4　危机管理阶段模型

危机前预案适应是指在危机发生前,聚焦危机的组织准备力,即组织应对危机而启动的各项预案,包括采集危机线索与警讯,定制危机应急预案,启动预防培训计划和健全危机管理的责任体系与合作网络等。危机中管理行动是危机发生期间的重点,体现组织的管理执行力,主动处理和管控危机,主要包括精准实施危机管理的预案,开展减压、调适、帮扶的伦理关怀与压力管理,稳定和保障项目团队的持续运营,确保通过实时决断对危机进行及时的管控。危机后转型发展是危机后阶段把管理重点放在转机复原力上,需要关注组织如何能够从危机中重新定位,并通过组织学习、创新模式和变革转型的行动,尝试多种措施和提炼发展策略。

危机管理研究的重点已经从危机前准备,转向比较关注危机中和危机后管理,尤其是危机后组织应该如何发展。危机在带来巨大威胁的同时,也带来了新的机会,可能帮助与驱动组织进行创新、变革和发展。

4) 非常规突发事件的应急管理。危机管理也与应急管理进一步结合,加强了危机管理的系统性和整合性。非常规突发事件的应急管理也成为相关研究的重点,在国家自然科学基金委资助的重大研究计划下,发布了"中国应急管理体系模式重构策略"的重要研究成果(范伟澄、崔红、杨列勋等,2018)。应急管理体系模式的重构策略包括了五个方面:文化重塑策略强调转变应急管理理念,构建共同愿景和营造学习氛围;结构变革策略关注应急治理理念、责权管理模式和事件处置方式;机制构建策略重视责任与绩效的激励机制、协商对话的协调机制和应急知识的学习机制等;人才培养策略聚焦人员培训、能力开发与设施配套;而技术应用策略注意把应急信息系统和辅助决策及预警作为工作重点。近年来,应急管理也成为危机管理的重要途径和策略。

(2) 危机管理领导论策略特征

在常规危机管理的基础上,我们提出危机管理领导论,认为危机管理领导策略与一般危机管理的主要区别在于,危机管理比较关注危机应对预案的实施、当前的管理任务和对危机的直接处置,而危机管理领导策略则聚焦于较长期视角、主动应对和学习,注重协同创新和组织如何变革发展、转危为机等任务,从而提升危机管理领导的前瞻性、成长性和行动性。我们在研究中把危机管理领导策略定义为"以弹韧心智模式,协同与带领团队应对危机逆境,实现组织发展新目标的策略"。根据元领导力框架,危机管理领导策略表现为以"弹韧—协同—行动"为框架的多元策略"组合拳"。

1) 危机心智弹韧策略。这是以心理弹韧性为核心要素,以弹韧心智模式应对危机的策略。弹韧心智模式包含主动思维、坚韧自信、合作价值、自强创造等心理要素。企业在危机面前作出快速反应,开展透明沟通,培养自信自强精神等,都是加强弹韧心智模式的上佳表现。我们在危机管理领导策略方面组合弹韧领导力、伦理领导力、责任领导力和赋能领导力等相关策略,以便实现危机复原动能。

2) 危机沟通协同策略。这是以团队力管理为基础,以沟通、选配和决断策略协调危机下面临的多方面挑战,主要包含责任沟通、协同目标、选配决断、策略重构等心理要素。正如韦尔奇所说,商业的本质就是协同力,即把使命、行为和结果紧密联系在一起。使命是明确组织的目标,行为表现沟通与行动,结果反映任务与成效。企业在危机过程中加强"靠前管理"和"一线参与",以数字化工具协调绩效进程与奖励方式等,都是协同策略的充分体现。我们在危机管理领导策略方面通过组合运用团队领导力和数字领导力等相关策略,以便完成危机下的协同策略重构任务。

3) 危机警觉行动策略。这是以危机理论、创新创造理论和行动理论为基础开展危机领导的策略,主要包括警觉布局、赋能重塑、精益运营、集成行动四项心理要素。企业在危机下推动数字化转型、敏捷型项目开发和创新多种客户服务模式等,都是危机行动策略的有效例证。在危机管理领导策略方面运用弹韧领导力、变革领导力、创新领导力、创业领导力等相关策略,以便实现转机创新、持续发展的目标。

由于危机常常涉及面比较宽且关联性比较大,危机管理领导策略的特点是强调危机管理人人有责,危机防控个个有份,表现出"主动弹韧、责任协同和集成行动"的整合性领导模式。图 12.5 是危机管理领导论策略的三维特征图解。

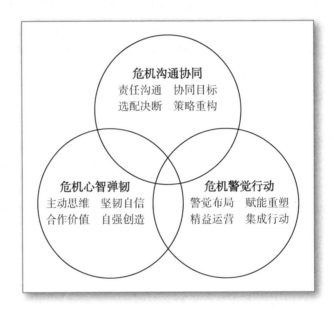

图 12.5　危机管理领导论的策略及要素

我们的研究表明,在危机场景下,领导者需要运用危机管理领导论来推动组织响应、团队对接、任务拓展,成为危机下的"组织大脑"或"神经中枢"。具体来说,努力转换危机心智、调适弹韧策略、激励骨干团队、优化沟通决断、整合科创资源、加速创新开发、复原供应链环、强化客户联结、升级企业模式、重构数字转型和重塑组织赋能等 10 项任务。危机管理领导策略是一种组织发展行动导向的策略,在VUCA 的经营环境中,成为各行各业领导者必须具备的综合领导胜任力。

组织变革与组织发展是一场基于愿景战略、转换心智模式、赋能核心团队、协同业务模式和追求基业长青的行动,需要强大的人力资源策略配套和创业创新精神。特别是需要与战略人力资源管理和创业创新的策略相协同与适配,实现可持续、高质量的成长与可持续发展。请阅读"研究解读 12.2　战略人力资源、创新与创业适配：跨区域比较模型",结合生态力管理的各项策略,思考与讨论如何运用组织发展的思路,整合战略性人力资源与创新创业的策略,从而形成新的适配模式和可供选择的可续发展途径。

研究解读 12.2 战略人力资源、创新与创业适配：跨区域比较模型

作者：王重鸣(浙江大学)、臧志(湖南大学)

发表刊物：《国际人力资源杂志》,2005 年,第 26 卷,第 6 期,544—559

(2005，Strategic human resources，innovation and entrepreneurship fit：A regional comparative model,*International Journal of Manpower*,Vol. 26,6,544－559)

研究内容：战略人力资源对于创业领导力的开发与发挥至关重要。围绕人资—创新—创业适配机制,我们开展的实证研究包括两个部分：第一部分研究围绕中国本土企业和外资企业的战略人资实践；第二部分研究以战略人资视角对创业模式开展深度案例分析。我们把人力资源实践分为注重日常管理的职能式人资和注重发展性与组织绩效的战略式人资两项维度；又把创业划分成个体式创业和集体式创业两项维度。研究选取了 97 家中国本土企业和外资企业。其中,对 22 家本土企业和 25 家外资企业的人力资源管理经理进行了深度访谈,还对 75 家企业的 358 名经理开展问卷评价。这些经理来自五类企业：中国的国有企业、乡镇企业与民营企业和港台合资企业,中日合资企业和中欧美合资企业。研究分别评价了人力资源管理模式和组织绩效等指标。研究结果表明,职能式人资显著影响市场绩效、公司盈利、竞争能力、员工离职、任务达成和员工满意；而战略式人资显著影响创新绩效、员工保留、任务达成和员工满意。深度访谈验证了战略人资实践与创新及创业领导绩效之间的密切关系。本研究还对长三角地区的 24 家创业型企业的 52 名经理人做了深度访谈,考察了企业的创业及人资实践,完成组合式案例分析,并通过定量分析检验了个体式创业与集体式创业的战略人资实践与业绩效能之间的关系。图 12.6 是表示人资策略与创业创新模式之间的适配关系的例图,为进一步优化战略人资策略和实现人才领导力与创新创业适配机制提供新的理论模型与战略地图。

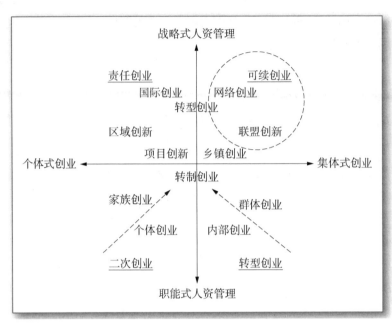

图 12.6　战略人资策略与创新创业策略的适配图解

12.3　精益管理与生态使能策略

知识要点 12.3　精益管理与生态使能

精益领导：精益价值转换力、精益运营改进力、精益卓越发展力的三维度结构
精益创业：人人创业、创业管理、验证学习、建测学习、创新会计的五项原则
生态系统：领军群体、创新集聚、能力开发、文化塑造、孵化融资、政策组织
使能策略：可续式适配、价值式担当、数字式协同、学习式行动、平台式成长

12.3.1　精益管理与精益创业策略

（1）精益化管理与精益领导力

组织学习与变革行动研究的新重点是围绕精益管理与精益运营，建设和实现

精益生态系统和持续发展目标。在我国进入高质量发展的新阶段，精益思想在管理创新和生产应用中前景广阔，精益管理与精益创业成为管理实践的升级版。

1）精益管理的主要特点。精益生产与精益管理的思想来自丰田汽车的精益生产革命和精益制造实践，最早可以追溯到早期的备件管理和泰勒的科学管理，福特（H. Ford，1910）在流水作业制造系统首次应用了"实时生产"和"精益制造"的初步原理。1950年代首创了丰田生产系统（TPS：Toyota Production System）。精益管理逐步形成体系并成为先进制造的管理基础。精益管理包括五方面的要素：即时管理系统、看板管理系统、全面质量管理、快速改进、团队发展。有关精益管理的心理学研究一直十分活跃，深化和丰富了精益管理的原理与机制。精益思维颠覆了常规的供应链与生产系统，表现在组织鼓励个体创造性、管理与客户的关系、供应链系统、产品开发与生产运作等方面的有效模式。

2）精益思维的原则。沃麦克与琼斯（1996，2018译）在《精益思想》一书中系统阐述了精益管理思维的特征与原则。源于精益管理在生产系统的成功实践，全面推行了"紧实平准"、"快速改进"、"高效系统"的精益思维与精益原则，使其逐步内化和延伸到企业的各项管理业务工作中，并上升为企业战略思维与管理理念。丰田汽车的管理与技术的最关键原则是注重客户需求和实现精益价值。相关研究把精益管理思维的五个特征概括为五大原则，见表12.1。

表 12.1

精益思维特征与精益管理原则

序号	精益思维特征	精益管理原则
1	客户价值	精确定义产品服务对于客户的价值
2	流程改进	识别与改进每种产品服务的价值流
3	创造流动	创造与促使部门间的价值持续流动
4	建立拉力	客户从生产者方拉动环节提升价值
5	追求卓越	持续追求高质量体现全程卓越效能

精益管理思维的核心是以最小资源的有效投入和最精致的经营管理，为客户提供最新产品和最佳服务，获取价值最大化，实现可续发展。这些资源包括人力资源、设备条件、可用资金、各类材料、作业时间和运营空间等，特别是做到客户价值、流程改进、创造流动、建立拉力、追求卓越。通过提高客户满意度、降低运营成本、提高产品与服务质量、加快流程速度和改善资本投入，从而使创业管理从过去的粗

放式经营模式发展到精益化生产管理与精益化创业。精益创业的理念与策略,采用精益画布的方式完成。

3) 精益领导力的特征与要素。精益管理和精益经营是一场变革,也是一个转变常规思想、改变管理行为、深化精益模式的过程。在推行精益管理时,常常会面临各种心理、行为和文化的阻力。精益管理领导的重要内涵与组织变革和组织发展密切联系在一起。我们把精益领导力定义为"以精益思维与精益价值为导向,带领群体推进持续改进、创造价值、精益升级,实现精益化卓越目标的能力",主要包含三项维度:精益价值转换力、精益卓越运营力和精益持续改进力。图 12.7 是精益领导力模型。

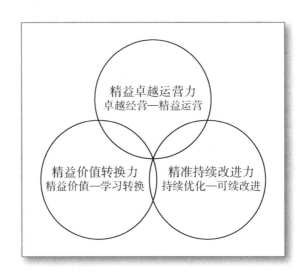

图 12.7　精益领导力模型

□ 精益价值转换力。这是精益领导力的第一项特征,主要包括精益价值与学习转换两项要素。精益价值要素指善于适应精益思维,注重客户价值、追求精益求精的心智模式;学习转换要素则是指善于学习与"去学习",改变常规习惯,转换心智模式,具有沟通精益理念、分享精益价值、清空陈规旧习和提升变革准备的能力。

□ 精益卓越运营力。这是精益领导力的第二项特征,主要包括卓越经营与精益运营两项要素。卓越经营要素是指善于在经营中精益求精行动,鼓励追求卓越计划,协同精益行动拉力和引领经营发展的能力;精益运营要素是指善于在运营管理中策划精益方案、承担精益任务与采纳精益策略,选配精益团队、激励精益绩效和推行精益方案的能力。

□ 精益持续改进力。这是精益领导力的第三项特征,主要包括持续优化与可续改进两项要素。持续优化要素是指善于不断策划优化方案,决断精益举措,建设精益求精文化和提升优化网络的能力;可续改进要素则是指具有持续赋能开发,推进持续改进,提升协作功能和实现可续发展的能力。

(2) 精益创业模式与运营策略

1) 什么是精益创业？在精益思维的基础上,精益创业把精益理念应用到创业场景,是一种以最少资源、最少工作和最短时间实现新产品和新服务的创业方法,也可以是一种团队创业的模式。我们在前面多次说到,创业是一项创新行动,精益创业也是一项行动学习。精益创业的概念由艾瑞克·莱斯(Eric Ries, 2011)在其名著《精益创业》中首先提出,包括了五项原则:人人都是创业者、创业就是管理、效度验证学习、建构—测量—学习、创新会计。精益创业提倡创建快速尝试原型来测试市场创意,并运用客户反馈加以实现。可见,精益创业标志着创业进入严谨、科学的学习新阶段。精益创业把创业看成一项实验,有人胜出,但大多数人失败。问题在哪里呢？在极为不确定的经营环境中,创业是一场管理实践,创业也是一项验证式的学习,创业又是建构—测量—学习的流程,创业需要学会采用创新会计加以核算。因而精益创业注重创新、停止浪费时间并更加成功。精益创业是一种学习方式。以下是精益创业的五项原则:

- 人人创业原则:创业无处不在,人人都在创业尝试的学习中。
- 创业管理原则:创业是承担风险、开拓创新和主动行动管理。
- 验证学习原则:创业过程通过实验尝试创意而持续验证学习。
- 建测学习原则:创业活动包括开发产品、测量反馈、学习优化。
- 创新会计原则:创业是设立、衡量、实现成效的创新型会计。

精益创业转换了每个人的成长思维与精益心智,关注客户价值,强化对客户进行互动、快速、持续、有效的学习开发,实行少浪费、低成本、快速学习、快速调整新模式,从而实现更为敏捷的最简可用的产品服务开发。

2) 精益创业的有效工具。精益创业运用诸如商业模式画布的工具,检测和创新商业模式(博克、乔治、王重鸣,2020)。图12.8表示典型的商业模式画布,包括客户细分、价值主张、渠道通路、客户关系、收入来源、核心资源、关键业务、重要合作和成本结构模块。管理心理学研究表明,学习和运用商业模式画布,可以显著增强客户导向和前瞻思维,形成基于并行分布式认知加工的创业心智模式。

精益创业是以创业愿景和精益思维做指导,适应创业的不同阶段。从发展趋势看,方兴未艾的精益管理以管理心理学为基础,深化理论内涵,补充应用策略,并形成了"精益管理心理模型"。特别是从精益心智模式、整体管理策略、持续改进策略、适应性系统、团队动力学、拥抱变化、员工福祉等方面探究了精益思维与实践的

模块 8	模块 7	模块 2	模块 4	模块 1
重要合作	关键业务	价值主张	客户关系	客户细分
	模块 6		模块 3	
	核心资源		渠道通路	
模块 9		模块 5		
成本结构		收入来源		

图 12.8　创业商业模式画布

心理机制。以"精益消除浪费、创造价值"为理念,以"开发团队"和"持续改进"为策略,形成了精益管理心理学的基本原理与方法。精益管理原理与策略被广泛运用于变革管理和精益领导力开发,成为创业创新事业的重要理论与工具。我们的研究表明,实施精益管理策略,可以通过消除浪费和紧实平准程序提振 20%—30% 的管理质量和运营效益。

12.3.2　创业生态系统与使能策略

(1) 创业生态系统与组织发展

1) 创业生态系统的特点。在全球化、数字化、智能化的创新驱动环境下,组织变革与组织发展都需要整合资源和创建合作共享平台。创业生态系统成为创新驱动、区域发展、行业成长和企业变革发展的首选条件。最初的开发区、科技园主要采取给予优惠扶持政策的办法,创设吸引初创企业的条件,并进一步提供启动资金和咨询服务。发展到现在,创业生态系统已经成为多项目团队互动合作和实现共同组织发展的创新成长平台,逐步形成区域性的合作网络并强化了以创新为核心的开放创新体系,也称为创业创新生态系统。在创新驱动、数字化转型和全球创业创新的发展进程中,创业创新生态系统的理论与方法也得到了新的发展。创业创新生态系统包括三方面的特点:创新组织(创业企业、高校机构、社会组织等)、创新资源(市场网络、创新技术、创新人才等)和创新环境(创新政策、创新文化、众创平台等)。

□ 创新组织。创业创新生态系统的"主体动力"来自多种科创企业、各类创新研发机构和高校孵化器等,其关键要素是众多的创新企业活跃互动和创新研发成果涌现。我们的研究发现,科技园、高新区在企业、研发机构和多元化创业服务体系之外的创业研究机构和科创社会组织,成为创新组织动能激发的驱动因素,产生"溢出效应"。创新往往发生在团队间。特别是通过数字化转型和可续管理发展,可以显著促进创新生态圈的加速成长。

□ 创新资源。创业创新生态系统的"能量活力"来自各种创新资源,主要包括人力资本、创新群体、投融资金、自主创新、市场网络、数字资源和社会资源等。例如,创业团队建设、产品创新设计、客户关系管理、创业合作网络和数字智能以及微贷风投资金、公共资金市场、私募资金管理和财富管理。创新资源管理的关键是其智合机制与整合功能,特别是通过创业创新能力建设、创业赋能系统实施、创业团队化策略和领导力开发等使能策略形成有机组合,可以大大增强创新资源的战略性识别获取、积蓄聚集和利用发挥。

□ 创新环境。创业创新系统的"发展张力"来自创新的平台环境,主要包括创业创新战略、科创政策法规、危机管理系统、创业文化建设、媒体资源、开放创新组织和平台支撑条件。创业环境要素越来越注重动态环境优化和使能环境建设,例如,孵化培育支持、科创技术指导、经营运营辅导和创新管理等可续发展举措。同时,新的移动互联网创新与创业平台成为快速迭代的"敏捷创新"加速器,优化了创新环境。

在国家创新系统下,形成了区域创新系统、产业创新系统和企业创新系统,我国各地的高新技术开发区、科技园和软件园都在努力建设创业生态系统,构建了多种高科技产业、创业网络和开放创新平台,形成了立体式创业创新生态圈。吴冰、王重鸣、唐宁玉(2009)从软件产业创业网络对绩效的作用机制入手,通过对环境调节效应的分析,系统探讨网络和环境对软件产业经济绩效和创新绩效的影响机理。我们选取了我国国家级软件园作为研究对象,着重关注软件园创业网络模式的两个特征:核心企业主导的中心化网络和中小企业主导的小集团网络。采集了16个国家级软件园的数据、部分问卷调查和各种软件产业发展研究报告以及相关资料,聚焦在创业网络、发展阶段和产业环境三个方面的20多项指标的近7年数据开展分析和建模。研究结果发现,创业网络中心化特征、创业网络小集团特征显著影响创新绩效(专利数等)与经济绩效及能力;产业环境、生活质量、技术供给和经济环境也都对创新绩效具有积极效应。这项研究的成果为创业网络生态系统的优化和建设提供了理论依据与实证支持。

新一代创业生态系统的显著特点是以能力建设和组织发展为主线,构建人、组织与系统之间互动转换、协同创新、迭代学习的创业创新舞台。请阅读"第12章研

究案例 基于能力建设与组织发展的新一代创业生态系统",思考和讨论如何以创业能力建设的五力模型和组织变革行动的三重机制为策略,创建可续发展的新一代创业生态系统。

第 12 章研究案例 基于能力建设与组织发展的新一代创业生态系统

重点项目:王重鸣主持承担国家自然科学基金资助的重点项目"企业家成长机制与创业环境研究"、"中国企业组织变革与文化融合策略"

研究内容:浙江大学全球创业研究中心与杭州市高新技术开发区合作在滨江区共同创建了我国新一代创业生态系统的"零距离"研究中心,相关设施包括互动研讨与讲座、能力评价开发实验系统、国际合作赋能专项实验室、创业人才在线辅导系统以及与中德合作的创业组织发展跟踪案例系列,哈佛商学院、斯坦福商学院、牛津赛德商学院和万名女性创业能力开发项目等专家组专程参访。以该创业生态系统为平台开展的国家自然科学基金会重点项目系列研究成果获评"特优"。

2018 年以来,我们加强了与有关数字化转型相关的能力建设计划。我们在创业生态系统平台上为数字化团队提供了基于团队力的赋能成长计划,包括增强群体合作模式与能力,激发数字化团队动能,以组织发展策略促进赋能开发。增强团队成员决策胜任能力,学习团队激励指导方法,运用分布式项目设计提高战略领导等能力。数字化创新是转型升级和组织变革的核心策略。采用最新的数字技术和深度学习策略,创建一种创造性思维与创新协同的平台环境。为企业推荐原创空间、创新加速台、同创网络、敏捷洞察器、行业模拟器、高效孵化器等多种创新平台,实现互联互通同学共创的对接机制,实现创新成果快速高效的转化落地,大大加快了数字化转型的速度。

许多创新创业团队正在思考:如何在数字化转型和可续发展中不断创新商业模式,增强组织赋能与组织发展,建设新一代创业生态系统?

2) 创新创业栖身地与创业生态系统。米勒创业创新研究院前名誉院长米勒教授(2002)在《硅谷优势:创新创业的栖身地》一书中论述了硅谷成功的最佳创业实践,提出"创业的栖身地"的新概念,认为硅谷成功的原理与经验是硅谷的创业创新发展演变成一种扎根当地、嵌入网络、赋能创新的创业生态体系,积极鼓励开放学习、信息共享、互促创意,提升人才优势与企业灵活性,能对机会与挑战快速反应。尤其是具有以下十种重要特点：

- 高质量的知识密集型工作；
- 高质量的劳动力资源；
- 高度流动的劳动力促进创业社区的集体学习；
- 以奖励风险承担和容忍失败的商务氛围作为前提条件；
- 开放的商务环境；
- 高效互动的研究机构、大学与产业；
- 对高技术产业充分理解的风险投资业；
- 高活力的创业社区，商务、政府和独立机构之间紧密合作；
- 对多样文化与青年一代创业的接受；
- 高质量生活的创业社区。

可以参考上述十个方面特征定制现有的创业创新生态系统或创新创业栖身地，以创业变革和创业组织发展为策略，创建可持续发展的新型创业生态系统。

我们在有关浙江大学创业校友的成长策略报告中，总结了数十位成功创业校友的案例，发现三项重要的成长策略：持续的职业转换（从学校毕业和第一份职业，经历 4—5 次的职业转换和创业历练）、主动的协同创新（以本单位的特长基础联合各类专业团队协作创新）和敏捷的迭代学习（对行业、客户、对手、合作者的敏感学习与敏捷改进，多次迭代式的学习）。在此基础上，我们构建了"新一代创业生态系统"。

3）中关村创业创新生态系统的特征。米勒在考察与研究了中国创业创新科技园和创业生态系统建设实践以后，把中关村创业创新生态系统的六项特征称为"最具特色的中关村模式关键特征"（王重鸣，2017）。

□ 创业领军与群体指导。我们对神州数码、3W 咖啡与拉勾网的案例加以深度分析，充分展示出中关村众多创业领军人物和创业人才群体团队奋斗、历练成长的路径。

□ 创新驱动与产业集聚。我们以博奥生物公司和北京交控科技公司为案例加以诠释，深入展现出中关村地区的上百所著名高校和科研院所已经成为创业创新得天独厚的强大资源优势，显著提升了创新驱动与产业集聚的能力。

□ 创业能力与培训开发。我们以北京智慧图公司、北京格灵深瞳公司和联想之星为案例加以表述，系统说明中关村在很大意义上是一个创业创新大熔炉，创业人才在这里得到持续的培养、历练与发挥，持续成长。

□ 创业文化与价值塑造。我们以龙信数据公司和拉卡拉支付公司为成长案例加以表现,详细说明中关村创业者都有自己的价值追求和理念模式,不断打造"使命、利益、命运共同体"。把理想信念、创业策略与成长道路紧紧结合在一起,成为创业文化建设和核心价值观塑造的新示范。

□ 创业孵化与融资服务。我们以天使汇公司、车库咖啡公司、人人贷公司、创客空间科技公司、北京集佳知识产权代理公司等案例为示范,深度剖析中关村的创业孵化与融资服务作为全国创业创新战略实施的经典样板。

□ 创业政策与社会组织。我们通过对北京专家联谊会、中关村社会组织联合会、中关村科技企业家协会以及闪联产业联盟的案例分析,论证了中关村的创业创新政策运用的最佳实践以及中关村社会组织强大的激励与成长功能。

米勒(2002)指出,硅谷的创业人才成长很大程度上在于数万家创业企业所表现出来的高科技、信息技术和人才开发等方面的独特优势,得益于当地的各类大学尤其是斯坦福大学的前沿科技与人才引领。除了良好的风险投资条件外,大量的创业创新服务机构是重要的成长支撑。对于大多数成功的创业家来说,三项因素至关重要:鼓励人才流动,与竞争对手对话,容忍创业失败。中关村创业生态系统的领军指导、创新集群、能力开发、文化价值、融资孵化和社会组织六项创新特征为持续提升以生态心智适应和生态组织适配为特征的生态力和基于服务、精准、创新、共享的创业生态系统建设提供了新的示范。

（2）组织使能系统与使能成长

组织发展的新领域是构建与推进组织使能机制,从而为高质量、可持续发展提供新的系统。我们把"组织使能"(organizational enabling)定义为"组织主动创设条件促成员工发挥潜能、施展才能、获取效能的行动过程"。组织使能是一项整合式行动策略,强调正能、汇集、涌现、流动、可续的心理效应。结合组织变革与组织发展的特点,我们提出组织使能的五种策略。图 12.9 是组织使能策略的图解。

1) 可续式适配使能策略。我们把这类组织使能策略分为"使用式称职使能"和"可续式适配使能"两种。前者侧重于围绕当前岗位与职能任务的能力使用人才,以称职考核来衡量成效;后者注重分阶段的"胜任力适应"与"职业化开发"相对接,形成持续的内在动力。组织使能策略主张更多采用可续式适配使能设计,以便适应变革创新和转型成长的目标。

2) 价值式担当使能策略。这种组织使能策略把重点从应付式的"尽力而为"的工作模式转换成价值式的"多岗职担责"的事业模式,形成职业的价值活力。组织使能通过"价值式转换"使能策略,彻底改变工作被动、生涯停滞或意志减退的工作状况。

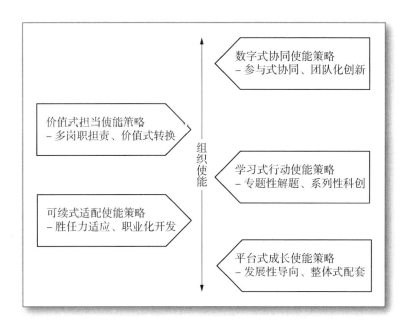

图 12.9　组织使能策略模型

3）数字式协同使能策略。这种组织使能策略运用数字化技术提供"在线参与式协同"创业计划和"团队化创新"转型项目，重视通过团队设计，增强"集体效能感"，创建数字化创业生态圈，形成创新的成长张力。通过数字式协创使能策略，改变常规条件下"单打独斗"和"各自努力"的工作模式。

4）学习式行动使能策略。这种组织使能策略采用"干中学"和"在线学"相结合的方法，通过"专题性解题"使能计划或"系列式科创"学习课程，面向项目主管和各级经理人员，以赋能加使能方式学习创新管理模式与团队技能，以实践问题驱动和领导策略提炼入手，以"目标—反馈—行动"的组合式实现精准解题、标杆学习和持续改进。

5）平台式成长使能策略。这种组织使能策略着重于优化员工的多种职业发展与成长平台，采取"发展性导向"和"整体式配套"的战略性人力资源策略，创建"新一代创业生态系统"。其中，发展性导向包含激励性、建设性、成长性三个因素。激励性注重融合内外激励和团队性激励；建设性强调从入职之日起开始培养历练和遵循设计思维策划持续成长；成长性要求以轮岗与新任务激活全员生涯。整体式配套则包含嵌入性、共享性、互补性三个因素。其中，嵌入性是指企业人力资源政策紧密结合经营与业务发展需要；共享性是指企业以创新模式搭建内部服务共享平台；互补性则注重根据发展战略选配人才资源和组织优势。

组织使能策略能够激活与增强人与组织的内外新动能和新愿景,助力持续创新成长和跨越发展。陈国青等(2020)有关大数据环境下的决策范式转变与使能创新的研究为此提供了新的佐证。

我们可以看到,管理心理学的新理论与新方法贯穿了能力建设的思想。图12.10 以动力元、活力元和张力元为框架的领导力为核心,总结出"五力管理能力建设的五星地图"。五力管理能力建设的核心要素是 10 项领导力:生态力管理的弹韧领导力与赋能领导力,文化力管理的伦理领导力与责任领导力,团队力管理的团队领导力与数字领导力,创新力管理的创新领导力与创业领导力,行动力管理的精益领导力与变革领导力。五星的星角分别为竞合、融合、协合、智合和整合五项机制。五星各角之间分别表示五力管理的主线:可续管理、责任管理、团队管理、创新管理和变革管理及其维度。我们在第 2 章以及其他各章具体讨论过这些维度及内涵:可续管理(可续适应、协同决策、续航发展)、责任管理(价值伦理、合规经营、担责敬业)、团队管理(团队胜任、团队动能、团队创新)、创新管理(技术创新、业务创新、开发创新)和变革管理(变革能力、变革动能、变革发展),其心理机制则以ASD 变革行动理论的适应、选配和发展为基础。

图 12.10　五力管理能力建设的五星地图

在中国企业变革创新、转型升级的进程中，如何有效运用新的研究成果进一步优化应用策略并指导企业实践？请阅读"研究解读 12.3 中国企业组织变革与文化融合策略"。请思考与讨论如何运用企业组织变革与文化融合研究成果，提出完善和优化中国企业创新驱动和组织变革与组织发展实践的建议和方案。

研究解读 12.3 中国企业组织变革与文化融合策略

作者：王重鸣

出版：科学出版社，2021 年

研究内容：这是国家自然科学基金委员会管理科学部首个重点项目群的项目之一"基于并行分布策略的中国企业组织变革与文化融合机制研究"（项目号：71232012）的 5 年实证研究成果。围绕中国企业转型升级、全球创业、科技创新、云端运营、"互联网＋"、数字智能等变革实践的关键问题，以认知科学的"分布决策策略"和决策科学的"双栖演化行为策略"为研究思路，通过多案例跟踪分析、神经决策实验验证、专题多层问卷测量、情景判断测验、多阶段过程建模和现场准实验等一系列实证研究方法，创新性构建了基于动态变革的问题驱动方法论（包含情境嵌入、组织动力、演进建模三维）和变革赋能行动理论。该理论包含三大维度：价值适应维度——创业社会责任理论（责任价值、责任动能、责任参与三维要素），决策选配维度——组织前瞻警觉理论（前瞻启动、组织警觉、双栖并行三维策略），赋能发展维度——创新赋能行动理论（心智转换、团队参与、组织嵌入三层行动），形成基于两栖策略的变革文化融合三重机制（价值适应、决策选配、赋能发展）等理论创新及其应用方法，这些理论和方法形成了中国企业变革赋能行动理论体系。并创建了包含 80 项案例的创业组织变革案例库和组织发展工具库。

针对战略新兴产业发展、互联网与数字化转型、家族企业发展、企业国际化战略、企业转型升级和创业创新生态系统实践等当前典型的变革实践问题开展应用策略开发研究工作，本书具体展现出八项理论、相关研究与方法论成果：①基于动态变革的问题驱动方法论，②基于竞合适应的创业社会责任论，③基于分布决策的组织前瞻警觉论，④基于组织学习的能力适配成长论，⑤基于变革创新的女性创业领导论，⑥基于系统柔性的知识产权创业论,⑦基于心理获得的跨境外派角色论,⑧基于行动学习的变革赋能行动论。本书系统总结了中国企业组织变革和组织发展的问题驱动、创新模式、责任机制、变革策略和融合路径等,为中国企业组织变革与文化融合的机制和策略提供了创新性的理论模型、研究方法论和应用策略。

这项重点研究项目得到了国家自然科学基金委员会管理科学部的大力支持与指导,也是课题组全体成员研究成果的集成与共同创新。

结束语

本书在创业五力模型(王重鸣 2020)的基础上,围绕五力管理框架系统阐述管理心理学原理与方法,以可续管理、责任管理、团队管理、创新管理和变革管理五项管理实践为主线,展现出十种新型领导力和 30 项领导力能力特征:

(1)生态力管理: 基于可续管理

▫ 弹韧领导力(心智适应力、策略调制力、转型复原力)

▫ 赋能领导力(蓄能学习力、聚能掌控力、使能适配力)

(2)文化力管理: 基于责任管理

▫ 伦理领导力(经营合规力、沟通研判力、伦理践行力)

▫ 责任领导力(价值担当力、动能转化力、行动参与力)

(3)团队力管理: 基于团队管理

▫ 数字领导力(互联精准力、分布协配力、行动迭代力)

▫ 团队领导力(愿景共享力、激励合作力、指导引领力)

(4)创新力管理: 基于创新管理

▫ 创新领导力(创意设计力、模式运营力、创造开发力)

▫ 创业领导力(风险掌控力、协合创新力、行动开拓力)

(5)行动力管理: 基于变革管理

▫ 精益领导力(价值转换力、运营改进力、卓越发展力)

▫ 变革领导力(战略警觉力、决断选配力、行动推进力)

请进一步阅读表 12.2 的各章 144 项知识要点汇总。从全书来看,包括了 12 个章节的 144 项"知识要点"、105 幅模型图解、27 张表格和 15 项量表工具的知识点,合计为 290 项知识要素。加上 12 章的 36 项"研究解读"理论与方法要点、12 项"研究案例"问题要点,以及每章 6 道思考题共计 72 条解题思路,合计为 120 项解题要素。两者汇总在一起总计 410 项知识元素。这些内容构成本书知识体系和学习运用的知识库，以此作为《当代中国心理科学文库》的管理心理学新篇章。

管理心理学的价值在于学以致用，本书有关行动学习的五环策略模型，可以为读者提供从问题驱动、原理反思，到行动目标、行动反馈和行动迭代的"干中学"方法。期待读者以此为策，论剑实践，持续成长。

表 12.2

《管理心理学》的 144 项知识要素汇总表

模块	章节名称	知 识 要 素					
第一编 体系	第1章 体系模块与趋势方法	管理心理	模块体系	发展历程	专业体系	理论基础	学科交叉
		发展趋势	实践特征	研究创新	研究模式	研究效度	研究方法
心智 决策	第2章 心智能力与组织认知	心智模式	元认知论	知情意责	情绪智力	心理弹韧	胜任能力
		元领导力	五力管理	组织认知	学习策略	责任归因	行动理论
	第3章 决策策略与可续管理	决策偏差	有限理性	风险决策	框架效应	决策胜任	群体决策
		管理决策	生态管理	弹韧领导	赋能领导	可续管理	人组适配
第二编 价值 文化 激励	第4章 个性价值与伦理责任	工作个性	大五理论	组织价值	组织伦理	职业道德	工作信任
		伦理领导	责任领导	责任管理	创业社责	信任机制	伦理公司
	第5章 组织文化与文化建设	文化管理	文化智力	组织文化	文化融合	大庆精神	创业文化
		文化建构	四维文化	跨文策略	国别文化	文化胜任	跨文适应
	第6章 激励机制与组织承诺	综合激励	持续激励	组织整合	双激励链	心理健康	心理资本
		组织公民	自我效能	员工敬业	心理契约	组织承诺	跨界承诺
第三编 协调 团队 领导	第7章 沟通谈判与冲突压力	管理沟通	沟通模式	虚拟沟通	组织沟通	谈判行为	谈判策略
		谈判能力	谈判技能	冲突管理	冲突策略	压力管理	风险策略
	第8章 工作群体与团队管理	合作思维	信任机制	关系管理	群体动力	团队管理	团队领导
		团队发展	高阶动能	团队策略	多层主动	数字领导	共享心模
	第9章 领导行为与领导能力	领导模式	中式领导	愿景领导	权变领导	领导交换	高阶梯阵
		职业经理	领导能力	领导传承	女创领导	开发原则	开发策略
第三编 创新 组织 变革	第10章 组织创新与组织学习	设计思维	创新管理	创新领导	创业领导	组织学习	创业学习
		创造开发	学习组织	组织赋能	开发学习	行动学习	数字学习
	第11章 组织动能与数字转型	结构模式	界面层次	组织动能	行动研究	构绩协同	双栖策略
		双栖组织	弹韧组织	组织敏捷	数字转型	虚拟团队	组织警觉
	第12章 组织变革与行动策略	变革管理	变革领导	行动管理	ASD理论	组织发展	OD技术
		危机管理	危机领导	精益领导	精益创业	生态系统	组织使能

1. 请运用 RCN 组织变革模型为企业转型升级设计一份三部曲变革策略建议书。

2. 组织变革的 ASD 行动理论有哪些主要原理？请讨论变革赋能行动理论的内容与实践意义。

3. 危机管理的事件管理与过程管理有何区别？简述危机管理领导策略的要点。

4. 组织发展可选用哪些策略？如何运用变革领导力促进组织发展与转型？

5. 如何理解精益思维的要点？精益领导力有哪些关键能力维度特征？

6. 什么是行动力管理？如何运用组织赋能与组织使能策略创建新一代创业生态系统？

附录

附录1：《管理心理学》36项知识要点目录

知识要点 1.1　体系模块与发展历程

管理心理定义：理解、解释和预测个体、团队和组织的行为及效能的学科分支

学科知识模块：体系心智决策、价值文化激励、协调团队领导、结构创新变革

学科历程阶段：学习初创应用、改革实践研究、学科建设发展、理论创新跨越

学科专业体系：学科先驱引领、专业人才培养、教学科研论著、社会服务实践

知识要点 1.2　理论实践与发展趋势

学科理论基础：管理思想、学科理论、五种理念、交叉学科、学科发展五基础

学科交叉特点：心理学科、组织行为、工商管理、行为经济、行为神经等领域

学科实践特征：变革转型、协同创新、数字互联、团队动能、可续发展五特征

学科发展趋势：问题驱动、四元机制、中观分析、创业创新、数字赋能五趋势

知识要点 1.3　研究创新与研究方法

理论创新：情境嵌入、组织动力、演进建模；演绎建构、跨界拓展、责任价值

研究模式：访谈与案例研究、调研与量化研究、实验与行动研究三部曲模式

研究效度：构思效度、内部效度、统计效度、外部效度、伦理效度、生态效度

研究方法：案例方法、问卷测量、统计建模、情景方法、大数据法、准实验法

知识要点 2.1　心智模式与知情意责

心智模式：定型—成长、学习—绩效、促进—防御、选配—发展、积极—消极

心理弹韧：在风险与逆境中承压坚持、调节适应和主动重建的综合性能力

情绪智力：感受促思、同理调节；自我意识、社会意识、自我管理、关系管理

知情意责：心智知识智力、情智激情情管、意向决断毅力、价值规范担当四元

知识要点 2.2　能力特征与五力模型

工作胜任能力：综合知识、协作技能、心智能力和非智力行为模式的组合能力

高阶元领导力：适应动力元、选配活力元、发展张力元三项元策略领导力框架

新型领导类型：弹韧赋能、责任伦理、团队数字、创新创业、变革精益五模块

五力管理框架：基于竞融协智整的生态力、文化力、团队力、创新力、行动力

知识要点 2.3　认知学习与归因模型

组织认知模型：组织注意、组织组块、组织释义、组织判断、组织思维五要素

学习与去学习：文本策略、实操策略、并行策略、元认知策略四种去学习策略

目标责任归因：目标责任特征制约归因模式而影响期望意向满意的归因机制

行动过程理论：行动顺序、行动结构（技能、模式、心智、策略）和行动聚焦

知识要点 3.1　行为决策与风险决策

行为决策：多重备择方案、不确定性判断、多任务多时段、决策认知启发四类

决策偏差：统计偏差、回归效应、效度错觉、因果关系、锚定效应、承诺升级

有限理性：问题导向、认知局限、时间压力、离散渐进、直觉判断、满意标准

风险决策：展望理论、风险偏好、框架效应、占优启发、跨期决策、心理距离

知识要点 3.2　决策胜任与管理决策

决策胜任：风险框架、决策规范、决策自信、沉入成本、决策定力、决策参与

群体决策：分布式加工、互动式备择、集体式决策、参与式行动四项过程特征

垃圾罐式：目标多样性、技术模糊性、人员流动性、选择多重性四项决策特征

变革决策：分布式多源启动的多策略判断与交互式前瞻选配的多资源警觉

知识要点 3.3　人职适配与可续管理

人组织适配：通过适应、选配和发展呈现多维、并行、分布、生态式成长匹配

生态力管理：可续管理为主线，弹韧与赋能领导力为双翼的竞合性生态管理

弹韧领导力：适应力、调制力、发展力；赋能领导：学习力、掌控力、适配力

可续式管理：可续适应管理、协同决策管理、续航发展管理的三维度特征

知识要点 4.1　个性理论与个性研究

工作个性理论：个性特质、个性层次、个性认知情感系统、职业个性四项理论

中国个性研究：工作个性特征、古代个性层次分类、大六中国人个性模型研究

大五个性模型：外向交往、情绪稳定、协同相容、责任意识、开放经历五因素

个性测评工具：MBTI 行为类型问卷、OPQ 问卷、GPI 全球个性、大五个性量表

知识要点 4.2　工作价值与伦理管理

工作价值：工作中指导干部员工行为意向、行动方式和决策判断的统合性信念

组织价值：责任价值、合作价值、学习价值、弹韧价值、可续价值的五项特征

组织伦理：价值取向、思维判断、标准遵循、行为规范、员工关怀、社会协同

伦理领导：伦理经营合规力、伦理沟通研判力、伦理原则践行力三维能力结构

知识要点 4.3　道德信任与责任管理

职业道德：职业伦理意识、职业处事准则、职业行为规范、职业诚信敬业四维

工作信任：信任心智适应、合作目标协同、互利亲验行动、志同道合发展策略

创社责任：基于风险与创新行动的责任价值、责任动力与责任参与三维度结构

责任领导：责任价值担当力、责任动能转化力、责任行动参与力的三维度能力

知识要点 5.1　组织文化与融合策略

文化力的管理：责任管理为主线，伦理与责任领导力为双翼的融合性文化管理

文化智力维度：元认知智力、认知智力、动力智力、行为智力四维结构与策略

变革文化机制：创新动力、责任担当、前瞻警觉、组织协同、赋能适应五机制

组织文化融合：创业社会责任、能力适配成长、心理获得角色、变革赋能行动

知识要点 5.2　企业文化与建设策略

大庆精神要素：爱国主义精神、艰苦创业精神、科学求实精神、忠诚奉献精神

创业文化类型：包容型、社会型、创新型、学习型、责任型、数字型文化分类

组织文化建构：以管控-授权和内源-外源的目标、规则、支持、创新四种导向

联想文化模式：服务客户、精准求实、诚信共享、创业创新四价值螺旋式模型

知识要点 5.3　跨文化管理与策略

跨文化的策略：求同融合、包容共享、团队绩效、跨界竞合、能力开发五策略

国别文化特征：个集取向、权距接受、不确定回避、男女性风格、长短期取向

跨文化胜任力：文化心智、团队合作、跨界创新、全球领导、文化协同五特征

跨文化的适应：基于整合—同化—分离—边缘策略的涵化适应和濡化适应过程

知识要点 6.1　激励理论与持续机制

综合激励：三维激励、成就动机、责任归因、目标特征、需求层次、工作特征

持续激励：双因组合激励、期望递增激励、组织公平激励、认知评价激励策略

组织整合：固定式调节、外部式调节、外插式调节、认同式调节、整合式调节

双激励链：目标激励—责任归因—组织效能和内外激励—认知调节—自主内控

知识要点 6.2　心理健康与自我效能

工作情绪：人内情绪、人际情绪、人群情绪、群体情绪、组织情绪五层次特征

心理健康：生活、关系、团队、包容，胜任、负荷、指导、激励，成长、发展

心理资本：希望、效能感、弹韧、乐观与价值信念等胜任力要素交融集合特征

自我效能：对自己能设立、执行和达成目标所需行动能力的统合性判断与信念

知识要点 6.3　工作敬业与组织承诺

组织公民：利他助群、牺牲精神、组织认同、担责主动、公民道德、守护开发

工作敬业：个人特质、情绪投入、角色行为、事业责任四维和持续敬业五策略

心理契约：发展机会、物资激励、环境支持；规范遵循、组织认同、创业创新

组织承诺：对组织的情感承诺、持续承诺、规范承诺、责任承诺四维心理特征

知识要点 7.1　沟通模式与组织沟通

管理沟通：沟通战略、沟通氛围、沟通例会、沟通机制、沟通渠道、危机沟通

沟通网络：轮式、链式、环式与全通道式沟通网络和虚拟式与跨文化沟通模式

虚拟沟通：整合式信任力、连贯式专注力、集成式释义力的加工、解读与构义

组织沟通：交互心智、内容导向、移情反馈、双向调节、信任承诺、行动关联

知识要点 7.2　谈判策略与谈判能力

谈判行为：心理谈判力、混合激励力、群体认同力、组织利益力、虚拟决断力

谈判策略：分布、整合、混合动机策略和回避、顺从、竞争、合作、妥协策略

谈判能力：心智技巧、群体协调、多重权衡、数字研判、组织动能、策略管理

谈判技能：创造性解题、灵活性转换、全局性调控、多赢式激励、合理性否决

知识要点 7.3　冲突管理与压力管理

冲突管理：信任重建(合作)、开放重塑(同创)、合作重展(双赢)的三环模型

冲突策略：协调对立、适应研判、交互应对、跟进行为、提升成效五阶段策略

个人主动：自我发动、行动领先和坚持不懈三要素构成的行动导向与心理倾向

压力管理：倦怠应对、压源分解、事件控制、主动调适、社会支持、心理弹韧

知识要点 8.1　群体理论与群体动力

　　群体特征：互动促进、共享目标、合作结构、关系功能、凝聚承诺、认同资格

　　关系管理：人际互依、互动与合作关系及其效能的管理过程与策略优化途径

　　群体动力：规范、角色、关系、凝聚、信任、创意、合作、发展八项活力因子

　　多样包容：群体强化创造创新、沟通互动、凝聚满意、决策与工作效能的特征

知识要点 8.2　团队管理与合作动力

　　团队力的管理：团队管理发展为主线，团队与数字领导力为双翼的协合性管理

　　团队管理模型：合作性、团队化和数字化提升团队建设、团队动能与团队创新

　　合作思维特征：信任共享心智、合作互补技能、互利协作布局、协同整合行动

　　高阶动力特征：团队高水平互动过程中涌现嵌入团队交互记忆系统的动态特征

知识要点 8.3　团队策略与团队创新

　　团队化的策略：开放沟通参与、互动合作共享、自主实验尝试、迭代反思改进

　　主动性的概念：自我发动、行动领先、坚持不懈三要素个体、团队、组织主动

　　创新协同策略：团队创新氛围、团队心理安全感、团队共享模型三项团队策略

　　共享心理模型：适应与内隐协同、多重与动态变化、互补与分布共存三项特征

知识要点 9.1　领导行为与领导理论

　　领导理论：领导行为风格理论、领导胜任能力理论、领导力理论的三阶段发展

　　中企领导：领导心智品德特征、领导管控发展特征、领导创新运营特征三维度

　　愿景领导：愿景驱动精英团队、创新引领新兴业务、创业实现价值事业三维度

　　领导权变：领导上下级关系、任务结构和职位权力三维权变性决定领导效能

知识要点 9.2　胜任理论与传承策略

　　LMX 理论：领导者与下属相互信任、相容互动和胜任力交换关系会促进成长

　　高阶梯阵：把战略选择作为企业高管团队的心理组成元素预测组织绩效的理论

　　职业经理：职业经历、职业业绩、职业素养、职业胜任、职业知识、职位适配

　　领导能力：协同引领、决策掌控、学习创新能力和领导力传承的拮抗过程模型

知识要点 9.3　女性领导与能力开发

　　领导职权：奖励职权、惩罚职权、法定职权、参照职权、专长职权五源影响力

　　女性领导：以社会与组织视角发挥双向跨层促抑效应而实现女性领导成长

女创领导：变革心智、培育创新、掌控风险、整合关系、亲和感召、母性关怀

领导开发：参与原则、定制原则、迁移原则、反馈原则、聚焦"软技能"原则

知识要点 10.1　组织创新与双创领导

设计思维度：人为中心—多维整合、创新创造—洞察框架、原型开发—互动交付

创新力管理：创新管理开发为主线，创新与创业领导力为双翼的智合性管理

创新领导力：创新创意设计力、创新模式运营力、创新创造开发力的三维结构

创业领导力：创业风险掌控力、创业协合创新力、创业行动开拓力的三维结构

知识要点 10.2　创造开发与组织学习

创造开发：群体激励、合作专长、团队创新；内外激励、协同专长、组织创新

组织学习：探索—开发、获取—整合、变革—创新、协同—赋能、成长—适配

创业学习：心智转换、认知策略、社会建构、行为重塑、知识组块、行动亲验

学习组织：主动进取精神、协同赋能模式、创新行动策略、支持学习环境四维

知识要点 10.3　组织赋能与开发学习

组织赋能：以内控力与效能感的心智模式适应、胜任能力选配、效能体系发展

开发学习：管理心理与教育、知管与社会学、数字与计算机、认知神经脑科学

行动学习：问题驱动、原理反思、行动目标、行动反馈、行动迭代的五环策略

数字学习：数字学习的信任力、专注力、行动力和虚拟学习的以学习者为中心

知识要点 11.1　组织动力与设计策略

界面层次：专长胜任、系统联结和组织参与界面层次动能提升组织效能的理论

组织动力：柔性架构动力、创新目标动力、责任职权动力、协同团队动力四维

组织动能：责任价值、决策参与、合作协同、持续创新、跨界选择、前瞻警觉

行动研究：组织设计、技术创新、结构决策、组织管理、人才队伍、结构维度

知识要点 11.2　组织设计与双栖组织

组织结构：层峰职能式、矩阵项目式、网络互联式、平台分布式、双栖生态式

双栖策略：采用辩证思维的互补策略强调其正反性、互补性、远近性和通路性

双栖组织：适应型组织、弹韧型组织、警觉型组织、敏捷型组织、生态型组织

弹韧组织：弹韧心智、责任防控、协作绩效、适应创新、复原行动的五项特征

知识要点 11.3　数字转型与数字管理

数字化工作：数字化的心智模式、伦理价值、文化建设、项目运营和行动学习

数字化策略：数字化的工作胜任、组织认同、任务激励、虚拟合作和变革领导

虚拟式团队：前瞻指导引领、多样信任认同、定制激励赋能和分布式心理共享

分布式管理：分布式的目标网络、责任管理、授权协同、领导决策和创新发展

研究要点 12.1　组织变革与组织行动

变革的模型：解冻现状启动变革、实施举措推进行动、重新冻结固化成效三部曲

变革领导力：变革战略警觉力、变革决断选配力、变革行动推进力的三维度结构

行动力管理：变革管理发展为主线，精益与变革领导力为双翼的整合能力管理

ASD 行动论：竞合式价值适应 A、前瞻式决断选配 S、行动式赋能发展 D 阶段模型

知识要点 12.2　组织发展与危机管理

组织发展：心智转换策略、可持续性策略、学习赋能策略、目标管理策略四项

组发技术：群体训练、管理方格、反馈咨询、团队建设、目标管理、数字系统

危机管理：危机前预案适应准备、危机中管理行动执行、危机后转型发展复原

危机领导：危机管理弹韧策略、危机管理协同策略、危机管理行动策略三维度

知识要点 12.3　精益管理与生态使能

精益领导：精益价值转换力、精益运营改进力、精益卓越发展力的三维度结构

精益创业：人人创业、创业管理、验证学习、建测学习、创新会计的五项原则

生态系统：领军群体、创新集聚、能力开发、文化塑造、孵化融资、政策组织

使能策略：可续式适配、价值式担当、数字式协同、学习式行动、平台式成长

附录 2：《管理心理学》36 项研究解读

1. 研究解读 1.1　陈立与 20 世纪中国工业心理学，杨思梁，2011.《心理学报》第 43 卷，第 11 期，1341—1354

2. 研究解读 1.2　中国的管理，王重鸣，1999.《工商管理大百科全书（全五卷）》，主编：马尔科姆·沃纳（英），辽宁教育社出版（In M. Warner (ed.), *International Encyclopedia of Business and Management*, London：Routledge）

3. 研究解读 1.3　中国文化、经济改革和工业与组织心理学的角色，王重鸣，1996.

《工业与组织心理学研究全书》第二版,第 4 卷,689—726(In M. D. Dunnette & L. M. Hough (Eds), *Handbook of Industrial and Organizational Psychology*)

4. 研究解读 2.1 管理胜任力建模与组织心理学发展的中国途径,王重鸣,2003.《国际心理学杂志》(*International Journal of Psychology*)第 38 卷,第 5 期,323—334

5. 研究解读 2.2 创业能力建设,王重鸣,2015,2020.《创业能力建设读本》,中国人事出版社

6. 研究解读 2.3 创业者差错取向的绩效作用及其跨文化比较,王重鸣、郭维维、Michael Frese、Andreas Rauch,2008.《心理学报》第 40 卷,第 11 期,1203—1211

7. 研究解读 3.1 风险决策中动态框架效应研究,王重鸣、梁立,1998.《心理学报》第 30 卷,第 4 期,394—400

8. 研究解读 3.2 中英企业管理决策的影响力分布模式,王重鸣、海勒,1993.《国际人力资源管理杂志》(*International Journal of Human Resource Management*)第 4 卷,第 1 期,113—128

9. 研究解读 3.3 中关村创业人才成长报告,王重鸣,2017.《中关村创业人才成长案例》,党建读物出版社

10. 研究解读 4.1 管理胜任力特征分析:结构方程模型检验研究,王重鸣、陈民科,2002.《心理科学》第 25 卷,第 5 期,513—516

11. 研究解读 4.2 伦理领导力与团队层次的组织公民行为,莫申江、王重鸣、Kleio Akeivou、Simon A. Booth,2012.《管理与组织杂志》(*Journal of Management and Organization*)第 18 卷,第 6 期,818－832

12. 研究解读 4.3 创业社会责任的理论与策略,王重鸣、赵雁海,2018.《SAGE 小企业与创业研究全书》第 22 章,SAGE 出版社(Chapter 22, *SAGE Handbook of Small Business and Entrepreneurship*)

13. 研究解读 5.1 中西方关于诚信诠释的研究,陈丽君、王重鸣,2002.《哲学研究》第 8 期,35—40

14. 研究解读 5.2 中国合资宾馆经理工作满意度:组织公平感分析,梁觉、史密斯、王重鸣、孙海法,1996.《国际商务研究杂志》(*Journal of International Business Studies*)第 27 卷,第 5 期,947—962

15. 研究解读 5.3 外派人员与组织的期望匹配模式对绩效的影响,王重鸣、姜金

栋,2005.《应用心理学》第 11 卷,第 4 期,291—296

16. 研究解读 6.1　激励知识管理系统中的知识分享：准实验研究,王晟、诺伊、王重鸣,2014.《管理学杂志》(*Journal of Management*)第 40卷,第 4 期,978—1009

17. 研究解读 6.2　目标激励对创业行动效能影响的情景模拟实验,袁登华、王重鸣,2005.《心理学报》第 37 卷,第 6 期,812—818

18. 研究解读 6.3　组织承诺影响因素的模拟实验研究,刘小平、王重鸣、Brigitte Chaile-Pauvers,2002.《中国管理科学》第 10 卷,第 6 期,97—100

19. 研究解读 7.1　虚拟团队沟通模式对信任和绩效的作用,王重鸣、邓靖松,2005.《心理科学》第 28 卷,第 5 期,1208—1210

20. 研究解读 7.2　跨文化团队冲突管理策略,王重鸣,1998.《中国国际管理研究》(*International Management in China*)第 3 章

21. 研究解读 7.3　变革背景下民营企业家创业压力源与职业倦怠的关系,韦雪艳、王重鸣、段锦云,2009.《软科学》第 23 卷,第 11 期,96—101

22. 研究解读 8.1　群体任务中合作行为的跨阶段演变研究,严进、王重鸣,2003.《心理学报》第 35 卷,第 4 期,499—503

23. 研究解读 8.2　团队中信任形成的映象决策机制,王重鸣、邓靖松,2007.《心理学报》第 39 卷,第 2 期,321—327

24. 研究解读 8.3　虚拟团队共享心理模型与团队效能的关系,金杨华、王重鸣、杨正宇,2006.《心理学报》第 38 卷,第 2 期,288—296

25. 研究解读 9.1　领导行为、决策与文化：中国合资企业的事件管理,史密斯、王重鸣、梁觉,1997.《领导力季刊》(*The Leadership Quarterly*)第 8 卷,第 4 期,413—432

26. 研究解读 9.2　高管团队内聚力对家族企业继承绩效影响实证研究,王重鸣、刘学方,2007.《管理世界》第 10 期,84—98

27. 研究解读 9.3　女性创业型领导：多维度结构与多水平影响效应,杨静、王重鸣,2013.《管理世界》第 9 期,102—117

28. 研究解读 10.1　技术创新与开放系统开发策略研究,王重鸣,2005,通过技术创新与 HRM 策略提升组织效能,《人力资源国际杂志》(*International Journal of Manpower*)第 26 卷,第 6 期,481—487;瞿文光、王重鸣,2011,经验对于开放式跨组织系统采用的影响,《工业组织与数据系统》(*Industrial*

Management & Data Systems)第 111 卷,第 3 期,432—447

29. 研究解读 10.2　知识创造与知识转移的策略研究,王重鸣、田茂利,2007,技术创业企业知识创造过程及其影响因素,《科研管理》第 27 卷,第 6 期,28—31;影响跨国知识转移效能的因素研究:以在华进行跨国创业企业为例,刘帮成、王重鸣,2007b,《科研管理》第 28 卷,第 6 期,1—11

30. 研究解读 10.3　高管领导指导计划与组织创新性,墨哲思(James Moore)、王重鸣,2017.《心理学前沿》(*Frontiers in Psychology*)第 8 卷,第 3 期,1—9

31. 研究解读 11.1　中国管理研究与实践,王重鸣、陈国青、李维安,2011.《中国管理研究与实践:复旦管理学杰出贡献奖获奖者代表成果集(2007)》,复旦大学出版社

32. 研究解读 11.2　中国人力资源管理的跨区域策略建模:创业的视角,王重鸣、王晟,2008.《国际人力资源管理杂志》(*The International Journal of Human Resource Management*)第 19 卷,第 5 期,945–963

33. 研究解读 11.3　在新技术应用中如何增强激励、沟通和组织效能,S. 鲁本诺维兹(瑞典)、王重鸣,1986,《应用心理学》第 2 期,11—14;2005,第 3 届战略性人力资源与创业管理国际研讨会主题演讲"创业企业的新型领导力:瑞典模式"

34. 研究解读 12.1　开发中国企业领导力的全球角色:组织变革的 ASD 理论,王重鸣,2012.《全球领导力》(*Advances in Global Leadership*),W. H. Mobley, Y. Wang & M. Li 主编,第 7 卷,371–384

35. 研究解读 12.2　战略人力资源、创新与创业适配:跨区域比较模型,王重鸣、臧志,2005.《国际人力资源杂志》(*International Journal of Manpower*)第 26 卷,第 6 期,544—559

36. 研究研读 12.3　中国企业组织变革与文化融合策略,王重鸣,2021,科学出版社

附录 3:《管理心理学》12 项研究案例

第 1 章研究案例　社会创业导向构思的探索性案例研究,盛南、王重鸣,2008.《管

理世界》第 8 期,127—137

第 2 章研究案例　　知识产权创业能力的理论构建与实证分析:高技术企业多案例研究,王重鸣、薛元昊,2014.《浙江大学学报(人文社会科学版)》第 44 卷,第 3 期,58—70

第 3 章研究案例　　合资企业新技术投资决策与引进时机的案例分析,王重鸣、钱永红,1994.《应用心理学》第 9 卷,第 2 期,8—14

第 4 章研究案例　　转型时期民营企业组织伦理构思的案例研究,莫申江、王重鸣,2009.《管理案例研究与评论》第 2 卷,第 6 期,366—379

第 5 章研究案例　　创业精神的区域文化特征:基于浙江的实证研究,徐建平、王重鸣,2008.《科学学与科学技术管理》第 12 期,141—145

第 6 章研究案例　　动态能力视野下中小企业国际创业策略:基于 4 家浙江企业案例,孟晓斌、王重鸣,2011.《技术经济》第 30 卷,第 4 期,8—13

第 7 章研究案例　　并购式内创业中人力资源整合风险的控制策略,颜士梅、王重鸣,2006.《管理世界》第 6 期,119—130

第 8 章研究案例　　创业学习与持续奋斗的万向集团案例,倪宁、王重鸣,2007,2019.《研究与发展管理》第 19 卷,第 1 期(51—58)及跟踪案例分析

第 9 章研究案例　　技术能力如何转化为竞争优势,刘帮成、王重鸣,2007.《管理工程学报》第 21 卷,第 1 期,20—24

第 10 章研究案例　　创业行动学习过程研究:基于新兴产业的多案例分析,陈燕妮、王重鸣,2015.《科学学研究》第 33 卷,第 3 期,419—431

第 11 章研究案例　　公司创业决策中组织警觉产生过程:纵向新零售案例研究,胡洪浩、王重鸣,2018.《商业经济与管理》第 5 期,28—39

第 12 章研究案例　　基于能力建设与组织发展的新一代创业生态系统,王重鸣,2020.主持承担国家自然科学基金资助的重点项目"企业家成长机制与创业环境研究"、"中国企业组织变革与文化融合策略"

参考文献

埃德加 H. 沙因(施恩).(2004).企业文化生存指南.郝继涛译,北京：机械工业出版社.

陈春花,苏涛,王杏珊.(2016).中国情境下变革型领导与绩效关系的元分析.管理学报,13(8),1174-1183.

陈国权,宁南,李兰,赵慧群.(2009).中国组织学习和学习型组织研究与实践的现状和发展方向.管理学报,6(5),569-579.

陈国权,马萌.(2001).组织学习的模型,案例与实施方法研究.中国管理科学,9(4),65-74.

陈国青,曾大军,卫强,张明月,郭迅华.(2020).大数据环境下的决策范式转变与使能创新.管理世界,(2),95-105.

陈海贤,何贵兵.(2014).心理距离对跨期选择和风险选择的影响.心理学报,46(5),677-690.

陈立.(1935).工业心理学概观.上海：商务印书馆.

陈立.(1988).工业管理心理学.上海：上海人民出版社.

陈立.(1988).工业现代化中的宏观工效学.应用心理学,3(1),1-4.

陈立.(1993).陈立心理学科学论著选.杭州：杭州大学出版社.

陈卫旗,王重鸣.(2007).人职匹配,人与组织匹配对员工工作态度的效应机制研究.心理科学,30(4),979-981.

陈威如,余卓轩.(2013).平台战略：正在席卷全球的商业模式革命.北京：中信出版社.

陈晓萍,徐淑英,樊景立.(2008).组织与管理研究的实证方法(第二版),北京：北京大学出版社.

陈燕妮,王重鸣.(2015).创业行动学习过程研究.科学学研究,33(3),419-430.

程灶火,谭林湘.(2004).艾森克个性问卷理论结构的因素分析.中国临床心理学杂志,12(1),9-12.

杜红,王重鸣.(2002).领导—成员交换理论的研究与应用展望.浙江大学学报(人文社科版),32(6),73-79.

杜红,王重鸣.(2003).经理人员成就动机与不确定任务决策的实验研究.心理科学,26(1),140-151.

段锦云,王重鸣.(2010).框架效应认知加工的脑半球定位研究.心理科学,33(1),8-11.

段锦云,王重鸣,钟建安.(2007).大五和组织公平感对进谏行为的影响研究.心理科学,30(1),19-22.

段锦云,王重鸣,田晓明.(2010).认知资源投入对框架效应的影响实验研究.应用心理学,16(4),307-315.

范巍,王重鸣.(2015).人事选拔决策过程匹配评价的现场研究:以 ASD 理论"A"阶段分析为例.心理学探新,35(2),187-192.

范伟澄,崔红,杨列勋,翁文国,刘铁民,孟小峰.(2018)."非常规突发事件应急管理研究"重大研究计划结题综述.中国科学基金,(3),297-305.

韩立丰,王重鸣.(2010).群体断层强度测量指标的构建与检验:一个整合的视角.心理学报,42(11),1082-1096.

韩立丰,王重鸣,许智文.(2010).群体多样性研究的理论评述:基于群体断层理论的反思.心理科学进展,18(2),374-384.

何贵兵,杨鑫蔚,蒋多.(2017).环境损益的社会折扣:利他人格的影响.心理学报,49(10),1334-1343.

洪自强,王重鸣.(2000).工作情景中差错概念与差错取向因素分析.心理科学,23(5),542-546.

侯煊方,李艳萍,涂乙冬.(2014).新生代工作价值观结构,测量及对绩效影响.心理学报,46(6),823-840.

胡洪浩,王重鸣.(2018).公司创业决策中的组织警觉产生过程:一个纵向新零售案例研究.商业经济与管理,(5)(总第 319 期),28-39.

胡剑影,蒋勤峰,王重鸣.(2008).女性企业家领导力模式实证研究.上海交通大学学报(哲学社会科学版),16(6),69-74.

胡君辰,杨林峰.(2009)."情绪劳动"要求与情绪耗竭:情绪劳动策略的中介作用.心理科学,32(2),423-426.

黄海杰,吕长江,朱晓文.(2018).二代介入与企业创新:来自中国家族企业上市公司的证据.南开商业评论,21(1),6-16.

季浩,谢小云,肖永平,甘小乐,冯雯.(2019).权力层级与团队绩效关系:权力与地位的一致与背离.心理学报,51(3),366-382.

金杨华,王重鸣.(2001).人与组织匹配研究进展及其意义.人类工效学,7(2),36-39.

金杨华,王重鸣,杨正宇.(2006).虚拟团队共享心理模型与团队效能的关系.心理学报,38(2),288 - 296.

荆其诚,杨玉芳.(1998).世纪之交的中国心理科学."科学技术面向新世纪"学术年会论文集.中国科学技术协会.

侯楠,彭坚.(2019).恩威并施,积极执行与工作绩效——探索中国情境下双元领导的有效性.心理学报,51(1),117 - 127.

柯林斯,波勒斯.(2006).基业长青.真如,译,北京:中信出版社.

柯林斯,汉森.(2012).选择卓越.陈召强,译,北京:中信出版社.

郎艺,王辉.(2016).授权赋能领导行为与组织公民行为:员工的领导认同感和组织心理所有权的作用.心理科学,39(5),1229 - 1235.

梁觉,周帆.(2010).跨文化研究方法的回顾及展望.心理学报,42(1),41 - 47.

梁立,王重鸣,白延强,马国庆.(1997).多任务条件下的多道分时机制.心理学报,29(4),370 - 375.

李劲松,王重鸣.(1998).风险偏好类型与风险判断模式的实验分析.人类工效学,4(3),17 - 22.

李纾,房永青,张迅捷.(2000).再探框架对风险决策行为的影响.心理学报,32(2),229 - 234.

李效云,王重鸣.(2005).企业领导愿景的内容和结构研究.软科学,19(3),7 - 9.

林士渊,王重鸣.(2006).创业型外资企业跨文化管理机制结构研究.技术经济,25(5),17 - 23.

凌斌,王重鸣.(2014).时间距离对于验证性信息加工的影响.心理学报,46(8),1176 - 1191.

凌文铨,陈龙,王登.(1987).CPM领导行为评价量表的建构.心理学报,(2),199 - 207.

凌文铨,李锐,聂婧,李爱梅.(2019).中国组织情境下上司—下属交换的互惠机制:基于对价理论的视角.管理世界,(5),134 - 148.

刘帮成,王重鸣.(2005).国际创业模式与组织绩效关系:一个基于知识的概念模型.科研管理,26(4),72 - 79.

刘帮成,王重鸣.(2007a).技术能力如何转化为竞争优势:组织动态能力的观点.管理工程学报,21(1),20 - 24.

刘帮成,王重鸣.(2007b).影响跨国知识转移效能的因素研究:以在华进行跨国创业企业为例.科研管理,28(6),1 - 11.

刘帮成,唐宁玉,朱晓妹,王重鸣.(2008).基于社会文化差异的在华外资企业组织学习研究.科技进步与对策,25(7),171 - 175.

刘平青等.(2012).员工关系管理——中国职场的人际技能与自我成长.北京:机械工业出版社.

刘伟国,房俨然,施俊琦,莫申江.(2018).领导创造力期望对团队创造力的影响.心理学报,50(6),667-677.

刘小平,王重鸣.(2001).组织承诺及其形成过程研究.南开商业评论,(6),58-61.

刘小平,王重鸣,B. Charle-Pauvers.(2002).组织承诺影响因素的模拟实验研究.中国管理科学,10(6),97-100.

刘小平,王重鸣.(2004).不同文化下企业员工组织承诺概念的调查研究.科技管理研究,(3),85-90.

刘学方,王重鸣,唐宁玉,朱健,倪宁.(2006).家族企业接班人胜任力建模:一个实证研究.管理世界,(5),96-106.

鲁本诺维兹 S.(瑞典).(1986).在新技术应用中如何增强工作积极性和人员信息交流.应用心理学,(2).

卢盛忠,吴谅谅,郑全全,王重鸣.(1985).管理心理学.杭州:浙江教育出版社.

卢盛忠等主编.(1993).组织行为学:理论与实践,杭州:浙江教育出版社.

卢盛忠主编.(1993).管理心理学.杭州:浙江教育出版社.

罗瑾琏,赵莉,韩杨,钟竞,管建世.(2016).双元领导研究进展述评.管理学报,13(12),1882-1889.

马皑.(2012).相对剥夺感与社会适应方式:中介效应和调节效应.心理学报,44(3),377-387.

马剑虹,王重鸣,王钢,郑全全.(1992).决策影响力分布的阶段分析:中英企业的比较研究.应用心理学,7(3),65-71.

马剑虹,王重鸣,海勒.(1996).组织决策的影响力分布特征及中英比较.应用心理学,11(1),23-29.

马可一,王重鸣.(2003a).组织压力管理的最新研究进展.心理科学,26(5),863-865.

马可一,王重鸣.(2003b).创业合作中的信任—承诺—风险.经济理论与经济管理,(4),43-47.

马可一,王重鸣.(2004).中国创业情景中的信任.南开商业评论,7(3),41-46.

马溧莉,张建新.(2009).社会通则及其有关研究.心理科学进展,17(5),1081-1087.

孟晓斌,王重鸣.(2011).动态能力视野下中小企业国际创业策略研究:基于4家浙江企业案例.技术经济,30(4),8-13/20.

孟晓斌,王重鸣,谢小云.(2008).国际创业背景下企业家精神的适应性调整:以温州企业为例.管理案例研究与评论,1(4),15 - 21.

苗青,王重鸣.(2003).基于企业竞争力的企业家胜任力模型.中国地质大学学报(社会科学版),3(3),18 - 20.

苗青,王重鸣.(2004).内隐知识:战略决策的一个视角.自然辩证法通讯,26(6),62 - 66.

莫申江,施俊琦.(2017).情绪劳动策略对主动破坏行为的影响.心理学报,49(3),349 - 358.

莫申江,王重鸣.(2009).转型时期民营企业组织伦理构思的案例研究.管理案例研究与评论,2(6),366 - 379.

麦考密克 E.J.,伊尔根 D.R.(美).(1991).工业与组织心理学(第八版).卢盛忠等译,北京:科学出版社.

倪宁,王重鸣.(2007).组织创业学习的焦点问题:以万向公司的创业历史为例.研究与发展管理,19(1),51 - 58.

潘剑英,王重鸣.(2012).商业生态系统理论模型回顾与研究展望.外国经济与管理,34(9),51 - 58.

潘剑英,王重鸣.(2014).生态系统隐喻在组织研究中的应用与展望.自然辩证法研究,30(3),65 - 69.

彭凯平,窦东徽,刘肖岑.(2011).幸福科学:问题,探索,意义及展望.清华大学学报(哲学社会科学版),26(6),116 - 124.

彼得斯,沃特曼.(2012).追求卓越:最佳企业的经验.北京:中信出版社.

彼得·圣吉(Peter M. Senge).(2003).第五项修炼:组织学习的艺术与实务.郭进隆译,上海:上海三联书店.

任真,王登峰.(2008).中国领导心理与行为实证研究二十年进展.心理学探新,28(1),67 - 71.

盛南,王重鸣.(2008).社会创业导向构思的探索性案例研究.管理世界,(8),127 - 137.

时勘,王继承,李超平.(2002).企业高层管理者胜任特征模型评价的研究.心理学报,34(3),306 - 311.

时勘,徐联仓,薛涛.(1992).高级技工诊断生产活动的认知策略的汇编栅格法研究.心理学报,(3),17 - 25.

宋维真,张建新,张建平,张妙清,梁觉.(1993).编制中国人个性测量表(CPAI)的意义与程序.心理学报,26(4),400 - 407.

孙健敏,陈乐妮,尹奎.(2018).挑战性压力源与员工创新行为:领导—成员交换与辱虐管理的作用.心理学报,50(4),436 - 449.

苏中兴,张雨婷,曾湘泉.(2015).组织创新战略如何转化为员工创新行为? 中国人民大学学报,(5),102 - 112.

谭亚莉,廖建桥,李骥.(2011).管理者非伦理行为到组织腐败的衍变过程,机制与干预:基于心理社会微观视角的分析.管理世界,(12),68 - 77.

唐宁玉,郑兴山,张静抒,付佳.(2010).文化智力的构思和准则关联效度.心理科学,33(2),485 - 489.

唐宁玉,王重鸣.(2006).虚拟团队学习和团队效能及组织效能间关系的实证研究.中国管理科学,(14),10 月专辑,99 - 104.

陶祁,王重鸣.(2006).管理培训背景下适应性绩效的结构分析.心理科学,29(3),614 - 617.

田晓明,蒋勤峰,王重鸣.(2008).企业动态能力与企业创业绩效关系实证研究:以270 家孵化企业为例分析.科学学研究,26(4),812 - 819.

王登峰,崔红.(2003).中国人人格量表的编制工程与初步结构.心理学报,35(1),127 - 136.

王国锋,井润田.(2006).企业高层管理者内部冲突和解决策略的实证研究.管理学报,3(2),1 - 8.

王辉,张文慧,忻榕,徐淑英.(2011).战略型领导行为与组织经营效果:组织文化的中介作用.管理世界,(9),93 - 104.

王晓辰,应莺.(2018).变革型领导如何影响员工亲组织非伦理行为:一个被调节的中介作用模型.财经论丛,(3),97 - 101.

王叶毅,王重鸣.(1996).决策知识结构的全方格诱发与分析.中国人类工效学,2(1),5 - 8.

王重鸣.(1986).不同工作责任制中职工的归因及其对绩效的影响.应用心理学,1(2),6 - 10.

王重鸣.(1988a).不确定条件下管理决策的任职特点和策略.应用心理学,3(1),10 - 15.

王重鸣.(1988b).劳动人事心理学.杭州:浙江教育出版社.

王重鸣.(1988c).管理与人事心理学研究与理论体系的新进展.应用心理学,3(4),1 - 6.

王重鸣.(1989).中国企业中行动研究和组织发展策略.应用心理学,4(1),6 - 11.

王重鸣.(1993).战略性决策的心理特征与任务环境结构化.应用心理学,8(4),8 -

13.

王重鸣.(1990,2001,2021).心理学研究方法.北京：人民教育出版社.

王重鸣.(1999).中国的管理.工商管理大百科全书(全五卷).主编：马尔科姆·沃纳(英),沈阳：辽宁教育出版社.

王重鸣.(2001).管理心理学.北京：人民教育出版社.

王重鸣.(2015).创业能力建设读本(全国专业技术人才知识更新工程公需科目教材).北京：中国人事出版社

王重鸣.(2020).创业能力建设读本(全国专业技术人员继续教育培训教材).北京：中国人事出版社.

王重鸣.(2017).中关村创业人才成长案例.北京：党建读物出版社.

王重鸣.(2021).中国企业组织变革与文化融合策略.北京：科学出版社.

王重鸣,陈国青,李维安.(2011).中国管理研究与实践：复旦管理学杰出贡献奖获奖者代表成果集(2007),上海：复旦大学出版社.

王重鸣,陈民科.(2002).管理胜任力特征分析：结构方程模型检验.心理科学,25(5),513-516.

王重鸣,成龙,张玮.(2010).囚徒困境决策中分离效应验证性与机制研究.应用心理学,16(2),180-186.

王重鸣,邓今朝.(2010).绩效薪酬感和自我效能感对薪酬满意的影响.应用心理学,16(4),377-384.

王重鸣,邓靖松.(2004).虚拟团队中的信任机制.心理科学,27(5),1264-1265.

王重鸣,邓靖松.(2005).虚拟团队沟通模式对信任和绩效的作用.心理科学,28(5),1208-1210.

王重鸣,邓靖松.(2005).不同任务情境中虚拟团队绩效过程模式.心理学报,37(5),681-686.

王重鸣,邓靖松.(2007).团队中信任形成的映象决策机制.心理学报,39(2),321-327.

王重鸣,范柏乃.(1990).企业承包招标决策的任务结构和信息要求.应用心理学,(1).

王重鸣,郭维维,Michael Frese,Andreas Rauch.(2008).创业者差错取向的绩效作用及其跨文化比较.心理学报,40(11),1203-1211.

王重鸣,何贵兵.(1989).新技术引进决策的程序特征与评价模型.应用心理学,4(4).

王重鸣,洪自强.(2000).差错管理氛围和组织效能关系研究.浙江大学学报(人文社会科学版),30(5),114-119.

王重鸣,胡洪浩.(2015).创新团队中宽容氛围与失败学习的实证研究.科技进步与对策,32(1),18-22.

王重鸣,姜金栋.(2005).外派人员与组织的期望匹配模式对绩效的影响.应用心理学,11(4),291-296.

王重鸣,梁立.(1998).风险决策中动态框架效应研究.心理学报,30(4),394-399.

王重鸣,李凯.(2011).企业组织变革特征,人力资源策略与变革应对行为的实验研究:组织学习的视角.应用心理学,17(2),99-107.

王重鸣,林士渊.(2006).创业型外资企业跨文化管理机制结构研究.技术经济,25(5),17-23.

王重鸣,刘学方.(2007).高管团队内聚力对家族企业继承绩效影响实证研究.管理世界,(10),84-98.

王重鸣,陆兴海.(1997).不同年龄城乡青少年价值取向的多方法复合式分析.心理科学,20(2),104-108.

王重鸣,钱永红.(1994).合资企业新技术投资决策与引进时机的案例分析.应用心理学,9(2),8-14.

王重鸣,沈剑平.(1990).中外合资企业管理决策的特征与评估指标.应用心理学,5(4),29-37.

王重鸣,沈剑平.(1992).信息整合理论与人格特质形容词特征在人事决断中的意义.应用心理学,7(4).

王重鸣,田茂利.(2006).技术创业企业知识创造过程及其影响因素.科研管理,27(6),28-31.

王重鸣,王剑杰.(1993).职业紧张量表的修订与应用.应用心理学,8(2),25-34.

王重鸣,王剑杰.(1995).职业紧张因素的结构关系分析.心理科学,18(5),263-267.

王重鸣,王益宝.(1995).人事决策专家与新手的知识诱发和多维空间结构分析.人类工效学,1(1),19-23.

王重鸣,徐小军.(2007a).我国公务员绩效评估公平性结构的实证研究.心理科学,30(2),277-280.

王重鸣,薛元昊.(2014).知识产权创业能力的理论构建与实证分析:基于高技术企业的多案例研究.浙江大学学报(人文社会科学版),44(3),58-70.

王重鸣,严进.(2001).团队问题解决的知识结构转换研究.心理科学,24(1),9-12.

汪祚军,李纾.(2012).对整合模型和占优启发式模型的检验:基于信息加工过程的眼动研究证据.心理学报,44(2),179-198.

威廉·米勒等.(2002).硅谷优势:创新创业精神的栖身地.人民出版社(译自"*The Silicon Valley Edge: A Habit for Innovation and Entreprneurship*, 2000, Stanford University Press").

韦雪艳,王重鸣,段锦云.(2009).变革背景下民营企业家创业压力源与职业倦怠的关系.软科学,23(11),96-101.

韦雪艳,王重鸣,段锦云.(2012).民营企业家社会支持与职业倦怠的关系研究.重庆大学学报(社会科学版),18(4),33-37.

沃麦克,琼斯.(2018).精益思想.北京:机械工业出版社(英文版1996).

吴冰,王重鸣.(2008).女性领导创业实践比较研究.中国浦东干部学院学报,2(3),56-60.

吴冰,王重鸣,唐宁玉.(2009).高科技产业创业网络,绩效与环境研究:国家级软件园的分析.南开管理评论,12(3),84-93.

吴谅谅,陈子光.(1994).企业物质激励的手段及效率研究.应用心理学,7(4).

西蒙(美).(2004).管理行为(第4版).北京:机械工业出版社.

谢明志.(2015).敏捷思维:移动互联网和大数据时代IT企业转型,升级与再造之道.北京:机械工业出版社.

谢晓非,徐联仓.(1996).风险认知策略的计算机模拟实验.心理学报,28(2),192-200.

谢晓非,徐联仓.(2000).工作情景中管理人员风险认知研究.心理学报,32(1),115-120.

谢小云,王重鸣,忻柳春.(2007).共享心理模型的前因变量研究:群体合成特征的视角.应用心理学,13(2),174-180.

许多,张小林.(2007).中国组织情境下的组织公民行为.心理科学进展,15(3),505-510.

许庆瑞.(2007).全面创新管理——理论与实践.北京:科学出版社.

徐光国,王重鸣.(1997).谈判研究的理论框架及其应用.心理学动态,5(3),63-68.

徐浩,谭德庆,张敬钦,韩威.(2019).群体性突发事件非利益相关者羊群行为的演化博弈分析.管理评论,31(5),254-266.

徐联仓,凌文铨.(1988).组织管理心理学.北京:科学出版社.

徐联仓,陈龙.(1988).管理心理学.北京:人民日报出版社.

徐联仓.(1989).组织行为学在中国之发展与领导行为研究.心理学报,(4),13 - 15.

徐璐,王重鸣.(2013).组织服务导向的结构及验证性因素分析.现代管理科学,(1).

徐琴美,王重鸣.(1993).知识结构及其评估.应用心理学,8(1),42 - 46.

徐宪平,鞠雪楠.(2019).互联网时代的危机管理:演变趋势,模型构建与基本规则.管理世界,(12),181 - 189.

徐建平,王重鸣.(2008).创业精神的区域文化特征:基于浙江的实证研究.科学学与科学技术管理,(12),141 - 145.

薛元昊,王重鸣.(2014).基于组织学习理论的企业知识产权策略研究.科学学研究,32(2),250 - 256.

薛宪方,王重鸣.(2009).员工工作倦怠对其个人主动性行为的影响过程研究.应用心理学,15(1),30 - 36.

亚当·J.博克、杰拉德·乔治、王重鸣(2020).商业模式工具书(实战版):创新商业模式的工具、方法及案例演练.北京:人民邮电出版社.

严进,王重鸣.(2003).群体任务中合作行为的跨阶段演变.心理学报,35(4),499 - 503.

颜士梅,王重鸣.(2006).并购式内创业中人力资源整合风险的控制策略:案例研究.管理世界,(6),119 - 130.

杨百寅,齐明正,单许昌.(2019).组织变革的助力,动力与用势.清华管理评论,(1 - 2),53 - 60.

杨斌,丁大巍.(2012)."兄长式"而非"家长制":基于文化视角的当代中国企业领导模式研究.清华大学学报(哲学社会科学版),27(2),151 - 158.

杨剑锋,王重鸣.(2008).薪酬策略与公司竞争战略匹配机制研究.重庆大学学报(社会科学版),14(5),63 - 67.

杨静,王重鸣.(2013).女性创业型领导:多维度结构与多水平影响效应.管理世界,(9),102 - 117.

杨静,王重鸣.(2016).基于多水平视角的女性创业型领导对员工个体主动性的影响过程机制:LMX的中介作用.经济管理研究,(1),63 - 71.

杨思梁.(2011).陈立与20世纪中国工业心理学.心理学报,43(11),1341 - 1354.

杨正宇,王重鸣,谢小云.(2003).团队共享心理模型研究新发展.人类工效学,9(3),34 - 37.

于鸣,汪金爱,段野.(2012).红桃皇后竞争理论研究综述与展望.外国经济与管理,

(5),45-51.

余伟,郑钢.(2005).跨文化心理学中的文化适应研究.心理科学进展,13(6),836-846.

俞文钊.(1988).管理心理学.兰州:甘肃人民出版社.

袁登华,王重鸣.(2005).目标激励对创业行动效能影响的情景模拟实验.心理学报,37(6),812-818.

曾照英,王重鸣.(2009).创业融资决策过程中的感知风险分析:展望理论在创业融资决策领域的应用.科技进步与对策,26(18),22-24.

张侃.(2007).心理科学与社会发展.中国科学院院刊,22(3),230-234.

张妙清,范为桥,张树辉,梁觉.(2008).跨文化(中国人)个性测量表青少年版(CPAI-A)的香港标准化研究:兼顾文化共通性与特殊性人格测量.心理学报,40(7),839-852.

张书维,王二平,周洁.(2010).相对剥夺与相对满意:群体性事件的动因分析.公共管理学报,7(3),95-102.

张小林,王重鸣.(1997).群体绩效和团队效能研究的新进展.应用心理学,3(2),58-64.

张志学.(2010).组织心理学研究的情景化及多层次理论.心理学报,42(1),10-21.

张志学,施俊琦,刘军.(2016).组织行为与领导力研究的进展与前沿.心理科学进展,24(3),317-326.

赵纯均.(2013).中国式企业管理研究的9个发现.企业管理,(2).

赵曙明,黄昊宇.(2006).企业伦理文化与人力资源管理研究.经济管理·新管理,(16),4-15.

郑伯壎.(1995).差序格局与华人组织行为.本土心理学研究,(3),142-219.

郑晓明,刘鑫.(2016).互动公平对员工幸福感的影响:心理授权的中介作用与权力距离的调节作用.心理学报,48(6),693-709.

中国式管理研究团队.(2012).中国式企业管理科学基础研究总报告.(陈清泰,蒋黔贵,赵纯均主编《中国式企业管理研究丛书》),北京:机械工业出版社.

朱晓妹,王重鸣.(2005).中国背景下知识型员工的心理契约结构研究.科学学研究,23(1),118-123.

朱晓妹,王重鸣.(2006).员工心理契约及其组织效果研究.管理工程学报,20(3),123-125.

朱瑜,吕阳,王雁飞,王丽璇.(2018).教练型领导如何影响员工创新?跨层次被调节的中介效应. 心理学报, 50(3), 327 - 336.

邹琼, 佐斌, 代涛涛. (2015). 工作幸福感: 概念, 测量水平与因果模型. 心理科学进展, 23(4), 669 - 678.

周京, 克里斯蒂娜·莎莉. (2010). 组织创造力研究全书. 魏昕等译, 北京: 北京大学出版社.

周轩, 章小童. (2018). 中国工商管理研究的贡献, 创新及愿景评价——基于《南开管理评论》刊文/投稿的文献计量与专业聚焦分析. 南开管理评论, 21(6), 4 - 11.

Anderson, N. & West, M. A. (1996). The team climate inventory: development of the TCI and its applications in teambuilding for innovativeness. *European Journal of Work and Organizational Psychology*, 5(1), 53 - 66.

Anderson, N. H. (1981). *Foundations of Information Integration Theory*. New York, NY: Academic Press.

Anderson, N. H. (2013). Unified psychology based on three laws of information integration. *Review of General Psychology*, Vol. 17, No. 2, 125 - 132.

Bandura, A. (班杜拉) (1977). Self-efficacy: Toward a unifying theory of behavioral change. *Psychological Review*, 84, 191 - 215.

Bandura, A. (班杜拉) (1997). *Self-Efficacy: The exercise of control*. New York, NY: W. H. Freeman & Company.

Baran, B. E. & Bible, S. C. (2019). *Agility and Agile: An Introduction for People, Teams, and Organizations*. SIOP White Paper Series, SIOP, Inc.

Barnett, W. P. (巴奈特) (2008). *The Red Queen Among Organizaiotns: How Competitiveness Evolves*. Prinsceton, N. J. : Princeton University Press.

Barnett, W. P. (巴奈特) (2017). Metacompetition: Competing over the game to be played. *Strategy Science*, Vol. 2, No. 4: 212 - 219.

Barnett, W. P. (巴奈特) & Hansen, M. (1996). The red queen in organizational evolution. *Strategic Management Journal*, 17: 139 - 157.

Berry, J. W. , Poortinga, Y. P. , Breugelmans, M. H. , Chasiotis, A. & Sam, D. L. (2011). *Cross-Cultural Psychology: Research and Applications* (3rd ed.). Cambridge (UK): Cambridge University Press.

Bohn, J. G. (2010). Development and exploratory validation of an organizational efficacy scale. *Human Resource Development Quarterly*, Vol. 21, No. 3, 227 - 251.

Bond, M. H. （彭迈克）(1996). *The Handbook of Chinese Psychology*. Hong Kong: Oxford University Press.

Brown, M. E. & Trevino, L. K. (2006). Ethical leadership: A review and future directions. The Leadership Quarterly, Vol. 17, 595 – 616.

Cardon, M. S., Wincent, J., Singh, J. & Drnovsek, M. (2009). The nature and experience of entrepreneurial passion. *Academy of Management Review*, Vol. 34, No. 3, 511 – 532.

Chen, X. P. （陈晓萍）, Yao, X., & Kotha, S. (2009). Passion and preparedness in entrepreneurs' business plan presentations: A persuasion analysis of venture capitalists' funding decisions. *Academy of Management Journal*, Vol. 52, No. 1, 199 – 214.

Chen, X. P. （陈晓萍）, Eberly, M. B., Chiang, T. J., Farh, J. L. & Cheng, B. S. (2014). Affective trust in Chinese leaders: Linking paternalistic leadership to employee performance. *Journal of Management*, Vol. 40, No. 3, 796 – 819.

Colbert, A., Yee, N., & George, G. (2016). From the editors: The digital workforce and the workplace of the future. *Academy of Management Journal*, Vol. 59, No. 3, 731 – 739.

Crossan, M. M., Lane, H. W., & White, R. E. (1999). An organizational learning framework: From intuition to institution. *Academy of Management Review*, Vol. 24, No. 522 – 537.

Drenth, P. J. D. & Wang, Z. M. （王重鸣）(2000). Work and organizational psychology, Chapter 25 in Kurt Pawlik and Mark R. Rosenzweig eds. *The International Handbook of Psychology*, London: Sage.

Dweck, C. S. (2006). *Mindset: The New Psychology of Success*. Ballantine Books.

Earley, P. C. & Ang, S. (2003). *Cultural Intelligence: Individual Interactions across Cultures*. Palo Alto, CA: Stanford University Press.

Eccles, R. G., Johnstone-Louis, M., Mayer, C. & Stroehle, J. C. (2020). The board's role in sustainability: A new framework for getting directors behind ESG efforts. *Harvard Business Review*, September-October: 48 – 51.

Edmondson, A. C. （埃德蒙森）& Moingeon, B. (2003) From organizational learning to the learning organization, InC. Grey & E. Antonacopoulou eds.

Essential Readings of Management Learning，pp. 21 – 36，London：SAGE.

Edmondson，A. C. （埃德蒙森）（2011）. Strategies for leaderning from failure. *Havard Business Review*，April：48 – 55.

Edmondson，A. C. （埃德蒙森）（2012）. *Teaming：How Organizations Learn，Innovate，and Compete in the Knowledge Economy.* Jassey-Bass Publishers.

Edmondson，A. C. （埃德蒙森）& Reynolds，S. S. （2016）. *Building the Future：Big Teaming for Audacious Innovation.* Berret Kohlers Publishers，Inc.

Edmondson，A. C. （埃德蒙森）& Jean-François Harvey（2017）. *Extreme Teaming：Lessons in Complex，Cross-Sector Leadership.* Emerald Publishing Ltd.

Edmondson，A. C. （埃德蒙森）（2019）. *The Fearless Organization：Creating Psychological Safety in the Workplace for Learning，Innovation，and Growth.* John Wiley & Sons.

Edwards，J. R. （1991）. Person-job fit：A conceptual integration，literature review，and methodological critique. In C. L. Cooper & I. T. Robertson Eds.，*International review of industrial and organizational psychology，Vol. 6* （p. 283 – 357）.

Eisenhardt，K. M. （1989）. Building theories from case study research. *Academy of Management Review*，Vol. 14，No. 4，532 – 550.

Eisenhardt，K. M. & Graebner，M. E. （2007）. Theory building from cases：Opportunities and challenges. *Academy of Management Journal*，Vol. 50，No. 1，25 – 32.

Elkington，J. （1997）. Cannibals with Forks：the Triple Bottom Line of 21st Century Business. Capstone Publishing Ltd.

Farh，J. L. （樊景立），Earley，P. C. ，Lin，S. （1997）. Impetus for actions：A cultural analysis of justice and extra-role behavior in Chinese society. *Administrative Science Quaterly*，Vol. 42，421 – 444.

Farh，J. L. （樊景立），Zhong，C. B. ，Organ，D. W. （2004）. Organizational citizenship behavior in the People's Republic of China. *Organization Science*，Vol. 15，No. 2，241 – 253.

Feng，M. （冯明），Xiong，X. Y. ，Li，J. J. （2019）. Spiritual intelligence scale-

Chinese form: contruction and initial validation. *Current Psychology*, Vol. 38,1318 – 1327.

Festinger, L. （费斯汀格）(1957). *A Theory of Cognitive Dissonance*. Stanford University Press.

Fiedler, F. E. （费德勒）(1967). *A Theory of Leadership Effectiveness*. New York: McGraw-Hill.

Fischhoff, B. & Broomell, S. B. （2020）Judgment and Decision Making. *Annual Review of Psychology*, Vol. 71,331 – 355.

Fisher, C. D. & To, M. L. (2012). Using experience sampling methodology in organizational behavior. *Journal of Organizational Behavior*, 33, 865 – 877.

Flavell, J. H. （弗雷佛）(1979). Metacognition and cognitive monitoring: A new area of cognitive-developmental inquiry. *American Psychologist*, *Vol*. 34, 906 – 911.

Flavell, J. H. （弗雷佛）, Zhang, X. D. （张晓东）, Zhou, H. （邹泓）, Qi, S. （齐森）, & Dong, Q. （董奇）(1983). A comparison between the development of the appearance-reality distinction in the People's Republic of China and the United States. *Cognitive Psychology*, 15,459 – 466.

Frese, M. （弗雷瑟）, Kring, W. , Soose, A. , Zempel, J. (1996). Personal initiative at work: Differences between east and west Germany. *Academy of Management Journal*, 39,37 – 63.

Frese, M. （弗雷瑟）, Fay, D. （2001）. Personal initiative (PI): An active performance concept for work in the 21st century. In B. M. Staw & R. M. Sutton (Eds.). *Research in Organizational Behavior* (Vol. 23, pp133 – 187). Amsterdam: ElsevieD. r Science.

Garvin, D. A. & Edmondson, A. C. （埃德蒙森）& Gino, F. (2008). Is yours a learning organization? *Harvard Business Review*, March, 109 – 117.

George, G. , Haas, M. R. , Pentland, A. (2014). From the editors: Big data and management, *Academy of Management Journal*, Vol. 57, No. 2,321 – 326.

Gigerenzer, G. & Gaissmaier, W. (2011). Heuristic decision making. *Annual Review of Psychology*, Vol. 62,451 – 482.

Goleman, D. （戈尔曼）(2005). *Emotional Intelligence: Why It Can Matter*

More Than IQ. Bantam Books.

Guzzo, R. A. and Marcus W. Pickson (1996). Teams in organizations: Recent research on performance and effectiveness. *Annual Review of Psychology*, 47: 412 – 38.

Graen, G. B. , & Uhl-Bien, M. (1995). Relationship-based approach to leadership: Development of the leader-member exchange (LMX) theory of leadership over 25 years. *Leadership Quarterly*, 6, 219 – 247.

Gruber, M. , de Leon, N. , George, G. & Thompson, P. (2015). From the editors: Managing by Design. *Academy of Management Journal*, Vol. 58, No. 1,1 – 7.

Hackman, J. R. & Wageman, R. (2009). Foster team effectiveness by fulfilling key leadership fucntons, Chapter 15 in E. A. Locke ed. , *Handbook of Principles of Organizational Behavior*, 2nd edition, Wiley Publication.

Hackman, J. R. (2011). *Collaborative Intelligence*. San Francisco: Berrett-Koehler Publishers, Inc.

Hambrick, D. C. & Mason, P. A. (1984). Upper echelons: The organization as a reflection of its top managers. *Academy of Management Review*, Vol. 9, No. 2,193 – 206.

Heneman, R. L. , Charles H. Fay & Wang, Z. M. （王重鸣）(2001). Compensation systems in the global context, Chapter 4 in Neil Anderson, Deniz S. Ones, Handan KepirSinangil and ChockalingamViswesvaran ed. Volume 2 of *Handbook of Industrial*, *Work and Organizational Psychology*, pp77 – 92, SAGE Publications.

Herzberg, F. 2003 (1968). One more time: How do you motivate employees? *Harvard Business Review*, January, 87 – 96.

Hochschild, AR. (1983). *The Managed Heart: Commercialization of Human Feeling*. Berkeley: University of California Press.

Hofstede, G. (1980). *Culture's Consequences: International Differences in Work — Related Values*, Beverly Hill: Sage.

Hollenback, J. R. , DeRue, D. S. , Nahrgang, J. D. (2014). The opponent process theory of leadership succession. *Organizational Psychology Review*, 1 – 31.

Jannesari, M. , Wang, Z. M. （王重鸣）, Brown, P. , & McCall, J. (2016).

Knowledge transfer between expatriate and host country nationals: The role of self-construal. *Social Behavior & Personality*, Vol. 44, No. 3, 369 – 382.

Jannesari, M., Wang, Z. M. (王重鸣), McCall, J., & Zheng, B. Y. (2017). Psychological availability between self-initiated expatriates and host country nationals during their adjustment: The moderating role of supportive supervisor relations. *Frontiers in Psychology*, November, Vol. 8, 1 – 13.

Jaroensutiyotin, J. (周雅芬), Wang, Z. M. (王重鸣), Ling, B. & Chen, Y. N. (2019). Change leadership and individual innovative behavior in crisis contexts: An attentional perspective. Social Behavior and Personality, Vol. 47, 4, 1 – 16.

Ke, J. & Wang, G. G. (2014). China's ethical dilemmas under globalization and uncertainty: Implications for HRD. Advances in Developing Human Resources, Vol. 16, No. 1, 74 – 91.

Kahneman, D. (1999). Objective happiness. In *Well-Being: The Foundations of Hedonic Psychology*. (ed. E. Diener, N. Schwarz, and D. Kahneman), pp. 3 – 27. Russell Sage Foundation, New York.

Kristof, A. (1996). Person-organizational fit: An integrative review of its conceptualizations, measurement, and implications. *Personnel Psychology*, 49, 1 – 49.

Kuhn, T. S. (科恩)(1962). *The Structure of Scientific Revolutions*. Chicago, IL: University of Chicago.

Leung, K. (梁觉), Bond, M. H. (彭迈克), et al. (2002). Social axioms: The search for universal dimensions of general beliefs about how the world functions, Journal of Cross-Culural Psychology, Vol. 33, No. 3, 286 – 302.

Leung, K. (梁觉), Smith, P. B. (史密斯), Wang, Z. M. (王重鸣)& Sun, H. F. (孙海法)(1996). Job satisfaction in joint venture hotels in China: An organizational justice analysis. *Journal of International Business Studies*, Vol. 27, No. 5, 947 – 962.

Levvitt, B. J., March, G. (马奇)(1988) Organizational learning. *Annual Review of Sociology*, Vol. 14: 319 – 340.

Li, N., Liang, J. (梁建), & Crant, J. M. (2010). The role of proactive personality in job satisfaction and organizational citizenship behavior: A relational perspective. *Journal of Applied Psychology*, Vol 95, 2, 395 –

404.

Liang，J.（梁建），Shu，R.，Farh，C. I. C.（2019）Differential implications of team member promotive and prohibitive voice on innovation performance in research and development project teams：A dialectice perspective. *Journal of Organizational Behavior*，Vol 40，91－104.

Locke，E. A.（洛克），& Latham，G. P.（1984）. *Goal Setting：A Motivational Technique that Works*. Englewood Cliffs，NJ：Prentice Hall.

Luthans，F. & Youssef-Morgan，C. M.（2017）. Psychological capital：An evidence-based positive approach. Annual Review of Organizational Psychology and Organizational Behavior，4，339－366.

Lyness，K. S. & Grotto，A. R.（2018）. Women and leadership in the United States：are we closing the gender gap? *Annual Review of Organizational Psychology and Organizational Behavior*，5：227－265.

Macey，W. H. & Schneider，B.（2008）. The meaning of employee engagement. *Industrial and Organizational Psychology*，1：3－30.

March，J. G.（马奇）（1991）. Exploration and exploitation in organizational learning. *Organization Science*，Vol. 2，No. 1，Special Issue：Organizational Learning，pp. 71－87.

Metcalfe，J.（2017）. Learning from errors. *Annual Review of Psychology*，Vol. 68：465－489.

Miao，Q.（苗青），Eva，N.，Newman，A.，Nielsen，I. & Herbert，K.（2019）. Ethical leadership and unethical pro-organizational behavior：The mediating mechanism of reflective moral attentiveness. *Applied Psycholocy：An International Review*，June，1－20.

McClelland，D. C.（1985）. *Human Motivation*. Glenvie，IL：Scott Foresman.

Mo，S. J.（莫申江），Wang，Z. M.（王重鸣），Akrivou，K.，Booth，S.（2012）. Look up，look around：Is there anything different about team-level OCB in China? *Journal of Management & Organization*，18（6），818－832.

Moore，J. H.（墨哲思）& Wang，Z. M.（王重鸣）（2017）. Mentoring top leadership promotes organizational innovativeness through psychological safety and is moderated by cognitive adaptability. *Frontiers in Psychology*，2017，March，Vol. 8，1－9.

Munsterberg，H.（明斯特伯格）(1913). *Psychology and Industrial Efficiency*.

Boston and NY: Houghton Mifflin Company.

Motowidlo, Stephan, J. & James, R. Van Scotter (1994). Evidence that task performance should be distinguished from contextual performance *Journal of Applied Psychology* 79: 475 – 480.

Nadkarni, S., Gruber, M., DeCelles, K., Connelly, B., & Baer, M. (2018). From the editors, New ways of seeing: Radical theorizing. *Academy of Management Journal*, Vol. 61, No. 2, 371 – 377.

O'Reilly, C. A. & Tushman, M. L. (2013). Organizational ambidexterity: Past, present, and future. *Academy of Management Perspectives*, Vol. 27, No. 4, 324 – 338.

Oswald, F. L., Behrend, T. S., Putka, D. J. & Sinar, E. (2020). Big data in industrial-organizational psychology and human resource management: Forward progress for organizational researchand practice. *Annual Review of Organizational Psychology & Organizational Behavior*, Vol. 7, 505 – 533.

Parker, A. M., Fischhoff, B., et al. (2018). Robustness of decision-making competence: Evidence from two measures and an 11-year longitudinal study. *Journal of Behavioral Decision Making*, Vol. 31, 3, 380 – 391.

Qu, W. G. (瞿文光)& Wang, Z. M. (王重鸣)(2011). Impact of experience on open inter-organizational systems adoption. *Industrial Management & Data Systems*, Vol. 111, No. 3, 432 – 447.

Robbins, S. P. (罗宾斯)& Judge, T. A. (贾琦)(2017). *Organizational Behavior*(17ᵗʰ ed.). Boston: Pearson Education, Inc.

Rokeach, M. (1973). *The Nature of Human Values*. New York: Free Press.

Rynes, S. L. & Bartunek, J. M. (2017). Evidence-based management: Foundations, development, controversies and future. *Annual Review of Organizational Psychology and Organizational Behavior*, Vol. 4, 235 – 261.

Schein, E. H. (施恩)(2010). *Organizational Culture and Leaderhsip*. 4ᵗʰEd. San Francisco: Jossey-Bass.

Schein, E. H. (施恩)& Bennis, W. G. (1965). *Personal and Organizational Chapge Through Group Methods: The Laboratory Approach*. NY: John Wiley & Sons.

Schlenker, B. R., Britt, T. W., Pennington, J., Murphy, R., & Doherty, K.

(1994). The triangle model of responsibility. *Psychological Review*, Vol. 101, No. 4,632 – 652.

Schneider, B. (1990). *Organizational Climate and Culture*. San Francisco: Jossey-Bass Publishers.

Schumpeter, J. A. (熊彼特)(1934). *The Theory of Economic Development*. Harvard University Press.

Schwartz, S. H. (1992). Universals in the content and structure of values: Theoretical advances and empirical tests in 20 countries. *Advances in Experimental Social Psychology*, Vol. 25,1 – 65.

Seligman, M. E. P. (2006). *Learned Optimism: How to Change Your Mind and Your Life*. 3rd ed. (1990,1998,2006). New York: Vintage Books.

Shin, S. J. (2015). Leadership and creativity, Chapter 1 in Shalley, C. E., Hitt, M. A. & Zhou, J. (周京), eds, *Oxford Handbook of Creativity, Innovation, and Entrepreneurship*. Oxford University Press.

Smith, P. B. (史密斯)& Peterson, M. F. (皮特森), Wang, Z. M. (王重鸣) (1996). The manager as mediator of alternative meanings: A pilot study from the China, U. S. A. and U. K., *Journal of International Business Studies*, Vol. 27, No. 1,115 – 137.

Smith, P. B. (史密斯)& Wang, Z. M. (王重鸣)(1996). Chinese leadership and organizational structures. pp. 322 – 337, Chapter 21 in Michael Bond ed. *Handbook of Chinese Psychology*. Oxford University Press.

Smith, P. B. (史密斯), Wang, Z. M. (王重鸣), Leung, K. (梁觉)(1997). Leadership, decision-making and cultural context: Event management within Chinese joint ventures. *The Leadership Quarterly*, Vol. 8, No. 4, 413 – 432.

Sternberg, R. J. (2005). The theory of successful, Vol. 39, No. 2,189 – 202.

Tang, N. Y. (唐宁玉), Wang, Y. M., Zhang, K. L. (2017). Values of Chinese generation cohorts: Do they matter in the workplace. *Organizational Behavior and Human Decision Processes*, Vol. 143,8 – 22.

Tsui, A. (徐淑英)(2016). Reflections on the so-called value-free ideal: A call for responsible science in the business schools. *Cross Cultural & Strategic Management*, Vol. 23 No. 1,4 – 28.

Tsui, A. (徐淑英), Nifadkar, S. S. & Ou, A. Y. (2007). Cross-national, cross-cultural organizational behavior research: Advances, gaps, and recommendations. *Journal of Management*, Vol. 33 No. 3, 426 – 478.

Tversky, A. (特夫斯基) & Kahneman, D. (卡尼曼)(1974). Judgment under uncertainty: Heuristics and biases. *Science*, Vol. 185, Issue 4157, 1124 – 1131.

Umphress, E. E., Bingham, J. B., & Mitchell, M. S. (2010). Unethical behavior in the name of the company: The moderating effect of organizational identification and positive reciprocity beliefs on unethical pro-organizational behavior. *Journal of Applied Psychology*, Vol. 95, No. 4, 769 – 780.

Vroom, V. H. (弗鲁姆)(1964). *Work and Motivation*. John Wiley & Sons.

Wagner, R. K. (1987). Tacit knowledge in everyday intelligent behavior. *Journal of Personality and Social Psychology*, Vol. 52, 1236 – 1247.

Wagner, R. K., & Sternberg, R. J. (斯滕伯格)(1985). Practical intelligence in real-world pursuits: the role of tacit knowledge. *Journal of Personality and Social Psychology*, Vol. 49, 436 – 458.

Wang, S. (王晟), Guidice, R. M., Tansky, J. W., & Wang, Z. M. (王重鸣) (2010). When R & D Spenging is not enough: The critical role of culture when you really want to innovate. *Human Resource Management*, Vol. 49, No. 4, 767 – 792.

Wang, S. (王晟), Noe, R. A. (诺伊), Wang, Z. M. (王重鸣), & Greenberger, D. B. (格林伯格)(2019). What affects willingness to mentor in the future? An investigation of attachment styles and mentoring experiences, Journal of Vocational Behavior, Vol. 79, 245 – 256.

Wang, S. (王晟), Noe, R. A. (诺伊), & Wang, Z. M. (王重鸣)(2014). Motivating knowledge sharing in knowledge management systems: A quasi-field experiment. *Journal of Management*, Vol. 40, No. 4: 978 – 1009.

Wang, Z. M. (王重鸣)(1989a). Human-computer interface hierarchy model and strategies in systems development. *Ergonomics*. Vol. 32, No. 11, 1391 – 1400.

Wang, Z. M. (王重鸣)(1989b). Participation and skill utilization in organizational decision making in Chinese enterprises. In Fallon, B. J., Pfister, H. P. and Brebner, J. (eds.), *Advances in Industrial*

Organizational Psychology. Elsevier Science Publishers B. V.

Wang，Z. M. （王重鸣）（1990）. Action research and organization development strategies in Chinese enterprises. *Organizational Development Journal*，Spring，66－70.

Wang，Z. M. （王重鸣）（1991）. Recent developments in industrial and organizational psychology in PRC. In Cooper，C. & Robertson，R. T. （Eds.），*International Review of Industrial and Organizational Psychology*. Wiley.

Wang，Z. M. （王重鸣）（1992a）. Managerial psychological strategies for Sino-foreign joint-ventures. *Journal of Managerial Psychology*，Vol. 7，No. 3，10－16.

Wang，Z. M. （王重鸣）（1992b）. User knowledge structures and multi-level decision support model for decision on systems development in Chinese enterprises，In Jelassi，T.，Klein，M. R. and Mayon-White，W. M. （Editors），*Decision Support Systems：Experience and Expectations*. IFIP.，Elsevier Science Publishers B. V. （North-Holland）.

Wang，Z. M. （王重鸣）（1993a）. Psychology in China：A Review Dedicated to Li Chen. *Annual Review of Psychology*，Vol. 44，87－116，Palo Alto，CA：Annual Review Inc.

Wang，Z. M. （王重鸣）（1993b）. Editorial：Strategies for ergonomics in developing countries. *Ergonomics*，Vol. 36，No. 6，597－599.

Wang，Z. M. （王重鸣）（1994a）. Group attributional training as an effective approach to human resource development under team work system. *Ergonomics*，Vol. 37，No. 7，1137－1144.

Wang，Z. M. （王重鸣）（1994b）. Organizational decision making and competence utilization among Chinese managers. *Journal of Managerial Psychology*，Vol. 9，No. 7，17－24.

Wang，Z. M. （王重鸣）（1996a）. Culture，economic reform and the role of industrial and organizational psychology in China. In Dunnette，M. D. & Hough，L. M. （Eds），*Handbook of Industrial and Organizational Psychology*. Second Edition，pp. 689－726，Consulting Psychologists Press，Inc.

Wang，Z. M. （王重鸣）（1996b）. Decision-making and multi-phase socio-technical adaptation in Chinese industrial organizations, pp 181 – 188, In Drenth, P. J. D., Koopman, P. L. and Wilpert, B. (eds.), *Organizational Decision-Making Under Different Economic and Political Conditions*. Amsterdam: North-Holland.

Wang, Z. M. (王重鸣)(1996c). Chinese management, In Warner, M. (ed.), *International Encyclopedia of Business and Management*. London: Routledge.

Wang, Z. M. (王重鸣)(1997a). Effective team management and cooperative decisions in Chinese Organizations, Chapter 5 in C. Cooper ed. *Trends in Organizational Behaviour*. New York: John Wiley & Sons.

Wang, Z. M. (王重鸣)(1997b). Integrated personnel selection, appraisal and decisions: A Chinese approach, Chapter 3 in Neil Anderson and Peter Herriot eds., *International Handbook of Selection and Assessment*. New York: John Wiley & Sons.

Wang, Z. M. (王重鸣)(1998). Conflict management in China, Chapter 3 in Jan Selmer Ed. *International Management in China*. London: Routledge.

Wang, Z. M. (王重鸣)(1999a). Developing joint-venture leadership teams, In *Advances in Global Leadership*. Eds. William H. Mobley, M. Jocelyne Gessner and Val Arnold, Vol. 1. JAI Press Inc.

Wang, Z. M. (王重鸣)(1999b). Strategic human resource management for twenty-first-century China, In *Research in Personnel and Human Resources Management*. Supplement 4, pp. 353 – 366, JAI Press Inc.

Wang, Z. M. (王重鸣)(2001a). Organizational Psychology, In W. Edward Craighead & Charles B. Nemeroff (ed.), *The Corsini Encyclopedia of Psychology and Behavioral Science*. 3rd Edition, Vol. 3, Wiley & John.

Wang, Z. M. (王重鸣)(2001b). Judgment and decision making, In W. Edward Craighead & Charles B. Nemeroff (ed.), *The Corsini Encyclopedia of Psychology and Behavioral Science*. Vol. 2, 3rd Edition, Wiley & Johns.

Wang, Z. M. (王重鸣)(2002a). New perspectives and implicit managerial competency modeling in China. Chapter 8 in C. L. Cooper and I. T. Robertson ed. International Review of Industrial and Organizational Psychology. Vol. 17, John Wiley & Sons.

Wang, Z. M. (王重鸣)(2002b). Management in China, In Malcolm Warner eds.

International Encyclopedia of Business and Management. pp875 – 881, Thomson Learning.

Wang, Z. M. （王重鸣）（2003）. Managerial competency modeling and the development of organizational psychology: A Chinese approach, *International Journal of Psychology*, Vol. 38, No, 5, 323 – 334.

Wang, Z. M. （王重鸣）（2004）. Leadership strategies and relationship competence development. *Leadership in High Growth Asia: Managing Relationship for Teamwork and Change*, pp55 – 82, Edited by Tjosvold, D. & Leung, K. Singapore: World Scientific Publishing Co.

Wang, Z. M. （王重鸣）（2012）. Developing global roles for Chinese leadership: An ASD theory of organizational change. *Advances in Global Leadership*, Ed by Mobley, W. H., Wang, Y. & Li, M. Vol 7, pp371 – 384, London: Emerald Group Publishing.

Wang, Z. M. （王重鸣）& Heller, F. A., （海勒）（1993）. Patterns of power distribution in organizational decision making in Chinese and British enterprises. *International Journal of Human Resource Management*, Vol. 4, 1, 113 – 128.

Wang, Z. M. （王重鸣）& Satow, T. （1994）. Leadership styles and organizational effectiveness in Chinese-Japanese joint ventures. *Journal of Managerial Psychology*, Vol. 9, No. 4, 31 – 36.

Wang, Z. M. （王重鸣）& Wang, S. （王晟）（2008）. Modelling regional HRM strategies in China: An entrepreneurship perspective. *The International Journal of Human Resource Management*, Vol. 19, No. 5, 945 – 963.

Wang, Z. M. （王重鸣）& Zang, Z. （臧志）（2005）. Strategic human resources, innovation and entrepreneurship fit: A regional comparative model, International Journal of Manpower, Vol. 26, 6, 544 – 559.

Wang, Z. M. （王重鸣）& Zhao, Y. H. （赵雁海）（2018）. Entrepreneurial social responsibility, Chapter 22, *SAGE Handbook of Small Business and Entrepreneurship*. London: SAGE Publishers.

Weber, E. U. （1998）. From performance to decision processes in 33 years: A history of organizational behavior and human decision processes under James C. Naylor. *Organziational Behavior and Human Decision Processes*, Vol. 76, No. 3, 209 – 222.

Werner, E. E. (2013). What can we learn about resilience from large-scale longitudinal studies? Chapter 6 in S. Goldstein and R. B. Brooks eds., *Handbook of Resilience in Children.* 2nd Edition, Spriner Press.

West, M. A. & Farr, J. L. (1990). *Innovation and Creativity at Work: Psychological and Organizational Strategies.* Chichester, UK: Wiley.

Woodman, P. W. (1993). Toward a theory of organizational creativity. *Academy of Management Review*, Vol. 18,2: 293 – 321.

Zhao, S. M. (赵曙明), Liu, Y. & Zhou, L. (2020). How does a boundaryless mindset enhance expatriate job performance? The mediating role of proactive resource acquisition tactics and the moderating role of behavioural cultural intelligence. *The International Journal of Human Resource Management*, Vol. 31, No. 10,1333 – 1357.

Zhong, J. A. (钟建安), Lam, W. & Chen, Z. G. (陈子光) (2011). Relationship between leader-member exchange and organizational citizenship behaviors: Examing the moderating role of empowerment. Asia Pacific Journal of Management, Vol. 28,609 – 626.

Zhou, F. (周帆), Leung, K. (梁觉) & Bond, M. H. (彭迈克)(2009). Social axioms and achievement across cultures: The influence of reward for application and fate control. Learning and Individual Differences, Vol. 19, 366 – 371.

Zhou, X. Y. (周欣悦), Kim, S. & Wang, L. L. (2019). Money helps when money feels: Money anthropomorphism increases charitable giving. Journal of Comsumer Research, Vol. 45,953 – 972.

中国心理学会　组织编写

"十三五"国家重点出版规划　国家出版基金项目

当代中国心理科学文库

总主编：杨玉芳

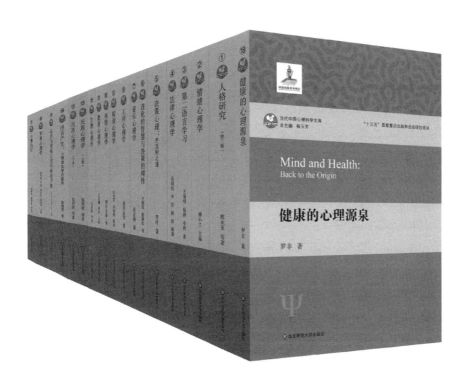

1. 郭永玉：人格研究(2020年1月第二版)
2. 傅小兰：情绪心理学
3. 乐国安、李安、杨群：法律心理学
4. 王瑞明、杨静、李利：第二语言学习

5. 李纾:决策心理:齐当别之道

6. 王晓田、陆静怡:进化的智慧与决策的理性

7. 蒋存梅:音乐心理学

8. 葛列众:工程心理学

9. 白学军:阅读心理学

10. 周宗奎:网络心理学

11. 吴庆麟:教育心理学

12. 苏彦捷:生物心理学

13. 张积家:民族心理学

14. 张清芳:语言产生:心理语言学的视角

15. 张力为:运动与锻炼心理学研究手册

16. 苗丹民:军事心理学

17. 赵旭东、张亚林:心理治疗

18. 罗非:健康的心理源泉

19. 王重鸣:管理心理学

20. 董奇、陶沙:发展认知神经科学

21. 许燕:社会心理问题的研究

22. 左西年:人脑功能连接组学与心脑关联

23. 郭本禹:理论心理学

24. 韩布新:老年心理学:毕生发展视角

25. 余嘉元:心理软计算

26. 樊富珉:咨询心理学:理论基础与实践

27. 施建农:创造力心理学

28. 吴国宏:智力心理学